제3판

실전 유통론

박찬욱

Principles of Distribution

도서출판 청람

머리말

1990년대 중반에 시작된 우리나라 유통의 자본화, 정보화의 추세는 시간이 흐를수록 더욱 강렬해지고 있다. 이러한 과정에서 많은 소비재 부문에서 대형 유통업체들은 대형 제조업체와의 파워게임에서 우위를 점해가고 있으며, 대형 제조업체가 대형 유통업체 의존도를 줄이기 위해 직접 유통시장에 참여하는 사례들도 늘어나고 있다. 유통분야에서의 또 하나의 큰 추세로는 2010년대에 들어 본격화되기 시작한 모바일쇼핑이 유선인터넷쇼핑과 오프라인쇼핑을 밀어내면서 대세를 형성해 가고 있다는 점을 들 수 있다. 이러한 성장의 가장 중요한 원동력으로 MZ세대의 본격적인 소비재시장 진입을 들 수 있다. 스마트폰과 함께 성장한 MZ세대들은 모바일쇼핑을 통해 소비재 시장에서 자신의 개성을 가장 잘 표출해주면서 동시에 가성비가 좋은 상품을 적극적으로 구매하고 있다. 유통부문에서의 이러한 변화들은 우리들의 주변에 존재하면서 우리들의 구체적인 일상생활에 지속적으로 영향을 미치고 있다.따라서 유통의 현황에 대한 폭넓은 이해와 앞으로의 전망에 대한 정확한 안목은 우리가 이 사회를 살아감에 있어서 많은 도움이 될 수 있다.

본 저서는 두 가지 목적을 가지고 만들어졌다. 첫째는 우리 사회에서 유통이 어떠한 모습으로 우리의 생활 속에 존재하고 있는지를 최대한 이해하기 쉽고 비교적 상세하게 기술하는 것이다. 즉, 우리 사회에 존재하고 있는 다양한 소매업태와 업종별 유통경로에 대해 상세하게 기술함으로써 유통이 어떠한 모습으로 우리의 일상생활 속에 스며들어 있는지를 이해할 수 있도록 하는 것이 첫번째 목적이다. 두 번째 목적은 유통에 대한 개념과 유통에서의 주요한 이슈를 이해하기 쉬우면서도 명확하게 제시하는 것이다. 즉, 유통정보시스템, 물류관리, 상권분석, 머천다이징 등과 같이 실제의 유통활동에서 빈번하게 논의되고 있는 여러 가지의 이슈들에 대해 독자들이 정확히 이해할 수 있도록 하는 것이다.

본 저서는 모두 4개의 부(part), 14개의 장(chapter)으로 구성되었다. 2개의 장으로 구성된 제1부는 '유통의 기본개념과 유통산업'에 대해 기술하고 있다. 제1장에서는 유통, 유통관리, 유통경로, 유통경로구성원 등의 중요한 개념에 대한 정의, 역할, 중요성 등을 제시함으로써 유통에 대한 기본지식을 습득할 수 있도록 하였다. 제2장에서는 도매업과 소매업을 의미하는 상적유통산업과 주로 운송업과 창고업을 의미하는 물적유통산업의 위상에 대해 기술하였으며, 정부의 유통산업정책이 시기적으로 어떻게 변화되어 왔는지에 대해서도 기술하였다. 5개의 장으로 구성된 제2부는 중간상을 중심으로 하는 '유통경로구성원'에 대해 다루고 있다. 제3장에서는 우리나라 소매유통의 트렌드에 대해 기술하였으며, 제4장에서는 우리나라의 소매업태를 11개 부문으로 나누어 각각에 대해 기술하였다. 제5장에서는 상당한 규모의 산업을 형성하고 있는 프랜차이즈에 대해 기술하였고, 제6장에서는 소매점포의 개설을 위한 상권분석과 입지분석에 대해 기술하였으며, 제7장에서는 소매상과 더불어 또 하나의 중요한 중간상인 도매상에 대해 기술하였다.

4개의 장으로 구성된 제3부는 '유통경로'에 대해 다루고 있다. 제8장은 유통경로구성원 간의 경로파워와 경로갈등에 대해 기술하였고, 제9장에서는 경로파워의 증대를 위한 수직적 유통경로시스템에 대해 기술하였다. 제10장에서는 유통경로의 결정을 위한 절차에 대해 기술하였으며, 제11장에서는 우리나라의 18개 업종에 대해 제조업체에 의해 생산된 상품이 어떠한 경로를 통해 소비자에게 판매되는지에 대해 기술하였다.

4개의 장으로 구성된 제4부에서는 '경로관리'에 대해 기술하였다. 제12장의 물류관리에서는 재고관리, 창고관리 등과 함께 SCM(공급망관리)과 제3자・제4자 물류에 대해 기술하였으며, 제13장에서는 머천다이징의 성과평가 방법과 MD의 역할에 대해 기술하였다. 제14장의 유통정보시스템에서는 유통정보시스템의 역할, 개발절차, 기반정보기술 등에 대해 기술하였다.

본서를 기술하기 위한 자료수집을 위해 2차자료 검색과 여러 분야의 전문가 인터뷰를 병행하였다. 먼저 관련분야의 서적/학술논문/보고서, 각종 유통관련 통계자료, 유통관련 단체의 정기간행물, 관련 정부부처의 보도자료, 언론기관 기사, 관련 단체 혹은 업체의 홈페이지 등의 다양한 원천으로부터 2차자료를 수집함으로써 다양한 시각에서의 풍부한 내용의 자료와 최대한 최신의 자료를 제시하기 위해 노력하였다. 그러나 2차자료는 한계점이 분명히 있으며, 보다 정확한 정보를 수집하기 위해서는 해당 분야에 대한 전문성을 갖추고 있는 실무자 대상의 인터뷰가 필수적이라고 판단하여 본서의 기술을 위해 50명 이상의 관련분야 전문가와의 인터뷰를 실시하였다.

특히 제4장의 소매업태와 제11장의 업종별 유통경로를 기술하기 위해서는 반드시 실무적인 지식이 갖추어져야 했기 때문에 거의 대부분의 기술된 소매업태와 업종에 대해 인터뷰를 실시하였고 내용이 복잡한 분야들에 대해서는 여러 번에 걸쳐 인터뷰를 실시하였다. 인터뷰에 응해주셨던 분들의 도움이 없었다면 이 책은 출간되지 못했을 것이다. 일일이 성함을 나열하기는 어렵지만 이분들께 충심의 감사를 드린다.

저자는 본서가 대학에서 공부하는 학생들에게 유통의 세계를 보다 현실적이고 발전적인 시각에서 바라보는 데 도움이 되기를 바라며, 더불어 유통분야에 종사하고 있거나 혹은 유통에 대해 관심을 가지고 있는 실무자분들에게도 유통 현황과 추세를 이해하는 데 도움이 되기를 바란다. 본서를 출간하는 과정에서 무엇보다 인터뷰에 응해주신 각 분야의 유통관련 전문가분들께 감사드리고, 책을 출간해주신 도서출판 청람의 이수영 대표님과 직원분들께도 감사의 말씀을 드린다.

2022년 1월 13일

박찬욱

차 례

Part 1 유통의 기본개념과 유통산업

제1장 유통의 기본개념

제2장 유통산업

Part 2 유통경로구성원

제3장 소매유통 트렌드

제4장 소매업태

제5장 프랜차이즈

제6장 상권분석과 입지분석

제7장 도매상

Part 3 유통경로

제8장 경로파워와 갈등관리

제9장 수직적 유통경로시스템

제10장 유통경로의 결정

제11장 업종별 유통경로

Part 4 경로관리

제12장 물류관리

제13장 머천다이징

제14장 유통정보시스템

실전 유통론

Principles of Distribution

01 Part

유통의 기본개념과 유통산업

제1장 유통의 기본개념

제2장 유통산업

Chapter 01

유통의 기본개념

유통의 전략적인 중요성을 이해하기 위해서는 유통, 유통관리, 유통경로, 유통경로구성원, 유통산업, 중간상 등에 대한 이해가 선행되어야 한다. 본장에서는 유통과 유통관리의 개념, 유통부문의 성장배경, 유통의 유형, 유통경로와 유통경로구성원의 개념, 유통경로구성원의 기능, 중간상의 역할 등에 대해 기술하고 유통산업에 대해서는 제2장에서 기술한다.

제1절 유통과 유통관리의 개념

1. 유통의 개념

유통(流通, distribution)은 '상품이 제조업체로부터 구매자에게 이전되는 과정'을 의미한다. 따라서 유통의 시발점은 제조업체가 되고, 종착점은 구매자가 된다. 유통의 대상이 되는 상품은 크게 소비재와 산업재로 구분될 수 있다. 소비재는 자신이나 가족을 위해 혹은 선물용으로 구매하는 최종소비자(final consumer)를 대상으로 판매되며, 산업재는 생산을 위해 필요한 부품, 원자재, 설비 등을 구매하는 조직구매자(organizational buyer)를 대상으로 판매된다. 따라서 유통은 소비재 유통과 산업재 유통으로 구분될 수 있다. 그런데 유통은 주로 일반소비자들의 생활과 밀접하게 관련되어 있는 소비재 유통을 중심으로 논의되고 있으며, 본서에서도 소비재 유통을 중심으로 기술한다. 소비재 유통의 대상이 되는 상품에는 생활용품이나 가공식품 등과 같은 유형적인 상품은 물론 보험이나 여행 등과 같은 서비스 상품도 포함된다.

2. 유통관리의 개념

유통은 마케팅의 실행을 위한 중요한 수단 중의 하나이다. 마케팅활동의 전개를 위해 사용되는 수단들을 통칭하여 마케팅믹스 변수(혹은 4P믹스 변수)라고 하며, 유통은 제품, 가격, 촉진 등과 더불어 마케팅믹스 변수를 구성하는 요소 중의 하나이다. 마케팅관리(marketing management)는 '고객니즈의 충족을 통한 수익극대화라는 마케팅 목적을 달성하기 위해 마케팅믹스 변수들을 기획·실행·통제하는 활동'을 의미하며, 이를 기반으로 유통관리는 다음과 같이 정의될 수 있다.

> 생산자가 고객니즈의 충족을 통한 수익극대화를 위해 상품이 소비자에게 이르는 과정을 기획·실행·통제하는 활동

따라서 유통관리에는 유통경로의 선택, 점포설립을 위한 상권분석 및 입지분석, 상품구색관리, 재고관리, 운송관리, 창고관리, 유통정보관리, 프로모션관리 등 다양한 활동들이 포함된다. 유통관리의 주체는 생산자, 즉 제조업체가 되는 것이 일반적이지만, 도매상이나 수입업체와 같이 직접 상품을 제조하지 않는 경우에도 자신이 구입한 상품이 소비자에게 이전되기까지의 과정을 기획·실행·통제하여야 하기 때문에 유통관리의 주체가 될 수 있다.

제2절 유통부문의 성장배경

2000년대 들어 우리나라에서도 국가적 차원에서의 유통산업의 전략적 육성이 강조되고 있으며, 각 기업들도 유통을 통한 경쟁력 강화에 적극 나서고 있다. 또한 제조부문과 유통부문 간의 경쟁 측면에서 시간이 흐를수록 유통부문이 우위를 점하는 경향이 증가하고 있다. 이처럼 유통의 전략적 중요성이 강조되고, 유통부문이 급성장하고 있는 데는 다음과 같은 여러 가지 요인들이 작용하고 있다.

1. 시장의 성숙에 따른 제품의 표준화 및 가격경쟁의 심화

제조업체 간의 품질의 차이가 크게 차이가 나는 시장환경에서는 우수한 품질의 제품을 생산하는 제조업체가 유통부문을 지배하며, 따라서 유통은 크게 주목을 받지 못한다. 그러나 시장의 성숙에 따라 제품의 표준화가 진전되면 제조업체들이 제품 자체만을 가지고 경쟁력을 확보하기가 어려워지기 때문에 유통 등의 여타 수단을 통해 경쟁력을 강화하려는 움직임을 보이게 된다. 이러한 과정에서 제조업체들은 생산비의 절감과 함께 물류비용의 절감, 효율적인 유통망의 구축 등과 같은 유통과 관련된 문제에 관심을 가질 수밖에 없다.

2. 소비자 구매행동의 변화

소득이 증가하면서 소비자들은 보다 편리하고 자신의 개성에 부합하는 구매를 즐기려는 경향을 보인다. 유통업체들은 이러한 소비자 트렌드의 변화에 부응하여 보다 경제적이고, 편리하며, 여가를 즐길 수 있는 쇼핑환경을 제공함으로써 경쟁력을 확보하기 위해 노력한다. 이러한 과정에서 제품 중심의 쇼핑성향이 약화되고 상대적으로 유통 중심의 쇼핑성향이 강화되는 경향이 나타나게 된다. 즉, 자신이 선호하는 특정 제품을 판매하고 있는 유통업체에서 상품을 구매하는 쇼핑성향이 약화되고, 쇼핑을 할 유통업체를 먼저 정하고 여기에서 판매되고 있는 상품을 구매하는 쇼핑성향이 강화되고 있다.

2010년대 들어 여가와 쇼핑을 동시에 즐길 수 있는 교외형 복합쇼핑몰과나 교외형 프리이엄 아울렛이 만들어지고 있는 것이나, 상업적인 요소와 함께 오락적인 요소가 포함된 라이브 커머스가 크게 인기를 얻고 있는 것 등이 이러한 현상을 반영하고 있다고 할 수 있다.

3. 정보기술의 발전

정보기술의 발전은 유통부문이 제조부문과의 경쟁에서 우위를 차지하게 되는 중요한 계기를 제공했다. 상품이 제조업체에서 소비자에게 이르는 과정에서 소비자의 구매정보는 유통업체와 소비자와의 접점에서 발생되며 따라서 소비자의 구매정보는 유통업체의 소유가 된다. 유통업체는 소비자들의 구매정보에 대한 분석을 통해 소비자의 구매성향을 파악할 수 있으며 이를 판매활성화, 고객관계관리 등을 위해 활용함으로써 경쟁력을 강화시켜 갈 수 있다. 또한 이러한 고객정보는 유통업체에게 제조업체에 대한 경쟁적 우위를 가져다준다. 즉, 제조업체는 고객들의 구매정보를 직접 확보하기가 어렵기 때문에 유통업체에 의존할 수밖에 없고 이러한 과정에서 유통업체의 상대적 위상이 강화된다.

4. 유통업체의 대형화

유통업체들은 체인화와 점포규모의 확대를 통해 대형화함으로써 규모의 경제를 갖추고 이를 바탕으로 제조업체와의 경쟁에서 우위를 점해가고 있다. 즉, 특히 의류, 가공식품, 생활용품 등의 분야에서 대형 유통업체가 제조업체 전체매출의 상당부분을 차지하면서 대형 유통업체가 제조업체에 대해 우월한 위치를 차지하는 환경이 조성되었다. 우리나라에서 이러한 경향은 대형마트, SSM, 편의점, 아울렛, 복합쇼핑몰, 백화점, 균일가샵, H&B스토어 등 다양한 소매업태에서 나타나고 있다.

제3절 유통의 유형

유통은 다양한 기준으로 그 유형을 구분할 수 있다. 가장 중요한 유형구분으로는 직접유통 vs 간접유통, 점포유통 vs 무점포유통을 들 수 있다. 즉, 유통은 제조업체와 소비자와의 직거래 여부를 기준으로 직접유통과 간접유통으로 구분될 수 있으며, 물리적인 점포의 유무에 따라 점포유통과 무점포유통으로 구분될 수 있다.

1. 직접유통과 간접유통

직접유통은 제조업체가 중간상을 거치지 않고 직접 소비자와 거래를 하는 형태를 의미하고, 간접유통은 도매상이나 소매상과 같은 중간상을 통해 소비자와 거래하는 형태를 의미한다([그림 1-1] 참조).

직접유통을 활용하는 제조업체는 소비자와의 직거래를 통해 유통업체가 취하게 되는 마진(margin)을 절약함으로써 제조업체와 소비자가 가격적인 측면에서 모두 윈윈(win-win)할 수 있는 환경을 조성할 수 있다. 그러나 제조업체가 생산이나 제품개발뿐만 아니라 저

그림 1-1 ▌직접유통 vs 간접유통

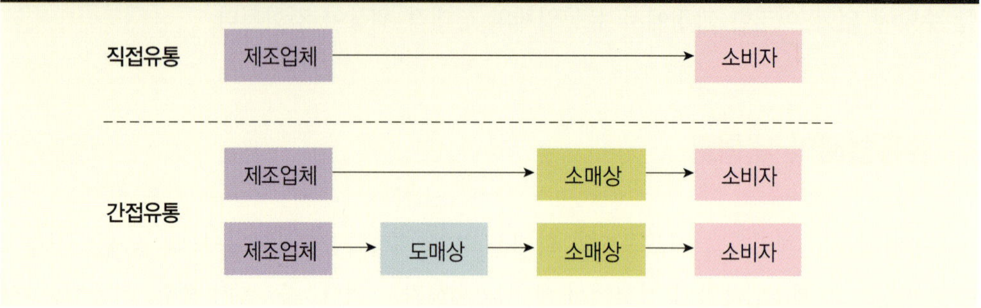

장, 물류, 판매 등과 같은 기능을 모두 수행하여야 하기 때문에 업무는 대폭 증가하게 된다. 간접유통을 활용하는 제조업체는 운송, 저장, 판매 등의 활동을 유통업체가 수행하도록 함으로써 제품개발, 생산, 프로모션 등의 활동에만 전념할 수 있다. 직접유통을 수행하려면 직영점, 전속대리점 등을 갖추기 위해 상당히 많은 시간과 자원을 투여하여야 하지만 간접유통에서는 유통업체의 시스템을 이용하면 되기 때문에 그럴 필요가 없다. 또한 직접유통에서는 제품이나 서비스가 소비자에게 판매되어야 자금이 회수될 수 있기 때문에 회수기간이 길어지지만 간접유통에서는 유통업체로부터 자금을 회수하기 때문에 자금회수시간을 단축시킬 수 있다는 이점도 있다.

직접유통과 간접유통 중에 어느 유형을 선택할 것인가는 제조업체의 특성과 전략, 소비자의 구매행동, 유통업체의 수와 규모 등의 다양한 요소에 의해 영향을 받으며, 또한 하나의 제조업체가 간접유통과 직접유통을 동시에 활용하는 경우도 많다. 그런데 유통의 중요성이 점증하고 유통업체가 빠른 속도로 성장하면서 제조업체들이 직접유통을 선호하는 경향이 커지고 있는데, 이러한 경향에는 다음과 같은 원인들이 작용하고 있다.

- **유통비용의 절감** : 제조업체는 직접유통을 통해서 유통비용을 절감할 수 있으며, 이를 통해 가격경쟁력을 강화시킬 수 있다. 우리나라의 농축산물 직거래를 이러한 예로 들 수 있다. 우리나라의 농축산물은 매우 복잡한 유통구조를 가지고 있으며, 이로 인해 산지의 가격하락이 소비자가격의 하락 및 수요의 증가로 이어지지 못하는 현상이 나타나고 있다. 농협이 직매장의 개설을 통해 농축산물의 직거래를 활성화시키는 것은 유통마진을 줄여서 생산농가와 소비자가 모두 만족할 수 있는 가격구조를 형성함으로써 생산농가의 경쟁력을 강화시키려는 시도라고 할 수 있다. 또한 보험상품의 인터넷이나 TV홈쇼핑을 통한 판매가 증가하고 있는 것도 유통비용을 절감하기 위한 노력이라고 할 수 있다. 즉, 보험사는 보험상품의 직접판매를 통해 대리점 마진을 절감함으로써 소비자에게 보다 저렴하게 보험상품을 판매하면서도 더 많은 수익을 창출할 수 있다.

- **경로파워의 강화** : 주로 대형 제조업체의 경우에 직접유통은 경로파워의 강화와 밀접하게 관련되어 있다. 우리나라의 대형 가전업체, 가공식품업체, 생활용품업체, 화장품업체 등이 직영점/전속대리점/프랜차이즈체제를 강화하는 것은 대형 유통업체와의 경로파워경쟁에서 우위를 점하기 위한 시도라고 할 수 있다. 예를 들어 가전제품의 경우 삼성전자와 LG전자는 롯데하이마트나 전자랜드와 같은 대형 가전전문 양판점과 치열한 경로파워경쟁을 하고 있으며, 이러한 경쟁에서 우위를 점하기 위해 직영점/전속대리점 등의 직접유통경로를 강화하고 있다고 할 수 있다.
- **구매정보의 확보** : 제조업체는 소비자와의 직접적인 거래를 통해 소비자의 인구통계정보와 구매정보를 원활하게 확보할 수 있으며, 이러한 정보를 활용하여 소비자 트렌드의 변화에 대해 즉각적으로 대응할 수 있는 능력을 증가시킬 수 있다. 즉, 소비자의 구매활동에 대한 정보를 바탕으로 제품의 개선, 신제품의 개발, 가격의 변경, 판매촉진전략의 수정 등과 같은 활동을 전개할 수 있는 능력이 증가하게 된다. 또한 고객정보를 확보함으로써 고객관계관리(CRM : Customer Relationship Management)활동을 진개할 수 있는 기반을 마련할 수 있다. 즉, 고객카드, 멤버십프로그램 등의 도입을 통해 고객정보를 체계적으로 수집하고, 이에 대한 분석을 통해 고객의 상황에 맞는 다양한 전략, 예를 들어 교차판매전략, 이탈방지전략, 고객추천보상프로그램 등과 같은 고객의 창출·유지·활성화를 위한 활동을 전개할 수 있다.

2. 점포유통과 무점포유통

점포유통은 '일정한 장소에 위치한 점포를 통해 소비자와의 거래가 이루어지는 형태의 유통'으로 정의될 수 있으며, 직영점, 대리점, 다양한 업태의 소매점포(대형마트, 백화점, SSM, 중소슈퍼, 편의점, 전문점, H&B스토어, 아울렛, 전통시장 등) 등을 활용하는 형태로 이루어진다. 무점포유통은 '인터넷, TV, 카탈로그, 휴대폰 등과 같은 통신/방송수단이나 소비자에게 직접 판매하는 영업사원을 통해 이루어지는 유통'으로 정의될 수 있으며, 자사인터넷몰, 종합몰, 오픈마켓, 소셜커머스, 카탈로그, TV홈쇼핑, 방문판매 등을 활용하는 형태로 이루어진다. 자판기 판매나 냉장차 등을 이용하는 유통도 자판기나 냉장차가 통상적인 점포가 아니고 판매장소를 큰 비용을 들이지 않고 변경할 수 있다는 의미에서 무점포유통의 범주에 포함시킬 수 있다. 무점포유통은 점포유통에 비해 시간적·공간적 제약을 극복할 수 있고, 임대료·인건비 등 매장운영과 관련한 비용을 절약할 수 있다는 장점이 있다.

3. 유통의 유형구분

제조업체는 직접유통을 위해 점포유통과 무점포유통을 모두 활용할 수 있고, 또한 간접유통의 경우에도 점포유통과 무점포유통을 모두 활용할 수 있기 때문에 기업의 유통유형은 [표 1-1]과 같이 4가지 유형으로 구분될 수 있다. 자동차제조업체의 직영점 운영은 점포를 활용하는 직접유통으로 구분될 수 있고, 화장품업체의 방문판매는 무점포 직접유통으로 구분될 수 있다. 또한 가공식품업체의 대형마트 판매는 점포 간접유통으로 구분될 수 있고, 의류업체의 TV홈쇼핑 판매는 무점포 간접유통으로 구분될 수 있다.

표 1-1 유통의 유형구분

	직접유통	간접유통
점포유통	직영점의 운영 및 전속대리점의 운영 예 자동차업체, 가전업체 등의 직영점, 의류업체 전속대리점 등	도매상, 소매상의 활용 예 가공식품업체, 생활용품업체 등의 대형마트/SSM/중소슈퍼/편의점 판매, 제약업체의 도매거래 등
무점포유통	방문판매 조직의 운영, 텔레마케팅 조직의 운영, 온라인쇼핑몰의 개설 등 예 화장품 방문판매, 보험상품 인터넷 판매, 농수축산물 인터넷 직거래 등	홈쇼핑업체, 온라인쇼핑업체 등의 활용 예 홈쇼핑 채널을 통한 의류 판매, 오픈마켓을 통한 생활용품 판매 등

제4절 유통경로와 유통경로구성원의 개념

1. 유통경로의 개념

유통경로(流通經路, distribution channel)는 '상품이 생산자에서 소비자에게 이르는 과정'을 의미한다. 유통경로상에는 제조업체, 다양한 형태의 도매상과 소매상, 그리고 운송회사, 창고회사 등과 같이 유통기능을 촉진하는 촉진기관 등 독립적이며 상호의존적인 다양한 조직체들이 존재한다. 이들 조직체들이 '독립적'이라는 것은 각 조직체들의 법인격이 서로 다르다는 것을 의미하며, '상호의존적'이라는 것은 한 조직의 활동이 다른 조직들의 성과나 활동에 직접적인 영향을 미친다는 것을 의미한다. 예를 들어 신선식품, 가공식품, 생활용품 등을 판매하는 대형마트가 제조업체들에게 제조업체들이 생산하는 상품들의 매출

정보를 정기적으로 제공해주면 제조업체들은 이를 기반으로 보다 합리적인 생산계획을 수립할 수 있다.

2. 유통경로구성원의 개념

유통경로구성원은 상품의 유통과정에 참여하는 주체들로 '소유기관'과 '촉진기관'으로 나누어진다([그림 1-2] 참조). 소유기관은 '상품소유권의 이전', 즉 상품매매에 직접적으로 관여하고 있는 제조업체, 도매상, 소매상, 소비자 등을 의미하고, 촉진기관은 운송회사, 창고회사 등과 같이 상품소유권을 갖는 것은 아니지만 상품매매를 촉진시키는 역할을 하는 기관을 의미한다. 그런데 '좁은 의미에서의 유통경로구성원'에는 소비자를 제외한 소유기관, 즉 제조업체, 도매상, 소매상만을 포함시킨다. 왜냐하면 이 구성원들은 유통의 본질이라고 할 수 있는 상품매매를 통해 조직의 수익극대화를 추구한다는 공통점을 가지고 있기 때문이다.

그림 1-2 ▌유통경로구성원

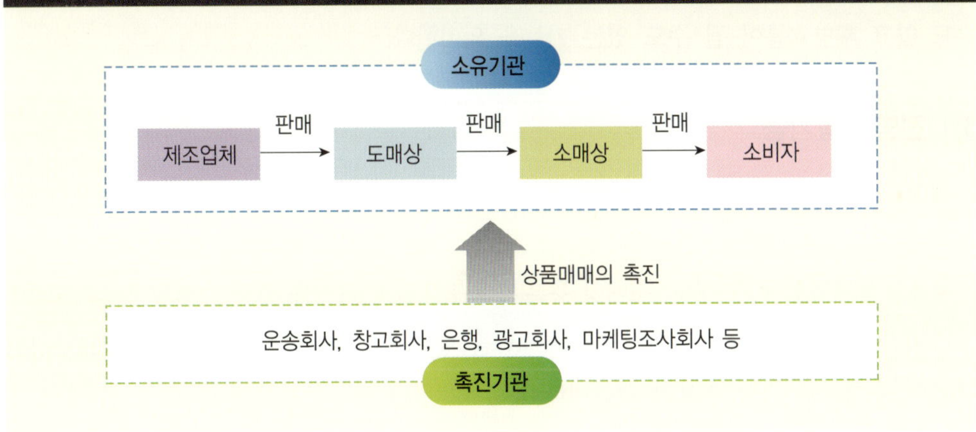

3. 유통경로구성원의 기능

유통경로구성원의 기능은 [그림 1-3]에서와 같이 이전(移轉)의 방향 혹은 행위가 이루어지는 방향에 따라 전방흐름(forward flow)기능, 쌍방흐름기능, 후방흐름(backward flow)기능 등으로 나누어진다. 전방흐름기능은 제조업체에서 소비자의 방향으로 이루어지

그림 1-3 ▌유통경로구성원의 기능

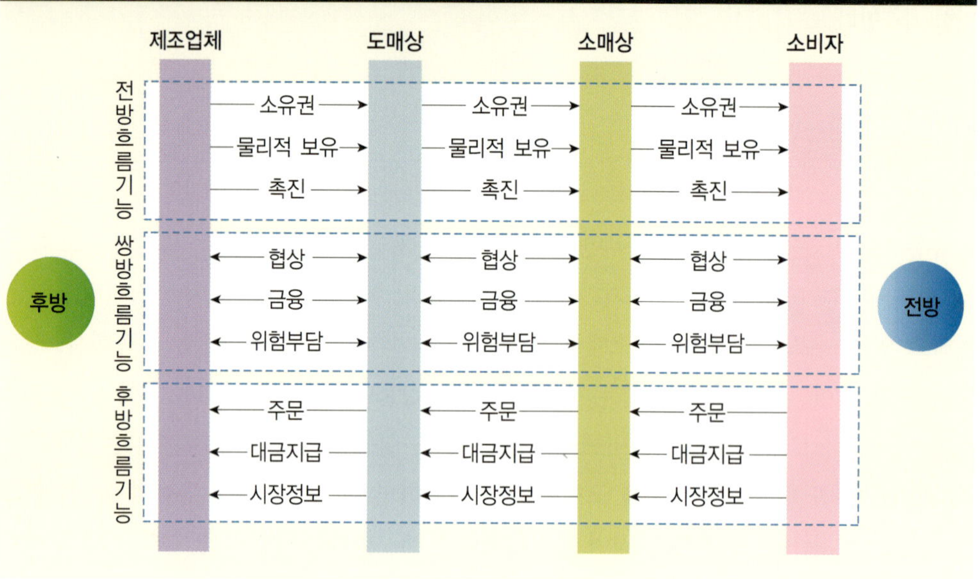

는 기능을 의미하고, 반대로 후방흐름기능은 소비자에서 제조업체의 방향으로 이루어지는 기능을 의미하며, 쌍방흐름기능은 쌍방이 행위를 주고받거나 상황에 따라 전방흐름이 될 수도 있고 후방흐름이 될 수도 있는 기능을 의미한다.

3.1 전방흐름기능

전방흐름기능에는 소유(ownership), 물리적 보유(physical possession), 촉진(promotion) 등이 있다.

- **소유** : 제조업체, 도매상, 소매상 등은 상품소유권의 이전을 통해 수익을 창출하고, 소비자는 상품의 소유를 통해 효용(utility)을 향유하기 때문에 '소유'는 유통경로구성원이 수행하는 가장 중요한 기능이라고 할 수 있다.
- **물리적 보유** : 소유권이 이전되면 상품에 대한 물리적 보유도 같이 이전된다. 그러나 소유권이 없는 경우에도 상품에 대한 물리적 보유가 가능한 경우도 많다. 예를 들어 창고업체나 운송업체는 소유권을 보유한 화주(貨主)의 의뢰를 받아 보관서비스, 운송서비스 등을 제공하는 기간 동안에 상품을 물리적으로 보유한다. 또 다른 예로 축산물의 유통에서 축협소속의 산지조합이 축산농가로부터 소를 구입하여 축협직판장에서 소고기를 직접 판매한다고 하면 소유권의 이전은 축산농가 → 축협(산지조합 및 축협직판장) → 소비자가 되지만 물리적인 보유는 축산농가 → 산지조합 → 도축장 → 1차육가공업체 → 축협직판장 → 소비자가 된다. 이 과정에서 도축장과 1차육가공업체는

소유와는 전혀 관련이 없으며 서비스를 제공하는 기간 동안만 상품을 물리적으로 보유하게 된다.

- **촉진** : 촉진활동은 쌍방 간의 커뮤니케이션과 관련한 모든 활동을 의미하는데 주로 판매를 하려는 주체가 구매를 하려는 주체를 대상으로 이루어진다. 제조업체는 도매상, 도매상은 소매상, 소매상은 소비자를 대상으로 촉진활동을 전개하는데 이러한 촉진활동을 푸시(push)전략에 의한 촉진활동이라고 한다. 그런데 제조업체는 자사의 상품을 직접 구매하는 주체가 아닌 소매상이나 소비자를 대상으로 촉진활동을 전개하기도 하며, 이러한 촉진활동을 풀(pull)전략에 의한 촉진활동이라고 한다. 풀전략의 목적은 촉진활동의 대상이 되는 주체가 자사의 물건을 구입하는 주체로부터 물건을 많이 구입하도록 만드는 데 있다. 예를 들어 주류업체는 소매상인 식당, 주점, 중소슈퍼 등을 대상으로 하는 촉진활동을 통해 이들 소매상이 자사와 거래하는 도매상으로부터 자사의 상품을 많이 주문하도록 유도한다.

3.2 쌍방흐름기능

쌍방흐름기능에는 협상(negotiation), 금융(financing), 위험부담(risking) 등이 있다. '쌍방'의 의미는 협상과 같이 행위가 이루어지기 위해서는 양자가 모두 참여해야 하거나 혹은 금융이나 위험부담과 같이 구체적인 상황에 따라 행위의 방향이 달라질 수 있다는 것을 의미한다.

- **협상** : 경로구성원 간의 거래는 본질적으로 협상을 통해 이루어진다. 제조업체와 중간상은 상품의 유형, 수량, 가격, 배송시기, 배송방법, 대금지불조건, 재고부담 등과 같은 사항에 대해 끊임없이 협상을 해야 하고, 소비자도 소매상을 대상으로 가격, 판촉물, 지원금, 지불방법 등에 대해 보다 좋은 조건을 얻어내기 위해 협상한다.
- **금융** : 경로구성원 간에는 외상거래, 할부판매, 자금지원 등의 형태로 금융거래가 이루어진다. 주로 경로구성원 가운데 규모가 크고 자금력이 있는 측이 금융을 제공한다. 예를 들어 주류도매상이 영세식당을 대상으로 외상판매한다거나, 도매상이라고 할 수 있는 농산물 산지수집상이 포전거래(밭떼기)를 통해 생산자인 농민에게 물건값을 미리 지불하는 것도 금융기능이라고 할 수 있다. 또한 제조업체가 대리점 계약이나 프랜차이즈 계약을 맺는 자영사업자에게 대리점 혹은 가맹점 설립을 위한 자금을 지원하는 것도 금융의 예에 속한다.
- **위험부담** : 상품의 유통과정에서는 다양한 위험요소들이 존재한다. 상품의 변질, 파손 등의 물리적인 위험은 물론 수요의 감소 혹은 정체로 인한 재고의 증가, 거래업체의

도산 등과 같은 경제적 위험이 이에 속한다. 특히 판매부진에 따른 재고부담을 누가 질 것인가는 유통경로구성원들의 주된 관심사 중의 하나이다. 모든 경로구성원들은 재고부담을 가능한 한 거래상대방이 부담해주기를 원한다. 대형마트, 백화점 등과 같이 경로파워가 큰 소매유통업체들은 팔리지 않은 재고에 대한 부담을 공급업체가 지도록 하고 있으며, 대형 제조업체들은 전속대리점에 대해 반품조건을 까다롭게 운영하고 있다. 이와는 달리 가두대리점을 운영하는 대부분의 의류제조업체들은 팔리지 않은 상품을 상설할인매장 등을 통해 스스로 처리한다.

3.3 후방흐름기능

후방흐름기능에는 주문(ordering), 대금지급(payment), 시장정보(market information) 등이 있다.

- **주문** : 소비자는 자신이나 가족이 사용하거나 선물을 할 목적으로 소매상에 주문을 하며, 소매상은 소비자의 수요에 부응하기 위해 도매상 혹은 제조업체에 주문하고, 도매상은 소매상의 수요에 부응하기 위해 제조업체에 주문한다.
- **대금지급** : 대금지급은 소유권의 이전에 대한 반대급부라고 할 수 있다.
- **시장정보** : 시장에 대한 정보는 곧 소비자에 대한 정보를 의미한다. 소비자에 대한 정보를 가장 많이 보유하고 있는 주체는 소비자와 접점을 형성하고 있는 소매상으로, 소매상은 도매상 및 제조업체에게 시장동향, 소비자 트렌드 등에 대한 정보를 제공한다. 정보기술의 발전으로 인해 소비자관련 정보의 축적, 정보의 전송 등이 용이해지면서 소매상의 정보제공능력이 크게 향상되었다.

제5절 중간상의 역할

1. 중간상의 역할

소비재의 제조업체는 대부분 특정 장소에서 제한된 수의 제품을 대량으로 생산하는 반면, 소비자는 대부분 다양한 제품이 진열된 장소에서 원하는 제품을 원하는 시점에 원하는 수량만큼만 구매하기를 원한다. 따라서 제조업체와 소비자가 직접 거래를 하게 되면

장소, 상품구색, 시점, 수량 등의 측면에서 극복하기 어려운 문제들이 발생하게 된다. 중간상은 제조업체와 소비자 사이에 위치하면서 이러한 문제를 해소시켜주는 역할을 수행한다. 즉, 중간상은 제조업체와 소비자 간에 존재하는 상품구색상의 불일치, 생산단위와 구매단위의 불일치, 생산시점과 소비시점의 불일치, 장소적 불일치 등을 해소시켜 주는 역할을 한다.

1.1 상품구색상의 불일치의 해소

제조업체는 제한된 수의 제품만을 생산하지만 소비자의 구매는 다양한 제품을 대상으로 이루어진다. 소매상은 다수의 제조업체나 도매상 등으로부터 상품을 공급받아 소비자가 원하는 상품구색을 갖추어 판매함으로써 이러한 불일치를 해소시켜주는 역할을 수행한다. 소비자는 자신이 선호하는 상품구색을 갖춘 매장에서 쇼핑하기를 원하기 때문에 어떠한 상품구색을 갖출 것인가는 소매상의 중요한 전략이 된다. 예를 들어 대형마트는 원스톱쇼핑을 원하는 소비자들을 대상으로 다양한 상품군을 판매하지만 각 상품군에 대해서는 몇몇 잘 팔리는 브랜드만을 취급하는 반면, 카테고리킬리로 불리는 할인전문점은 특정 상품군만을 판매하지만 해당 상품군에 대해서는 매우 다양한 브랜드를 취급한다. 의류편집매장은 특정 고객군을 겨냥한 스토어콘셉트를 설정하고 이에 부합하는 스타일의 의류만을 취급하며, 건강하고 아름다운 삶을 표방하는 H&B스토어는 이미용품, 화장품, 건강식품 등 특정 상품군의 다양한 브랜드를 취급한다. 소매상도 소비자와 마찬가지로 다양한 상품구색을 갖춘 도매상으로부터 상품을 구매하기를 원한다. 그런데 도매상은 소매상이 원하는 여러 품목이 제품을 취급하려면 공간확보나 상품구매 등에 많은 자금이 소요되기 때문에 영세 도매상의 다양한 상품구색을 갖추기 힘들다. 이러한 점을 보완하기 위해 도매상들은 한 장소에 몰려 있는 경향이 있다. 동대문 의류도매상가, 경동 한약재도매시장, 화곡동 가공식품도매상가, 천호동・창신동 문구・완구도매시장 등이 그 예라고 할 수 있다.

1.2 생산단위와 구매단위 불일치의 해소

소매상은 제조업체나 도매상으로부터 박스단위 혹은 벌크의 형태로 상품을 공급받아 소비자에게는 원하는 만큼의 수량을 소량으로 판매한다. 공산품은 주로 박스에서 꺼내어 진열하는 것으로 끝나지만, 농산물과 같은 경우에는 소매상이 벌크로 공급된 농산물을 소포장하는 작업을 수행하기도 한다. 그렇지만 창고형 할인매장과 같이 박스단위로 판매하는 소매업태도 있으며, 창고형 할인매장은 이에 대한 반대급부로 소비자에게 상대적으로 저렴하게 상품을 판매한다.

1.3 생산시점과 소비시점 불일치의 해소

도매상이나 소매상은 저장, 보관 등의 기능을 통해 제조업체의 재고비용을 절감시켜주는 역할을 하는 동시에 생산시점과 소비시점의 불일치를 해소시켜주는 역할도 수행한다. 시간적 불일치의 해소는 보관기간이 짧고 생산시기를 조절하기 어려운 농수축산물 분야에서 특히 더 중요하다. 예를 들어 농산물을 판매하는 대형 소매업체는 온도 등을 조절할 수 있는 물류센터를 구축하여 특정 기간 동안 집중적으로 생산되는 농산물을 저장하였다가 판매함으로써 연중 내내 지속되는 소비자의 수요에 대응한다. 따라서 시설이 잘 갖추어진 물류센터는 이러한 소매업체의 경쟁력을 좌우하는 중요한 요인이 된다.

1.4 장소적 불일치의 해소

소비자는 자신이 원하는 장소에서 편리하게 상품을 구입하기를 원한다. 소매상은 이러한 소비자의 욕구에 부응하여 소비자가 원하는 장소에 매장을 개설함으로써 생산지와 소비지의 불일치를 해소시켜주는 역할을 수행한다. 특히 구매가 빈번하게 일어나는 일용소비재의 경우에는 이러한 기능이 더욱 중요하다. 그래서 편의점, 슈퍼마켓, 균일가샵 등을 운영하는 소매업체나 프랜차이즈를 운영하는 업체들은 많은 수의 점포를 소비자들의 왕래가 빈번한 장소에 개설함으로써 소비자의 접근성을 높이기 위해 노력한다. 또한 소매상은 인터넷이나 스마트폰을 이용하여 구매할 수 있도록 하고 동시에 배달서비스를 제공함으로써 소비자가 매장에 나오지 않아도 구매가 가능하도록 한다.

2. 중간상에 의한 유통경로시스템의 생산성 증가

중간상이 위에서 기술한 역할을 수행하는 과정에서 유통경로시스템 전체의 생산성이 증가하게 된다. 중간상으로 인한 생산성 증가의 원동력으로는 다음과 같은 사항들을 들 수 있다.

2.1 거래수의 감소

중간상의 개입으로 인하여 제조업체와 소비자가 직접 거래할 필요가 줄어들면서 거래의 수가 획기적으로 줄어들 수 있다. [그림 1-4]의 예에서와 같이 제조업체가 3개, 소비자가 6명이 존재한다고 가정하면 중간상이 없는 경우에는 거래의 수가 3×6=18개가 된다. 그러나 중간상이 제조업체와 소비자 사이에 1개 있는 경우에는 거래의 수는 3+6=9개로 대폭

그림 1-4 ▌중간상에 의한 거래수의 감소

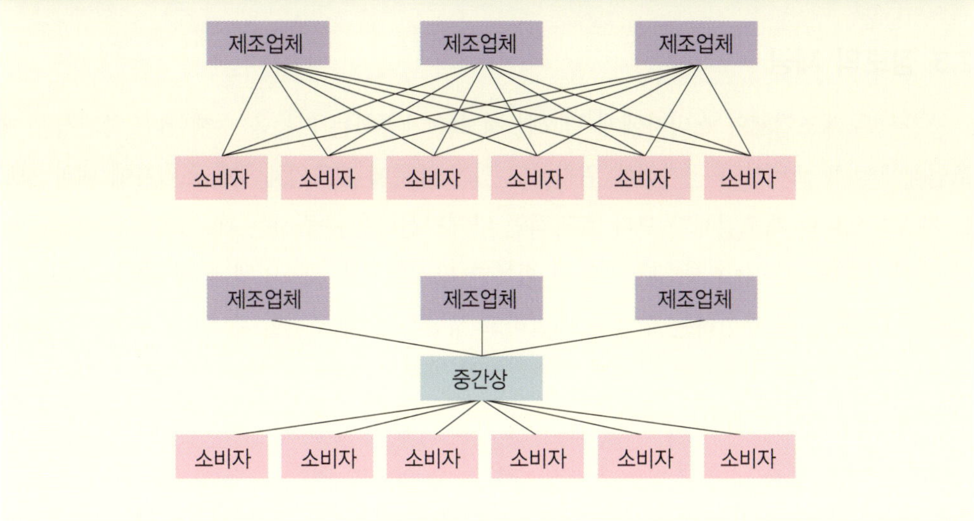

감소한다. 그런데 중간상의 숫자가 증가하면 거래의 수가 증가하면서 생산성향상 효과는 줄어들게 된다. 그림의 예에서 중간상이 2개가 되면 거래의 수는 (3×2)+(2×6)=18개로 중간상이 없는 경우에 비해 거래의 수가 줄어들지 않는다. 따라서 다른 조건이 모두 일정하다면 중간상의 수가 적을수록 유통경로시스템의 생산성은 더 크게 향상된다고 할 수 있다.

2.2 거래의 표준화

유통경로구성원 간의 거래가 이루어지기 위해서는 당사자 간에 공급물량, 공급가격, 대금지급방법, 운송방법 등의 거래조건에 대한 합의가 있어야 한다. 이러한 거래조건들이 표준화되어 있는 경우에는 거래가 원활하게 이루어지면서 거래할 때마다 당자사들 간에 협상을 해야 하는 번거로움을 덜 수 있다. 중간상은 제조업체와 소비자 사이에 위치하면서 판매마진을 수입의 근간으로 삼고 있기 때문에 거래가 빈번하게 이루어져야 수익을 창출할 수 있으며, 따라서 중간상은 원활한 거래를 위해 상품유형, 거래방법, 가격, 운송방법 등을 표준화시키는 노력을 기울이게 된다. 거래의 표준화는 정보기술의 발전에 따라 빠른 속도로 이루어져 왔다. 즉, 유통경로구성원들은 EDI(Electronic Data Interchange : 전자문서교환) 등과 같은 기반 정보기술을 바탕으로 EOS(Electronic Ordering System : 전자발주시스템), CAO(Computer Assisted Ordering : 자동발주시스템), VMI(Vendor Managed Inventory : 공급업체주도 재고관리), CRP(Continuous Replenishment Program : 지속적 재고보충시스템) 등의 시스템을 도입하여 거래에 소요되는 시간을 단축시키고 거래비용을 감소시킴으로써 유통경로시스템 전체의 생산성을 향상시키고 있다.

2.3 정보의 제공

중간상은 제조업체와 소비자에게 필요한 정보를 제공하는 기능을 수행한다. 중간상은 제조업체에 비해 소비자와 근거리에 위치하고 있기 때문에 제조업체에게 소비자에 대한 정보를 제공함으로써 제조업체가 보다 효과적인 마케팅전략을 수립하는 데 기여할 수 있다. 예를 들어 소매업체는 POS시스템을 통해 획득한 판매정보를 제조업체에 제공함으로써 제조업체가 고객니즈에 부합하는 상품을 개발하고 생산하는 데 조력할 수 있다. 또한 중간상은 다양한 상품구색을 갖춤으로써 소비자가 다양한 제품을 접할 수 있는 기회를 제공하고, 이를 통해 소비자가 자신의 니즈에 보다 부합하는 상품을 선택하는 데 기여할 수 있다. 즉, 소비자는 매장 방문, 소매업체의 전단지 등을 통해 상품에 대한 많은 정보를 획득할 수 있으며, 이러한 정보를 바탕으로 자신의 니즈에 보다 적합한 상품을 선택할 수 있다.

Chapter 02

유통산업

제1절 유통산업의 개념

유통산업은 생산자와 소비자를 연결시킴으로써 경제가 원활하게 순환될 수 있도록 하는 역할을 수행한다. 우리나라의 유통산업발전법은 제2조 제1항에서 유통산업을 다음과 같이 정의하고 있다.

> 농산물 · 임산물 · 축산물 · 수산물 및 공산품의 도매 · 소매 및 이를 경영하기 위한 보관 · 배송 · 포장과 이와 관련된 정보 · 용역의 제공 등을 목적으로 하는 산업

유통은 소유권의 이전을 중심으로 하는 상적유통과 상품의 물적 이동을 중심으로 하는 물적유통으로 나누어질 수 있는데, 유통산업발전법에서도 유통산업을 도매와 소매를 중심으로 하는 상적유통산업과 보관 · 배송 등을 중심으로 하는 물적유통산업으로 구부하고 있다. 본장에서는 우리나라에서의 유통산업의 위상에 대해 살펴보고, 우리나라 정부의 유통산업정책을 도소매업을 중심으로 기술한다.

제2절 유통산업의 위상

1. 상적유통산업의 위상

우리나라에서 상적유통산업의 위상은 도소매업이 전체 국민경제에서 차지하는 비중을 중심으로 살펴볼 수 있다. [표 2-1]은 2011~2019년 기간 동안에 도소매업이 국가 전체의 GDP(국내총생산)와 경제활동인구에서 차지하는 비중의 추이를 보여주고 있다. 조사기간 동안의 도소매업 종사자가 전체 경제활동인구에서 차지하는 비중은 평균적으로 약11.2%였던 반면, 도소매업이 GDP에서 차지하는 비중은 평균적으로 약 7.6%에 불과했다.

표 2-1 도소매업의 GDP 및 종사자수의 연도별 비중 추이

연도	도소매업			국민경제 전체		
	GDP (십억원)	종사자수(명)	종사자 1인당 GDP(만원)	GDP(십억원)	경제활동인구 (명)	경제활동인구 1인당 GDP(만원)
2011	111,989 (8.1%)	2,680,253 (10.6%)	4,178	1,388,937	25,389,000	5,470
2012	117,518 (8.2%)	2,774,014 (10.8%)	4,236	1,440,111	25,781,000	5,586
2013	121,181 (8.1%)	2,879,955 (11.0%)	4,207	1,500,819	26,108,000	5,749
2014	119,138 (7.6%)	2,998,923 (11.2%)	3,973	1,562,928	26,836,000	5,824
2015	123,433 (7.4%)	-	-	1,658,020	27,153,000	6,106
2016	128,897 (7.4%)	3,141,900 (11.5%)	4,103	1,740,780	27,418,000	6,349
2017	133,713 (7.3%)	3,173,320 (11.4%)	4,214	1,835,698	27,748,000	6,616
2018	136,414 (7.2%)	3,250,867 (11.7%)	4,196	1,898,192	27,895,000	6,805
2019	137,689 (7.2%)	3,289,652 (11.7%)	4,186	1,924,498	28,186,000	6,828

* 괄호 안의 숫자는 전체 GDP 및 경제활동인구에서 차지하는 비중

자료 : 도소매업 종사자수 : 통계청, 국내통계 > 도소매 · 서비스 > 서비스업조사 > 9차&10차_서비스업조사 > 시도/산업/종사자규모별현황

GDP : 통계청, 국내통계 > 국민계정 > 국민계정(2015년 기준) > 경제활동별, 지출항목별 규모 > 경제활동별 GDP 및 GNI(원계열, 명목, 분기 및 연간)

경제활동인구 : 통계청, 국내통계 > 노동 > 경제활동인구조사 > 경제활동인구총괄

결론적으로 도소매업의 생산성은 전체 경제 생산성의 약 3분의 2 수준밖에 되지 않는 것으로 분석되었다. 이러한 경향은 미국, 일본 등의 선진국에서도 나타나고 있지만 이들 국가에 비해 보다 심한 격차를 보이고 있다. 또한 도소매업 종사자 1인당 GDP와 경제활동인구 전체의 1인당 GDP의 추이를 살펴보면 2011~2019년의 기간 동안 경제활동인구 1인당 GDP는 5,470만원에서 6,828만원으로 약 25%의 증가가 있었던 반면, 도소매업 분야에서는 4,178만원에서 4,186만원으로 불과 약 2% 증가하는데 그쳤다. 이러한 분석 결과는 도소매업이 여타 부분에 비해 낙후되어 있으며, 개선이 되기보다는 오히려 낙후 정도가 심화되어 가고 있음을 보여주고 있다.

도소매업이 전체 경제에 비해 생산성에서 뒤진다는 것은 도소매업이 제조업 등 여타 산업에 비해 사업체의 규모가 작아서 규모의 경제를 창출하지 못하고 있으며, 이로 인해 종업원에 대한 급여액 수준도 매우 낮다는 점을 시사한다. [표 2-2]는 도소매업체의 종업원수 기준의 규모에 따른 사업체수와 매출액의 비중을 나타내고 있다. 2016~2019년 기간 동안 종업원 1~4명 규모의 영세 도소매업체는 큰 변화 없이 전체 사업체수의 약 87%, 매출액의 약 29%를 차지하고 있었다. 여기에 종업원 규모 5~9명인 도소매업체를 합친 종업원 1~9인 규모의 영세 도소매업체는 전체 사업체수의 거의 대부분이라고 할 수 있는 약 96%를 차지하고 있었으며, 매출액에서는 약 47%를 차지하고 있었다. 반면에 50명 이상의 규모로 운영되는 도소매업체는 사업체수에 있어서는 0.3%에 불과했지만, 매출액에 있어서는 약 26%를 차지하고 있었다. 이를 통해 우리나라 도소매업체의 대부분은 매우 영세한 규모로 운영되고 있으며, 도소매업체 간의 규모 격차가 매우 크다는 것을 알 수 있다.

표 2-2 도소매업체의 규모별 사업체수 및 매출액 비중 (단위 : %)

구분	규모	2016	2017	2018	2019
사업체수	1~4명	87.9	87.7	87.0	86.8
	5~9명	8.3	8.6	9.1	9.2
	10~19명	2.5	2.4	2.6	2.6
	20~49명	1.0	1.0	1.0	1.1
	50명 이상	0.3	0.3	0.3	0.3
매출액	1~4명	29.2	29.1	28.0	7.9
	5~9명	18.4	19.1	19.1	18.5
	10~19명	14.1	13.7	14.4	14.1
	20~49명	12.5	12.2	12.7	12.6
	50명 이상	25.8	25.8	25.8	27.0

자료 : 통계청, 국내통계>도소매·서비스>서비스업조사>10차_서비스업조사(2016~)>시도/산업/종사자규모별 현황(2016~2019)

[표 2-3]은 2016~2019년의 10인 이상 업체에 근무하는 도소매업 및 제조업 종사자의 1인당 급여액 추이를 나타내고 있다(통계청의 제조업 통계는 종업원 10인 이하는 집계되어 있지 않아 도소매업도 종업원이 10인 이상인 업체만을 대상으로 분석 하였음). 이 기간 동안 종사자 10인 이상 도소매업체의 종사자 연평균 급여액은 3,592만원, 종사자 10인 이상 제조업체의 종사자의 연평균 급여액은 4,408만원으로 도소매업 종사자의 급여액이 제조업 종사자 급여액의 약 81% 정도 수준인 것으로 나타났다.

▍표 2-3 ▍도소매업과 제조업의 1인당 급여액 추이

연도	도소매업(10인 이상)			제조업(10인 이상)		
	급여액(백만원)	종사자수(명)	1인당급여액(백만원)	급여액(백만원)	종사자수(명)	1인당 급여액(백만원)
2016	33,777,277	994,283	34.0	123,553,770	2,957,917	41.8
2017	34,347,279	983,334	34.9	128,571,541	2,954,811	43.5
2018	38,555,249	1,044,210	36.9	132,092,327	2,956,442	44.7
2019	39,882,665	1,052,212	37.9	135,447,904	2,928,289	46.3

자료 : 도소매업 급여액 : 통계청, 국내통계>도소매・서비스>서비스업조사>10차_서비스업조사(2016~)>시도/산업/종사자규모별현황(2016~2019)
제조업 급여액 : 통계청, 국내통계>광업・제조업>산업편>10차개정>시도(시군구)산업분류별주요지표(10인 이상)(2007~2019)

2. 물적유통산업의 위상

우리나라에서 물류유통산업의 위상도 운송・보관업이 전체 국민경제에서 차지하는 비중을 중심으로 살펴볼 수 있다. [표 2-4]는 2011~2019년의 기간 동안에 운송・보관업이 국가 전체의 GDP(국내총생산)와 경제활동인구에서 차지하는 비중의 추이를 보여주고 있다. 조사기간 동안의 운송・보관업 종사자가 전체 경제활동인구에서 차지하는 비중은 평균적으로 약 4.1%였던 반면, 운송・보관업이 GDP에서 차지하는 비중은 평균적으로 약 3.4%로 인구 비중에 비해 작았다. 즉, 운송・보관업의 생산성은 전체 경제 생산성보다 20% 가까이 낮은 것으로 분석되었다. 또한 운송・보관업 종사자 1인당 부가가치의 연도별 추이를 살펴보면 2011년의 4,452만원에서 2019년에는 5,454만원으로 약 23% 증가하였는데 이는 같은 기간 동안 경제활동인구 전체의 1인당 GDP의 증가율인 25%와 유사했다.

표 2-4 운송 · 보관업의 GDP 및 종사자수의 연도별 비중 추이

연도	운송 · 보관업			전체		
	부가가치(십억원)	종사자수(명)	종사자 1인당 부가가치(만원)	GDP(십억원)	경제활동인구(명)	경제활동인구 1인당 GDP(만원)
2011	48,286 (3.5%)	1,084,531 (4.3%)	4,452	1,388,937	25,389,000	5,470
2012	49,054 (3.4%)	1,077,839 (4.2%)	4,551	1,440,111	25,781,000	5,586
2013	51,303 (3.4%)	1,094,319 (4.2%)	4,688	1,500,819	26,108,000	5,749
2014	54,766 (3.5%)	1,083,296 (4.0%)	5,056	1,562,928	26,836,000	5,824
2015	61,615 (3.7%)	1,101,823 (4.1%)	5,592	1,658,020	27,153,000	6,106
2016	61,546 (3.5%)	1,117,031 (4.1%)	5,510	1,740,780	27,418,000	6,349
2017	62,939 (3.4%)	1,132,905 (4.1%)	5,556	1,835,698	27,748,000	6,616
2018	61,153 (3.2%)	1,135,045 (4.1%)	5,388	1,898,192	27,895,000	6,805
2019	62,899 (3.3%)	1,152,148 (4.1%)	5,454	1,924,498	28,186,000	6,828

자료 : 통계청, 국내통계 > 교통 · 물류 > 운수업조사(2007~) > 시도별/산업별총괄(2007~2020) 산업별/종사자규모별/직종별피고용자수, 급여액

[표 2-5]는 2016~2019년의 10인 이상 업체에 근무하는 운송 · 보관업, 도소매업, 제조업 종사자의 1인당 급여액 추이를 나타내고 있다. 이 기간 동안 종사자 10인 이상인 운송 · 보관업체 종사자의 연평균 급여액은 3,670만원으로 10인 이상인 도소매업체의 종사자 연평균

표 2-5 운송 · 보관업, 도소매업, 제조업의 1인당 급여액 추이 (단위 : 백만원, 명)

연도	운수보관업(10인 이상)			도소매업(10인 이상)	제조업(10인 이상)
	급여액	종사자수	1인당 급여액	1인당급여액	1인당 급여액
2016	24,460,647	712,062	34.4	34.0	41.8
2017	26,747,696	721,532	37.1	34.9	43.5
2018	26,902,677	716,127	37.6	36.9	44.7
2019	27,562,480	730,328	37.7	37.9	46.3

자료 : 운수보관업 종사자수 및 급여액 : 통계청, 국내통계 > 교통물류 > 운수업조사(2017~) > 산업별/종사자규모별 총괄(2007~2019)

급여액인 3,592만원보다는 약간 많았으나 종사자 10인 이상인 제조업체의 종사자 연평균 급여액인 4,408만원에 비해서는 약 17% 적은 것으로 나타났다.

운송업과 보관업의 상대적인 비중을 살펴보면 2019년을 기준으로 사업체수에 있어서는 운송업이 391,356(99.7%)개, 보관업이 1,144(0.3%)개이었으며, 종사자수에 있어서는 운송업이 1,240,335(98.9%)명, 보관업이 12,813(1.1%)명으로 나타났다. 또한 매출규모에 있어서는 2019년을 기준으로 운송업이 약 149조원(98.0%), 보관업이 약 3조원(2.0%)을 기록했다. 부가가치에서도 운송업이 약 61.4조원(97.7%), 보관업이 약 1.5조원(2.3%)를 기록했다. 즉, 사업체수, 종사자수, 매출규모, 부가가치 등 모든 측면에서 운송업이 보관업에 비해 압도적인 비중을 점하고 있었음을 알 수 있다.

제3절 정부의 유통산업정책

정부의 유통산업정책은 유통산업 전반에 걸쳐 큰 영향을 미친다. 정부의 정책방향에 따라 특정 소매업태가 활성화되기도 하고 혹은 심대한 타격을 입고 침체에 빠지기도 한다. 그런데 유통정책은 사회적인 합의를 이루면서 정책방향을 설정하기가 특히 힘든 분야라고 할 수 있다. 왜냐하면 유통산업은 생산성을 시급히 향상시켜야 하는 산업이지만, 전통적으로 많은 사람들이 종사하고 있는 생업의 터전이기도 하기 때문에 단순히 경제논리만으로 정책을 수립해 나가기가 어렵기 때문이다. 그래서 유통정책은 정책방향이 변경될 때마다 많은 논란의 대상이 되었다. 1960년대와 1970년대의 우리나라의 경제발전은 제조업을 중심으로 추진되었기 때문에 제조업을 보조하는 역할을 수행하던 유통산업은 본격적인 관심의 대상이 되지 못했다. 1980년대에 들어서 비로소 정부는 상대적으로 낙후된 유통산업을 발전시키기 위한 여러 가지 정책을 수립하기 시작하였다. 1980년대 이후의 정부의 유통정책은 정부의 영세 유통업체 및 대형 유통업체에 대한 시각에 따라 [그림 2-1]에서와 같이 4개의 시기로 나누어볼 수 있다.

그림 2-1 ▌정부 유통정책의 시대적 흐름

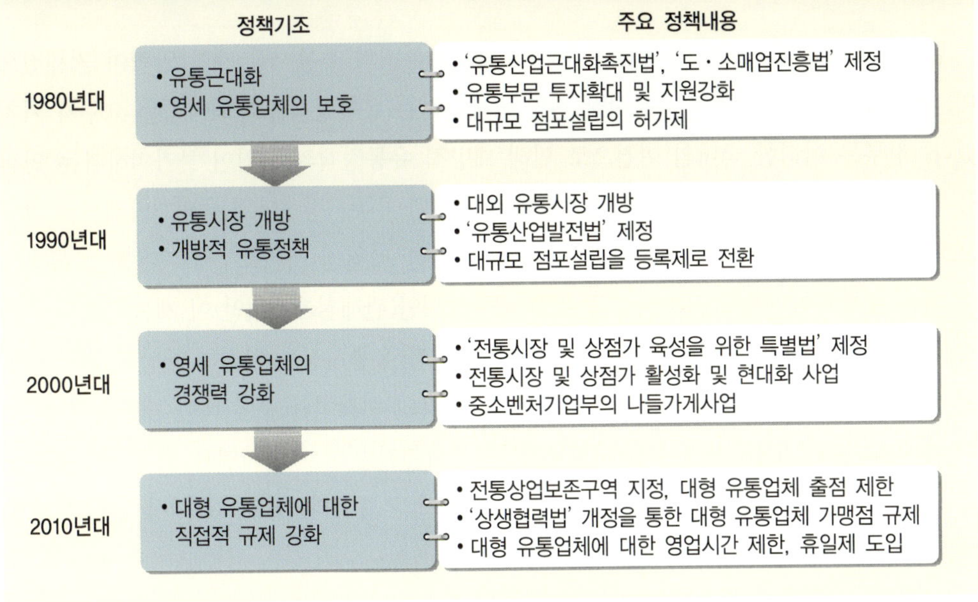

1. 1980년대의 유통근대화 및 영세사업자보호를 위한 유통정책

1980년대에 들어서서 정부는 낙후되어 있는 유통산업의 근대화를 위한 법체계를 정비하기 시작하였다. 1980년에는 '유통산업근대화촉진법'이 제정되었으며, 1986년에는 '도 · 소매업진흥법'이 제정되었다. 유통산업근대화촉진법은 유통부문에 대한 투자확대 및 지원강화, 종합적이고 체계적인 사업추진 등 유통산업의 발전을 위한 일반적인 규정을 내용을 하고 있었던 반면, 도 · 소매업진흥법은 보다 세부적인 내용을 담고 있었다. 도 · 소매업진흥법은 대기업의 유통부문으로의 진출을 제한함으로써 유통산업이 영세사업자들의 생활터전이 될 수 있도록 하여야 한다는 정신을 담고 있었다. 이를 반영하여 도 · 소매업진흥법은 매장면적이 일정한 규모 이상인 대규모 소매점이나 도매센터를 개설하기 위해서는 등록이 아닌 시 · 도지사로부터의 허가를 득하도록 규정하였으며, 대규모 소매점이 인근 소매업자의 이익을 현저히 해할 우려가 있다고 인정될 때에는 시 · 도지사가 심의를 거쳐 대규모 소매점에게 영업시간, 휴일 등의 변경을 권고할 수 있도록 규정하였다. 이러한 규정을 통해 정부는 대규모 소매점이 시장에 진출하는 것을 엄격히 규제하였으며, 그 결과 실제로 1990년대 초반에 이르기까지 대형 소매점은 일제 강점기부터 존재하여 왔던 백화점이 거의 유일하였다.

2. 1990년대의 개방적 유통정책

우리나라의 경제규모가 확대되면서 미국 등으로부터의 유통시장 개방 압력이 거세졌으며, 내부적으로도 대기업의 유통시장 진입을 제한하는 유통정책을 완화하라는 요구가 커져갔다. 정부는 이러한 국내외 여건으로 인해 개방적 유통정책의 도입이 불가피하다는 인식을 갖게 되었다. 정부의 유통시장 개방정책은 1989년 유통시장 3단계 대외개방계획을 바탕으로 본격적으로 추진되기 시작하였다. 이후 1993년 12월에 서비스무역 자유화를 목적으로 하는 우루과이라운드(UR) 타결을 위한 최종양허안(관세철폐계획안)이 제출되면서 유통시장 개방이 확정되었으며, 1996년 1월부터 우리나라 유통시장은 완전히 개방되었다. 이로써 외국인이 우리나라의 유통시장에 진출할 때 매장의 면적이나 수에 대한 제한을 전혀 받지 않게 되었다. 또한 1998년에는 '외국인투자유치촉진법'이 제정되면서 외국인의 부동산 소유가 전면적으로 허용되었으며, 이로 인해 외국인 투자자의 국내 유통시장 진입을 제한하는 법적 장벽은 완전히 없어졌다.

유통시장의 개방은 유통과 관련된 법의 개정을 불러왔다. 왜냐하면 유통시장 개방으로 글로벌 유통기업들이 국내시장에 본격적으로 진출할 것에 대비하여 우리나라 유통기업의 경쟁력 강화를 위해 유통관련 법규를 규제 위주에서 개방적인 방향으로 변경하여야 할 필요성이 있었기 때문이다. 정부는 1996년에 기존의 유통산업근대화촉진법과 도·소매업진흥법을 통합하고, 그 내용을 대폭 변경하여 '유통산업발전법'을 제정하였다. 이 법규의 가장 핵심이 되는 내용은 허가제로 되어 있던 대규모 점포의 개설을 등록제로 전환한 것이다. 이는 대형 유통업체의 진입을 자유롭게 하여 경쟁을 유도함으로써 외국업체에 대한 경쟁력을 강화시키는 데 주된 목적이 있었다고 할 수 있다. 이를 계기로 영세 자영업자가 주도하던 우리나라의 유통시장은 대기업이 주도하는 방향으로 급격히 변화하게 되었다.

3. 2000년대의 영세 유통업체 지원 중심의 유통정책

1990년대의 개방적인 유통정책으로 우리나라의 유통시장은 대형마트, 백화점, 편의점, SSM(기업형슈퍼마켓) 등 대기업 위주의 시장으로 급속히 재편되었다. 이 과정에서 전체 유통시장의 생산성은 향상되었지만, 중소슈퍼, 전통시장, 도매상 등 영세 유통업체는 급속히 위축되었다. 영세 유통업체의 위축은 이를 운영하는 많은 서민들의 생활기반을 약화시키는 결과를 초래하였기 때문에 단순히 경제문제가 아닌 사회적·정치적 문제로 비화되었다. 정부는 이 문제를 해결하기 위해 2000년대에는 영세 유통업체의 경쟁력 강화를 위한 정책을 전개하기 시작하였다. 이를 위해 유통산업발전법을 개정하고, '소기업 및 소상공인 지원을 위한 특별조치법', '전통시장 및 상점가 육성을 위한 특별법' 등을 제정하여 전통시장과 상점가의 활성화 및 현대화 사업, 중소유통업 경쟁력 강화를 위한 기반구축, 중소유통업의 조직화 및 협업화 지원, 대형 유통업체와 중소 유통업체 간의 상생협력을 위한 지원 등을 위한 법적 근거를 마련하였다. 이와 함께 종소기업청(현 중소벤처기업부)을 주축으로 중소슈퍼 사업자에게 POS · 간판 등의 시설, 금융, 컨설팅 등을 지원하는 '나들가게'사업이 시작되었다.

4. 2010년대의 대규모 유통업체 규제강화 중심의 유통정책

2000년대에 이루어진 상당한 규모의 영세 유통업체 지원사업에도 불구하고 전통시장, 중소슈퍼 등의 어려움은 지속되었고, 그 결과 정부는 대형 유통업체에 대한 직접적인 규제 없이는 영세 유통업체의 활성화를 기대하기 어렵다는 판단을 하게 되었다. 이러한 판단하에 2010년대에 들어서는 대형 유통업체에 대한 직접적인 규제가 강화되기 시작하였다. 이러한 정부의 강력한 규제는 대형 유통업체들이 초래한 측면이 있다.

대형 유통업체들은 그간 개방정책에 힘입어 사세를 급속히 확장시켜 왔는데, 이렇게 사세 확장에 몰두하게 된 것은 과점체제를 구성하고 있는 각 시장에서 경쟁사들 간의 경쟁이 매우 치열하게 전개되었기 때문이다. 대형마트, 백화점, 편의점, SSM 등 우리나라의 모든 대형 소매업태에서 3~4개의 대기업이 과점체제를 이루고 있으며, 이들 간에 사활을 건 경쟁이 전개되고 있다. 이로 인해 대형 유통업체들은 영세 유통업체를 배려할 수 있는 여유가 없었으며, 합법적인 모든 수단을 통해 경쟁력을 강화시키기 위해 노력했다. 대형 유통업체들이 대형마트가 포화현상을 보이자 SSM(기업형슈퍼마켓)을 설립하여 골목상권을 적극적으로 공략하기 시작한 것, SSM의 추가출점이 어려워지자 상품공급점이라는 명목으로 실질적인 점포 확장을 시도한 것 등이 이러한 예라고 할 수 있다. 즉, 정부는 대형 유통업체들이 영세 유통업체와의 상생을 위한 마인드를 갖고 있지 않다고 판단하였기 때문에 적극적으로 개입하기 시작하였다고 할 수 있다.

정부는 2010년에 유통산업발전법의 개정을 통해 SSM의 진출을 제한할 수 있는 근거를 마련하였으며, '전통상업보존구역'을 지정하여 전통시장이나 전통상점가의 경계로부터 500m 이내의 범위에서는 대형마트나 SSM 등이 추가출점을 하지 못하도록 규제하고 있었으며 500m의 범위는 2011년에는 1km로 확대되었다. 이 제도는 2015년 12월에 종료될 예정이었으나 2015년 11월 유통산업발전법 개정안이 국회를 통과하면서 2020년 11월까지 5

년 연장되었다. 그러나 이러한 규제는 편의점, H&B스토어, 균일가샵 등에는 적용되고 있지 않았다. 또한 2012년부터 지방자치단체의 조례를 통해 대형마트 및 SSM에 대해 영업시간 제한, 의무휴업일을 지정할 수 있도록 하였다. 중소벤처기업부가 도입하고 있는 사업조정제도는 중소기업의 경영이 대기업에 의하여 위협받을 가능성이 있는 경우에 중소벤처기업부가 이에 개입해 대기업에게 최장 6년까지 사업진출의 연기, 생산품목·수량 등의 축소 등을 권고하는 제도이다. 2009년 이후에 SSM에 대한 사업조정 신청건수가 급증하자 SSM은 직영점이 아닌 가맹점의 형태로 매장의 확대를 시도하였는데, 정부는 이러한 시도를 막기 위해 2011년에 상생협력법(대·중소기업 상생협력 촉진에 관한 법률)을 개정하여 대기업의 투자지분이 50%가 넘는 위탁형가맹점을 사업조정대상에 포함시켰다.

실전 유통론
Principles of Distribution

02 Part

유통경로구성원

Chapter 03

소매유통 트렌드

우리나라의 소매유통은 2000년을 전후로 급격한 변화를 보이고 있다. 이러한 변화의 이면에는 인구구조의 변화, 소비자 라이프스타일의 변화, 정부의 유통정책의 변화, 시장성숙으로 인한 경쟁의 심화, 인터넷의 발전, 모바일기기의 발전 등 여러 가지 요인들이 작용하고 있다. 이러한 다양한 요인들이 결합되면서 2000년을 전후로 유통시장에는 그 이전에는 없었던 새로운 현상들이 나타나기 시작하였다. 이 시기에 출현하기 시작하여 현재까지 진행되고 있는 대표적인 현상들로 대기업 중심의 유통시장 개편, 온라인쇼핑의 활성화, 근거리·소량구매의 확산 등을 들 수 있다.

제1절 대기업 중심의 유통시장 개편

한국의 유통시장을 시대적으로 구분하면 1990년대 중후반을 기준으로 자영업자 중심의 유통시장과 대기업 중심의 유통시장으로 나누어질 수 있다. 1990년대 이전에도 한국에서 대기업이 운영하는 소매업체는 일부 존재하였다. 그 예로 1960~1970년대에 등장한 신세계백화점(1963), 미도파백화점(1966), 롯데백화점(1979)이나 1974년에 정부에 의해 '슈퍼체인 적격업체'로 지정받은 해태, 럭키, 신세계 등의 대형 유통업체들에 의해 운영되었던 슈퍼마켓을 들 수 있다. 하지만 1990년대 이전에는 대기업의 유통시장 진입은 정부의 자영업자 보호를 중심으로 하는 유통정책으로 인해 매우 드물게 이루어졌으며 이로 인해 도매상, 전통시장, 영세슈퍼, 소규모 전문점 등 자영업자 중심의 소매업태들이 주류를 이루고 있었다.

그런데 1996년의 '유통시장 개방'을 전후로 대기업들이 운영하는 새로운 소매업태들이 속속 등장하면서 점차 대기업 중심의 유통체제로 재편되어 갔다. 1996년의 '유통시장 개방'은 외국 유통업체들의 한국시장 진출을 허용하는 것을 그 내용으로 하고 있지만 정부는 이를 계기로 국내 대기업의 유통시장으로의 진출을 허용하는 쪽으로 유통정책 방향을 바꾸게 되었다. 이로 인해 편의점(1989), 대형마트(1993), TV홈쇼핑(1995), H&B스토어(1999), 기업형슈퍼마켓(2001) 등 이전에는 없었던 대기업이 운영하는 새로운 소매업태들이 속속 등장하면서 점포수를 급속히 늘려갔다. 그러한 과정에서 1990년대 이전까지 우리나라의 양대 소매업태라고 할 수 있는 전통시장과 영세슈퍼는 급속히 쇠퇴해갔다.

또한 각 업종에서도 대형 유통업체뿐만 아니라 대형 제조업체들이 유통시장에 진입하면서 자영업자가 운영하는 전통적인 소매업체들은 도태되어 갔다. 예를 들어 자영업자가 운영하였던 5평 내외의 '화장품전문점'은 1980년대 초반에 등장하여 1990년대에는 전체 화장품 소매시장의 60%를 차지하였으나 대형마트, 대형 화장품 제조업체들의 브랜드샵, H&B 스토어 등에 밀리면서 2010년대에는 거의 자취를 감추었다. 2000년대 초반에도 2만 개를 넘었던 소규모 문구점도 대형마트, 문구전문체인점, 균일가샵 등이 등장하면서 사라져가는 소매업태가 되었다. 2000년 초까지만 해도 번성하였던 자영업자들이 운영하던 소규모 빵집도 파리바게뜨를 운영하는 SPC그룹과 같이 제조와 유통을 모두 장악한 대규모 사업체들이 출현하면서 급속히 쇠퇴하였다. 식품부문에서도 2000년대에 들어 CJ, 풀무원, 현대, 대상, 삼성, 신세계 등의 대기업이 식자재시장에 진출하면서 소규모 식자재업체들의 입지는 크게 줄어들었다. 이처럼 대기업 중심의 유통시장은 1990년대 중반 이후 시대의 대세가 되었으며 미래에는 더욱 심화될 것으로 예상되고 있다.

제2절 온라인쇼핑의 급격한 성장

온라인쇼핑은 점포를 기반으로 하는 오프라인쇼핑과 반대되는 개념으로 넓은 의미에서는 인터넷쇼핑뿐만 아니라 TV홈쇼핑, T커머스, 카탈로그쇼핑 등을 포괄한다. 그런데 2000년대 들어 인터넷쇼핑의 규모가 비약적으로 커져가면서 점차 온라인쇼핑은 인터넷쇼핑만을 지칭하는 용어로 사용되고 있다. 본서에서도 용어상의 혼동을 줄이기 위해 온라인쇼핑을 TV홈쇼핑 등을 포괄하는 용어가 아닌 인터넷쇼핑만을 지칭하는 용어로 사용하기로 한다.

온라인쇼핑은 시간과 공간의 제약을 받지 않고 쇼핑을 즐길 수 있으며, 유통마진이 오프라인쇼핑보다 적기 때문에 상대적으로 저렴한 가격에 상품을 구매할 수 있다는 장점을 가지고 있다. 한국에서 온라인쇼핑이 전체 소매시장에서 차지하는 비중은 2000년대 초반에는 1~2%에 불과하였지만, 빠른 속도로 성장하면서 2020년에는 33.5%를 차지하였으며 이러한 성장추세는 앞으로 더욱 가속화될 것으로 예상되고 있다. 특히 '중개몰'이라고도 불리는 오픈마켓은 2000년대 후반부터 우리나라의 온라인쇼핑 시장을 주도하고 있으며, 2020년을 기준으로 전체 온라인쇼핑 시장의 약 50%를 차지하고 있다. 온라인쇼핑은 유선 vs 무선을 기준으로 유선인터넷쇼핑과 모바일쇼핑으로 나누어질 수 있는데 그 중 모바일쇼핑은 쇼핑의 패러다임을 바꿔놓을 정도의 기세로 빠르게 성장하고 있다. 2010년대 초에 등장한 모바일쇼핑은 10년 정도가 지난 2020년에 전체 온라인쇼핑의 67.9%, 전체 소비지출의 22.8%를 차지하였다. 이러한 빠른 성장은 전체 경제활동인구의 대부분이 스마트폰을 보유하고 있으며, 시간적 제약은 물론 공간적 제약도 뛰어넘을 수 있는 모바일쇼핑의 장점이 현대인의 라이프스타일에 부합하는 측면이 있기 때문인 것으로 분석되고 있다.

온라인쇼핑이 시대의 대세로 부상하면서 백화점, 대형마트, TV홈쇼핑, SSM, 편의점 등을 운영하는 대형 오프라인 유통업체들은 온라인쇼핑의 활성화에 적극 나서고 있다. 신세계, 롯데 등의 대형 유통업체들은 계열사를 아우르는 통합형 온라인플랫폼을 구축하여 온오프라인 시너지효과의 창출을 도모하고 있고, 이미 50% 정도의 매출이 인터넷상에서 이루어지고 있는 TV홈쇼핑 업체들은 인터넷 업체로의 변신을 서두르고 있다. 또한 온라인 붐을 타고 신선식품의 마켓컬리, 남성의류의 무신사 등 각 분야에서 온라인으로 무장한 새로운 유통 강자들이 등장하고 있다. 대형 유통업체뿐만 아니라 대형 제조업체들도 적극적으로 온라인쇼핑의 활성화에 나서고 있다. 가전, 가구, 화장품 등 각 분야의 대형 제조업체들은 자사몰의 활성화를 위해 노력하는 한편, 오픈마켓이나 라이브커머스 플랫폼 업체들과의 제휴를 통한 온라인 진출에도 적극 나서고 있다.

제3절 근거리 · 소량구매의 확산

2010년대 들면서 소비자들의 근거리 · 소량구매를 선호하는 경향이 두드러지게 나타나고 있다. 이러한 경향의 주된 원인으로는 저출산과 고령화로 인한 1~2인 가구의 증가가 지적되고 있다. 우리나라 전체 가구 중 1~2인 가구의 비율은 1990년의 22.8%에서 2000년 34.6%, 2010년 48.1%, 2020년 59.8%로 증가하였으며([표 3-1] 참조), 이런 추세로 볼 때 2030년에는 70%에 이를 것으로 전망되고 있다. 가구 구성원수가 적기 때문에 많은 양을 한꺼번에 구매할 필요성이 줄어들었고, 이로 인해 필요할 때 근거리에 위치한 소매점에서 소량으로 자주 구매하는 소비자들이 늘고 있다. 특히 신선식품과 같이 유통기간이 짧은 품목에서는 이러한 경향이 더욱 심하게 나타나고 있다.

이러한 근거리·소량구매 트렌드는 대형마트와 백화점에 불리하게 작용하고 있다. 왜냐하면 이들 소매업태는 상대적으로 점포수가 적기 때문에 점포까지 이동하는 데 많은 시간이 소요되고 대형마트와 같은 경우에는 물건을 산 후 계산을 할 때에도 줄을 서야 하는 등 불편함이 따르며, 백화점과 대형마트의 주된 장점이라고 할 수 있는 원스톱쇼핑도 가구 구성원의 수가 적은 소비자에게는 큰 혜택이 될 수 없기 때문이다.

반면에 거주지역 인근에 규모는 작지만 많은 점포를 가지고 있는 편의점과 슈퍼마켓, 그리고 시간과 공간의 제약을 받지 않는 온라인쇼핑 등에는 유리하게 작용하고 있다. 실제로 최근 몇 년간 대형마트와 백화점의 성장률은 매우 저조한 반면, 편의점, 슈퍼마켓, 온라인쇼핑몰 등은 불황에도 불구하고 꾸준히 성장하고 있다. 주거지역에 위치해 있는 전통시장도 이러한 추세의 수혜자가 되어야 하지만, 가격경쟁력, 편의시설, 상품구색 등에 있어서 타 소매업태에 뒤처지면서 2010년대에 들어서도 크게 개선되지는 못하고 있다.

표 3-1 1~2인 가구수 비율 추이 (단위 : 명, %)

구분	1990	1995	2000	2005	2010	2015	2020
전체 가구수	11,354,540	12,958,181	14,311,807	15,887,128	17,339,422	19,111,030	20,926,710
1~2인 가구수	2,587,212	3,827,032	4,954,981	6,691,220	8,347,217	10,197,258	12,507,879
1~2인 가구수 비율	22.8	29.5	34.6	42.1	48.1	53.4	59.8

자료 : 통계청, 국내통계 > 인구 > 인구총조사 > 가구부문 > 총조사가구(2015년 이후) > 전수부문 > 전수기본표 > 가구원수별가구(일반가구)

Chapter 04 소매업태

소매업태는 소매업체가 최종소비자에게 상품을 판매하는 방식을 의미한다. 판매하는 방식을 구분하는 기준으로는 매장의 면적, 상품구색, 매장운영방식, 온라인 vs 오프라인 등이 있다. 본장에서는 오프라인 소매업태인 대형마트, 백화점, 슈퍼마켓, 아울렛과 복합쇼핑몰, 편의점, H&B스토어, 균일가샵, 전통시장, 다단계판매 등과 온라인 소매업태인 온라인쇼핑, TV홈쇼핑 등에 대해 기술한다.

제1절 대형마트

1. 우리나라 대형마트의 개념과 약사(略史)

우리나라의 대형마트는 '식품, 생활용품, 가전제품 등의 상품을 일반상점보다 저렴한 가격으로 소비자에게 셀프서비스 방식으로 판매하는 매장면적 3,000m^2 이상의 대규모 매장'이라고 정의될 수 있다. 품목별 판매에서는 신선식품, 가공식품 등의 식품류가 압도적인 비중을 차지하고 있다. 산업통상자원부의 자료에 따르면 대형마트의 식품류 판매는 2010년에 대형마트 전체 매출의 49.5%를 차지하였으며, 그 후 지속적으로 증가하면서 2020년에는 65.5%를 기록했고, 2021년에 들면서는 70%에 근접하였다. 식품류에 이어 가정/생활 및 가전/문화 관련 제품이 각각 12~13%로 2, 3위를 차지하고 있다. 좁은 의미의 대형마트의 개념에는 이마트, 홈플러스, 롯데마트 등만이 포함되지만, 넓은 의미의 대형마트의 개념에는 코스트코, 트레이더스, 빅마켓 등과 같은 창고형 할인매장도 포함된다. 본절에서는 창고형 할인매장을 대형마트에 포함시켜 기술한다.

우리나라에 대형마트가 도입된 것은 신세계가 이마트 1호점을 도봉구 창동에 개점한 1993년이다. 초기의 대형마트는 최소한의 서비스를 제공하고, 마감이 깔끔하지 않은 매장 인테리어에 박스단위의 판매를 위주로 하는 창고형 매장이었다. 한국사회는 1990년대 후반에 외환위기를 겪으면서 품질 대비 가격을 중시하는 소비성향이 정착되었으며, 이로 인해 상품을 저렴하게 판매하는 대형마트가 본격적인 성장기로 접어들게 되었다. 대형마트 업체들은 한국인의 구매성향에 부합하기 위해 인테리어의 고급화, 높은 수준의 서비스, 다양한 부대시설 등을 갖추는 방향으로 전환하면서 '한국형 대형마트'의 모습을 갖추게 되었다. 1996년에 유통시장이 개방되면서 마크로, 월마트, 까르푸 등 외국계 글로벌 유통업체들과 국내업체들이 치열한 경쟁을 전개하였으나 마크로가 1998년에 월마트에 인수되고 2006~2007년에는 월마트와 까르푸가 국내시장에서 철수하면서 경쟁사가 줄어들었고, 특히 2008년에 홈플러스가 이랜드리테일의 홈에버 매장 35개를 인수하면서 우리나라 대형마트 업계에는 이마트(1993년), 롯데마트(1998년), 홈플러스(1999년) 등의 3사가 대부분의 시장을 차지하는 빅3 구도가 정착되었다. 미국에서는 월마트, 영국에서는 테스코, 프랑스에서는 까르푸 등의 선도기업이 각각 자국 시장을 지배하는 구도를 가지고 있는 반면, 우리나라는 이들 국가들에 비해 시장규모가 훨씬 작음에도 불구하고 3개 업체가 치열한 경쟁을 벌이는 특징을 보이고 있다.

2. 시장현황

2.1 대형마트의 연도별 매출액 및 매장수

2020년을 기준으로 대형마트의 매출액은 약 33.8조원이며, 전국에 522개의 매장이 있다. 2020년의 우리나라 전체 소매시장 규모는 475.2조원이며, 따라서 대형마트는 전체 소매시장에서 약 7.1%를 차지하고 있다. 이는 백화점, SSM, 편의점 등의 주요 대형 오프라인 소매업태 가운데 가장 높은 비중이다. 그렇지만 2010년대 중반인 2016년의 10.4%와 비교하면 크게 줄어든 수치이다. 대형마트의 연도별 매출액과 매장수의 추이는 [표 4-1]과 같다.

대형마트는 2000년대 초에 들어 본격적인 성장기를 맞이하면서 30%대의 높은 성장세를 보였으나 2008~2009년에 성장률이 5% 내외의 수준으로 떨어지면서 저성장기로 진입하였다. 2010~2011년에 성장률 7~10%의 회복세를 보이기도 하였지만, 2013년 이후에는 성장률 0~1%대의 본격적인 정체기로 접어들었으다. 2020년에는 코로나19에도 불구하고 매출액이 코로나19 이전인 2017년의 매출 수준을 회복한 것으로 나타났다. 이에 대해서는 코로

표 4-1 대형마트의 연도별 매출액 및 매장수 (단위 : 조원, %, 개)

구분	2015	2016	2017	2018	2019	2020
매출액	32.8	33.2	33.8	33.5	32.4	33.8
성장률	–	1.2	1.8	–0.9	–3.3	4.3
매장수	512	518	525	526	521	522
증가수	–	6	7	1	–5	1

자료 : 매출액 : 통계청, 국내통계>도소매>서비스업동향조사>소매판매통계>소매판매액>소매업태별 판매액
매장수 : 리테일매거진, "유통산업 보고서," 2016~2021년 1월호

나19로 인해 집에서 생활하는 시간이 늘어나면서 식품에 대한 수요가 늘어났기 때문인 것으로 해석되고 있다. 그러나 이는 단기적인 현상으로 그칠 가능성이 높으며, 2020년대에도 2010년대와 같이 저성장 혹은 역성장이 지속될 것이라는 예상이 많다. 이러한 예상은 다음과 같은 여러 가지 요인에 기반하고 있다.

- **포화상태에 이른 매장수** : 대형마트는 인구 10만 명당 1개 정도가 적당한 것으로 평가되고 있다. 2020년 현재 우리나라의 인구가 약 5,200만 명이고 대형마트의 수는 522개이기 때문에 우리나라 대형마트의 매장수는 이미 포화상태에 이르렀다고 할 수 있다. 더욱이 2010년대에 들어 복합쇼핑몰, 프리미엄아울렛 등과 같은 대형 쇼핑몰이 건설되면서 대형마트의 매장수의 확장을 통한 매출증대 가능성은 더욱 줄어들었다고 평가할 수 있다.
- **장기적인 경기침체로 인한 소비위축** : 경기침체는 시장 전반에 악영향을 주고 있으며, 이러한 악영향은 대형마트에도 예외 없이 적용되고 있다.
- **근거리 · 소량구매 소비 트렌드** : 1~2인 가구의 증가 및 고령화에 따른 근거리 · 소량구매 소비 트렌드는 주거지역에 위치한 편의점, 슈퍼마켓 등에는 유리하게 작용하고 있지만 상대적으로 거리가 멀고, 대량구입이 이루어지는 대형마트에는 불리하게 작용하고 있다.
- **유통산업발전법 개정에 따른 규제** : 2013년 7월부터 시행되고 있는 유통산업발전법 개정안에 따라 대형마트는 SSM과 더불어 전통상업보존구역인 전통시장 반경 1km 내의 지역에 출점할 수 없고, 월 2일을 휴업일로 정하도록 되어 있으며, 자정(오전 0시)부터 오전 10시까지는 개점할 수 없다. 이러한 규제는 대형마트의 매출감소 추세를 가속화시킨 것으로 분석되고 있다.
- **온라인쇼핑몰의 성장** : 2010년대에 들면서 모바일쇼핑을 중심으로 온라인쇼핑이 빠른 속도로 성장하고 있으며, 이는 오프라인 유통업체에 큰 타격을 주고 있다. 오프라인 유통업체 가운데에서도 특히 대형마트가 가장 큰 타격을 받은 것으로 분석되고 있다.

온라인쇼핑은 2020년대에도 높은 성장을 지속할 것으로 예상되는 만큼 이로 인한 대형마트에 대한 부정적 영향도 지속될 것으로 예상된다.

2.2 빅3 대형마트의 연도별 매출액 및 매장수

[표 4-2]는 2015~2020년의 빅3 대형마트의 매출액과 매장수 추이를 보여주고 있다. 빅3의 전체 매출액 추이를 살펴보면 빅3 체제가 정착된 2008년부터 2011년까지는 10%대의 성장률을 보였지만 2012년에 들면서 마이너스 성장을 기록하기 시작하였으며, 그 추세가 이어지면서 2020년대까지도 지속되고 있다. 빅3 업체의 매출액 점유율을 살펴보면 이마트, 홈플러스, 롯데마트의 비율이 2015년에는 약 4:3:3이었다. 그런데 상대적으로 공격적인 경영을 지속했던 이마트는 롯데마트와 홈플러스의 매출을 흡수하면서 2020년에는 약 50%

표 4-2 빅3 대형마트의 연도별 매출액 및 매장수 (단위 : 조원, %, 개)

구분			2015	2016	2017	2018	2019	2020
매출액	이마트	매출액	11.1	11.6	12.5	13.1	13.2	14.2
		성장률	-	4.5	7.8	4.8	0.8	7.6
		점유율	40.2	41.9	46.3	48.3	49.3	52.2
	홈플러스	매출액	8.2	7.9	7.9	7.7	7.3	7.0
		성장률	-	-3.7	0.0	-2.5	-5.2	-4.2
		점유율	29.7	28.5	29.3	28.4	27.2	25.7
	롯데마트	매출액	8.3	8.2	6.6	6.3	6.3	6.0
		성장률	-	-1.2	-19.5	-4.5	0.0	-4.8
		점유율	30.0	29.6	24.4	23.2	23.5	22.1
	합계	매출액	27.6	27.7	27.0	27.1	26.8	27.2
		성장률	-	0.4	-2.5	0.4	-1.1	1.5
매장수	이마트	이마트	146	147	145	144	140	141
		트레이더스	10	11	14	15	18	19
		합계	156	158	159	159	158	160
	홈플러스		141	142	142	140	140	140
	롯데마트	롯데마트	112	114	117	118	118	110
		빅마켓	5	5	5	5	5	2
		합계	117	119	122	123	123	112
	합계		414	419	423	422	421	412

* 홈플러스의 회계연도는 당년 3월~익년 2월

자료 : 매출액 : (이마트/롯데마트) 금융감독원 전자공시시스템, 사업보고서, 2020, 2018, 2016. (홈플러스) 금융감독원 전자공시시스템, 감사보고서, 2021.
이투데이, "홈플러스 작년 매출 4.7% 하락한 7.3조 "3개 점포 유동화 … 구조조정은 없다", 2020년 6월 12일.
매장수 : 리테일매거진, "유통산업보고서 : 대형마트" 2021, 2020, 2019, 2018.

의 점유율을 차지하였으며 나머지 50%를 둘러싼 홈플러스와 롯데마트의 경쟁에서는 홈플러스가 약간 우세했다. 2020년을 기준으로 빅3의 매장수는 모두 412개이며, 이마트가 160개(38.8%), 홈플러스가 140개(34.0%), 롯데마트가 112개(27.2%)의 매장을 가지고 있다. 이마트와 롯데마트의 경우에는 매장수에 창고형 할인매장(각각 트레이더스와 빅마켓)이 포함되어 있다. 빅3의 매장수는 2017년의 423개를 정점으로 점차 감소하고 있다. 업체별로 보면 코로나19가 본격화된 2020년에 롯데마트는 전년 대비 11개의 매장을 줄인 반면, 이마트는 오히려 매장을 2개 늘렸다. 이마트는 수익성이 좋지 않은 점포를 줄여가는 한편, 매출액 성장률이 높은 트레이더스를 중심으로 점포를 늘려가고 있다.

[표 4-3]은 빅3 업체가 전체 대형마트 시장에서 차지하는 연도별 매출액 및 매장수 점유율을 나타내고 있다. 매출액 점유율은 저성장기로 들어가기 직전인 2011년에는 90%에 근접하기도 하였으나 시간이 흐르면서 80%를 약간 상회하는 수준에서 안정화되는 모습을 보이고 있다. 빅3의 매장수 점유율은 2008년에는 약 75%였으나, 2000년대에 들면서부터 80%를 약간 상회하는 수준을 꾸준히 유지하고 있다. 다만 2020년에는 롯데마트가 코로나19 극복을 위해 부진 점포를 대폭 정리하면서 79% 수준까지 떨어졌다.

표 4-3 빅3 업체의 연도별 매출액 및 매장수 점유율 (단위 : 조원, %, 개)

구분		2015	2016	2017	2018	2019	2020
전체 매출액		32.8	33.2	33.8	33.5	32.4	33.8
빅3	매출액	27.6	27.7	27.0	27.1	26.8	27.2
	점유율	84.1	83.4	79.9	80.9	82.7	80.5
전체 매장수		512	518	525	526	521	522
빅3	매장수	414	419	423	422	421	412
	점유율	80.9	80.9	80.6	80.2	80.8	78.9

3. 대형마트의 전략

대형마트는 주로 매장수의 증대를 통한 성장전략을 취해 왔지만 시장의 포화, 정부의 규제, 소비자 트렌드의 변화 등으로 더 이상 양적 팽창을 통한 성장이 어려워졌으며, 이를 타개하기 위해 양적 팽창을 대신할 수 있는 질적 변화를 적극 모색하고 있다. 이러한 질적 변화를 통한 전략은 다양한 형태로 나타나고 있다. 주요한 전략으로 온라인쇼핑몰의 강화, 창고형 할인매장의 개설, PB상품의 강화 등을 들 수 있다.

3.1 온라인쇼핑몰의 강화

소비자들의 온라인쇼핑에 대한 선호가 높아지면서 대형마트들도 2000년대 말을 기점으로 신성장동력으로 떠오른 온라인쇼핑에 대한 투자를 강화하고 있다. 2008년에는 빅3 대형마트의 온라인쇼핑몰 매출액은 1,300억원 정도로 전체 매출액의 1%에도 미치지 못하였다. 그러나 꾸준한 노력을 통해 2014년에는 전체 매출액의 5%를 넘어섰고, 2019년에는 10%에 달했다. 또한 2020년을 기준으로 온라인매출의 80% 정도가 모바일쇼핑에 의해 이루어졌다. 그러나 이러한 성과가 만족스러운 수준이라고 보기는 어렵다. 그 근거로는 다음과 같은 점을 들 수 있다.

첫째, 2020년의 빅3 대형마트의 온라인쇼핑 매출액인 2.9조원은 2020년 우리나라 전체 온라인쇼핑 시장규모인 159.4조원의 2%에도 미치지 못하는 수준이다. 그에 비해 예를 들어 창업한지 10년에 불과한 쿠팡의 2020년 매출액 14조원은 빅3 대형마트 온라인쇼핑 매출액 2.9조원의 5배에 가깝고, 시장점유율 1위의 대형마트인 이마트의 전체 매출액인 14.2조원과 비슷하다. 둘째, 빅3 대형마트의 온라인쇼핑 매출액 성장률과 우리나라 전체 온라인쇼핑 매출액 성장률을 비교해보면 그 규모가 빅3 대형마트의 온라인쇼핑 매출액의 50배 이상인 전체 온라인쇼핑 매출액의 성장률이 더 빠르다. 즉, 2016~2000년의 연평균 성장률을 비교해보면 빅3 대형마트 온라인쇼핑의 연평균 성장률은 약 14%, 우리나라 전체 온라인쇼핑의 연평균 성장률은 약 20%이다. 이런 추세가 지속되면 대형마트 온라인쇼핑 판매액의 질대직인 규모는 커지겠지만 그 존재감은 시간이 갈수록 미미해질 수 있다.

표 4-4 빅3 대형마트의 연도별 온라인쇼핑 시장규모 (단위 : 조원, %)

구분		2015	2016	2017	2018	2019	2020
전체 매출액	매출액	27.6	27.7	27.0	27.1	26.8	27.2
	성장률	–	0.4	–2.5	0.4	–1.1	1.5
온라인쇼핑몰 매출액	PC	1.0	0.8	0.7	0.7	0.7	0.6
	모바일	0.6	0.9	1.3	1.7	2.0	2.3
	소계	1.6	1.7	2.0	2.4	2.7	2.9
	성장률	–	6.2	17.6	20.0	12.5	7.4
온라인쇼핑 비중		5.8	6.1	7.4	8.9	10.0	10.7

자료 : 온라인쇼핑 매출액 : 한국온라인쇼핑협회(2020), 2021 온라인쇼핑 시장에 대한 이해와 전망, 120.

대형마트는 온라인쇼핑 사업의 전개에 있어서 적지 않은 한계점을 가지고 있다. 이러한 한계점으로는 첫째, 소비자들의 대형마트에 대한 인식을 들 수 있다. 즉, 소비자들은 대형마트를 오프라인 업체로 인식하기 때문에 소비자가 인터넷을 통해 구매하고자 할 때 대형마트가 가장 먼저 생각나는 업체가 될 수는 없다. 둘째, 대형마트의 SKU는 약 6~7만에 불과하기 때문에 소셜커머스나 오픈마켓 등에 비해 상품의 다양성이 떨어진다. 셋째, 쿠팡과 같은 온라인쇼핑몰 업체는 물류를 핵심 역량으로 삼고 있기 때문에 창업시부터 물류센터, 배송시스템 등의 분야에 집중적인 투자를 하지만, SKU가 작고, 차량운행 경로가 단순하며, 고객 거주지까지의 상품 배송을 대부분 고객들이 스스로 해결하는 대형마트의 경우에는 물류와 배송이 핵심역량은 아니기 때문에 물류와 배송에 대한 투자가 상대적으로 적었으며, 따라서 본격적으로 온라인쇼핑 사업을 전개하기 위해서는 상당한 투자가 추가적으로 이루어져야 한다는 부담이 있다.

대형마트는 위에서 언급한 오프라인 업체로서의 한계점을 극복하기 위해 온라인 업체가 가질 수 없는 오프라인 업체만의 장점을 살릴 수 있는 방향으로 온라인 사업을 전개해 나가고 있다. 온라인쇼핑 사업을 전개함에 있어서 대형마트가 가질 수 있는 가장 큰 장점은 비교적 많은 수의 점포가 전국에 산재해 있다는 점이다. 따라서 점포의 일부 혹은 유휴공간을 온라인 주문에 대응하는 풀필먼트센터([글 4-1] 참조)로 개조하여 활용하면 별도의 물류센터를 건립할 필요가 없기 때문에 비용을 대폭 절감할 수 있을 뿐만 아니라, 고객 거주지까지의 배송거리가 짧아져서 배송시간도 대폭 줄일 수 있다. 또한 숙련된 피커(picker)를 고용하여 온라인으로 주문받은 상품을 장바구니에 담고, 패킹은 점포 뒤편에 연접해 있거나 혹은 같은 건물에 위치한 풀필먼트센터에서 자동화시스템을 이용하여 처리한 후, 배송준비가 완료된 패킹된 상품을 바로 배송트럭과 연결시키면 풀필먼트센터가 없을 때에 비해 작업속도를 5배 이상 증가할 수 있다는 것도 큰 장점이다.

이러한 국내 대형마트들의 전략은 온라인업체인 아마존에 밀리며 고전하고 있던 미국의 대형마트인 월마트의 사례를 벤치마킹한 것이다. 월마트는 미국 전체 인구의 약 90%가 월마트 점포 10마일(약 16km) 내에 거주하고 있다는 점을 활용하여 2017년 경부터 전국의 4,800개 점포를 배송기지로 활용하는 방식을 도입하면서 매출, 수익 등의 부문에서 상당한 성과를 거두었다. 빅3 대형마트 중에서 매장이 가장 넓고 유휴공간이 가장 많은 홈플러스는 매장의 풀필먼트센터화에 매우 적합한 조건을 갖추고 있다. 이 업체는 일부 지점을 대상으로 유휴공간에 풀필먼트센터를 구축한 뒤 신속한 피킹, 패킹, 근거리 배송을 수행하는 사업을 활발히 전개하고 있다([글 4-2] 참조).

글 4-1 풀필먼트센터의 의미

풀필먼트(fulfilment)의 사전적인 의미는 '약속 이행'이다. 따라서 풀필먼트센터는 '약속의 이행을 실천에 옮기는 장소'라는 뜻인데, 이때의 약속은 고객과의 약속, 구체적으로는 고객이 주문한 상품을 정해진 시간 내에 고객이 지정한 장소로 배송하겠다는 약속을 의미한다. 또한 이때의 고객은 법인고객이 아닌 개인고객을 의미하고, 따라서 풀필먼트센터는 온라인에서 B2C 사업을 전개하는 전자상거래 업체에 특화된 물류센터를 의미한다. 전자상거래 업체의 물류는 상대적으로 적은 종류의 상품을 대량으로 배송하는 오프라인 유통업체의 물류와는 근본적으로 다르다. 왜냐하면 전자상거래에서는 수십만, 수백만 건의 SKU(Stock Keeping Unit)를 실시간으로 관리하면서 상품을 일일이 개별 포장하여 라스트마일 배송까지 매끄럽게 연결시켜야 하기 때문이다. 따라서 전자상거래에서는 보다 첨단화된 시설과 시스템을 바탕으로 신속한 업무처리, 실시간 재고 파악, 철저한 고객접점관리 등이 요구된다. 즉, '풀필먼트센터'라는 용어에는 실시간 재고 파악, 신속한 배송, 철저한 고객접점관리 등을 충실히 수행하겠다는 전자상거래 업체의 의지가 반영되어 있다고 할 수 있다. 이러한 이유로 전자상거래 업체를 중심으로 점차 물류센터라는 용어 대신 풀필먼트센터라는 용어가 쓰이고 있다.

첨단화된 풀필먼트센터를 구축하고 전자상거래 사이트에서 물건을 판매하는 사업자들을 대상으로 풀필먼트 서비스를 제공하는 업체들도 생겨나고 있다. 예를 들어, 아마존은 '풀필먼트 바이 아마존 (Fulfilment By Amazon, FBA)'이라는 이름으로 자사 쇼핑몰에 입점한 판매자들을 대상으로 일정한 수수료를 받고 재고관리는 물론, 주문을 받은 경우에 필요한 포장, 배송, 고객문의 내응 등의 서비스를 제공하고 있다. 이러한 서비스를 통해 중소규모의 판매자는 판매과정에 수반되는 부담을 대폭 줄일 수 있다. 풀필먼트센터와 관련한 또 하나의 흐름은 전자상거래 업체들이 오프라인 유통업체와의 연계를 통해 오프라인 유통업체의 매장을 라스트마일 배송을 위한 전진 기지로 활용하는 사례가 늘고 있다는 점이다. 아마존은 2017년 8월 미국 내에 400여 개의 매장을 가지고 있는 유기농 식품업체 홀푸드(Whole Foods)를 인수하였는데, 이 업체의 매장들을 신소매 매징으로 탈바꿈시기는 것보다는 아마존의 신선식품 배송의 효율성 제고를 위해 미국 전역에 고르게 분포되어 있는 이 업체의 매장들을 풀필먼트센터로 활용하는데 더 많은 관심을 가지고 있다.

자료 : 박찬욱(2018), 중국의 신소매 유통혁명, 제6장 신소매와 물류, 도서출판 청람

글 4-2 홈플러스의 온라인 사업 강화

홈플러스가 온라인과 오프라인 사업을 결합한 '올라인' 강자로의 도약을 선언했다. 오프라인 인프라를 주축으로 온라인 사업 역량을 강화하겠다는 계획이다. 전국 홈플러스 점포의 영업면적은 평균 4,386㎡로 대형마트 3사 중 가장 넓다. 3,000㎡ 이상의 영업면적을 보유한 점포수도 홈플러스가 81개로 경쟁사(13~16개)에 비해 월등히 많다. 홈플러스는 MBK파트너스 인수 이후 기존 점포 내 주차장 등 유휴공간을 리모델링한 온라인 전용 물류센터 '풀필먼트센터'를 조성해 온라인배송이 크게 몰리는 지역의 점포 물류기능과 규모를 확장했다. 이미 기존 점포 자산을 활용해 온라인 물류센터를 확보한 홈플러스는 큰 출혈 없이 온라인사업 확장에 이를 것으로 기대된다. 물류센터 시공에 드는 거액의 비용과 기간, 관리비용을 절감하면서도 전국 도심 곳곳에 위치한 점포를 통한 근거리 배송은 강점으로 작용한다. 실제로 이 같은 온라인 모델을 장착한 풀필먼트센터 3곳은 두드러진 매출 성과

를 보이고 있다. 지난해 기준 원천점의 온라인 매출은 전년 대비 125%, 안양점은 101%, 계산점은 10% 신장했다. 홈플러스 온라인의 가장 큰 장점 중 하나는 바로 신선함이다. 고객이 직접 마트에서 장을 보는 것과 같이 '주부경력 9단' 피커(Picker, 장보기 전문사원)들이 각 점포에 진열된 상품을 직접 골라 담아 배송차량으로 보내면, 고객이 원하는 배송시간에 맞춰 상품을 배달해준다. 배송차량은 상온과 냉장/냉동 3실 시스템으로 운영돼 냉장 혹은 냉동상품이 실온에 노출되는 시간은 배송기사가 차량에서 하차한 순간부터 고객의 현관문까지 이르는 아주 짧은 시간뿐이다. 이 때문에 아이스크림조차도 온라인 배송이 가능한데, 고객이 직접 동네 편의점에서 물건을 사오는 것보다 상온 노출시간이 더 짧다. 현재 홈플러스의 당일배송률은 2019년부터 업계 최상위 수준인 80%를 기록해왔다. 홈플러스는 2020년 회계연도 온라인 사업 매출이 1조원을 육박할 것으로 전망했다. 홈플러스는 향후 3년 내 피커 인력을 현재 1,900명에서 4,000명, 콜드체인 배송차량을 현재 1,400여 대에서 3,200여 대로 늘려 배송규모를 더욱 확대할 방침이다. 이를 통해 올해는 온라인 매출 1조 3,000억원을 달성하고, 내년에는 1조 8,000억원, 2023년에는 2조 4,000억원까지 끌어올릴 것으로 회사 측은 기대하고 있다.

자료 : 머니S, "홈플러스, '올라인'으로 재도약… '올해 온라인 매출 1.3조원 달성'," 2021년 3월 4일

3.2 창고형 할인매장의 개설

창고형 할인매장은 1976년 미국 샌디에이고에서 문을 연 프라이스클럽(현 코스트코)이 최초이며, 우리나라에는 코스트코 양평점이 개점된 1994년에 도입되었다. 도입 이후 16년간 코스트코의 독주체제가 지속되었으나 2010년 이마트가 트레이더스를 개장하고, 2012년에는 롯데마트가 빅마켓을 개장하면서 본격적인 경쟁체제로 돌입하였다. 2020년 현재 코스트코 16개점, 트레이더스 19개점, 빅마켓 2개점이 운영되고 있다. [표 4-5]는 코스트코의 연도별 매출액 및 매장수를 나타내고 있다. 코스트코는 대형마트가 연평균 약 5% 성장에 머무르고 있던 2008~2009년에도 연평균 약 30%의 높은 성장률을 기록하였으며, 이러한 점이 바로 이마트와 롯데마트를 자극하여 창고형 할인매장의 설립에 적극적으로 나서도록 하는 계기가 되었다. 코스트코는 대형마트 빅3의 전체 매출액이 −1.0~1.0%의 성장률을 기록한 2012~2016년에도 연평균 10% 이상의 높은 성장률을 기록하였다. 그런데 2017년 이후에는 성장률이 10% 이하로 떨어졌으며, 이는 이마트 트레이더스와의 경쟁이 심화되었기 때문인 것으로 분석되고 있다.

이마트의 트레이더스는 2010년에 설립되었으며, 코스트코와는 달리 연회비를 받지 않는 비회원제로 운영되고 있다. 또한 코스트코가 자영사업자가 선호하는 대용량 품목에 중심을 두고 있는 반면 트레이더스는 1인 가구를 위한 소포장 상품도 동시에 취급하고 있다. 품목별로 보면 신선식품이 약 40%, 가공식품이 약 25%로 전체 매출의 65% 정도가 식품류에서

▌표 4-5 ▌코스트코의 연도별 매출액 및 매장수 (단위 : 조원, %, 개)

연도	2010	2011	2012	2013	2014	2015	2016	2017	2018	2019	2020
매출액	1.6	2.1	2.3	2.5	2.9	3.2	3.5	3.8	3.9	4.2	4.5
성장률	–	32.1	9.8	9.2	16.0	10.3	10.0	8.6	2.6	7.7	7.1
매장수	7	7	9	9	11	12	12	13	15	16	16

자료 : 매출액 : 금융위원회 전자공시시스템>코스트코코리아>감사보고서(코스트코코리아의 회계기간은 금년 9월 1일~익년 8월 31일. 여기서는 익년을 기준으로 정리)]
매장수 : 리테일매거진, "유통산업 보고서 : 대형마트," 2011~2021년 1월호

나오고 있다. 설립된 후 5년이 지난 2015년의 매출액은 1조원에도 미치지 못하였으나 2016~2020년의 5년간 연평균 약 25%씩 성장하면서 2019년에는 2.3조원, 2020년에는 2.9조원에 달했다. 이마트는 대형마트의 점포를 줄이는 한편, 판매량은 물론 수익성도 뛰어난 트레이더스 매장을 빠른 속도로 늘려가고 있다. 그 결과 2017년에 코스트코의 매장수(13개)를 넘어섰으며, 2020년 현재 19개의 점포를 보유하고 있다.

▌표 4-6 ▌트레이더스의 연도별 매출액 및 매장수 (단위 : 조원, %, 개)

연도	2015	2016	2017	2018	2019	2020
매출액	0.9	1.2	1.5	1.9	2.3	2.9
성장률	–	33.3	25.0	26.7	17.4	26.1
매장수	10	11	14	15	18	19

자료 : 매출액 : 이투데이, "코로나19에 '창고형 할인점' 전성시대…코스트코·트레이더스, 매출 새 역사 쓴다," 2020년 12월 1일
매장수 : 리테일매거진, "유통산업 보고서 : 대형마트," 2016~2021.

롯데쇼핑의 창고형 할인매장인 빅마켓은 2012년 2개의 매장을 개설하면서 시작되었다. 그런데 경쟁사인 트레이더스가 빠른 속도로 성장해 가면서 매장수를 꾸준히 늘려갔던 반면, 빅마켓은 매장수를 2014~2019년까지 5개로 유지하다가 2020년에는 3개를 폐점하면서 매장수가 2개로 줄어들었다. 이렇게 된 가장 큰 이유는 당연히 실적이 좋지 않았기 때문인데 실적이 좋지 않았던 가장 큰 원인으로 회원제의 운영이 지적되고 있다. 즉, 회원제에 따른 연회비를 내기 싫어하는 소비자들은 회원제를 운영하고 있는 코스트코나 빅마켓보다는 회원제를 운영하지 않는 트레이더스를 선택할 가능성이 높았고, 회원제를 받아들이는 소비자들은 빅마켓보다는 선발주자로서 상품의 가성비나 다양성이 뛰어난 코스트코를 선택할 가능성이 높았기 때문에 빅마켓이 창고형 할인매장 시장에서 뿌리를 내리기는 힘들었다고 할 수 있다. 빅마켓은 2020년 6월에 회원제를 폐지하였지만 흐름을 바꿔놓지는 못하였으며, 결국 그 해 11월에 빅마켓 사업부는 롯데마트 사업부로 흡수되었다.

창고형 할인매장을 가지고 있지 않았던 홈플러스는 2012년 이후 자사를 포함한 모든 대형마트들의 매출이 부진에 빠진 반면, 창고형 할인매장인 코스트코와 트레이더스의 매출은 빠르게 성장하는 것을 보고 뒤늦은 2018년부터 이 사업에 대해 투자를 하기 시작했다. 그런데 홈플러스는 창고형 할인매장을 별도로 건립하는 대신, 기존 매장의 진열 방식을 바꿔서 소용량 상품과 함께 가격이 대폭 할인된 대용량 상품을 동시에 취급하는 하이브리드 전략을 전개했다. '홈플러스 스페셜'이라고 불리는 이 매장의 매대는 두 부분으로 나뉜다. 매대 상단에는 소용량 낱개 상품이 진열되어 있고, 동일한 매대의 하단에는 대용량의 동일 상품이 진열되어 있다. 용량에 따라 단가는 10% 이상 차이가 난다. 대용량 전용 카트의 원활한 운행을 위해 매대 면적은 줄이고 매대 사이의 공간을 넓혔으며, 이에 따라 SKU가 2만2천여 종에서 1만7천여 종으로 줄었다. 또한 코스트코 등의 창고형 매장과 마찬가지로 재고가 창고에 저장되어 있지 않고 사이즈별로 매장에 진열되어 있다. 이러한 홈플러스 스페셜 매장은 2020년 말을 기준으로 전국에 20개가 있으며, 이들 점포들의 성장세가 양호하게 나타나자, 향후에는 점포수를 빠른 속도로 늘려가면서 종국적으로는 모든 매장을 홈플러스 스페셜로 전환시킬 계획까지 가지고 있다.

창고형 할인매장은 저렴한 가격을 경쟁력의 원천으로 삼고 있기 때문에 상품구색, 매장형태, 판매방식 등의 모든 측면이 원가절감에 초점을 맞추어 운영되고 있다. 창고형 할인매장의 특징으로 다음과 같은 점들을 들 수 있다.

- **주요 고객군** : 일반 대형마트의 주요 고객이 일반소비자인 반면 창고형 할인매장은 자영업자, 회사, 정부기관, 학교 등과 같이 대량구매를 필요로 하는 비즈니스구매자가 주 고객이다. 일반소비자의 경우에는 지인들과 공동구매의 형태로 구입하는 경우가 많다.
- **회원제** : 영어 명칭이 '회원제 창고클럽(Membership Warehouse Club)'인 '창고형 할인매장'은 원래 회원제를 근간으로 시작되었다. 그런데 우리나라에서는 트레이더스와 같이 회원제를 도입하지 않은 형태로 운영되는 매장이 등장하면서 창고형 할인매장은 회원제로 운영된다는 공식이 깨지게 되었다. 미국계 기업인 코스트코는 법인회원은 33,000원, 개인회원은 38,500원의 연회비를 받고 있다. 빅마켓은 유료 회원제로 시작했으나 실적이 좋지 않자 2020년 6월에 연회비 제도를 폐지했다. 트레이더스는 무료 멤버십제도 라고 할 수 있는 '트레이더스 클럽'을 론칭했다. 이는 회원제와는 달리 반드시 가입을 해야 트레이더스를 출입할 수 있는 것은 아니고 회원이 되면 특정 상품에 대한 별도의 혜택을 받을 수 있다. '트레이더스 클럽' 도입의 주된 목적은 이 제도를 통해 고객정보를 확보하여 우수고객우대프로그램 등을 실행함으로써 고객관계를 관리하는데 있다.

- **매장의 형태** : 창고형 할인매장은 대부분 임대료가 상대적으로 싼 도심 외곽지역에 위치하고 있다. 또한 박스단위로 쌓아놓고 판매해야 하기 때문에 천장의 높이가 4~5m로 일반 대형마트에 비해 훨씬 높고, 인테리어도 마감이 제대로 되어 있지 않아 보일 정도로 투박하다. 상품의 진열은 물류비용, 인건비 등의 절감을 위해 팔레트에 실린 상품을 그대로 매장으로 옮겨 진열하는 방식을 취하고 있다.
- **판매방식 및 서비스** : 창고형 할인매장은 박스 혹은 묶음 단위의 판매를 원칙으로 한다. 경우에 따라서는 단품을 판매하기도 하지만 이는 예외적인 경우에 속한다. 또한 일반 대형마트가 배달서비스를 제공하는 반면, 창고형 할인매장에는 배달서비스가 없다. 매장에서의 서비스수준도 일반 대형마트에 비해 훨씬 낮다. 일반 대형마트에는 직원이나 판촉사원이 많아서 쇼핑을 하는 과정에서 도움을 받기가 수월하지만 창고형 할인매장에서는 도움을 받을 수 있는 직원을 찾기조차 힘들다.
- **상품구색** : 일반 대형마트가 5~6만 개의 상품을 취급하는 반면 창고형 할인매장은 상품회전율이 우수한 3~4천 개의 상품만을 취급한다. 이는 상품을 박스단위로 진열하기 때문에 많은 상품을 수용할 공간을 확보하기가 어렵기 때문이다. 그래서 창고형 할인매장은 판매가 잘될 수 있는 상품을 선별하는 것이 더욱 중요하다. 창고형 할인매장은 품질 대비 가격이 매우 저렴해야 하기 때문에 전 세계 각국에서 상품을 수입하여 공급하는 경우가 많고, 따라서 일반 대형마트에 비해 수입품의 비중이 높은 편이다.

3.3 PB상품의 강화

이마트가 1996년에 출시한 '이플러스 우유'라는 PB상품이 유통업계에 본격적으로 PB시장이 형성되는 계기를 마련하였다는 얘기가 있을 정도로 대형마트는 PB와 깊은 인연을 가지고 있다. 유통업체의 PB(Private Brand)상품은 NB(National Brand)상품에 비해 가격은 25~30% 더 저렴하면서도 매입단가가 낮아서 수익률은 15% 정도 더 높은 특징을 가지고 있다. 대형마트에서 판매되고 있는 6~7만 개의 품목 중에서 PB상품은 1만~1만5천 개를 차지하고 있다. PB상품을 품목별로 보면 식품류가 약 4분의3, 비식품류가 약 4분의1이며, 식품류 중에서는 신선식품이 약 80%, 가공식품이 약 20% 정도를 차지하고 있다. 그러나 점차 의류, 가전, 뷰티 등 비식품류가 차지하는 비중이 증가하는 경향을 보이고 있다. 전체 대형마트 매출에서 PB상품이 차지하는 비중은 2008년에는 10%대였지만 2011년부터 22~23% 수준으로 상승하였으며, 2010년대 말부터는 30%에 근접하고 있다.

가성비가 우수한 PB상품은 대형마트의 매출과 수익성을 동시에 개선할 수 있는 유용한 수단으로 사용되어 왔다. 더욱이 2010년대에 들어 소비자들이 오프라인에서 온라인으로 옮겨가는 경향이 심화되면서 대형마트의 성장이 정체되자 대형마트는 온라인 업체들에 뒤지지 않는 가성비를 확보하기 위한 수단으로 PB상품을 더욱 적극으로 활용하고 있다. 대표적인 예로 이마트가 온라인 업체에 대해 초저가 상품으로 대항하기 위해 2015년에 도입한 '노브랜드(NoBrand)'를 들 수 있다. 노브랜드는 일부 인기제품의 가격을 반값으로 할인하는 방법을 앞세워 큰 인기를 끌었다. 높은 인기를 바탕으로 이마트는 별도의 건물에 노브랜드 전문점을 구축하고 있다.

2016년에 첫 매장을 론칭한 노브랜드는 2020년 9월 말 현재 270여 개의 점포를 가지고 있으며 1천여 개의 제품을 판매하고 있다. 첫 매장의 문을 연 후 2019년까지 우수한 가성비를 바탕으로 높은 매출실적을 올리기는 하였으나 적자에서 벗어나지 못하다가 코로나19로 인해 가성비를 중시하는 소비패턴이 더욱 강화되면서 2020년에 처음으로 200억 원에 가까운 영업이익을 냈다. 2010년대 말에 들면서는 PB상품도 가성비 일변도의 전략에서 벗어나 가성비는 기본이고 여기에 고품질까지 갖추어서 고객에게 다가가야 한다는 새로운 경향이 등장했다. 여기에는 PB상품이 일반화되면서 가성비를 앞세운 PB상품만으로는 자사 점포를 차별화하는데 한계가 있다는 판단이 깔려 있다. 이러한 판단을 바탕으로 가성비뿐만 아니라 품질이 뒷받침되는 '프레미엄' 이미지를 갖춘 PB상품들이 출시되고 있다. 홈플러스는 PB상품도 이제 최저가격 전쟁보다는 품질로 승부하는 것이 소비자의 트렌드에 부합하는 전략이라고 판단하고 이를 구체화하기 위해 2019년 11월 프리미엄 PB '시그니처'를 론칭했다. 2021년 4월을 기준으로 가정간편식, 가공식품, 건강식품 등의 다양한 분야에서 2,200여 개의 상품을 출시하고 있으며 높은 매출 성장률을 보이고 있다.

제2절 백화점

1. 우리나라 백화점의 개념과 특성

백화점(百貨店)이라는 용어는 독일어인 'Warenhauser'에서 유래된 일본식 번역어이며, 영어의 'Department Store'는 '부문별 점포조직'이라는 의미로 '취급상품을 여러 개의 상품군으로 구분하여 각기 독립적인 관리방식을 채택하고 있는 점포들의 집합'이라고 해석할 수 있다. 백화점의 개념은 국가마다 약간의 차이가 있으며, 우리나라의 백화점은 유통산업발전법을 근간으로 하여 "부문별로 구성된 의류, 생활용품, 잡화, 식품, 가전 등의 각종 상품을 매장 직원의 서비스를 통해 소비자에게 판매하는 매장면적 3,000m^2 이상이고 직영비율이 50% 이상인 대규모 점포"로 정의될 수 있다. 또한 우리나라의 백화점은 현대적인 판매시설, 소비자 편익시설, 소비자 피해보상센터 등의 확보를 설립요건으로 하고 있다. 우리나라 백화점의 특성으로는 다음과 같은 점들을 들 수 있다.

- **도심 중심의 입지** : 한국의 백화점은 거의 예외 없이 대도시 및 중견도시의 주거지역 근거리에 위치해 있다. 이러한 특성은 최근의 근거리·소량구매를 선호하는 소비 트렌드와 부합하는 측면이 있으나, 설립부지의 부족으로 신규 백화점의 개설을 제한하고, 임대료 부담을 가중시킴으로써 백화점의 경쟁력을 약화시키는 요인으로도 작용하고 있다.
- **생활밀착형 운영** : 주거지역 근거리에 위치해 있다는 것은 백화점이 단순히 쇼핑장소가 아닌 지역주민의 생활공간이 된다는 것을 의미한다. 이러한 특성을 반영하여 우리나라 백화점은 쇼핑, 외식, 휴식, 문화생활 등을 동시에 즐길 수 있는 방향으로 발전하였다. 이러한 점을 반영하여 주요 백화점들은 VIP라운지(예 : 현대백화점의 쟈스민라운지, 신세계백화점의 트리니티라운지 등), 식당가, 문화센터, 스포츠센터 등을 운영하고 있다.
- **다양한 상품구색** : 한국의 백화점은 의류, 화장품, 잡화, 전자제품, 가구, 식품 등 다양한 품목을 취급하고 있다. 이는 백화점이 우리나라에서 가장 먼저 등장한 '원스톱쇼핑이 가능한 소매업태'로 자리잡았기 때문이다. 한국의 백화점이 서구의 백화점과는 다르게 식품의 비중이 높은 것도 식품이 원스톱쇼핑을 위한 가장 기본적인 품목이기 때문이다.
- **낮은 직매입비중** : 서구의 백화점이 직매입을 중심으로 운영되고 있는 반면, 한국의 백화점은 대부분 수수료매장을 중심으로 운영되고 있다. 이는 한국 백화점이 일본 백화점을 벤치마킹하여 도입되었기 때문이다. 우리나라 백화점의 운영방식에 대해서는 그 중요성을 감안하여 별도의 항목에서 상술하였다.
- **빅3 백화점 중심의 과점체제** : 우리나라의 백화점시장에서는 1997년의 외환위기를 계기로 지방의 백화점들이 도산하는 과정에서 그 일부가 롯데, 신세계, 현대백화점에 의해 합병되면서 빅3 체제가 공고해졌다. 2020년을 기준으로 빅3 백화점의 점포수는 58개로(롯데백화점 31개, 신세계백화점 12개, 현대백화점 15개) 전체 백화점 점포수(102개)의 56.9%를 차지하고 있다. 또한 빅3 백화점이 전체 백화점 매출액에서 차지하는 비중은 롯데백화점이 36.6%, 신세계백화점이 26.8%, 현대백화점이 24.6%로 전체 백화점 매출액의 88.0%를 차지하고 있다.

2. 우리나라 백화점의 약사(略史)

세계 최초의 백화점은 1852년 파리에서 개점된 '봉 마르셰(Bon Marche)'였으며, 미국에서는 메이시(Macy, 1858년), 영국에서는 휘틀리(Whiteley, 1863년), 독일에서는 베르트하임(Wertheim, 1870년), 일본에서는 미쯔코시(三越, 1904년)가 최초의 백화점이다. 이들 초기 백화점들은 소비자들이 도심 속의 거대한 건물에서 다양한 고품질의 상품들을 마음껏 돌아보면서 구매할 수 있도록 한다는 개념을 가지고 등장하였으며, 도시의 확장과 인구의 집중에 따라 백화점은 점차 도심의 주요 소매업태로 정착되어 갔다.

우리나라의 백화점은 민족항일기인 1930년을 전후로 주로 일본자본에 의해 서울, 부산, 평양 등지에 개장되었다. 민족자본에 의한 최초의 백화점은 1931년에 박흥식(朴興植)이 세운 화신(和信)백화점이었다. 이 백화점은 일제강점기에 한국 상업계에서 선도적인 역할을 하였을 뿐만 아니라 중간상의 폭리를 배제하고 유통질서를 세우는 등 현대적인 백화점의 형태를 갖추는 데 기여하였다. 그러나 1980년대 들어 경영이 악화되면서 역사 속으로 사라졌다. 1963년에 삼성그룹은 현재의 신세계본점 자리에 위치하였던 동화백화점(일본 미쯔코시 백화점이 1930년에 설립한 경성지점을 해방 후 민족자본이 인수하여 운영되던 백화점)을 인수하여 신세계백화점으로 상호를 변경하였다. 1966년에는 1938년에 민족자본에 의해 설립된 정자옥(丁子屋)을 전신으로 하는 미도파백화점이 설립되었다. 1970년대에는 생활수준이 향상되면서 백화점에 대한 소비자들의 인식도 개선되고 백화점을 운영할 수 있는 능력도 증대되면서 백화점이 더욱 활성화되었다. 이에 따라 명동 상권에 집중되어 있던 백화점은 도심지, 부도심지, 고급주택가 밀집지역 등을 중심으로 확산되기 시작하였다. 1979년에 롯데백화점이 설립되면서 백화점업계는 본격적인 경쟁체제로 진입하게 되었다. 1980년대에 들어서는 생활수준의 향상으로 백화점에 대한 소비자들의 선호가 증가하면서 현대, 뉴코아, 영동, 그랜드 등의 백화점이 속속 설립되었다. 2000년대에 들어서는 백화점이 휴식공간, 문화센터, 스포츠센터 등을 갖추면서 단순히 쇼핑장소가 아닌 휴식공간, 문화생활공간으로 변모하게 되었다.

3. 우리나라 백화점의 성장과정

우리나라 백화점의 성장과정은 몇 개의 시기로 구분하여 살펴볼 수 있다. [표 4-7]은 2010~2020년에 이르는 시기의 우리나라 백화점의 매출액과 점포수를 보여주고 있다.

표 4-7 백화점의 매출액 및 점포수 추이 (단위 : 조원, %, 개)

구분		2010	2011	2012	2013	2014	2015	2016	2017	2018	2019	2020
매출	매출액	24.8	27.6	29.1	29.8	29.1	29.0	29.9	29.3	30.0	30.4	27.4
	증가율	15.3	11.3	5.4	2.4	-2.3	-0.3	3.1	-2.4	2.4	1.3	-9.9
점포수		93	93	95	95	97	100	103	113	113	104	102

자료 : 통계청, 국내통계>도소매>소매판매통계>소매판매액>소매업태별 판매액 (매출액 2010~2020)
리테일매거진, "유통산업보고서 : 백화점," 2011~2021년 1월호

- **1980~1996년** : 우리나라 백화점은 1980년대를 거쳐 외환위기가 닥친 1997년에 이르기까지 급속하게 성장하였다. 백화점은 이 시기에 거의 유일한 대형 유통업체로서 우리나라의 급속한 경제성장과 함께 1986년 아시안게임, 1988년 서울올림픽을 거치면서 빠른 속도로 성장하였다. 1990년에 3조 6,000억원에 불과하던 매출액이 1997년에는 12조 6,000억원으로 증가하였다. 1990년대 들어서서 롯데, 신세계, 현대백화점을 중심으로 지방에 지점을 세우는 다점포전략이 확산되었고, 다양한 업종의 기업들의 백화점 진출이 활발해지면서 1997년에는 백화점 점포수가 124개로 절정을 이루었다. 124개 점포 가운데 37개가 서울, 경기도에 26개 등 수도권에 과반수가 넘게 집중되었다.
- **1997~1998년** : 1997년의 외환위기를 계기로 경제성장이 둔화되면서 1997~1998년에는 백화점의 성장률이 마이너스를 기록하였다. 1997년의 외환위기는 백화점의 판도가 정비되는 계기로도 작용하였다. 외환위기로 인한 소비위축과 저가격을 무기로 하는 대형마트의 급속한 성장으로 경영이 어려워진 지방백화점들이 문을 닫기니, 대형 백화점에 의해 인수되는 현상이 전개되었다. 1996년에 4개, 1997년에 13개, 1998년에 8개의 백화점이 도산하였으며, 이 중의 일부가 대형 백화점에 인수되면서 한국의 백화점업계는 롯데, 신세계, 현대의 빅3 백화점의 과점체제가 정착되었다. 빅3 백화점 간의 경쟁이 심화되면서 백화점의 고급화가 급속히 진전되었으며, 동시에 이러한 과점체제는 새로운 기업의 시장진입을 어렵게 만드는 진입장벽으로도 작용하였다.
- **1999~2002년** : 1999년에서 2002년에 이르는 시기에 우리나라 백화점은 연평균 10% 이상의 성장률을 기록하는 전성기를 맞았다. 점포수가 1998년의 109개에서 2002년의 89개로 20% 가까이 감소하였음에도 불구하고 대폭 성장할 수 있었던 것은 백화점 운영의 효율화에 기인한 것이라고 할 수 있다. 특히 이 시기에 경쟁업태인 대형마트가 30% 이상의 고성장을 이루고 있었음에도 불구하고 높은 성장을 이룰 수 있었던 것은 상품, 서비스, 매장환경, 판매촉진 등의 여러 가지 측면에서 대형마트와의 차별화를 성공적으로 수행하였기 때문이라고 할 수 있다. 이러한 과정에서 2000년대 들어 등장하기 시작한 '백화점 사양론(斜陽論)', 즉 백화점이 대형마트와 같은 다른 소매업태와

의 경쟁에서 뒤져 백화점업태의 존재 자체가 위태로워질 수 있다는 주장을 불식할 수 있었다.

- **2003~2004년** : 2003~2004년의 시기에 백화점은 외환위기의 시기를 능가하는 마이너스 성장을 기록하였다. 이는 장기불황과 400만 명에 이르는 신용카드 불량자를 양산한 카드정책 등에 기인한 것이었다. 이 시기에 대형마트도 성장률이 이전 시기의 30%대에서 10% 초반으로 급락하였다.
- **2005~2011년** : 2005~2011년에 이르는 시기에 백화점은 전 시기의 마이너스 성장에서 벗어나서 지속적이고 안정적인 성장을 구가하였다. 특히 2010~2011년에는 대형마트의 7~9%대를 능가하는 10%대의 높은 성장률을 보였다. 이는 백화점의 판촉활동 강화, 럭셔리시장의 성장, 백화점의 강력한 고객관계관리(CRM) 등에 기인하는 것으로 분석되고 있다.
- **2012~2020년** : 2012~2020년에 이르는 시기에 백화점은 성장이 정체되거나 퇴보하는 현상을 경험하고 있다. 여기에는 많은 원인들이 복합적으로 작용하고 있다. 장기적인 경기침체, 근거리·소량구매의 확산, MZ세대의 성장에 따른 온라인 경제의 성장, 코로나19의 확산에 따른 소비침체와 언텍트의 확산 등이 중요한 원인으로 지적될 수 있다. 또한 다른 소매업태와의 경쟁도 중요한 원인이라고 할 수 있다. 백화점은 1930

표 4-8 백화점의 업종별 타 소매업태와의 경쟁상황

경쟁업태		내용
패션 및 잡화	SPA, 대형 편집매장, 복합쇼핑몰, 프리미엄아울렛, 면세점, 홈쇼핑	백화점의 전통적인 주력 상품군인 패션과 잡화의 판매는 새롭게 등장한 SPA, 대형 편집매장 등은 물론 패션을 주력 상품군으로 하고 있는 복합쇼핑몰, 프리미엄아울렛 등의 등장으로 타격을 받고 있다. 또한 면세점과 홈쇼핑의 성장도 백화점의 패션 및 잡화의 매출에 부정적으로 작용하고 있다.
화장품	면세점, 브랜드샵, 해외직구, H&B스토어, 오픈마켓, 소셜커머스	면세점, 원브랜드샵, 멀티브랜드샵, H&B스토어, 해외직구, 오픈마켓, 소셜커머스 등의 새로운 화장품 유통경로가 급성장하면서 전통적인 고급 화장품 유통경로인 백화점의 화장품 매출이 타격을 받고 있다.
식품	대형마트, SSM, 오픈마켓, 소셜커머스	백화점의 식품부문은 그 자체의 수익성보다는 고객들의 방문빈도를 증가시키고 이를 바탕으로 원스톱쇼핑을 유도하는 수단이라는 데 더 큰 의미를 지니고 있다. 그러나 대형마트, SSM 등 식품을 주력 품목으로 삼고 있는 소매업태가 매장수의 확대를 바탕으로 시장침투율을 높이고, 오픈마켓이나 소셜커머스와 같은 온라인쇼핑을 통한 식품구매가 늘어나면서 타격을 받고 있다.
가전제품	가전전문 양판점, 대형마트	다양한 구색과 가격경쟁력을 갖춘 롯데하이마트, 전자랜드 등의 가전전문 양판점의 성장은 백화점 가전제품 판매에 부정적인 영향을 미치고 있다. 더욱이 대형마트가 가전제품의 판매에 적극 나서면서 상대적으로 비싼 가격의 백화점 가전제품의 매출이 크게 위협받고 있다. 이렇게 백화점 가전제품의 경쟁력이 상실되면서 취급비중도 줄어들었다.

년대 초반부터 1990년대 중반에 이르기까지 60년이 넘는 기간 동안 유일한 대형 소매 유통업체로서의 위상을 굳건히 하고 있었다. 하지만 유통시장의 개방에 따라 대형 유통업체들이 속속 등장하고, 2000년대에는 온라인 유통업체들이 왕성한 활동을 전개하면서 치열한 경쟁환경에 처해졌다. 그 결과 백화점의 주력 품목인 의류, 잡화, 식품, 가전 등 모든 부문에서 백화점 간의 경쟁보다는 타 소매업태와의 경쟁이 보다 위협적인 존재로 등장하였다. 백화점 주력 상품별로 타 소매업태와의 경쟁상황은 [표 4-8]과 같이 분석될 수 있다. 이처럼 백화점의 오랜 침체는 구조적인 원인에 기인하고 있기 때문에 극적인 상황 반전을 기대하기는 힘들 것으로 판단된다.

4. 백화점의 운영방식

4.1 백화점 운영방식의 유형

백화점은 서로 독립적으로 운영되는 많은 매장으로 구성되어 있는데, 이러한 매장들은 백화점의 운영방식에 따라 [표 4-9]에서와 같이 직매장, 특정매입매장, 임대을(乙)매장, 임대갑(甲)매장 등의 4가지 유형으로 구분된다. 이 가운데 직매장과 특정매입매장은 '직영'매장으로 구분되고, 임대을매장과 임대갑매장은 '임대'매장로 구분된다. '직영'과 '임대'의 구분은 매장에서 판매되는 상품의 소유권이 누구에게 있으며, 따라서 상품을 판매할 때 누구의 명의로 영수증을 발행하느냐에 달려 있다. 즉, 상품의 소유권이 백화점에 있고 백화점의 명의로 판매되는 매장이면 '직영'매장이 되고, 상품의 소유권이 입점업체에 있고 입점업체의 명의로 판매되는 매장이면 '임대'매장이 된다. 백화점은 유통산업진흥법 제12조 제2항 제1호에 따라 매장면적의 2분의 1 이상을 '직영'의 형태로 운영하여야 한다.

표 4-9 백화점 매장의 유형구분

구분		상품소유권 및 매출귀속처	재고부담	거래조건	주요 품목
직영매장	직매장	백화점	백화점	납품업체에 현금 또는 어음결제	식품, PB상품, 직수입상품
	특정매입매장	백화점	입점업체	매출수수료	의류, 잡화, 화장품, 생활용품 등
임대매장	임대을매장	입점업체	입점업체	임대보증금(小) + 매출수수료	구두, 화장품, 신사정장 등의 일부 품목
	임대갑매장	입점업체	입점업체	임대보증금(大) + 월정임대료	식당, 귀금속, 시계, 안경, 카메라, 커피숍 등

- **직매장** : 직매장은 백화점이 제조업체나 벤더업체와 같은 납품업체로부터 상품을 매입하여 운영하는 매장을 의미한다. 백화점은 납품업체에게 상품대금을 현금 혹은 어음의 형태로 지불하고, 자사의 직원을 배치시켜 상품구매, 매장관리, 재고관리, 영업관리 등의 모든 경영활동을 수행한다. 직매장은 유통기간이 상대적으로 짧은 신선식품, PB 상품, 그리고 해외에서 직수입되는 상품에 주로 활용된다. 직매장의 비율은 전체매장의 약 15%를 차지하고 있다.
- **특정매입매장** : 특정매입은 '대형 유통업체가 제조업체나 벤더업체 등의 납품업체로부터 상품을 외상으로 매입하여 판매하고, 팔리지 않은 재고는 납품업체에 반품할 수 있는 위수탁거래'로 정의되며, '반품조건부 매입'이라고도 한다. 즉, 백화점은 상품을 소유하고 또한 판매되는 상품에 대해 자사의 명의로 영수증을 발급하지만, 팔리지 않은 상품은 납품업체에 반품을 할 수 있고 납품업체에게는 판매마감 후에 판매액에서 일정비율의 수수료를 차감한 금액을 지급한다. 그래서 특정매입매장을 운영하는 납품업체는 판매가 이루어지지 않은 상품을 모두 재고로 떠안아야 하고, 매출에 대한 미수금이 항시 발생하기 때문에 유동성 부족이 언제든 발생할 수 있는 부담을 지니고 있다. 그런데 위수탁거래인 특정매입에서는 원칙적으로 매장에서 이루어지는 모든 활동을 수탁주체인 백화점이 수행하여야 함에도 불구하고, 백화점은 매장운영이나 영업활동 가운데 백화점 전체에 적용되는 일반적인 사항만을 관리하고 매장관리, 재고관리, 영업관리 등의 거의 모든 경영활동을 입점업체가 수행하고 있다. 이러한 현상이 발생하는 이유는 백화점이 유통산업발전법에서 요구하는 직영률 50%를 유지하면서 동시에 잔여재고처리와 같은 운영상에서의 부담을 최소화하려고 하기 때문이다. 즉, 특정매입은 백화점이 직영률 50%를 유지하기 위해 사용하고 있는 편법적인 매장운영형태라고 할 수 있다. 실질적으로 특정매입매장은 뒤에서 기술할 '임대'매장으로 구분되는 임대을매장과 동일한 형태라고 할 수 있다. 차이가 있다면 임대을매장에서는 판매가 입점업체의 명의로 이루어지기 때문에 임대업체가 판매마감 후에 백화점에 판매액의 일정비율을 수수료로 지급하지만, 특정매입매장에서는 판매가 백화점의 명의로 이루어지기 때문에 백화점이 판매마감 후에 입점업체에게 판매액에서 일정비율의 수수료를 차감한 금액을 지급한다는 정도이다. 특정매입매장은 우리나라의 백화점이 가장 많이 채택하고 있는 매장으로 전체의 70~80%를 차지하고 있으며, 의류, 화장품, 잡화 등의 주력 상품의 대부분이 특정매입 형태로 운영되고 있다. 수수료율은 품목에 따라 크게 차이가 난다. 소비자가격 대비 마진율이 높은 제품은 상대적으로 수수료율이 높다. 현재 우리나라 백화점의 수수료율은 의류 및 잡화는 35~38%, 화장품은 30%, 가전제품

은 10% 수준으로 대형마트, 복합쇼핑몰, 아울렛 등에서의 수수료율에 비해 훨씬 높은 수준이다.

- **임대을매장** : 임대을매장은 입점업체가 백화점에 비교적 적은 액수의 임대보증금과 더불어 판매액의 일정비율을 수수료로 지급하는 매장이다. 백화점이 임대보증금을 받는 이유는 판매가 이루어졌을 때 돈이 상품의 소유권을 가지고 있는 입점업체로 입금되기 때문에 백화점으로서는 입점업체가 수수료를 송금하지 않을 가능성에 대비하며 담보를 확보해둘 필요가 있기 때문이다. 구두, 화장품, 신사정장 등의 일부 품목에 적용되고 있지만 그 비율은 매우 미미하다.
- **임대갑매장** : 임대갑매장은 전형적인 임대차거래에 의한 매장으로 백화점에 입점 시에 적정액의 임대보증금을 지급하고, 임대료로 월정액의 임대료를 지급하는 매장이다. 따라서 입대갑매장의 경우 백화점의 수입은 매장의 매출액과는 관련이 없다. 백화점은 임대갑매장이 백화점 운영에 반하는 행동을 하는 경우에만 개입을 할 뿐, 점주가 자신의 의지대로 모든 활동을 할 수 있도록 허용한다. 임대갑매장은 주로 상품의 구색을 맞추기 위해 필요하기는 하지만 높은 전문성으로 인해 직접 운영하기는 곤란하며, 매출의 비중이 그다지 크지 않은 업종(식당, 귀금속, 시계, 안경, 카메라, 커피숍 등)을 중심으로 활용되고 있다. 또한 샤넬 등과 같이 백화점의 위상에 영향을 미칠 정도의 명성이 있는 명품의 점포도 임대갑매장으로 운영되고 있다. 하지만 그 비율은 임대을매장과 같이 매우 미미한 수준이다.

4.2 백화점 운영방식의 문제점

앞에서 기술한 우리나라 백화점의 운영방식에 대해 몇 가지 문제점이 지적되고 있다.

첫째, 직매장의 비율이 너무 낮다는 점이다. 서구의 백화점들이 직매장을 위주로 운영되고 있는 반면, 우리나라의 백화점은 수수료매장을 위주로 하는 일본식을 따르고 있다. 수수료매장은 재고부담과 같은 백화점의 리스크를 줄여주는 수단은 되지만, 상품개발, 매장운영 등에 대한 노하우를 축적할 수 있는 기회가 줄어들기 때문에 최적의 쇼핑환경을 조성할 수 있는 백화점의 능력증진을 저해할 수 있다. 이는 백화점이 대형 편집매장, SPA, 면세점, 복합쇼핑몰, 아울렛, 전문할인점, 대형마트 등 타 소매업태와의 경쟁이 심화되는 상황에서 백화점의 경쟁력을 약화시키는 요인으로 작용할 수 있다.

둘째, 특정매입매장과 임대을매장에 적용되는 수수료율이 너무 높다는 점이다. 수수료율은 시간이 흐름에 따라 점차 높아져서 1980년대 초에 25%에 머무르던 의류 및 잡화의 판매수수료율은 1990년대 중후반에는 30%대 초반, 그리고 2000년대 말부터는 37~38% 수준에 이르고 있다. 판매수수료로 38%를 지불하는 경우에 입점업체는 나머지 62%를 가지고 상품원가, 본사관리비, 판촉비, 매장관리비 등의 모든 비용과 함께 이윤까지 확보해야 하기 때문에 판매가를 상당히 높여야 수익을 실현할 수 있는 구조가 된다.

셋째, 수수료율이 국내 브랜드와 해외 브랜드에 차별적으로 적용되고 있다는 점이다. 국내 의류브랜드들이 통상적으로 37~38%의 수수료를 지불하는 반면, 해외유명 브랜드의 수수료율은 명품잡화는 1~5%, 패션의류는 8~15% 수준에 불과하다. 백화점의 입장에서는 단위면적에서 산출되는 수수료와 백화점의 이미지를 고려하여 이러한 정책을 구사하고 있지만, 이로 인해 국내브랜드들의 입지가 좁아지면서 대형 브랜드로 성장할 수 있는 기회가 적어지고 있다.

넷째, 입점업체는 수수료와 더불어 판촉비용이나 인테리어비용과 같은 부대비용도 부담하는 경우가 많다. 입점업체와의 계약은 연단위로 이루어지고 있기 때문에 입점업체로서는 백화점의 부대비용 부담요구를 거절하기 어려운 위치에 있다.

우리나라 백화점의 운영방식에 대해 정부는 1990년대 중반부터 직매장의 비율을 높이고 수수료율을 낮추려는 시도를 하고 있지만 큰 효과를 보지는 못하고 있다. 또한 이랜드리테일의 NC백화점이 2010년에 직매입 비중을 50% 이상으로 책정하고, 중소규모의 패션업체와의 동반성장을 중심으로 하는 경영전략을 채택하는 혁신적인 방향 전환을 모색하기도 하였으나 백화점 업계에 직매입과 관련한 가시적인 변화는 일어나고 있지 않다. 더욱이 2010년대 들어 백화점의 매출이 정체현상을 보이면서 백화점 운영방식의 변화가능성은 더욱 희박해지고 있다.

제3절 슈퍼마켓

1. 슈퍼마켓의 출현

슈퍼마켓은 '상당한 규모를 갖춘 매장에서 식료품, 생활용품 등을 비교적 저렴한 가격에 셀프서비스 방식으로 판매하는 소매점'을 의미한다. 슈퍼마켓이 등장한 것은 미국의 식료품체인인 크로거(Kroger)의 전(前) 직원이었던 마이클 쿨렌(Michael J. Cullen)이 1930년 8월 4일, 뉴욕의 퀸즈(Queens)에 위치한 560m^2(약 170평)의 부지에 가상의 캐릭터인 킹콩

(King Kong)과 자신의 이름을 결합시켜 만든 'King Kullen'이라는 이름의 매장을 오픈한 것이 최초인 것으로 알려져 있다. 당시의 통상적인 식료품점들은 규모도 작고, 상품은 계산대의 뒤쪽에 진열되어 있었으며, 고객이 상점 직원에게 구매하고 싶은 상품을 얘기하면 직원이 진열대에서 상품을 가져다가 포장도 해주고 계산도 해주는 방식으로 상품을 판매하였다. 이러한 판매방식은 직원이 고객들과 친분을 쌓는 데는 유리했지만 인건비가 많이 들고 손님들이 구매를 위해 기다리는 시간이 길어지는 단점이 있었다.

마이클 쿨렌은 기존의 식료품점과의 차별화를 위해 "상품을 높이 쌓아놓고 싸게 팔자(Pile it high. Sell it low)"라는 슬로건을 내걸었다. 그가 내세운 매장 개념은 상품유형별로 구분된 복도식의 넓은 쇼핑공간, 셀프서비스, 10%의 마진율 책정을 통한 박리다매(당시 식료품점의 통상 마진율은 약 20%였음), 편리한 주차공간 등으로 요약될 수 있다. 1930년대의 대공황기간에 미국의 소비자들은 가격에 대단히 민감하였으며, 이로 인해 다양한 상품을 저렴한 가격에 판매하는 슈퍼마켓은 크게 인기를 끌었다. 크로거나 세이프웨이(Safeway)와 같은 대형 식료품체인들도 슈퍼마켓 도입 초기에는 슈퍼마켓의 개념에 반대하였지만, 대세를 감지하고 자사의 매장을 슈퍼마켓의 형태로 바꾸어 나갔다. 제2차 세계대전 이후에는 자동차 보급과 도시 확장이 급속도로 진전되면서 슈퍼마켓은 미국 전역에 걸쳐 번영을 구가하였다. 이후 타 소매업태와의 경쟁이 격화되면서 부엌용품, 욕실용품, 미용용품 등의 생활용품으로 취급상품을 늘려 나갔다. 현재 미국의 슈퍼마켓은 대형마트, 편의점 등과의 치열한 경쟁 때문에 과거의 전성기에는 미치지 못하고 있지만, 아직도 가장 중요한 소매업태 중의 하나로 자리하고 있다.

2. 우리나라 슈퍼마켓의 역사와 유형

2.1 우리나라 슈퍼마켓의 역사

우리나라에서는 1964년에 한국 최초의 슈퍼마켓인 '한국슈퍼마켓주식회사'가 설립되었고, 1968년에는 '뉴서울 슈퍼마켓'이 설립되었으나 소비자의 인식부족, 전통시장 중심의 관습적 소비활동, 경영미숙 등으로 두 회사 모두 1960년대를 넘기지 못하고 문을 닫았다. 이렇게 시작된 우리나라의 슈퍼마켓은 1970년대 초의 정부정책을 계기로 성장의 발판을 마련하게 된다. 1970년대 초에 정부는 제조부문에 비해 상대적으로 뒤처져 있던 유통부문을 발전시키기 위해 '구멍가게'를 슈퍼마켓으로 전환시키기 위한 지원을 하는 한편, 소매유통업체의 규모를 키우기 위한 두 가지 사업을 전개하였다.

첫째, 정부는 1974년에 일정한 요건을 갖춘 기업을 '슈퍼체인 적격업체'로 지정하여 체인화를 유도하였다. 이를 계기로 미도파, 한화, 한양, 해태, 삼양, 럭키, 신세계 등의 많은 기업들이 슈퍼마켓사업에 진출하였는데, 이것이 우리나라 기업형슈퍼마켓(SSM)의 효시라고 할 수 있다. 이 기업들은 1975년에 '한국슈퍼체인협회'를 설립하였는데, 이 단체가 현재 대형마트와 SSM을 주 회원사로 하고 있는 '한국체인스토어협회'의 전신이다. 1974년에 8개 슈퍼체인본부에 87개 회원점포이던 것이 1975년 말에는 16개 체인본부에 472개 회원점포로 확산되었고, 그 후 매년 체인본부 및 점포수가 급증하여 1991년 말에는 47개 체인본부에 13,828개 점포로 확대되었다.

둘째, 정부는 중소상인의 조직화·협동화사업을 추진하기 위해 1975년에 '중소상인조직의 특별 연쇄화사업에 관한 기준'을 제정하였다. 연쇄화사업을 주도하는 연쇄점본부는 제조업체로부터 상품을 공급받아 슈퍼마켓에 공급하는 도매상의 역할을 하는 조직을 의미한다. 1979년에는 연쇄점본부의 모임인 '중소상인연쇄점협회'가 설립되었는데, 이 단체가 현재의 '한국수퍼체인유통사업협동조합'의 전신이다. 1976년에는 16개 연쇄점본부가 설립되어 산하에 18,483개의 가맹점이 있었으며, 1991년 말에는 108개 연쇄점본부에 50,000여 가맹점으로 증가하였다. 이는 2018년 현재의 100여 개 연쇄점본부에 40,000여 가맹점에 비해서도 훨씬 많은 숫자로 당시가 연쇄점본부의 전성기에 해당하는 시기라고 할 수 있다.

정부주도의 사업과는 별도로 1985년에 슈퍼마켓 경영자들이 '전국수퍼마켓경영자협의회'를 결성하였는데, 이 단체가 지금의 '한국수퍼마켓협동조합연합회'의 전신이다. 이로써 한국의 슈퍼마켓업계는 기업형슈퍼마켓단체인 '한국슈퍼체인협회', 슈퍼마켓 도매상단체인 '중소상인연쇄점협회', 그리고 슈퍼마켓 경영자단체인 '전국수퍼마켓경영자협의회'의 3개 단체가 공존하는 시대를 맞게 되었다. 이 단체들은 1970년대는 물론 1980년대에도 유통전문단체로서 유통시장을 같이 키워 나간다는 동질감을 가지고 있었다. 이는 당시에는 제조부문의 유통경로상에서의 파워가 유통부문의 파워에 비해 훨씬 컸고, 따라서 유통부문은 긴밀한 협조를 통해 유통경로상에서의 파워를 키워 나갈 필요가 있었기 때문이었다. 이로 인해 이

그림 4-1 ▮ 우리나라의 슈퍼마켓 관련 3단체

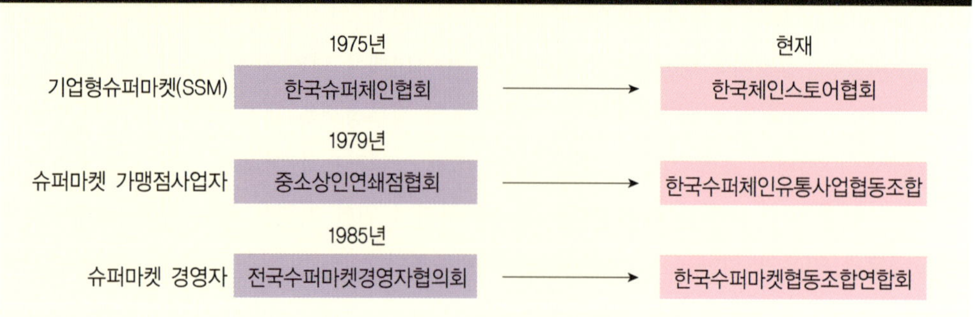

들 단체들은 당시에는 현재와는 달리 갈등관계보다는 협력관계를 유지하고 있었다.

2.2 우리나라 슈퍼마켓의 유형

통계청의 한국표준산업분류에서는 슈퍼마켓을 '단일 경영주체가 $165m^2$~$3,000m^2$의 면적에 일정 규모의 시설을 갖추고 음식료품을 위주로 하여 각종 생활잡화 등을 판매하는 소매상'이라고 정의하고 있다. 이러한 정의에 따르면 중형슈퍼와 기업형슈퍼마켓(SSM)이 슈퍼마켓의 범주에 포함된다. 또한 한국표준산업분류에서는 면적이 $165m^2$ 이하이면서 음식료품을 위주로 하여 각종 생활잡화를 취급하는 소매점은 별도로 '음식료품 및 잡화 소매점'이라고 칭하고 있다. 이는 규모가 작은 '영세슈퍼'를 지칭한 것으로 볼 수 있다. 또한 통계청이 제공하고 있는 '도소매' 관련 통계에서는 '슈퍼마켓 및 잡화점'이라는 범주 안에 '체인 슈퍼마켓'과 '일반 슈퍼마켓 및 잡화점'의 2개 유형을 두고 있다. 여기서 '체인 슈퍼마켓'은 SSM을 의미하고, '잡화점'은 영세슈퍼를 의미하며, '일반 슈퍼마켓'은 SSM도 아니고 영세슈퍼도 아닌 중형슈퍼를 의미하는 것으로 볼 수 있다. 이러한 논의를 종합하면 슈퍼마켓을 영세슈퍼, 중형슈퍼, SSM 등의 세 가지 유형으로 분류할 수 있다. 이러한 유형 구분은 매장의 면적과 운영주체 유형의 두 가지 변수를 기준으로 한다. 세 가지 슈퍼마켓 유형을 구분하는 면적의 구체적인 수치는 어디에서도 제시된 바가 없지만 대략 세 가지 유형의 슈퍼마켓을 면적과 운영주체를 기준으로 다음과 같이 정의할 수 있다.

- **영세슈퍼** : 자영사업자가 100~$200m^2$ 정도의 작은 규모의 점포에서 음식료품 및 잡화를 판매하는 소매점
- **중형슈퍼** : 자영사업자가 500~$1,000m^2$ 정도 규모의 점포에서 냉장시설, POS시스템 등의 시설을 갖추고 음식료품 및 잡화를 판매하는 소매점
- **기업형슈퍼마켓(SSM)** : 대형 유통업체가 1,500~$2,500m^2$ 정도 규모의 체인화된 점포에서 냉장시설, POS시스템 등의 시설을 갖추고 음식료품 및 잡화를 판매하는 소매점

또한 대기업이 운영하는 SSM이 상당한 규모로 성장하면서 대기업과는 관련성이 없는 중형슈퍼와 영세슈퍼를 합친 개념으로 '중소슈퍼'라는 용어가 사용되고 있다. 통계청의 슈퍼마켓 관련 통계에서는 중소슈퍼라는 용어는 사용되고 있지 않지만 실제로는 그 의미가 중소슈퍼와 동일한 '일반 슈퍼마켓 및 잡화점'이라는 용어를 사용하고 있다.

3. 슈퍼마켓의 매출액 추이

성장률의 관점에서 보면 슈퍼마켓은 백화점/대형마트와 편의점의 중간쯤에 위치해 있다. 백화점과 대형마트는 2010년대 초반부터 저성장 혹은 마이너스 성장을 지속하였고, 이에 반해 편의점은 경기불황 속에서도 2010년대에도 비교적 높은 성장률을 기록하였다. 슈퍼마켓은 2007~2012년 동안 연평균 약 10%의 성장률을 달성하였으나 2013년부터는 2~3%대의 성장률을 기록하다가 2019년에는 약 5%의 마이너스 성장을 기록하였다. 그러다가 뜻밖에도 코로나19가 시작된 2020년에는 5% 이상의 비교적 양호한 성장률을 기록하였다. 슈퍼마켓은 편의점과 더불어 소비자들의 근거리·소량구매 트렌드의 혜택을 보고 있는 대표적인 소매업태임에도 불구하고 2013~2019년에 성장률이 저조했던 이유는 다음과 같이 기술될 수 있다. SSM이나 중형슈퍼의 경우에는 상품구색에 있어서는 대형마트에 밀리고, 편의성이라는 점에서는 편의점이나 온라인쇼핑몰에 뒤졌다. 또한 영세슈퍼의 경우에는 주력 소비층으로 등장한 MZ세대들이 쇼핑의 쾌적성, 상품의 구색, 구매의 편의성 등에서 앞서는 온라인쇼핑과 편의점을 찾으면서 외면을 받게 되었다.

매출액의 추이를 슈퍼마켓 유형별로 살펴보면, 먼저 SSM은 2007~2012년 동안 연평균 약 20%에 가까운 높은 성장률을 기록하였으나 정부의 규제가 본격화된 2013년부터는 2~3%의 낮은 성장률을 보이다가 2019~2020년에는 마이너스 성장률까지 기록하였다. 2000년대 초에 개점한 이래 약 10년간 신세계, 롯데, GS리테일 등 대형 유통업체의 성장동력이 되어 주었던 SSM이 2013년부터는 성장동력으로서의 기능을 상실하고 오히려 수익성에 있어서 모기업에 부담을 주는 존재가 되어 버렸다. 이렇게 되자 SSM을 운영하고 있는 대형 유통업체들은 2018년부터 손실을 최소화하기 위해 부실매장을 정리하는 등의 조치를 취하고 있다.

통계청은 2015년부터 영세슈퍼와 중형슈퍼를 구분하지 않고 두 유형을 합한 개념인 '중소슈퍼'에 관한 통계를 제공하고 있다. 이에 따르면 중소슈퍼는 2007~2012년 동안 연평균 약 9%의 비교적 양호하다고 할 수 있는 성장률을 기록하였으나 2013년부터는 2~3%의 낮은 성장률을 보이다가 2019년에는 마이너스 성장률까지 기록하였다([표 4-10] 참조). 즉, 2007~2019년의 성장률 추이는 중소슈퍼와 SSM이 매우 유사하다고 할 수 있다. 그런데 코로나19가 본격화되기 시작한 2020년에는 SSM은 마이너스 5%의 성장률을 기록했으나 중소슈퍼는 플러스 6.8%의 양호한 성장률을 기록하였다. 이는 SSM이 수익성 제고 차원에서 점포수를 많이 줄이면서 중형슈퍼가 반사이익을 본 것으로 볼 수 있다. 또한 2010년대에 들어 영세슈퍼의 수가 지속적으로 감소하고 있었던 점을 감안하면 중소슈퍼가 비교적 선전했던 것은 중형슈퍼가 점포의 수를 늘려가는 한편, 다방면의 노력을 통해 SSM과 경쟁할 수 있는 실력을 쌓아갔기 때문이라고 볼 수 있다. 또 한편으로는 SSM은 출점제한, 의무휴무제, 영업시간 제한 등 정부의 강한 규제를 받고 있었던 반면, 중형슈퍼는 이러한 제한을 받고 있지 않았다는 것도 중형슈퍼 선전의 중요한 원인으로 들 수 있다. 여기에 더불어 코로나 팬데믹 상황을 극복하기 위해 정부에서 국민들에게 제공한 '재난지원금'이 중소슈퍼에서는 사용할 수 있었지만 SSM에서는 사용할 수 없었던 점도 영향을 미쳤다.

표 4-10 중소슈퍼 및 SSM의 매출액 추이 (단위 : 조원, %)

구분		2016	2017	2018	2019	2020
중소슈퍼	매출액	38.5	39.6	40.4	38.2	40.8
	성장률	−	2.8	2.0	−5.4	6.8
SSM	매출액	5.9	6.0	6.1	6.0	5.7
	성장률	−	1.7	1.6	−1.6	−5.0
합계	매출액	44.4	45.6	46.5	44.2	46.5
	성장률	−	2.7	2.0	−4.9	5.2

자료 : 국내통계>도소매>수요유통업체매출동향조사>준대규모점포(SSM) 매출동향(품목별)
리테일매거진, "유통산업보고서 : 슈퍼마켓," 2018년 1월호(2016, 2017 매출액)
국내통계>서비스업동향조사>소매판매통계>소매판매액>소매업태별판매액

4. 슈퍼마켓의 점포수 추이

영세슈퍼가 SSM과 편의점의 공세에 눌려 점점 사라져가는 업태가 되어가고 있는 반면에 중형슈퍼는 근거리·소량구매의 추세에 힘입어 매장의 수와 매출액이 꾸준히 증가하고 있다. 통계청이 2017년 이후부터 중형슈퍼와 영세슈퍼를 구분하지 않기 시작하면서 2017년 이후의 정확한 수치는 알 수 없지만 2017년까지 중형슈퍼는 점포수나 매출액에서 SSM을 크게 앞서고 있었으며, 2020년대에도 이러한 추세는 지속되고 있을 것으로 예측된다.

영세슈퍼는 SSM이 본격화되는 2000년대 초부터 크게 타격을 받기 시작했다. 설상가상으로 1989년에 등장한 편의점은 점포수를 급격하게 늘리며 동네 골목에서 영세슈퍼를 밀어냈다. SSM은 2010년대 초부터 점포개설 제한, 의무 휴무제, 영업시간 제한과 같은 정부의 규제를 받았지만 편의점은 거의 규제를 받지 않으면서 점포수를 늘려갔다. 편의점 점포수는 2007년에 1만 개 돌파, 2011년에 2만 개 돌파, 2015년에 3만 개 돌파, 2018년에 4만 개를 돌파했으며, 2021년에는 5만 개에 근접했다. 그 결과 많은 수의 영세슈퍼가 문을 닫거나 편의점으로 전환되었다. 2005년에 약 10만 개에 달하던 영세슈퍼는 2010년에는 약 8만 개

로 줄어들었고, 2020년에는 약 5만 개로 줄어들었다.

SSM은 2000년대 들어 대형마트와 함께 가장 많은 사회적인 이슈를 불러일으킨 소매업태라고 할 수 있다. '대형 유통업체의 골목상권 침투로 인한 영세상인의 몰락'이라는 사회적 이슈가 정치권으로 비화되면서 우리나라 최초로 대형 유통업체를 직접 규제하는 법규가 만들어지기도 했다. 우리나라의 SSM은 1970년대에 등장한 제1기 SSM과 2000년대에 등장한 제2기 SSM으로 구분될 수 있다. 제1기 SSM은 1970년대에 정부의 유통산업 근대화정책의 일환으로 등장하였다. 당시는 유통부문이 제조부문에 비해 현격한 열세에 있었던 시기였기 때문에 중소슈퍼와 SSM은 갈등관계가 아닌 동병상련의 동반자적인 관계에 있었다고 할 수 있다. 이렇게 등장한 SSM은 1990년대 초반까지는 새로운 소매업태로서 각광을 받았으나 1990년대 중반에 들어서서 이마트 등의 대형마트와 '회원제 창고 도매클럽'인 코스트코의 공세에 밀리기 시작하였으며, 1997년에 발발한 외환위기로 인해 경영이 더욱 악화되면서 제1기 SSM은 대부분 시장에서 사라졌다.

제2기 SSM은 대형마트의 성장 정체와 관련이 있다. 1993년에 등장한 대형마트는 2000대 초반(2000~2002년)에 연평균 30% 이상의 높은 성장을 구가했다. 그런데 2003년부터 성장률이 10% 내외의 수준에서 하향 곡선을 그리고, 또한 추가 출점을 위한 부지확보가 어렵게 되자 대형마트를 운영하고 있던 대형 유통업체들은 중소슈퍼와 전통시장이 포진해 있는 골목상권에 SSM 점포를 개설하기 시작했다. SSM은 대형마트보다 훨씬 규모가 작기 때문에 부지확보가 상대적으로 쉬웠고, 또한 등록제인 대형마트와는 달리 신고제로 설립이 가능했기 때문에 점포를 빠른 속도로 늘려갈 수 있었다. 롯데쇼핑의 롯데슈퍼는 2001년(본격적인 영업개시는 2004년), 홈플러스의 홈플러스익스프레스는 2004년, 신세계 이마트의 이마트에브리데이는 2009년에 SSM시장에 진출하였으며, 이 3개 업체는 1974년에 설립된 럭키슈퍼마켓으로부터 시작된 GS리테일의 GS더프레시와 함께 4강 구도를 형성하였다. 대규모 자본과 최신 경영기법으로 무장한 SSM은 중소슈퍼와 전통시장의 영역을 파고들었다.

SSM 점포의 수는 2000년대 초반부터 2012년에 이르기까지 약 10년간 매년 10~30%의 성장률을 보이며 빠른 속도로 1,300개 수준으로 증가하였다. 그러나 SSM에 의한 골목상권 침해 문제는 사회적·정치적인 문제로까지 비화되었다. 이로 인해 2010년에 유통산업발전법이 개정되면서 추가출점이 어려워졌고, 2012년에는 SSM에 대해 영업시간 제한, 의무휴무제 등의 규제가 가해지면서 성장세가 급격히 위축되었다. 즉, 2013년 이후에는 점포의 증가 속도는 크게 떨어졌으며 여기에 온라인쇼핑의 급성장, 경기침체의 장기화까지 더해지면서 2018년부터는 오히려 점포수가 감소하고 있다. [표 4-11]은 2018~2021년의 4대 SSM의 점포수 추이를 보여주고 있다. 이 기간 동안 점포수는 약 10%에 이르는 122개가 감소하였다.

▌표 4-11▐ 빅4 SSM의 점포수 추이 (단위 : 개)

연도	2018년 12월	2019년 12월	2020년 12월	2021년 6월
점포수	1,229	1,215	1,138	1,107

자료 : 산업통상자원부, "주요 유통업체 매출 동향," 보도자료, 2021년 1월 및 7월, 2020년 1월, 2019년 1월

5. 슈퍼마켓 유형별 경쟁력 강화전략

슈퍼마켓 시장이 인구고령화와 1~2인 가구의 증가에 따른 근거리·소량구매성향에 힘입어 지속적인 성장을 하고는 있지만 다양한 소매업태와 힘겨운 경쟁을 벌이고 있다. 중소슈퍼(중형슈퍼 및 영세슈퍼)의 경우 SSM은 물론, 편의점, 온라인쇼핑 등이 급성장하면서 많은 타격을 입고 있다. SSM도 다양한 규제로 인해 성장이 거의 정체되고 있기 때문에 이를 극복할 수 있는 대책 마련이 시급한 실정이다. 여기에서는 중소슈퍼와 SSM이 경쟁력 강화를 위해 어떠한 전략을 실행하고 있는가에 대해 기술한다.

5.1 중소슈퍼

중소슈퍼의 경쟁력 강화를 위한 활동은 지역 슈퍼마켓협동조합의 자체적인 활동과 정부의 지원에 의한 활동의 두 가지로 나누어질 수 있다.

5.1.1 지역 슈퍼마켓협동조합

중소슈퍼 경영자들의 단체인 '한국수퍼마켓협동조합연합회'는 2020년 현재 46개의 지역수퍼마켓협동조합(지역조합)을 회원으로 하고 있으며, 여기에는 약 3만 개의 중소슈퍼가 가입해 있다. 46개의 지역조합 가운데 34개 지역조합은 정부의 지원에 의해 건립된 '중소유통공동도매물류센터'를 가지고 있으며, 12개의 지역조합은 자체적으로 설립한 물류센터를 보유하고 있다. 즉, 12개의 지역조합은 조합원들의 출자를 바탕으로 물류센터를 건립했다. 이렇게 자체적으로 물류센터를 건립하면 조합원들이 주인이기 때문에 수수료가 낮아져서 가격 경쟁력을 확보하는데 유리하고, 또한 운영경험과 조합원들의 간의 신뢰가 쌓이면 조합원들을 위한 의사결정을 신속하고 정확하게 내릴 수 있다는 장점이 있다.

5.1.2 정부의 지원

정부의 지원은 물류센터의 건립, 풀필먼트시스템 구축, 나들가게 육성사업, 스마트슈퍼

육성사업의 전개 등의 형태로 이루어지고 있다.

- **물류센터 및 풀필먼트시스템의 구축** : 정부의 지원에 의한 '중소유통공동도매물류센터'의 건립은 중소벤처기업부와 지방자치단체의 예산(90%)과 지역조합의 부담금(10%)으로 이루어지고 있다. 2020년 현재 34개의 지역조합이 정부로부터 지원을 받아 건립된 물류센터를 운영하고 있다. 산업통상자원부는 2021년에 지역조합의 물류센터를 온라인 주문에 대한 대응이 가능한 시설로 전환시키기 위한 '중소유통 공동활용 풀필먼트 구축 시범사업'을 시작했다. 물류센터가 풀필먼트시스템을 갖추게 되면 중소슈퍼가 온라인 주문에 대한 신속한 처리와 배송, 효율적인 재고관리 등이 가능해진다. 즉, 풀필먼트시스템의 구축은 중소슈퍼가 급속한 온라인화에 대응하는 것을 돕기 위한 방안으로 도입되었다. 정부는 우선적으로 2022년에 2개의 지역조합 물류센터를 풀필먼트화하고 성과에 따라 확대 여부를 결정할 예정이다.
- **나들가게의 육성** : 중소벤처기업부의 '나들가게 육성지원사업'은 2010년 1월 대형마트와 SSM의 확산으로 경영에 심대한 타격을 입고 있는 중소슈퍼를 지원한다는 차원에서 기획되었다. 나들가게는 '정이 있어 내 집같이 드나드는 나들이하는 마음으로 가고 싶은 가게'라는 뜻을 담고 있다. 나들가게로 선정이 되면 POS를 무료로 설치할 수 있고, 점포당 200만원 한도 내에서 간판교체비용을 지원받을 수 있다. 또한 시설현대화 등 경영혁신에 필요한 자금을 1억원 한도 내에서 연 4.50%의 이자율로 대출받을 수 있다. 대출금의 70%는 1년 거치 4년 균할분등상환, 나머지 30%는 상환기간 만료시 일시상환을 하면 된다. 또한 개점이나 점포개선 이후에는 중소벤처기업부에서 선임한 유통전문 지도위원에게 월 2회씩 5개월간 무료로 경영지도를 받을 수 있다. 나들가게 사업의 목표는 혁신의지를 가지고 있는 1만 개의 중소슈퍼를 선정하여 나들가게로 전환하는 것이었다. 2013년의 나들가게는 9,111개이었으나 그 이후 지속적으로 감소하는 추세를 보이고 있다. 2015년에 8,541개, 2018년에 7,777개, 2020년에 7,508개로 줄어들었다. 줄어드는 과정에서 적지 않은 나들가게들이 일반 중소슈퍼로 돌아가거나, 편의점, 타업종으로 전환하거나 폐업을 하였다. 중소슈퍼가 나들가게로 전환된 이후에 일평균매출액, 일평균내점고객수, 소비자만족도 등에서 향상이 있었음을 보여주는 연구도 있지만 전반적으로 나들가게 지원사업이 큰 성과를 거두지는 못한 것으로 평가되고 있다. 앞으로의 과제와 관련하여 나들가게 지원사업이 POS나 간판설치와 같은 가시적인 성과가 나타나는 부분에서 더 나아가 점주들의 경영능력을 향상시키기 위한 교육훈련이 보다 체계적으로 이루어져야 하고, 앞에서 언급한 '중소유통 공동도매 물류센터'와의 연계성을 강화함으로써 공동구매의 효과가 가시화될 수 있도록 보완해

나가야 한다는 점들이 지적되고 있다.

- **스마트슈퍼의 육성** : 스마트슈퍼 육성사업은 중소벤처기업부가 2020년에 론칭한 사업으로 '스마트슈퍼'는 낮에는 유인으로 심야에는 무인으로 운영되는 '하이브리드(혼합형) 무인점포'를 의미한다. 여기에는 무인 출입장비, 무인 셀프계산대, 보안시스템 등 디지털 기반의 시설들이 갖추어진다. 이 사업은 165m^2 이하의 영세슈퍼를 대상으로 하고 있으며, 영세슈퍼가 코로나19로 인해 더욱 빠른 속도로 디지털화, 비대면화하고 있는 유통환경에 적응해 갈 수 있도록 지원한다는 목적을 가지고 있다. 중소벤처기업부는 2020년 9월과 11월에 각각 스마트슈퍼 1호점과 2호점을 개점하였으며, 2025년까지 매년 800개씩 모두 4,000개의 영세슈퍼를 스마트슈퍼로 전환시키는 것을 목적으로 하고 있다.

5.2 SSM

SSM에 대한 비판적인 사회적 분위기와 법규의 제한으로 인해 2010년대에 들면서 신규점포 출점이 크게 어려워졌다. 2010년에 개정된 년부터 유통산업발전법은 전통시장 반경 500m 내의 지역을 '전통상업보존구역'으로 지정하여 SSM이 출점하는 것을 제한하고 있다. 2011년에는 거리가 2배인 1km로 늘어나면서 규제면적이 4배로 확장되었다. 이와 더불어 각 자치단체는 2012년 유통산업발전법에 근거한 조례 개정을 통해 매월 두 번에 걸친 의무휴무일과 0시~오전 10시 영업금지 등을 규정하기 시작했다.

중소벤처기업부가 도입하고 있는 사업조정제도도 SSM에게 큰 부담이 되고 있다. 이 제도는 중소기업의 경영이 대기업에 의하여 위협받을 가능성이 있는 경우에 중소벤처기업부가 이에 개입해 대기업에게 사업진출의 연기, 생산 품목·수량 등의 축소 등을 권고하는 제도이다. 중소기업중앙회가 대기업에 의해 경영을 위협받고 있다고 주장하는 중소기업의 신청을 접수하면 실태조사를 벌인 후 중소벤처기업부에 의견서를 낸다. 중소벤처기업부는 의견서 접수 이후 90일 내에 답변을 하여야 하며, 이를 통해 대기업에게 최장 6년까지 진출을 연기하거나, 생산 품목·수량 등을 축소할 것을 권고할 수 있다. 이러한 권고는 법적 구속력은 없지만 실질적으로 대기업의 활동을 규제하는 힘을 가지고 있다. 또한 2010년에 개정된 대·중소기업상생협력촉진법(상생법)은 '가맹본부가 51% 이상 투자한 점포는 사업조정 대상에 포함될 수 있다'고 규정하고 있다. 즉, 직영점이 아닌 가맹점이라고 하더라도 SSM을 운영하는 가맹본부의 투자가 많이 이루어진 경우에는 직영점과 똑같이 점포 설립을 규제할 수 있도록 규정하고 있다.

또한 SSM은 다른 소매업태와의 경쟁에서도 한계점을 드러내고 있었다. 2000년대 초~2010년대 초에 이르는 10년간은 주로 영세슈퍼의 시장을 잠식하면서 성장해 나갔지만 그 이후에는 뚜렷한 성장 동력을 찾지 못하면서 다른 소매업태와의 경쟁에서 밀리기 시작했다. 대형마트에 비해서는 상품구색에서 현저한 차이를 보이고, 편의점에 비해서는 점포수에서 현저한 차이를 보였으며, 대세로 자리 잡아가는 온라인쇼핑에 대해서도 적절히 대응하지 못했다. 상당히 절박한 상황에 직면한 SSM은 반전을 위해 수익성 중심의 운영, 온라인쇼핑의 강화 등 다각적인 노력을 기울이고 있다.

- **수익성 중심의 매장의 폐쇄와 신설** : 2010년대 중반에 SSM 업계의 수익성이 최저점에 달하면서 SSM 업체들은 무엇보다 수익성 향상에 중점을 두고 운영을 하기 시작했다. 수익성과 관련한 여러 가지 업무 중에서도 가장 중요한 것은 매장의 폐쇄와 신설에 관한 업무라고 할 수 있다. SSM 업체들은 수익성 제고를 위해 수익성이 떨어지는 점포들을 과감히 폐점시켰다. 특히 롯데슈퍼의 운영본부인 롯데쇼핑은 2020년에 무려 68개의 점포를 폐점시키면서 2019년 말 기준으로 521개였던 점포수를 2020년말에는 453개로 줄였다. 빅4 SSM을 종합해서 보면 점포수가 2019년에는 23개가 줄었고, 2020년에는 77개가 줄었으며, 2021년에는 6개월 사이에 21개가 줄었다. 점포의 신설도 수익성이 확실하다고 판단되는 경우에만 이루어졌다. 과거에는 경쟁사의 점포가 들어오지 못하도록 하기 위한 방어적 목적의 점포 신설이나 장기적인 발전성을 감안한 점포 신설 등이 이루어지기도 하였지만 2010년대 중반 이후에는 폐점 및 점포 신설을 결정하는데 있어서 단기적인 관점에서의 수익성 극대화가 가장 중요한 기준이 되었다.
- **수익성 중심의 매장 운영** : 매장도 보다 적극적으로 수익성을 중심으로 운영되고 있다. 이를 위한 가장 중요한 업무는 '팔리는 상품의 진열'이라고 할 수 있다. 이는 점포주변에 거주하는 소비자들의 특성에 맞는 상품을 확보하고, 매장도 목표고객들의 주목을 끌 수 있는 형태로 만들어 나가는 것을 의미한다. 예를 들어, 이마트에브리데이는 젊은 부부가 많이 살고 있고 소득수준도 비교적 높은 지역의 점포에는 와인샵을 운영하고, 1인 가구가 많은 지역의 점포에서는 간편식, 소포장 상품 등을 강화하는 한편, 가성비 높은 생필품을 많이 취급하는 '다이소'를 입점시키기도 하는 등의 활동을 전개했다. 특히 2010년대 후반에 들어서 1인 가구의 증가에 대응하는 상품의 출시가 두드러지게 나타나고 있다. 1인 가구를 위한 미니 식빵, 반모 두부 등 소포장 상품의 출시, 혼술족을 위한 소포장 안주 출시, 편의점을 모방한 도시락의 판매 및 취식공간의 제공, HMR(가정식 대체식품) 전용 브랜드의 개발 등의 다양한 활동들이 전개되고 있다.
- **온라인쇼핑의 강화** : 우리나라에서는 2010년대 후반부터 신선식품, 간편식 등에 대한 온라인 주문이 급속히 늘어나기 시작하였으며, 2020년 코로나19가 시작되면서 이러한

경향은 더욱 강화되었다. SSM은 이러한 추세에 대응하기 위해 다양한 방안을 도입하고 있다. 먼저 생활용품, 잡화류의 비중을 줄이고 신선식품, 간편식 등을 중심으로 식품류의 비중을 높이고 있다. 또한 온라인쇼핑 활성화를 위한 배달서비스를 강화하고 있다. 이를 위해 자체 앱 이외에 요기요나 카카오톡 배달서비스 등과 같은 배달서비스 업체와 협업을 맺기도 한다([글 4-3] 참조). 또한 점포를 새벽배송 등을 위한 풀필먼트 센터로 활용하는 사례도 늘고 있으며, 전용 배송센터를 활용하여 새벽배송, 당일배송, 야간배송 등을 실행하는 사례도 나타나고 있다.

글 4-3 SSM 업체의 배달서비스 강화

홈플러스 익스프레스는 외출을 꺼리는 소비자들을 공략하기 위해 배달서비스 업체 요기요와 협업을 맺고 상품 500여 종을 중심으로 '요기요 장보기 즉시배송서비스'를 제공한다. 매장 인근 1.5km 내 고객이 오전 11시부터 오후 10시까지 요기요 앱으로 홈플러스 익스프레스에서 장을 보면 한 시간 이내 원하는 장소로 배송을 받을 수 있는 서비스로, 전국 주요 지역 226개 매장으로 확대해 실시하고 있다.

자료 : 리테일매거진, "유통산업 보고서 : 슈퍼마켓," 2021년 1월호

제4절 아울렛과 복합쇼핑몰

1. 개관

아울렛과 복합쇼핑몰은 2000년대 이전부터 존재하여 왔지만, 2010년대에 들어 소비 트렌드가 변화하면서 향후 유통산업을 이끌 수 있는 소매업태로 주목받았다. 즉, 아울렛은 장기불황으로 인해 가격에 민감해진 소비자들의 합리적인 구매행동에 부응할 수 있는 소매업태로 부각되었으며, 복합쇼핑몰은 쇼핑과 엔터테인먼트를 함께 즐기고자 하는 몰링(malling) 문화에 부응할 수 있는 소매업태로 주목받았다([글 4-4] 참조). 특히 2010년대에 들어 백화점이 정체 혹은 쇠퇴의 징후를 보이면서 백화점을 운영하고 있는 대형 유통업체들이 백화점의 대안으로 대규모 아울렛과 복합쇼핑몰을 구축하면서 유통업계는 일대 전환기를 맞았다.

글 4-4 몰링(malling)의 의미

몰링은 복합쇼핑몰에서 쇼핑뿐만 아니라 여가도 즐기는 소비행태를 의미한다. 편의성과 즐거움, 감각적 체험을 위한 대형 복합쇼핑몰의 등장으로 몰링을 주로 하는 몰고어(mall-goer)가 소비의 주체로 떠오르고 있다. 쇼핑만을 위해 쇼핑센터를 가는 것이 아니라 가족과 함께 쇼핑도 하고, 패밀리 레스토랑에서 식사도 하고, 게임 코너에서 게임을 하거나 영화를 보는 등 다양한 문화체험까지 한곳에서 다 할 수 있는 문화가 바로 몰링이다.

자료 : 매일경제(네이버 지식백과)

2. 아울렛

2.1 아울렛 개관

아울렛은 원래 '제조업체가 과잉 생산품이나 팔리지 않은 재고상품을 싼 가격에 판매하는 직영매장'을 의미했다. 즉, 본래적 의미의 아울렛은 제조업체가 주도하는 '상설할인매장'으로 지금도 의류나 구두와 같은 잡화를 생산하는 많은 제조업체들이 이러한 의미의 아울렛을 운영하고 있다. 이러한 의미의 아울렛은 당연히 단일 브랜드를 취급하고, 규모도 상대적으로 작으며, 상품구색도 정가 상품의 판매상황에 따라 편차가 심하게 나타난다. 이렇게 비교적 소규모로 운영되던 아울렛은 대형 의류제조업체인 이랜드에 의해 하나의 소매업태로 발전되었다. 많은 브랜드를 보유하고 있던 이랜드는 자사 브랜드를 중심으로 백화점식의 대형 아울렛 매장을 도입함으로써 아울렛이 하나의 소매업태로 자리 잡을 수 있는 토대를 마련하였다([글 4-5] 참조).

글 4-5 우리나라에서의 아울렛의 형성

국내에서 아울렛이라는 용어는 이랜드그룹이 1994년 서울 당산에 '2001아울렛' 1호점을 열면서 쓰이기 시작했다. '2001아울렛'은 국내 최초의 백화점식 패션 아울렛으로 백화점과 같은 형태의 층 구성과 상품구성을 갖추고 서비스를 제공했다. 2001년에는 서울 가산동(옛 구로공단)에 마리오아울렛이 들어서면서 아울렛시장 확대가 본격화되었다. 이후 가산동에는 W몰, 패션아일랜드, 하이힐아울렛 등 다른 아울렛들도 들어서며 패션타운을 형성했다. 가산 패션타운은 1980년대 섬유, 봉제공장 등 제조업의 산실인 옛 구로공단에 중소형 아울렛들이 하나둘씩 모여들면서 지금의 도심형 쇼핑타운으로 변모되었다.

자료 : 중앙일보, "교외형 프리미엄 아울렛," 2014년 4월 2일

의류제조업체의 입장에서 아울렛은 상당히 중요한 역할을 담당하고 있다. 의류제조업체는 팔리지 않은 재고상품을 자체적인 할인상설매장에서 단기간에 해소하지 못하면 브랜드 이미지에도 부정적인 영향을 미치고, 또한 재고관리, 소각처리 등으로 인한 손실이 발생하게 된다. 따라서 재고상품을 비교적 손쉽게 처분할 수 있는 대형 아울렛의 존재는 재고를 대규모로 처리할 수 있는 유용한 유통경로가 되고 있다. 또한 최대형 백화점의 참여 등으로 아울렛의 위상이 높아지면서 아울렛 전용상품이 개발되는 등 아울렛을 단순히 팔다 남은 재고를 판매하는 장소가 아닌 핵심적인 유통경로로 활용하는 업체들이 증가하고 있다.

아울렛이 각광을 받으면서 롯데백화점, 신세계백화점, 현대백화점 등 대형 유통업체들이 매출이 정체되어 있는 백화점을 대체할 수 있는 대안으로 아울렛시장에 적극적으로 진출하고 있다. 이렇게 대형 백화점들이 아울렛시장에 진출하면서 이들 백화점업체들이 아울렛시장을 주도하고 있는데 이러한 현상은 대형 백화점들의 상품조달능력에서 그 근거를 찾을 수 있다. 즉, 대형 의류제조업체의 백화점 판매비중이 40%를 넘어서고 있고, 또한 대형 백화점은 유명 브랜드를 아울렛에 입점시킬 수 있는 경로파워를 지니고 있기 때문에 양적인 측면에서나 질적인 측면에서 소비자들이 원하는 상품을 비교적 수월하게 확보할 수 있다.

2.2 아울렛의 유형

현재 대형 유통업체의 아울렛은 두 가지 유형으로 구분될 수 있다. 첫째는 인구밀집지역에 위치하는 도심형 아울렛이고, 둘째는 주로 중소도시에 위치하면서 해외 명품을 중심으로 운영되는 교외형 프리미엄아울렛이다. 이러한 구분은 대형 백화점의 전략에 기인하고 있다. 대형 백화점들은 도심에 위치하면서 해외브랜드를 중심으로 의류매장을 운영하고 있기 때문에 해외 명품을 주로 취급하는 프리미엄아울렛을 도심에서 운영하면 백화점과 상권이 겹치면서 자기시장잠식(cannibalization) 현상이 일어나게 된다. 이를 방지하기 위해 백화점과 상권이 겹치는 도심에서는 주로 국내브랜드를 중심으로 중저가 상품을 취급하는 아울렛을 운영하고, 도심에서 1시간~1시간 30분 정도의 거리에 위치한 중소도시에서는 넓은 부지에 해외 명품 브랜드를 중심으로 하는 프리미엄아울렛을 운영하고 있다.

2.2.1 도심형 아울렛

이랜드가 아울렛시장을 개척한 때부터 대형 백화점이 주도하는 교외형 프리미엄아울렛이 나타나기 이전까지의 모든 아울렛은 도심형 아울렛으로 구분될 수 있다. 도심형 아울렛은 대부분 복층의 대형 건물에서 층별로 구분된 의류 중심의 백화점식 상품구색을 갖추고 있다. 가장 많은 매장을 보유하고 있는 업체는 이랜드리테일로 2020년 현재 15개의 뉴코아아울렛과 7개의 2001아울렛 매장을 보유하고 있다. 빅3 백화점 가운데 아울렛 사업에 가장 적극적인 행보를 보이고 있는 롯데는 2008년에 광주월드컵점을 개점하면서 도심형 아울렛 사업에 진출하였다. 2020년 현재 14개의 도심형 아울렛과 2개의 팩토리 아울렛을 운영하고 있다. 현대백화점의 현대시티아울렛은 2014년에 1호점인 가산점을 시작으로 2016년에 동대문점, 2017년 송파구의 가든파이브점, 2018년에 대구점을 개점하였다. 복합쇼핑몰과 교외형 프리미엄아울렛에 집중하고 있는 신세계백화점은 도심형 아울렛을 보유하고 있지 않다. 이 외에도 모다아울렛이 17개, 세이브존이 9개, W몰이 2개, 라붐아울렛이 2개, 그리고 마리오아울렛, 아이즈빌아울렛, 수원프레미엄아울렛, 대동아울렛, 애플아울랫 등이 각각 1개씩의 도심형 아울렛 매장을 운영하고 있다.

2.2.2 교외형 프리미엄아울렛

우리나라의 교외형 프리미엄아울렛은 모두 빅3 백화점업체들에 의해 만들어지고 있다. 여기에는 주로 국내외의 유명 의류 및 잡화 브랜드 매장과 식음매장들이 입점해 있다. 프리미엄아울렛은 1980년대에 영국, 미국 등지에서 도시 외곽지역에 크게 명품 고가제품을 모아놓은 쇼핑몰을 조성한 것이 시초이며, 우리나라에서는 신세계가 2007년에 여주에 '신세계 첼시 프리미엄아울렛'을 개점하면서 처음 등장하였다. 신세계는 미국의 세계적 부동산회사인 사이먼프로퍼티그룹(Simon Property Group)과의 합작법인인 신세계사이먼을 설립하고 2007년 여주 프리미엄아울렛, 2011년 파주 프리미엄아울렛, 2013년 부산 프리미엄아울렛, 2017년 시흥 프리미엄아울렛 등 4개의 프리미업아울렛을 건립하였다.

롯데백화점은 2008년에 문을 연 1호점인 김해점을 비롯하여 이천점, 파주점, 기흥점, 동부산점 등 모두 5개의 점포를 보유하고 있다. 후발주자라고 할 수 있는 현대백화점은 2015년에 연면적 16만 5,000m^2의 프리미엄아울렛은 물론, 24,000대까지 수용할 수 있는 주차공간, 영화관, 테마파크 등의 시설을 갖춘 '김포터미널 프리미엄아울렛'을 개점하면서 이 사업에 진출하였다. 2016년에는 송도점을 개점하였으며, 2020년에는 대전점과 경기도 남양주의 스페이스원 등 2개 매장을 개장했다.

유명 의류브랜드를 생산하는 제조업체의 입장에서 프리미엄아울렛은 백화점을 대체할 수 있는 좋은 수단이 되고 있다. 의류업체가 백화점에 입점하기 위해서는 40%에 가까운 수수료를 지급해야 하고 매장의 운영에서도 많은 제한이 따르지만 교외형 프리미엄아울렛에서는 단독매장을 확보하여 개성 있는 매장분위기를 연출할 수 있고, 수수료율도 20%대로 백화점의 수수료율에 비해 훨씬 낮다. 이러한 이점이 있기 때문에 국내외의 많은 유명 브랜드들이 여기에 입점하고 있다.

2.3 아울렛에 대한 우려

아울렛이 빠른 속도로 성장하는 이면에는 아울렛이 아울렛 본연의 기능을 지속할 수 있을 것인지에 대한 의문도 동시에 제기되고 있다. 즉, 아울렛이 운영되기 위해서는 백화점에서 팔고 남은 재고상품이 충분히 확보될 수 있어야 하는데 아울렛의 수가 크게 증가하면서 과연 아울렛이 질 좋은 상품을 저렴한 가격에 판매한다는 장점을 유지할 수 있을 것인지에 대한 의구심이 높아지고 있다. 상품조달의 어려움이 예상되면서 아울렛을 운영하는 유통업체들은 제조업체를 상대로 아울렛 전용상품의 개발을 요구하고 있는데, 이렇게 개발된 상품은 백화점 상품에 비해 가격은 물론 품질도 떨어지는 상품일 수밖에 없기 때문에 아울렛 본연의 정체성을 잃어버리는 결과가 초래될 수 있다.

3. 복합쇼핑몰

우리나라의 유통산업발전법은 복합쇼핑몰을 '매장 면적의 합계가 3,000m^2 이상이며 쇼핑, 오락, 업무 등의 기능이 한 곳에 집적되어 있는 문화·관광시설'로 규정하고 있다. 즉, 복합쇼핑몰에는 의류, 잡화 등을 판매하는 매장은 물론, 영화관, 레저시설, 문화공간, 식당, 공원, 뮤직 스튜디오, 호텔, 병원, 약국, 대형서점, 대형마트 등 다양한 시설이 갖추어져 있어서 쇼핑과 함께 여가를 즐길 수 있다. 아울렛이 품질 면에서 정품과 큰 차이가 없는 상품을 상당히 저렴한 가격에 판매한다는 특성을 지니고 있다면, 복합쇼핑몰은 소비자들이 쇼핑을 하면서 여가도 즐길 수 있는 공간이라는 특성을 지니고 있다. 우리나라에는 2021년 현재 전국에 60여 개의 복합쇼핑몰이 있다.

우리나라의 복합쇼핑몰 역사는 비유통업체에 의해 주도되던 2000년에서 2010년에 이르는 시기와 롯데와 신세계와 같은 백화점 업체가 본격적으로 진출하기 시작한 2010년 이후의 시기로 나누어질 수 있다. 앞선 시기에 건설된 코엑스몰(2000년, 삼성동), 아이파크몰(2004년, 용산), 비트플렉스(2008년, 왕십리), 가든파이브(2008년, 문정동), 타임스퀘어(2009년, 영등포), IFC몰(2012년, 여의도) 등은 각각 무역협회, 현대산업개발, ㈜비트플렉스, SH공사, 경방, AIG글로벌부동산개발 등과 같이 부동산개발에 관심이 있는 기업들에 의해 주도되었는데 그 주된 이유는 복합쇼핑몰이 건설될 경우 인근 지역의 개발이 용이해지고 또한 백화점, SPA, 대형마트, 영화관, 호텔 등 다양한 분야의 전문 업체를 입점시킴으로써 비교적 용이하게 복합쇼핑몰을 운영해나갈 수 있기 때문이다. 롯데와 신세계가 2010년대에 들어 본격적으로 복합쇼핑몰 사업에 뛰어든 것은 이 시기에 백화점 사업의 정체가 본격화되는 징후가 나타났기 때문이다. 두 기업 가운데 롯데가 먼저 복합쇼핑몰 건설을 추진하였다. 롯데는 2011년 김포공항점의 건립을 시작으로 2021년 현재 광명점, 진주점, 군산점, 롯데월드점, 수원점, 은평점, 수지점, 피트인산본점, 여수점 등 모두 10개의 복합쇼핑몰을 운영하고 있다. 신세계는 3개 백화점업체 중에서 복합쇼핑몰 사업에 가장 적극적이라고 할 수 있다. 신세계의 복합쇼핑몰은 교외형과 도심형으로 나누어진다. '스타필드'로 명명된 교외형은 하남, 고양, 코엑스몰, 안성 등의 4개 지역에 점포를 두고 있으며, '스타필드시티'로 명명된 도심형은 위례(하남시), 부천, 명지(부산) 등 3개 지역에 점포를 두고 있다. 이 가운데 가장 먼저 건립된 것은 스타필드 하남점으로 2016년에 개점하였다. 하남점은 연면적 44만m^2의 규모로 백화점, 영화관, 키즈테마파크, 패션전문관, 공연시설, 전시시설 등이 들어서 있다. 신세계는 2023년 말에 도심형 스타필드 수원점을 개점할 예정이며, 2024년에는 청라(인천)에 교외형 스타필드를 개점할 예정이다. 청라국제도시에 들어서는 청라점은 신세계의 스타필드 중 최대규모이며, 백화점, 쇼핑몰, 테마파크, 호텔, 돔구장 등이 들어선다.

제5절 편의점

1. 편의점의 개념

편의점(CVS : Convenience Store)은 소비자들이 시간과 거리의 제약을 받지 않고 식품이나 잡화 등의 생활용품을 셀프서비스로 편리하게 구매할 수 있는 50~300m^2 규모의 소형점포를 의미한다. 편의점의 주된 장점으로는 시간적 편의성, 장소적 편의성, 상품구색의 편의성 등을 들 수 있다.

- **시간적 편의성** : 편의점의 가장 큰 장점은 대부분의 편의점이 연중무휴로 24시간 운영되고 있기 때문에 소비자가 시간의 제약을 받지 않고 언제든 생활용품을 구입할 수 있다는 점이다. 이러한 장점을 바탕으로 편의점은 전기/전화요금 등 공공요금 수납서비스, 택배서비스, 보험료/신문요금 수납서비스, ATM기를 이용한 입출금서비스, 티켓팅서비스, 휴대전화개통서비스 등의 다양한 생활서비스를 제공함으로써 소비자들이 시간적 제약을 받지 않고 일상적인 생활을 영위하는 데 도움을 주고 있다.
- **장소적 편의성** : 편의점은 거주밀집지역, 오피스가, 지하철역 부근 등 소비자와 가까운 곳에 위치하고 있어서 물건을 구입하기 위해 멀리 이동할 필요가 없으며, 따라서 물건

을 구입하는 데 걸리는 시간을 크게 단축시킬 수 있다.

- **상품구색의 편의성** : 편의점은 소비자들이 일상생활에서 필요한 각종 편의품(convenience goods)을 소량으로 구입할 수 있도록 상품구색을 갖춤으로써 소비자가 편의점만 이용해도 일상생활에 큰 불편함을 느끼지 않을 수 있도록 도모하고 있다. 우리나라의 편의점에서 판매되는 상품의 가짓수(SKU)는 약 2,500개 이른다. 2020년을 기준으로 식품류와 비식품류의 비중은 약 53 대 47로 식품류가 약간 더 많다. 식품류 중에서는 가공식품 등이 편의점 전체매출의 약 43%로 가장 높은 비중을 차지하고 있고, 즉석식품, 신선식품 등이 뒤를 잇고 있다. 비식품류 중에서는 담배가 비식품류 매출비중인 47%의 대부분인 약 40%를 차지하고 있으며, 이외에 생활용품, 잡화 등이 판매되고 있다.

2. 편의점의 역사

세계 최초의 편의점은 미국 사우스랜드사(Southland Corporation)가 1927년에 설립한 세븐일레븐(7-Eleven)이다. '세븐일레븐'이라는 이름은 다른 업대의 소매점들보다 훨씬 긴 오전 7시에서 밤 11시까지 영업을 한다는 의미를 담고 있다. 사우스랜드사는 1980년대 들어 경영난에 빠지면서 1991년 일본에서 세븐일레븐 체인을 운영하던 일본의 대표적인 유통업체인 이토요카도(伊藤羊華堂)에 의해 인수되었으며, 이후 사명도 사우스랜드에서 7-Eleven, Inc.로 전환되었다.

미국에서 편의점이라는 소매업태가 등장하게 된 것은 대형 식료품체인점의 성장과 깊이 관련되어 있다. 1920년대에 크로거(Kroger)나 세이프웨이(Safeway)와 같은 대형 식료품체인점들이 크게 성장하면서 점차 임대료가 비싼 도심에서 벗어나서 교외로 점포를 확장하였으며, 조직이 거대화되면서 인력의 원활한 확보 등을 위해 영업시간을 단축시키는 경향을 보였다. 이러한 추세에 따라 도시에 거주하는 소비자들이 집이나 직장 근처에서 시간에 구애받지 않고 편리하게 식료품, 잡화 등 생활필수품을 소량으로 구입할 수 있는 점포를 찾기 어려워졌으며, 이러한 점이 바로 편의점이 성공적으로 등장할 수 있는 배경이 되었다. 초기의 편의점은 주로 식품을 취급하였지만 점차 비식품류로 취급상품을 확대하였으며, 현재는 다양한 생활서비스까지 취급하고 있다.

우리나라 최초의 편의점은 롯데그룹 계열의 편의점사업체인 코리아세븐이 미국의 사우스랜드사와의 기술도입계약을 통해 1989년에 개점한 세븐일레븐 서울 올림픽선수촌점이다. 연이어서 1~2년 사이에 K-써클(1989년, 현재의 씨스페이스), 로손(1989년), 미니스톱(1990년), 훼미리마트(1990년, 현재의 CU), LG25(1990, 현재의 GS25), 바이더웨이(1991년)

등 많은 업체들이 시장에 진입하였다. 이 가운데 LG25와 바이더웨이는 토종 편의점이었고, 세븐일레븐, 로손, K-써클 등은 미국계 편의점이었으며, 미니스톱과 훼미리마트는 일본계 편의점이었다. 이들 업체들은 인수합병, 사명변경 등의 과정을 거치면서 현재는 BGF리테일의 CU, 코리아세븐의 세븐일레븐, GS리테일의 GS25가 3강 체제를 구축하였다.

우리나라 유통업계의 강자인 홈플러스와 신세계도 각각 2011년과 2014년에 편의점시장에 진출하였다. 신세계와 홈플러스가 CU, GS25, 세븐일레븐의 3강 체제가 이미 확립된 상황에서 편의점시장에 진출한 것은 운영 중인 대형마트와 SSM의 매출액이 정체되어 있는 반면, 근거리·소량구매가 확산되면서 편의점이 상대적으로 높은 성장률을 보이고 있었기 때문이다. 신세계그룹은 2014년 초에 약 90개의 점포를 가지고 있는 독립형 편의점인 '위드미'를 인수하면서 편의점시장에 진출하였다. 위드미는 2017년 '이마트24'로 개명되었으며, 빠른 속도로 점포수를 늘리면서 2020년 말 현재 5,165개의 점포를 가지고 있다. 이는 CU(14,923개), GS25(14,688개), 세븐일레븐(10,501개)에 이어 4번째로 많은 점포수이다. 홈플러스의 편의점인 365플러스는 2016년에 380개의 점포를 가지고 있었으나 그 후로 계약 기간이 끝나가는 점포들과 재계약을 하지 않으면서 2021년 3월 현재 점포수는 49개로 줄어들었다. 대형마트 사업이 원활하지 못한데다가 온라인 사업의 강화를 서두르고 있는 홈플러스는 비용 절감의 차원에서 기존 편의점 점포들과의 가맹계약 기간인 5년이 모두 끝나는 2022년에 편의점 사업을 완전히 접을 것으로 예상되고 있다.

공정거래위원회의 가맹사업정보에 따르면 자율성이 보장되는 형태로 운영되는 독립형 편의점은 약 15개의 가맹본부에 의해 약 1,500개의 가맹점이 운영되고 있다. 독립형 편의점의 수는 전체 편의점수의 약 3% 수준에 불과하지만 2014년에 신세계가 독립형 편의점 '위드미'를 인수하고 2015년에는 서희건설이 독립형 편의점 '로그인'을 인수하면서 독립형 편의점의 행보가 많은 주목을 받았다.

3. 편의점의 점포수 및 매출액 동향

편의점은 1989년에 등장한 이래 1990년대 후반의 외환위기 시기 1~2년을 제외하고는 지속적인 성장세를 구가하여 왔다. 편의점 점포수는 1989년 처음 등장한 이래 18년이 경과한 2007년에 10,000개 점을 돌파하였고, 그 이후 불과 4년 만인 2011년에 20,000개 점을 돌파하였으며, 2015년에는 30,000개 점, 2018년에는 40,000개 점을 돌파하였고 2020년에는 50,000개 점에 근접해가고 있다([표 4-12] 참조). 점포의 50% 이상이 서울, 경기, 인천 등의 수도권에 집중되어 있다. 매출액도 지속적으로 성장하면서 2012년에 10조원을 돌파하고, 2017년에는 20조원을 돌파하였으며 2020년에는 26.5조원에 이르고 있다. 매출액과 점포수의 추이에서 나타난 특징적인 점들로 다음과 같은 사항들을 들 수 있다.

표 4-12 편의점의 매출액 및 점포수 추이

구분		2011	2012	2013	2014	2015	2016	2017	2018	2019	2020
매출	매출액(조원)	9.2	10.9	11.7	12.7	16.5	19.5	22.2	24.4	25.7	26.5
	성장률(%)	-	18.5	7.3	8.5	29.9	18.2	13.8	9.9	5.3	3.1
점포	점포수(개)	21,879	24,822	25,441	26,874	30,062	34,376	39,475	41,650	44,933	47,180
	성장률(%)	-	13.5	2.5	5.6	11.9	14.4	14.1	9.8	5.3	3.2
점포당 매출액 (억원)		4.2	4.4	4.6	4.7	5.5	5.7	5.6	5.9	5.7	5.6

자료 : 매출액 : 통계청, 국내통계 >도소매>서비스업동향조사>소매판매통계>소매판매액>소매업태별 판매액
점포수 : 리테일매거진, "유통산업보고서 : 편의점," 2015~2021년 1월호

첫째, 편의점의 점포수는 2007~2012년의 기간 동안 매년 10% 이상씩 빠르게 성장하다가 2013년에 이르러 성장률이 2.5%로 급락하면서 우리나라의 편의점도 이제 포화상태에 이른 것으로 인식되었다. 하지만 2015년부터 다시 점포수가 크게 늘어나면서 앞으로 어느 정도까지 점포수가 증가할 것인지에 대한 예측을 어렵게 만들었다. 편의점은 통상적으로 인구 2,500명당 1개이면 포화상태에 이른 것으로 평가되고 있었는데, 이런 논리라면 인구 약 5,200만인 우리나라의 경우에 편의점은 2만여 개이면 포화가 된 것으로 보아야 하지만, 2015년에 이미 3만 개를 돌파하였고, 2018년에는 4만 개를 돌파하였으며, 코로나19가 발생한 2020년에도 2천여 개가 증가하면서 4만7천 개를 넘어섰다. 이처럼 점포수가 꾸준히 늘난 원인 중 하나로 편의점 가맹희망자가 급증했다는 점을 들 수 있다. 즉, 경제침체로 실업문제가 좀처럼 풀리지 않으면서 많은 사람들이 소자본으로 개점할 수 있고 상대적으로 안정적이라고 판단되는 편의점 사업에 뛰어들었다.

둘째, 2015~2020년의 매출액 성장률 추이를 살펴보면 2015년의 30%를 정점으로 지속적으로 하락하는 추세를 보이면서 코로나19가 발생한 2020년에는 3%로 하락하였다. 이 기간 동안의 연평균 매출액 성장률은 약 10%로 대형마트, 백화점, SSM 등에 비해 훨씬 높은 수준이지만 추세로 볼 때 2020년대에도 두 자리 숫자의 성장률을 달성하기는 쉽지 않아 보인다.

셋째, 점포당 매출액은 2000년대에 들어 지속적으로 증가하는 추세를 보이다가 2008년을 정점으로 2011년까지 하락하는 추세로 돌아섰다. 그러다가 2012년부터 회복하기 시작하여 2012년 4.4억원, 2013년 4.6억원, 2014년 4.7억원으로 증가하였으며 2015년에 5.7억

원으로 급증한 이후에는 비슷한 수준을 유지하고 있다. 편의점의 가맹본부는 가맹점 전체의 매출액이 상승하면서 수익성도 개선되었지만, 가맹점은 점포 임대료의 상승, 최저시급 인상으로 인한 인건비의 상승 등으로 인해 매출액의 상승에도 불구하고 수익성은 개선되지는 않고 있는 것으로 평가되고 있다.

4. 편의점의 유형

편의점은 기업형 편의점, 독립형 편의점, 개인형 편의점 등의 세 가지 유형으로 나누어진다([그림 4-2] 참조). 이 가운데 기업형 편의점과 독립형 편의점은 체인점의 형태로 운영되기 때문에 '체인화 편의점'으로 불린다. 개인형 편의점은 개인이 독자적으로 운영하는 편의점을 의미하는데 그 숫자가 극히 미미하기 때문에 여기에서는 기업형 편의점과 독립형 편의점을 중심으로 기술한다.

그림 4-2 ▌편의점의 유형

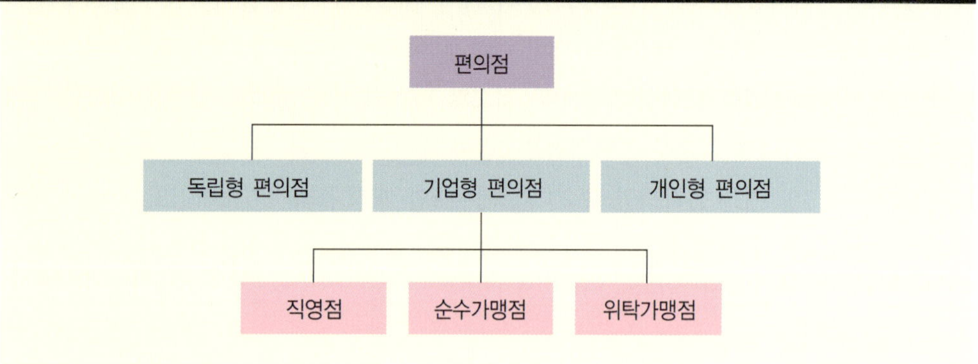

4.1 기업형 편의점

기업형 편의점은 대형 유통업체들이 운영하는 편의점으로 이는 다시 직영점, 순수가맹점, 위탁가맹점 등의 세 가지 유형으로 나누어진다. 직영점은 대형 유통업체가 직접 운영하는 점포로, 유동인구가 많은 지역에 큰 규모를 갖춘 플래그십스토어(flagship store)의 개념으로 운영되면서 직원들과 가맹점주들을 대상으로 하는 교육훈련장소로 이용되는 경우가 많다. 순수가맹점과 위탁가맹점은 가맹본부인 대형 유통업체와 가맹점주 간의 갑을관계 계약에 의해 운영되는 점포를 의미한다. 직영점은 전체 점포의 1~2%에 불과하고 순수가맹점이 약 2/3, 위탁가맹점이 약 1/3을 차지하고 있다. 순수가맹점은 인테리어, 판매설비, 임차보증금, 미판매재고 등을 모두 가맹점주가 책임지는 반면, 위탁가맹점은 모든 부담을 가맹본부가 진다. 대신에 위탁가맹점의 점주는 순수가맹점 점주에 비해 가맹본부에 훨씬 높은 가맹수수료를 지급해야 한다. 순수가맹점의 경우 매출액에서 매출원가를 뺀 매출총이익의 30~35%를 가맹수수료로 지급하고 있으며, 위탁가맹점의 경우는 이의 2배에 해당하는 60~70%를 가맹수수료로 지급하고 있다. 하지만 가맹본부와 개별 가맹점 간의 구체적인 계약내용은 가맹점의 부담 범위 등과 같은 개별적인 조건에 따라 매우 다양하다. 우리나라의 기업형 편의점으로는 CU, GS25, 세븐일레븐, 이마트24, 미니스톱, 365플러스 등의 6개가 있다. 이들 편의점들의 최초 및 연장시의 계약기간은 두 개 모두 5년이고, 가입비도 모두 770만원으로 동일하다. 점포수나 매출액에 있어서 상위 3개 업체(CU, GS25, 세븐일레븐)가 편의점시장 전체에서 차지하는 비중은 약 80%이고, 6개 업체가 차지하는 비중은 96%에 이른다. 즉, 우리나라의 편의점은 거의 대부분 기업형으로 운영되고 있다고 할 수 있다.

4.2 독립형 편의점

독립형 편의점은 기업형 편의점과 개인형 편의점의 장점을 결합한 형태로 가맹본부와 가맹점이 갑을관계가 아닌 평등관계를 기반으로 운영되는 편의점을 의미한다. 독립형 편의점의 가맹본부는 기업형 편의점의 가맹본부와는 달리 대부분 대기업이 아니라 편의점 전문사업체이거나 중견기업이다. 독립형 편의점이 기업형 편의점 및 개인형 편의점과 차별화되는 점들을 요약하면 [표 4-13]과 같다. 독립형 편의점은 기업형 편의점이 가지고 있는 체계적인 물품공급시스템 등을 갖추고 있으며, 동시에 개인형 편의점의 장점인 자율성을 최대한 확보할 수 있는 장점을 가지고 있다. 하지만 물품공급시스템, PB상품 개발능력, 브랜드인지도 등이 기업형 편의점의 수준에는 미치지 못하며, 또한 개인형 편의점과 같이 완벽한 자율성을 보장받는 것도 아니다. 계약기간은 대부분 2년으로 되어 있다.

표 4-13 독립형 편의점의 기업형 편의점 및 개인형 편의점과의 차별점

구분	내용
기업형 편의점과의 차별점	• 기업형 편의점은 가맹본부에 매출액에서 매출원가를 뺀 매출총이익의 30~70%를 가맹수수료로 지급하는 반면, 독립형 편의점은 가맹수수료가 없음. 사업체에 따라 가맹비나 월정액의 로열티를 받기도 함 • 운영시간을 자율적으로 정할 수 있음 • 가맹점주는 상품을 반드시 가맹본부로부터 구매하지 않아도 됨 • 계약기간은 대부분 2년으로 기업형 편의점의 5년에 비해 훨씬 짧음
개인형 편의점과의 차별점	• 가맹본부가 물류센터를 운영하고 있음 • 가맹본부가 매장통합관리시스템을 보유하고 있음 • 가맹본부가 점포관리사원을 두어 지원하고 있음

기업형 편의점에서는 가맹본부와 가맹점이 갑을관계를 형성하면서 을의 위치에 있는 가맹점들이 가맹본부로부터 많은 통제를 받을 뿐만 아니라 경우에 따라서는 불이익을 감수해야 하는 위치에 놓일 수도 있는 반면, 독립형 편의점의 경우는 평등관계를 기초로 하는 상생구조를 가지고 있기 때문에 물류센터로부터의 물품공급의 이점과 독립성을 동시에 누리면서 편의점을 경영하고자 하는 사람들로부터 많은 환영을 받고 있다. 기업형 편의점의 가맹본부는 매출액에서 매출원가를 뺀 매출총이익의 일정비율로 정해지는 가맹수수료를 수입의 원천으로 하고 있다. 따라서 수입증진을 위해서는 '개별가맹점의 수익'보다는 '전체 가맹점이 창출하는 총매출액'이 더 중요하고, 이로 인해 기존점포의 인근에 신규점포를 개설한다거나 혹은 가맹점의 특수한 사정을 고려하지 않은 상품을 강매하는 경우도 발생할 수 있다.

극단적인 예로 가맹본부가 적자점포 인근에 신규점포를 개점하여 두 개의 편의점의 전체 매출액이 기존 적자점포의 매출액보다 많으면 두 점포가 모두 적자를 보는 상황에서도 가맹본부의 수입은 증가할 수 있다. 즉, 기업형 편의점은 가맹본부와 가맹점의 이해관계가 충돌할 수 있는 구조를 가지고 있으며, 이로 인해 정부도 편의점의 신규출점을 제한하는 공정거래위원회의 모범거래기준이나 새벽 1~7시를 가맹점의 자율폐점시간대로 정한 '가맹사업법 개정안' 등을 통해 을의 위치에 있는 가맹점주의 권익을 보호하기 위한 조치를 취하고 있다. 이에 반해 독립형 편의점의 경우에는 가맹본부가 가맹점으로부터 가맹비나 월정액의 로열티를 받기도 하지만 수입을 주로 가맹점에 판매하는 상품의 마진에 의존하고 있고, 가맹점이 가맹본부가 아니라 제조업체 대리점이나 도매상 등으로부터도 물건을 구입할 수 있기 때문에 가맹본부는 수입의 증진을 위해 가맹점에게 좋은 상품을 저렴한 가격에 공급하기 위해 노력해야 하는 구조를 가지고 있다.

공정거래위원회의 가맹사업정보에 따르면 2021년 5월 현재 실제로 활동하고 있는 독립형 편의점의 가맹본부는 모두 14개인 것으로 파악되고 있다. 그 가운데 씨스페이스(우진), 로그인(서희건설), 해빛(일화) 등은 전문기업이 아닌 중견 혹은 대기업에 의해 운영되고 있고 IGA, 포시즌마트, 블루25, 아싸비어, 레몬비 등 11개는 편의점 전문기업에 의해 운영되고 있다. 코레일유통이 운영하는 스토리웨이는 2020년 현재 290여 개의 점포를 가지고 있는데 모두 직영점으로 운영되고 있다. 이들 독립형 편의점의 점포수는 전체 편의점 점포수의 3% 정도에 불과하지만 점점 더 치열해지는 경쟁으로 인해 운영이 어려워진 기업형 편의점이 로열티를 받지 않는 독립형 편의점으로 전환하면서 점포수가 늘어날 수 있을 것으로 기대하고 있다.

5. 편의점 사업에서의 물류

편의점에서 어떠한 상품을 판매할 것인가에 대한 의사결정은 대부분 편의점 가맹본부에 의해 이루어진다. 기업형 편의점의 경우에는 판매할 물건에 대한 구매의사결정이 100% 가맹본부에 의해 이루어지는 반면, 독립형 편의점의 경우에는 가맹점이 반드시 가맹본부로부터 물건을 사야 하는 것은 아니기 때문에 가맹점주는 일부의 물품에 대해 자신의 판단에 따라 가맹본부가 아닌 도매상이나 제조업체 대리점으로부터 구매할 수 있다. 구매에 대한 의사결정을 100% 가맹본부에서 하는 경우의 물류는 [그림 4-3]과 같이 나타낼 수 있다.

가맹본부는 대부분 제조업체로부터 물건을 구입하지만 일부는 도매상의 역할을 하는 벤더사로부터 물건을 구입하기도 한다. 벤더사로부터 물건을 공급받는 경우에는 벤더사가 가맹본부의 지시에 따라 자사의 물류센터에서 직접 가맹점에 물건을 공급한다. 가맹본부가 제조업체로부터 물건을 구입하는 경우에는 제조업체가 자사의 공장이나 물류센터에서 직접 가맹점에 물건을 배송하기도 하지만, 대부분은 물품은 가맹본부의 물류센터로 납품되고 여기에서 각 가맹점으로 배송된다. 가맹본부가 물류센터를 보유하여야 하는 이유는 제조업체나 벤더사에 물류를 의존하면 가맹점의 요구에 순발력 있게 대응하기가 어렵기 때문이다. 편의점의 경쟁력은 가맹본부의 물류센터가 얼마나 다양하고 우수한 제품을 얼마나 경쟁력 있는 가격에 공급할 수 있는가와 직결되어 있기 때문에 물류센터는 가맹본부가 갖추어야 할 가장 중요한 시설이라고 할 수 있다. 평균적으로 물류센터 한 개당 점포 약 300개가 적정선이기 때문에 사업의 확장에 따른 물류센터의 설립은 가맹본부에게 상당한 비용적 부담으로 작용한다.

그림 4-3 ▌ 편의점 사업에서의 물류

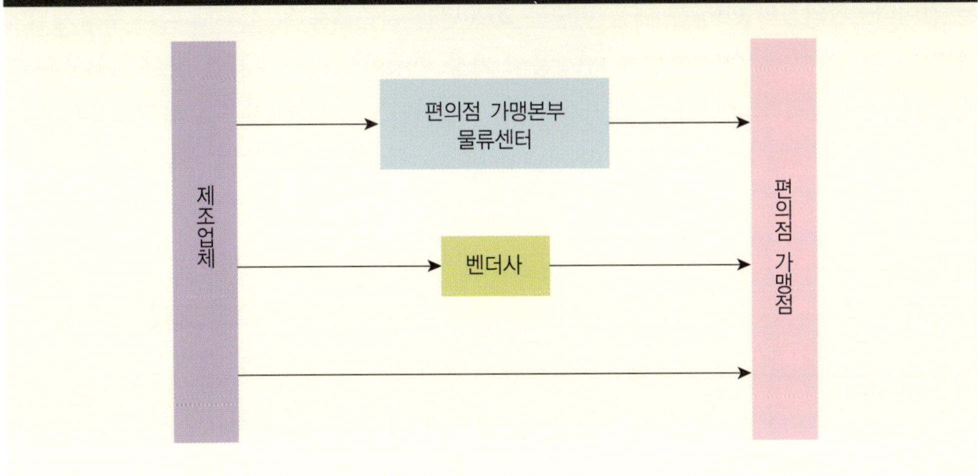

- **가맹본부의 물류센터 경유** : 한국편의점산업협회에 따르면 가공식품, 주류, 과자, 음료 등의 97% 이상, 일배가공식품, 일배생식품, 신선식품, 잡화, 담배 등의 65% 이상이 물류센터를 통해 조달되고 있다. 전체적으로 80% 이상이 물류센터를 통해 공급되고 있으며, 시간이 지나면서 그 비율이 점차 높아지고 있다.
- **벤더사 경유** : 벤더사와의 거래는 주로 여러 중소업체에서 생산되는 다양한 제품들을 구매할 필요가 있을 때 이루어진다. 왜냐하면 가맹본부가 여러 업체를 일일이 접촉하기도 어렵고, 해당 분야의 전문성이 부족한 경우에는 전문성을 갖춘 벤더사를 통해 조달하는 것이 보다 바람직하기 때문이다. 그래서 가맹본부는 상품을 몇 개의 카테고리로 분류하여 복수의 벤더사를 운용하는 것이 일반적이다. 한국편의점산업협회에 따르면 일배생식품, 일배가공식품, 신선식품의 약 1/3과 담배와 잡화류의 약 1/4이 벤더사를 통해 조달되고 있다.
- **제조업체 직송** : 담배, 일배가공식품, 잡화의 일부가 제조업체에서 직접 가맹점으로 배송되지만 그 비율은 극히 미미하다.

6. 편의점의 경쟁력 강화전략

편의점 업체들은 점점 더 치열해지고 있는 경쟁 환경에서 경쟁력을 강화하기 위해 PB상품의 개발, 무인편의점의 개설, 배달서비스의 활성화 등의 사업을 전개하고 있다.

6.1 PB상품의 개발

편의점의 상품구색 상의 특징 중의 하나는 다른 소매업태에 비해 PB상품의 비중이 높다는 점이다. 편의점의 PB상품 매출 비중은 2020년을 기준으로 약 35%로 다른 유통채널에 비해 월등히 높다. 편의점과 함께 PB상품이 가장 활성화되어 있는 대형마트의 PB상품 판매비중도 25~30% 수준이다. 편의점은 1989년 설립될 때부터 PB상품을 활발하게 도입하여 왔으며 2010년대 이후에 더욱 가속화되고 있다. 편의점이 PB상품에 주목하는 이유로는 다음과 같은 점들을 들 수 있다.

- **점포 이미지의 개선** : 편의점은 PB상품을 통해 상품가격이 대형마트나 슈퍼마켓에 비해 비싸다는 인식을 불식시킬 수 있다. 편의점은 대형마트나 SSM 등에 비해 규모가 작고, 영업시간이 길기 때문에 비용구조가 불리하고, 따라서 NB상품의 가격이 상대적으로 높은 경향이 있다. 이러한 불리한 점을 PB상품을 통해 불식시킴으로써 소비자들의 방문빈도를 증가시킬 수 있고, 이로 인해 PB상품뿐만 아니라 NB상품의 매출도 증

대시킬 수 있다.

- **점포 차별화** : PB상품은 단순히 가격경쟁력을 확보하는 수단이 아니라 점포를 차별화시키는 유력한 수단으로 진화하고 있다. 즉, 모든 경쟁업체에 동일하게 공급되는 NB상품을 통한 차별화에는 명확한 한계가 있기 때문에 편의점 업체들은 경쟁사와의 차별화를 위해 PB상품 개발에 적극 나서고 있다. 특히 2020년대에 들면서 친환경 PB상품의 개발, 젊은층의 라이프스타일에 부합하는 트렌디한 PB상품의 개발, 가격이 아닌 품질에 중점을 둔 PB상품의 개발, 특정 세분시장에 적합한 PB상품의 개발, 패션업체와의 제휴를 통한 NPB상품을 개발 등이 활발히 이루어지고 있다.
- **편의성의 극대화** : 편의점은 PB상품을 통해 영업시간이 길고 골목상권에 위치하고 있다는 '편의성'의 장점을 극대화시킬 수 있다. 새벽이나 밤에 끼니를 해결하거나 생필품을 소량으로 구매하기 위해 방문하는 고객들이 주로 구입하는 제품들을 중심으로 PB상품을 개발함으로써 대박상품을 상대적으로 쉽게 만들어갈 수 있다. 현재 편의점에서 판매되고 있는 도시락, 삼각김밥, 샌드위치, 햄버거 등의 간편식은 대부분 PB상품으로 운영되고 있으며, 이외에도 스낵, 라면, 음료, 생수, 우유 등 다양한 상품군에서 PB상품이 개발되고 있다.
- **수익성의 개선** : PB상품은 NB상품에 비해 수익률이 높고, 따라서 편의점의 수익성을 개선시킬 수 있는 좋은 수단이 된다. 이는 대부분의 PB상품이 중소 제조업체와의 계약을 통해 납품되는데, 이들 업체와의 계약조건이 NB상품을 공급하는 대형 제조업체와의 계약조건에 비해 훨씬 더 유리하기 때문이다.
- **소비자의 구매성향 변화에 대한 적극적 대응** : PB상품은 장기불황으로 가격에 민감해진 소비자들의 구매성향 변화에 부응할 수 있는 좋은 수단이 되고 있다. NB상품은 성공적인 신제품의 출시를 위해서는 광고 등의 프로모션비용이 선행되어야 하지만, PB상품은 그렇지 않기 때문에 중소 제조업체와의 협업을 통해 순발력 있게 상대적으로 저렴한 비용으로 소비자의 트렌드에 부응할 수 있는 신제품을 개발할 수 있다는 이점이 있다. 요즈음에는 광고와 같은 프로모션이 없어도 PB상품에 대한 고객들의 긍정적인 경험이 블로그 등의 SNS를 통해 확산되면 매출액이 지속적으로 증가할 수 있다.
- **상품개발의 용이성** : 편의점은 점포수가 많기 때문에 PB상품을 개발하여 일부 점포에서 판매를 해보고 성공적이면 다른 점포로 확산시키는 방법을 취하기가 매우 용이하다. 즉, 대형마트 등에 비해 PB상품의 실패로 인한 리스크가 훨씬 더 적다. 이러한 점 때문에 편의점을 운영하는 업체들은 보다 적극적으로 PB상품 개발에 임할 수 있다.

6.2 무인편의점의 개설

무인편의점, 무인카페, 무인빨래방, 무인세차장, 무인독서실, 무인옷가게, 무인아이스크림 등의 무인가게는 2010년대 후반부터 시대의 대세가 되어가고 있다. 무인가게는 유인가게에 비해 투자금과 유지비가 적게 들 뿐만 아니라 코로나19를 계기로 언텍트를 선호하는 소비자들이 늘어나면서 빠른 속도로 늘어나고 있다. 특히 무인편의점은 무인가게 중에서도 가장 빠른 속도로 증가하고 있다. 2017부터 시작된 우리나라의 무인편의점은 특히 야간 시간의 매출이 늘어나면서 편의점 업체들이 경쟁적으로 무인편의점을 늘려가고 있다.

편의점 빅4의 무인편의점은 2018년의 94개에서 2020년 말에는 743개로 약 8배가 늘어났다. 2021년 4월을 기준으로 GS25는 약 290개, CU는 약 270개, 세븐일레븐와 이마트24는 약 100개씩을 운영하고 있다. GS25와 이마트24는 신용카드, 체크카드, 후불교통카드, 삼성페이, 엘지페이 등 본인의 증명과 함께 결제를 할 있는 카드를 인식시키면 출입이 가능하다. 술이나 담배 등 성인인증이 필요한 물품은 예외적으로 근무자가 있는 시간에만 판매된다. CU의 경우에는 안면 정보와 CU의 셀프 결제 앱인 'CU 바이셀프' 정보를 등록하면 출입이 가능하며, 등록 후에는 안면 정보만으로 매장 출입 및 상품 구매가 가능하다. 세븐일레븐도 안면 정보와 신용카드, 엘포인트, 핸드페이 등 결제 수단 정보에 대한 인증을 거쳐야 출입이 가능하다. 무인편의점은 투자금이 일반 편의점 투자금의 30~50% 수준일 정도도 저렴하고, 인건비도 절약할 수 있기 때문에 수익성이 뛰어나다. 또한 안전상의 문제가 발생할 가능성도 적기 때문에 한적한 도로변 등에도 개설이 가능하다는 이점도 있으며, 관리하는데 소요되는 시간이 적기 때문에 한 명의 점주가 다수의 편의점을 혼자서 운영하는 것도 가능해진다. 이러한 이점이 있기 때문에 무인편의점은 앞으로 빠른 속도로 증가할 것으로 예측되고 있다.

6.3 배달서비스의 도입

배달서비스의 도입은 대형마트, SSM에서는 물론 편의점에서도 활발하게 이루어지고 있다. 빅4 편의점들은 '카카오톡 주문하기', '요기요', '위메프오' 등 배달 플랫폼과 제휴를 맺고 소비자들이 비대면으로 구매한 편의점 상품을 배달해 주는 서비스를 제공하고 있다. 예를 들어, GS25는 2021년 4월 현재 배달서비스 도입 약 1년 만에 전체 점포수의 약 3분의 1에 달하는 5천 점포에서 배달서비스를 제공하고 있고, 이마트24는 2021년 4월 현재 배달서비스 도입 1달여 만에 전체 점포수의 약 20%인 1천 점포에서 배달서비스를 제공하고 있다. 또한 코로나19로 인해 배달수요가 급증하면서 자체적으로 확보한 배달인력을 활용하여 교통체증 등의 영향을 전혀 받지 않는 '근거리 도보 배달'도 도입되고 있다.

편의점들이 배달서비스에 적극 나서게 된 가장 중요한 이유는 코로나19로 인해 소비자들의 배달서비스 수요가 늘어났다는 것이지만, 그와 함께 배민이 도입한 'B마트'(2019년 11월)와 요기요가 도입한 '요마트'(2020년 10월)가 활성화되고 있다는 점도 크게 작용하였다. 이들 서비스는 배달앱 업체인 배민이나 요기요가 제조업체로부터 직매입한 상품을 소비자들에게 직접 판매도 하고 배달도 하는 서비스이다. 주문 가능한 상품들은 3천~5천 종류의 생활용품이나 가정용품 등으로 대부분 편의점, SSM, 대형마트 등에서 취급하는 상품과 겹친다. 이들 서비스로 인해 편의점의 배달 주문액이 감소하자 편의점들이 배달서비스를 더욱 강화하고 있다고 볼 수 있다. 코로나19 시기에는 물론 코로나19 이후에도 언택트경제는 꾸준히 발전할 것으로 예상되고 있으며, 따라서 편의점의 배달서비스도 더욱 발전된 모습으로 그 규모를 늘려갈 것으로 예상된다.

제6절 H&B스토어

1. H&B스토어의 개념과 성장과정

H&B스토어는 '화장품을 중심으로 이미용품, 건강식품, 구강관리용품. 헬스에이드(개인위생용품) 등과 같은 건강(Health) 및 미용(Beauty)과 관련된 상품들을 셀프서비스 방식으로 판매하는 소형 소매점'이라고 정의될 수 있다. 그런데 우리나라의 H&B스토어는 언론 등에서 미국의 대표적인 소매업태 중의 하나인 '드럭스토어(Drug Store)'로 불리는 경우가 많다. H&B스토어와 드럭스토어가 상당한 차이가 있음에도 불구하고 혼용되어 쓰이는 데는 두 가지의 원인이 있다.

첫째, 드럭스토어는 처방약을 취급하고 H&B스토어는 처방약을 취급하지 않는다는 점에서는 큰 차이가 있지만, 두 업태 모두 화장품, 식음료, 건강식품, 생활용품 등을 취급한다는 점에서는 공통점이 있다. 둘째는 1999년에 설립된 이래 줄곧 H&B스토어 시장을 주도하고 있는 CJ올리브영은 미국의 드럭스토어를 도입하기 위한 목적으로 설립되었으며 설립 이후 7~8년간은 '드럭스토어'의 기치를 내걸고 사업을 전개하였다는 사실이다. 따라서 당시의 소비자들에게 CJ올리브영은 드럭스토어라는 업태명으로 알려졌고, 그래서 CJ올리브영이 업태를 H&B스토어로 완전히 전환을 한 이후에도 여전히 드럭스토어로 불리는 경우가 많게 되었다. 우리나라에는 현재 H&B스토어와 드럭스토어가 병존하고 있다. 미국이나 일본에서는 상당히 번성하고 있는 드럭스토어가 한국 시장에서는 두드러진 성장을 보여주지 못하고 있는 반면, 시장 환경에 적응하는 과정에서 자생적으로 만들어진 H&B스토어는 2010년대 후반에 들면서부터 화장품의 주력 유통경로로 자리를 잡아가고 있다. 여기에서는 먼저 한국, 미국 및 일본의 드럭스토어에 대해 설명하고, 그 다음에 한국의 H&B스토어의 성장 과정과 성장 배경에 대해 설명하기로 한다.

1.1 한국, 미국, 일본의 드럭스토어

한국에서 드럭스토어의 기치를 제일 먼저 내건 업체는 1999년에 설립된 CJ올리브영이지만 의약품 판매 규제와 약사들의 반대로 인해 본격적인 드럭스토어 사업은 전개하지 못하고 2007~2008년 무렵에 H&B스토어로 전환하였다. 한국 최초의 드럭스토어는 2004년에 설립된 코오롱티슈진의 'W스토어'라고 할 수 있다. W스토어는 기존 약국을 가맹점으로 가입시키는 방식으로 매장을 확보해 왔다. 약국의 주인인 약사는 기존의 업무를 수행하면서 매장의 일부를 활용하여 W스토어 본사에서 공급하는 화장품, 헬스케어, 생활용품 등의 다양한 상품을 판매하고 있다. W스토어 본사는 매대의 설치, 경영지도, 상품의 공급 등의 업무를 수행하고 일정액의 로열티를 받는다. W스토어는 2017년에 약 140개의 점포를 가지고 있었으나 손실악화로 점포수가 점차 줄어들고 있다. W스토어 이외에도 농심 메가마트의 '판도라'(2011), 온누리H&C의 '온누리약국'(2015) 등도 드럭스토어로 분류될 수 있다. 판도라는 2020년 기준으로 가맹점 6개, 직영점 16개 등 모두 22개의 점포를 가지고 있으며, 온누리약국은 설립 이래 꾸준히 가맹점을 늘리면서 2019년 기준으로 1,947개의 가맹약국을 보유하고 있다.

미국의 드럭스토어는 찰스 R. 월그린(Charles R. Walgreen)이 1901년에 약국을 세우면서 시작되었다. 미국의 드럭스토어는 약국을 찾는 고객들에게 원스톱쇼핑의 편의성을 제공하기 위해 의약품 이외에 화장품, 식품, 음료, 잡화 등 다양한 상품을 취급하는 한편, 근접성을 강화하고 규모의 경제를 실현하기 위해 점포의 수를 늘려 나갔다. 1990년대에는 월마트, K마트 등과 같은 대형마트와 슈퍼마켓이 드럭스토어의 주력제품인 의약품 분야로 상품구색을 확장하자 드럭스토어 업체들은 차별화를 위해 조제약(전문의약품) 부문을 강화하는 전략을 전개하였다. 또한 대로변 단독출점의 확대, 24시간 영업, 드라이브쓰루(drive-through)서비스, 1시간 사진현상서비스, 택배서비스 등을 통해 고객 편의성을 강화시켜 나갔다. 이러한 과정을 통해 미국의 드럭스토어는 전문성과 편의성을 동시에 갖춘 특색 있는 소매업태로 자리를 잡으면서 슈퍼마켓과 대형마트에 이어 세 번째로 규모가 큰 소매업태로 성장하였다. 월그린(Walgreen)과 CVS로 대표되는 미국의 드럭스토어는 조제약과 일반의약품은 물론 비타민, 화장품, 식품, 주류, 음료, 생활잡화 등 다양한 상품을 취급하고 있지만, 조제약이 매출의 70% 이상을 차지하고 있다. 즉, 미국의 드럭스토어는 다양한 상품을 취급하고 있음에도 불구하고 의약품을 중심으로 전문성과 편의성을 추구하는 '약국체인점'이라고 할 수 있다.

일본의 드럭스토어는 1970~1980년대에 일반의약품을 취급하는 대형마트의 성장으로 인해 경영이 악화된 약국 경영자들이 미국의 드럭스토어를 견학하여 운영방법 등을 도입하면서 시작되었다. 본격적인 성장은 당시 일본 최대의 드럭스토어 체인인 '마츠모토키요시'가 1987년에 '건강한 사람이 미용과 건강을 위하여 이용하는 점포'라는 콘셉트의 광고를 통해 약국이 가지고 있던 기존 이미지를 변화시키는 데 성공하면서 이루어지기 시작했다. 그런데 조제약을 중심으로 하는 매출구조를 가지고 있는 미국의 드럭스토어와는 달리 일본의 드럭스토어는 헬스, 뷰티, 식품, 잡화 등의 다양한 유형의 상품들이 비교적 고른 매출분포를 보이고 있다. 가장 높은 판매비중을 차지하고 있는 4개 상품 카테고리(일반의약품, 식품, 화장품, 일용잡화)의 매출비중은 각각 10~20% 수준으로 비슷하고, 조제약의 매출비중은 5% 정도에 불과하다. 일본의 드럭스토어는 식품이나 일용잡화와 같이 마진폭은 작지만 원스톱쇼핑을 가능하게 해주는 상품들을 통해 집객을 유도하고, 일반의약품이나 화장품 등 마진폭이 큰 상품들의 판매를 통해 이익을 실현해가고 있다. 일본 최대의 드럭스토어 체인인 마츠모토키요시가 점포 간판에 드럭스토어를 표방하고는 있지만 앞에서 기술한 바와 같이 일본의 드럭스토어는 조제약에 초점을 두고 있는 미국식 드럭스토어와는 상당히 다른 특성을 보이고 있다. 그래서 일본에서는 드럭스토어를 '의약품, 화장품 중심의 건강과 미용과 관련된 상품과 가정용품, 가공식품 등 편의상품을 셀프서비스 방식으로 판매하는 업태'로 정의하고 있다.

1.2 우리나라 H&B스토어의 성장 과정

우리나라의 H&B스토어에는 업계 1위인 CJ올리브영을 비롯하여 GS왓슨스(GS리테일), 롭스(롯데쇼핑), 부츠(신세계이마트), 비플러스에이치(홈플러스) 등이 포함된다. 이 업체들 가운데 2020년 현재 부츠와 비플러스에이치는 더 이상 활동을 하고 있지 않으며, GS왓슨스는 2018년에 제휴사인 홍콩의 AS왓슨그룹과 결별한 이후 'GS랄라블라'라는 이름으로 활동하고 있다. 부츠(Boots)는 2014년 미국 최대의 드럭스토어인 월그린이 인수한 영국계의 세계 최대 드럭스토어이다. 신세계이마트는 2016년 부츠를 운영하는 영국의 월그린 부츠 얼라이언스(WBA)와 부츠한국체인의 독점운영 협약을 맺었다. 2019년 7월에 점포수가 33개에 달했던 신세계이마트의 부츠는 수익성이 악화되면서 2020년 5월에 김포 트레이더스점와 이마트 자양점이 문을 닫으면서 완전히 폐점했다.

CJ가 1999년 말에 1호점인 CJ올리브영 신사역점을 개설하면서 이 사업을 시작할 때는 H&B스토어를 만들려고 했던 것이 아니라 미국식 드럭스토어를 한국에 도입하려는 계획을 가지고 있었다. 그런데 사업을 추진하는 과정에서 대기업의 약국 사업 진출에 반대하는 약사들의 거센 반발과 국내 의약품 판매 규제에 부딪히게 되었으며, 이로 인해 사업을 시작하기는 하였지만 성장 속도는 기대에 훨씬 못 미치게 되었다. 이러한 난관을 타개하기 위해 올리브영은 2007~2008년 무렵부터 의약품 판매를 포기하고 화장품, 이미용품, 건강식품 등을 취급하는 H&B스토어로 전환하였다. 또한 2011년부터는 직영점 일변도의 출점에서 벗어나 가맹점 확보를 통한 출점을 병행하면서 점포수를 크게 늘려나갔다. 올리브영이 취급하던 여러 품목 가운데 특히 화장품이 소비자들의 관심을 끌게 되면서 올리브영은 다양한 브랜드의 화장품을 취급하는 특색 있는 점포로 인식되기 시작했다. 올리브영의 매출액이 증가하면서 약국용 화장품, 기능성 화장품 등을 생산하는 화장품 제조업체들도 대거 올리브영으로 몰리게 되었다. 이러한 과정을 거치면서 올리브영은 당시 어떤 화장품 소매업태도 갖지 못하고 있던 '다양한 브랜드의 화장품을 판매하는 오프라인 소매업체'로서의 위상을 정립하게 되었다. CJ올리브영에서 화장품의 매출은 전체 매출에서 60% 이상을 차지하고 있으며, 시간이 갈수록 화장품 비중은 증가하고 있다. 이처럼 올리브영은 사업을 시작할 때부터 의도한 것은 아니었지만 과거 1980년대 중반부터 1990년대 중반까지 화장품 유통시장을 풍미했던 '화장품전문점'을 재현한 셈이 되었다.

GS랄라블라는 2018년에 개명한 이름이고 원래의 명칭은 'GS왓슨스'이다. GS리테일은 2004년에 홍콩에 본사를 두고 있는 세계 최대의 H&B 업체인 AS왓슨그룹과 합작하면서 왓슨스코리아를 설립하였고 2005년에 GS왓슨스 1호점을 개설하였다. GS리테일은 CJ올리브영의 사업 전개 과정에서 나타난 H&B스토어의 가능성을 확인하고 세계 제1의 H&B업체와의 합작을 통해 이 시장을 석권하고자 하는 생각으로 사업을 시작했다고 할 수 있다. GS리테일은 합작한지 14년이 지난 2018년에 '양사의 기업문화가 달라서 사업전략 수립에 어려움이 있다'는 이유로 왓슨그룹과 결별하고 독자 브랜드인 'GS랄라블라'로 재출발하였다. 롯데쇼핑의 롭스는 H&B스토어의 전체 매출 규모가 5천억원대로 성장한 2013년에 시장에 진입하였다. 2008~2012년의 H&B스토어 연평균 성장률이 무려 40%를 넘고 있었기 때문에 롯데쇼핑은 H&B 시장의 가능성을 확신하고 후발주자이지만 충분히 승산이 있다고 보고 시장에 진입하였을 것으로 보인다.

우리나라의 H&B스토어와 미국 및 일본의 드럭스토어의 주력 상품을 비교하면 [그림 4-4]와 같이 나타낼 수 있다. 미국형 드럭스토어와 일본형 드럭스토어는 의약품의 매출 비중이 높다는 점에서 공통점이 있으며, 우리나라의 H&B스토어와 일본형 드럭스토어는 화장품의 매출 비중이 높다는 공통점이 있다. 그러나 우리나라의 H&B스토어와 미국형 드럭스토어 간에는 주력 상품에서의 공통점을 찾기 어렵다. 이러한 의미에서 일본형 드럭스토어가 미국형 드럭스토어와 한국형 H&B스토어의 중간 지점에 위치하고 있다고 할 수 있다.

그림 4-4 ▌ 한국의 H&B스토어와 미국 및 일본의 드럭스토어의 주력상품 비교

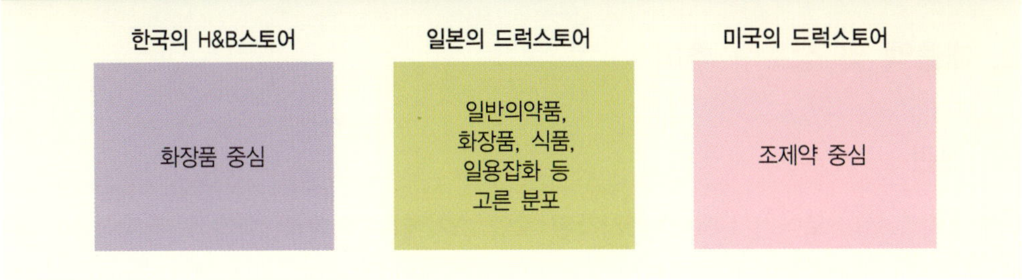

1.3 우리나라 H&B스토어의 성장요인

H&B스토어가 2000년대 후반 이후 빠르게 성장하고 있는 데는 업체들의 뷰티사업의 강화, 근거리 · 소량구매의 확산, 건강과 미용에 대한 관심증대, 규제법규의 부재, 의약품 판매에 대한 규제완화 등 여러 가지 원인들이 작용하고 있다.

- **업체들의 뷰티사업 강화** : CJ올리브영이 '드럭스토어' 사업을 추진하던 사업 초기의 부진을 털어내기 위해 화장품을 중심으로 하는 뷰티사업을 강화하고, GS리테일이 세계적인 H&B 업체인 AS왓슨그룹과의 제휴를 통해 GS왓슨스를 세우는 등의 업체들의 노력이 H&B스토어 시장의 형성에 결정적인 역할을 하였다. 사업이 어느 정도 궤도에 오르자 홈쇼핑에 진출했었거나 백화점 등에서 철수한 경쟁력 있는 중소 화장품회사들이 H&B스토어에 몰리면서 비교적 손쉽게 다양한 구색을 갖출 수 있었다. 또한 시간이 지나면서 PB상품 개발, 독자 수입브랜드의 확보 등을 통해 기존 화장품 소매점들과의 차별화를 도모할 수 있었다. H&B스토어의 화장품 매출규모가 커지면서 심지어 아모레퍼시픽, LG생활건강 등의 대형 화장품제조업체들도 H&B스토어에 입점하는 예가 늘고 있다.
- **근거리 · 소량구매의 확산** : 고령화와 1~2인 가구의 증가로 근거리 · 소량구매가 확산됨에 따라 H&B스토어도 편의점과 슈퍼마켓과 더불어 이러한 추세의 혜택을 보고 있다.
- **소비자들의 건강과 미용에 대한 관심 증대** : 소득향상, 여성의 사회참여 증가, 수명연장 등의 사회현상의 변화로 인해 건강한 삶과 아름다운 외모 등에 대한 관심이 높아지면서 화장품, 건강식품 등에 대한 수요가 증가하고 있다.

- **규제법규의 부재** : 대기업이 운영하는 주요 소매업태 가운데 H&B스토어는 거의 법규의 규제를 받지 않고 있다는 점도 성장에 큰 영향을 미치고 있다. 대형마트와 SSM은 유통산업발전법 개정안에 따라 전통시장 반경 1km 이내 출점 제한, 영업시간 제한, 의무휴무제 등의 규제를 2021년 현재에도 받고 있는 반면, H&B스토어는 신규출점이나 영업방식에 있어서 아무런 규제도 받지 않고 있다.

2. 매출액 및 점포수 추이

2.1 개관

한국의 H&B스토어는 1999년에 시작된 도입 초기에는 '의약품, 화장품, 건강식품, 이미용품, 식음료, 생활잡화 등의 상품이 결합된 점포'라는 개념이 소비자들에게는 매우 생소하였기 때문에 매출 성장이 매우 느리게 이루어졌다. 게다가 CJ가 의도했던 드럭스토어의 설립이 약사들의 강한 반대와 의약품 판매 규제에 직면하면서 원만하게 사업을 전개하기도 힘들어졌다. 그 결과 도입된지 8년이 지난 2007년에도 H&B스토어의 매출액은 900억원 정도에 불과하였다. 그러나 CJ올리브영이 의약품 판매를 포기하고 화장품을 중심으로 하는 운영에 나선 2008년부터 빠른 속도로 성장하기 시작했다. 그 결과 2008년에는 매출액 1,000억원을 돌파했고, 2012년에는 5,000억원을 돌파했으며, 2016년에는 1조원을 돌파했다. 그리고 2018년에는 다시 2조원을 넘어섰다([표 4-14] 참조). 2019년에는 2조 7천억원을 기록했으나 2020년에는 코로나19의 영향으로 2조 2,700억원으로 감소하였다. 2008~2020년에 이르는 12년 동안 한국 H&B스토어의 매출액은 20배 이상 커졌다. 이러한 성장속도는 모든 오프라인 소매업태를 통틀어서 가장 빠른 수준이다.

2020년을 기준으로 CJ올리브영의 매출액은 1조 8,600억원으로 전체 시장규모의 약 82%를 점유하였으며 나머지 시장을 GS랄라블라와 롭스가 비슷한 수준을 유지하며 분점하고 있다. 즉, CJ올리브영은 H&B스토어 부문에서 압도적인 지위를 차지하고 있다고 할 수 있다. CJ올리브영은 수익성에 있어서도 뛰어난 성적을 보였다. 코로나 팬데믹이던 2020년에도 영업이익이 2019년 대비 15.8%가 증가한 1,018억원을 기록했다. 올리브영의 선전은 매장의 수에서도 확연히 나타나고 있다. 올리브영은 2018년에 124개의 매장을 추가했고, 2019년에는 48개, 그리고 코로나19가 시작된 2020년에도 13개의 매장을 추가했다. 이렇게 불황이 예상되는 시기에 적극적으로 매장확장에 나선 것은 2022년에 예정된 기업공개(IPO)에 대비하여 기업가치를 제고하기 위한 전략이라는 측면도 있었다. 반면에 이 기간 동안 GS랄라블라와 롭스의 수익성은 지속적으로 악화되었다. 수익성의 악화는 매장수에도 영향

표 4-14 H&B스토어 매출액 추이 (단위 : 억원, %)

구분	2008	2009	2010	2011	2012	2013	2014	2015	2016	2017	2018	2019	2020
매출액	1,100	1,500	2,000	3,300	5,000	6,000	8,000	9,900	12,600	17,200	20,000	27,000	22,700
성장률	22.2	36.4	33.3	65.0	51.5	20.0	33.3	23.4	26.2	36.5	16.3	35.0	−15.9

자료 : 리테일매거진, "유통산업 보고서 : H&B전문점," 2021, 2020, 2019, 2018, 2017, 2016, 2015, 2014, 2013. 2012 1월호
2017, 2018 : 리테일매거진 H&B스토어 : 2018년의 시장규모를 전년 대비 16%가량 성장한 2조원대로 추정하고 있다.

을 미쳤다. GS랄라블라의 매장수는 2017~2020년 기간 동안 62개가 줄어들었고 동 기간에 롭스의 매장수는 5개 증가하는 데 그쳤다. 그 결과 CJ올리브영이 H&B스토어에서 차지하는 매장수 비중은 2017년의 79.2%에서 2020년의 84.8%로 5.6% 증가하였다([표 4-15] 참조).

GS랄라블라는 2018년 AS왓슨그룹과 결별한 후부터 매출감소와 수익성악화가 지속되었다. 이에 대한 가장 기본적인 원인은 무엇보다 GS랄라블라가 소비자들의 수요가 온라인으로 몰리면서 온프라인 소매가 침체를 겪고 있는 상황을 적극적으로 관리하지 못했기 때문이다. 또한 GS랄라블라는 왓슨그룹과 결별한 후 10~30대 소비자에 다가가기 위한 젊은 이미지의 구축을 시도했으나 크게 빛을 보지를 못하였으며, 여기에 코로나19까지 겹치면서 수익성 악화는 더욱 심화되었다. 또한 글로벌 기업인 AS왓슨그룹과의 결별에 따라 왓슨그룹의 PB상품이 랄라블라의 매장에서 사라지고, 글로벌 바잉파워가 약해지는 등 상품 소싱 부문에서의 손실을 단기간에 메울 수 없었다는 점도 매출 및 수익성 악화의 원인으로 지적되었다. GS리테일은 이러한 상황을 극복하기 위해 수익성이 떨어지는 점포들을 줄이는 작업에 적극 나섰다. 2017년에 187개였던 점포가 2020년에 124개로 60개가 넘게 줄어들었다. 같은 기간 동안 올리브영의 점포수는 오히려 1,074개에서 1,259로 180여 개 늘어난 것과는 크게 대조적이다. 롭스는 수익성이 좋지 않은 상황에서도 2019년에도 롯데백화점, 롯데마트, 롯데슈퍼 등 롯데쇼핑의 여러 계열사 점포에 샵인샵의 형태로 입점하는 형태로 점포를 7개 늘렸다. 그런데 2020년에 들어서 수익성이 더욱 악화되자 수익성이 좋지 않은 점포를 중심으로 모두 28개의 점포를 폐쇄하였다. 롯데쇼핑은 2020년 말에 매출액 감소로 인해 위상이 낮아진 롭스를 롯데마트 상품기획 본부의 H&B부문으로 편입시키는 조직개편을 단행했다. 이로써 롯데쇼핑의 사업부는 백화점, 마트, 슈퍼, e커머스, 롭스 등의 5개에서 롭스가 빠진 4개로 줄어들었다. 이러한 조치들에도 불구하고 롭스의 경영상태는 호전되지 못하였다.

표 4-15 3대 H&B스토어 점포수 추이

(단위 : 개, %)

연도		2013	2014	2015	2016	2017	2018	2019	2020
CJ올리브영	점포수	370	410	527	801	1,074	1,198	1,246	1,259
	점유율	79.1	75.2	76.0	78.8	79.2	80.5	82.2	84.8
GS랄라블라	점포수	88	104	113	130	186	168	140	124
	점유율	18.8	19.1	16.3	12.8	13.7	11.3	9.2	8.4
롭스	점포수	10	31	53	85	96	122	129	101
	점유율	2.1	5.7	7.6	8.4	7.1	8.2	8.5	6.8
합계		468	545	693	1,016	1,356	1,488	1,515	1,484

자료 : 2017~2020 점포수 : 조선비즈, "매장 60곳 폐점...왓슨스와 결별한 'GS랄라블라' 추락," 2021년 4월 7일
2013~2016 점포수 : 리테일매거진, "유통산업 보고서 : H&B스토어," 2014~2017 1월호.

2.2 CJ올리브영의 점포당 매출액 추이

H&B스토어 시장의 전체 매출액은 코로나 팬데믹 시기인 2020년을 제외하고 상당히 빠른 속도로 성장하고 있다. 하지만 점포당 매출액은 등락을 거듭하는 변화를 보이고 있다. CJ올리브영의 점포당 매출액은 1999년 창사 이후 지속적으로 성장하다가 2011년에 정점을 찍은 뒤 2014년까지 급격한 감소세를 보였다. 2015년에는 상당한 회복세를 보였지만 2016~2018년에는 다시 하락하여 13억원 대에 머물렀다. 2019년에는 매출액이 크게 향상되면서 점포당 매출액이 크게 증가하였다. 코로나 팬데믹이 시작된 2020년에는 전년에 비해 감소하였으나 비교적 양호한 수준을 유지했다([표 4-16] 참조). 점포당 매출액은 가맹점주의 수입과 직결되기 때문에 매우 민감한 사항이다. 또한 점포당 매출액의 하락은 가맹점

표 4-16 CJ올리브영의 점포당 매출액 추이

(단위 : 억원, 개)

연도	2010	2011	2012	2013	2014	2015	2016	2017	2018	2019	2020
매출액	1,348	2,119	3,075	4,578	5,800	7,604	11,142	14,281	16,494	19,250	18,603
점포수	92	152	272	370	410	527	801	1,074	1,198	1,246	1,253
점포당 매출액*	16.6	17.4	14.6	14.3	12.5	16.2	13.9	13.3	13.9	15.7	14.8

* 점포당 매출액=매출액÷{전년도 점포수+(당해년 점포수−전년도 점포수)÷2}

자료 : 올리브영 2020 매출액 : 금융감독원 전자공시시스템>씨제이올리브영 2020.12 감사보고서
올리브영 2010~2013 매출액 : 금융감독원 전자공시시스템>씨제이올리브영 2014.8 반기보고서
올리브영 2015~2019 매출액 : 뉴스핌, "PO 도전 CJ올리브영… 오프라인 매장 부진 속 기업가치 얼마 받을까," 2020년 9월 9일
올리브영 2013~2017 매출액 : 매경이코노미, "H&B 스토어 절대강자 CJ올리브영-세상 어디에도 없는 제품들만 모아 '승부수'," 제1957호, 2018.5.9.~5.15일자
2017~2019 점포수 : 공정거래위원회>가맹사업홈페이지>정보공개서>가맹점 및 직영점 현황
리테일매거진, "유통산업 보고서 : H&B스토어," 2017, 2016, 2015, 2014 1월호
브릿지경제, "'우후죽순' 드럭스토어 시장… 올리브영 '독주' 언제까지," 2016년4월 6일(2014년 매출액)

모집의 어려움과 기존 가맹점의 이탈로 이루어질 수 있기 때문에 가맹본부의 입장에서도 매우 중요한 이슈이다. H&B스토어의 점포당 매출액 증가를 위한 노력은 경쟁력 있는 PB 상품의 개발과 자사의 점포에서만 판매되는 우수 브랜드의 확보를 중심으로 이루어지고 있다. 특히 우수한 코스메슈티컬(코스메틱과 메디컬의 합성어) 브랜드, 더모코스메틱(피부를 의미하는 더미톨로지와 코스메틱의 합성어) 브랜드 등으로 불리는 의약용 화장품 브랜드를 확보하는데 많은 노력을 기울이고 있다. 또한 코로나로 인해 증가한 온라인쇼핑 주문에 대해 배송처 인근의 점포를 발송처로 활용함으로써 자연스럽게 O2O 방식의 점포지원이 이루어지도록 하는 것도 점포당 매출액을 증가시키는 방안이 되고 있다.

3. CJ올리브영의 성공요인

우리나라에서 한 기업이 특정 소매업태에서 독주하고 있는 경우는 매우 드물다. 이러한 예로는 H&B스토어의 CJ올리브영과 균일가샵의 다이소 정도에 불과하다. 특히 CJ올리브영은 CJ가 유통기업이 아니면서 전통적인 유통기업이라고 할 수 있는 롯데쇼핑(롭스), 신세계(부츠), GS리테일(랄라블라) 등과의 경쟁에서 압도적인 우위를 점하면서 독점적 위치를 구축하였다는 점은 매우 특이할 만하다. CJ올리브영의 성공에는 여러 가지 요인이 작용하고 있다.

- **온라인 사업의 강화** : 통계청의 자료에 의하면 2020년의 화장품 온라인 구매액은 12.4조원으로 전체 화장품 구매액의 43.5%를 차지했다. 화장품 유통채널로 각광을 받고 있는 H&B스토어에서도 온라인구매가 크게 증가하고 있다. CJ올리브영은 2017년 업계에서는 가장 먼저 자체 온라인몰을 개설했다. 또한 늘어나는 온라인 구매에 대응하기 위해 배송서비스의 강화, 통합물류센터의 구축, 라이브커머스의 도입 등 다양한 활동을 전개하고 있다. 올리브영은 배송서비스의 강화를 위해 2018년 말에 온라인에서 오전 10시~오후 8시 사이에 주문한 상품을 3시간 내에 배송해주는 '오늘드림' 서비스를 도입하였다. 이 서비스는 올리브영의 강점이라고 할 수 있는 1,200개가 넘는 오프라인 매장을 이용하여 배송지와 가까운 매장에서 온라인으로 주문받은 상품을 배송해주는 서비스이다. '오늘드림'의 2020년 주문건수는 2019년에 비해 12배, 주문액은 11배 늘어났다. 온라인 구매의 편의성을 더욱 높이기 위해 2020년에는 소비자가 배송시간대를 선택할 수 있는 서비스를 도입하였으며, 2021년에는 올리브영 온라인몰에서 구매한 상품을 원하는 매장에 가서 반품할 수 있도록 하는 '스마트 반품' 서비스를 개시하였다. 이러한 O2O 방식의 온라인 사업은 추가적인 투자를 최소화할 수 있을 뿐만

아니라 매장의 매출실적을 올리는 데도 도움을 주고 있다. 2010년대 후반부터 온라인 쇼핑계를 강타하고 있는 라이브커머스를 수용하기 위해 자사의 모바일앱에서 '올라이브'를 진행하고 있다. 물류센터는 오프라인 유통업체가 온라인 사업을 활성화시키기 위해서는 반드시 업그레이드 시켜야만 하는 대상이다. 올리브영은 수도권의 매장과 온라인몰의 물류를 원활하게 하기 위해 경기도 용인에 수도권 통합물류센터를 구축하였다. CJ그룹은 물류관련 인프라를 비교적 많이 갖추고 있기 때문에 통합물류센터는 비교적 원활하고 신속하게 구축되었다. 자동화 설비를 갖춘 이 물류센터는 하루 4만5천 건의 주문을 처리할 수 있다.

- **매장의 차별화** : 올리브영은 2019년부터 특정 상권에서 구매하는 고객들의 특성에 부합하는 상품을 판매하는 '상권별 맞춤 점포'를 운영하고 있다. 즉, 빅데이터에 대한 분석을 통해 상권별로 인구통계적 특성, 선호상품 등의 고객특성을 파악하고 이를 기반으로 맞춤 상품을 진열하고 있다. 모든 점포를 맞춤 점포로 만드는 것은 아니지만 4개의 플래그십스토어를 우선적으로 실시한 후 숫자를 점차 늘려가고 있다. 예를 들어 관광객이 많은 명동점은 K뷰티 인기상품인 마스크팩, 클렌징 등의 기초화장품으로 1층을 구성하였으며, 20~30대 젊은이들이 몰리는 강남본점에는 색조화장품으로 1층을 구성하고, 다양한 체험이 가능한 다양한 디지털 기기들을 배치했다.
- **상품의 차별화** : 상품차별화는 다른 매장에서는 찾기 어려운 다양하고 우수한 상품을 확보하여 진열하는 것을 의미한다. 상품차별화는 올리브영의 가장 핵심적인 경쟁력의 원천이라고 할 수 있다. 우수한 상품을 확보하는 방법은 PB상품의 개발, 우수 중소기업 제품의 발굴, 지명도가 높은 해외 상품의 확보 등으로 요약될 수 있다. 먼저 올리브영은 다양한 PB를 꾸준히 출시하고 있다. 자연주의 콘셉트의 '브링그린', 미레니엄 세대를 타깃으로 하는 '컬러그램' 등 목표고객의 특성에 맞는 콘셉트의 PB상품을 지속적으로 출시하고 있다. 2020년을 기준으로 올리브영의 PB상품 매출은 전체 매출의 약 10%를 차지하고 있다. 또한 올리브영은 우수한 중소기업 브랜드를 발굴하여 육성하는 것을 가장 중요한 핵심 성장동력으로 삼고 있다. 한국에는 2만 개가 넘는 화장품 중소기업이 존재하기 때문에 실력 있는 국내 중소기업을 찾는 전략은 노력한 만큼의 성과를 거둘 가능성이 크다. 또한 올리브영은 CJ그룹의 글로벌 소싱 역량을 바탕으로 유럽 등지의 인기가 높은 브랜드를 유치하는 노력도 병행하고 있다.

제 7 절 균일가샵

1. 균일가샵의 도입

균일가샵은 '생활용품 중심의 상품을 3~6개의 정해진 저가격으로 판매하는 점포'를 의미한다. 우리나라에서의 균일가샵은 1990년대 후반에 천냥마트, 천냥하우스, 미스터1000 등 일본의 '100엔샵'을 모방한 점포들이 다수 생겨나면서 시작되었다. 균일가샵이 등장한 1990년대 후반은 우리나라가 외화위기로 인해 극심한 불황을 겪던 시기로 소비자들은 보다 저렴한 가격으로 상품을 구매하려는 성향을 가지고 있었으며, 이로 인해 이른바 '천냥백화점'은 크게 인기를 끌었다. 그러나 당시의 균일가샵들은 꾸준히 성장하지 못하고 2000년대 초반에 대부분 시장에서 사라졌다. 그 가장 주된 요인으로 두 가지가 지적될 수 있다.

첫째, 균일가샵은 업태의 특성상 싼값에 상품을 공급받을 수 있어야 하고 이를 위해서는 규모의 경제가 전제되어야 하는데 당시에 이 사업에 진입히였던 대부분의 업체들은 규모의 경제를 실현할 만큼 자본력을 갖추지 못하고 있었다. 둘째, 규모의 경제를 실현할 수 없기 때문에 자연히 값이 저렴하면서도 품질이 좋은 제품을 꾸준히 공급할 수 없었다. 초기에는 균일가샵들이 제조업체로부터 팔리지 않은 재고상품 등을 조달하여 영업을 할 수 있었지만 이러한 방법으로는 꾸준히 품질 좋은 제품을 지렴한 가격에 조달힐 수 없었다.

우리나라 균일가샵의 모델이었던 일본의 '100엔샵'은 다이소산업, 세리아, 캔두, 와츠 등의 '빅4'업체를 중심으로 꾸준히 성장하면서 2018년을 기준으로 약 9조원 규모의 시장을 형성하고 있다. 현재 우리나라에서는 다이소가 유일하게 우리나라의 균일가상품시장을 대표하고 있다고 할 수 있다. 다이소 이외에 체인점의 형태로 운영되던 균일가샵으로 이랜드그룹의 에코마트가 있었다. 2005년에 설립된 에코마트는 1,000~3,000원의 생활용품을 판매하는 균일가샵으로 원예용품, 주방용품, 욕실용품, 청소용품, 수납용품, 팬시용품 등의 생활용품을 취급하고 있었다. 또한 대부분의 매장이 2001아울렛, 킴스클럽, 뉴코아아울렛 등 이랜드그룹 계열사의 매장 내에 샵인샵의 형태로 입점해 있었으며, 매장수가 한때 100여개에 이르기도 하였다. 그런데 2019년에 에코마트는 생활용품점에서 친환경 제품을 5천원 내외의 가격으로 판매하는 친환경 매장으로 전환되면서 균일가샵의 대열에서 이탈하였다.

2. 다이소

2.1 다이소의 등장

현재 우리나라의 다이소는 '아성다이소'라는 업체에 의해 운영되고 있다. 아성다이소의 모기업은 1988년에 설립된 '한일맨파워'라는 이름의 기업으로 일본의 '다이소(大創)산업'에 상품을 공급하는 사업을 하고 있었다. 일본의 다이소산업은 일본 100엔샵 시장에서 약 60%의 점유율을 차지하고 있는 독보적인 1위 업체로 연매출이 2018년 기준으로 약 5조 2천억원에 이르며, 일본에 약 3,300개, 해외에 약 2,000개의 매장을 보유하고 있다. 이러한 배경을 발판으로 설립자인 박정부 대표는 1992년에 '아성산업'을 설립하고 1997년 천호동에 '아스코이븐프라자'라는 이름의 10평짜리의 균일가 생활용품샵을 개점하였다. 2001년에는 '다이소산업'이 아성산업에 34%의 지분 참여를 하면서 아성산업은 '다이소아성산업'으로 개명되었다. 다이소산업의 지분참여를 통해 '다이소아성산업'은 비로소 영세성에서 벗어나 본격적인 성장을 할 수 있게 되었다. 2018년 1월에 '다이소아성산업'은 한국국적의 기업임을 명확히 하기 위해 다시 '아성다이소'로 개명되었다.

2.2 다이소의 매장수 및 매출액 추이

아성다이소는 설립 이래 빠른 성장을 거듭하고 있다. 매장수를 살펴보면 2003년에 200개, 2009년에 500개, 2015년에 1천 개를 돌파하였으며, 2020년 현재 1,339개의 매장을 보유하고 있다([표 4-17] 참조). 매장 가운데 직영점이 869개, 가맹점이 470개로 2020년 현재 직영점이 전체 매장의 약 65%를 차지하고 있다([표 4-18] 참조). 직영점이 차지하는 비중이 비교적 높은 것은 점포가 작지 않아서 투자를 할 수 있는 가맹사업 희망자를 쉽게 구할 수 없기 때문이다. 일반적으로 체인점 형태의 유통점은 점포가 클수록 직영점의 비율이 높아진다. 규모가 작은 편의점은 거의 100% 가맹점이며, 다이소보다 규모가 큰 SSM은 직영률이 85~90%에 이른다.

아성다이소의 매출액은 2006년에 1천억원, 2011년에 5천억원, 2014년에 1조원, 2019년에 2조원을 돌파하였다. 2020년 현재의 매출액은 2019년에 비해 8.3% 증가한 약 2조4천억원에 이르고 있으며, 영업이익과 순이익도 전년 대비 각각 126.6%, 113.7% 급등했다([표 4-19] 참조). 2011~2020년에 이르는 10년간 다이소의 매출액은 약 4배가 증가하였다. 특히 2020년은 코로나 팬데믹이 시작된 해로 대형마트, SSM, 백화점, H&B스토어 등 대부분의 대형 오프라인 소매업태들이 마이너스 성장을 기록했지만 다이소는 8.3%라는 비교적 높은 성장률을 기록했다. 이는 코로나로 인해 소비가 온라인으로 쏠리는 현상이 심화되고 있는 상황에서도 균일가 정책을 바탕으로 한 높은 가성비가 온라인쇼핑과의 치열한 경쟁에서 아성다이소를 지켜주는 든든한 버팀목이 되었기 때문이라고 해석할 수 있다. 그러나 온라인쇼핑이 대세를 이루어가고 있는 만큼 아성다이소도 이에 대한 대비가 필요하다. 많은 전문가들은 초저가와 무료배송을 앞세운 온라인업체들의 다이소에 대한 공세는 앞으로도 지속될 것이며, 다이소가 이를 방어하기 위해서는 많은 수의 오프라인 매장을 가지고 있는 소매업체로서의 특성을 잘 살릴 수 있는 온라인화가 시급히 실행되어야 할 것임을 지적하고 있다.

표 4-17 아성다이소의 연도별 매장수 추이 (단위 : 개, %)

연도	2013	2014	2015	2016	2017	2018	2019	2020
매장수	930	970	1,048	1,128	1,214	1,312	1,361	1,339
성장률	–	4.3	8.0	7.6	7.6	8.1	3.7	−1.6

자료 : 공정거래위원회홈페이지>가맹사업홈페이지>정보공개서열람

표 4-18 다이소의 연도별 직영점 비율 (단위 : 개, %)

연도	2016			2017			2018			2019			2020		
	가맹점	직영점	합	가맹점	직영점	합	가맹점	직영점	합	가맹점	직영점	합	가맹점	직영점	합
매장수	420	708	1,128	453	761	1,214	471	841	1,312	464	897	1,361	470	869	1,339
직영점 비율	62.8			62.7			64.1			65.9			64.9		

자료 : 공정거래위원회홈페이지>가맹사업홈페이지>정보공개서열람

표 4-19 다이소의 연간 매출액 추이 (단위 : 억원, %)

연도	2010	2011	2012	2013	2014	2015	2016	2017	2018	2019	2020
매출액	3,745	5,145	6,370	7,465	8,900	1조 493	1조 3,055	1조 6,457	1조 9,786	2조 2,362	2조 4,216
성장률	–	37.4	23.8	17.2	19.2	17.9	24.4	26.1	20.2	13.0	8.3

자료 : 공정거래위원회홈페이지>가맹사업홈페이지>정보공개서열람, 금융감독원>전자공시시스템>아성다이소감사보고서(2020.12)

2.3 다이소의 특징

다이소의 특징은 상품, 가격, 유통, 점포관리 등의 측면에서 다음과 같이 기술될 수 있다.

- **상품** : 아성다이소가 빠른 속도로 성장할 수 있었던 가장 주된 이유는 저렴하지만 품질이 좋은 제품을 꾸준히 공급할 수 있는 능력을 갖추고 있기 때문이다. 이러한 능력

은 모기업인 '한국맨파워'가 일본 '다이소산업'에 상품을 납품하면서 쌓아온 노하우가 있었기 때문에 가능하였다고 할 수 있다. 아성다이소는 주방용품, 욕실용품, 문구, 인테리어용품, 정리/수납용품, 원예용품, 청소용품, 미용용품, 공구, 완구, 식품, 방향제 등 생활용품을 위주로 다양한 상품을 취급하고 있다. 현재 다이소 매장에는 총 3만여 종의 제품이 진열되어 있으며, 매월 600여 종의 신제품이 출시되고 있다. 신제품 개발에는 약 100여 명으로 구성된 상품개발팀과 디자인팀이 투입되고 있다. 다이소의 운영주체인 아성다이소는 상품개발에만 집중하고, 생산은 100% OEM을 통해 조달되고 있다. OEM 생산은 한국을 포함하여 36개국의 3,600개 업체에 의해 이루어지고 있으며, 우리나라 제품이 70% 이상을 차지하고 있다. 국내 OEM 업체들은 대부분 중소 제조업체이며 따라서 아성다이소의 성장은 우리나라 중소 제조업체의 활성화에도 크게 기여하고 있다고 평가할 수 있다.

- **가격** : 다이소의 상품가격은 500원, 1,000원, 1,500원, 2,000원, 3,000원, 5,000원 등의 6가지이며, 이 가운데 1,000원 상품이 약 50%, 1,500원 상품이 약 6%, 2,000원 상품이 약 30%로 전체의 86% 이상을 1,000~2,000원대 상품이 차지하고 있다. 가격책정은 원가에 마진을 붙이는 방법을 쓰는 것이 아니라 특정 상품에 대해 소비자가 만족할 수 있는 가격이 얼마인지를 판단하여 결정한 후, 이를 생산하기 위해 제반 경비를 절약할 수 있는 방법을 모색한다. 이러한 가격책정방식으로 인해 이익률도 자연히 낮아질 수밖에 없다. 현재 다이소의 이익률은 2~3%의 낮은 수준이다. 책정할 수 있는 가격이 정해져 있기 때문에 가격인상요인이 발생하였을 때 가격을 올리기도 매우 어렵다. 예를 들어, 1,000원짜리 상품의 가격인상요인이 발생하여 가격을 올리려면 1,500원으로 올려야 하는데 이는 50%의 가격인상을 의미하기 때문에 실행하기가 매우 힘들고, 따라서 가격을 인상하기보다는 디자인의 단순화, 불필요한 기능의 제거 등과 같은 방법을 통해 원가를 절감함으로써 가격인상요인을 극복하려는 유인을 갖게 된다([글 4-6] 참조).

글 4-6 다이소의 성공전략

다이소가 오랫동안 5천원 이하의 가격정책을 고수하면서 이익을 낼 수 있었던 것은 상품개발에 역량을 집중했기 때문이다. 다이소는 국내는 물론 중국·동남아·중동·유럽 등 전 세계 35개국, 3,600여 개 협력사로부터 신상품을 공수해온다. 국내는 물론 해외기업과도 중간 벤더 없이 직거래를 하며 불필요한 경비를 절감하고 있다, 덕분에 매월 600개가 넘는 상품을 선보이면서도 품질과 가격경쟁력을 유지하고 있다. 다이소의 품질경쟁력에는 우수한 디자인과 기발한 아이디어도 포함된다. 다이소에는 상품개발 및 디자인 전담 인력이 각각 50명이 넘는다. 가격결정 과정도 남다르다.

> 대부분 업체들이 일반적으로 원가에 마진을 붙여 소비자가격을 결정한다면 다이소는 소비자가격을 먼저 결정하고 그 가격에 상품을 공급할 수 있는 협력사를 찾는다. 균일가를 유지하고 품질을 지키기 위해서다.
>
> 자료 : 리테일매거진, "매장규모 키운 다이소 셀프 인테리어도 1천원에 제안," 2017년 4월호, 36-37.

- **유통** : 아성다이소는 OEM을 통해 제조업체로부터 직접 상품을 조달하고 있기 때문에 유통경로도 매우 단순하고 유통비용도 크게 소요되지 않는다([그림 4-5] 참조). 원활한 물류를 위해 2012년 12월 경기도 용인시 처인구 남사면에 연면적 약 3만2천평 규모의 첨단자동화 물류센터인 '남사허브센터'를 준공하였으며, 7년 후인 2019년 7월에는 부산 강서구 국제산업물류도시에 연면적 4만3천평 규모의 스마트 통합물류센터인 '부산허브센터'를 준공하였다. 남사허브센터는 수도권과 강원권 매장의 상품 공급에 활용되고, 부산허브센터는 중부권 이남 지역 매장의 상품 공급 및 중국, 일본 등지로의 수출입 전진기지로서의 역할도 수행하고 있다([그림 4-6] 참조).

그림 4-5 ▌ 다이소 상품의 유통경로

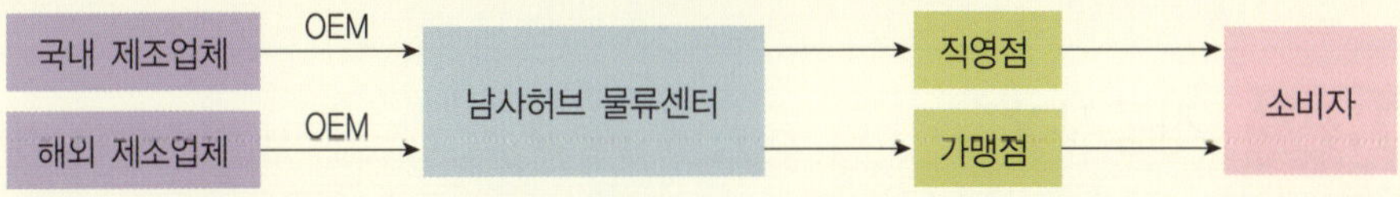

그림 4-6 ▌ 아성다이소의 남사허브센터 및 부산허브센터

자료 : 다이소홈페이지(www.daiso.co.kr)

- **점포관리** : 아성다이소는 점포의 수가 1,200개를 넘어선 2017년부터 점포의 수를 늘리는 것보다 점포를 대형화하는 작업에 더 적극적으로 나서고 있다. 그 결과 특히 2019

년의 점포수 증가율은 3.7%에 불과했고, 2020년에는 점포수가 오히려 줄어들었다. 아성다이소가 점포를 대형화하려는 이유는 대형화를 통해 보다 많은 상품을 매장에 진열하면 고객의 원스톱쇼핑을 더 원활하게 할 수 있을 뿐만 아니라 고객이 매장에 머무는 시간을 증가시켜서 객단가를 높이는 효과를 거둘 수 있기 때문이다. 아성다이소는 점포 대형화를 위해 위치가 좋은 지역에 있는 기존의 소규모 매장을 규모를 훨씬 크게 하여 재개장하거나 혹은 핵심상권에 큰 규모의 매장을 개점하는 방법을 사용하고 있다. 2019년 초에 한 건물의 지하 1층에 단층으로 있던 매장을 폐쇄하고 그 건물의 5개 층을 모두 사용하여 재개점한 서울 관악구의 낙성대점이나 2019년 말에 기존 100평대 매장을 500평대로 확대하여 재개점한 스타필드고양점은 전자의 예에 속하고, 2017년 개점한 650평 규모의 초대형 서울강남고속버스터미널역점이나 2018년 말에 개점한 300평 규모의 홍대점은 후자의 예에 속한다. 이러한 노력이 이루어지면서 다이소의 매장 면적은 점차 커지고 있다. 2017년 말에는 평균 매장 면적이 100평에 훨씬 미치지 못하였으나 2018년 말에는 100평을 넘어섰고, 2019년부터는 더 빠른 속도로 커지고 있다.

제 8 절 전통시장

1. 전통시장의 개념

'전통시장 및 상점가 육성을 위한 특별법(전통시장법)'은 전통시장을 "자연발생적으로 또는 사회적 · 경제적 필요에 의하여 조성되고, 상품이나 용역의 거래가 상호신뢰에 기초하여 주로 전통적 방식으로 이루어지는 장소"로 정의하고 있다. 전통시장은 50개 이상의 도매업, 소매업, 용역업 등을 영위하는 점포가 있어야 하고, 점포 및 편의시설(주차장, 화장실, 물류시설 등)이 점유하는 면적이 1,000m^2 이상이 되어야 한다는 요건을 갖추어서 시장 · 군수 · 구청장 등의 지방자치단체장의 인정을 받아야 한다. 종전의 규정에는 전통시장을 점유면적에 따라 3,000m^2 이상이면 '등록시장', 1,000m^2 이상이면 '인정시장'으로 분류하였으나 2021년 4월 20일부터 시행되고 있는 전통시장법에서는 이러한 구분없이 '전통시장'이라는 용어만 사용되고 있다.

2. 전통시장의 현황

2.1 매출액 추이

전통시장은 1970~1980년대에는 백화점과 쌍벽을 이루는 가장 주된 소매업태였다. 그런데 1970년대 초에 시작된 정부의 유통근대화정책에 따라 슈퍼마켓이 성장하면서 위축되기 시작하였으며, 1990년대 초에 등장하기 시작한 대형마트가 식료품과 생활용품의 주력 유통경로로 성장하면서 급격히 쇠퇴하였다. 또한 2000년대 중반부터는 골목상권을 주무대로 하는 기업형슈퍼마켓(SSM)이 활성화되면서 쇠퇴는 가속화되었다. 이와 더불어 식료품과 잡화를 주로 취급하면서 곳곳에 산재해 있는 편의점과 2000년대 들어 급속한 성장세를 보이고 있는 종합몰, 전문몰, 오픈마켓, 소셜커머스 등의 온라인쇼핑도 전통시장의 위축에 일조하고 있다.

[표 4-20]은 '시장당 일평균매출액'의 추이를 보여주고 있다. 시장당 일평균매출액은 '고객1인당 구매액'과 '시장당 일평균고객수'를 곱한 숫자로 산출될 수 있다. 먼저 2006년에 32,556원이었던 고객1인당 구매액은 지속적으로 감소하여 2019년에는 약 3분의 1 수준인 10,621원으로 줄어들었다. 이러한 현상은 전통시장에서 살만한 물건이 줄어들고 있기 때문에 발생하고 있다. 즉, 지속적으로 점포수를 늘려온 대형 유통업체들이 가공식품, 신선식품, 생활용품 등 여러 부문에서 대량구매, 제조업체 직거래 등을 통해 가성비를 높이면서 전통시장 점포들의 경쟁력이 떨어진 것이 주된 원인이라고 할 수 있다. 또한 지역특산물과 같이 특정 전통시장에서만 살 수 있는 상품이 적다는 것도 원인으로 지적될 수 있다. '고객1인당 구매액'과는 달리 '시장당 일평균고객수'는 2006년의 1,782명에서 지속적으로 증가하여 2019년에는 3배가 넘는 수준인 5,413명으로 증가하였다. 이상과 같은 '고객1인당 구매액'과 '시장당 '일평균고객수'의 추세를 동시에 감안하면 "살만한 물건이 없어 돈을 쓰기가 점점 더 어려워지고 있는 전통시장에 사람들은 점점 더 많이 오고 있다'라는 얘기가 된다. 모순처럼 느껴지는 이 얘기는 고객들이 물건을 사는 것 이외에 전통시장에 오는 또 다른 이유가 있다는 것을 의미한다. 전통시장은 다른 소매업태와는 달리 서민들의 숨결을 느낄 수 있고, 지역문화를 향유할 수 있는 분위기를 가지고 있기 때문에 이를 즐기고자 하는 소비자들이 늘고 있다고 해석할 수 있다.

전통시장의 자체적인 노력이나 정부의 지원도 이러한 측면에 초점을 맞추고 있다. 2013년부터 등장하기 시작된 '夜시장'이 먹거리를 중심으로 조성이 되면서 젊은이들을 전통시장으로 끌어들이는데 성공을 거두자 많은 전통시장들이 경쟁적으로 야시장을 건립하는데 나서고 있다. 야시장은 먹거리를 파는데 그치지 않고 가요제 등의 문화행사 등도 개최하는 한편, 매대를 설치하여 청년들에게 창업의 기회도 부여하고 있다. 전통시장을 문화를 향유할 수 있는 장소로 만들기 위한 정부의 지원도 많이 이루어지고 있다. 예를 들어 '문화관광시장 육성' 사업에는 지역특색과 연계한 투어코스 개발, 축제 등 문화콘텐츠 개발, 시장 고유의 테마를 바탕으로 하는 디자인 재생 등이 포함되어 있다. 시장당 일평균매출액은 2006년(5,801만원)과 2019년(5,749만원) 사이에 큰 차이가 없다. 그렇지만 변화의 추세를 세부적으로 보면 시장당 일평균매출액은 2006~2013년까지 지속적으로 감소하다가 2014년부터 증가하는 추세를 보이고 있으며, 특히 2018~2019년에 큰 폭으로 증가하였다. 즉, 2013년까지는 고객1인당 구매액의 감소가 시장당 일평균고객수의 증가를 압도하면서 시장당 일평균매출액이 감소하였지만, 그 이후로는 야시장의 개설, 문화관광 시장의 육성 등을 통해 전통시장에 내방하는 고객수가 고객1인당 구매액의 완만한 감소를 상쇄하고도 남을 만큼 크게 증가하면서 시장당 일평균매출액의 증가를 가져왔다고 해석할 수 있다.

표 4-20 시장당 일평균매출액, 시장당 일평균고객수, 고객1인당 구매액 추이

구분	2006	2008	2010	2012	2013	2014	2015	2016	2017	2018	2019
고객1인당 구매액(원)	32,556	21,553	18,556	16,212	11,146	11,198	11,064	11,119	11,256	10,474	10,621
시장당 일평균고객수(명)	1,782	2,486	2,684	2,933	4,170	4,172	4,349	4,486	4,553	5,164	5,413
시장당 일평균매출액(만원)	5,801	5,358	4,980	4,755	4,648	4,672	4,812	4,988	5,125	5,409	5,749

자료 : 통계청, 전통시장 및 상점가 점포경영 실태조사(2006~2010 통계)
소상공인시장진흥공단(2016), 2015년 전통시장 및 상점가 점포경영 실태조사 결과 보고서(2012~2015 통계)
소상공인시장진흥공단(2021), 2019년 전통시장 및 상점가 점포경영 실태조사 결과 보고서(2016~2019 통계)

글 4-6 야시장과 전통시장의 부활

지난 3일 오후 8시 부산 중구 부평동에 있는 부평깡통 야(夜)시장. 120m가량 길게 이어진 골목길은 수백 개 전등으로 구석구석까지 환하게 밝았다. 골목길을 가득 메운 수백 명의 인파는 우유튀김, 씨앗치즈호떡, 홍콩에그와플 등 독특한 먹거리의 매대 앞에서 연신 주문하기에 바빴다. 이 야시장은 매일 오후 7시 30분부터 자정까지 열린다. 평일에는 약 3,000명이, 주말에는 7,000~9,000명이 몰려온다. 일본 나고야에서 온 다카하시 신지(21)씨는 "이곳의 엄청난 에너지와 들썩이는 분위기에 흠뻑 빠졌다"며 "일본에 돌아가면 친구들에게 활기찬 한국 문화를 보려면 야시장을 가라고 추천할 생각"이라고 말했다. 해가 진 이후에 문을 여는 '야(夜)시장'이 전국 곳곳에서 전통시장의 부활을 이끌고 있다. 4년 전 부평깡통시장이 국내 최초의 '야시장'을 연 이후 대구 서문야시장, 전주 한옥마을야시장, 경주 중앙시장야시장, 광주 1913 송정역야시장, 제주 서귀포 매일올레야시장 등 전국 각지에서

30여 상설 야시장이 생겨났다. 경주 중앙시장야시장과 광주 1913송정역야시장은 주말에 각각 3,000~4,000명과 6,000여명의 인파가 몰리는 인기 시장이다. 목포 남진야시장은 하루 평균 1,500명이 방문하는데 이 중 30~40%가 외지인이다. 서울에서도 동대문, 청계천, 여의도, 반포 한강공원 등지에 주말에만 여는 야시장이 속속 생겨나고 있다.

자료 : 조선비즈, "재미 가득한 夜시장 … 젊은층 몰려든다," 2017년 11월 13일

[표 4-21]은 시장당 연매출액의 추이를 나타내고 있다. 시장당 연매출액은 전통시장 전체의 연매출액을 전통시장의 수로 나누어 산출될 수 있다. 먼저 전통시장 전체의 연매출액은 2005~2019년의 기간 동안 27.3조원에서 25.8조원으로 감소하였다. 세부적으로는 2013년까지 지속적으로 감소하다가 2014년부터 증가하는 추세를 보이고 있다. 전통시장의 수는 2005~2019년의 기간 동안 1,221개에서 1,413개로 192개 증가하였으며, 세부적으로 보면 2017년까지는 증가하다가 2018년부터 감소하는 추세를 보이고 있다. 연매출액을 시장수로 나눈 시장당 연매출액은 2005~2014년까지는 지속적으로 감소하다가 2015년부터 증가하는 추세를 보이고 있다. 특히 2018~2019년의 2년 동안의 증가폭이 가장 높았다.

2014년까지의 시장당 연매출액의 지속적인 감소는 연매출액의 감소와 시장수의 증가가 겹치면서 나타났다. 연매출액의 감소는 대형마트, SSM, 편의점, 온라인 등 타 소매업체와의 경쟁에서 뒤쳐졌던 것이 주된 원인이다. 2015년부터의 시장당 연매출액의 증가는 시장수가 큰 변화를 보였던 것은 아니기 때문에 연매출액의 증가에 따른 결과라고 할 수 있으며 2018년과 2019년에는 시장수의 감소까지 가세하면서 더욱 큰 폭으로 증가하였다. 연매출액의 증가는 전통시장 내방 고객수의 증가가 주된 원인이라고 할 수 있다. 즉, 2013년에 시작된 야시장이 확산되고, 전통시장이 지역문화의 중심으로 자리를 잡아가면서 방문하는

표 4-21 전통시장의 수, 매출액, 시장당 매출액

구분	2005	2006	2007	008	2009	2010	2011	2012
연매출액(조원)	27.3	24.9	22.5	22.3	22.0	21.4	21.0	20.1
시장수(개)	1,221	1,293	–	1,247	–	1,283	–	1,347
시장당 연매출액(억원)	221	193	–	179	–	167	–	149
구분	2013	2014	2015	2016	2017	2018	2019	
연매출액(조원)	19.9	20.1	21.1	21.8	22.6	23.9	25.8	
시장수(개)	1,372	1,398	1,439	1,441	1,450	1,437	1,413	
시장당 연매출액(억원)	145	144	147	151	156	166	183	

자료 : 통계청, 국내통계 > 도소매 > 전통시장 · 상점가및점포경영실태조사 > 전통시장경영현황
소상공인시장진흥공단, 전통시장 · 상점가 및 점포경영 실태조사 결과 보고서 [전통시장 인정시장 부문], 2016, 2018, 2021.

고객이 증가한 것이 2015년부터 시장당 연매출액이 증가한 주원인으로 지적될 수 있다.

2.2 시장규모 및 업종별 점포현황

전통시장 규모를 점포수를 기준으로 살펴보면 2019년을 기준으로 소형시장(점포 100개 미만)이 전체 전통시장의 61.1%를 차지하였고, 중형시장(점포수 100~499개)이 34.3%를 차지하였다. 이에 비해 중대형시장(점포수 500~999개)은 2.3%, 대형시장(점포수 1,000개 이상)은 1.3%에 불과하였다. 점포의 업종별 점유율을 살펴보면 2019년을 기준으로 농축수산물이 27.3%(농산물 15.6%, 수산물 8.3%, 축산물 3.4%)로 가장 높았고, 의류 및 신발 19.6%, 음식점업 13.3%, 가공식품 10.6%, 근린생활서비스 10.2% 등의 순이었다(표 4-22] 참조).

표 4-22 전통시장의 규모별 분포 (단위 : %, 개)

구분	2013	2014	2015	2016	2017	2018	2019
대형시장	1.5	1.4	1.4	1.4	1.5	1.5	1.3
중대형시장	2.5	2.4	2.5	2.4	2.3	2.2	2.3
중형시장	31.8	31.5	30.9	31.6	33.1	32.3	34.3
소형시장	64.2	64.7	65.2	64.6	63.1	64.1	62.1
전체 시장수	1,372	1,398	1,439	1,441	1,450	1,437	1,413

* 대형시장 : 시장 내 점포수 1,000개 이상
중대형시장 : 시장 내 점포수 500~999개
중형시장 : 시장 내 점포수 100~499개
소형시장 : 시장 내 점포수 100 미만
자료 : 소상공인시장진흥공단(2021), 2019년 전통시장·상점가 및 점포경영 실태조사 결과 보고서

3. 전통시장의 중요성

시장경쟁 논리의 관점에서 보면 과거에 비해 경쟁력이 약해진 전통시장이 점차 사라져가는 것은 자연스러운 현상이라고 할 수 있다. 하지만 전통시장은 여러 가지 측면에서 쇠퇴를 방치할 수 없는 중요성을 지니고 있으며, 이로 인해 정부도 법규의 제정, 정책적 지원 등을 통해 전통시장의 경쟁력 강화를 위한 다각적인 방안을 모색하고 있다. 전통시장의 중요성은 지역공동체, 사회적 안정, 지역경제 등의 관점에서 살펴볼 수 있다.

3.1 지역공동체 관점의 중요성

전통시장은 지역사회의 정서와 전통을 간직하고 있는 장소이자 주민들이 정보를 교류하고 친분을 돈독히 하는 장소로서의 역할을 수행하여 왔다. 대형마트, SSM, 편의점, 백화점 등에서 쇼핑을 할 때는 물건을 사고파는 데 필요한 대화를 제외하고는 거의 대화가 이루어지지 않지만 전통시장에서는 고객과 상인 간에 또한 고객들 간에 다양한 사회적·경제적·정치적 주제를 대상으로 하는 대화가 활발히 오간다. 이로 인해 전통시장은 지역의 여론을 형성시키는 중요한 장소가 되고 있다. 또한 전통시장에서는 지역의 특산물이나 역사 등을 기반으로 하는 다양한 문화행사가 펼쳐지고, 순대·떡볶이·국밥·전 등 주머니가 가벼운 서민들이 부담 없이 즐길 수 있는 다양한 먹거리가 제공된다. 그래서 전통시장은 단순히 물건을 사고파는 장소가 아니라 주민들이 정서를 순화하고 생활의 활력을 제공하는 지역공동체의 중심지로서의 성격을 지니고 있다.

3.2 사회적 안정 관점의 중요성

전통시장을 시장논리만으로 바라볼 수 없는 또 다른 이유는 전통시장이 많은 사람들의 생업의 기반이 되고 있기 때문이다. 전통시장에는 점차 줄어들고는 있지만 2019년 현재 약 24만 2천 개의 점포에서 34만 명이 넘는 사람들이 점포주, 점포 종업원, 노점상으로서 생업을 이어가고 있다([표 4-23] 참조). 따라서 전통시장의 몰락은 대량의 실업자가 발생한다는 것을 의미하고, 이는 지역경제의 쇠락은 물론 양극화의 심화로 인한 사회적 혼란으로 이어질 수 있다.

표 4-23 전통시장의 점포 및 상인수 (단위 : 개, 명)

구분		2013	2014	2015	2016	2017	2018	2019
점포수		244,393	245,759	246,703	249,814	250,109	243,440	241,647
시장 상인수	총시장상인	334,370	353,070	356,176	368,930	363.660	359,049	342,031
	점포상인	180,068	183,328	186,620	188,774	190,286	184,412	182,617
	종업원	112,945	127,626	129,936	139,535	133,149	130,665	125,329
	노점상	41,357	42,116	39,620	40,621	40,225	43,972	34,085

자료 : 소상공인시장진흥공단, 전통시장·상점가 및 점포경영 실태조사 결과 보고서., 2021, 2018, 2016.

3.3 지역경제 관점의 중요성

전통시장의 몰락은 지역경제의 쇠퇴로 이어질 수 있다. 이는 전통시장이 몰락하면 여기에서 생업을 영위하고 있는 상인은 물론 지역에 뿌리를 내리고 있는 중소 제조업체, 서비스

업체, 도매상, 중소 금융기관 등의 도산으로 이어질 수 있기 때문이다. 이와 함께 지방자치단체의 세수기반 또한 취약해진다. 전통시장이 빠져나간 자리를 대형 유통업체들이 대체하지만 이로 인해 소득이 역외로 빠져나가면서 지방경제는 더욱 타격을 받을 수 있다.

4. 전통시장 쇠퇴의 원인

4.1 내부적 요인

전통시장의 쇠퇴를 가져온 시장 내부의 요인으로 취약한 가격경쟁력, 상인들의 노령화, 공동체의식·서비스정신·마케팅능력 등의 부족, 시설의 노후화, 시장운영의 낙후성 등을 들 수 있다.

4.1.1 취약한 가격경쟁력

전통시장의 상인들은 규모가 영세하기 때문에 구매량이 작고 또한 재고를 쌓아둘 수 있는 창고 등의 시설도 갖추고 있지 못하기 때문에 대량구매를 통해 가격경쟁력을 확보하기가 어렵다. 2019년을 기준으로 공동물류창고를 가지고 있는 전통시장은 전체의 12.7%에 불과하였다. 이로 인해 약 75%의 상인들이 도매상을 통해 물건을 구입하고 있으며, 따라서 막강한 협상력을 바탕으로 제조업체와 직접 거래하고 있는 대형마트, SSM, 편의점 등의 대형 유통업체에 비해 가격경쟁력에서 열세에 있다.

4.1.2 상인들의 노령화

전통시장의 쇠퇴로 인하여 도전의식과 기업가정신을 갖춘 젊은 창업자의 전통시장 진입이 이루어지지 않으면서 전통시장 상인들의 노령화가 가속화되고 있다. 전통시장 내 점포의 업력(業歷)은 2006년의 12.4년에서 2019년에는 17.8년으로 증가하였고, 점주의 평균연령도 같은 기간에 51.6세에서 58.8세로 증가하였다([표 4-24] 참조). 이처럼 후계자에게 대물림을 하지 않고 자신의 대(代)에서 사업을 접으려는 노령화한 상인들이 많아지면서 시장의 활기가 떨어지고 있다. 실제로 2019년을 기준으로 현재 운영 중인 점포를 자녀에게 상속하겠다는 의견을 갖고 있는 점포는 전체의 11.1%에 불과한 것으로 나타났다. 상인들의 연령이 고령화되면서 고객들의 연령도 고령화되는 추세를 보이고 있다. 젊은 창업자가 활발히 진입하지 않으면서 젊은 고객들의 전통시장 활용도 늘어나지 못하고 있는 것이다. 이는 시간이 갈수록 전통시장의 미래가 더욱 어두워진다는 것을 의미하기 때문에 매우 심각하게 받아들여야 할 문제라고 할 수 있다.

▌표 4-24 ▌전통시장 점포의 업력과 점주의 평균연령

구분	2006	2008	2010	2012	2013	2014	2015	2016	2017	2018	2019
점포 업력(년)	12.4	13.0	14.8	14.8	14.9	14.8	15.8	17.5	16.7	18.6	17.8
점주 평균연령(세)	51.6	52.9	53.7	55.0	55.2	56.0	56.1	56.8	57.2	58.0	58.8

자료 : 통계청, 전통시장 · 상점가 및 점포경영 실태조사
소상공인시장진흥공단, 전통시장 · 상점가 및 점포경영 실태조사 결과 보고서, 2021, 2018, 2016.

4.1.3 공동체의식 · 서비스정신 · 마케팅능력 등의 부족

전통시장의 상인들은 자신만의 노하우와 노력을 바탕으로 상점을 이끌어왔다는 자부심을 가지고 있는 경우가 많아서 공동구매, 공동판촉 등 다른 상인들과의 협업에 익숙하지 않은 경우가 많다는 점도 경쟁력을 약화시키는 원인이 되고 있다. 또한 서비스정신이나 마케팅능력의 부족도 경쟁력을 약화시키는 원인이 되고 있다. 중소벤처기업부가 지원하는 '상인대학' 등의 교육 프로그램을 통해 점포경영 선진화, 고객응대기법 등에 대한 교육이 이루어지고는 있지만 소비자들의 높아지고 있는 의식수준을 따라잡지 못하고 있다.

4.1.4 시설의 부족

전통시장의 시설은 쾌적한 환경에서 쇼핑하기를 원하는 소비자 트렌드를 따라잡기에는 아직 부족한 편이다. 정부의 지원으로 아케이드, 주차장, 화장실, 휴게실, 가로등, 도로포장 등의 시설이 갖추어지고는 있지만, 아직도 타 소매업태의 수준에는 미치지 못하고 있다. 2019년을 기준으로 주요 시설보유율을 살펴보면 화장실 94.9%, 고객주차장 80.3%, 아케이드 63.1%, 휴게실 42.6% 등으로 나타나고 있다.

4.1.5 시장운영의 낙후성

정찰가격제 미정착, 무자료거래, 원산지 미표시, 반품서비스 미흡, 신용카드 사용 미도입 등으로 인해 고객의 편의성과 신뢰성이 저하되고 있는 것도 경쟁력 약화의 원인이 되고 있다. 또한 전통시장은 정보화 추진수준이 낮아서 온라인쇼핑 등을 적극적으로 활용하지 못하고 있으며, 정보의 체계적인 수집이 이루어지지 않으면서 데이터에 근거하는 객관적이고 과학적인 시장운영이 부족한 편이다. 2019년을 기준으로 신용카드 단말기의 보급률은 상당히 높아졌으나(69.7%) 그 외에 POS설치(6.0%), 시장홈페이지 운영(9.1%), 시장인터넷쇼핑몰 운영(2.3%) 등의 부문에서는 정보화 수준이 낮은 것으로 평가되고 있다.

4.2 외부적 요인

대형마트, SSM, 편의점 등의 대형 유통업체의 성장은 전통시장의 쇠락을 가져온 가장 직접적인 원인으로 작용하고 있다. 이러한 대형 유통업체 성장의 이면에는 1970년대에 시작된 유통근대화정책과 1990년대 말에 도입된 여러 가지의 유통정책들이 있다. 당시에 도입된 주된 유통정책은 다음과 같다.

- **유통근대화정책** : 정부는 1974년에 일정한 요건을 갖춘 기업을 '슈퍼체인 적격업체'로 지정하여 체인화를 유도하였다. 이를 계기로 미도파, 한화, 한양, 해태, 삼양, 럭키, 신세계 등의 많은 기업들이 슈퍼마켓사업에 진출하였는데, 이것이 현재의 기업형슈퍼마켓(SSM)의 효시라고 할 수 있다. 또한 정부는 1975년에 중소상인의 조직화·협동화사업을 추진하기 위해 제조업체로부터 상품을 공급받아 슈퍼마켓에 공급하는 연쇄점본부를 육성하는 정책을 개시하였다. 이러한 유통근대화정책에 힘입어 1970~1980년대에 중대형 슈퍼마켓이 크게 성장하였다.
- **유통시장 전면개방** : 1996년에 유통시장이 전면개방되면서 외국자본에 의해 설립되는 점포의 수와 면적에 대한 규제가 폐지되었다. 이를 계기로 다국적 대형 유통업체들이 우리나라에 대거 진입하였다.
- **대규모 점포설립의 허가제에서 등록제로의 전환** : 1997년에 도입된 이 정책으로 인해 대형 유통업체들은 손쉽게 매장을 늘려갈 수 있게 되었다.

1990년대 말에 도입된 여러 가지의 유통정책들의 중심에는 대형마트가 있었다. 1996년에 유통시장이 전면개방되면서 마크로, 월마트, 까르푸 등의 다국적 유통업체들의 대형마트가 우리나라에 설립되었으며, 이에 대응하여 우리나라의 대형 유통업체들도 대형화를 서두르게 되었다. 1997년 대규모 점포의 설립이 허가제에서 등록제로 전환되면서 대형 유통업체들은 급속하게 점포를 늘려 나갔다. 대형마트는 2002년에 점포수 200개를 돌파하였고, 이어서 2005년에 300개, 2009년에 400개를 돌파하였으며 2014년에는 500개를 넘어섰다. 이로 인해 경쟁력을 갖추지 못한 전통시장과 중소슈퍼는 큰 타격을 입고 매출이 급감하였다. 대형마트를 운영하는 대형 유통업체들은 2000년대 중반에 들어 성장세가 둔화되고, 부지확보의 어려움으로 인해 출점이 어렵게 되면서 새로운 돌파구를 찾아 기업형슈퍼마켓(SSM)의 설립을 통해 골목상권에 본격 진출하게 되었다. 이로 인해 전통시장과 중소슈퍼의 쇠퇴는 가속화되었다.

정부는 2000년대 초부터 전통시장에 대해 관심을 갖기 시작하면서 시설현대화사업에 착수하는 한편, 건축물 용적률과 과밀부담금에 대한 특례조치 등을 실행함으로써 재개발·재건축 등을 촉진하기 위해 노력하였다. 그러나 이러한 정책들은 전통시장의 자생력을 확보해주기에는 역부족이었다. 전통시장의 쇠락이 가속화되면서 사회적 문제로까지 파급되자 2013년에는 유통산업발전법을 개정하여 대형마트와 SSM을 대상으로 신규출점 제한, 영업시간 제한, 의무휴무제 등의 규제를 가하게 되었다. 그러나 이러한 규제에도 불구하고 전통시장의 쇠락은 지속되고 있다. 이는 대형마트와 SSM에 대한 규제의 반사이익이 전통시장이나 중소슈퍼로 가기보다는 편의점이나 온라인쇼핑 등으로 가고 있기 때문인 것으로 분석되고 있다. 24시간 연중무휴로 운영되면서 2020년 현재 전국에 약 47,000개의 점포가 있는 편의점은 가공식품이나 잡화는 물론 신선식품까지 그 영역을 확대하면서 전통시장과 중소슈퍼를 압박하고 있으며, 2010년대에 들어서면서 폭발적으로 성장하고 있는 온라인쇼핑도 신선식품 등의 비중을 늘리면서 전통시장과 중소슈퍼의 부활에 부정적으로 작용하고 있다.

5. 전통시장에 대한 지원

전통시장에 대한 지원은 2004년에 제정된 '전통시장 및 상점가 육성을 위한 특별법'을 계기로 중소벤처기업부를 중심으로 이루어지고 있다. 정부지원은 2010년대에도 전통시장의 시설현대화, 경영선진화, 홍보활동 강화 등 단기적으로 성과를 나타낼 수 있는 분야에 초점을 맞추고 있었다. 또한 각 전통시장의 특색에 맞는 지원이라기보다는 정부가 정한 방침에 따라 모든 전통시장에 대해 비슷한 형태의 지원이 이루어지는 것이 일반적이었다. 그런데 2020년을 전후로 정부의 지원이 각 전통시장의 특색과 각 전통시장의 상인회의 의지를 반영하는 형태로 이루어지는 경향을 보이고 있다.

2021년에 발표된 중소벤처기업부의 전통시장 활성화를 위한 지원방안을 살펴보면 주차환경 개선사업, 화재알림시설 설치사업, 노후전선 정비사업 등과 같이 전통시장을 안전하고 편리한 쇼핑공간으로 만들기 위한 시설지원들도 포함되어 있다. 하지만 지원규모나 지원기간 등을 감안하면 중소벤처기업부의 지원은 '특색있는 전통시장의 건설'과 '청년들의 창업 공간으로서의 전통시장 육성'이라는 2개의 축에 무게의 중심을 두고 있음을 알 수 있다([표 4-25] 참조). 즉, 가장 많은 예산이 배정되어 있는 디지털 전통시장 구축사업, 문화관광형 특성화시장 육성사업, 청년몰의 조성・활성화・확장사업 등이 모두 각 전통시장이 자체적인 판단에 따라 성장의 방향을 정해갈 수 있도록 배려한 지원 방식이다.

| 표 4-25 | 중소벤처기업부의 2022년도 전통시장 및 상점가 활성화 지원사업

사업명		지원내용 및 우대요건	지원한도
시장경영 패키지 지원		• 지원금 한도 내에서 상인회 자율적으로 시장별 특성을 반영하여 시장경영혁신을 위한 사업 추진	1곳당 국비 최대 60백만원
지역상품 전시회		• 지역 내 전통시장 · 상점가의 우수상품 및 특산품의 전시 · 판촉 지원	선정 지회당 국비 최대 40백만원
특성화 시장 육성 사업	특성화시장 (디지털 전통시장)	• 온라인 진출 기반 구축 비용 종합지원 * 기반시설, 장비, 인력 등	시장당 최대 6억원 (2년간)
	특성화시장 (문화 관광형)	• 지역 문화 · 관광자원을 연계, 시장 고유의 특장점을 집중 육성하는 상인 중심의 프로젝트 지원	시장당 최대 10억원 (2년간)
	특성화시장 (첫걸음 기반조성)	• 기초역량을 갖춘 시장을 대상으로 5대 혁신과제 등 특성화사업 추진을 위한 사전 기반조성 지원	시장당 최대 3억원 (1년간)
청년몰 육성 사업	복합청년몰 조성사업	• 청년상인 창업을 위한 점포 및 공용시설, 기반시설, 환경개선, 예비 청년상인 모집, 교육, 창업지원, 공동마케팅 등을 패키지로 지원	청년몰당 최대 40억원
	청년몰 활성화 및 확장 지원	• (활성화) 조성 완료된 청년몰의 공동마케팅, 교육 · 컨설팅, 신메뉴개발, 협동조합(공동상품) 운영 등을 지원	청년몰당 최대 5억원
		• (확장) 조성 완료된 청년몰의 기반시설, 고객편의시설, 공용시설 및 점포공간 확대 등을 지원	청년몰당 최대 10억원
주차 환경 개선 사업	공영주차장 건립	• 공영주차장 설치 및 개 · 보수	개 · 보수는 1억원 한도
	주차장 이용보조	• 공공시설 주차장 활용 사설주차장 이용 보조	1억원 한도
화재알림시설 설치사업		• 개별점포 화재발생 시 소방관서로 화재신호가 자동 통보되는 알림시설 구축 지원	점포당 최대 80만원
노후전선정비사업		• 전통시장 개별점포 내 전기설비 개선 • 전기 안전등급 C 이하, 우대	시장당 5억원 이내

자료 : 중소벤처기업부, "포스트 코로나 대비 2022년 전통시장 상점가 지원 공고," 보도자료, 2021년 6월 16일

법규 제정과 제도의 강화를 통한 지원도 활발하게 이루어지고 있으며, 가장 대표적인 것으로는 유통산업발전법, 사업조정제도, 대·중소기업 상생협력 촉진에 관한 법률 등을 들 수 있다.

- **유통산업발전법** : 2013년부터 시행되고 있는 개정된 유통산업발전법은 전통시장 반경 1km 내의 지역을 '전통상업보존구역'으로 지정하여 대형마트와 SSM이 출점하는 것을 제한할 수 있도록 규정하고 있다. 개정 이전에는 500m 이내로 규정되어 있었는데, 거리가 2배로 늘어나면서 규제면적이 4배로 확장되었다. 이와 더불어 각 지방자치단체

는 유통산업발전법에 근거한 조례 개정을 통해 매월 두 번에 걸친 일요일 의무휴무와 0시~오전 10시 영업금지 등을 규정하고 있다.

- **사업조정제도** : 사업조정제도는 대기업에 의하여 중소기업의 경영이 위협받을 가능성이 있는 경우에 중소벤처기업부가 이에 개입해 대기업에 사업진출의 연기나 생산 품목·수량 등의 축소를 명하는 제도다. 중소벤처기업부는 대기업의 진출을 최장 6년까지 연기하거나 생산축소를 권고할 수 있다.
- **대·중소기업 상생협력 촉진에 관한 법률** : 이 법률은 대기업의 투자지분이 50%가 넘는 위탁형가맹점도 사업조정대상에 포함시키고 있다.

6. 전통시장과 온라인쇼핑

2020년대 들면서 전통시장도 시대의 대세라고 할 수 있는 온라인쇼핑에 적극 나서고 있다. 특히 코로나19로 인해 전통시장을 방문하는 소비자들이 줄어들면서 전통시장은 온라인쇼핑을 위기 극복을 위한 필수적인 수단으로 인식하고 적극적인 자세로 수용에 나서고 있다. 정부도 전통시장의 온라인화를 적극 지원하고 있다. 그 예로 2022년의 전통시장 지원사업의 중요한 항목으로 '전통시장의 온라인 진출을 위한 기반 구축비용 지원'이 포함되어 있다. 정부는 이 사업을 통해 전통시장의 온라인 플랫폼으로의 입점과 배달·배송을 위한 인적·물적 인프라 구축을 지원할 계획이다.

전통시장은 다양한 방법으로 온라인쇼핑 관련 사업을 전개하고 있다. 첫째, PC와 스마트폰의 네이버에 있는 '동네시장 장보기' 서비스나 '쿠팡이츠', '놀러와요시장', 위메프오 등의 모바일 애플리케이션(앱)에서 '전통시장 장보기 서비스'를 활용하는 방법이 있다. 이 가운데 '놀러와요시장'은 전통시장에서 판매하는 상품을 주문하고 배송해주는 배달앱으로 2021년 6월을 기준으로 전국 35개 전통시장에서 서비스가 제공되고 있다. '전통시장 장보기 서비스'는 전통시장들로 구성된 온라인쇼핑몰이며 가장 일반적으로 사용되는 전통시장 온라인쇼핑 방법이다. PC나 모바일앱으로 네이버쇼핑의 '동네시장 장보기'에 들어가면 많은 수(2021년 6월 기준 약 100개)의 전통시장이 나열되어 있고, 전통시장을 선택하면 해당 전통시장의 배달지역, 배달불가지역, 배달시간, 배달비용 등과 함께 판매 중인 상품들을 카테고리별로 볼 수 있다. 이 서비스는 구매할 상품을 선택하기 이전에 배송가능한 전통시장을 선택하는 과정이 있다는 점이 다를 뿐, 그 외의 이용 방법은 다른 온라인쇼핑몰에서와 동일하다. 즉, 고객이 상품을 고르고 결제하면 배송기사는 고객의 주문내역에 있는 점포들을 돌며 주문한 물건들을 하나의 상자에 모은 뒤 고객이 지정한 장소로 배송해준다. 배달시간은 오전 10시부터 오후 6시(혹은 5시)까지이며 2시간 이내 배달이 가능하다. 각 전통시장은 2시간 내에 배달이 가능하지 않은 지역은 미리 공지를 해놓기 때문에 고객이 배달지역과 배달불가지역을 잘 확인하여 전통시장을 선택하면 2시간 내 배달은 거의 대부분 담보받을 수 있다. 배송비용은 대체로 4천원이고 하나만 사도 무료인 곳도 있고, 구매액이 일정액 이상이면 무료로 해주는 곳도 있다. '전통시장 장보기 서비스'는 지방자치단체의 지원으로 이루어지고 있다. 서울시의 경우 2020년 4월에 '전통시장 온라인 장보기' 서비스를 시작했으며, 이 서비스에 참여할 전통시장을 순차적으로 모집하고 있다. 2021년 6월 현재 서울시내 전통시장 71곳이 참여하고 있으며, 2021년 말까지 70여 곳을 더 참여시킬 계획이다. 이 서비스에 참여하는 전통시장은 플랫폼 입점과 운영 방안, 트랜디한 상품개발을 통한 역량강화 등에 대한 교육서비스를 무료로 받을 수 있다.

둘째, 개별 전통시장이 온라인쇼핑몰을 구축하여 판매에 나서는 방법이다. 예를 들어 한국 최대 규모의 전통시장인 가락시장은 2020년 8월에 '살아있네'라는 이름의 모바일앱을 통해 육류, 수산물, 과일, 야채 등의 상품들을 판매하고 있다. '살아있네'는 점심, 저녁식사 준비에 맞춰 배송을 완료하는 '당일배송'과 별도의 물류센터 구축없이 전통시장 자체를 물류센터로 활용하는 방식을 통해 비용을 절감함으로써 저렴한 가격으로 상품을 제공할 수 있다는 점을 장점으로 내세우고 있다. 도입 초기에는 전통시장 소재지 부근인 강남구, 송파구 지역만을 대상으로 배송서비스를 제공했으나 2021년 초에 서울 전 지역과 경기 일부로 서비스를 확대하였으며, 궁극적으로는 서울과 경기 전 지역을 배송 대상으로 하는 것을 목표로 하고 있다.

셋째, 인스타그램 등 SNS(소셜네트워크서비스)를 활용하는 방법도 활용되고 있다. 예를 들어 서울 광장시장의 5개 점포(박가네빈대떡, 이화폐백, 대원상회, 제일축산, 총각강정)가 연합하여 2021년 인터타그램 기반의 온라인쇼핑 채널 '파라스타'에서 추석대목을 겨냥한 '차례상 새벽배송 상품'을 판매하였다.

넷째, 점포를 운영하는 상인들이 오픈마켓에서 점포를 열고 판매하는 경우도 있다. 예를 들어 목포종합수산시장의 '맛있는홍어'는 코로나 팬데믹으로 찾아오는 손님이 절반으로 줄어들자 2020년에 오픈마켓인 네이버 스마트스토어의 '더 테이블'에 입점하여 홍어를 판매하였으며, 결과적으로 코로나 이전에 비해서도 뒤지지 않는 실적을 올릴 수 있었다. 부산지역의 괴정골목시장도 2021년 20~30명의 상인들이 스마트스토어 '괴정골목배달'이라는 온라인몰을 열고 판매활동을 하고 있다.

다섯째, 2010년대 후반부터 크게 각광을 받고 있는 '라이브커머스'를 시도하는 전통시장도 생겨나고 있다. 2020년에는 전국의 50여 개의 전통시장이 라이브커머스를 시험 운영하였다. 괴정골목시장은 2021년에 부산지역 최초로 중소벤처기업부가 주관하는 문화관광형 육성사업의 일환으로 네이버 쇼핑라이브 플랫폼에서 상인 라이브커머스 사회자가 진행하는 라이브커머스를 성공적으로 진행하였다.

제9절 다단계판매

1. 다단계판매의 개념

1.1 다단계판매의 정의와 장·단점

다단계판매는 '소비자와의 대면접촉을 통해 상품을 판매하는 인적판매의 일종으로 소비자인 동시에 판매원인 회원이 자신의 판매실적뿐만 아니라 자신의 하위에 위치한 판매원들의 판매실적에 대하여도 수당을 수령하는 형태의 소매업태'로 정의될 수 있으며, 네트워크 마케팅, MLM(Multi Level Marketing), 회원직접판매 등 다양한 명칭으로 불리고 있다. 다단계판매에서의 '다단계'는 판매원들 간의 관계가 평등관계가 아니라 '후원수당'을 매개로 하는 계층구조를 이루고 있다는 의미에서 붙여졌다. 다단계판매는 1940년대에 미국에서 창안되었으며, 우리나라에는 1990년대 초에 시작되었다. 다단계판매는 여타 소매업태와 비교하여 다음과 같은 장점을 지니고 있다.

- 다단계판매는 무점포 인적판매이기 때문에 점포개설비, 점포유지비, 광고비 등이 소요되지 않으며, 도매상이나 소매상과 같은 유통경로를 거치지 않고 소비자에게 직접 판매하는 구조이기 때문에 유통마진도 절감시킬 수 있다([그림 4-7] 참조). 이러한 비용절감을 통해 소비자에게 우수한 품질의 상품을 보다 저렴하게 공급하면서도 보다 많은 수익을 실현할 수 있다.
- 다단계판매업체는 판매원을 별도로 고용할 필요가 없기 때문에 고정 인건비가 발생하지 않아서 매출의 증가에 따라 조직이 비대해지는 현상을 방지할 수 있다.
- 다단계판매에서는 소비자를 찾아다니는 형태의 영업이 이루어지기 때문에 점포판매에 비해 훨씬 더 적극적으로 시장을 개척해 나갈 수 있다.

그림 4-7 ▌다단계판매에서의 유통경로

* 다단계판매업체가 생산시설을 갖추고 있는 경우에는 제조업체와 다단계판매업체가 일치함.

다단계판매가 이러한 장점을 가지고 있기 때문에 우수한 품질의 상품을 생산하고 있지만 유통망 구축에 많은 자금을 투자할 여유가 없는 중소기업에게 매우 유용하게 사용될 수 있다. 중소기업은 스스로 다단계판매업체가 되어 사업을 전개할 수도 있지만 이는 실제로는 매우 어려운 일에 속한다. 왜냐하면 중소기업 제품의 판매원이 해당 제조업체에서 생산되는 몇몇 개의 상품만을 가지고는 충분히 수익을 창출하기가 어렵고, 또한 중소기업은 제한된 예산과 인력 때문에 판매원 조직을 관리해 나가기가 힘들기 때문이다. 그래서 중소기업이 다단계판매를 활용하는 경우에는 다단계판매조직을 구축하고 있는 업체에게 상품을 판매하거나 혹은 판매를 의뢰하는 형태로 사업을 전개하는 경우가 훨씬 더 많다. 이는 중소기업이 다단계판매업체를 자사의 판매조직과 같이 활용한다는 것을 의미한다

반면에 다단계판매는 일반소비자가 판매원이 되고, 판매원의 수입이 자신의 판매액은 물론 자신의 하위에 위치해 있는 판매원들의 판매액에도 의존하고 있기 때문에 일반기업의 판매조직에서 나타나지 않는 다음과 같은 문제점들이 발생할 수 있다.

- 다단계판매에서는 판매원이 소비자를 대상으로 하는 상품판매보다는 하위 판매원의 모집에 더 주력할 가능성이 있다. 이렇게 되면 실질적인 판매는 이루어지지 않으면서 판매원 조직만 비대해지는 결과가 초래되고, 결국에는 사업이 유지될 수 없는 상황에 처할 수 있다.
- 다단계판매에서는 대부분 전문성을 가지고 있지 않은 소비자가 기존 판매원의 권유에 의해 판매원으로 전환되는 것이기 때문에 이 전환과정에서 정보의 왜곡, 사행심 조장, 강박적인 분위기에 의한 가입, 공정하지 않은 계약 등의 문제가 발생할 수 있다.

이처럼 다단계판매에서는 판매과정에서 여러 가지 부정적인 현상들이 발생할 수 있는 가능성이 있기 때문에 정부에서도 '방문판매법(방문판매 등에 관한 법률)'을 통해 다단계판매업체의 설립과 운영 등에 대해 엄격하게 규율하고 있다. 또한 공정거래위원회는 '다단계판매업체 정보공개 제도'를 마련하고 홈페이지를 통해 매년 다단계판매업체의 매출액, 후원수당 등의 주요 정보를 공개하고 있으며, 분기별로 발표되는 보도자료를 통해서 다단계판매업체의 휴업, 폐업, 신규등록, 상호변경 등의 주요 정보 변경사항을 공개하고 있다. 또

한 다단계판매업체들의 단체인 '한국직접판매산업협회'도 회원사를 대상으로 적법한 사업의 전개에 관한 교육프로그램을 운영하는 등 건전한 상거래가 이루어질 수 있도록 노력하고 있다.

다단계판매에서는 '후원수당'이라는 용어가 빈번하게 사용된다. '방문판매법'은 후원수당을 '다단계판매업체가 판매원들의 판매활동을 장려하거나 보상하기 위해 지급하는 일체의 경제적 이익'이라고 정의하고 있다. 다단계판매업체가 판매원이 잘 수행해주기를 기대하는 가장 중요한 활동은 '높은 판매실적을 올리는 것'과 '우수한 판매원을 유치하는 것' 등의 2가지라고 할 수 있으며 이 2가지 활동을 후원하기 위해 지급하는 금전적 보상이 바로 '후원수당'이다. 기존 판매원이 우수한 판매원의 유치를 잘하고 있는지를 가장 효율적으로 판단할 수 있는 지표는 바로 기존 판매원의 소개활동을 통해 신규로 들어온 판매원의 판매실적이라고 할 수 있다. 그래서 후원수당은 판매원 자신의 판매실적의 일정 비율과 그 판매원의 하위에 위치해 있는 모든 판매원들의 판매실적의 일정비율의 합으로 정해진다. 그런데 판매원은 자신 스스로의 판매실적은 없이 자신의 하위에 위치하는 판매원들의 판매실적에만 의존해서 후원수당을 수령할 수는 없다. 즉, 매년 일정수준 이상의 판매실적을 유지하고 있는 판매원만이 자신의 하위에 위치하는 판매원들의 판매실적에 따른 후원수당을 수령할 수 있다.

1.2 방문판매, 후원방문판매, 다단계판매의 구분

우리나라의 '방문판매법'에서는 방문판매, 후원방문판매, 다단계판매, 전화권유판매, 계속거래 및 사업권유거래 등의 5개 판매유형을 특수판매로 구분하고, 각각에 대해 규제조항들을 두고 있다. 즉, '방문판매법'은 우리가 흔히 방문판매라고 부르고 있는 소매업태를 방문판매, 후원방문판매, 다단계판매의 세 개의 유형으로 구분하고 있다. 세 유형 모두 판매원이 대리점이나 영업소와 같은 사업장 이외의 장소에서 소비자에게 권유하여 계약의 청약을 받거나 혹은 계약을 체결하여 제품이나 서비스를 판매한다는 점에서는 공통점을 지니고 있지만, 판매조직의 구조나 판매원의 수당체계 등에 있어서는 큰 차이점이 있다([그림 4-8] 참조).

그림 4-8 ▌방문판매, 후원방문판매, 다단계판매의 개념도

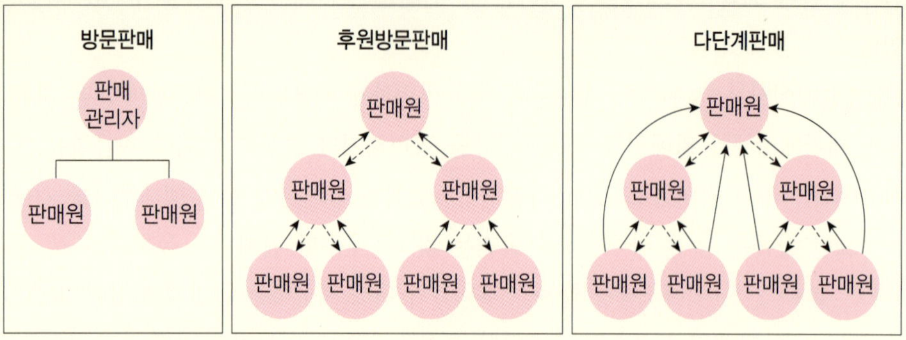

* 실선화살표(⟶)는 '후원수당'을 의미하고, 점선화살표(--➤)는 '가입권유'를 의미함.

방문판매, 후원방문판매, 다단계판매는 다음과 같은 두 가지 기준에 의해 구분될 수 있다.

- **판매원과 업체와의 관계** : 첫 번째 기준은 판매원과 판매원이 소속되어 있는 업체가 어떠한 관계를 맺고 있는 것인가에 대한 것으로 이는 방문판매를 다단계판매/후원방문판매와 구분하는 기준이 된다. 방문판매에서 업체와 판매원과의 관계는 고용－피고용의 관계로 업체는 판매원의 채용은 물론 판매원의 판매활동을 체계적으로 관리한다. 반면에 후원방문판매나 다단계판매에서는 판매원이 상품을 공급하는 후원방문판매업체나 다단계판매업체에 고용되어 있는 것이 아니며, 따라서 후원방문판매업체나 다단계판매업체는 판매원의 채용이나 판매원의 판매활동 관리에는 전혀 관여하지 않는다. 후원방문판매업체나 다단계판매업체의 판매원이 되고 싶은 사람은 기존 판매원의 소개를 통해서 후원방문판매업체나 다단계판매업체에 판매원으로 등록을 하면 되고, 판매원이 되면 소개를 해준 기존 판매원의 하위 판매원이 된다. 다만 후원방문판매업체나 다단계판매업체판매는 판매조직의 원활한 운영을 위해 후원수당체계의 결정, 우수판매원의 관리를 위한 판매원 등급체계의 결정, 우수 판매원 대상의 우대프로그램 실행, 판매원 대상의 신제품 설명 등의 활동을 수행한다. 여기서 '판매원의 등급체계'란 후원방문판매업체나 다단계판매업체판매들이 후원수당의 수준을 기준으로 판매원들의 등급을 정해놓을 것을 의미한다. 예를 들어 암웨이는 판매원을 브론즈, 실버, 골드, 플래티늄, 루비, 사파이어, 에메랄드, 다이아몬드 등의 보석 이름을 이용하여 23개의 등급으로 구분하고 있다.
- **후원수당의 수령이 가능한 하위 판매원의 범위** : 두 번째 기준인 '후원수당의 수령이 가능한 하위 판매원의 범위'는 후원방문판매와 다단계판매를 구분하는 기준이다. 즉, 특정 판매원에 대한 후원수당이 자신보다 한 단계 하위에 위치한 판매원의 판매실적에

의해서만 영향을 받는 경우에는 후원방문판매가 되고, 그렇지 않고 후원수당이 단계의 수와 관계없이 자신보다 하위에 위치한 모든 판매원들의 판매실적에 의해 영향을 받으면 다단계판매가 된다. 따라서 다단계판매의 경우에는 자신이 직접 소개한 판매원뿐만 아니라 자신이 소개한 판매원이 소개한 판매원, 또 그 사람이 소개한 판매원 등 자신을 정점으로 형성된 판매조직에 속한 모든 판매원들의 판매실적에 따른 후원수당을 수령한다.

후원방문판매나 다단계판매는 과장광고, 강압적인 판매행위 등으로 인해 소비자피해가 발생할 가능성이 보다 크기 때문에 어떤 소매업태보다도 훨씬 더 엄격한 법률적 규제를 두고 있다. 즉, 방문판매업체는 해당 구청 혹은 시청에 신고만 하면 사업이 가능하지만, 후원방문판매업체나 다단계판매업체는 해당 구청 혹은 시청에 등록을 해야 하며, 더욱이 다단계판매업체의 경우에는 3억원 이상의 자본금을 확보하여야 등록을 할 수 있다. 또한 후원방문판매업체와 다단계판매업체는 다음과 같은 3대 규제를 받는다. 다만 후원방문판매업체의 경우에는 최종소비자에 대한 판매비중이 70% 이상이면 3대 규제가 면제된다.

첫째, 판매원에게 지급되는 후원수당은 다단계판매는 총매출액의 35%, 후원방문판매는 총매출액의 38%를 초과할 수 없다.

둘째, 판매상품의 가격은 160만원을 초과할 수 없다.

셋째, 소비자피해보상보험에 반드시 가입하여야 한다. 즉, 직접판매공제조합이나 특수판매공제조합 중 1개의 조합에 가입하여 보험료를 납부하여야 한다. 우리나라에는 2020년 말 현재 122개의 다단계판매업체가 활동하고 있으며, 그 중 52개 업체는 '직접판매공제조합'에 가입되어 있고, 70개 업체는 '한국특수판매공제조합'에 가입되어 있다. 직접판매공제조합에 가입되어 있는 업체들이 한국특수판매공제조합에 가입되어 있는 업체들보다 규모가 상대적으로 더 크고 이름이 일반소비자들에게 더 많이 알려져 있다.

1.3 다단계판매와 피라미드판매의 차이점

다단계판매는 흔히 피라미드판매와 동일시되면서 사회적인 지탄의 대상이 되는 경우가 있다. 그렇지만 다단계판매는 합법인 반면에 피라미드판매는 불법이라는 큰 차이가 있다. 다단계판매와 피라미드판매의 차이는 [표 4-26]과 같이 정리될 수 있다. 피라미드판매에서는 판매원의 수입이 다른 판매원을 얼마나 많이 모집해오는가에 의해서만 결정되기 때문에 상품은 중요하지 않고, 그래서 대개 취급하는 상품의 품질이 좋지 않고 상품구색도 몇 가지에 불과하다. 또한 피라미드판매업체는 판매원에게 교육비, 가입비, 초도 상품구입비 등의 명목으로 초기 가입비용을 과도하게 부담시킴으로써 판매원이 자신의 투자비용을 회수하기 위해 주변의 지인들을 무리하게 판매원으로 가입시키려는 노력을 기울이게 만든다 그리고 소비자의 피해를 보상하기 위한 어떠한 제도적 장치도 가지고 있지 않다.

표 4-26 다단계판매와 피라미드판매의 비교

구분	다단계판매	피라미드판매
상품	• 다양한 상품구색 • 양호한 품질의 소비재	• 상품의 종류 매우 제한적 • 품질이 좋지 않은 고가 내구재
판매원수입원	• 자신 및 하위 판매원의 판매액	• 판매액이 아닌 회원모집에 의존
가입비용	• 없거나 매우 소액	• 가입비, 교육비, 상품구매비 등에서 과도한 가입비용 발생
재고부담	• 강제적인 재고부담 없음	• 강제적인 재고부담 규정
조직가입	• 가입 및 탈퇴가 자유로움	• 탈퇴가 자유롭지 못함
업무형태	• 부업으로 유도	• 전업으로 유도
소비자피해보상	• 공제조합에 소비자피해보상보험 가입 의무화	• 소비자피해보상보험 가입 규정 없음

이에 반해 다단계판매에서는 판매원의 수입이 일반소비자를 대상으로 하는 판매의 성과에 따라 결정되기 때문에 기본적으로 상품이 경쟁력을 갖지 못하면 다단계판매업체는 판매조직을 유지할 수 없다. 따라서 다단계판매업체는 우수한 품질의 다양한 상품을 공급하기 위한 노력을 기울이지 않으면 안 된다. 그래서 자사의 브랜드를 가지고 있는 다단계판매업체는 예외 없이 R&D센터를 설립해서 우수한 신제품의 개발을 위해 끊임없이 노력하고, 자사 브랜드의 상품은 없고 판매망만 가지고 있는 다단계판매업체는 우수한 제품을 생산하고 있는 중소기업을 찾기 위해 노력한다. 그리고 앞에서 언급한 바와 같이 정부는 소비자피해보상을 위해 다단계판매업체의 공제조합 가입을 의무화하고 있다. 실제로 2002년 설립된 직접판매공제조합은 2003~2020년의 기간 동안 총 10,199건에 약 130억원의 보상금을 지급하였고, 역시 2002년에 설립된 한국특수판매공제조합은 2003~2020년의 기간 동안 총 21,848건에 약 200억원의 보상금을 지급하였다.

이렇게 다단계판매와 피라미드판매는 합법과 불법이라는 현격한 차이가 있음에도 불구하고 판매원의 조직구조나 판매방식 등에서 유사성이 있기 때문에 일반인들은 물론 언론에서도 이를 구별하지 않고 사용하는 경우가 많다. 그래서 피라미드판매업체에 의한 불법행위가 보도되면 다단계판매업체들의 이미지도 같이 훼손되는 현상이 반복되고 있다. 2021년 현재 45개의 다단계판매업체와 후원방문판매업체들로 구성된 '한국직접판매산업협회'에서는 이러한 현상을 타개하기 위해 다단계판매라는 용어 대신에 '회원직접판매'라는 용어를 개발하고 이를 보급시키기 위해 노력하고 있다.

2. 다단계판매시장 현황

1990년대 초에 시작된 우리나라의 다단계판매는 시작 이후 꾸준히 성장하여 2004년에는 매출액 4.5조원으로 역대 최고기록을 세웠다. 그런데 설립 6년 만에 한국암웨이를 추월하여 업계 1위를 차지하고 있었던 JU네트워크가 2005년에 대표이사의 사기혐의로 사회적 물의를 일으키면서 성장세에 있던 다단계판매업계는 큰 타격을 입었다. 이로 인해 2005~2007년에는 다단계판매시장 규모가 급격히 위축되면서 2007년의 매출액은 2004년 매출액의 40%에 불과한 1.8조원으로 하락했다. 2008년 이후에는 시장이 회복되면서 빠르게 성장해 나갔다. 2008년 2조원 돌파, 2012년 3조원 돌파, 2014년 4조원 돌파, 2015년 5조원 돌파 등 순항을 지속하였으나 2016년부터는 성장이 거의 멈춰버린 전형적인 성숙시장의 모습을 보여주고 있다([표 4-27] 참조).

▌표 4-27▐ 다단계판매 연도별 매출액 추이 (단위 : 조원)

연도	2002	2003	2004	2005	2006	2007	2008	2009	2010	2011
매출액	3.8	2.8	4.5	3.1	1.9	1.8	2.2	2.3	2.5	2.9
연도	2012	2013	2014	2015	2016	2017	2018	2019	2020	
매출액	3.3	3.9	4.5	5.2	5.1	5.0	5.2	5.2	5.0	

자료 : 공정거래위원회, 다단계 판매업자 주요 정보 공개, 보도(참고)자료, 2021, 2020, 2016, 2013, 2009.

다단계판매업체의 수를 살펴보면 2005~2007년의 침체에서 벗어나기 시작한 2008년부터 2015년까지 지속적으로 증가하였으며, 2016년에는 소폭 감소하였다([표 4-28] 참조). 2017년부터는 다시 증가 추세를 보였으나 코로나19가 발생한 2020년에는 130개에서 122개로 줄어들었다.

▌표 4-28▐ 다단계판매업체 수의 연도별 추이 (단위 : 개, %)

연도	2010	2011	2012	2013	2014	2015	2016	2017	2018	2019	2019
업체수	67	70	94	106	109	128	124	125	130	130	122
성장률	–	4.5	34.3	12.8	2.8	17.4	–3.1	0.8	4.0	0.0	6.2

자료 : 공정거래위원회, "2020년도 다단계판매업자 주요정보 공개," 보도자료, 2021년 8월 4일

다단계판매시장은 몇몇 상위업체들의 점유율이 매우 높다는 특징이 있다. 공정거래위원

회의 '다단계판매업체 주요정보 공개' 자료에 따르면 2020년의 상위 10개 업체의 매출액은 3조 7,675억원으로 2020년 전체 매출액인 4조 9,850억원의 75.6%를 차지했다. 개별 업체들을 살펴보면 1991년부터 우리나라에서 영업을 시작한 한국암웨이는 몇몇 해를 제외하고는 거의 30년간 매출액 1위를 차지하고 있다. 2009년에 설립된 한국계 기업인 애터미는 2014년에 4위로 도약하고, 2015년에는 장기간 동안 암웨이에 이어 2위를 유지하고 있던 뉴스킨코리아를 제치면서 2위로 부상한 뒤 2021년까지 계속 그 자리를 유지하고 있다.

또한 애터미와 한국암웨이와의 격차는 시간이 갈수록 줄어들고 있다. 애터미의 역대 최대의 히트상품인 건강기능식품 '헤모힘'은 2014년에 매출액 1,000억원을 돌파하였으며, 2019년에는 누적매출 1조원을 달성했다. 2020년을 기준으로 암웨이와 애터미의 매출액은 각각 1조 2,401억원과 1조 615억원으로 3위와는 격차가 매우 큰 압도적인 1위와 2위를 차지하고 있다. 2020년 두 업체의 매출액이 122개 업체 전체의 매출액 4조 9,850억원에서 차지하는 비중은 46.2%에 달했다. 여기에 3위 업체인 뉴스킨코리아의 매출액인 4,319억원까지 합산하면 3개 업체 매출액의 점유율은 54.8%에 달했다. 즉, 업체의 숫자로 보면 전체 다단계업체 수인 122개의 2.5%에 불과한 상위 3개사의 매출액이 전체 매출액의 절반 이상을 차지하고 있다. 다단계판매업체들이 주로 취급하는 품목은 건강식품, 화장품, 통신상품, 생활용품, 의료기기 등의 5대 품목이며, 2020년에는 상위 10개사별 매출액 상위 5개 품목 50개 중에서 화장품이 44개로 88%를 차지했다.

판매원의 수도 꾸준히 증가하다가 2010년대 후반부터 감소하는 추세를 보이고 있다([표 4-29] 참조). 판매원의 수는 2010년의 357만 명에서 지속적으로 증가하면서 2018년에는 900만 명을 돌파하였다. 이렇게 많은 수의 사람들이 판매원으로 등록한 것은 특히 불황으로 가계수입이 줄어든 가정주부가 대거 판매원으로 등록하였기 때문인 것으로 분석되고 있다. 그러나 2019년부터는 판매원수가 감소하고 있다. 이는 2016년부터 시장의 규모가 증가하지 않으면서 영업활동이 어려워지는 현상이 누적된 데다가 2020년부터는 코로나19의 영향이 추가된 결과라고 할 수 있다. 판매원의 후원수당 수령액도 다단계판매업체의 매출액과 마찬가지로 빈익빈부익부 현상이 매우 심하다. 2020년을 기준으로 판매원 827만 명 가운데 후원수당을 수령한 판매원은 전체의 약 17.4%인 144만 명이었으며, 액수로는 1조 6,820억원으로 전체 매출액 4조 9,850억원의 약 33.7%를 차지하였다. 2020년에 후원수당을 수령한 144만 명의 상위 1%(14,388명)의 1인당 연간평균수령액은 6,491만원인 데 반해, 나머지 99%인 약 142.6만 명의 1인당 연간평균수령액은 52.4만원에 불과하였다. 이는 상위 1% 미만의 판매원이 1년간 지급받은 후원수당 총액(9,339억원)이 나머지 판매원 99%가 지급받은 후원수당 총액(7,481억원)보다 훨씬 많은 액수라는 것을 의미한다.

표 4-29 판매원수의 연도별 추이 (단위 : 만 명)

연도	2010	2011	2012	2013	2014	2015	2016	2017	2018	2019	2020
판매원수	357	415	470	572	689	796	829	870	903	834	827

자료 : 공정거래위원회, 다단계 판매업자 주요 정보 공개, 보도참고자료, 2011~2020. (위치 : 정책/제도>소비자정책>방문다단계판매>보도자료)

3. 다단계판매업체의 상품조달경로

우리나라 다단계판매업체의 상품조달경로는 [그림 4-9]와 같이 나타낼 수 있다. 자체 생산시설로부터 조달하는 경로, 해외 및 국내 OEM 공장으로부터 조달하는 경로, 해외업체로부터 수입한 수입업체로부터 조달하는 경로, 국내 벤더사로부터 구입하는 경로, 국내 제조업체와 직거래하는 경로 등 다양한 경로가 활용되고 있다.

그림 4-9 다단계판매업체의 상품조달경로

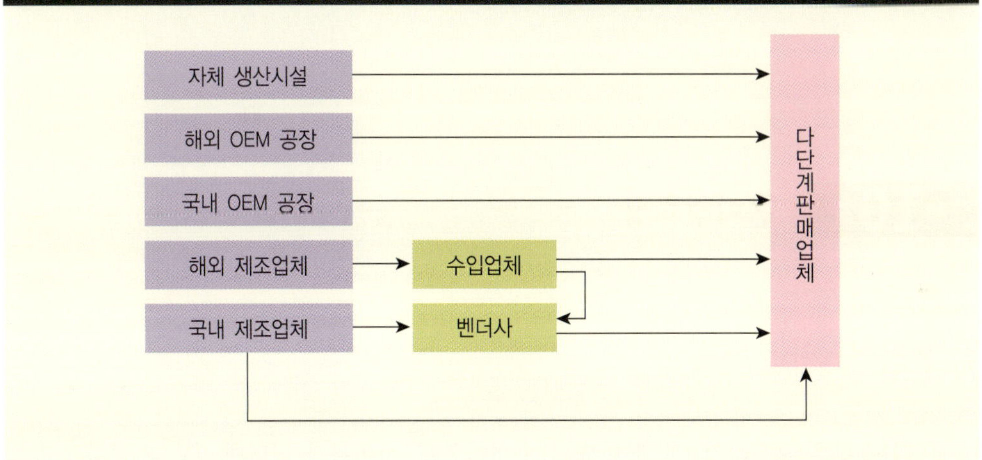

어떠한 경로를 활용하는가는 다단계판매업체가 외국계인지 국내계인지의 여부와 업체의 규모 등에 의해 큰 차이를 보이고 있다. 주로 건강기능식품과 화장품을 취급하고 있는 외국계 상위업체들은 외국 본사에 제품개발을 위한 R&D 센터는 반드시 가지고 있지만, 생산시설은 가지고 있는 경우도 있고 그렇지 않은 경우도 있다. 암웨이나 허벌라이프와 같이 본국(미국)에 생산시설을 가지고 있는 경우에는 대부분 자체적으로 생산하거나 혹은 중국, 베트남 등 세계 여러 나라에서 OEM을 통해 생산한 상품을 수입하고 있다. 또한 우리나라 공장에서도 일부 OEM으로 상품을 생산하여 조달하기도 한다. OEM으로 제품을 생산하는 경우에는 OEM 공장에 제품의 원료를 공급하여 상품을 제조하게 하는 방식을 취하고 있다. 뉴스킨과 같이 생산시설을 가지고 있지 않은 경우에는 OEM으로 생산한 원료를 또 다른 제조업체에 공급하여 OEM으로 제품을 생산하고 있다. 본국의 공장을 많이 이용하지만 여러 나라에서 생산하여 수입하고 있으며, 우리나라에서도 일부 OEM 생산을 하고 있다. 이처럼 상위 외국계업체들의 경우 60~80%의 제품을 본국에 위치하고 있는 자체공장이나 세계 각지의 OEM 공장을 통해 수입을 해오고 있기 때문에 관세, 물류비용, 본사로열티 등의 추가적인 부담이 발생하며, 이로 인해 수입제품들의 가격은 국내에서 생산된 동일한 종류의 동일한 용량의 제품에 비해 2~3배 높게 책정되는 경향을 보이고 있다.

규모가 상대적으로 작은 우리나라의 다단계판매업체들은 화장품, 건강기능식품, 통신상품, 생활용품 등 다양한 제품을 취급하고 있지만 주로 생활용품에 주력하는 경향을 보이고 있다. 앨트웰 등과 같이 생산시설을 갖추고 있는 경우도 있지만 이는 드문 경우이고 대부분은 국내에서 OEM을 통해 상품을 생산하여 조달한다. 또한 OEM을 활용하지 않고 해외 제조업체로부터 수입을 하거나 혹은 국내 제조업체로부터 상품을 조달하여 판매하기도 한다.

제10절 온라인쇼핑

1. 온라인쇼핑의 개념

온라인쇼핑은 오프라인쇼핑과 반대되는 개념으로 '소비자가 인터넷, TV, 카탈로그 등의 비대면 매체를 통해 제공받은 정보를 활용하여 상품을 구매하는 행위'라고 정의될 수 있다. '전자상거래 등에서의 소비자보호에 관한 법률'과 같은 법률에서는 온라인쇼핑의 의미로 '통신판매'라는 용어가 사용되고 있다.

온라인쇼핑은 어떠한 비대면 매체를 활용하는가를 기준으로 세분화될 수 있다([그림 4-10] 참조). 주요한 비대면 매체로는 인터넷, 방송매체, 인쇄매체 등이 있다. 인터넷쇼핑은 인터넷을 이용하는 온라인쇼핑을 의미한다. 따라서 인터넷쇼핑은 온라인쇼핑의 부분집합이다. 인터넷에는 유선인터넷과 무선인터넷이 모두 포함되며, 스마트폰과 같이 무선인터넷이 가동되는 이동단말기를 이용한 인터넷쇼핑을 특히 '모바일쇼핑'이라고 부른다. 방송매체를 이용하는 대표적인 온라인쇼핑은 TV를 활용하는 TV홈쇼핑과 T커머스이다. TV는 주로 집에서 시청하기 때문에 TV홈쇼핑과 T커머스를 합쳐서 '홈쇼핑'이라고 부른다. 우리나라는 다른 나라에 비해 홈쇼핑이 많이 발달되어 있는 국가로 2021년 현재 모두 17개의 홈쇼핑 채널이 있다. 인쇄매체를 이용하는 대표적인 온라인쇼핑은 카탈로그쇼핑이다. 19세기 말에 미국에서 등장한 카탈로그쇼핑은 온라인쇼핑 중에서 그 역사가 가장 오래되었다. 카탈로그쇼핑은 한국에서도 한때는 1조원 이상의 매출을 올리기도 했지만 2010년대 중반부터 인터넷쇼핑, TV홈쇼핑 등에 밀리면서 급속하게 소멸되어 가고 있다([글 4-7] 참조). 이 절에서는 인터넷쇼핑에 대해 기술하고 TV홈쇼핑과 T커머스는 별도의 절에서 기술한다.

그런데 인터넷쇼핑의 매출액이 온라인쇼핑 전체 매출액의 대부분(90% 이상)을 차지하면서 온라인쇼핑은 흔히 인터넷쇼핑의 의미하는 용어로도 사용되고 있다. 이러한 관행은 일상적인 대화에서는 물론 인터넷이나 문헌 등에서도 흔히 발견된다. 저자도 이러한 점을 감안하여 독자들에게 훨씬 더 익숙한 용어인 온라인쇼핑을 인터넷쇼핑의 의미로 사용하기로 한다. 즉, 본서에서 온라인쇼핑은 곧 인터넷을 활용한 쇼핑을 의미하며, 혼동을 피하기 위해 인터넷쇼핑이라는 용어는 가급적 사용하지 않기로 한다.

그림 4-10 ▌온라인쇼핑의 유형

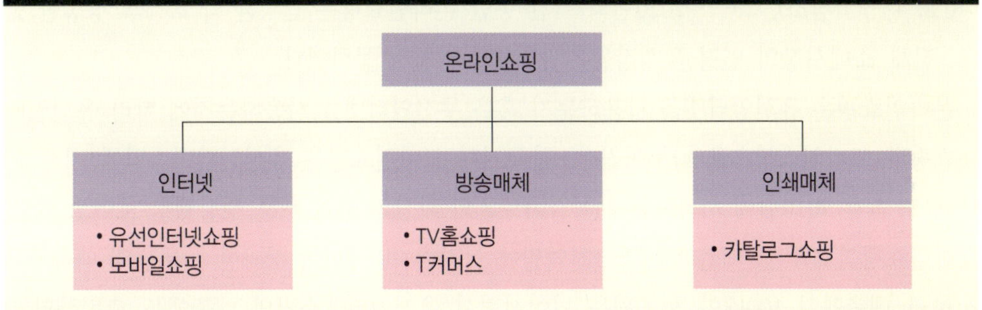

글 4-7 카탈로그쇼핑

카탈로그쇼핑은 홈쇼핑회사, 백화점, 우체국 등에서 보내온 상품 카탈로그를 받은 고객이 주로 전화로 주문을 하는 형태의 온라인쇼핑을 의미한다. 카탈로그쇼핑은 1880년대 후반에 미국에서 시작되었다. 카탈로그쇼핑이 우리나라에 도입된 것은 1980년대 중반이며, 당시에는 카탈로그쇼핑이 통신판매(온라인쇼핑을 의미하는 법률 용어)를 대표하였기 때문에 이를 수행하는 회사들도 '통신판매회사'로 불렸다. 여타 온라인쇼핑 유형과 비교할 때, 카탈로그쇼핑의 장점으로는 고객들이 언제든지 카탈로그를 다시 꺼내서 원하는 상품만을 골라서 볼 수 있고, 인터넷이나 TV화면에 비해 훨씬 더 선명한 이미지를 즐길 수 있다는 점을 들 수 있었다. 반면에 단점으로는 세한된 지면에 2차원적인 비주얼만이 제공되기 때문에 다양한 각도에서의 상품의 모습이나 시연과 같은 동적인 모습을 볼 수 없다는 점이 지적되었다. 우리나라의 카탈로그쇼핑 시장은 도입된 이후 2002년에 이르는 시기까지는 카드결제시스템의 도입, 국내 백화점과 카드사들의 사업다각화를 위한 적극적인 사업전개, 외국계 통신판매회사들의 진입, 대기업들의 시장참여, 홈쇼핑회사들의 시장참여 등을 바탕으로 높은 성장세를 보였다. 그러나 시장규모 1조원을 넘어섰던 2001년과 2002년을 정점으로 급속한 하강세를 보였다. 급속한 하강세의 원인으로는 TV홈쇼핑 및 인터넷쇼핑의 활성화와 우편요금 및 종이 가격의 상승으로 인한 비용 증가 등이 지적되었다. 2000년대 후반에는 회복의 조짐을 보이기도 했지만 인터넷쇼핑, TV홈쇼핑 등과의 가격, 편리성 등에서의 열세를 극복하지 못하면서 2014년에 들면서 다시 쇠락하기 시작하였으며, 2010년대 후반에 들면서는 1천억원대로 규모가 축소되면서 소멸의 기미마저 보이고 있다.

자료 : 박찬욱(2017), 실전유통론 제2판, 제10절 온라인쇼핑

2. 온라인쇼핑 시장의 규모

온라인쇼핑이 전체 소매시장에서 차지하는 비중이 빠른 속도로 증가하고 있다. 통계청의 자료에 따르면 온라인쇼핑의 비중은 2000년대 초에 10%를 넘어섰고, 2017년에는 20%를 넘어섰으며, 2020년에는 159.4조원의 매출액을 기록하며 전체 소매시장의 33.5%를 차지했다([표 4-30] 참조). 2017~2020년의 기간 동안 온라인쇼핑은 연평균 약 20%씩 성장한 반면, 전체 소매시장의 연평균 성장률은 3%에도 미치지 못하였다.

온라인쇼핑은 유선인터넷을 사용하는지 혹은 무선인터넷을 사용하는지에 따라 유선인터넷쇼핑과 모바일쇼핑으로 나누어진다. 한국에서 모바일쇼핑은 유선인터넷쇼핑에 비해 10년 정도 늦은 2010년에 시작되었지만 스마트폰의 확산과 함께 빠른 성장세를 보이고 있다. 모바일쇼핑의 2010년 매출액은 약 3천억원에 불과했지만 6년이 경과한 2016년의 매출액은 2010년 매출액의 100배인 30조원을 넘어서면서 유선인터넷쇼핑의 매출액을 추월하였고, 2020년에는 108.3조원의 매출액을 기록하면서 전체 온라인쇼핑의 67.9%를 차지했다. 모바일인터넷의 성장 추세로 볼 때 모바일쇼핑이 곧 온라인쇼핑을 의미하는 시대가 조만간 도래할 것으로 예상된다.

이러한 온라인쇼핑 시장의 성장은 우리나라 국민의 온라인쇼핑 이용률 증가에 기반하고 있다. 과학기술정보통신부와 한국지능정보사회진흥원이 실시한 '2020 인터넷이용 실태조사'의 분석 자료에 의하면 우리나라 만 12세 이상 인구의 온라인쇼핑 이용률은 2020년에 약 70%에 달하였고, 이용빈도와 구매비용도 2019년에 비해 큰 폭으로 증가했다. 연령별로 보면 특히 40~60대에서 온라인쇼핑 이용률의 증가 추세가 두드러지게 나타났다. 이러한 온라인쇼핑 이용률의 급속한 성장은 인터넷 이용자가 증가하고 있기 때문이다. 우리나라

만 3세 이상 인구의 2020년 인터넷 이용률은 91.9%(이용자수 4,682만 명)였으며, 모바일인터넷의 이용률도 91.5%에 달했다.

표 4-30 온라인쇼핑의 시장규모 (단위 : 조원, %)

구분			2017	2018	2019	2020
소매시장	매출액		440.3	465.0	473.2	475.2
	성장률		3.7	5.6	1.8	0.4
온라인쇼핑	매출액		94.2	113.3	136.6	159.4
	성장률		24.9	20.3	20.6	16.7
전체 매출액 대비 온라인쇼핑 비중			21.4	24.4	28.9	33.5
유형	유선인터넷쇼핑	매출액	41.3	44.1	49.2	51.2
		성장률	37.5	6.8	11.6	4.1
	모바일쇼핑	매출액	52.9	69.2	87.4	108.3
		성장률	49.0	30.8	26.3	23.9
		온라인쇼핑 대비 모바일쇼핑의 비중	56.2	61.2	64.0	67.9

자료 : 소매시장 규모 : 통계청, 국내통계>도소매>소매판매통계>소매판매액
온라인쇼핑 규모 : 통계청, 국내통계>도소매>온라인쇼핑동향조사>온라인쇼핑몰 판매매체별/상품군별거래액

3. 모바일쇼핑

3.1 모바일쇼핑의 개념과 추이

모바일쇼핑은 스마트폰 등의 모바일기기로 무선인터넷에 접속해 상품을 구매하는 것을 의미한다. 모바일쇼핑은 모바일커머스(mobile commerce)의 한 영역으로 새로운 쇼핑유형을 제시하면서 M커머스 시장의 성장을 견인하고 있다. M커머스는 '모바일기기를 이용한 상업적 거래'를 지칭하는 용어이며, 여기에는 모바일쇼핑 이외에도 모바일금융, 모바일광고, 모바일경매 등이 포함된다.

2010년대에 들면서 모바일쇼핑에 대한 관심이 고조되고 있는 이유는 그 거래규모가 놀라운 속도로 증가하고 있기 때문이다. 그 빠른 증가 속도는 유통업계를 뒤흔드는 '패러다임의 전환(paradigm shift)'을 가져오고 있다. 우리나라의 모바일쇼핑은 2020년에 108.3조원의 매출액을 기록하면서 전체 온라인쇼핑의 67.9%, 전체 소비지출의 22.8%를 차지했다. 그렇지만 이러한 모바일쇼핑의 성장이 전체 소매시장 규모의 확대로 이어지고 있는 것은 아니다. 예를 들어 2020년에 소매시장 규모는 불과 0.4% 증가하는데 그쳤는데, 그 와중에

도 모바일쇼핑은 23.9%의 높은 성장률을 기록했다. 반면에 유선인터넷쇼핑은 4.1% 성장하는데 그쳤으며, 오프라인 매출은 6.2%의 마이너스 성장률을 기록했다. 즉, 모바일쇼핑의 성장이 소비지출 규모의 확대에 기여한 것은 아니며, 모바일쇼핑의 성장은 주로 오프라인 쇼핑과 유선인터넷쇼핑을 대체하면서 이루어졌다.

모바일쇼핑 확산의 기초는 스마트폰 가입자수의 확산에 있다. 한국에 스마트폰이 도입되기 시작한 2009년에는 스마트폰 가입자수가 100만 명에도 미치지 못하였지만, 불과 2년이 경과한 2011년에 2천만 명을 돌파했고, 2012년에 3천만 명, 2014년에 4천만 명, 2019년 4월에는 5천만 명을 넘어섰으며, 2020년에는 5,200만 명에 달했다. 이는 우리나라 전체인구(약 5,200만 명)의 대부분이 스마트폰을 보유하고 있다는 것을 의미한다. 스마트폰 사용자를 연령별로 살펴보면 20~30대가 전체 스마트폰 사용자에서 차지하는 비중은 어느 연령대보다 크지만 그 비중은 점차 줄어드는 추세에 있는 반면, 40~60대의 비중은 늘어나는 추세에 있다. 즉, 스마트폰의 보급 초기에는 주로 청년층을 기반으로 확산이 이루어졌다면, 성숙기에 들어서면서 확산이 중장년층에서 노년층까지 폭넓게 이루어지고 있음을 알 수 있다. 이에 따라 2010년대 후반부터는 40~60대의 모바일쇼핑 이용률도 크게 증가하고 있다.

3.2 모바일쇼핑의 특징

모바일쇼핑의 특징은 참여기업, 상품, 가격, 구매과정 등의 측면에서 [표 4-31]과 같이 정리될 수 있다. 먼저 소셜커머스, 오픈마켓, 검색포털, 메신저포털 등의 온라인업체는 물론, 백화점, 대형마트, 면세점, SSM, TV홈쇼핑 업체, H&B스토어 등의 다양한 오프라인 유통업체, 그리고 식품, 화장품, 의류 등 다양한 분야의 제조업체들도 모바일쇼핑 시장에 참여하면서 전방위적인 경쟁환경이 조성되고 있다. 또한 모바일쇼핑 초기에는 취급상품이 저관여 규격제품에 한정되는 경향이 있었지만 시간이 지나면서 온라인 및 오프라인 유통업체들이 취급하고 있는 전 품목으로 확대되었다.

2020년 모바일쇼핑의 상품군별 비중에 대한 통계청 자료에 의하면, 음식서비스(15.2%)와 음·식료품(13.2%)이 가장 높은 비중을 차지했고, 그 뒤를 가전·전자·통신기기(10.1%), 생활용품(9.6%), 의복(9.1%) 등이 잇고 있다. 참여기업들은 무엇보다 모바일쇼핑의 가장 큰 장점이라고 할 수 있는 가격경쟁력을 갖추기 위해 많은 노력을 기울이고 있다. 또한 소비자들은 스마트폰만 가지고 상품정보의 수취, 상품정보의 탐색, 대안평가, 결제 등의 모든 구매의사과정을 수행할 수 있으며, 기업들은 이러한 특성을 고려하여 보다 간편하고 편리한 모바일 구매환경을 조성하기 위해 노력하고 있다.

❙ 표 4-31 ❙ 모바일쇼핑의 특징

구분	핵심내용	설명
참여기업	시장의 경계가 없는 치열한 경쟁	모바일쇼핑의 활성화에 따라 백화점, 대형마트, TV홈쇼핑, 온라인쇼핑 등 채널별로 분리되어 있던 시장의 경계가 사라지면서 오픈마켓, 소셜커머스, 백화점, 면세점, 홈쇼핑회사, 대형마트, 인터넷포털, 모바일플랫폼사업자, 신생벤처 등 다양한 유형의 업체들이 참여하여 치열한 경쟁을 벌이고 있다.
상품	다양한 상품	쿠폰, 티켓, 상품권 등을 중심으로 형성되었던 모바일쇼핑은 현재는 의류, 패션잡화, 가전제품, 화장품, 식품, 가구 등 가격, 품목 등과 거의 무관하게 전 부문에 확산되었다.
가격	저렴한 가격	소비자들이 오픈마켓이나 소셜커머스 등의 모바일쇼핑몰을 활용하는 가장 중요한 이유는 상품의 가격이 저렴하기 때문이다. 사업자들은 이 점에 주목하여 가격경쟁력을 확보할 수 있는 방안을 마련하기 위해 노력한다.
구매과정	간소하고 편리한 구매과정	모바일쇼핑은 소비자가 인지-정보탐색-대안평가-구매 등의 구매의사결정을 하나의 매체에서 통합적으로 수행할 수 있는 유일한 쇼핑형태이다. 기업은 이 과정을 고객경험의 관점에서 간소화하고 편리하게 구성함으로써 고객 구매의사결정의 모든 단계에 대한 통합적 관리가 가능해진다.

자료 : 이보경 · 허정욱 · 김태진(2013), "모바일커머스 시대, 상거래의 모습은 어떻게 바뀌나," KT경제경영연구소, Issue&Trend, 1-14.
DMC미디어(2013), 모바일쇼핑 이용현황 및 향후 시장전망, DMC Report.

3.3 소매업태별 모바일쇼핑의 규모

모바일쇼핑 시장은 2010년을 전후로 온라인 기반의 유통업체인 오픈마켓과 소셜커머스를 주축으로 형성되기 시작되었다. 2010년대 중반에 접어들면서 모바일쇼핑이 시대적 대세로 자리매김하자 대형 유통업체들이 운영하는 대형마트, 백화점, 면세점, TV홈쇼핑 등도 이 시장에 진출하여 치열하게 경쟁을 벌이고 있다.

전체 모바일쇼핑 시장에서 각 소매업태가 차지하는 점유율을 살펴보면 2018년을 기준으로 오픈마켓+소셜커머스가 67.5%, 그 다음으로 TV홈쇼핑이 15.4%, 백화점이 8.1%를 차지하였다([표 4-32] 참조). 이러한 수치는 모바일쇼핑이 오픈마켓과 소셜커머스에 의해 견인되고 있음을 보여주고 있다. 2021년의 예측치는 오픈마켓+소셜커머스의 독주를 더욱 명확하게 보여주고 있다. 2021년의 오픈마켓+소셜커머스의 예측점유율은 75.8%, 그 다음으로 TV홈쇼핑이 9.9%, 면세점이 5,8%, 백화점이 5.6%로 나타났다. 그런데 대형마트의 2018년의 점유율은 3.6%, 2021년의 예측점유율은 2.9%로 5개 소매업태 중 최하위에 머무르고 있다.

이와 같은 분석 결과는 두 가지 중요한 시사점을 제시하고 있다. 첫째, 오픈마켓과 소셜커머스 업체는 전통적인 오프라인 대형 유통업체가 아닌 소규모 온라인 유통업체로 뒤늦게 출발하였지만 모바일쇼핑의 급속한 성장을 등에 업고 기존의 대형 오프라인 유통업체의 강력한 경쟁자로 등장하였으며, 이들의 도전은 시간이 갈수록 더욱 강렬해지고 있다는 사실이다. 이는 한국 유통시장의 지형이 모바일쇼핑으로 인해 근본적으로 바뀔 수 있음을 시사하고 있다. 둘째, 이마트 등의 대형마트가 온라인 유통시장에서 우위를 점하기 위해 많은 노력을 기울이고 있음에도 불구하고 아직 뚜렷한 성과가 나타나지 않고 있다는 사실이다. 이는 대형 오프라인 업체들이 모바일쇼핑 사업을 전개함에 있어서 극복하기 어려운 한계를 지니고 있음을 의미한다.

이러한 논의는 대형마트를 비롯한 대형 오프라인 유통업체들은 오픈마켓이나 소셜커머스를 모방하기보다는 오프라인 업체로서 가지고 있는 장점을 부각시킬 수 있는 독자적인 방식으로 온라인사업을 전개해야 함을 시사하고 있다. 여기서 독자적인 온라인사업 전개 방식이란 온라인사업이 오프라인 매장을 활성화시킬 수 있도록 하는 방식을 의미한다. 실제로 이를 위해 대형마트는 온라인에서 주문하고 오프라인에서 물건을 찾아가는 '클릭 앤 콜렉트', 오프라인 매장을 온라인 주문 상품의 배송기지로 활용하는 '매장의 풀필먼트화' 등의 방식을 도입하고 있다. 편의점이나 SSM 등도 점포를 온라인 주문 상품의 배송센터로 활용하는 방식을 활발히 도입하고 있다.

오프라인 유통업체들은 여기에서 더 나아가 오프라인 매장 자체를 온라인화시킴으로써 고객에게 편리하고 참신한 고객체험을 제공하려는 노력도 기울이고 있다. 매장의 온라인화는 무인편의점에서 볼 수 있는 비대면 거래나 자동결제 등은 물론, 빅데이터분석 결과를 반영한 매장진열과 상품추천, 증강현실·가상현실 등의 도입을 통한 편리하고 참신한 쇼핑경험의 제공, 매장에서도 가능한 전자상거래 및 신속한 배송 등을 의미한다.

표 4-32 주요 소매업태별 모바일쇼핑 매출액 (단위 : 조원, %)

구분	2014	2015	2016	2017	2018	2019(F)	2020(F)	2021(F)	2018년 모바일쇼핑 점유율	2021년 모바일쇼핑 예측점유율
오픈마켓 4개사 & 소셜커머스 3개사	4.8	7.8	14.8	21.1	31.6	42.5	55.9	71.7	67.5	75.8
TV홈쇼핑 7개사	2.1	4.3	5.3	6.0	7.2	7.9	8.7	9.4	15.4	9.9
백화점 6개사	1.2	2.3	2.9	3.4	3.8	4.3	4.8	5.3	8.1	5.6
면세점 3개사	0.2	0.8	1.4	1.7	2.5	3.4	4.4	5.5	5.3	5.8
대형마트 3개사	0.3	0.6	0.8	1.3	1.7	2.0	2.3	2.7	3.6	2.9
합계	8.6	15.8	25.2	33.5	46.8	60.1	76.1	94.6	100.0	100.0

자료 : 한국온라인쇼핑협회(2020), 2021 온라인쇼핑 시장에 대한 이해와 전망, 119-123.

4. 온라인쇼핑 업체의 유형구분

한국의 온라인쇼핑 시장의 특징 중의 하나는 한두 업체가 선두권을 형성하고 있는 것이 아니라 다양한 유형의 많은 업체들이 치열하게 경쟁하는 양상을 보이고 있다는 점이다. 다양한 유형의 온라인쇼핑 업체들은 취급 품목의 다양성(종합몰 vs 전문몰)과 주력사업의 영역(오프라인 vs 온라인)의 2개 변수를 기준으로 여러 가지 유형으로 구분될 수 있다([표 4-33] 참조).

주력사업을 온라인에 두고 있는 온라인쇼핑몰은 다시 플랫폼을 기반으로 하고 있는지의 여부에 따라 '플랫폼기반' 온라인쇼핑몰과 '비플랫폼기반' 온라인쇼핑몰로 나누어질 수 있다. 여기서 '플랫폼기반'이란 온라인쇼핑몰 업체가 구매자들에게 직접 상품이나 서비스를 판매하는 것이 아니라 판매자와 구매자를 연결시켜주는 역할을 수행한다는 것을 의미한다. 반면에 비플랫폼기반은 온라인쇼핑몰 업체가 스스로 상품이나 서비스를 조달한 후 마진을 붙여 직접 구매자에게 판매하는 역할을 수행하는 것을 의미한다. 플랫폼기반 및 비플랫폼기반 온라인쇼핑몰은 다시 취급하는 상품의 다양성을 기준으로 순수온라인종합몰과 순수온라인전문몰로 나누어질 수 있다. 여기서 '순수'의 의미는 사업주체가 오프라인 비즈니스를 겸하고 있지 않음을 의미한다. 결론적으로 온라인이 주력사업 무대인 온라인쇼핑몰은 '비플랫폼기반 순수온라인종합몰', '비플랫폼기반 순수온라인전문몰', '플랫폼기반 순수온라인종합몰', '플랫폼기반 순수온라인전문몰' 등의 4가지 유형으로 나누어질 수 있다.

주력사업이 오프라인에 있는 온라인쇼핑몰은 다시 주력사업이 유통부문인지 혹은 제조부문인지를 기준으로 나누어질 수 있다. 주력사업이 유통부문인 온라인쇼핑몰은 취급상품

표 4-33 온라인쇼핑몰의 유형구분

<table>
<tr><th colspan="4" rowspan="2">구분</th><th colspan="2">취급상품의 다양성</th></tr>
<tr><th>종합몰</th><th>전문몰</th></tr>
<tr><td rowspan="5">주력사업영역</td><td rowspan="2">온라인</td><td colspan="2">비플랫폼기반</td><td>• 비플랫폼기반 순수온라인종합몰
예 소셜커머스</td><td>• 비플랫폼기반 순수온라인전문몰
예 자영업자 운영 소규모 온라인 쇼핑몰, YES24, 마켓컬리, 오아시스마켓, 스타일난다 등</td></tr>
<tr><td colspan="2">플랫폼기반</td><td>• 플랫폼기반 순수온라인종합몰
예 오픈마켓, 네이비쇼핑, 카카오쇼핑 등</td><td>• 플랫폼기반 순수온라인전문몰
예 무신사, 시그세그, 낭근마켓, 오늘의 집, 직방 등</td></tr>
<tr><td rowspan="3">오프라인</td><td rowspan="2">유통업체</td><td>통합형</td><td>• 오프라인기반 계열사통합형종합몰
예 SSG닷컴, 롯데ON, 현대Mall, Elandmall, GS리테일 등</td><td>–</td></tr>
<tr><td>단독형</td><td>• 오프라인기반 단독형종합몰
예 홈플러스몰, 홈플러스익스프레스몰, 다이소몰, 모다아울렛몰, CU몰, 암웨이몰 등</td><td>• 오프라인기반 단독형전문몰
예 교보문고 인터넷서점, 알파몰, CJ올리브영몰 등</td></tr>
<tr><td colspan="2">제조업체</td><td>–</td><td>• D2C몰
예 한샘몰, AP몰, CJ더마켓몰, 삼성전자몰 등</td></tr>
</table>

의 다양성과 계열사 통합 여부를 기준으로 '오프라인기반 계열사통합형종합몰', '오프라인기반 단독형종합몰', '오프라인기반 단독형전문몰' 등으로 나누어질 수 있다. 오프라인 주력사업이 제조부문인 경우의 온라인쇼핑몰은 'D2C몰(direct to consumer mall)'이라고 불리고 있다.

4.1 순수온라인 업체의 온라인쇼핑몰

온라인이 주력사업 영역인 온라인쇼핑몰 업체의 경우, 온라인쇼핑몰은 플랫폼 vs 비플랫폼, 종합몰 vs 전문몰 등의 두 가지 기준을 기반으로 비플랫폼기반 순수온라인종합몰, 비플랫폼기반 순수온라인전문몰, 플랫폼기반 순수온라인종합몰, 플랫폼기반 순수온라인전문몰 등의 4가지 유형으로 나누어진다.

4.1.1 비플랫폼기반 순수온라인종합몰

- **개요** : 비플랫폼기반의 순수온라인종합몰의 가장 대표적인 소매업태는 '소셜커머스'이다. 즉, 소셜커머스는 플랫폼을 기반으로 하고 있지 않으며, 오프라인에 매장을 가지고 있지 않고, 여러 가지 유형의 상품을 판매하고 있는 온라인쇼핑몰의 대명사라고 할 수 있다. 2010년에 한국에 등장한 소셜커머스는 2010년 말에 100여 개의 업체가 서비스를 제공하고 있었으나 치열한 경쟁을 거치면서 2013년에 티몬, 쿠팡, 위메프(위메이크프라이스) 등의 빅3 체제가 정립되었다. 소셜커머스는 2010년대 초중반에 모든 소매업태 가운데 가장 빠른 성장세를 보였다. 즉, 2010년에는 시장규모가 500억원에 불과하였지만, 2012년 15조 2,800억원, 2013년 16조 4,700억원, 2014년 17조 9,700억원, 2015년 18조 6,000억원, 그리고 2016년에는 9조 2,200억원으로 성장하면서 그해 약 75.7조원 규모의 온라인쇼핑시장에서 12.2%를 차지하였다.

  그런데 2017년에 쿠팡과 티몬, 그리고 2019년에는 위메프가 업태를 오픈마켓으로 변경하면서 사실상 순수한 소셜커머스의 사업모델의 채택하고 있는 업체는 존재하지 않게 되었다. 이들 업체들이 오픈마켓으로 전환한 이유는 대세를 이루고 있는 플랫폼사업을 전개하지 않고는 폭발적인 성장을 이룰 수 없다고 판단하였기 때문이다. 또한 업태가 오픈마켓으로 등록되어 있으면 소비자가 품질불량, 배송지연 등으로 인해 피해를 입었을 때에도 업체가 법적인 책임을 지지 않아도 된다는 점도 전환을 하게 된 주된 이유가 되었을 것으로 보인다. 그렇다고 소셜커머스의 사업모델 자체가 사라진 것은 아니며 오픈마켓을 표방하고 있지만 실제로는 오픈마켓과 소셜커머스의 사업모델을 동시에 채택하고 있다.

■ **소셜커머스의 개념과 운영방식** : 소셜커머스라는 용어는 야후(Yahoo)가 2005년 11월에 '온라인 공동구매'를 지칭하기 위해 사용하기 시작하였으며, 본격적인 사업의 전개는 2008년 미국 시카고에서 출발한 온라인사이트 '그루폰(Groupon)'에 의해 시작되었다. 그루폰의 설립자 앤드류 메이슨은 '일정수량 이상의 구매를 조건으로 파격적인 가격으로 상품을 판매하는 비즈니스모델'을 개발하였다. 앤드류 메이슨은 자사의 입주 건물 1층에 위치한 피자점과 '일정 수량 이상의 피자를 구입하면 피자 2판을 1판 가격으로 공급한다'는 계약을 체결하고 구입한 피자를 온라인상에서 성공적으로 판매함으로써 최초의 소셜커머스 거래를 성사시켰다. 이를 계기로 그루폰을 찾는 구매자와 판매자들이 폭발적으로 증가하게 되었다.

초기의 소셜커머스는 음식점, 커피숍, 공연 등의 지역기반 서비스상품에 대한 공동구매로 시작되었다. 공동구매에서는 주어진 시간 내에 일정 수량 이상의 구매가 확보되지 않으면 거래가 이루어지지 않기 때문에 특정 상품을 구매하고자 하는 소비자는 해당 상품에 대한 홍보를 통해 공동으로 구매할 수 있는 사람을 찾으려는 노력을 기울여야 했다. 당시에 이러한 홍보수단으로 유용하게 사용된 것이 소셜커머스와 거의 같은 시기에 활성화되기 시작한 트위터, 페이스북 등과 같은 SNS(소셜네트워크서비스)였다. 즉, 소셜커머스는 SNS의 활성화를 계기로 더욱 빨리 성장할 수 있었다. 우리나라에서의 소셜커머스도 초기에는 음식점, 공연, 커피숍 등 지역기반 서비스상품을 대상으로 사업을 전개하였다. 그렇지만 이러한 방식의 사업 전개가 한계성을 드러내면서 점차 오픈마켓에서와 같이 배송상품을 중심으로 하는 '쇼핑'에 집중하게 되었다. 그 결과 소셜커머스 시장이 형성되기 시작한 2010년에 10% 미만이었던 '쇼핑'의 비중은 2013년 상반기에 이미 70%를 넘어섰다. 소셜커머스는 발전 과정을 거치면서 태동기에서와는 달리 공동구매나 SNS를 통한 구매자 모집 등과 같은 특성은 사라졌다. 하지만 '큐레이션커머스(curation commerce)' 방식은 그대로 유지되고 있다. 큐레이션커머스는 'MD(merchandiser, 상품기획자)'가 소비자가 관심을 가질 만한 소수의 제품을 선별하여 특정 기간 동안 저렴한 가격에 추천하는 판매방식'을 의미한다.

소셜커머스는 가격을 낮추는 방식과 제공되는 상품의 숫자에 있어서 오픈마켓과 크게 차이가 난다. 오픈마켓 업체들은 판매자들 간의 치열한 경쟁을 통해 상품가격의 하락을 유도한다. 하지만 소셜커머스에서는 제조업체와 같은 판매자와의 협상을 통해 상품가격이 정해지기 때문에 MD의 역할이 매우 중요하다. MD는 좋은 상품을 공급할 수 있는 판매자를 발굴하고, 이들과 가격조건 등에 대해 협상하는 업무를 수행한다. 반면에 모든 사람들에게 개방되어 있는 오픈마켓에서는 MD라는 직책이 없다. 오픈마켓에서는 3~4천만 개의 많은 숫자의 상품들이 올라와 있다. 이에 비해 소셜커머스에서는 매일 3,000~4,000개 정도의 신상품을 올리며, 올라온 상품은 대체로 3~4일 정도의 기간이 지나면 삭제되기 때문에 1만 개 정도의 상품이 올라온다. 오픈마켓에서 구매자는 자신이 원하는 상품이 얼마에 판매되고 있는지를 탐색하는 과정을 거쳐 구매 여부를 결정하지만, 소셜커머스에서는 MD가 선정한 상품을 구매할지의 여부를 결정하는 방식으로 구매 여부를 결정한다.

소셜커머스에 물건을 판매하는 사업자는 제조업체와 벤더사로 구분될 수 있다. 벤더사는 제조업체의 의뢰를 받아 납품을 대행하고 수수료를 수취하는 소극적인 방식의 영업활동을 하기도 하고, 제조업체로부터 매입을 하여 판매하거나 혹은 상품을 기획하여 OEM 방식으로 제조업체에서 생산한 제품을 판매하기도 한다. 소셜커머스는 판매하는 상품을 돈을 주고 매입하는 것이 아니라 백화점이나 대형 유통업체 종합몰 등과 마찬가지로 특정매입의 형태로 구입한다. 특정매입은 구입한 상품 중에서 팔린 상품에 대해서만 정산을 하고 팔리지 않은 상품은 반품하는 매입형태를 의미한다. 또한 팔린 물건에 대해 정산을 할 때는 판매금액의 일정 비율을 수수료로 수취하는데 이것이 바로 소셜커머스의 수입원이다. 수수료율은 상품 카테고리에 따라 달라지는데 이는 상품 카테고리에 따라 마진율이 크게 차이가 나기 때문이다. 소셜커머스의 수수료율은 백화점의 수수료율보다는 낮지만 대형유통업체의 종합몰이나 오픈마켓보다는 높은 편이다. 소셜커머스에서는 제안에 대한 즉석구매가 많이 이루어지기 때문에 주로 중저가 제품을 중심으로 하는 판매가 이루어지지만 소셜커머스에 대한 이미지를 제고하고 판매액을 늘리기 위해 패션명품 등 고가 상품의 판매를 늘리려는 노력도 기울여지고 있다.

4.1.2 비플랫폼기반 순수온라인전문몰

비플랫폼기반 순수온라인전문몰은 플랫폼을 기반으로 하고 있지 않으면서 특정 카테고리의 상품을 전문적으로 판매하는 온라인쇼핑몰을 의미한다. 여기에는 자영업자가 운영하는 소규모 온라인전문몰이 포함된다. 소규모 온라인전문몰은 자영업자가 EC호스팅(electronic commerce hosting, 온라인쇼핑몰을 운영할 수 있도록 일반적인 서버환경과 더불어 결제시스템을 제공하는 이커머스 전용서비스)을 활용하여 운영하는 온라인쇼핑몰을 의미하며, 우리나라에는 약 5만 개가 있다. 소규모 온라인전문몰은 특히 의류와 잡화를 많이 취급하고 있는데, 운영자는 대부분 동대문의류도매상가의 도매상으로부터 물건을 구입하여 판매하고 있다. 동대문의류도매상가 중에는 청평화패션몰이나 디오트와 같이 소규모 의류 온라인전문몰을 표적시장으로 하고 있는 도매상가들이 있다.

이 유형의 온라인쇼핑몰 중에서는 규모가 비교적 큰 온라인쇼핑몰들도 있다. 예를 들어 의류부문의 '스타일난다'는 2004년에 설립되었으며, 패션트렌드에 대한 탁월한 안목을 바탕으로 주로 동대문의류도매상가의 옷을 선별하여 구매한 후 판매함으로써 큰 성공을 거두었다. 2017년에 1,675억원의 매출액을 달성하였으며, 2018년에 6,000억원에 프랑스의 화장품기업인 로레알에 매각되었다. 또한 마켓컬리, 오아시스마켓 등 신선식품을 위주로 하는 식품전문 온라인쇼핑몰은 2010년대 중후반에 배송서비스의 강화, 콜드체인 등을 통한 배송품질의 제고 등을 바탕으로 비약적인 성장을 이루었다. 이 중에 샛별배송으로 유명한 '마켓컬리'는 2014년에 설립되었으며 2020년에 9,500억원, 2021년 상반기에는 6,800억원의 매출실적을 기록했다.

4.1.3 플랫폼기반 순수온라인종합몰

- **개요** : 플랫폼기반 순수온라인종합몰을 대표하는 소매업태는 오픈마켓이다. 즉, 오픈마켓은 플랫폼을 기반으로 하고 있으며, 오프라인에 매장을 가지고 있지 않고, 다양한 유형의 상품을 판매하고 있는 온라인쇼핑몰을 대표하는 소매업태이다. 오픈마켓 업체는 판매자들과 구매자들이 상품을 사고팔 수 있는 '장터'라고 불리는 플랫폼을 제공할 뿐, 직접 구매자들에게 상품이나 서비스를 판매하지 않는다.

  우리나라에서 오픈마켓은 2000년대 초에 시작되었으며, 대표적인 업체들로는 G마켓, 11번가, 옥션 등이 있다. 2010년에 우리나라에는 큐레이션커머스를 기반으로 하는 소셜커머스가 등장하였는데, 소셜커머스가 비약적인 성장을 거듭하자 오픈마켓 업체들은 2013년에 큐레이션커머스 사업모델을 도입하였다([글 4-8] 참조). 즉, 오픈마켓 업체가 본래의 플랫폼기반 사업과 더불어 새롭게 도입한 비플랫폼기반의 큐레이션커머스 사업을 병행하는 모습을 갖추게 된 것이다. 또한 2017~2019년에는 소셜커머스 업체들이 오픈마켓으로 업태를 변경하여 등록을 하면서 과거 오픈마켓과 소셜커머스로 구분되었던 업체들이 2019년 이후에는 모두 오픈마켓의 간판을 달고 영업을 하세 되었다. 하지만 실제로는 모두 플랫폼기반 사업과 비플랫폼기반인 큐레이션커머스 사업을 동시에 운영하고 있다.

  그런데 네이버가 2012년에 판매자들을 위한 쇼핑몰 솔루션인 '스마트스토어'를 근간으로 오픈마켓 시장에 진출하면서 오픈마켓 시장은 새로운 국면을 맞게 되었다. 네이버쇼핑은 급속한 성장을 이루며 몇 년 만에 오픈마켓의 최강자가 되었다. 거래액 기준으로 네이버쇼핑은 2018년에 10조원을 기록하며 이베이코리아(G마켓 및 옥션, 16조)에 이어 2위에 올랐고, 2019년에는 거래액 20.9조원을 달성하며 2위 쿠팡(17.8조원)을 따돌리고 1위에 올랐다. 2020년에는 27조원으로 쿠팡(22조원)과의 격차를 더 벌렸다.

네이버쇼핑은 오픈마켓으로 분류되지만 여타 오픈마켓들과 여러 가지 측면에서 차이점을 보이고 있다. 이러한 차이점으로 다음과 같은 사항들을 들 수 있다. 첫째, 여타 오픈마켓 업체들은 앞에서 언급한 바와 같이 판매자와 구매자를 연결시켜주는 중개역할을 할 뿐만 아니라 큐레이션커머스를 병행하고 있는 반면, 네이버쇼핑에는 큐레이션커머스에 기반한 사업모델을 가지고 있지 않다. 둘째, 구매자가 여타 오픈마켓에서 검색을 하면 상품에 판매자의 명칭이 나타나지 않지만 네이버쇼핑에서는 상품과 함께 판매자의 브랜드명이나 별명이 나타난다. 따라서 네이버쇼핑에서는 구매자가 어떤 판매자로부터 물건을 구입한다는 것을 알 수 있기 때문에 이 정보를 다음 구매시에도 활용할 수 있다. 또한 여타 오픈마켓에서는 누가 검색을 하든 검색어가 같으면 똑같은 상품이 나열되지만 네이버쇼핑에서는 검색하는 사람에 따라 나열되는 상품이 다르다. 즉, 네이버쇼핑은 구매자의 특성에 따라 최적의 상품을 추천해주는 기능을 갖추고 있다. 이는 네이버가 포털사이트로서의 활동을 하면서 축적한 데이터에 AI를 접목시킨 결과이다. 셋째, 여타 오픈마켓은 불미스러운 일만 일으키지 않는다면 누가 판매하는가에는 크게 관심을 두지 않지만 네이버쇼핑은 스마트스토어를 통해 우수한 판매자를 확보하기 위한 노력을 기울인다. 즉, 네이버쇼핑은 판매자들이 최적의 환경에서 자신의 온라인쇼핑몰을 운영하듯 활동을 할 수 있도록 하는데 목적을 두고 있다. 또한 여타 오픈마켓에서는 자신의 상품을 구매한 구매자들을 관리한 수 없지만 네이버쇼핑에 입점한 판매자들은 자신의 고객들을 관리할 수 있다. 넷째, 오픈마켓에서의 수수료율은 6~13% 정도인데 반하여 네이버쇼핑에서의 수수료율은 결제수단에 따라 1~3.9% 수준으로 오픈마켓에 비해 훨씬 저렴하다.

글 4-8 오픈마켓과 소셜커머스의 변신

스마트폰 대중화에 따라 모바일쇼핑이 급성장하면서 오픈마켓의 운영방식이 큐레이션커머스 중심으로 재편되고 있다. 큐레이션커머스는 품목별 전문가나 우수 MD들이 실용성과 경제성을 갖춘 상품을 직접 선별해 파격가에 판매하는 방식이다. SK플래닛이 운영하는 오픈마켓 11번가는 특가 기획전인 '쇼킹딜'을 확대 개편하며 큐레이션커머스 시장에 본격 진출하였다. 이를 위해 회사는 20여 명으로 구성된 크리에이티브 MD팀을 조직, 이슈상품 발굴에 주력하고 있다. 11번가 쇼킹딜의 연간 거래액은 2013년 12월을 기준으로 약 70억원 규모로 모바일 11번가의 절반가량을 차지한다. 옥션 역시 모바일 플랫폼 선점을 위해 큐레이션커머스 방식인 '올킬' 서비스를 선보였다. 2013년 3분기에 개편한 올킬은 종일, 출퇴근 시간대, 주간 등 시간대별로 세분화해 운영하고 있으며 반복구매형 상품인 생필품 판매가 두각을 나타내고 있다. 옥션의 마케팅팀에서 운영을 주관하고 있으며 상품 전문가인 카테고리매니저(CM)와 시장 전체 흐름을 가장 잘 파악하고 있는 마케터들이 협업해 소비자의 욕구에 부합한 상품을 선정하고 있다. G마켓은 2013년 4월 큐레이션커머스 전용쇼핑몰인 'G9'를 오픈해 운영 중이다. 매일 아침 9시에 추천 상품 9개를 소개한다고 해서 이름이 G9이다. 오픈 초기였던 2013년 2분기에 비해 4분기 방문자수가 3배 가까이 늘었고, 같은 기간 판매량은 211% 증가했으며, 매출은 333% 급증했다.

자료 : 디지털타임스, "오픈마켓 '큐레이션커머스' 중심 헤쳐모여," 2014년 1월 7일
SBS CNBC, "소셜커머스 따라잡기 … 오픈마켓의 변신," 2014년 1월 16일

소셜커머스 출신 쿠팡・티몬・위메프가 오픈마켓으로 변신해 몸집을 키우고 있다. 3일 위메프는 "다음달 5일 기존 소셜커머스에서 오픈마켓으로 전환하기에 앞서 입점업체 등에게 미리 공지하고, 변화한 약관 동의 절차를 시작한다"고 밝혔다. 전자상거래 업체는 상품을 직접 매입해 판매하거나, 입점업체에 수수료를 부과한 뒤 중개하는 방식을 병행한다. 다만 업태가 소셜커머스가 아닌 오픈마켓으로 등록돼 있을 경우, 소비자가 품질 불량이나 배송, 반품 등과 관련된 피해를 볼 때 법적 책임을 지지 않는다. 위메프에 앞서 지난 2017년 쿠팡과 티몬이 오픈마켓으로 업태를 바꿨다. 이로써 쿠팡・티몬・위메프 등 소셜커머스 태생 업체들이 모두 G마켓・옥션・11번가와 같은 오픈마켓으로 전환하게 됐다.

자료 : 서울파이낸스, "위메프도 오픈마켓 선언 … 소셜커머스 '업태 전환' 왜?," 2019년 7월 4일

- **오픈마켓의 개념과 운영방식** : 오픈마켓은 '판매를 원하는 모든 사업자들에게 개방(open)되어 있는 온라인시장(market)'을 의미한다. 오픈마켓 대신에 '장터'를 의미하는 '마켓플레이스(market place)'라는 용어가 사용되기도 한다. 오픈마켓은 모든 사업자들에게 개방되어 있기 때문에 제조업체, 도매상, 소매상, 수입업체, 개인사업자 등 다양한 유형의 사업자가 참여하고 있으며 상품의 수도 엄청나게 많다. 예를 들어 G마켓에서 '선글라스'를 검색창에 입력하면 약 47만 개의 상품이 올라오고 '냉장고'를 검색창에 입력하면 약 25만 개의 상품이 올라온다(2021년 5월 19일 기준). 오픈마켓에서는 비슷한 상품을 놓고 수많은 사업자들이 경쟁을 벌이고 있기 때문에 고객들의 선택을 받기 위해서는 치열한 가격경쟁을 벌일 수밖에 없다.

  오픈마켓을 운영하는 업체가 경쟁력을 확보하기 위해서는 가능한 한 많은 사업자들이 다양한 상품을 낮은 가격에 등록하도록 만들어야 한다. 그런데 물건을 판매하고자 하는 사업자들은 많은 사람들이 상품을 구매하고 있는 오픈마켓 업체를 선호하기 때문에 이미 시장을 선점하고 있거나 혹은 시장진입 이전에 이미 대규모 고객기반을 확보하고 있는 업체가 아니면 오픈마켓을 운영하기가 힘들다. 그래서 이 오픈마켓 시장에서는 몇몇 대형 업체들이 시장의 대부분을 차지하는 경향이 있다.

  중국의 경우에는 오픈마켓 1위 업체인 타오바오가 오픈마켓 시장의 90% 이상을 장악하고 있으며, 미국에서는 이베이가, 일본에서는 라쿠텐이 절대적으로 높은 시장점유율을 차지하고 있다. 그런데 우리나라에서는 시장규모가 중국, 미국, 일본 등에 비해 매우 작음에도 불구하고 절대강자 없이 네이버쇼핑, G마켓, 11번가, 옥션, 쿠팡, 티몬,

위메프 등 7개 업체가 치열한 경쟁을 벌이고 있다. 우리나라 오픈마켓 시장에는 다국적기업의 진출도 이루어졌었다. 세계 최대의 오픈마켓 업체인 이베이가 2001년 옥션을 인수한 데 이어, 2009년 4월에는 당시 국내 1위의 업체인 G마켓도 인수하였다. 그런데 2021년 6월에 이베이코리아는 G마켓과 옥션을 3.4조원에 신세계그룹에 매각하였다.

오픈마켓의 가장 큰 특징은 오픈마켓 업체가 판매에 대한 책임을 지지 않으며, 단지 사업자에게 판매를 할 수 있는 장소와 결제시스템과 같은 전산인프라를 제공하는 역할만을 수행한다는 데 있다. 오픈마켓은 매매를 중개하는 역할만을 수행한다는 의미에서 '중개(仲介)몰'이라고도 불린다. 즉, 오픈마켓은 사업자가 어떠한 방식으로 상품을 조달하는지에 대해서는 관여하지 않으며, 재고관리, 상품배송, 반품처리 등과 같은 판매와 관련한 모든 책임은 사업자가 진다. 오픈마켓의 이러한 유통경로상의 특성은 소셜커머스와의 비교를 통해 [그림 4-11]과 같이 나타낼 수 있다.

그림 4-11 ▌오픈마켓과 소셜커머스에서의 유통경로의 비교

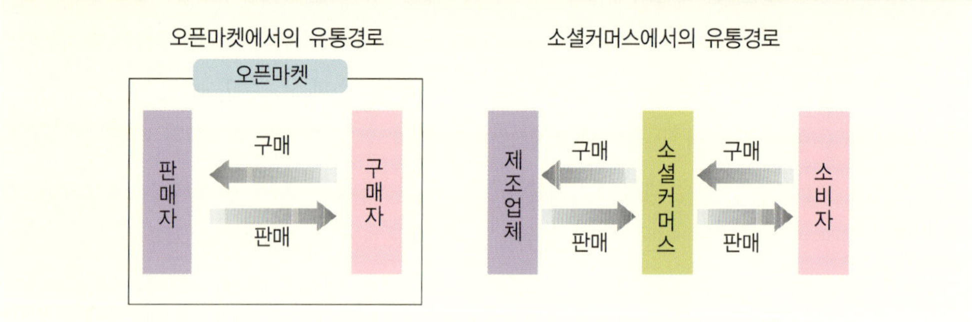

소셜커머스에서는 제조업체 등으로부터 상품을 구매한 후 소비자에게 판매하는 B2B2C형태의 거래가 이루어지지만, 오픈마켓에서는 오픈마켓 업체가 벌려놓은 장소에서 판매자가 구매자에게 직접 상품을 판매하는 C2C 형태의 거래가 이루어진다. 오픈마켓의 주요 수입원은 소셜커머스에서와 마찬가지로 판매금액의 일정 비율로 수취하는 판매수수료이다. 대형가전은 약 5%, 소형가전·생활용품 등은 약 10%, 마진율이 높은 의류는 약 15~20%의 수수료를 지불한다. 이러한 수준의 수수료율은 홈쇼핑이나 백화점 등의 수수료율과 비교하면 1/2~1/3 수준이고, 종합몰이나 소셜커머스에서의 수수료율보다도 낮은 수준이지만 판매자들의 입장에서는 치열한 가격경쟁을 해야 하기 때문에 상당한 부담이 아닐 수 없다. 오픈마켓 업체는 중개자로서의 역할만을 수행하지만 위조품, 배송지연 등과 같은 문제가 발생하면서 오픈마켓 업체도 이러한 사안에 대해 방관자적인 자세만을 취할 수는 없게 되었다. 이에 따라 오픈마켓 업체들도 소비자 신뢰의 구축을 통해 경쟁력을 강화하기 위해 판매자 공인인증제도, 위조품보상제, 무료반품제, 배송지연보상제, 연중무휴 24시간 고객센터 등의 제도를 도입하고 있다. 판매자가 오픈마켓에서 성공하기 위해서는 낮은 가격을 제시하는 것도 중요하지만 소비자가 검색을 하였을 때 워낙 많은 상품들이 나오기 때문에 자신의 상품이 상위 페이지에 노출될 수 있도록 하는 것이 더 중요하다. 오픈마켓 업체는 누적판매액, 거래기간, 신뢰도, 상품평 등을 기준으로 각 사업자를 평가하고 이를 통해 노출순위를 결정한다. 또한 오픈마켓 업체는 이러한 순위와는 관계없이 다양한 형태의 광고상품을 개발하여 사업자에게 판매한다. 따라서 사업자는 가격책정은 물론, 광고전략, 실적관리, 상품평관리 등을 해나가야 하는데 전문성을 가지고 있지 못한 사업자의 경우에는 스스로 이러한 업무를 해나가기가 쉽지 않다. 이 경우에 사업자는 전문 벤더사에 의뢰하여 이러한 업무를 수행하도록 하기도 한다. 이렇게 오픈마켓에서는 사업자가 좋은 위치를 차지하기 위한 비용을 별도로 지출하여야 하기 때문에 수수료율이 종합몰이나 소셜커머스에 비해 저렴하다고 해도 전체적으로 부담이 더 적다고 단정하기는 어렵다.

- **오픈마켓의 시장규모** : [표 4-34]는 소셜커머스였던 쿠팡과 티몬이 오픈마켓으로 전업한 2017년부터 2020년까지의 오픈마켓 매출액의 연도별 추이를 보여주고 있다. 이 기간 동안 오픈마켓은 연평균 약 33%의 성장률을 보이며 매출액이 34.9조원에서 82.0조원으로 증가하였다. 이러한 성장률은 모든 소매업태 가운데 가장 높은 수준이다.

표 4-34 우리나라의 연도별 오픈마켓 시장규모 (단위 : 조원, %)

구분	2017	2018	2019	2020
매출액	34.9	48.6	64.0	82.0
성장률	–	39.3	31.7	28.1

자료 : 한국온라인쇼핑협회(2020), 2021온라인쇼핑 시장에 대한 이해와 전망
조사대상업체 : 네이버쇼핑, G마켓, 옥션, 11번가, 쿠팡, 티몬, 위메프

4.1.4 플랫폼기반 순수온라인전문몰

2000년대 들어서면서 다양한 분야에서 B2C 플랫폼을 기반으로 하는 온라인쇼핑몰들이 활발하게 등장하기 시작하였으며, 2010년대 들어서는 더욱 가속화되었다. 부동산 정보 및 중개 플랫폼 '직방'(2010), 중고거래 전용 플랫폼 '당근마켓'(2015), 원스톱 인테리어 플랫폼 '오늘의 집'(2014) 등이 대표적인 예라고 할 수 있다. 특히 패션부문에서 B2C 플랫폼 비즈니스가 활발히 전개되었다.

패션 B2C 플랫폼은 많은 수의 디자이너 혹은 소규모 온라인쇼핑몰들을 한곳에 모아 놓

은 대규모 의류 온라인쇼핑몰이다. 대표적인 기업으로는 무신사(2003), W컨셉(2008), 29CM(2011), 지그재그(2015), 에이블리(2018), 브랜디(2016) 등이 있다. 이 가운데 무신사, W컨셉, 29CM는 많은 수의 디자이너들이 각자 자신의 브랜드를 내세운 의류를 만들어서 판매하는 것을 위주로 하는 플랫폼으로 '브랜드 기반 플랫폼'으로 불리며, 지그재그, 에이블리, 브랜디는 주로 동대문 도매상가에서 사입한 의류를 판매하는 소규모 온라인쇼핑몰이 모여 있는 플랫폼으로 '동대문 기반 플랫폼'으로 불린다.

전체 패션부문 B2C 플랫폼 업체 중에서 수위를 차지하고 있는 무신사는 2021년 3월을 기준으로 입점 브랜드가 6,000개를 넘어섰고, 회원수는 840만 명에 이른다. 동대문 기반 플랫폼 업체 중 1위인 지그재그는 2021년 현재 4,000개 이상의 소규모 의류 온라인쇼핑몰이 입점해 있다. 이러한 B2C 패션 플랫폼은 소속되어 있는 디자이너 혹은 온라인쇼핑몰이 의류를 소비자에게 판매하면 매출액의 일부를 수수료 명목으로 수취하는데 이 수수료가 해당 플랫폼의 매출이 된다. 기업형 온라인플랫폼의 수수료율은 2020년을 기준으로 약 26.7%인데 이는 오픈마켓이나 소셜커머스의 수수료에 비해 높은 수준이다. 동대문 기반 플랫폼의 수수료율은 업체마다 차이가 있지만 대체로 10~20% 수준이다.

4.2 오프라인 업체의 온라인쇼핑몰

4.2.1 오프라인 유통업체의 온라인쇼핑몰

오프라인 유통업체의 온라인쇼핑몰은 통합형 vs 단독형, 종합몰 vs 전문몰 등의 2가지 기준으로 오프라인기반 계열사통합형종합몰, 오프라인기반 단독형종합몰, 오프라인기반 단독형전문몰 등의 세 가지 유형으로 나누어질 수 있다.

- **오프라인기반 계열사통합형종합몰** : 오프라인기반 계열사통합형종합몰을 주로 대형 오프라인 유통업체가 오프라인과는 별도로 운영하고 있던 온라인쇼핑몰을 개편하여 모든 오프라인 계열사를 한곳에 모아놓은 온라인쇼핑몰을 의미한다. SSG닷컴, 롯데ON, 현대mall, Elandmall, GS리테일 등이 이러한 유형에 속한다. 신세계그룹이 운영하는 SSG닷컴은 신세계, 이마트, 트레이더스, 신세계TV쇼핑, 스타필드, 프리미엄아울렛 등 신세계 산하의 계열사들을 모두 모아서 운영함으로써 온오프의 통합을 통해 시너지가 창출될 수 있도록 도모하고 있다. 롯데ON도 롯데그룹이 롯데백화점, 롯데마트, 롯데슈퍼프레시, 롭스, 롯데면세점, 롯데홈쇼핑, 롯데하이마트 등의 계열사를 통합하여 구축한 온라인쇼핑몰이다. Elandmall도 365아울렛, 뉴코아아울렛, 킴스마트, NC백화점 등 모든 계열사를 통합한 온라인쇼핑몰이다. GS리테일도 GS25, GSSHOP, GS더프레시, 랄라블라 등 산하의 모든 오프라인 유통업체를 망라한 온라인쇼핑몰을 운영하고

있다. 이러한 형태의 오프라인기반 계열사통합형종합몰의 최대 관심사는 온라인의 대세를 따라가며 성장하면서도 기존의 오프라인 매장이 최대한 '자기시장 잠식'을 피해 갈 수 있도록 하는데 있다. 이를 위해 온라인에서 주문하고 오프라인 매장에서 상품을 찾아가는 '클릭 앤 콜렉트(click & collect) 서비스를 도입한다거나, 오프라인 매장을 온라인 주문 상품의 배송을 위한 풀필먼트센터(fulfillment center)로 활용하는 방안 등이 활발히 이루어지고 있다.

- **오프라인기반 단독형종합몰** : 오프라인기반 단독형종합몰은 다양한 상품을 취급하는 오프라인 유통업체가 단독으로 만들어 놓은 온라인쇼핑몰을 의미한다. 여기에는 유통과 관련된 다른 계열사를 가지고 있지 않은 다이소, 세이브존, 모다아울렛, CU, 암웨이 등이 포함될 수 있으며, 홈플러스의 경우에는 계열사인 홈플러스익스프레스와 별도로 온라인쇼핑몰을 운영하고 있다.
- **오프라인기반 단독형전문몰** : 오프라인기반 단독형전문몰은 오프라인에서 특정 카테고리의 상품을 판매하고 있는 유통업체가 온라인상에서도 상품을 판매할 목적으로 구축한 온라인쇼핑몰이다. 예를 들어 오프라인 서적 유통업체인 교보문고가 운영하는 '교보문고 인터넷서점', 문구 유통업체인 알파문구가 운영하는 '알파몰', CJ올리브영이 운영하는 온라인쇼핑몰 등을 들 수 있다.

4.2.2 제조업체의 온라인쇼핑몰

D2C몰(direct to consumer mall)은 제조업체가 고객에게 직접 상품을 판매할 목적으로 운영하고 있는 자사의 공식 홈페이지, 모바일앱 등을 의미한다. 2000년대 초까지만 해도 중간상을 통해 자사의 상품을 유통을 하고 있었던 제조업체는 온라인쇼핑몰을 통해 직접 소비자에게 판매하고 싶어도 중간상과의 갈등이 두려워서 이를 실천에 옮기기가 쉽지 않았다. 그러나 2010년대에 들어 인터넷이 보편화되고, 스마트폰 보급률이 높아지고, 온라인쇼핑이 비약적으로 발전하면서 온라인쇼핑은 제조업체에게도 점차 선택이 아니라 필수가 되어갔다. 이로 인해 많은 제조업체들이 온라인쇼핑몰의 구축에 나서게 되었다. 대기업뿐만 아니라 신선식품, 가공식품을 포함하여 다양한 상품을 제조하여 판매하는 중소기업이나 자영업자들도 온라인쇼핑을 이용한 판매에 적극적으로 참여하기 시작했다. 특히 자영업자의 입장에서는 온라인쇼핑이 자신의 상품을 유통시킬 수 있는 거의 유일한 대안인 경우도 많았다.

D2C몰이 증가하고 있는 가장 큰 이유는 소비자들의 온라인 구매가 급속하게 늘어나면서 제조기업들이 온라인 판매에 대한 필요성을 절감하였기 때문이다. 또한 SNS 등을 통해 자사의 제품을 소비자에게 직접 알리는 것이 수월해진 점, 온라인 및 오프라인 중간상의 과다

한 수수료 요구, 고객정보의 확보에 따라 고객관리가 훨씬 수월하게 이루어질 수 있는 점 등도 온라인 판매에 나서게 된 중요한 이유라고 할 수 있다. D2C몰을 구축한 제조업체들이 고심하는 부분은 D2C몰로 인해 기존의 유통경로 구성원들과의 마찰이 발생하지 않도록 하는 것이다. 이를 위해 가장 많이 사용되는 방법은 브랜드가 중복되지 않도록 온라인 전용 브랜드를 개발하는 것이다. D2C몰의 구축은 이제 몇몇 선진적인 사고방식을 가진 제조업체의 전유물이 아니라 보편적으로 받아들여지는 사업전개 방식이 되어가고 있다.

2010년대 후반에 들어서면서 중간상을 통한 유통을 줄이거나 혹은 단절하고 자사의 홈페이지나 앱을 통한 판매에 집중하는 사례도 늘어나고 있다. 예를 들어 나이키는 자사의 온라인 판매 역량을 강화하기 위해 2019년 미국 최대의 온라인쇼핑 플랫폼인 아마존을 포기하고 자사의 홈페이지와 앱을 통해 판매하기 시작했다. 패션, 리빙, 헬스, 뷰티 등의 분야에서 사업을 전개하고 있는 우리나라의 브랜드엑스코퍼레이션은 2021년 빠른 속도로 성장하고 있는 젤네일 브랜드인 '젤라또팩토리'를 올리브영을 비롯한 H&B스토어에서 철수시키고 자사의 온라인쇼핑몰을 통한 판매에 집중하고 있다. 또한 온라인쇼핑몰을 처음부터 보조적인 유통경로가 아니라 특색 있는 유통경로로 기획하여 오픈하는 경우도 생겨나고 있다. 예를 들어 간편식, 신선식품, 가공식품 등을 공급하는 제조업체들은 2021년부터 온라인 전용브랜드를 개발하고 이를 특색 있는 온라인쇼핑몰로 성장시키기 위해 노력하고 있다. 그 예로 CJ제일제당의 'CJ더마켓', 한국야쿠르트의 '프레딧', 대상의 '정원e샵' 등을 들 수 있다.

5. 라이브커머스

5.1 라이브커머스의 개념과 시장규모

5.1.1 라이브커머스의 개념

'라이브커머스(live commerce)'는 '라이브 스트리밍(live streaming)과 전자상거래(e-commerce)' 합성어로 인터넷상에서 실시간 동영상을 통해 상품을 판매하는 것을 의미한다. 우리나라에서는 '라이브 생방송'의 줄임말로 '라방'이라는 용어가 많이 통용되고 있다. 라이브커머스의 실현을 위한 가장 핵심적인 기술인 스트리밍은 인터넷상에서 음성, 동영상 등을 실시간으로 재생시킴으로써 실제와 똑같은 속도와 모습으로 음성, 동영상 등을 송출할 수 있게 해준다. 이 기술은 1995년 미국 시애틀에 본사를 두고 있는 리얼네트웍스(RealNetworks)에 의해 개발되었다.

라이브커머스는 실시간 동영상을 통해 판매가 이루어진다는 점에서 TV홈쇼핑과 유사해

보이지만 여러 가지 측면에서 차이가 있다. 첫째, TV홈쇼핑의 쇼호스트도 판매의 성공 여부에 큰 영향을 미치지만 라이브커머스 진행자는 판매의 성공 여부에 거의 결정적인 영향을 미친다. 이들은 인플루언서(Influence), BJ(Boadcasting Jockey), KOL(Key Opinion Leader), 모바일 쇼호스트, 라이브커머스 MC, 크리에이터 등 다양한 명칭으로 불리고 있다. 라이브커머스가 가장 활성화되어 있다고 할 수 있는 국가인 중국에서는 주보(主播), 왕홍(网红)으로 불리는데, 왕홍은 왕로홍렌(网络红人, 인터넷에서 인기가 있는 사람)의 약자로 인기가 있는 주보를 이르는 말이다. 라이브커머스 진행자는 '팔로어'라고 불리는 팬덤을 가지고 있는데 그 숫자와 그들의 진행자에 대한 충성도가 판매의 성패에 크게 영향을 미친다. 중국의 경우 왕홍으로 불리기 위해서는 적어도 10만 이상의 팬덤을 확보하고 있어야 한다.

둘째, TV홈쇼핑에서는 쇼호스트와 시청자 간의 쌍방향 커뮤니케이션이 거의 이루어지지 않지만 라이브커머스에서는 진행자와 시청자 간의 커뮤니케이션이 댓글, 이동 자막 등의 형태로 활발하게 이루어지며, 그 내용은 다른 시청자들에 의해 실시간으로 공유된다. 라이브커머스 진행자는 시청자의 상품 및 구매와 관련된 질문에 상세하게 응답해줄 수 있고, 또한 상품이나 구매와는 관련이 없는 일상적인 질문에도 응답해줄 수 있으며, 즉석에서 가격할인도 해줄 수 있기 때문에 라이브커머스는 충동구매의 가능성이 상대적으로 높다. 이러한 이유로 인해 라이브커머스의 구매전환율은 5~8%로 1%에도 미치지 못하는 TV홈쇼핑의 구매전환율에 비해 훨씬 높은 수준이다.

셋째, TV홈쇼핑은 매체가 TV이지만 라이브커머스에서는 스마트폰이 매체이기 때문에 시청자는 시간과 공간의 제약을 훨씬 더 적게 받으며 상품을 구매할 수 있다. 라이브커머스 진행자 또한 스마트폰을 이용하여 동영상을 제작할 수 있기 때문에 장소를 옮겨가면서 최적의 장소에서 판매를 진행할 수 있다.

넷째, 라이브커머스 진행자는 방송의 진행만을 담당하는 TV홈쇼핑 쇼호스트와는 달리 상품선정, 가격설정, 방송진행기획, 상품배송, 고객관리 등과 같은 다양한 업무를 수행하여야 한다. 물론 3~5명 정도의 팀을 구성하여 업무를 분담하기도 하고, 라이브커머스 전문회사인 MCN (Multi-Channel Networks)에 소속되어 진행에만 전념할 수도 있지만 대부분은 진행 이외의 다양한 업무를 수행하여야 한다. 또한 이들은 진행자인 동시에 엔터테이너로서의 요소도 다분히 가지고 있다. TV홈쇼핑은 한 상품에 대해 1시간 전후 정도 진행되지만 라이브커머스는 3~5시간 동안 진행되는 경우도 많다. 이 시간 동안 팬들이 떠나지 않고 머물면서 상품을 구매할 수 있도록 하려면 상품에 대한 지식은 필수이고, 유머감각도 갖추어야 하며, 자신의 장기를 팬들에게 보여주거나 자신의 개성을 강하게 표출하는 것 등도 매우 중요하다.

전통적인 이커머스 업체는 물론, 대형 유통업체, 인터넷 포털, SNS 업체, 라이브커머스 전문 플랫폼 등 많은 업체들이 라이브커머스 사업에 관심을 갖는 주된 요인 중 하나로 비용이 적게 든다는 점이 지적될 수 있다. TV홈쇼핑 업체와는 달리 라이브커머스 업체는 방송을 통한 송출이 아니기 때문에 '방송발전기금 납부'의 부담도 없고, 전자상거래법상 오픈마켓은 '통신판매업자'이지만 라이브커머스 업체는 '통신판매중개업자'이기 때문에 소비자에 대한 환불, 취소의 의무도 없고 소비자가 피해를 보았을 때 손해배상의 책임도 지지 않는다. 또한 TV홈쇼핑 업체는 IPTV, 종합유선방송국 등 매체사에게 천문학적인 송출수수료를 지불하여야 하지만 라이브커머스 업체는 송출수수료의 부담도 없다. 라이브커머스를 통해 상품을 판매하고자 하는 사업자의 입장에서도 라이브커머스는 경제적인 관점에서 매우 매력적이다. 즉, 판매자는 스마트폰만 있으면 큰 투자 없이도 얼마든지 라이브커머스를 진행할 수 있다. 또한 플랫폼을 이용할 때 지불하여야 하는 수수료도 매우 적은 편이다. TV홈쇼핑의 경우에는 매출액의 30% 내외의 금액을 판매수수료로 TV홈쇼핑 업체에 지불하여야 하지만 라이브커머스는 그에 비해 수수료 부담이 매우 적다. 예를 들어 네이버쇼핑라이브를 이용하는 경우에는 거래액의 5%의 판매수수료와 1~3.8%의 결제수수료를 지불하면 되고, 카카오쇼핑라이브의 경우에는 수수료 수준이 10~20% 정도이다.

5.1.2 라이브커머스의 시장규모

한국의 라이브커머스 비즈니스는 2020년부터 시작되었다고 보는 것이 일반적이다. 교보증권이 발표한 리서치 자료에 따르면 2020년에 약 4,000억원이었던 우리나라의 라이브커머스 시장규모는 2021년 2.8조원, 2022년 6.2조원에 이르고, 2023년에는 10조원대로 성장할 것으로 예측되었다. 과거 2010년대 초의 모바일쇼핑을 연상시키는 엄청나게 빠른 성장속도라고 할 수 있다. 이렇게 빠른 속도의 성장이 예상되는 것은 무엇보다도 유튜브 등의 영향으로 실시간 동영상 스트리밍에 친숙해져 있는 MZ세대들이 주력 소비자층으로 부상하였기 때문이다. 즉, 라이브커머스가 가지고 있는 특징인 역동성, 친밀성, 현장성, 실시간성, 의외성, 쌍방향성, 오락성 등이 구매활동에 있어서 개성표출, 재미추구, 호기심충족, 신속한 의사결정 등을 중시하는 MZ세대들의 취향에 부합하며서 크게 인기를 끌고 있다.

5.2 라이브커머스 활용 방법

라이브커머스라는 소매업태를 활용하여 상품을 판매하고자 하는 업체나 자영업자가 라이브커머스를 활용할 수 있는 방법은 자체적으로 라이브커머스 시스템을 갖추는 방법과 타사의 라이브커머스 플랫폼을 이용하는 방법으로 나누어질 수 있다.

5.2.1 자체적인 라이브커머스 시스템의 구축

자체적으로 라이브커머스 시스템을 갖춘다는 것은 자사몰이나 모바일앱 내에 라이브커머스 기능을 탑재하는 것을 의미한다. 이러한 방법을 통해 자연스럽게 자사몰이나 모바일앱에 방문한 고객들에게 다가갈 수 있다. 따라서 이 방법은 주로 각 업계에서 수위를 다투는 대기업들에 의해 운용되고 있다. 예를 들어 H&B스토어 업계의 대표주자인 CJ올리브영의 라이브커머스 시스템인 '올라이브'는 2019년 파일럿 방송을 거쳐 2020년 4월에 정식 오픈하면서 라이브 방송을 매월 2회 진행하였으며, 2021년 4월부터는 주 1회로 진행하고 있다. 올라이브는 특히 핵심 타깃인 MZ세대를 대상으로 주로 새로 입점한 브랜드와의 협업을 통해 특별 기획상품을 소개하는 내용으로 진행된다. 가구업계의 1~3위인 한샘, 현대리바트, 이케아의 '샘LIVE'(2021)', '리바트LIVE'(2020), '이케아Live'(2020) 등도 모두 자체적인 라이브커머스 시스템을 통해 운용되고 있다. 이렇게 자체적으로 라이브커머스 시스템을 구축하는 방법은 시설 투자비용과 전문인력을 고용하고 지원하기 위한 운영비용이 소요된다는 단점이 있지만 자사의 전략을 일관성 있고 신속하게 진행시킬 수 있고 또한 고객들의 자사에 대한 충성도를 제고시키는데 유리하다는 장점이 있다.

5.2.2 라이브커머스 플랫폼의 활용

라이브커머스를 활용하고자 하는 업체나 자영업자는 외부 기업이 구축한 라이브커머스 플랫폼을 이용할 수 있다. 우리나라에는 다양한 분야의 많은 기업들이 라이브커머스 플랫폼을 구축하여 운영하고 있다. 즉, 쿠팡 · 디몬 · 위메프 · G마켓 · 11번가 등 이커머스 업체, 롯데 · 신세계 · TV홈쇼핑 업체 등 대형 유통업체, 네이버 및 카카오 등 대형 포털, 그립 · 보고플레이 등 라이브커머스 전문업체, 배달앱인 배달의 민족 등이 라이브커머스 플랫폼을 운영하고 있다. 유튜브, 인스타그램, 틱톡 등 SNS 업체들도 라이브커머스 플랫폼 사업에 진출할 것으로 예상되고 있다.

우리나라에서 라이브커머스 플랫폼을 가장 먼저 구축한 업체는 라이브커머스 전문업체인 그립(Grip)이다. 2019년 2월 라이브커머스 플랫폼을 구축한 그립은 아모레퍼시픽, 한국야쿠르트, 홈플러스, 롯데하이마트, 현대백화점 등과 같은 대기업은 물론 군소브랜드, 자영업자 등 다양한 사업자를 대상으로 라이브커머스 시스템을 제공하고 있다. 그립은 '그리퍼'라고 불리는 유명 연예인으로 구성된 라이브커머스 진행자가 10분 정도의 짧은 시간 동안에 인기 상품을 최저가로 판매하는 '타임딜' 등의 독특한 콘텐츠를 개발하여 매출실적도 올리고 있다. 2021년 현재 25% 이상의 구매전환율, 일평균 650여 개의 라이브방송, 1만4천여 개의 판매자 등의 기록을 세우며 최상의 라이브커머스 전문업체로서의 위상을 굳히고 있다.

라이브커머스 플랫폼 가운데 포털기업인 네이버와 카카오의 라이브커머스 플랫폼이 가장 두드러진 실적을 올리면서 양강체제를 이루어가고 있다. 이러한 현상이 나타나는 가장 큰 이유는 두 기업이 우리나라에서 MAU(Monthly Activity User, 월간활성사용자) 순위에서 각각 3위와 1위에 올라있기 때문이다. 국내 1위의 검색포털인 네이버는 2020년 7월 자사가 운영하는 네이버쇼핑에 '쇼핑라이브'를 개설하였다. '네이버쇼핑라이브'의 특징은 중소상공인을 중심으로 운영되는 개방형 플랫폼이라는 점이다. 즉, 네이버에 등록된 '스마트스토어' 사업자라면 누구든 자신이 원하는 시간과 장소를 선택하여 스마트폰 하나만 가지고도 라이브방송을 진행할 수 있다. 또한 거래액의 3%로 책정되어 있는 수수료도 업계 최저 수준이며, 중소상공인들이 무료로 이용할 수 있는 라이브방송 전용 스튜디오도 갖추어가고 있다. 그 결과 '네이버쇼핑라이브'의 판매자 중 중소상공인이 85%를 차지하고 있다.

우리나라 1위의 채팅포털인 카카오는 자회사인 카카오커머스를 통해 2020년 10월에 라이브커머스 서비스 '카카오쇼핑라이브'를 정식 오픈하였으며, 2021년 3월부터는 '카카오쇼핑' 내에 위치해 있다. '카카오쇼핑라이브'는 '네이버쇼핑라이브'와는 정반대로 회사의 강력한 통제하에서 운영된다. 소수의 선별된 브랜드만 카카오커머스와의 사전 협의를 통해 방송할 수 있으며, 방송횟수도 1일 1~2회로 제한된다. 라이브커머스 전문 스튜디오는 물론 라이브커머스 전담팀도 갖추고 있다. 즉, 양적인 실적보다 구매효율을 추구하는 운영방식을 채택하고 있다고 할 수 있다. '네이버쇼핑라이브'와 '카카오쇼핑라이브'는 운영방식에 있어서 '개방형' vs '폐쇄형'이라는 차이점을 가지고 있기 때문에 실적에 있어서도 시청횟수, 거래자수, 총거래액 등에서는 '네이버쇼핑라이브'가 앞서는 반면, 방송당 거래액에서는 '카카오쇼핑라이브'가 앞서는 양상을 보이고 있다.

5.3 중국의 라이브커머스

라이브커머스가 가장 활성화되어 있는 국가인 중국의 라이브커머스는 알리바바그룹의 회장인 마윈(马云)이 2016년 3월에 타오바오라이브(淘宝直播)를 개설하면서 본격화되었다. 마윈은 이곳에서 생방송을 통해 상품을 판매하는 사람들을 주보(主播)라고 명명하였는데 그 후로 이 용어는 '인터넷 생방송을 통해 상품을 판매하는 사람'의 의미로 널리 사용되고 있다. 2020년을 기준으로 중국에는 약 20만 명의 주보가 활동하고 있다. 주보 가운데는 명성을 얻은 사람들도 많이 있는데 이들은 특히 왕홍이라고 불리고 있는데, 왕홍이 되기 위해서는 적어도 10만 명 이상의 팬덤을 확보하고 있어야 한다.

그런데 왕홍이라는 용어는 이미 2000년대 중반부터 사용되고 있었다. 왕홍은 원래 웨이보(微博)와 같은 SNS상에서 인기가 있는 사람을 의미했는데 이들은 판매활동이 아니라 뷰티, 패션, 헤어, 게임, 미식, 여행, 육아, 영화, 책, 사회적 이슈 등 다양한 분야의 독특하고 매력적인 콘텐츠를 만들어서 제공하는 것으로 유명했다. 그러다가 2010년대 중후반부터 라이브커머스가 활성화되면서 이 분야에서 인기가 있는 사람들도 여전히 왕홍이라고 불리고 있다. 지금을 이들을 구분하기 위해 각각 콘텐츠 왕홍 및 커머스 왕홍으로 부르고 있다. 그렇지만 콘텐츠 왕홍 가운데 라이브커머스 분야로 진출한 사람들도 많이 있다. 커머스 왕홍은 전통적인 전자상거래 업체인 타오바오(淘宝), 징동(京东), 핀둬둬(拼多多) 등의 생방송 플랫폼은 물론, 웨이보(微博), 이지보(一直播), 도우인(抖音), 콰이쇼(快手)와 같은 SNS의 생방송 플랫폼, 그리고 화지아오(花椒), 먀오파이(秒拍), 잉커(映客) 등의 순수 생방송 플랫폼 등을 이용하여 생방송을 진행한다.

2016년에 시작되어 2017년부터 본격화된 중국의 라이브커머스 시장규모는 2017년에는 약 190억위안(약 3.2조원)이었으나 2020년에는 약 9,610억위안(약 163.4조원)에 달하는 것으로 예측되었다. 2020년의 실적은 전체 온라인쇼핑 시장의 약 9%에 해당한다. 2010년대 초에도 모바일 마케팅이 크게 부상하고 있었지만 특히 2020년에 시작된 코로나19 사태는 오프라인의 급격한 퇴조와 함께 라이브커머스의 가파른 성장을 가져왔다. 초기의 라이브커머스에서는 화장품과 의류가 주된 품목이었으나 코로나19 사태 이후에는 부동산이나 자동차 등과 같은 고가 내구재 상품도 팔리고 있다.

표 4-35 2017~2020년 중국의 라이브커머스 시장규모 (단위 : 억위안, %)

구분	2017	2018	2019	2020(E)
시장규모	190	1,330	4,338	9,610
성장률	–	600	226	122

자료 : 아이미디어리서치, 동베이증권(아주경제, 2021년 5월 4일 재인용)

제11절 TV홈쇼핑과 T커머스

우리나라에서 'TV를 활용한 홈쇼핑'은 TV홈쇼핑과 T커머스의 두 가지 유형으로 나누어진다. 또한 홈쇼핑업체도 TV홈쇼핑 업체와 T커머스 업체로 나누어질 수 있다. 본절에서는 홈쇼핑을 'TV를 활용한 홈쇼핑'의 의미로 사용하여 홈쇼핑의 개요, 홈쇼핑의 진행과정, 송출매체, 홈쇼핑시장 등에 대해 기술한다.

1. TV홈쇼핑과 T커머스의 개요

1.1 TV홈쇼핑의 개요

TV홈쇼핑은 '구매자가 TV홈쇼핑 채널을 시청하면서 전화를 이용하여 관심 있는 상품을 주문하고 결제하는 방식의 소매업태'로 정의될 수 있다. 우리나라의 홈쇼핑은 1995년 한국홈쇼핑(현 GSSHOP)과 삼구쇼핑(현 CJ온스타일)의 2개사로 시작되었으며, 현재는 2001년에 신규승인을 받은 NS홈쇼핑, 롯데홈쇼핑, 현대홈쇼핑 등의 3사와 각각 2012년과 2015년에 중소기업 전용채널로 승인을 받은 홈앤쇼핑(중소기업중앙회) 및 공영쇼핑(중소기업유통센터)을 포함하여 모두 7개사가 사업을 전개하고 있다([표 4-36] 참조). TV홈쇼핑 업체는 TV 이외에도 인터넷, 모바일, 등의 매체를 활용하여 상품을 판매하고 있다.

표 4-36 우리나라의 TV홈쇼핑 업체

법인명	지에스리테일	씨제이이엔엠	현대홈쇼핑	우리홈쇼핑	엔에스홈쇼핑	홈앤쇼핑	공영쇼핑
브랜드명	GSSHOP	CJ온스타일	현대홈쇼핑	롯데홈쇼핑	NS홈쇼핑	홈&쇼핑	공영쇼핑
개국연도	1995. 8	1995. 8	2001. 11	2001. 10	2001. 9	2012. 1	2015. 7

1.2 T커머스의 개요

T커머스(Television Commerce)는 기존의 TV홈쇼핑이 진화한 형태라고 할 수 있다. T커머스는 시청자가 일방적으로 제공되는 TV홈쇼핑 방송을 보면서 전화로 주문하는 것에서 벗어나서 능동적으로 상품정보를 검색하고 전화가 아닌 리모콘을 이용하여 주문도 하고 결제도 할 수 있는 서비스이다. 즉, 기존의 TV홈쇼핑이 한 가지 상품에 대한 정보를 주고 판매하는 '단방향 서비스'인 반면, T커머스는 소비자가 관심 있는 상품의 정보를 선택하여 보면서 쇼핑할 수 있는 '쌍방향 서비스'라는 점에 차이가 있다.

T커머스에는 영상연동형과 독립채널형으로 나누어진다. 영상연동형은 소비자가 시청 중인 드라마, 영화, 다큐멘터리 등에 등장한 상품에 대한 정보를 즉석에서 검색하여 구매하는 유형이며, 독립채널형은 기존의 홈쇼핑 채널과 마찬가지로 특정 채널에서 다양한 상품들에 대한 방송프로그램을 송출하는 유형이다. 영상연동형은 기대와는 달리 그다지 인기를 끌지 못하였으며, 현재는 모두 독립채널형의 형태로 진행되고 있다. T커머스 사업자에 대한 승인은 2005년부터 이루어졌지만 본격적인 사업은 IPTV 시청가구수가 500만 명을 넘어선 2012년부터 이루어지기 시작하였다. 그 결과 2012년에 KT하이텔의 K쇼핑, 2013년에는 티알엔의 쇼핑엔티가 사업을 시작했다.

정부는 T커머스와 TV홈쇼핑과 차별화하기 위해 T커머스에는 쇼핑호스트가 출연하지 못하도록 하고 생방송으로 제품을 판매하지 못하도록 규정했다. 하지만 T커머스는 쇼핑호스트가 얼굴만 노출하지 않은 채 상품을 설명하는 방식 등으로 규제를 피해갔다. 그러자 TV홈쇼핑 업체들의 불만이 터져나왔다. 자신들은 사업진입 조건이나 방송통신발전기금 납부 등에 관해 규제를 받고 있는데, TV커머스는 이러한 규제도 받지 않으면서 자신들과 동일한 서비스를 제공하고 있다고 주장하고 나섰다. 언론들도 독립채널형 T커머스는 무늬만 T커머스일 뿐 기존의 TV홈쇼핑과 차이가 없다는 비판을 제기했다. 사정이 이렇게 되자 정부는 TV홈쇼핑 업체의 불만을 해소시키기 위해 2015년에 5개의 TV홈쇼핑 업체(GS홈쇼핑, CJ온스타일, 현대홈쇼핑, 롯데홈쇼핑, NS홈쇼핑)에게 T커머스 사업을 추가적으로 추진할 수 있도록 허용하였다. 또한 같은 해에 신세계TV쇼핑, SK스토아, W쇼핑의 3사에게도 T커머스 사업을 허용했다([표 4-37] 참조).

이러한 과정을 거쳐 T커머스 업체는 2015년을 기점으로 모두 10개가 되었다. 2019년 현재 T커머스를 이용할 수 있는 시청가구수는 디지털케이블TV 1,346만, 위성방송 317만, IPTV 1,713만 등 총 3,376만에 이르고 있다. 결국 우리나라에 실질적인 홈쇼핑업체는 TV홈쇼핑 7개사와 T커머스 단독사업자 5개사 등 모두 12개사가 있으며 채널수로 보면 TV홈쇼핑 7개, T커머스 겸업사업자 및 독립사업자 10개 등 모두 17개 채널이 있다.

표 4-37 T커머스 사업자의 채널명 및 개국시기

구분	사업자명	채널명	개국시기
TV홈쇼핑 겸업사업자	GS홈쇼핑	GS MY SHOP	2015.7
	CJ온스타일	CJ온스타일플러스	2015.5
	현대홈쇼핑	현대홈쇼핑플러스샵	2015.4
	롯데홈쇼핑	롯데OneTV	2015.4
	NS홈쇼핑	NS샵플러스	2015.12
TV커머스 단독사업자	KT하이텔	K쇼핑	2012.8
	티알엔(trn)	쇼핑엔티	2013.10
	신세계TV쇼핑	신세계TV쇼핑	2015.11
	SK스토아	SK스토아	2015.1
	W쇼핑	W쇼핑	2015.8

자료 : 한국온라인쇼핑협회(2020), 2021 온라인쇼핑 시장에 대한 이해와 전망, 88.

2. 홈쇼핑의 진행과정

TV홈쇼핑과 T커머스의 진행과정은 [그림 4-12]와 같이 나타낼 수 있다. 진행과정의 중심에는 프로그램공급자(PP : Program Provider)인 홈쇼핑업체가 위치한다. 홈쇼핑업체는 상품을 판매하고자 하는 제조업체나 제조업체의 업무를 대행하는 벤더사와 함께 상품기획, 방송프로그램 제작 등의 업무를 수행한 후에 방송플랫폼사업자(종합유선방송국, 위성방송업체, IPTV 업체)에게 제작된 프로그램의 송출을 의뢰한다. 송출된 프로그램을 시청한 소비자가 전화를 이용하여 상품을 주문하고 대금을 결제하면 홈쇼핑업체는 택배회사를 통해 상품을 배송한다. 판매대상의 상품은 일단 제조업체로부터 홈쇼핑업체의 물류센터에 입고된 후 주문고객에게 배송되는 것이 원칙이다. 이는 제조업체가 직접 구매자에게 배송을 하면 효율성의 관점에서는 보다 유리하지만 홈쇼핑업체가 배송상품의 품질이 방송상품의 품질과 동일한지를 확인할 수 없기 때문이다. 그렇지만 장기보관이 어려운 신선식품이나 부피가 큰 가전제품 등은 제조업체가 구매자에게 직접 배송하기도 한다. 제조업체는 방송편성서비스를 제공하는 홈쇼핑업체에게 판매수수료를 지불하고, 홈쇼핑업체는 송출서비스를 제공하는 방송플랫폼사업자에게 송출수수료를 지불한다. 판매수수료와 송출수수료에 대해서는 뒤에서 상술한다.

제조업체는 일반적으로 상품기획, 방송프로그램 제작 등의 업무를 스스로 수행하기보다는 벤더(vendor)사와의 협업을 통해 진행한다. 벤더사의 역할은 관여의 정도에 따라 크게 보완적 역할과 주도적 역할의 두 가지로 구분될 수 있다.

그림 4-12 ▌홈쇼핑의 진행과정

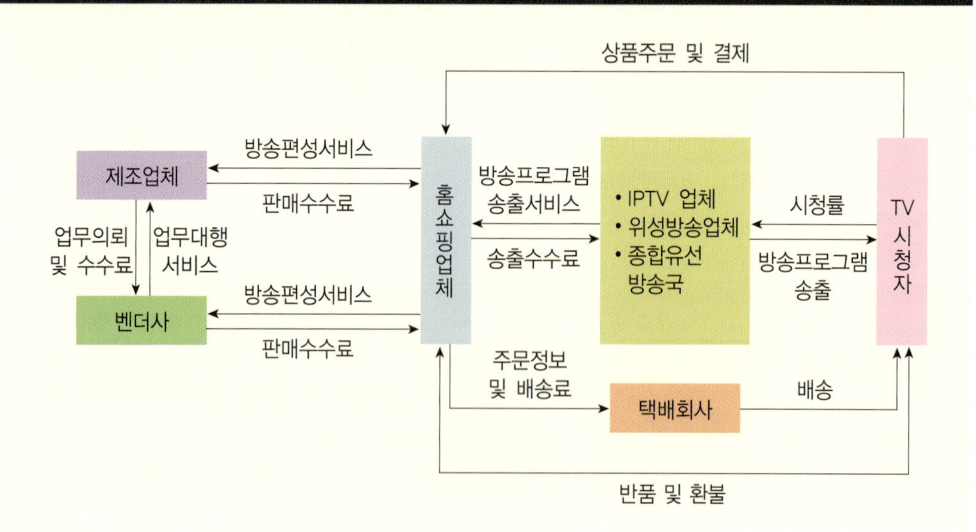

2.1 보완적 역할

보완적 역할은 제조업체가 홈쇼핑업체와 직거래하는 형태를 취하지만 벤더사가 홈쇼핑업체와의 커뮤니케이션을 대행사는 것을 의미한다. 제조업체가 직접 홈쇼핑업체와 커뮤니케이션을 하지 않고 벤더사에 의뢰하는 이유는 홈쇼핑 방송을 위해 준비해야 하는 업무가 매우 복잡하기 때문이다. 제조업체가 스스로 홈쇼핑을 진행하기 위해서는 전담직원을 두어야 하는데, 전담직원을 별도로 두는 것보다는 전문성을 지닌 벤더사를 이용하는 것이 비용적으로나 성공적인 방송진행을 위해서 더 유리하다. 또한 홈쇼핑업체의 MD(상품기획자) 입장에서도 전문성을 지닌 벤더사와 업무를 수행하는 것이 훨씬 더 수월하기 때문에 제조업체에게 벤더사를 지정해줄 것을 적극적으로 요청하기도 한다. 벤더사는 서비스를 제공하는 대가로 매출액의 3~5%를 운영수수료로 지급받는다. 홈쇼핑에서 벤더사는 대부분 주도적 역할보다는 보완적 역할을 수행한다.

2.2 주도적 역할

주도적 역할은 벤더사가 도매업체로서의 역할을 수행하는 것을 의미한다. 즉, 벤더사가 주도적으로 홈쇼핑 상품을 개발하고 제조업체로부터 상품을 구입하여 홈쇼핑 판매를 스스로 수행하는 것이다. 그런데 전형적인 도매업체와는 달리 벤더사의 제조업체에 대한 상품대금 지불은 판매된 상품에 대해서만 이루어지는 것이 일반적이다. 경우에 따라서는 벤더사가 제조업체의 상품을 판매하는 것이 아니라 자체적으로 브랜드를 개발하고 제조업체로부터 OEM 방식으로 상품을 공급받아 판매하기도 한다.

3. 송출매체 현황

홈쇼핑 방송프로그램은 케이블TV(종합유선방송), 위성방송, IPTV 등의 3개 매체를 통해서 송출되고 있다. 이러한 매체들의 가입자수는 홈쇼핑의 매출과 직결되기 때문에 각 매체는 가입자의 수가 많을수록 홈쇼핑업체로부터 더 많은 송출수수료를 받는다.

3.1 케이블TV

케이블TV 가입자수의 연도별 유형별 추이는 [표 4-38]과 같다. 1995년에 개막된 케이블TV의 가입자수는 2003년까지 초고속으로 성장하다가 2004~2005년의 조정기를 거쳐 2006년부터 정체기를 맞았다. 2009년에 1,505만 가입자로 정점을 기록한 이후에는 감소추세를 보이면서 2019년 말 현재 1,348만 가입자를 기록하고 있다. 유형별로 보면 아날로그TV의 비중이 2006년까지 거의 100%에 가까웠으나 지속적으로 디지털TV로 대체되면서 2015년에는 그 비중이 52.8%로 축소되었으며, 2019년에 이르러서는 거의 소멸되었다.

표 4-38 연도별 유형별 케이블TV 가입자수 추이 (단위 : 만 명, %)

구분		2013	2014	2015	2016	2017	2018	2019
아날로그	가입자수	859	748	468	280	111	27	2
	점유율	58.3	51.2	35.4	20.2	7.9	2.0	0.1
디지털	가입자수	615	713	905	1,109	1,292	1,353	1,346
	점유율	41.8	48.8	64.6	79.8	92.1	98.0	99.9
합계	가입자수	1,474	1,461	1,373	1,389	1,404	1,380	1,348
	성장률	-	-0.9	-6.0	1.2	1.1	-1.7	-2.3

자료 : 과학기술정보통신부, 방송통신위원회, 방송산업 실태조사 보고서, 2020, 290.

케이블TV의 송출은 각 지역의 종합유선방송국(System Operator : SO)에 의해 이루어지는데, SO는 PP로부터 공급받은 프로그램을 각 지역에서 독점적으로 송출하는 사업을 전개하고 있다. 2020년을 기준으로 우리나라에는 모두 91개의 SO가 있는데, 한 기업이 많은 수의 SO를 확보하면서 MSO(Multiple SO)화되어 있다. MSO 가운데 LG그룹이 2019년 말에 CJ그룹으로부터 CJ헬로비전을 인수한 뒤 개명한 LG헬로비전이 가장 많은 24개의 SO를 확보하고 있으며, 그 다음으로 SK브로드밴드가 2020년 4월에 태광그룹으로부터 인수한 티브로드(t-broad)가 23개사를 확보하고 있다([표 4-39] 참조). 시청가입자수로 보면 2019년 말을 기준으로 LG헬로비전이 약 397만 명으로 가장 많고, 티브로드가 약 302만 명, 딜라이브가 약 201만 명을 확보하고 있다.

표 4-39 MSO별 가입자수 현황(2019년 12월 31일 기준) (단위 : 만 명, %)

구분	SO수	가입자수		
		소계	디지털 가입자	아날로그 가입자
LG헬로비전	24개사	396.7(29.4)	가입자의 100%가 디지털 가입자로 구성되어 있음.	
티브로드	23개사	302.2(22.4)		
딜라이브	16개사	200.8(14.9)		
CMB	11개사	153.1(11.4)		
현대HCN	8개사	131.5(9.6)		
개별SO	10개사	163.3(12.1)	161.3(98.8)	2.0(1.2)
합계	91개사	1,347.6(100)	1,345.6(99.9)	2.0(0.1)

자료 : 과학기술정보통신부, 방송통신위원회, 방송산업 실태조사 보고서, 2020, 108, 217-218.

3.2 위성방송 및 IPTV

우리나라에서 다채널 디지털 위성방송은 2002년에 시작되었으며, ㈜케이티스타이라이프가 스카이라이프(Sky Life)라는 브랜드로 서비스를 제공하고 있다. 위성방송은 35,699km 상공에 위치한 무궁화 3호 위성을 통해 전파를 송출하기 때문에 케이블TV처럼 일일이 망을 설치해야 할 필요가 없다. IPTV(Internet Protocol TV)는 초고속 인터넷망을 이용하여 실시간 방송과 주문형 비디오를 동시에 제공하는 서비스를 의미한다. IPTV는 다양한 방송 콘텐츠를 제공한다는 점에서는 케이블TV나 위성방송과 차이가 없지만, 시청자가 자신이 편리한 시간에 자신이 보고 싶은 프로그램을 선택하여 볼 수 있다는 특징을 지니고 있다. 따라서 IPTV에서는 방송의 주도권을 방송사가 아니라 시청자가 갖게 된다. IPTV 서비스는 2006년에 시작되었으며, KT의 '올레(olleh)TV', SK브로드밴드의 'Btv', 'LGU+' 등 3개의 브랜드가 경쟁하고 있다. 위성방송 및 IPTV 가입자수의 추이는 [표 4-40]과 같다.

2002년에 서비스를 시작한 위성방송은 2010년대 초반까지 약 10년간 꾸준히 성장했으나 점차 IPTV와의 경쟁에서 밀리면서 2010년대 초중반부터는 가입자를 늘리지 못하고 정체 상황에 빠져 있다. 이에 반해 2006년에 시작된 IPTV는 편의성과 우수한 가성비를 바탕으로 빠른 속도로 가입자수를 늘려나갔다. 그 결과 IPTV 가입자수는 2010년에는 위성방송 가입자수를 넘어섰고, 2017년에는 케이블TV의 가입자수를 넘어섰으며, 2019년에는 케이블TV의 가입자수와 위성TV의 가입자수를 합친 숫자보다 많아졌다. 3개 매체의 2019년 총가입자 3,380만 명에 대한 점유율은 1,713만 가입자를 차지한 IPTV가 50.8%로 1위, 뒤이어 케이블TV는 39.9%로 2위, 위성방송은 9.4%로 3위를 기록했다. 이에 따라 IPTV 3개 사업자(KT, SK브로드밴드, LGU+)는 홈쇼핑업체들로부터 가장 많은 송출수수료를 수령하는 위치를 확보하였다.

표 4-40 연도별 위성방송 및 IPTV 가입자 추이 (단위 : 만 명, %)

구분		2013	2014	2015	2016	2017	2018	2019
위성방송	가입자	306	306	309	318	325	326	317
	성장률	-	0.0	1.0	2.9	2.2	0.3	-2.7
IPTV	가입자	759	967	1,136	1,289	1,433	1,566	1,713
	성장률	-	27.4	17.5	13.5	11.2	9.3	9.4

자료 : 과학기술정보통신부, 방송통신위원회, 방송산업 실태조사 보고서, 2020, 290.

4. 홈쇼핑시장

4.1 홈쇼핑시장의 규모

T커머스가 본격화되는 2016년 이전에는 TV홈쇼핑 업체들이 홈쇼핑시장을 주도하다가 2016년부터는 TV홈쇼핑과 T커머스가 같이 시장을 이끌어가고 가고 있다. 홈쇼핑시장의 추이를 살펴보면 1995~2002년의 고도성장기와 2003~2008년의 저성장기를 거쳐 2009~2013년에 제2차 고도성장기를 맞았으나, 2014년부터는 세월호, 메르스, 백수오 등 여러 가지 사건들로 인해 성장률이 급감하면서 2014~2016년 다시 저성장기로 들어갔다. 2017년 이후에는 TV홈쇼핑이 마이너스 성장을 한 반면, T커머스는 2017~2020년의 기간 동안 연평균 약 40%씩 성장하였다. 그 결과 전체 홈쇼핑시장은 2017~2020년의 기간 동안 연평균 약 10%의 성장률을 달성했다. 이는 대형마트나 백화점에 비해서는 물론 잘 나가고 있는 편의점과도 비견될 수 있는 높은 성장률이다([표 4-41] 참조).

이러한 결과에 대해 T커머스가 TV홈쇼핑시장을 잠식한 것이라는 '카니발라이제이션(cannibalization)'적인 해석도 있을 수 있지만 그 보다는 T커머스 10개사 중의 5개의 단독사업자가 기존의 5개 TV홈쇼핑 업체(GS홈쇼핑, CJ온스타일, 롯데홈쇼핑, 현대홈쇼핑, NS홈쇼핑)가 간과했거나 소홀했던 시장을 과감하게 공략한 것이 결실을 거두고 있다고 해석하는 것이 더 설득력이 있어 보인다. 왜냐하면 T커머스가 성장기에 접어든 2016~2020년의 5년 동안 T커머스는 모두 15조 3천억원 정도의 매출을 올렸는데 그중 단독사업자 5개사가 올린 매출(10조 3천억원)이 TV홈쇼핑을 동시에 운영하고 있는 겸업사업자 5개사의 매출보다 훨씬 더 높은 비중(67.3%)을 차지하고 있기 때문이다. 즉, TV홈쇼핑 5개 업체는 T커머스를 단순히 기존 TV홈쇼핑의 확장 정도로 규정한 반면, 단독사업자 5개사는 기존 TV홈쇼핑 회사들과는 차별화된 시각으로 기존 사업자가 간과했거나 소홀히 했던 시장을 개척함으로써 전체 홈쇼핑시장의 성장에 기여하고 있다고 할 수 있다.

표 4-41 TV홈쇼핑과 T커머스의 매출액 추이(취급고 기준) (단위 : 조원, %)

구분		2009	2010	2011	2012	2013	2014	2015	2016	2017	2018	2019	2020
TV홈쇼핑		4.5	5.5	6.3	7.8	8.9	9.1	8.6	8.3	8.6	8.4	8.2	8.3
T커머스		-	-	-	-	0.0	0.1	0.3	1.0	1.9	3.0	4.1	5.3
합계	매출	4.5	5.5	6.3	7.8	8.9	9.2	8.9	9.3	10.5	11.4	12.3	13.6
	성장률	21.6	22.2	14.5	23.8	14.1	3.4	3.3	4.5	12.9	8.6	7.9	10.6

자료 : 한국온라인쇼핑협회, 온라인쇼핑 시장에 대한 이해와 전망, 2011~2021.

4.2 TV홈쇼핑 7개 업체의 매출액 추이

[표 4-42]는 7개 TV홈쇼핑 업체의 판매수수료 기준의 매출액 추이를 보여주고 있다. 7개 업체의 점유율을 살펴보면 GSSHOP이 2011년까지 마켓리더였으나 2012년부터 CJ온스타일로 마켓리더가 바뀌었으며 두 업체는 2020년 현재 약 5%의 점유율 격차를 보이고 있다. 현대홈쇼핑과 롯데홈쇼핑은 점유율에 있어서 큰 변동없이 18% 전후의 점유율을 유지하고 있다. 대체로 2강(CJ온스타일과 GSSHOP), 2중(현대홈쇼핑과 롯데홈쇼핑), 3약(NS홈쇼핑, 홈&쇼핑, 공영쇼핑)의 경쟁 구도가 비교적 뚜렷하게 형성되고 있다.

표 4-42 업체별 매출액 추이(판매수수료 기준) (단위 : 원, %)

업체	2013	2014	2015	2016	2017	2018	2019	2020
CJ온스타일	1조 2,607억	1조 2,773억	1조 1,194억	1조 959억	1조 2,935억	1조 3,455억	1조 4,744억	1조 5,171억
점유율	(27.6)	(26.4)	(23.6)	(22.4)	(24.3)	(25.3)	(25.7)	(25.1)
GSSHOP	1조 417억	1조 607억	1조 913억	1조 652억	1조 517억	1조 735억	1조 1,946억	1조 2,067억
점유율	(22.8)	(21.9)	(23.0)	(21.8)	(19.8)	(20.2)	(20.8)	(19.9)
현대홈쇼핑	7,999억	8,679억	8,908억	9,613억	1조218억	9,735억	1조304억	1조850억
점유율	(17.5)	(17.9)	(18.8)	(19.7)	(19.2)	(18.3)	(18.0)	(17.9)
롯데홈쇼핑	7,732억	8,692억	8,545억	8,860억	9,145억	9,024억	9,869억	1조759억
점유율	(17.0)	(17.9)	(18.0)	(18.1)	(17.2)	(17.0)	(17.2)	(17.8)
NS홈쇼핑	3,471억	3,904억	4,056억	4,396억	4,735억	4,684억	4,858억	5,247억
점유율	(7.6)	(8.1)	(8.5)	(9.0)	(9.2)	(8.8)	(8.5)	(8.7)
홈&쇼핑	3,382억	3,779억	3,532억	3,275억	4,198억	3,995억	4,056억	4,366억
점유율	(7.4)	(7.8)	(7.4)	(6.7)	(7.9)	(7.5)	(7.1)	(7.2)
공영쇼핑	–	–	339억	1,171억	1,390억	1,516억	1,586억	2,039억
점유율	–	–	(0.7)	(2.4)	(2.6)	(2.9)	(2.8)	(3.4)
합계 금액	4조 2,226억	4조 8,434억	4조 7,487억	4조 8,926억	5조 3,138억	5조 3,144억	5조 7,363억	6조 499억
합계 성장률	–	14.7	−2.0	3.0	8.6	0.0	7.9	5.5

* TV, 인터넷, 카탈로그, 모바일 등 온라인쇼핑 전체매출
자료 : 금융감독원 전자공시시스템, 각사 연도별 사업보고서

5. 판매수수료와 송출수수료

홈쇼핑과 관련하여 가장 많은 논란이 되고 있는 주제는 판매수수료와 송출수수료이다. '판매수수료'는 제조업체가 판매의 장을 마련해준 홈쇼핑업체에게 지급하는 수수료를 의미하고, '송출수수료'는 홈쇼핑업체가 방송망을 빌려준 방송플랫폼사업자에게 지급하는 수수료를 의미한다.

5.1 판매수수료

제조업체가 홈쇼핑회사에게 지불하는 판매수수료의 지급방식은 정률제와 정액제, 그리고 두 개를 혼합한 혼합제 등으로 구분될 수 있다. 대부분은 판매액의 일정비율로 정해지는 정률제를 기본으로 하고 있지만, 처음 거래하는 상품과 같이 판매액에 대한 예측이 힘든 경우에는 정액제 혹은 혼합제를 채택하고 있다. 2019년을 기준으로 7개 TV홈쇼핑회사의 평균 판매수수료율은 29.1%였다([표 4-43] 참조). 이 가운데 중소기업 제품을 취급하는 홈앤쇼핑과 공영쇼핑의 판매수수료율이 상대적으로 낮은 수준이었다. 상품군별로 보면 셔츠, 넥타이, 여성캐주얼 등이 약 40%로 가장 높고 디지털기기가 약 27%로 가장 낮다. 또한 2019년을 기준으로 중소기업에 부과되는 수수료율이 대기업에 비해 약 2%가량 높다. 제조업체들로부터 TV홈쇼핑사들이 부과하는 판매수수료율이 너무 높다는 불만이 꾸준히 제기되면서 정부는 판매수수료율을 낮추기 위한 다각적인 노력을 기울이고 있다. 이의 일환으로 과학기술정보통신부는 TV홈쇼핑회사들의 자발적인 수수료 인하를 유도하기 위해 2019년부터 7개 TV홈쇼핑사의 판매수수료율 통계를 조사하여 발표하고 있으며, 이와 함께 재승인시 심사 강화, 정액수수료방송 축소 유도 등의 조치를 취하고 있다.

표 4-43 TV홈쇼핑 업체별 평균 판매수수료율(2019년 기준) (단위 : %)

브랜드명	CJ온스타일	GSSHOP	현대홈쇼핑	롯데홈쇼핑	NS홈쇼핑	홈&쇼핑	공영쇼핑	평균
판매수수료율	35.9	28.5	30.1	27.7	36.2	29.9	20.1	29.1

자료 : 과학기술정보통신부, "2019년 TV홈쇼핑 판매수수료율 통계공개," 보도자료, 2020년 10월 30일

홈쇼핑업체가 방송프로그램을 내보내기 위해서는 종합유선방송국(SO), 위성방송업체, IPTV업체 등의 방송플랫폼사업자에게 송출수수료를 지불하여야 한다. 송출수수료의 액수는 방송플랫폼사업자가 주도하는 공개입찰을 통해 정해진다. 공개입찰은 보통 2년에 한 번 이루어진다. 홈쇼핑업체들은 S급 채널을 확보하기 위해 치열하게 경쟁한다. S급 채널이란 수십 개 채널 가운데 지상파 사이에 있는 채널을 지칭한다. SBS 5번, KBS2 7번, KBS1 9번,

MBC 11번 사이에 있는 6번, 8번, 10번이 S급이다. 홈쇼핑업계에서는 S급 채널을 확보할 경우 10번 대의 A급 채널에 비해 매출이 약 20% 정도 높아지는 것으로 평가되고 있다. 공개입찰 과정에서 특정 채널에 대해 가장 많은 액수를 써낸 홈쇼핑업체가 해당 채널을 2년간 확보하게 되고 써낸 액수가 바로 송출수수료가 된다. 그런데 이 송출수수료가 2010년대에 들면서 빠른 속도로 증가하고 있다.

송출수수료는 2010년에 4,856억원이었으나 연평균 20% 이상씩 성장하면서 2014년에는 1조원을 돌파하였으며, 2019년에는 1조 8천억원을 넘어섰다. 이에 따라 송출수수료가 홈쇼핑업체의 매출액(판매수수료)에서 차지하는 비중도 2014년의 31.8%에서 2019년에는 50%를 넘어섰다. 판매수수료와 송출수수료를 모두 고려할 때 소비자가 홈쇼핑에서 물건을 구입하기 위해 지출한 돈을 누가 얼마나 가져가는지 가상의 예를 통해 계산해보자. 예를 들어 판매수수료율이 40%이고 송출수수료가 판매수수료에서 차지하는 비중이 50%라고 가정하면, 홈쇼핑 시청자가 10,000원짜리 상품을 구매했을 때 제조업체가 6,000원, 홈쇼핑업체가 판매수수료로 약 4,000원을 갖게 된다. 홈쇼핑업체는 다시 판매수수료 4,000원 중에서 50%인 2,000원을 방송플랫폼사업자에게 송출수수료로 지불하는 구조가 된다. 결과적으로 홈쇼핑업체에게 돌아가는 수입은 2,000원이 된다. 홈쇼핑업계는 이를 근거로 판매수수료율은 40%이지만 송출수수료 때문에 실질적인 판매수수료는 20%에 불과하고 이는 백화점이나 대형마트 등에 비해 결코 높은 수준이 아니라고 항변한다.

송출수수료가 급증하고 있는 원인을 수요와 공급의 측면에서 분석해볼 수 있다. 먼저 수요의 측면에서 보면 방송채널을 확보해야 하는 경쟁자들의 숫자가 크게 증가하였다. 즉, TV홈쇼핑 채널수가 늘어났을 뿐만 아니라 T커머스 단독사업자 5개사가 2012~2015년에 시장에 진입하면서 좋은 채널을 확보하기 위한 경쟁이 심화되었다. 공급의 측면에서 보면 IPTV 업체의 위세가 강대해지면서 홈쇼핑업체의 협상력이 크게 약화되었다. IPTV의 위세가 커진 것은 무엇보다 가입자수가 종합유선방송국이나 위성방송업체의 가입자수를 압도할 만큼 빠른 속도로 증가하였기 때문이다. 여기에 2020년에 IPTV 2위와 3위 업체인 SK브로드밴드와 LGU+가 각각 케이블TV MSO 2위와 1위 업체인 티브로드와 CJ헬로비전을 인수하면서 IPTV 3개 업체(KT, SK브로드밴드, LGU+)가 전체 유료방송시장의 70%를 장악하게 된 것도 IPTV 업체의 협상력을 키우는데 기여했다고 할 수 있다. 힘이 IPTV 쪽으로 기울면서 자연히 송출수수료에서 IPTV가 차지하는 비중이 점점 커지고 있다. 더욱이 SK그룹의 SK브로드밴드는 IPTV 업체인 동시에 2위의 MSO인 티브로드를 인수한데다가 T커머스 업체인 SK스토아까지 가지고 있다. KT도 IPTV, 위송방송(스카이라이프) 등의 매체와 함께 T커머스 업체인 K쇼핑까지 가지고 있다([표 4-44] 참조). 즉, 이 두 그룹은 매체사와 T커머스 업체를 동시에 보유하고 있기 때문에 산하의 T커머스 업체를 활용하여 송출수수료를 올려도 그룹 내부적으로는 관계사들 간에 돈을 주고받는 것이기 때문에 큰 문제가 되지 않지만 매체사를 가지고 있지 않은 홈쇼핑회사에게는 큰 타격이 될 수밖에 없다([글 4-9] 참조).

표 4-44 3대 방송플랫폼사업자의 매체사 및 홈쇼핑업체 보유 현황

구분	매체사						홈쇼핑업체
	종합유선방송		위성방송		IPTV		
	운용사	브랜드	운용사	브랜드	운용사	브랜드	
KT	-		KT스카이라이프	스카이라이프	KT	올레TV	K쇼핑
LG그룹	LG헬로비전	헬로TV	-		LGU+	U+tv	
SK그룹	SK브로드밴드	Btv 케이블	-		SK브로드밴드	Btv	SK스토아

시기적으로 보면 2015년에는 종합유선방송국이 송출수수료를 가장 많이 차지하였고(73.8%), 그 다음으로 IPTV업체(16.7%), 위성방송업체(9.6%)였으나, 2019년에는 IPTV가 49.6%로 수위를 차지하고, 종합유선방송국이 41.8%, 위성방송국이 9.6%를 차지했다([표 4-45] 참조).

표 4-45 매체별 송출수수료

(단위 : 원)

구분	2014	2015	2016	2017	2018	2019
종합유선방송	7,630억	7,714억	7,671억	7,561억	7,567억	7,468억
위성방송	1,000억	1,229억	1,522억	1,642억	1,741억	1,746억
IPTV	1,754억	2,404억	3,368억	4,890억	7,127억	9,064억
합계	1조 384억	1조 1,347억	1조 2,561억	1조 4,093억	1조 6,435억	1조 8,278억

글 4-9 홈쇼핑업체와 IPTV 사업자

1,000원짜리 상품을 TV홈쇼핑을 통해 팔았다고 가정해보자. 홈쇼핑업체가 챙기는 판매수수료는 287원. 나머지 713원은 납품업체의 몫으로 돌아간다. 홈쇼핑업체는 벌어들인 287원에서 송출수수료로 153원을 내고 제품의 물류와 콜센터 등의 비용으로 102원을 쓴다. 다 떼고 남은 32원. 홈쇼핑사가 챙기는 진짜 이익이다. 판매수수료 중 50% 이상이 KT, LG유플러스, SK브로드밴드 등 IPTV 사업자에게 지급하는 송출수수료로 나간다. 중소 납품업체에게 홈쇼핑이 '갑'이라면 IPTV 사업자는 '슈퍼갑'이란 지적이 나오는 이유다.

납품업체 위에 홈쇼핑업체가 있다면 그런 홈쇼핑업체를 쥐고 흔들 수 있는 위치에 IPTV 사업자가 있는 구조다. 납품업체에게는 홈쇼핑업체가 주요 판매 창구가 되고 홈쇼핑업체는 채널 장사 권한을 갖고 있는 IPTV 사업자에게 기댈 수밖에 없다. 이 과정에서 자연스럽게 '갑-을 관계'가 형성된다. 관련업계에 따르면 홈쇼핑업체는 자사 이익의 5배에 달하는 금액을 송출수수료로 지불하고 있다.

GS · CJ · 롯데 · 현대 · NS · 홈앤 · 공영쇼핑 등 국내 주요 7개 홈쇼핑사의 송출수수료는 2014년 처음으로 1조원(1조 454억원)을 넘어선 뒤 매년 증가했다. T커머스(T-commerce) 5개 기업까지 더할 경우 송출수수료는 2015년 1조 1,445억원, 2016년 1조 2,535억원, 2017년 1조 3,874억원, 2018년 1조 6,337억원, 2019년 1조 7,500억원 등으로 매해 평균 8%대 인상률을 보였다.

방송 매출액 대비 송출수수료 비중도 점차 상승하고 있다. 2014년 31.8%이던 이 비중은 2018년 48.7%까지 커졌다. 2019년에는 처음으로 이 비중이 50%를 넘긴 것으로 추산된다. 홈쇼핑이 1만원을 벌면 그 중에 5,000원 이상이 송출수수료로 나가는 셈이다. IPTV 사업자가 송출수수료로 챙기는 돈은 그만큼 많아졌다. IPTV 사업자의 매출액 중 홈쇼핑 송출수수료 매출액이 차지하는 비중은 2018년 7,127억원으로 2017년의 4,890억원보다 45.7% 급증했다. 더 큰 문제는 올해 IPTV 사업자인 SK브로드밴드와 LG유플러스가 각각 MSO인 티브로드와 CJ헬로비전을 인수하면서 IPTV의 시장 지위가 더 확고해졌다는 것이다. 실제 유료방송 시장에서 KT 21%대, SK브로드밴드 14%대, LG유플러스 12%대 등의 점유율을 보이고 있다. 여기에 9.6% 점유율인 티브로드가 SK브로드밴드에, 12.6%의 CJ헬로가 LG유플러스 품에 각각 안기면서 IPTV 3사는 전체 유료방송 시장의 70%를 점유하는 절대강자로 떠올랐다. 업계는 IPTV의 지위가 더 커지면서 매년 진행되는 송출수수료 협상을 우려하고 있다. 가뜩이나 부르는 게 값인 상황에서 '슈퍼갑'이 3사로 늘어나 더 '을'의 위치가 될 수밖에 없다는 지적이다.

자료 : 머니S, "TV홈쇼핑 …'갑' 판매수수료 위 '슈퍼갑' 송출수수료," 2020년 6월 15일

과도한 판매수수료를 없애기 위해서는 홈쇼핑 채널의 수를 늘려야 한다는 제조업체들의 주장에 대해서 홈쇼핑업체와 일부 전문가들은 홈쇼핑 채널의 증가는 S급 채널 확보를 위한 홈쇼핑업체들 간의 경쟁을 더 격화시켜 송출수수료를 더 높게 만들고, 홈쇼핑업체는 송출수수료의 부담을 판매수수료를 높임으로써 제조업체에게 전가하며, 결국에는 가격인상으로 소비자의 부담이 증가하기 때문에 홈쇼핑 채널의 수를 증가시키는 것은 판매수수료에 대한 적절한 정책방안이 될 수 없다고 주장한다. 결론적으로 판매수수료와 송출수수료의 문제는 밀접하게 연관되어 있기 때문에 송출수수료 문제의 해결 없이는 판매수수료 문제의 원만한 해결은 요원할 것으로 보인다.

6. TV홈쇼핑 업체의 MD의 역할

TV홈쇼핑은 대중매체를 활용하여 제한된 시간에 특정 상품을 판매하는 것이기 때문에 오프라인이나 인터넷에서와는 확연히 다른 상품개발이 이루어져야 한다. 오프라인에서 잘 팔리는 제품이라 하더라도 가격경쟁력을 확보하고 상품을 차별화하기 위해서는 포장단위를 바꾼다거나 포장을 단순화하는 등의 방법을 통해 다른 채널의 제품과 차별화되면서 가

격경쟁력을 확보할 수 있는 홈쇼핑 전용상품을 개발해야 한다. 이와 더불어 방송이 이루어지기 위해서는 방송콘셉트 설정, 영상물 제작, 방송소품 확보, 쇼호스트 선정 등의 업무가 이루어져야 한다. 홈쇼핑업체의 MD(Merchandiser, 상품기획자)가 바로 이러한 업무들을 수행한다. 즉, MD는 방송상품 선정, 상품기획 및 개발, 방송프로그램 제작 및 진행 등 홈쇼핑의 전 과정을 책임지는 역할을 수행한다([그림 4-13] 참조).

그림 4-13 ▌홈쇼핑업체 MD의 역할

MD는 이러한 과정에서 상품을 공급하는 제조업체와 상품개발, 생산, 재고관리, 상품배송, 반품처리 등에 대해 논의하게 된다. 그런데 앞에서 언급한 바와 같이 홈쇼핑에 대한 전문성과 자체적인 조직을 가지고 있지 못한 제조업체는 이러한 업무를 스스로 수행하기보다는 TV홈쇼핑 전문벤더사에 의뢰하여 수행하도록 하는 것이 일반적이다. 벤더사는 상품에 대한 전문성을 가지고 있어야 성공적으로 사업을 전개할 수 있기 때문에 특정 카테고리(예를 들어 식품, 생활용품, 가전, 의류 등)에 특화하는 것이 일반적이다.

Chapter 05 프랜차이즈

제 1 절 프랜차이즈의 개념

프랜차이즈(franchise, 가맹사업거래)는 가맹사업을 전개하는 가맹본부(franchisor)가 가맹점사업자(franchisee)에게 브랜드사용권, 경영노하우, 교육훈련, 상품판매권, 상품(원부자재 포함), 시설 및 장비, 인테리어 등을 제공하고 이에 대한 대가로 가맹점사업자로부터 가맹비(가입비), 교육비, 보증금, 로열티, 광고비, 인테리어비용, 시설・장비비용, 상품판매대금 등을 수령하는 형태의 사업방식을 의미한다([그림 5-1] 참조).

그림 5-1 ▌프랜차이즈의 개념

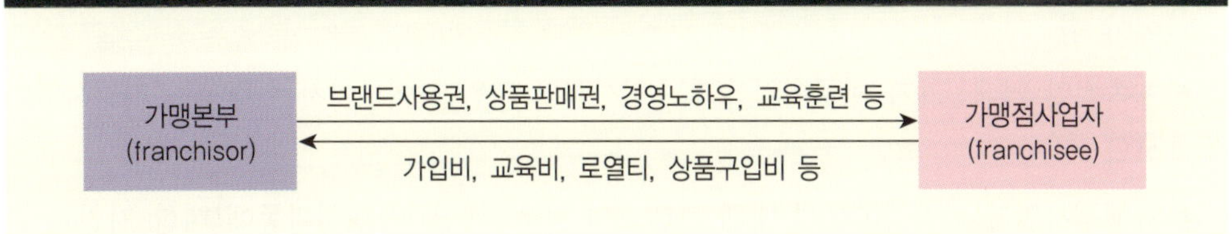

가맹사업법(가맹사업거래의 공정화에 관한 법률)에서는 가맹금을 '가맹점사업자가 가맹점 운영권을 취득하거나 유지하기 위하여 가맹본부에 지급하는 모든 대가'로 정의하고 있으며, 따라서 가맹희망자 및 가맹점사업자가 가맹본부에 지급하는 모든 비용이 가맹금에 포함될 수 있다. 가맹금을 구성하는 비용 가운데 가맹비는 가입비, 교육비, 보증금 등 가맹점을 개설할 때 소요되는 모든 비용을 포괄하는 개념으로 사용되기도 하지만, 본서에서는 공정거래위원회의 분류기준에 따라 가입비만을 의미하는 것으로 사용한다. 가맹본부와 가맹점사업자와의 관계는 프랜차이즈 계약에 의해 이루어진다.

프랜차이즈 계약을 맺을 때의 계약기간은 2년, 계약 연장에 따른 연장기간은 1~2년이 가장 보편적이다. 프랜차이즈 컨설팅 기업인 맥스컨설팅이 2019년도의 매출액이 2조원 이상인 브랜드를 제외한 6,847개 브랜드를 대상으로 조사한 자료에 따르면 평균 계약기간은 2.2년, 연장기간은 1.5년인 것으로 나타났다. 그렇지만 동일 업종 내에서도 계약기간이 1년인 가맹본부가 있는가 하면 20년인 가맹본부도 있다. 가맹점주의 입장에서는 인테리어 등에 사용한 투자금의 회수와 안정적인 경영권의 확보를 위해 계약기간과 연장기간이 길수록 유리하고, 가맹본부의 입장에서는 가맹점을 통제하기 위해 계약기간과 연장기간이 짧을수록 유리한 측면이 있다. 가맹사업법(가맹사업거래의 공정화에 관한 법률)에 따르면 가맹점주는 최초 가맹계약기간을 포함한 전체 가맹계약기간이 10년을 초과하지 않는 범위 내에서 계약갱신요구권을 행사할 수 있다.

프랜차이즈 계약은 전형적인 부합계약(附合契約)으로, 가맹희망자는 가맹본부가 일방적으로 제시하는 계약내용의 수용 여부만을 결정할 수 있을 뿐 계약내용의 수정을 요구할 수는 없다.

프랜차이즈에 대한 감독기관인 공정거래위원회는 프랜차이즈의 성립요건으로 다음과 같은 5가지 사항을 들고 있다.

- 가맹본부가 가맹점사업자에게 영업표지(브랜드)의 사용을 허가하여야 함
- 가맹점사업자는 가맹본부가 정한 일정한 품질기준이나 영업방식에 따라 상품이나 서비스를 판매하여야 함
- 가맹본부는 가맹점사업자에 대해 경영 및 영업활동에 대한 지원, 교육, 통제를 수행하여야 함
- 계속적인 거래관계가 이루어져야 함. 일시적인 지원만 이루어지는 경우는 가맹사업이 아님
- 가맹점사업자는 가맹본부에 대해 브랜드의 사용, 경영 및 영업활동에 대한 지원과 교육 등에 대한 대가로 가맹금을 지급하여야 함

그런데 이러한 프랜차이즈의 개념은 전속대리점의 개념과 매우 유사하다. 우리나라의 자동차제조업체, 가전제품제조업체, 보험회사, 가공식품제조업체, 생활용품제조업체 등 전속대리점체제를 갖추고 있는 업체들도 브랜드 사용권과 상품 혹은 서비스의 판매권을 부여함은 물론, 대리점 담당 영업사원이나 본사 차원의 교육훈련프로그램을 통해 교육훈련, 경영노하우 등을 제공하고 일정한 수준의 통제를 한다. 이렇게 보면 프랜차이즈 방식과 전속대리점 방식 간에는 차이가 없는 것으로 보이지만 위에서 언급한 다섯 번째 항의 가맹금부문

에서는 차이가 있다. 즉, 프랜차이즈 방식에서는 가맹본부가 가맹점사업자로부터 가입비, 로열티, 교육비 등 다양한 명목의 가맹금을 수취하지만, 대리점 방식에서는 가맹금의 개념은 판매대금 회수를 위한 보증금 정도에 불과하다. 즉, 프랜차이즈 방식에서는 가맹본부의 수입이 가맹점사업자로부터의 가맹금에 의존하지만, 대리점 방식에서는 업체의 수입은 전적으로 대리점 대상의 판매실적에 의존한다.

글 5-1 프랜차이즈의 기원

프랜차이즈는 1858년 미국의 기계발명가인 아이작 싱어(Issac Singer)에 의해 시작되었다. 당시 싱어는 많은 연구와 노력을 기울인 끝에 재봉틀을 개발하였지만, 대량생산에 드는 비용의 조달, 전국적인 판매시스템의 구축, 재봉틀 사용법의 보급 방안 등으로 인해 고민이 가득하였다. 이를 해결하기 위해 재봉틀 사용법을 가르치기 위한 직원을 지역에 파견하는 것과 함께 해당 지역 사업자들에게 판매권한을 위임하는 아이디어를 생각하기에 이르렀다. 그 결과 싱어의 재봉틀은 단기간에 시장에 안착하여 많은 판매실적을 올리게 되었다. 싱어의 이와 같은 사업모델은 다른 사업자들에 의해 채용되면서 많은 성과를 올리며 급속하게 확장되었다. 이 당시의 프랜차이즈는 가맹본부와 가맹점들의 사이에 자율성에 대한 명확한 규정이 존재하지 않아서 같은 브랜드명을 공유하는 단순한 형태였다. 그러니 1950년대 이후 소비붐과 함께 외식산업이 확장되면서 동일한 브랜드의 동일한 맛이라는 개념이 자리를 잡게 되어 오늘날과 같은 형태의 품질 및 서비스의 통일성이 시작되었다. 프랜차이즈는 미국에서 탄생하여 전 세계적으로 확장되는 과정에서 우리나라에도 1970년대 말에 도입되었다.

자료 : 강기석 · 이종익 · 김성민 · 박남규(2012), 성공 프랜차이즈 컨설팅 노트, 북랩, 25-26.

제2절 프랜차이즈 시장 개관

우리나라의 프랜차이즈 사업은 1979년 커피전문점 난다랑과 패스트푸드점 롯데리아가 영업을 개시하면서 시작된 이후, 외식업, 서비스업, 도소매업 등의 다양한 분야에서 빠른 속도로 성장하고 있다. 통계청의 '프랜차이즈 통계'에 따르면 2019년을 기준으로 전체 프랜차이즈 가맹점의 매출액은 약 75조원에 달하였고, 전체 종사자수는 약 85만 명에 달했다. 물류, 인테리어, 식품가공, 광고, 정보기술 등 프랜차이즈 사업을 지원하는 사업들까지 포함하면 프랜차이즈 사업의 경제적 파급효과는 가맹점 총매출액의 2배 이상이 될 것으로 추정되고 있다.

[표 5-1]은 2014~2020년의 가맹본부수, 브랜드수, 가맹점수 등을 나타내고 있다. 이 기간 동안 가맹본부수와 브랜드수는 모두 60% 이상 증가하였으며, 2020년 현재 가맹본부수는 5,652개, 브랜드수는 7,094개에 이르고 있다. 그러나 같은 기간 동안 가맹점수의 증가율은 33.3%로 가맹점본부수 및 브랜드수의 약 2분의 1 수준에 머물렀다. 이러한 수치는 가맹본부당 가맹점수가 지속적으로 감소하고 있다는 것을 의미한다. 즉, 2014년에 55.8개이던 가맹본부당 가맹점수는 2020년에는 45.8개로 감소하였다. 이는 프랜차이즈 사업을 시작하는 업체는 지속적으로 늘어나고 있는 반면, 가맹점의 유치는 점점 더 힘들어지고 있는 현실을 반영하고 있다.

표 5-1 연도별 가맹본부수, 브랜드수, 가맹점수 (단위 : 개)

구분	2014	2015	2016	2017	2018	2019	2020 (2014년 대비 증감률)
가맹본부수	3,482	3,910	4,268	4,631	4,882	5,175	5,652(162.3%)
브랜드수	4,288	4,844	5,273	5,741	6,052	6,353	7,094(165.4%)
가맹점수*	194,199	208,104	218,997	230,955	243,454	254,040	258,889(133.3%)
가맹본부당 가맹점수	55.8	53.2	51.3	50.0	49.9	49.1	45.8

* 가맹점수에 직영점수는 포함되어 있지 않음.

자료 : 공정거래위원회, 가맹사업홈페이지>가맹사업소개>가맹사업통계정보
공정거래위원회, "공정위, 2020년도 가맹사업 현황 발표," 보도자료, 2021년 3월 4일

[표 5-2]는 2020년을 기준으로 가맹본부와 가맹점이 업종별로 어떻게 분포되어 있는지를 나타내고 있다. 외식업, 서비스업, 도소매업의 세 업종 가운데 외식업(치킨, 한식, 커피, 제과제빵, 피자 등)이 가맹본부수에서는 74.5%의 압도적인 비중을 점하고 있지만 가맹점수에 있어서는 그보다 훨씬 적은 49.9%를 점하고 있다. 반면에 서비스업(외국어교육, 교과교육, 이미용, 세탁 등)과 도소매업(편의점, 화장품, 식품, 농수산물 등)의 경우에는 가맹본부수가 차지하는 비중(각각 19.7%와 5.8%)보다 가맹점수가 차지하는 비중(각각 27.6%와 22.5%)이 훨씬 더 큰 것으로 나타났다. 이로 인해 가맹본부당 가맹점수가 외식업의 경우에는 30.7개에 불과한 반면, 서비스업은 64.2개, 그리고 도소매업은 176.6개에 달하였다. 즉, 외식업 가맹본부가 가장 영세하고, 서비스업 가맹본부가 그 중간이며, 도소매업 가맹본부가 가장 규모가 큰 것으로 분석되었다. 도소매업의 가맹본부당 가맹점수가 압도적으로 높은 주된 이유는 편의점 상위 5개 가맹본부(GS25, CU, 세븐일레븐, 이마트24, 미니스톱)의 가맹점수(44,360개)가 도소매업 전체 가맹점수(58,287개)에서 과반이 훨씬 넘는 76.1%를 점하고 있기 때문이다. 가맹본부의 수에서 외식업이 차지하는 비중이 너무 높다는 것에 대

해 우려의 목소리가 많다. 즉, 외식업은 상대적으로 창업이 수월하지만 시장포화로 인해 부침이 심하고 부가가치가 낮기 때문에 선진국과 같이 고부가가치를 창출할 수 있는 지식서비스산업으로 확대되어야 한다는 점이 지적되고 있다.

표 5-2 2020년 업종별 가맹본부수/가맹점수 및 가맹점당 매출액 (단위 : 개, %)

구분	외식업	서비스업	도소매업	전체
가맹본부수	4,208(74.5)	1,114(19.7)	330(5.8)	5,652(100)
가맹점수	129,126(49.9)	71,476(27.6)	58,287(22.5)	58,889(100)
가맹본부당 가맹점수	30.7	64.2	176.6	45.8

[표 5-3]은 2020년 말 현재 가맹점수 기준의 상위 20개의 프랜차이즈 브랜드를 보여주고 있다. 상위 4개 브랜드를 모두 편의점이 차지하고 있다. 업종별로 보면 외식업이 5개, 서비스업이 9개, 도소매업이 6개를 차지하고 있다.

표 5-3 2020년 가맹점수 기준 Top 20 프랜차이즈 (단위 : 개)

순위	브랜드	업종	가맹점수
1	GS25	편의점	13,818
2	CU	편의점	13,731
3	세븐일레븐	편의점	9,870
4	이마트24	편의점	4,360
5	파리바게뜨	제과제빵	3,380
6	이디야커피	커피	2,651
7	크린토피아	세탁	2,634
8	미니스톱	편의점	2,581
9	해법공부방	교과교육	2,573
10	셀파수학교실	교과교육	2,233
11	해법영어교실	외국어교육	2,154
12	온누리약국	약국	1,947
13	뮤엠영어	외국어교육	1,925
14	셀파우등교실	교과교육	1,696
15	BBQ	치킨	1,604
16	BHC	치킨	1,518
17	한솔플러스수학교실	교과교육	1,460
18	베스킨라빈스	아이스크림	1,396
19	삼성영어	외국어교육	1,386
20	블루핸즈	자동차정비	1,372

제3절 가맹사업의 성공요인

한 기업이 가맹본부로서 성공적으로 가맹사업을 전개하기 위해서는 경쟁력을 갖춘 상품의 개발, 운영시스템의 구축, 우수한 가맹점 개발인력과 입지상권분석모델의 보유, 브랜드 인지도의 제고, 지속적인 가맹점 지원 등과 같은 여러 가지 요인들을 갖추어야 한다. 이러한 요인들은 가맹희망자의 입장에서는 가맹본부를 선별하는 요인도 될 수 있다.

그림 5-2 ▎가맹사업 성공요인

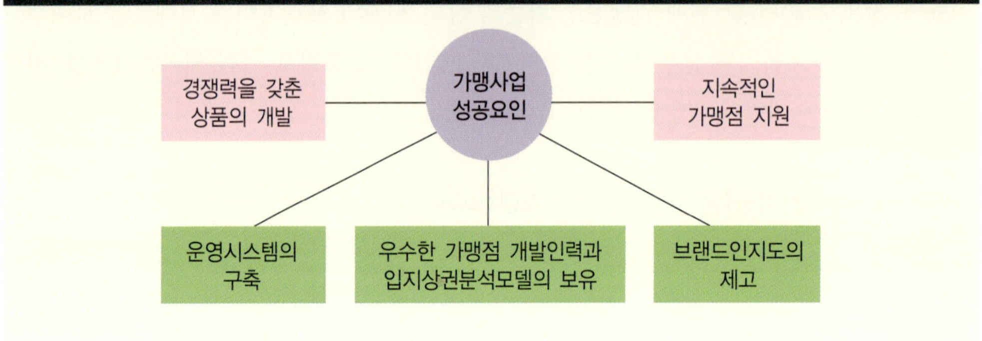

1. 경쟁력을 갖춘 상품의 개발

가맹사업을 전개하기 위해서는 경쟁력 있는 상품을 개발하여야 한다. 즉, 시장세분화를 통해 목표고객을 선정하고 목표고객의 니즈에 부응할 수 있는 브랜드이미지를 정한 후, 이를 구현시킬 수 있는 상품을 개발하는 것이 가장 기본적이면서도 가장 중요한 성공요인이다. 이를 위해서는 무엇보다 소비자의 트렌드가 어떻게 변화하고 있는지에 대한 면밀한 분석이 이루어져야 한다. 또한 상품개발은 한 번으로 끝나는 것이 아니라 끊임없는 개선이 이루어져야 한다. 왜냐하면 소비자의 트렌드는 계속 변화하고 있고, 경쟁사들도 이러한 트렌드의 변화에 부응하기 위해 노력하고 있기 때문이다.

소매업 가맹사업의 경우에는 양질의 다양한 상품을 경쟁력 있는 가격에 확보할 수 있는 루트를 개발하는 것이 중요하다. 즉, 소매업 가맹본부는 도매상으로서의 역할을 하는 것이기 때문에 제조업체 직거래, 물류센터 구축, 계약생산, 해외상품 수입, PB상품의 개발 등을 통해 우수한 품질의 상품을 경쟁력 있는 가격에 조달할 수 있어야 한다. 또한 적정한 물량의 상품을 적기에 공급하는 것도 매우 중요하다. 왜냐하면 상품이 제때 공급되지 않아 결품이 발생하면 판매기회를 상실하게 되고, 상품이 팔리지 않으면 재고비용이 증가하기 때문이다. 최근에는 편의점, 균일가샵, SSM, 원브랜드샵 등의 소매업 가맹본부들이 PB상품의 개발에 적극 나서고 있다. 편의점의 경우 2020년을 기준으로 CU, 세븐일레븐, GS25 등 편의점 빅3의 PB상품 매출비중은 약 35%에 이르고 있다. 현재 편의점에서 판매되고 있는 도시락, 삼각김밥, 샌드위치 등의 간편식은 대부분 PB상품으로 운영되고 있다.

2. 운영시스템의 구축

가맹본부는 성공적인 가맹사업의 전개를 위해서 가맹점 모집, 교육훈련, 배송 및 물류, 매장 인테리어, 접객 및 고객관리, 매출 및 재고관리, 가맹점 직원관리, 가맹점 평가, 광고 및 홍보 등 다양한 부문에 대한 운영시스템을 갖추고 있어야 한다. 가맹사업은 모든 가맹점이 동일한 상품을 동일한 조건하에서 소비자에게 제공하여야 하기 때문에 가맹사업 전개 이전에 운영시스템을 확립하는 것은 매우 중요하다. 또한 이러한 운영시스템은 매뉴얼(manual)로 만들어져야 한다. 따라서 가맹사업의 성공가능성은 실현가능하면서도 완성도가 높은 매뉴얼을 갖추고 있는지의 여부에 의해서도 판단될 수 있다. 가맹본부와 관련한 매뉴얼로는 경영관리 매뉴얼, 가맹점모집 매뉴얼, 교육훈련 매뉴얼, 광고홍보 매뉴얼, 점포관리 매뉴얼, 물류배송 매뉴얼 등을 들 수 있고, 가맹점과 관련한 매뉴얼로는 상품관리 매뉴얼, 고객서비스 매뉴얼, 고객관리 매뉴얼, 점포경영 매뉴얼 등을 들 수 있다. 가맹점관련 매뉴얼은 가맹점에게도 제공되는데, 이러한 매뉴얼은 가맹본부가 가맹점에 제공하는 노하우의 중요한 부분이 된다.

3. 우수 가맹점개발 인력과 입지상권분석모델의 보유

가맹사업이 성공적으로 이루어지기 위해서는 많은 수의 가맹점을 개설하여야 한다. 이는 가맹점의 수가 늘어날수록 규모의 경제가 작용하면서 가맹본부의 수익성이 증가하기 때문이다. 그런데 가맹점의 수를 늘리기 위해서는 개설되는 가맹점들의 수익을 증가시키는 것이 중요하고, 가맹점들의 수익을 증가시키기 위해서는 기업가정신이 투철한 우수한 가맹점 사업자를 확보할 수 있어야 하며, 또한 우수한 상권과 입지를 선별할 수 있어야 한다. 이를 위해서는 가맹본부가 우수한 '가맹점 개발인력'과 이들을 뒷받침할 수 있는 전산시스템을 보유하고 있어야 한다. 가맹점 개발인력은 우수한 가맹희망자를 발굴하고, 사업설명회 등을 통해 가맹희망자를 대상으로 수익모델이나 브랜드 등에 대해 상담을 하며, 상권 및 입지분석을 통해 수익을 창출할 수 있는 장소에 가맹점이 개설될 수 있도록 하는 역할을 수행한다. 우수한 가맹점 개발인력과 더불어 이들을 지원할 수 있는 입지상권분석모델을 보유하고 있어야 한다. 감에 의존하는 주먹구구식의 분석이 아니라 업종에 맞는 입지상권분석모델을 이용하여 객관적인 자료에 바탕을 둔 점포선정을 할 수 있어야 한다.

4. 브랜드인지도의 제고

가맹본부의 상호와 브랜드를 널리 알리는 것은 가맹점사업자의 모집을 위해서는 물론 가맹점의 영업활성화를 위해서도 매우 중요하다. 브랜드인지도 제고를 위한 활동은 가맹희망자를 대상으로 하는 활동과 일반소비자를 대상으로 하는 활동으로 나누어질 수 있다. 가맹희망자를 대상으로 하는 주요 활동으로는 사업설명회 개최, 창업박람회 참가, 퍼블리시티(publicity, 홍보기사 게재), 창업사이트 광고 등이 있으며, 일반소비자를 대상으로 하는 활동으로는 대중매체 광고, 온라인 프로모션, 각종 이벤트, 인쇄물 배포 등이 있다. 대중매체 광고는 일반소비자 대상의 인지도 제고와 가맹희망자 모집을 동시에 달성할 수 있는 방향으로 집행될 수 있다.

그러나 가맹사업을 시작하는 가맹본부의 경우에는 아직 수입이 창출되고 있는 것은 아니기 때문에 브랜드인지도 제고를 위해 많은 자금을 투자하기가 어렵다. 이러한 경우에는 가맹사업 초기부터 구전마케팅을 강화할 수 있는 전략을 세우는 것이 바람직하다. 일반소비자를 대상으로는 홈페이지 운영, 소셜네트워크마케팅, 이벤트 프로모션 등을 통해 지속적으로 커뮤니케이션을 하면서 자사에 대한 로열티를 강화하고, 이를 통해 긍정적 구전이 활발하게 이루어질 수 있도록 하는 것이 바람직하다. 가맹희망자를 대상으로는 기존 가맹점사업자의 만족도 제고를 위한 활동을 적극적으로 전개함으로써 이들이 주변의 가맹희망자들에게 자신이 소속되어 있는 가맹본부를 소개시킬 수 있도록 하는 것이 바람직하다. 성공적으로 가맹사업을 전개하고 있는 한 치킨전문점 가맹본부는 단 한 번의 사업설명회도 개최하지 않았지만, 약 850개의 가맹점 중에서 90% 이상을 만족한 기존 가맹점사업자들의 소개를 통해 개점할 수 있었다.

5. 지속적인 가맹점 지원

가맹점에 대한 지속적인 지원은 가맹사업의 활성화를 위한 필수적인 사항이다. 가맹본부는 대개 지속적인 가맹점 지원을 위해 가맹점관리 전담직원들을 두고 있다. 이들은 통상적으로 10개 내외의 가맹점을 전담하면서 상품구색, 재고관리, 매장진열, 직원관리, 판촉행사 등에 대한 컨설팅서비스를 제공한다. 또한 가맹본부는 전반적인 시장상황, 인근 상권의 변화, 업종 내의 주요 트렌드 등에 대한 정보를 체계적으로 수집하고 분석하여 내부 정보시스템, 정기적인 미팅, 정기적인 교육프로그램을 통해 가맹점에 전달한다.

제4절 가맹본부의 수입원천

가맹본부의 수입은 가맹점사업자로부터의 가입비, 보증금, 교육비, 로열티, 상품(원부자재 포함)판매금 등으로 구성된다. 이 가운데 가입비와 보증금은 영업개시 이전에 한 번 받는 금액이고 로열티와 상품판매금은 영업과정에서 지속적으로 받는 금액이다. 교육비는 영업개시 이전에는 물론 영업이 지속되는 과정에서도 받을 수 있다.

1. 영업개시 이전의 수입

가맹본부가 가맹점이 영업을 개시하기 이전에 획득할 수 있는 수입은 가입비, 교육비, 보증금 등이다. 가입비는 가맹희망자가 가맹점을 열기 위해 가맹본부에 납부하는 초기 투자비용으로 가맹본부가 사업모델 개발, 상품개발, 교육프로그램 개발, 가맹점 지원시스템 구축, 브랜드이미지 제고, 가맹점 입지선정 등을 위해 지출한 비용을 보전시켜주는 의미를 지닌다. 교육비는 서비스제공 방법, 매장운영 노하우 등에 대한 강습비용으로 교육소요시간, 재료비, 연수원 사용료 등을 고려해 책정된다. 보증금은 상품대금 지급, 부동산 임대료 지급, 광고 및 판촉분담금 지급 등 프랜차이즈 계약에 규정된 사항들이 제대로 이행되지 않았을 때를 대비한 금액이다. 이 가운데 보증금은 폐점 시 돌려받지만 가입비와 교육비는 반환되지 않는다. 가입비의 규모는 가맹본부의 브랜드 파워나 전략에 따라 큰 차이를 보인다. 즉, 브랜드 파워가 약할수록, 공격적인 점포확대를 도모할수록 가입비는 적어지며, 반대로 브랜드 파워가 강할수록, 선별적인 점포전략을 도모할수록 가입비는 많아진다. 이러한 이유로 같은 업종에서도 가입비는 매우 큰 차이를 보인다.

2. 영업개시 이후의 수입

가맹점이 영업을 개시한 이후의 가맹본부의 수입은 로열티와 상품(원부자재 포함)판매 수익금 등으로 구성된다. 로열티는 가맹본부가 가맹점에게 브랜드사용권, 경영노하우, 상품판매권 등을 제공하면서 받는 대가를 의미한다. 가맹본부는 로열티를 통해 안정적으로 수입을 올릴 수 있고, 가맹점에 대한 지원을 강화할 수 있으며, R&D 투자를 통해 경쟁력을 강화시켜 나갈 수 있지만, 이로 인해 로열티를 지불하는 가맹점의 요구사항이 많아질 수 있고, 로열티에 대한 부담으로 인해 가맹점 모집이 어려워질 수 있다. 로열티는 매출액의 일정비율로 정해지는 경우가 가장 많지만 매월 혹은 매년 고정금액으로 책정되기도 한다.

제5절 프랜차이즈의 장 · 단점

프랜차이즈의 장·단점은 가맹본부와 가맹점사업자의 두 가지 관점에서 살펴볼 수 있다. 가맹본부 관점의 장·단점은 해당 업체가 직영점체제를 운영하는 경우와의 비교를 통해 살펴볼 수 있으며, 가맹점사업자 관점의 장·단점은 해당 자영사업자가 독자적으로 점포를 개설할 때와의 비교를 통해서 살펴볼 수 있다.

1. 가맹본부 관점의 장 · 단점

1.1 장점

1.1.1 빠른 속도의 성장 견인

가맹사업을 전개하는 기업이 매장을 늘려나가는 방법은 가맹점을 모집하는 방법도 있지만, 직영점을 개설해 나가는 방법도 있다. 직영점은 본사의 전략이나 정책이 일사불란하게 이루어질 수 있다는 장점은 있지만 많은 자원을 필요로 하기 때문에 빠른 성장을 도모하기는 어렵다. 점포수의 확대는 가맹사업의 성공적인 전개를 위해서는 매우 중요하다. 왜냐하면 점포수가 많을수록 본사의 고정비가 분산되어서 점포당 운영비용을 줄일 수 있고, 안정적인 수입원을 확보할 수 있으며, 많은 물량의 구입을 바탕으로 원부자재나 상품을 공급하는 업체에 대한 협상력을 높일 수 있기 때문이다. 패스트푸드부문의 세계적인 프랜차이즈인 맥도날드와 버거킹이 우리나라의 토종 프랜차이즈인 롯데리아에게 밀리는 이유 중의 하나도 직영점을 고수해 왔기 때문이라는 점이 지적되고 있다.

1.1.2 기업가정신이 투철한 점포운영자의 확보

기업이 직영점을 운영하기 위해서는 직원을 선발하여 배치하게 되는데, 통상적으로 직원에 대한 보상은 고정급으로 이루어지며, 영업실적에 대한 정기적인 실적평가는 연봉이나 승급·승진에 반영된다. 직원은 적어도 일정기간 동안은 단기실적과는 관계없이 고용과 급여가 보장되기 때문에 모든 직원들이 기업가정신을 가지고 최선을 다해 점포를 운영해 나가기를 기대하기는 어렵다. 이에 반해 가맹점사업자는 영업실적이 자신의 수입과 직결되기 때문에 대부분이 최선을 다해 점포를 운영한다. 매출을 증진시키기 위한 노력뿐만 아니라 비용을 절약하기 위해서도 노력한다. 따라서 가맹본부는 가맹점사업자에게 기업가정신을 고취시키기 위한 노력을 기울일 필요는 적다고 할 수 있으며, 능력과 자질을 갖춘 유능한 가맹점사업자를 확보할 수만 있으면 성공적인 가맹사업을 전개할 수 있다.

1.1.3 안정적인 재정기반 확보

가맹본부는 가맹사업을 통해 비용을 절약하고 안정적인 수입원을 확보함으로써 안정적인 재정기반을 확보할 수 있다. 직영점을 개설하기 위해서는 인테리어비용, 광고비, 직원임금, 교육비 등을 모두 자체적으로 부담하여야 하지만 가맹사업에서는 임금을 지불할 필요가 없으며, 인테리어비용, 광고비, 교육비 등을 모두 가맹점사업자에게 부담시킬 수 있다. 수입의 측면에서는 가맹본부는 가맹점을 개설할 때 가맹희망자로부터 가입비, 교육비, 보증금 등을 수령할 수 있으며, 사업을 전개하면서 가맹점사업자로부터 로열티, 상품판매대금 등을 수령할 수 있다. 따라서 우수한 품질의 상품이나 서비스를 확보하고 있는 가맹본부는 큰 비용을 들이지 않고 사업을 개시할 수 있으며, 사업을 전개하는 과정에서도 안정적인 수입원을 확보할 수 있다.

1.2 단점

1.2.1 통제력 약화

가맹본부의 입장에서 가맹점사업자는 직영점의 직원에 비해 통제하기가 어렵다. 직영점의 경우에는 직원을 통해 가맹본부의 전략이 일사불란하게 집행될 수 있도록 할 수 있지만, 가맹점사업자는 독립된 자영사업자이기 때문에 강력한 통제력을 발휘하기가 어렵다. 예를 들어 가맹본부가 신제품을 개발하여 의욕적으로 판매하려고 할 때 직영점에서는 미래를 내다보고 신제품의 판매에 진력할 수 있지만, 가맹점사업자는 신제품의 판매가능성이 불확실하다고 판단하면 취급하기조차 주저할 수 있다. 가맹본부의 통제력 약화는 가맹점수가 증가할수록 더 심해질 수 있으며, 통제력 약화로 인한 피해도 그만큼 커진다. 예를 들어 통제력 약화로 인해 일부 가맹점사업자의 돌출행동(예를 들어 외식업 가맹점의 남은 음식 재사용)이 발생하면 모든 가맹점의 매출에 심각한 악영향을 줄 수 있다.

1.2.2 호황 시의 낮은 수익

사업이 부진할 경우에 가맹본부는 손실을 가맹점사업자에게 전가할 수 있다는 장점이 있지만, 반면에 사업이 원활하게 이루어질 경우에는 가맹사업은 직영점을 운영할 때에 비해 벌어들이는 수익이 더 적다. [그림 5-3]은 이러한 현상을 설명하고 있다. 가맹본부는 가맹점 개설에 따르는 고정비용을 부담하지 않기 때문에 가맹점에서 판매가 이루어지면 곧바로 수익이 발생하지만, 직영점을 운영하는 경우에는 상당한 고정비용이 발생하기 때문에 판매

그림 5-3 ▌가맹점 vs 직영점의 수익분석

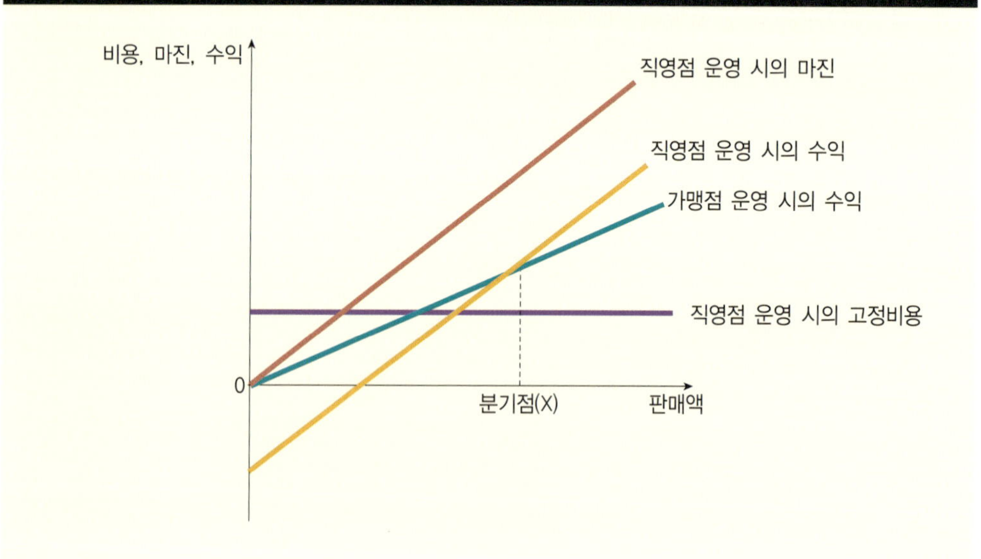

액이 일정수준에 도달할 때까지는 손실을 감수해야 한다. 또한 가맹사업에서는 판매에 따른 마진(margin)을 가맹점사업자와 나누어야 하기 때문에 가맹사업에서의 수익률은 직영점을 운영할 때의 수익률에 비해 적을 수밖에 없다. 따라서 판매액이 증가할 경우 가맹점을 운영할 때의 수익은 직영점을 운영할 때의 수익에 비해 완만하게 증가한다. 이러한 현상이 발생하기 때문에 수익의 관점에서 보면 그림에서 분기점(X)보다 판매액이 적을 때에는 가맹사업이 유리하지만 분기점을 넘어서면 직영점을 운영하는 것이 더 유리하다. 즉, 사업이 호황일수록 가맹사업보다는 직영점을 운영하는 것이 더 많은 수익을 가져다줄 수 있다.

1.2.3 가맹점사업자와의 갈등

가맹본부와 가맹사업자는 동반자 관계에 있으면서도 이해관계의 충돌로 인해 갈등이 발생할 수 있는 소지를 안고 있다. 특히 가맹본부가 가맹점사업자로부터 판매에 따른 로열티를 수령하는 경우에는 이러한 갈등이 더욱 첨예하게 나타난다. 이 경우에 가맹본부는 매출을 많이 발생시키는 것이 수입과 직결되기 때문에 매출을 극대화하기 위해 노력하고, 가맹점사업자는 매출보다는 매출에서 비용을 차감한 수익을 극대화하기 위해 노력한다. 이렇게 양자의 목적이 다르기 때문에 판매상품, 판매촉진, 점포환경개선, 신규 가맹점의 개설 등을 둘러싼 갈등이 발생한다.

- **판매상품** : 판매상품에 있어서 가맹본부는 가맹점사업자가 마진이 적더라도 잘 팔리는 상품에 주력해 주기를 바라지만, 가맹점사업자는 마진이 높은 상품을 판매하는 데 주력하기를 원한다. 이런 과정에서 양자 간에 갈등이 발생할 수 있다. 그래서 많은 가맹본부들이 이러한 갈등을 없애기 위해 매출이 아닌 마진의 일정비율로 로열티를 정하고 있다.
- **판매촉진** : 가맹본부는 가맹점사업자가 쿠폰, 가격할인 등 다양한 판매촉진수단을 동원해서 판매를 증가시킬 수 있도록 독려하지만 비용을 부담하여야 하는 가맹점사업자는 비용을 상쇄할 수 있을 정도로 상품판매가 늘어날 가능성이 적다고 판단되면 판매촉진행사를 하기를 원치 않는다.
- **점포환경개선** : 인테리어 변경 등 점포환경의 개선에서도 가맹본부와 가맹점사업자의 이해관계는 크게 다르다. 가맹본부는 매출증진, 이미지 제고 등을 위해 가맹점사업자가 점포환경개선에 적극 나서주기를 원하지만 비용을 부담하여야 하는 가맹점사업자는 이에 적극적이지 않다. 그래서 가맹본부가 우월적 지위를 악용하여 가맹점사업자에게 인테리어 개선 등을 강요하는 사례들이 발생하기도 한다. 이러한 현상을 방지하기 위해 가맹사업법(가맹사업거래의 공정화에 관한 법률)에서는 가맹본부가 정당한

사유 없이 가맹점사업자에게 점포환경개선을 강요할 수 없도록 규정하고 있으며, 또한 가맹본부가 점포환경 개선에 소요되는 비용을 이전 혹은 확장 여부에 따라 40% 이내의 범위에서 부담하도록 규정하고 있다.

- **신규 가맹점의 개설** : 가맹본부의 입장에서는 가맹점의 수가 많아질수록 더 많은 수익을 올릴 수 있다. 이는 가맹점의 수가 많을수록 전체 가맹점의 총매출이 커지기 때문에 로열티를 더 많이 받을 수 있고, 가맹점에 보다 많은 원자재나 상품을 판매하여 더 많은 수입을 올릴 수 있으며, 또한 공급업체에 대해서는 더 많은 주문물량을 바탕으로 더 싼 가격에 원자재나 상품을 구입할 수 있기 때문이다. 그래서 많은 가맹본부들이 신규 가맹점의 수를 늘리기 위해 혼신의 노력을 기울인다. 그러나 기존 가맹점사업자의 입장은 다르다. 인근에 새로 가맹점이 들어서면 즉각적으로 매출이 대폭 감소하기 때문에 기존 가맹점사업자는 인근에 새로 가맹점이 들어서는 것을 무엇보다 싫어한다. 가맹사업법은 신규 가맹점 개설로 인한 가맹본부와 기존 가맹점사업자와의 갈등을 최소화하기 위해 다음과 같은 내용의 법규를 두고 있다. 즉, 가맹본부는 가맹계약 체결 시 가맹점사업자의 영업지역을 설정하여 가맹계약서에 이를 기재하여야 하고, 가맹계약기간 중 가맹점사업자의 영업지역 안에 자사의 직영점을 설치하거나 가맹점사업자와 유사한 업종의 가맹점을 설치할 수 없으며, 상권의 급격한 변화 등 특정한 사유가 발생하여 영업지역을 변경하고자 할 때는 반드시 가맹점사업자와 합의를 하도록 규정하고 있다. 이러한 규정에 대해 가맹점사업자 단체들은 가맹사업법에는 영업지역을 정할 때 사용할 수 있는 가이드라인이 포함되어 있지 않기 때문에 가맹계약서에 포함될 영업지역을 정할 때 우월적 지위에 있는 가맹본부의 입장이 관철될 수밖에 없다는 의견을 내고 있다.

1.2.4 시장상황의 변화에 따른 대처능력 저하

가맹사업은 가맹점사업자와의 계약에 의해 이루어지고, 다수의 가맹점사업자가 관련되어 있기 때문에 직영점을 운영할 때에 비해 시장상황의 변화에 대처할 수 있는 능력이 떨어진다. 즉, 시장상황의 변화에 부합할 수 있는 새로운 전략을 시행하고자 할 때 이러한 전략으로 인해 손해를 볼 수도 있다고 판단하는 일부 가맹점사업자들이 적극적으로 반대의사를 표명하면 계약사항의 위반이 될 소지가 있기 때문에 새로운 전략을 시행하기가 어려워진다. 즉, 직영점체제에서는 특정 직영점에 불리한 전략이라고 하더라도 전체시스템의 관점에서 바람직하면 추진이 가능하지만, 가맹점체제에서는 개별 가맹점사업자들의 관점이 중시되기 때문에 모든 가맹점사업자가 수용할 수 있는 전략이 아니면 추진이 매우 어렵다. 예를 들어 가맹본부가 고객만족경영의 일환으로 고객이 어느 가맹점에서나 구매한 상품을 반품할 수 있도록 하는 서비스를 도입하고자 할 때 자신의 가맹점에서 판매하지 않은 상품의 반품을 받아주기를 원치 않는 가맹점사업자들이 있다면 이 전략은 원활하게 추진될 수 없다.

2. 가맹점사업자 관점의 장 · 단점

2.1 장점

2.1.1 원활한 사업전개

지명도가 높고 우수한 사업모델을 보유하고 있는 가맹본부를 선택한 가맹점사업자는 자신이 스스로 창업을 하는 것에 비해 훨씬 더 수월하게 사업을 전개할 수 있다. 가맹점사업자는 상품개발, 광고 등의 활동을 수행할 필요가 없고 가맹본부로부터 상품(원부자재 포함)을 경쟁력 있는 가격에 안정적으로 공급받을 수 있기 때문에 영업활동에만 전념할 수 있고, 가맹본부가 경영활성화를 위한 컨설팅, 주변 상권의 동향에 대한 정보 등을 제공해주기 때문에 전문성이 적은 사람도 비교적 손쉽게 사업을 전개할 수 있다. 가맹점을 많이 보유하고 있는 가맹본부의 사업은 이미 사업성이 검증된 것이라고 할 수 있기 때문에 가맹점사업자는 빠른 속도로 사업을 안정화시킬 수 있고, 실패 확률도 창업을 할 때에 비해 훨씬 적다.

2.2 단점

2.2.1 호황 시의 낮은 수익

가맹점사업은 창업에 비해 안정적이기는 하지만 수익의 상당부분을 가맹본부가 가져가기 때문에 사업이 원활하게 전개될 경우에 가맹점사업자가 취할 수 있는 수익은 성공적인 창업을 통해 취할 수 있는 수익에 비해 적을 수밖에 없다. 가맹점을 통해서 충분한 소득을 올리지 못하고 있다고 판단하는 가맹점사업자는 가맹점사업에 전념하지 않고 다른 일을 동시에 하는 경우가 많다. 가맹본부의 입장에서는 이러한 현상이 바람직하지 않기 때문에 많은 가맹본부들이 가맹점사업자가 복수로 가맹점을 운영할 수 있도록 허용함으로써 가맹점사업자가 생계형이 아닌 기업가형으로 가맹점사업에 적극 나설 수 있도록 유도하고 있다.

2.2.2 기업가정신의 상실

가맹점사업에서 가맹점사업자는 수동적인 입장을 취할 수밖에 없기 때문에 새로운 시장을 개척하고 시장상황에 맞는 전략을 추구하는 등의 기업가적인 행동이 위축될 수 있으며, 이로 인해 장기적인 관점에서 자생력을 갖춘 사업자로서의 면모를 상실해 갈 수 있다.

2.2.3 가맹본부의 통제와 무리한 요구

가맹점사업은 기본적으로 가맹본부가 만들어 놓은 사업에 가맹점사업자가 사후적으로 참여하는 것이기 때문에 가맹점사업자가 자율적으로 결정할 수 있는 사항이 거의 없다. 가맹계약 자체가 가맹점사업자가 수정을 요구할 수 없는 부합계약의 형태로 이루어지며, 따라서 가맹점을 운영하기 위해서는 가맹본부가 정한 모든 규정을 준수하여야 한다. 경우에 따라서는 가맹본부의 무리한 요구를 받아들일 수밖에 없는 경우도 발생한다. 장비나 설비의 도입, 영업시간 연장, 인테리어 개선, 판매촉진 등 가맹점사업자가 비용을 부담해야 하는 사항들에 대한 가맹본부의 요구가 있을 때 약자의 입장에 있는 가맹점사업자로서는 무리한 요구를 받아들이거나 혹은 사업을 포기하는 대안밖에 없을 수 있다.

Chapter 06

상권분석과 입지분석

제1절 상권과 입지의 중요성

소매업에서는 점포설립을 위한 상권과 입지의 선정이 사업의 성패를 좌우할 정도의 중요성을 지니고 있는 것으로 알려져 있다. 창업을 하는 개인사업사는 물론, 프랜차이즈사업을 전개하는 가맹본부나 소매대리점을 운영하는 제조업체 등에게도 점포설립을 위한 상권분석과 입지분석은 성공적인 사업전개를 위한 초석이 된다. 상권·입지분석은 적지론적 접근법과 입지론적 접근법으로 나누어진다. 적지론적 접근법은 특정 입지에 적합한 업종을 찾는 방식을 의미하고, 입지론적 접근법은 특정 업종에 적합한 상권과 입지를 찾는 방식을 의미한다. 그러나 접근방식에 따라 분석의 내용이 크게 달라지는 것은 아니다. 본장에서는 업종이 정해진 후 해당 업종에 적합한 상권과 입지를 선정하는 입지론적 접근법을 중심으로 논의한다.

입지론적 접근법에서는 상권을 먼저 선정한 후, 선정된 상권 내에서 구체적인 점포의 위치를 정하기 때문에 상권과 입지는 서로 밀접하게 연관되어 있다. 흔히 상권, 입지, 점포의 관계는 숲과 나무의 관계에 비유되기도 한다. 숲은 상권에 해당하고, 나무가 심어진 장소는 입지에 해당하며, 나무는 점포에 해당한다. 나무가 잘 자라기 위해서는 적당한 기온과 강수량, 다양한 수종 등의 좋은 환경을 갖춘 숲이 있어야 하고, 또한 나무가 식수되는 위치의 배수, 일조량 등의 조건도 좋아야 한다. 따라서 입지가 좋아도 상권이 좋지 않거나, 혹은 상권이 좋아도 입지가 좋지 않으면 점포의 성공을 담보할 수 없기 때문에 점포는 상권과 입지를 종합적으로 검토하여 설립되어야 한다.

그런데 상권과 입지의 중요성은 고객과의 접촉이 어떠한 형태로 이루어지는가에 따라 크게 달라진다. 상권과 입지가 그다지 중요한 의미를 지니지 못하는 경우를 열거하면 다음과 같다.

1. 온라인쇼핑

고객과의 접점이 오프라인 점포가 아닌 공간과 시간의 제한을 받지 않는 온라인 공간에서 이루어지는 온라인쇼핑에서는 상권과 입지의 개념은 전혀 중요하지 않다. 즉, 종합몰, 오픈마켓, 소셜커머스, 자사몰, TV홈쇼핑 등의 온라인 채널을 주력 판매채널로 활용하는 기업의 경우에는 전국에 산재해 있는 소비자가 인터넷을 통해 주문한 상품을 택배를 통해 배송하기 때문에 점포가 어떤 상권의 어느 위치에 자리하고 있는지는 전혀 중요하지 않다.

2. 배달서비스

배달서비스를 주로 하는 점포의 경우에도 입지는 그다지 중요하지 않다. 이는 고객들이 점포를 직접 방문하지 않고 주로 전화나 인터넷으로 주문하기 때문이다. 그러나 배달의 범위가 한정되어 있기 때문에 점포의 상권은 여전히 중요하다. 배달서비스는 기존점포의 상권을 확대시키기 위한 목적으로 사용되기도 한다. 예를 들어 분식점의 상권은 반경 300~500m 정도에 불과하지만 배달서비스를 도입하면 상권을 1~2km 정도로 확대시킬 수 있다.

3. B2B 거래

도매상과 같이 B2B 거래를 하는 업체의 경우에도 상권과 입지는 그다지 중요하지 않다. 왜냐하면 B2B 거래에서는 충동구매가 거의 없고, 거래가 전화 등의 온라인으로 이루어지는 경우가 많으며, 거래의 빈도도 B2C 거래에 비해 훨씬 적기 때문이다. 주로 중소슈퍼마켓과 거래하는 생활용품, 가공식품 등의 도매상이 임대료가 싼 도시 외곽지역에 점포를 개설하는 것도 이러한 측면을 반영하고 있다고 할 수 있다.

제2절 상권 및 입지의 개념과 상권의 분류

1. 상권 및 입지의 개념

상권(trading area)은 상세권과 상가권의 두 가지 개념으로 사용되고 있다. 상세권(商勢圈)은 '특정 점포가 세력을 미칠 수 있는 지역적 범위', '특정 점포를 이용하는 고객들이 거주하는 지역적 범위' 등으로 정의될 수 있으며, 학술적인 의미에서 상권이라고 하면 주로 상세권을 의미한다. 상가권(商街圈)은 '특정 지역에 형성되어 있는 점포들의 집단'으로 정의될 수 있으며 주로 실무에서 많이 사용되고 있다.

상권을 점포로부터의 거리를 기준으로 1차상권, 2차상권, 3차상권 등으로 구분하는 경우의 상권은 상세권을 의미하고, 상권을 규모별로 구분(대형상권, 중형상권, 소형상권)하거나 주변환경별로 구분(오피스상권, 번화가상권, 대학가상권 등)하는 경우의 상권은 상가권을 의미한다. 따라서 상권에 대한 논의가 이루어질 때 상권이 어떠한 의미로 사용되고 있는가를 정확히 이해해야 개념상의 혼돈을 피할 수 있다. 입지(location)는 '특정 점포가 자리하고 있는 지리적 위치', '특정 점포가 사업을 영위하고 있는 물리적인 장소' 등으로 정의될 수 있다. 즉, 입지는 점포가 차지하고 있는 특정한 공간을 뜻하며, 고객과의 접점이 이루어지는 장소가 된다.

상세권과 입지는 서로 밀접하게 관련되어 있지만 개념상으로는 명확히 구분된다. 상세권과 입지의 차이점은 [표 6-1]과 같이 나타낼 수 있다. 상세권은 일정한 범위(area)을 지칭하는 반면, 입지는 구체적인 장소, 즉 하나의 지점(point)을 지칭한다. 평가에 있어서도 상세권의 경우에는 배후지 인구의 수와 특성, 상세권 내 유동인구의 수와 특성 등 특정 지역 전체를 대상으로 이루어지는 반면, 입지의 경우에는 점포의 가시성, 점포로의 접근성, 점포 앞 유동인구의 수와 특성 등 특정 점포를 중심으로 이루어진다. 또한 입지는 일단 매입을

표 6-1 상세권과 입지의 차이

구분	상세권	입지
개념	특정 점포가 고객을 끌어들일 수 있는 지역적 범위	특정 점포가 자리하고 있는 지리적 위치
평가항목	배후지 인구, 상권 내 유동인구, 경쟁점포, 발전전망 등	가시성, 접근성, 점포특성, 점포시설, 경쟁점포, 통행량, 점포 앞 유동인구 등
변화가능성	마케팅활동 강화, 업종변경 등에 따라 변화가능	일정기간 동안 변화하지 않음

하거나 임차를 하게 되면 일정기간 동안 변경할 수 없는 반면, 상세권은 점포경영자의 마케팅활동 강화나 업종변경 등에 따라 변화할 수 있다. 즉, 상세권의 경우에는 예를 들어 점포운영자가 판매촉진활동을 강화함으로써 보다 먼 장소에 거주하는 고객들의 내점을 유도할 수 있으며, 업종을 편의품인 식품이나 생활용품에서 선매품인 가구, 의류, 전자제품 등으로 변경함으로써 상세권의 확대를 도모할 수 있다.

2. 상권의 분류

상권은 점포로부터의 거리, 규모, 주변환경 등의 여러 가지 기준에 의해 분류될 수 있다. 앞에서 언급한 바와 같이 상권의 개념에는 상세권과 상가권이 모두 포함되는데, 점포로부터의 거리에 따른 분류는 상세권에 대한 분류이고, 규모나 주변환경에 따른 분류는 상가권에 대한 분류이다.

2.1 점포로부터의 거리에 따른 분류

상권은 점포에서 고객이 거주하는 지역까지의 거리를 기준으로 1차상권, 2차상권, 3차상권 등으로 분류될 수 있다. 합의를 이루고 있는 객관적인 분류기준은 없지만 대체로 1차상권은 전체고객의 60~70%가 거주하는 상권, 2차상권은 전체고객의 20~30%가 거주하는 상권, 3차상권은 나머지 약 10%의 고객들이 거주하는 상권을 의미한다. 이러한 상권분류는 유동인구가 아닌 거주인구를 중심으로 하고 있기 때문에 편의점, 음식점, 세탁소, 슈퍼마켓, 약국, 제과점 등 생활밀착형 업종에 적합하다. [그림 6-1]은 이 세 개 유형의 상권을 점포를 중심으로 하는 세 개의 동심원으로 나타내고 있다. 그러나 세 개 상권의 구체적인 형태

그림 6-1 ▌점포로부터의 거리에 따른 상권의 분류

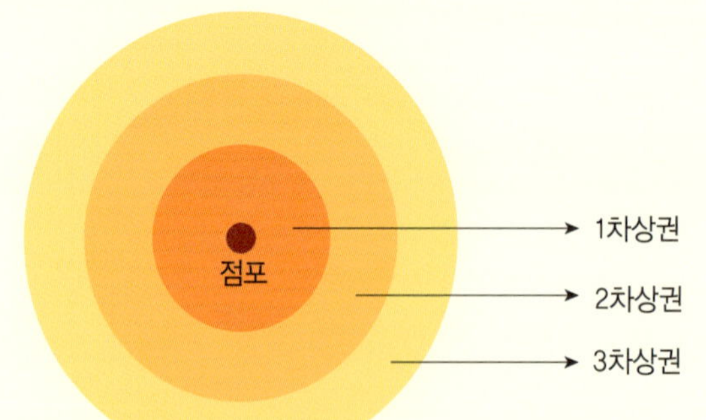

는 자연지형물(하천, 둑, 공원, 강 등), 인공지형물(6차선 이상의 도로, 철로 등), 대규모 시설(학교, 열병합발전소 등) 등과 같은 상권단절요인들로 인해 비원형의 형태로 나타나는 것이 오히려 더 일반적이다.

특정 점포의 상권범위(각 상권의 경계까지의 거리)는 상품이나 서비스의 종류에 따라 크게 차이가 난다. 의류, 가전제품, 보석, 카메라 등과 같은 선매품 혹은 전문품을 판매하는 점포의 상권범위는 음식, 가공식품, 생활용품 등과 같이 구매빈도가 높고 가격이 상대적으로 낮은 편의품을 판매하는 점포의 상권범위보다 훨씬 더 크다. 또한 상권범위는 경쟁점포의 수와 위치에 의해서도 크게 달라질 수 있다. 일반적으로 경쟁업체의 수가 많을수록 상권범위는 좁아진다. 하지만 경쟁점포들이 특화된 거리를 형성하면서 인지도가 높아져 있는 경우에는 경쟁점포의 수가 상권범위에 크게 영향을 미치지 않을 수 있다.

점포로부터의 거리에 의한 상권분류를 기존점포의 운영에 활용하고자 하는 경우에는 해당 업종에서 각 상권까지의 적정거리가 어느 정도가 되어야 하는지에 대한 정보를 가지고 있어야 한다. 이러한 정보는 자사 고객정보에 대한 시계열분석, 동종업계 점포에 대한 벤치마킹, 상권분석 전문가의 조언 등을 통해 얻을 수 있다. 예를 들어 해당 업종에서 통상적으로 반경 500m의 지역에 고객의 70%가 거주하는 것으로 나타났다면, 이 정보를 자사 고객의 분포와 비교함으로써 프로모션의 방향을 설정할 수 있다. 예를 들어 반경 500m 내에 자사 고객의 80%가 거주하고 있는 것으로 나타났다면 이는 1차상권이 이미 포화가 되었음을 의미하기 때문에 판매증진을 위한 노력은 주로 2차상권의 공략에 집중되어야 한다. 반대로 반경 500m 내에 거주하는 고객의 비율이 50%에도 미치지 못하고 있는 것으로 나타났다면 1차상권에 거주하는 고객들을 대상으로 하는 판매활동을 강화하여야 한다.

2.2 규모에 따른 분류

상권은 규모에 따라 대형상권, 중형상권, 소형상권 등으로 구분할 수 있다. 규모의 기준으로는 주로 유동인구와 매출액이 사용된다. 그러나 유동인구와 매출액이 반드시 비례하는 것은 아니다. 예를 들어 유동인구로는 대형상권이지만 단순이동이 많은 경우라면 매출액으로는 중형상권에 포함될 수도 있다. 대형상권은 하루 유동인구가 10만 명 이상인 상권으로 우리나라에는 약 60개 정도가 있다. 중형상권은 하루 유동인구 약 2만 명 이상인 상권으로 전국에 300개 정도가 있는 것으로 추산되고 있고, 동네상권 혹은 근린생활형 상권으로 불리는 소형상권은 하루 유동인구 약 5,000명 이상의 상권으로 전국에 1,000~1,500개 정도가 있는 것으로 추산되고 있다. 규모가 큰 상권일수록 당연히 점포의 권리금, 보증금, 임차료가 높아지며, 배후지인구의 비율이 낮아지고 유동인구의 비율이 높아진다. 우리나라 상권의 순위는 평가기준, 상권의 범위, 조사시점 등에 따라 많은 차이가 있지만 1위 상권으로는 공통적으로 강남역 상권이 꼽히고 있다. 강남역 상권은 하루 유동인구는 90만 명을 넘고 있으며, 연매출규모는 약 7조원에 달한다.

2.3 주변환경에 따른 분류

상권은 주변의 환경이 어떠한가에 따라 오피스상권, 번화가상권, 주택가상권, 대학가상권, 역세권상권, 특수상권 등으로 구분될 수 있다. 상권이 위치한 주변의 환경이 어떠한가에 따라 해당 상권을 방문하는 고객의 특성과 상권의 특성이 달라지기 때문에 해당 상권의 주변환경이 자사의 상품이나 서비스에 적합한지를 면밀하게 검토해야 한다. 주변환경에 따른 상권유형별 고객특성, 상권특성, 적합업종 등은 [표 6-2]와 같다.

표 6-2 주변환경기준의 상권유형별 고객특성, 상권특성, 적합업종

구분	고객특성	상권특성	적합업종
오피스상권	직장인	점심시간과 퇴근시간에 많은 유동인구, 주말 매출감소	식당, 분식점, 전문음식점, 커피숍, 문구점, 편의점 등
번화가상권	다양한 연령층, 20~30대, 여성층 높은 비중	높은 소비성향, 요일과 시간대에 관계없는 높은 매출	카페, 의류점, 주점, 귀금속점, 액세서리점, 휴대폰판매점 등
주택가상권	주부, 초중고학생	주부 및 가족단위 중심의 소비행동	학원, 정육점, 세탁전문점, 간식업종, 제과점, 슈퍼마켓, 카페 등
대학가상권	대학생	가격민감, 주말 및 방학 기간 동안 매출급감	저가 음식점, 커피숍, 호프집, 액세서리점, 화장품점 등
역세권상권	다양한 연령층	많은 유동인구, 신속한 서비스에 대한 높은 요구	음식점, 편의점, 제과점, 패스트푸드점 등
특수상권	백화점, 대형마트, 대형병원, 쇼핑센터 등의 방문고객	안정적 유동인구, 쾌적한 쇼핑환경	음식점, 패스트푸드점, 화장품점, 제과점, 의류전문점 등

글 6-1 특수상권의 특성

특수상권은 백화점, 대형마트, 대형병원, 복합쇼핑몰 등 하나의 대규모 건물을 중심으로 형성되는 상권으로, 이 용어는 비교적 최근에 사용되기 시작하였다. 특수상권에 위치하는 점포는 독자적인 노력이 없어도 안정적인 유동인구를 확보할 수 있고, 특정 건물이 가지고 있는 좋은 이미지를 공유할 수 있다는 이점이 있다. 여타 유형의 상권에서 점포를 개설하기 위해서는 건물주에게 권리금, 임차료, 보증금 등을 지불하지만 백화점, 복합쇼핑몰, 대형마트 등의 특수상권에서는 권리금이나 임차료가 없는 대신 건물운영주체에게 매출실적에 따른 수수료를 지불하는 것이 일반적이다. 수수료율은 건물의 업태와 상품의 마진율에 따라 크게 차이가 난다. 예를 들어 백화점의 경우 수수료율은 의류는 37~38%, 화장품은 30%, 가전제품은 10% 정도이며, 복합쇼핑몰의 경우에는 의류 수수료율이

20%대로 백화점보다 훨씬 낮은 수준이다. 점포는 매출에 비례해서 수수료를 내기 때문에 고정적으로 임차료를 내는 것에 비해 유리할 수도 있지만, 수수료율이 일방적으로 너무 높게 책정되면 수익을 창출하기가 어려워지기 때문에 불만의 요인이 될 수 있다. 또한 특수상권에서는 대부분 약 2년을 주기로 재계약을 하도록 되어 있기 때문에 지속적인 점포운영을 보장받을 수 없다는 단점도 있다.

제3절 상권분석 및 입지분석의 개념과 절차

1. 상권분석과 입지분석의 개념

상권분석은 '점포를 개설하거나 기존점포의 활성화를 위한 전략을 수립하기 위해 향후 점포를 개설할 가능성이 있는 상권 혹은 기존점포가 위치해 있는 상권을 대상으로 시장잠재력, 고객특성, 경쟁상황, 발전가능성 등에 대해 분석하는 것'으로 정의될 수 있다. 즉, 상권분석의 목적은 점포를 개설할 상권을 선정하거나 기존점포의 활성화를 위한 마케팅전략을 수립하는 것이며, 이를 위해 대상이 되는 상권의 시장잠재력, 배후지 인구 및 유동인구의 특성, 경쟁점포의 규모 및 특성, 향후 발전가능성 혹은 발전저해요인 등에 대한 분석이 이루어진다. 점포를 신규로 개설하고자 하는 경우에는 복수의 상권에 대한 분석이 이루어지고, 기존점포의 활성화를 도모하는 경우에는 기존점포가 위치한 한 개의 상권에 대한 분석이 이루어진다.

입지분석은 '입지를 선정하거나 혹은 기존입지의 잠재성을 파악하기 위해 특정 입지를 대상으로 가시성, 접근성, 경쟁점포, 유동인구, 통행량 등에 대해 분석하는 것'이라고 정의될 수 있다. 즉, 상권분석은 상권 전체에 대한 포괄적인 분석인 반면, 입지분석은 특정 장소에 위치한 구체적인 점포를 중심으로 하는 국지적인 분석이라고 할 수 있다. 상권분석에서와 마찬가지로 점포를 신규로 개설하고자 하는 경우에는 복수의 입지에 대한 분석이 이루어지고, 기존점포의 활성화를 도모하는 경우에는 기존점포의 입지에 대한 분석이 이루어진다.

2. 상권 · 입지분석의 절차

점포설립을 위한 상권·입지분석의 절차는 [그림 6-2]와 같이 다섯 단계로 구분될 수 있다.

- **상권후보지의 선정** : 업종, 투자금액 등을 고려하여 3~5개의 상권후보지를 선정한다.
- **상권분석 및 상권의 선정** : 상권후보지에 대한 상권분석을 통해 최적의 상권을 선정한다.
- **입지후보지의 선정** : 선정된 상권 내의 매물점포를 중심으로 3~5개의 입지후보지를 선정한다.
- **입지분석 및 입지의 선정** : 입지후보지에 대한 입지분석을 통해 최적의 입지를 선택한다.
- **점포활성화전략 수립** : 점포를 활성화시키기 위한 영업전략을 수립한다.

그림 6-2 ▌ 상권분석 및 입지분석의 절차

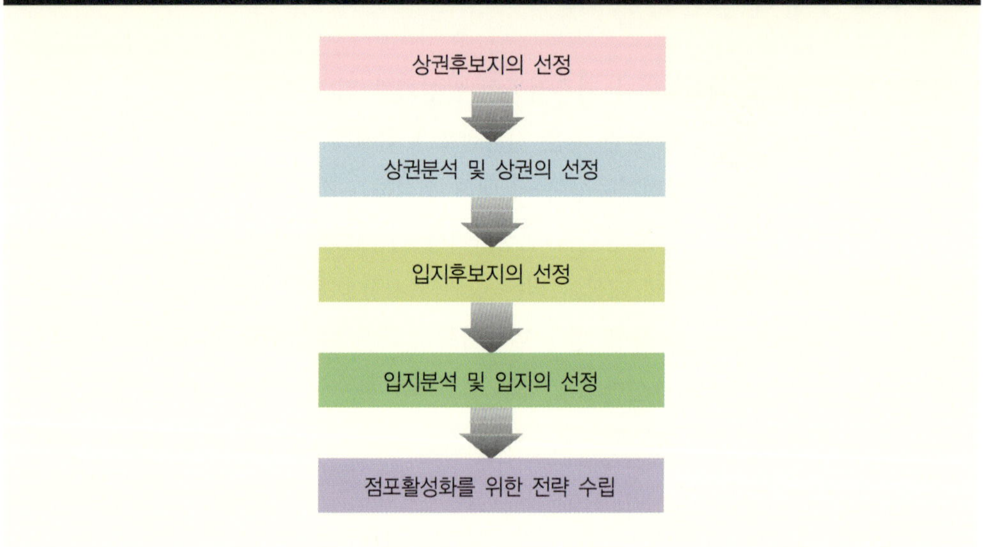

상권과 입지를 선정하는 과정에서 많은 정보들이 요구된다. 그런데 상권후보지의 선정, 상권분석, 입지분석 등 각 단계에서 요구되는 정보가 전혀 다른 항목으로 구성되는 것이 아니며, 오히려 많은 정보가 중복된다. 예를 들어 유동인구, 경쟁점포 등에 대한 조사는 각 단계에서 모두 이루어져야 한다. 그렇지만 어느 정도로 정밀한 분석이 이루어져야 하는가의 측면에서는 차이가 난다. 즉, 상권분석에서의 경쟁점포에 대한 분석은 경쟁점포의 수, 지역적 분포, 평균매출액 등과 같은 개괄적인 분석이 중심을 이루는 반면, 입지분석에서의 경쟁점포에 대한 분석은 시설, 운영방식, 서비스수준, 점주의 경영능력 등과 같이 매우 자세한 사항에 대한 조사가 이루어진다. 유동인구에 대한 조사에 있어서도 상권분석에서는 주로 상권중심지의 유동인구에 대한 조사가 이루어지지만, 입지분석에서는 각 후보입지 모두에 대해 각 점포 앞을 지나는 행인들을 대상으로 하는 조사가 이루어져야 한다.

제4절 상권분석 및 입지분석 방법론

상권분석 및 입지분석 방법론은 두 가지 관점에서 살펴볼 수 있다. 첫째는 분석에 필요한 자료를 수집하는 방법에 대한 것이고, 둘째는 상권과 입지를 평가하는 방법에 대한 것이다. 자료수집방법은 1차 자료수집과 2차 자료수집으로 구분될 수 있고, 평가방법은 정성적 평가와 정량적 평가로 구분될 수 있다.

1. 자료수집방법

일반적으로 조사과정에서 수집되는 자료는 크게 1차 자료와 2차 자료로 나누어진다. 1차 자료는 관찰, 인터뷰, 설문조사 등을 통해 수집되는 자료로 분석하는 사람이 최초로 수집하는 자료를 의미하고, 2차 자료는 책, 논문, 통계자료, 인터넷 검색자료 등과 같이 이미 존재하고 있는 자료를 의미한다. 상권분석 및 입지분석에서의 1차 자료는 경쟁점포에 대한 관찰, 행인대상의 설문조사, 상권분석 전문가와의 인터뷰 등을 통해 수집되는 자료를 의미하고, 2차 자료는 통계청이나 지자체의 통계자료, 상권분석시스템에서 제공하는 자료 등을 의미한다. 상권분석과 입지분석은 분석대상의 규모가 크게 차이가 나기 때문에 자료수집방법도 달라진다. 즉, 상권분석은 비교적 넓은 지역을 대상으로 이루어지기 때문에 관찰이나 설문조사 등을 통해 자료를 수집하기가 현실적으로 매우 어렵고, 또한 지차체나 정부기관 등에서 지역에 대한 다양한 통계자료를 제공하고 있기 때문에 상권분석에서는 주로 2차 자료가 이용된다. 반면에 입지분석을 위해 필요한 자료는 매우 상세하여야 하고, 또한 특정 입지에 대한 정보가 존재하고 있는 경우는 극히 드물기 때문에 주로 1차 자료가 수집된다.

2. 상권 및 입지 평가방법

상권분석과 입지분석의 최종산출물은 최적의 상권과 최적의 입지를 발견해내는 것이기 때문에 상권후보지 및 입지후보지를 어떻게 평가할 것인가를 정하여야 한다. 평가방법은 크게 정성적(定性的)평가와 정량적(定量的)평가로 구분된다. 정성적 평가는 주관적 판단을 중심으로 이루어지는 평가를 의미하고, 정량적 평가는 수치에 대한 분석을 통해 이루어지는 평가를 의미한다. 정성적 평가는 주로 전문가나 목표고객의 의견을 중심으로 이루어지며, 정량적 평가는 체크리스트(checklist), 통계자료, 평가모델 등의 활용을 중심으로 이루어진다.

2.1 정성적 평가법

정성적 평가법은 상권이나 입지에 대한 전문가나 목표고객의 주관적인 의견을 중심으로 이루어지는 평가를 의미한다. 주관적 의견의 수집은 주로 심층인터뷰나 FGI(Focus Group Interview, 집단심층면접)를 통해 이루어진다. 심층인터뷰는 특정 상권이나 입지에 대해 전문적인 지식이나 경험을 가지고 있는 사람들과의 일대일 대화를 의미하는데, 주로 상권분석전문가, 해당 상권의 상인, 부동산업체 임직원 등을 대상으로 이루어진다. FGI는 여러 사람을 일정장소에 모아놓고 의견을 청취하는 것으로 주로 목표고객을 대상으로 이루어진다. 예를 들어 의류점포를 개설하고자 하는 경우에 의류구입을 빈번히 하는 소비자 5~10명을 일정장소에 초빙하여 1시간 정도에 걸쳐 의견을 청취함으로써 여러 상권에 대한 다양한 평가정보를 수집할 수 있다. 이처럼 정성적 평가에는 주로 스스로 수집한 1차 자료가 이용되지만 경우에 따라서는 인터넷 등의 검색을 통해 해당 상권에 대한 전문가의 의견이나 취재자료를 수집할 수도 있다. 예를 들어 중소벤처기업부의 상권정보시스템에서는 여러 상권에 대한 상권탐방 동영상 자료를 제공하고 있다.

정성적 평가법은 평가가 신속하고 비용효율적으로 이루어질 수 있다는 장점이 있지만, 객관성이 결여될 수 있다는 단점이 있다. 이러한 이유로 상권과 입지를 결정함에 있어서 정성적 평가법만을 사용하기보다는 정량적 평가법을 사용하기 이전에 전반적인 상황을 파악하기 위한 수단으로 사용하는 것이 보다 바람직하다.

2.2 정량적 평가법

2.2.1 체크리스트법

체크리스트법(checklist method)은 상권후보지나 입지후보지에 대한 평가기준 리스트를 선정하고, 이를 바탕으로 평가양식을 작성한 후, 평가양식에 각 상권후보지나 입지후보지의 평가점수를 체크하는 방식으로 이루어진다. 체크리스트법은 상권이나 입지를 평가하는 가장 보편적인 방법 중의 하나로 사용되고 있다. 체크리스트법이 효과적으로 사용되기 위해서는 평가기준이 적절하게 선정되는 것이 무엇보다 중요하다. 평가기준을 선정하는 가장 좋은 방법은 이미 검증되어 있는 평가기준을 사용하는 것이며, 따라서 해당 업종이나 유사 업종에서 어떠한 평가기준이 보편적으로 사용되고 있는가를 검토하여야 한다. 이러한 기준이 없거나 혹은 구하기가 어려우면 직접 평가기준을 마련하여야 하는데 이를 위해서는 상권 전문가나 목표고객을 대상으로 하는 인터뷰를 활용할 수 있다.

또한 여러 가지 평가기준의 가중치를 알아내는 것도 중요하다. 즉, 평가기준이 모두 동일한 중요도를 지니는 것은 아니기 때문에 평가기준 간의 상대적인 중요도를 평가할 수 있어야 하는데 이를 위해서는 과거의 매출실적과 평가기준자료를 이용한 통계적인 분석을 실행하는 것이 바람직하지만 신규점포의 경우에는 이러한 자료가 없기 때문에 평가기준에서와 같이 전문가나 목표고객의 의견에 의존하여 추출하게 된다.

[표 6-3]은 상권후보지를 체크리스트법에 의해 평가하는 가상적인 예를 제시하고 있다. 평가기준으로는 유동인구, 거주인구, 교통시설, 경쟁정도, 집객시설, 향후진망 등의 6가지가 선정되었고, 각각의 가중치는 0.3, 0.2, 0.2, 0.1, 0.1, 0.1로 정해졌다. 또한 각각의 평가기준은 1(매우 나쁨)에서 5(매우 좋음)의 5점 척도로 측정되었다. 각 상권후보지에 대해 각 평가기준의 점수에 가중치를 곱한 후, 모든 평가기준에 대해 합산한 것이 해당 상권후보지의 점수가 된다. 가상예에서는 상권후보지 2가 가장 우수한 상권후보지로 평가되었다.

표 6-3 체크리스트법에 의한 상권후보지 평가 가상예

상권후보지	유동인구	거주인구	교통시설	경쟁정도	집객시설	향후전망	점수
상권후보지 1	5	3	4	3	3	3	2.88
상권후보지 2	3	4	5	2	4	5	3.80
상권후보지 3	4	4	2	5	5	2	3.60

2.2.2 통계자료분석법

통계자료분석법은 다양한 변수들의 수치자료에 대한 분석을 통해 상권후보지나 입지후보지를 평가하는 방법이다. 즉, 해당 업종 점포의 수 및 매출액 추이, 유동인구의 수 및 인구통계적 특성, 거주인구의 수 및 인구통계적 특성, 해당 업종의 점포를 이용하는 고객의 인구통계적 특성 추이, 집객시설의 수 등 다양한 수치정보를 이용하여 상권후보지나 입지후보지를 평가하는 방법이다. 다양한 변수에 대한 수치정보를 스스로 확보하는 것은 불가능에 가깝기 때문에 2차 자료를 활용하는 방법이 보편적으로 활용되고 있다. 즉, 통계청이나 지자체에서 제공하는 정보를 해당 기관의 웹사이트에서 검색하거나 혹은 중소벤처기업부나 민간기업이 제공하는 상권분석시스템을 이용하는 방법이 보편적으로 활용되고 있다. 특히 상권분석과정에서 상권분석시스템을 이용한 통계적인 방법이 광범위하게 활용되고 있으며, 여기에 대해서는 본장의 '제5절'에서 상술하였다.

2.2.3 평가모델구축법

상권분석 및 입지분석에서의 평가모델은 상권후보지와 입지후보지를 평가할 수 있는 수리적인 모델을 의미한다. 평가모델은 매출액을 종속변수로 하고 매출액에 영향을 미치는 여러 변수를 독립변수로 하는 수식으로 표현되며 분석기법으로는 주로 회귀분석(回歸分析, regression)이 활용된다. 평가모델은 특히 프랜차이즈 가맹본부가 가맹점의 입지를 선정할 때 매우 긴요하게 활용되고 있으며, 따라서 우수한 평가모델의 보유 여부는 프랜차이즈 가맹본부를 평가하는 중요한 기준이 된다. 즉, 우수한 평가모델을 보유한 가맹본부일수록 성공적인 가맹점 입지선정을 할 가능성이 높아지기 때문에 가맹희망자의 입장에서는 가맹본부가 우수한 평가모델을 가지고 있는지의 여부를 확인하는 것이 매우 중요하다. 많은 가맹점을 내고 있는 가맹본부는 대체로 우수한 평가모델을 보유하고 있기 때문에 일반창업자들이 점포입지를 선정할 때 별도의 상권분석이나 입지분석을 하지 않고 대형 유통업체의 가맹점 부근에 점포를 내는 것이 안전하다는 얘기도 회자된다.

[표 6-4]는 커피전문점 가맹본부가 사용하는 입지선정을 위한 입지후보지 평가모델의 가상예를 보여주고 있다. 평가모델을 도출하는 과정을 간략이 기술하면 다음과 같다.

첫째, 기존 가맹점들을 대상으로 각 가맹점의 매출액 및 매출액에 영향을 미칠 것으로 예상되는 모든 변수들에 대한 자료를 수집한다.

둘째, 매출액을 종속변수로 하고 영향을 미칠 것으로 예상되는 모든 변수들을 독립변수로 하는 회귀분석을 실시하여 매출액에 유의한 영향을 미치는 변수들을 추출한다.

셋째, 매출액에 유의한 영향을 미치는 변수들을 독립변수로 하는 회귀분석을 실시하여 각 변수들의 가중치를 도출한다.

가상예에서는 최종적인 분석결과 '20~30대 여성 유동인구(X_1)', '반경 300m 이내의 경쟁점포의 수(X_2)', '점포 전면의 길이(X_3)' 등의 3개 변수가 매출액(S)에 유의한 영향을 미치고 있는 것으로 나타났으며, 그 가운데에서도 특히 X_1의 영향력이 가장 큰 것으로 나타났다. 회귀식으로 표현되는 평가모델을 이용하면 입지후보지의 평가점수를 계산할 수 있다. 즉, 회귀식에 각 입지후보지의 독립변수값을 넣으면 예상되는 매출액을 계산해낼 수 있으며, 이 예상매출액이 각 입지후보지를 평가하는 기준이 된다.

표 6-4 후보입지 평가모델의 가상예

구분	내용
종속변수	매출액(S)
독립변수	20~30대 여성 유동인구(X_1), 반경 300m 이내의 경쟁점포의 수(X_2), 점포 전면의 길이(X_3)
평가모델(회귀식)	$S = 7.4 + 5.3X_1 + 3.2X_2 + 1.2X_3$

평가모델은 일단 구축이 되면 상권후보지나 입지후보지에 대한 평가를 매우 수월하게 실시할 수 있다는 장점이 있지만, 평가모델을 구축하기 위해서는 축적된 자료를 보유하고 있어야 하기 때문에 대형 프랜차이즈 가맹본부나 많은 대리점을 보유하고 있는 대형 제조업체가 아닌 경우에는 구축하기가 힘들다는 단점이 있다.

제5절 상권분석

상권분석을 실행하는 과정은 상권후보지를 선정하는 과정과 선정된 상권후보지를 평가하는 과정으로 나누어질 수 있다.

1. 상권후보지의 선정

전국의 모든 상권을 분석하는 것은 불가능하기 때문에 상권을 선정하기 위해서는 먼저 집중적으로 분석하게 될 3~5개 정도의 상권후보지를 선정해야 한다. 후보지 선정에는 업종, 투자규모 등을 종합적으로 고려해야 한다. 즉, 업종에 따라 상권의 유형(예를 들어 번화가 상권 vs 주택지 상권)이 달라져야 하고, 투자규모에 따라서 상권의 규모(예를 들어 대형상권 vs 소형상권)도 달라져야 한다. 또한 개인이 창업을 하는 경우라면 거주지로부터의 거리도 고려되어야 한다. 즉, 거주지를 옮길 수 있는 상황이 아니라면 거주지에서 1시간 이내의 거리에 있는 상권을 후보지로 선정하는 것이 바람직하다.

후보지를 선정하기 위해서는 인구통계자료, 유동인구, 집객시설, 임차료수준 등 기본적인 지역정보를 수집해야 하는데, 이를 위해 해당 시·군·구의 홈페이지, 통계청의 홈페이지 등 관공서의 웹사이트는 물론 금융기관이나 부동산회사의 웹사이트 등을 활용할 수 있다. 또한 공공기관이나 민간기업이 제공하는 상권분석시스템을 활용하는 것도 시간과 비용을 절약하면서도 양질의 정보를 획득하는 좋은 방법이 될 수 있다. 예를 들어 중소벤처기업부의 '상권정보시스템'은 전국의 행정구역과 행정구역 내의 주요 상권에 대해 사용자가 선택한 업종 점포의 밀집도, 창업률, 폐업률, 업력, 월평균매출, 건단가, 단위면적당 임차료 등의 다양한 정보를 제공하고 있으며, 비씨카드의 '대박상권' 스마트폰 애플리케이션은 사용자가 업종과 지역을 선택하면 매출액이나 점포수가 증가한 상권, 구매력이 높은 20~30대 여성고객이 증가한 상권 등에 대한 정보를 제공해준다.

2. 상권분석 내용

상권후보지가 확정되면 각 상권에 대한 상세한 정보를 수집하여야 한다. 이러한 정보에는 상권 내의 인구특성, 교통량, 유동인구, 경쟁점포 등의 다양한 정보가 포함된다. 앞에서 언급한 바와 같이 이러한 정보를 1차 자료의 수집을 통해 확보하는 것은 불가능에 가깝기 때문에 주로 지자체 및 통계청의 통계자료나 공공기관이나 민간기업이 제공하는 상권분석시스템이 활용된다. 최근 들어서는 상권분석시스템이 정교화되면서 이를 활용하여 상권분석을 실행하는 것이 보편화되어 있다.

중소벤처기업부는 자영사업자의 성공적인 창업을 지원하기 위한 목적으로 상권정보시스템을 개발하여 웹사이트(http://sg.kmdc.or.kr)를 통해 무료로 제공하고 있는데, 이를 통해 이용자는 관심을 두고 있는 상권에 대한 다양한 정보를 구할 수 있다. 또한 몇몇 국내기업들도 인구통계정보, 카드매출자료, 통신회사의 고객정보, 부동산회사의 부동산정보 등을 활용하여 이용자가 관심을 가지고 있는 상권에 대한 다양한 정보들을 제공할 수 있는 시스템을 개발하여 제공하고 있다. 대표적인 민간기업의 상권분석시스템으로는 나이스비즈맵의 상권분석시스템, SK텔레콤의 지오비전 등이 있다. 또한 신한은행과 같이 자체 개발한 상권분석시스템을 바탕으로 창업을 하고자 하는 고객들에게 신규점포의 입지선정과 업종선택 등에 대한 창업 컨설팅서비스를 제공한다. BC카드도 자사의 빅데이터를 기반으로 창업 및 전업예정자에게 상권의 다양한 정보를 제공하는 '대박날 지도'서비스를 제공하고 있다.

상권분석시스템을 활용한 상권분석은 비교적 손쉽게 수행할 수 있다. 대부분의 상권분석시스템은 관심지역과 업종을 지정하면 이에 대한 정보를 제공하는 방식으로 설계되어 있다. 중소벤처기업부의 상권정보시스템의 경우에는 원형 혹은 다각형 형태로 상권을 지정할 수 있도록 되어 있다.

그림 6-3 ▌중소벤처기업부의 상권정보시스템에서의 관심상권 지정

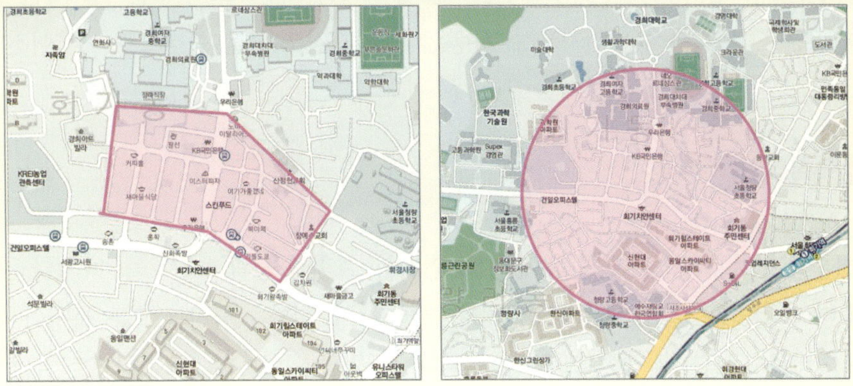

중소벤처기업부의 상권정보시스템에서는 관심상권과 관심업종을 입력하면 아래와 같이 상권평가, 업종, 매출, 인구, 소득·소비, 지역 등 6개 분야에 대한 상세한 내용을 담은 '상권분석보고서'를 제공해준다.

- **싱권평가정보** : 평가종합, 평가지수 등
- **업종분석정보** : 동일업종 점포수 추이, 창업률과 폐업률 등
- **매출분석정보** : 매출액 추이, 이용건수 추이, 건당 매출액 추이, 주말·주중별/요일별/시간대별/성별/연령별 매출비율 등
- **인구분석정보** : 거주인구, 직장인구, 연령대별/남녀별 거주인구수, 연령대별/남녀별 직장인구수, 상권중심지의 시간대별/주말·주중별/연령별/남녀별 유동인구 등
- **소득·소비정보** : 연령별, 성별 소득 및 소비 등
- **지역분석정보** : 병원, 금융기관 등 집객시설, 교통시설, 학교시설, 주요기업 등

제6절 입지분석

점포가 설립될 상권이 정해지면 다음 단계는 선정된 상권에서 매입이나 임대가 가능한 후보점포 3~5개를 선정하여야 하는데, 점포 매물에 대한 정보는 부동산중개업소, 상가분양사무소, 지역생활정보지 등의 오프라인 경로는 물론, 부동산 포털사이트(부동산114, 스피

드뱅크, 부동산119, 부동산뱅크 등), 점포중개사이트, 점포개발사이트 등의 온라인 경로도 사용할 수 있다. 입지후보지가 정해지면 이들 후보지를 대상으로 입지분석을 하는 단계로 넘어가게 된다. 입지분석은 입지특성, 유동인구, 경쟁점포 등을 중심으로 이루어진다.

1. 입지특성의 분석

중요한 입지의 특성으로 가시성, 접근성, 인지성, 호환성 등의 4개를 들 수 있다. 이러한 특성에 따라 입지는 1급지, 2급지, 3급지로 분류되기도 한다. 1급지는 모든 특성이 우수한 입지를 의미하고, 2급지는 일부의 특성만 우수한 입지를 의미하며, 3급지는 모든 특성이 우수하지 않은 입지를 의미한다. 입지후보지의 특성에 대한 보다 세밀한 분석을 위해서는 각 특성에 대해 3~5개의 평가지표를 개발하고 이에 대한 평가를 통해 입지후보지의 점수를 산출하는 체크리스트법을 사용할 수도 있다. 예를 들어 각 특성에 대해 각각 5개의 지표를 개발하고 5점 척도로 측정하여 100점(4×5×5)을 만점으로 입지후보지를 평가할 수 있다. 그러나 평가점수만으로 입지를 선정하기는 어렵다. 왜냐하면 평가점수가 높은 입지후보지는 대체로 임차료, 권리금, 보증금 등도 높기 때문에 수익의 차원에서는 바람직하지 않을 수도 있기 때문이다. 수익의 차원에서는 중상 정도의 평가점수를 받은 후보지를 선택하고 그 대신 우수하지 않은 특성을 보완할 수 있는 방안을 모색하는 것이 더 바람직할 수도 있다.

1.1 가시성

가시성은 '점포 앞의 보도를 지나는 행인이나 점포 앞의 도로를 지나는 차량의 탑승자가 점포를 쉽게 발견할 수 있는 정도'를 의미한다. 점포가 발견되지 않으면 다른 입지특성이 아무리 뛰어나도 고객이 점포에 들어올 가능성이 없기 때문에 가시성은 점포의 입지특성 가운데 가장 중요하다. 점포가 상권 진입로에 위치해 있을수록, 행인들의 눈높이인 1층에 위치할수록, 점포 전면의 길이가 길수록, 점포 전면이 돌출되어 있을수록, 점포가 교차로에 위치할수록, 점포 전면에 가로수와 같은 시각장애물이 없을수록 가시성은 높아진다.

1.2 접근성

접근성은 '고객이 점포에 쉽게 접근할 수 있는 정도'를 의미한다. 1층에 위치해 있을수록, 1층의 경우 계단 등으로 인한 도로와 점포 간의 고도차이가 없을수록, 건물 외부에서 점포까지의 진입보도가 넓을수록, 1층이 아닌 경우에는 엘리베이터가 있는 경우일수록, 차량 진입로가 넓을수록, 주차장이 있고 주차장 안내표지판이 잘 갖추어져 있는 경우일수록,

행인이나 차량 동선의 오른쪽에 위치해 있을수록, 버스정거장이나 지하철역과의 거리가 가까울수록 접근성은 높아진다.

1.3 인지성

인지성은 '고객에게 점포의 위치를 쉽게 설명할 수 있는 정도'를 의미한다. 주변에 관공서, 극장, 대형 상업시설, 지하철역, 유명 브랜드의 점포 등이 있으면 위치를 설명하기가 쉽다. 또한 간판이 크고 눈에 잘 띄는 장소에 부착되어 있을수록 인지성은 높아진다.

1.4 호환성

호환성은 '해당 점포가 다른 업종으로 쉽게 전환할 수 있는 정도'를 의미한다. 가시성, 접근성, 인지성 등 여타 입지특성이 우수할수록 호환성은 높아진다. 또한 여러 업종이 혼재되어 있는 상권에 위치해 있을수록, 점포크기가 너무 크거나 너무 작지 않을수록 호환성은 높아진다. 호환성이 중요한 것은 호환성이 높을수록 점포를 판매하거나 다른 업종으로 전환하기가 용이하기 때문이다.

표 6-5 입지선정을 위한 실무적 지침

구분	내용
원칙 1	가시성과 접근성이 뛰어나야 한다 : 고객들은 지하층으로 내려가거나 2층 이상으로 올라가는 것을 선호하지 않는다.
원칙 2	대형마트, SSM 등 영업을 방해하는 시설이 있는지 살펴라 : 대형마트 등이 근처에 있으면 대부분의 업종은 영업에 타격을 입을 가능성이 높다.
원칙 3	노점상이 많은 곳의 상가를 찾아라 : 노점상은 생존본능에 의해 움직이는 특징이 있다. 소위 유동인구가 풍부하고 접근성이 용이하며 소비하기가 좋은 자리를 찾는 힘이 그들에게는 있다.
원칙 4	주변에 유명 프랜차이즈, 금융기관, 영화관 등이 있는 곳이 매력적이다 : 유명 브랜드가 입점한 지역은 대체로 상권 내 일급지로 꼽힌다.
원칙 5	빈 점포, 공실이 없는 상가를 선택하라 : 공실이 있는 상가는 활성화가 어렵고 자산가치가 떨어진다.
원칙 6	무권리 점포보다는 권리금이 형성된 상가가 더욱 안전하다 : 권리금이 존재한다는 것은 영업이 잘된다는 의미로 상권 혹은 상가의 가치도 높다.
원칙 7	대형 백화점 인근의 상가는 계속 진화한다 : 백화점에 유입되는 사람들은 비교적 중산층 이상의 구매력을 소유한 사람들이며, 인근에 위치한 중소형 상가들도 수혜를 입는 경우가 많다. 아울러 랜드마크 기능도 있어서 그 위치를 인지하는 데 유리하다.

자료 : 한강타임즈, "올바른 상가투자, 창업 위한 상권분석, 입지선정 어떻게," 2014년 8월 14일

2. 유동인구 조사

유동인구 조사는 상권분석을 위해서도 필요하지만 입지분석을 위해서도 필요하다. 상권분석을 위한 유동인구 조사는 주로 상권중심지에서 실시되지만, 입지분석을 위한 유동인구 조사는 바로 점포 앞에서 실시된다. 유동인구 조사는 시간대와 요일(주중/주말)을 변경하면서 여러 번에 걸쳐 실시해야 정확한 파악이 가능하다. 왜냐하면 대부분의 업종에서 시간대와 요일에 따른 매출액의 변화가 심하게 나타나기 때문이다. 유동인구의 수를 파악하는 것도 중요하지만 유동인구의 인구통계적 특성(남성/여성, 연령)과 이동목적을 파악하는 것이 더 중요하다. 왜냐하면 출퇴근을 위한 단순이동이거나 혹은 점포에 내점할 가능성이 적은 특성을 지닌 유동인구라면 그 숫자가 아무리 많아도 큰 의미가 없기 때문이다. 즉, 유동인구 조사에서는 숫자, 인구통계적 특성, 이동목적의 3가지 사항이 모두 조사되어야 한다. 이 가운데 이동목적은 외견상 발견되기도 하지만 그렇지 않은 경우도 있기 때문에 이러한 경우에는 행인들을 대상으로 하는 설문조사를 별도로 실시해야 한다.

3. 경쟁점포 조사

경쟁점포는 통상적으로 동일한 규모의 매출을 나누어 가지게 되기 때문에 경쟁점포에 대한 조사는 매우 중요하다. 점포를 유지하기 위해서는 최소한의 배후인구나 유동인구가 확보되어야 하기 때문에(예를 들어 생필품의 경우에는 약 500세대 이상의 배후세대, 선매품의 경우에는 1,500~2,000세대의 배후세대) 경쟁업체의 수는 점포 개설 여부를 결정하는데 있어서 매우 중요한 요인이다. 그러나 경쟁점포의 존재가 반드시 매출액을 감소시키는 방향으로만 작용하는 것은 아니다. 특히 특정 상품군을 집중적으로 취급하는 점포들이 모여 있는 상가가 대외적으로 널리 알려져 있어서 외지의 고객들이 많이 찾는 경우에는 경쟁점포의 수가 그다지 중요하지 않다. 전자상가, 가구거리, 의류편집샵 거리, 먹자골목 등이 이러한 예라고 할 수 있으며, 특히 먹자골목과 같은 경우에는 더 세분화되어 족발골목, 떡볶이촌, 간장게장 골목, 파전골목 등이 형성되어 있다.

그러나 이러한 경우에도 경쟁점포와 차별화를 해야 하기 때문에 경쟁점포에 대한 조사는 여전히 중요하다. 경쟁점포에 대한 조사를 실시하기 전에 경쟁점포에 대한 정의를 정확히 하여야 한다. 예를 들어 치킨전문점이라고 하면 치킨전문점만을 경쟁점포에 포함시킬지 혹은 햄버거체인점이나 피자전문점과 같은 타 업종의 패스트푸드점도 경쟁점포에 포함시킬지를 결정하여야 한다. 또한 같은 중국음식점이라고 하여도 배달을 전문으로 하는 중저가 중식당은 배달서비스를 하지 않는 고급 중식당의 경쟁업체가 되지 않을 수 있다.

경쟁점포에 대해서는 점포면적, 시설, 운영현황, 상품경쟁력, 서비스수준 등의 다양한 항목들에 대한 조사가 이루어진다([표 6-6] 참조).

표 6-6 경쟁점포 분석항목

구분	내용
분포와 개요	경쟁관계에 있는 점포의 수, 위치, 상호 등
시장지위	경쟁점포의 시장점유율, 매출액 및 순위 등
전략	촉진전략, 가격전략 등 마케팅전략의 특징
시설현황	인테리어, 익스테리어, 간판, 출입구, 주차장, 노후화 정도, 점포면적, 전면넓이, 테이블 수, 좌석수, 화장실 등
운영현황	객단가, 종업원의 수, 일 고객수 등
상품력	맛, 품질, 외형, 구성, 가격경쟁력 등
서비스	종업원 접객능력, 친절도, 대기시간 등
경영능력	대표의 참여도, 대표의 친절도, 종업원관리, 기타 관리능력

자료 : 김영갑(2012), 창업성공을 위한 상권분석론, 교문사, 248.

Chapter 07

도매상

제 1 절 도매상의 개념

제조업체에서 소비자에게 이르는 유통경로에는 중간상이 있으며, 중간상은 도매상과 소매상으로 구분된다. 소매상이 최종소비자와 직접적으로 거래하는 중간상인 데 반하여, 도매상은 소매상, 제조업체, 기관 등과 같이 재판매, 제조, 서비스제공 등의 사업을 목적으로 하는 조직과 거래하는 중간상이다. 우리나라의 도매상은 제조업체나 소매상과는 달리 대형업체가 거의 없고 시장규모도 작지만 업무는 매우 복잡하고 다양해서 업무를 중심으로 도매상의 정확한 모습을 규정하기는 쉽지 않다. 이로 인해 부르는 명칭도 도매상, 총판, 중개상, 중간유통상, 벤더, 대리점 등으로 매우 다양하다. 도매상은 주로 소매상을 대상으로 영업활동을 하지만 소비재를 취급하는 많은 도매상들은 직접 소매상으로서의 역할을 하기도 한다. 우리나라의 의류도매상가의 도매상, 농수산물 도매시장의 중도매인, 한약재 도매시장의 도매상 등은 도매를 주로 하면서 소매도 일부 겸하고 있다. 또한 도매상 간의 거래도 빈번히 이루어진다. 약품, 의류, 생활용품, 가공식품 등 여러 분야에서 도매상 간의 거래는 매우 활성화되어 있다.

도매상은 영업의 주 대상이 최종소비자가 아니라 소매상과 같은 사업자이기 때문에 점포의 위치나 인테리어 등이 중요하지 않고, 따라서 활성화되어 있는 상권보다는 임대료가 싼 도심 외곽지역에 입지해 있는 것이 일반적이다. 또한 거래대상의 숫자가 훨씬 적기 때문에 상권의 크기도 소매상의 상권보다 훨씬 광범위하다. 예를 들어 식품을 취급하는 지역밀착적 소매상의 상권은 반경 500m 정도에 불과하지만 도매상은 창고와 운송수단이 잘 갖추어져 있는 경우에는 한 개의 구나 군 정도도 충분히 커버할 수 있다.

제2절 도매상의 역할

도매상은 제조업체와 소매상의 중간에 위치하면서 제조업체와 소매상을 위한 다양한 역할을 수행하며, 이러한 역할을 통해 부가가치를 생산한다. 제조업체를 위한 역할로는 시장의 확대, 판매비용의 절감, 원활한 재고관리, 원활한 주문처리, 시장정보의 제공, 소매상 지원 등이 있으며, 소매상을 위한 역할로는 다양한 상품구색의 제공, 소단위 판매, 물류비의 절감, 신용의 제공, 소비자 대상의 서비스제공, 컨설팅서비스의 제공 등이 있다([그림 7-1] 참조).

그림 7-1 ▌도매상의 역할

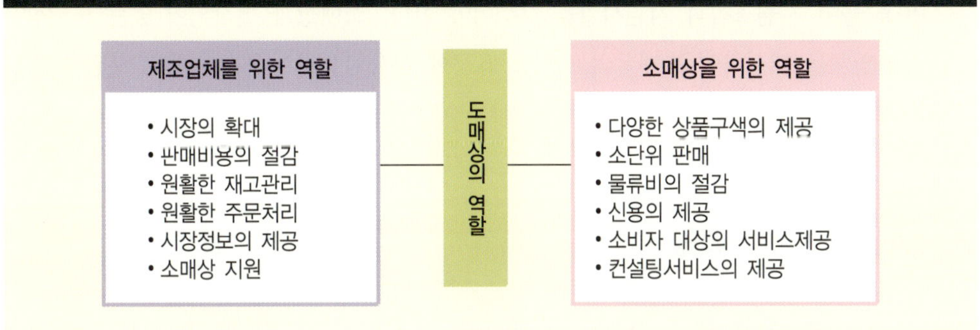

1. 제조업체를 위한 역할

- **시장의 확대** : 제조업체는 지역적으로 산재되어 있는 많은 수의 소매상과 일일이 접촉을 하기가 어렵다. 도매상은 제조업체를 대신하여 소매상과 접촉함으로써 제조업체의 시장을 확대시키는 역할을 수행한다.
- **판매비용의 절감** : 제조업체가 많은 수의 소매상과의 직접적인 거래를 통해 제품을 판매하려면 대규모의 판매조직을 운영하기 위한 큰 액수의 판매비용을 부담하여야 한다. 제조업체는 소수의 도매상을 대상으로 판매함으로써 판매비용을 절감할 수 있다.
- **원활한 재고관리** : 도매상은 자사의 창고에 제조업체의 상품을 재고로 보유한다. 이로 인해 제조업체는 수요가 정체해 있거나 혹은 감소하는 시기에는 과다한 재고보유에 따른 재고비용 상승과 위험부담을 피할 수 있으며, 수요가 증가하는 시기에도 도매상이 보유하고 있는 재고가 완충역할을 해주기 때문에 보다 안정적으로 생산계획을 집

행해 나갈 수 있다.

- **원활한 주문처리** : 소매상은 대체로 다양한 제품을 소량으로 구매하여 판매한다. 이에 반해 제조업체는 소수의 제품을 대량으로 생산하기 때문에 소매상의 소량구매 요구에 부응하려면 포장, 운송 등의 물류비가 상승하게 된다. 이에 비해 많은 수의 제조업체의 다양한 제품을 취급하는 도매상은 훨씬 더 효율적으로 소매상의 주문에 부응할 수 있다.
- **시장정보의 제공** : 도매상은 제조업체에 비해 훨씬 더 소매시장에 가까이 위치해 있기 때문에 시장의 동향에 대한 정보를 보다 정확하고 신속하게 파악할 수 있다. 이러한 시장동향 정보를 제조업체에 제공함으로써 제조업체가 상품계획, 생산계획 등을 수립하는 데 도움을 줄 수 있다.
- **소매상 지원** : 소매상은 구매한 상품에 대한 교환, 반품, 사후서비스, 설치 등 다양한 서비스를 제공받기를 원한다. 제조업체가 이러한 서비스를 직접 제공하려면 많은 비용을 들여 지원조직과 지원시설을 갖추어야 한다. 소매상과 밀착되어 있는 도매상은 제조업체를 대신하여 소매상의 서비스 요구에 부응함으로써 제조업체의 부담을 경감시켜줄 수 있다.

2. 소매상을 위한 역할

- **다양한 상품구색의 제공** : 다양한 상품구색을 갖추어야 하는 소매상이 제조업체로부터 직접 구매를 하여야 한다면 소매상은 많은 수의 제조업체와 접촉을 하여야 하며, 따라서 많은 거래비용이 발생한다. 여러 제조업체와 거래하는 도매상은 소매상에게 다양한 상품구색을 제공함으로써 소매상의 거래비용을 낮추어줄 수 있다.
- **소단위 판매** : 일반적으로 제조업체는 상품을 대량으로 생산하여 박스단위로 판매하기 때문에 소매상이 제조업체로부터 직접 상품을 구매하기는 어렵다. 도매상은 제조업체로부터 구입한 상품을 소단위로 분할하여 소매상에 판매하는 역할을 수행한다.
- **물류비의 절감** : 소매상이 직접 제조업체로부터 상품을 구입하려면 많은 수의 제조업체와 접촉하여야 하기 때문에 운송비용이 증가하고, 또한 많은 양을 한꺼번에 구입하여야 하기 때문에 재고비용도 증가하게 된다. 소매상은 근거리에 위치한 도매상으로부터 소량으로 빈번하게 구입함으로써 운송비용, 재고비용 등의 물류비를 절감할 수 있다.
- **신용의 제공** : 도매상은 소매상에게 외상판매를 함으로써 소매상이 신용으로 상품을 구매할 수 있도록 하는 역할을 수행한다.
- **소비자 대상의 서비스제공** : 소매상에서 상품을 구입하는 소비자들은 배달, 품질보증,

AS 등의 서비스를 요구하는데 규모가 작은 소매상이 직접 이러한 서비스를 제공하기는 어렵다. 도매상이 소비자에게 이러한 서비스를 제공함으로써 소매상의 부담을 덜어줄 수 있다.

- **컨설팅서비스의 제공** : 도매상은 많은 수의 제조업체 및 소매상과 접촉을 하고 있기 때문에 시장동향이나 경영 노하우 등에 대한 정보를 많이 가지고 있다. 도매상은 이러한 정보를 바탕으로 소매상에게 판매활성화를 위한 컨설팅서비스를 제공할 수 있다.

3. 도매상 무용론

우리나라 도매상의 경로파워는 제조업체나 소매상에 비해 상대적으로 작고 또한 시간이 갈수록 줄어들고 있다. 즉, 우리나라의 대부분의 업종에서 도매상의 숫자는 매우 많지만 매우 영세해서 경로리더로서의 역할을 하는 경우는 거의 없다. 이는 미국이나 중국에서 도매상의 역할이 크고 매출이 증가하고 있는 것과는 상반되는 현상이다. 여기에는 여러 가지 이유가 있지만 우리나라의 경우에는 국토가 협소하고 경제규모가 크지 않다는 것이 가장 큰 원인으로 지적되고 있다. 즉, 국토가 협소하기 때문에 제조업체가 직접 소매상이나 소비자와 거래하는 것이 상대적으로 용이하고 따라서 도매상의 기능이 그만큼 줄어들 수밖에 없다. 또한 경제규모가 크지 않기 때문에 몇몇 대형 제조업체와 소매상이 시장을 장악하면서 도매기능을 흡수하는 경우가 많다. 예를 들어 전자제품의 경우 삼성전자와 LG전자는 소매점의 기능을 수행하는 직영점 및 전속대리점 체제의 구축을 통해 도매기능을 직접 수행한다. 또한 대형마트, SSM, 백화점, 편의점 등의 대형 유통업체는 제조업체와의 직거래를 통해 상품을 확보함으로써 소매기능과 함께 도매기능을 동시에 수행한다. 이러한 상황에서 도매상은 그 기능이 축소될 수밖에 없다.

우리나라 유통시장은 2000년대에 들어 중소기업 중심에서 대기업 중심으로 급속히 전환되었다. 대형 제조업체나 대형 유통업체들이 도매기능을 흡수하면서 도매상들이 배제되는 현상이 나타나고 있으며, 이러한 과정에서 도매상은 중소 제조업체와 중소 소매상만을 대상으로 거래하는 중간상으로 바뀌어 가고 있다. '도매상 무용론'은 도매상의 역할이 줄어들고 도매시장의 규모가 축소되면서 도매상이 점차 도태되어 갈 것이라는 주장이다. 우리나라에서 도매상이 위축되고 있는 것은 사실이지만 그렇다고 도매기능 자체가 없어지는 것은 아니며, 도매상이 수행하지 못하게 된 기능들은 제조업체나 소매상과 같은 여타 유통경로 구성원들에 의해 대신 수행된다.

우리나라에서 도매상이 어느 정도 활성화되어 있는 업종은 두 가지 유형으로 구분될 수 있다. 첫 번째는 정부가 법규를 통해 제조업체가 소매상과 직접 거래하지 못하도록 규제하고 있는 업종이다. 이러한 대표적인 업종으로 주류(전통주 제외)를 들 수 있다. 주류업체의 영업사원은 도매상으로부터 주문을 받는 역할을 수행하며, 음식점이나 주점을 대상으로는 직접 주문을 받을 수 없다. 제약업계에서도 1994년에 '의약품 유통일원화제도(100병상 이상의 종합병원은 반드시 도매상을 통해서 의약품을 구매하도록 하는 제도)'를 도입하였으나 2010년에 일몰제도로 시행이 정지되었다. 두 번째는 제조업체가 영세하고, 숫자가 많으며, 상품의 가짓수가 많고 한 품목당 시장규모는 작은 업종이다. 이러한 업종에서는 상품을 집하하는 기능을 수행하는 도매상이 없으면 상품을 유통시키기가 어려워진다. 이러한 대표적인 업종으로 문구, 완구, 잡화, 비메이커 의류・신발・잡화・생활용품・가공식품 등을 들 수 있다. 그래서 이러한 업종에서는 예외 없이 대규모 도매시장이나 도매단지가 형성되어 있다. 동대문도매시장(의류, 신발, 가방 등), 남대문의류시장(의류, 액세서리 등), 화곡유통단지(생활용품, 문구, 완구, 유아용품, 화장품 등), 서울 창신동과 천호동의 문구・완구거리, 서울 청량리와 영등포의 식품도매시장 등이 대표적인 예라고 할 수 있다

제3절 도매상의 유형

우리나라 도매상의 유형은 크게 매매차익을 수입원으로 하는 상인도매상과 수수료를 수입원으로 하는 수수료도매상으로 나누어질 수 있다. 상인도매상은 다시 독립형 상인도매상

그림 7-2 ▌도매상의 유형구분

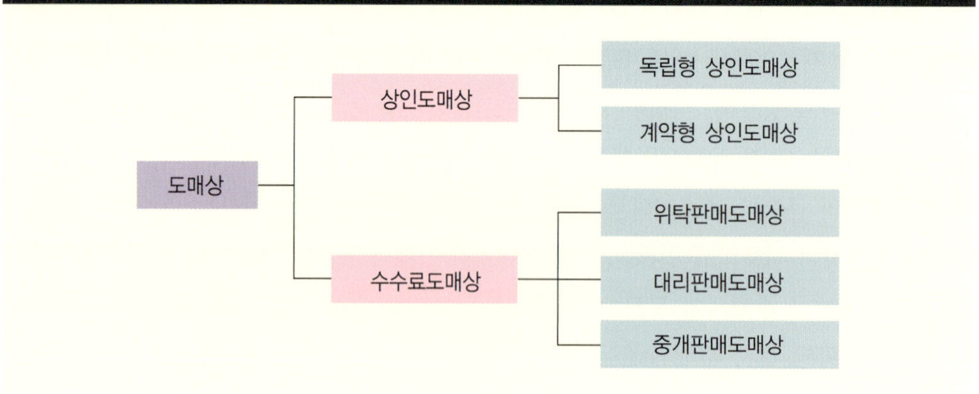

과 계약형 상인도매상으로 나누어질 수 있으며, 수수료도매상은 다시 위탁판매도매상, 대리판매도매상, 중개판매도매상 등으로 구분될 수 있다([그림 7-2] 참조).

1. 상인도매상

상인도매상은 상품을 구입하여 소유하고, 이를 다시 판매함으로써 구입가와 판매가의 차이인 마진(margin)을 수입원으로 삼는 중간상을 의미한다. 이들은 주로 제조업체로부터 상품을 구입하여 자신의 책임하에 재고관리, 운송관리, 창고관리 등의 업무를 수행한다. 스스로 창고시설과 운송시설을 보유하기도 하고, 물류 아웃소싱업체를 활용하기도 하며, 양자를 병행하기도 한다. 우리나라의 상인도매상은 다시 독립형 상인도매상과 계약형 상인도매상으로 나누어진다.

1.1 독립형 상인도매상

독립형 상인도매상은 제조업체이나 다른 도매상 등으로부터 단발적인 계약관계에 의해 상품을 구입하고, 제조업체 등으로부터 어떠한 간섭도 받지 않으면서 자신의 책임하에 자신의 상호를 걸고 상품을 판매하는 상인도매상을 의미한다. 즉, 특정 제조업체가 특정 도매상의 단골 거래업체가 될 수는 있지만 두 업체는 완전히 독립적이다. 독립형 상인도매상은 가장 전형적이고 전통적인 형태의 도매상으로 우리나라에는 의류, 잡화, 문구, 완구, 전자제품, 가구, 주류, 생활용품, 가공식품, 화장품 등 광범위한 업종에서 이러한 유형의 도매상이 존재한다. 또한 농수산물도매시장에서 도매시장법인으로부터 농산물이나 수산물을 구매하여 중간유통상, 식당, 중소마트 등에 판매하는 중도매인이나 생산자단체, 농수산물도매시장, 산지유통인 등으로부터 농산물이나 수산물을 구입하여 대형마트와 같은 소매상에 판매하는 벤더업체들도 독립형 상인도매상에 포함된다.

1.2 계약형 상인도매상

계약형 상인도매상은 특정 제조업체와 계약을 맺고 상품을 공급받아 판매하는 유형의 도매상을 의미한다. 독립형 상인도매상과 마찬가지로 상품을 소유하고 구입가와 판매가의 차이인 마진을 수입원으로 하지만 취급하는 상품의 종류가 제한적이고 제조업체로부터 상당한 지원과 동시에 통제와 간섭을 받는다는 차이점이 있다. 우리나라에서는 특히 가공식품, 생활용품, 화장품 분야의 대형 제조업체들의 '내리점'이 이러한 유형에 속한다. 대리점(agency)은 원래 상품을 소유하지 않으면서 제조업체나 구매업체로부터 의뢰를 받아 판매활동을 수행하고 실적에 따라 수수료를 수취하는 중간상을 의미하지만, 우리나라에서의 가공식품, 생활용품, 화장품 등의 분야에서 도매기능을 수행하는 대리점들은 스스로의 판단에 의해 주문을 하고, 스스로 재고를 관리하고, 판매가를 자율적으로 책정할 수 있는 자영업자이다. 그런데 이들이 독립형 상인도매상과 다른 점은 약 2년의 장기계약에 의해 제조업체로부터 상품을 공급받는다는 점이다. 또한 독립형 상인도매상이 자신의 상호를 걸고 상품을 판매하는 반면, 계약형 상인도매상은 계약을 맺은 제조업체의 상호를 걸고 상품을 판매한다.

대리점은 전속대리점과 복합대리점으로 나뉘는데 전속대리점은 하나의 제조업체의 상품만을 취급하는 대리점을 의미하고, 복합대리점은 다수 제조업체의 상품을 취급하는 대리점을 의미한다. 전속대리점은 한 개의 제조업체의 상품만을 가지고 운영이 가능해야 하기 때문에 규모가 큰 대형 제조업체만이 운영할 수 있다. 대형 제조업체는 전속대리점에 대해 전체 판매실적, 품목별 판매실적 등에 대한 목표치를 주고 달성 여부에 따라 장려금 등 각종 인센티브를 제공하며, 대리점 담당 영업사원을 별도로 두고 판매를 독려하는 한편, 점포 운영과 관련한 각종 컨설팅서비스를 제공한다. 즉, 전속대리점은 자영업자임에도 불구하고 독립형 상인도매상과는 달리 상당한 정도로 제조업체에 종속되어 있다. 복합대리점의 경우는 거래하는 제조업체의 수에 따라 정도의 차이는 있지만 종속의 정도는 훨씬 덜하고 거래하는 제조업체가 많아질수록 독립형 상인도매상과 유사해진다.

2. 수수료도매상

수수료도매상은 상인도매상과는 달리 상품을 소유하지 않으며 위탁, 대리, 중개 등의 방식으로 상품을 판매하고, 상품의 소유주인 제조업체로부터 매출액의 일정비율을 수수료로 수취하는 유형의 도매상을 의미한다. 수수료도매상은 판매방식에 따라 위탁판매도매상, 대리판매도매상, 중개판매도매상 등으로 나누어질 수 있다.

2.1 위탁판매도매상

위탁판매도매상은 제조업체로부터 위탁을 받아 상품을 판매하고 판매실적에 따라 제조업체로부터 수수료를 수취한다. 이들은 자신의 상호를 걸고 제품의 진열, 재고관리, 판매, 운송 등의 활동을 수행한다. 우리나라에서는 농수산물도매시장의 도매시장법인이 위탁판매도매상에 포함된다. 도매시장법인의 주된 업무는 판매를 위탁받은 농산물을 경매에 상장하여 소속 경매사를 통해 중도매인에게 판매하고, 판매대금에서 위탁수수료 등의 제반 경비를 제외한 금액을 위탁자에게 지급하는 것이다. 위탁수수료는 청과는 거래금액의 7%, 양곡은 2%를 초과할 수 없다.

2.2 대리판매도매상

대리판매도매상은 제조업체를 대리하여 상품을 판매하고 판매실적에 따라 제조업체로부터 수수료를 수취한다. 위탁판매도매상이 자신의 상호를 걸고 판매하는 반면, 대리판매도매상은 제조업체의 상호를 걸고 판매활동을 수행한다. 우리나라에서 이러한 판매방식은 특히 온라인쇼핑에서 빈번하게 이루어지고 있다. 홈쇼핑회사, 종합몰, 오픈마켓, 소셜커머스 등의 온라인 소매업체를 대상으로 판매활동을 수행하는 제조업체는 온라인 판매업무가 복잡하고 전문성이 요구되기 때문에 전담직원을 두기보다는 벤더업체에게 의뢰하는 것이 일반적이다. 온라인 벤더업체는 스스로 제조업체로부터 상품을 구입하여 온라인 채널을 통해 판매하기도 하지만, 대부분은 제조업체를 대리하여 제조업체의 명의로 판매활동을 수행하고 서비스를 제공하는 대가로 매출액의 3~5%를 운영수수료로 지급받는다.

2.3 중개판매도매상

중개판매도매상은 제조업체와 소매상과의 거래를 연결시켜 주고 판매실적에 따른 수수료를 수취하는 도매상이다. 이들은 위탁판매도매상이나 대리판매도매상과는 달리 거래를 성사시켜 주는 역할을 수행할 뿐 대금결제, 운송, 재고관리 등에는 관여하지 않는다. 우리나라에서의 중개판매도매상으로는 농수산물도매시장의 중도매인, 주류시장의 슈퍼체인본부, 농축수협중앙회, 유통체인사업자 등을 들 수 있다. 농수산물도매시장의 중도매인은 스스로 구매를 하여 자신의 명의로 자신의 책임하에 판매하는 독립형 상인도매상으로서의 역할을 주로 수행하지만, 경우에 따라서는 구매자로부터 의뢰를 받아 매매를 중개하는 역할을 수행하기도 한다. 중도매인의 중개수수료는 거래금액의 4%를 초과할 수 없다. 맥주나 소주 등의 일반주류와 수입주류는 주로 독립형 상인도매상인 종합주류도매상이나 수입주류전문도매상을 통해 중소슈퍼 등의 소매상에 판매되지만, 슈퍼체인본부, 농축수협중앙회, 유통체인사업자 등의 중개업체를 통해 슈퍼체인본부나 유통체인사업자에 소속된 중소슈퍼 가맹점이나 농수축협중앙회에 소속된 직매장에 판매되기도 한다.

실전 유통론
Principles of Distribution

03 Part

유통경로

Chapter 08

경로파워와 갈등관리

제1절 경로파워

1. 경로파워의 개념

일반적으로 '파워(power, 힘)'라고 하면 '상대방으로 하여금 자신이 원하는 방향으로 행동하도록 만들 수 있는 능력'을 의미하며, 이를 바탕으로 경로파워는 다음과 같이 정의될 수 있다.

> 경로구성원이 다른 단계에 있는 타 경로구성원으로 하여금 자신이 원하는 방향으로 행동하도록 만들 수 있는 능력

경로파워는 제조업체와 소매업체 간의 관계와 같이 유통경로에서 서로 다른 단계에 있는 경로구성원 간의 관계에서 형성되는 개념으로, 제조업체들 간의 관계 혹은 소매업체들 간의 관계와 같이 같은 단계에서 직접적인 경쟁관계에 있는 경로구성원 간에는 경로파워라는 개념이 성립되지 않는다. 경로파워는 주로 제조업체와 소매업체와의 관계를 중심으로 논의된다. 예를 들어 소매업체보다 제조업체가 경로파워가 강하면 제조업체는 소매업체로 하여금 판매가 원활하지 않은 품목을 포함하여 자사의 모든 상품을 취급하도록 할 수 있으며, 소매업체의 매장 내에서 자사 상품의 진열위치나 진열면적을 최선의 상태로 유지하도록 만들 수 있다. 반면에 소매업체의 경로파워가 강하면 제조업체로 하여금 잘 팔리는 상품만을 자사의 니즈에 맞게 포장단위, 가격 등을 변경하여 납품하도록 할 수 있고, 특정 상품을 자

사에게만 공급하도록 할 수 있으며, 협동광고 분담, 진열보조금, 신제품 실패보조금 등에 대한 요구를 강화할 수 있다.

2. 경로파워의 유형구분

어떤 경로구성원이 타 경로구성원으로 하여금 자사의 의사에 따라 행동하도록 만들기 위해 사용할 수 있는 수단에는 여러 가지가 있다. 예를 들어 일정한 행동을 하면 보상을 하겠다는 약속, 일정한 행동을 하지 않을 경우에 불이익을 주겠다는 위협, 경영에 도움이 되는 컨설팅서비스나 시장/고객 등에 대한 정보의 제공 등 다양한 수단을 활용할 수 있다. 이러한 수단들을 '파워원천(源泉)'이라고 하며 경로파워는 이러한 '파워원천'에 따라 여러 가지 유형으로 구분될 수 있다.

파워원천에 근거한 유형구분 중에서 가장 대표적인 것은 French & Raven(1959), Raven & Kruglanski(1970) 등에 의한 구분으로 이들은 경로파워를 강압적 파워, 보상적 파워, 합법적 파워, 준거적 파워, 전문적 파워, 정보적 파워 등의 6개 유형으로 구분하였다. 경로파워에 대한 또 다른 유형구분은 강압적 파워와 비강압적 파워의 2개 유형으로 구분하는 것인데, 앞에서 언급한 6개의 유형 가운데 강압적 파워를 제외한 다른 파워 유형은 모두 비강압적 파워로 구분될 수 있다([그림 8-1] 참조).

그림 8-1 ▌ 파워원천에 따른 경로파워의 유형구분

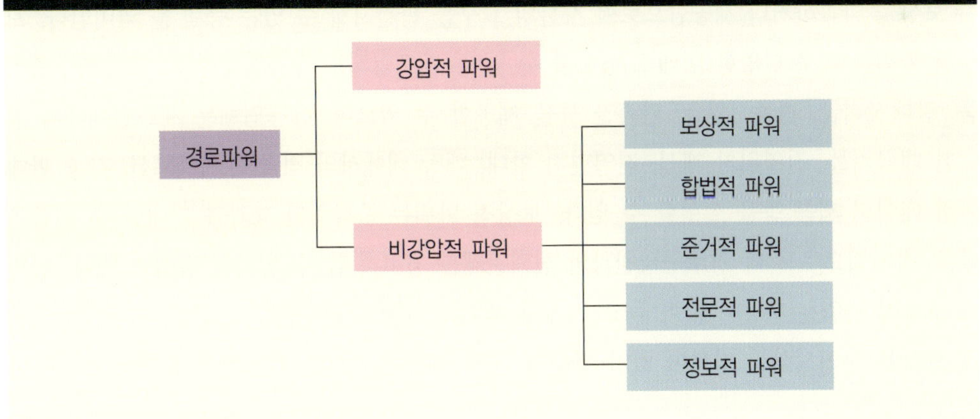

2.1 강압적 파워

강압적 파워(coercive power)는 '자사의 요구에 응하지 않으려는 타 경로구성원을 위협하거나 처벌을 가함으로써 자사의 요구를 관철시킬 수 있는 능력'을 의미한다. 강압적 파워는 매우 다양한 형태로 행사될 수 있다. 제조업체가 유통업체에게 행사할 수 있는 강압적 파워로는 물품공급의 중단, 인기상품 공급의 축소, 상품공급가의 인상, 전속대리점/가맹점 계약의 연장거부, 판매장려금의 축소, 판촉지원금의 축소, 독점판매권의 철회 등을 들 수 있고, 유통업체가 제조업체에게 행사할 수 있는 강압적 파워로는 거래의 단절, 거래규모의 축소, 진열면적의 축소, 진열위치 혹은 매장위치의 변경, 구입대금의 지급지연, 판매정보 제공 중지 등을 들 수 있다.

강압적 파워의 상당 부분은 새로운 형태의 불이익이 아니라 기존에 제공하였던 보상을 철회하는 형태로 이루어지고 있으며, 이러한 의미에서 강압적 파워와 뒤에서 기술할 보상적 파워는 동전의 양면과 같은 관계에 있다고 할 수 있다. 강압적 파워는 효과가 뛰어나다는 장점이 있기 때문에 경로파워가 강한 경로구성원이 가장 일반적으로 사용하고 있는 경로파워 유형이라고 할 수 있다. 그러나 위협이나 처벌을 감수해야 하는 경로구성원이 거래관계의 단절, 거래규모의 축소, 동종업체의 동맹결성을 통한 집단대응 등의 방법으로 반발할 수 있기 때문에 장기적으로는 역효과를 초래할 수 있다. 또한 강압적 파워를 행사하는 경로구성원이 전체 유통경로의 효율성 향상을 추구하는 것은 아니기 때문에 강압적 파워는 유통경로 전체의 효율을 저하시키는 측면이 있다.

2.2 보상적 파워

보상적 파워(reward power)는 '자사의 요구에 응하지 않으려는 타 경로구성원에게 일정한 보상을 약속하거나 제공함으로써 자사의 요구를 관철시킬 수 있는 능력'을 의미한다. 보상적 파워는 매우 다양한 형태로 행사될 수 있다. 제조업체는 유통업체에게 가격할인, 증정품, 판매장려금, 판촉지원금, 판촉물 등을 제공할 수 있으며, 유통업체는 제조업체에게 신속한 대금지불, 진열위치 개선, 진열면적 확대, 매장 내에서의 적극적 프로모션, 각종 판매관련 데이터 제공 등을 실행할 수 있다. 보상적 파워는 즉각적인 효과를 기대할 수 있음은 물론, 장기적으로도 타 경로구성원과의 신뢰관계를 공고히 할 수 있다는 장점이 있다. 반면에 보상적 파워는 비용이 많이 들고, 보상을 받는 타 경로구성원들이 시간이 지나면서 기존의 보상을 당연시하는 경향이 있기 때문에 계속 새로운 보상을 개발하여야 한다는 단점이 있다.

2.3 합법적 파워

합법적 파워(legitimate power)는 '법적 계약을 근거로 타 경로구성원에게 계약에 규정된

행동을 준수하도록 요구할 수 있는 능력'을 의미한다. 즉, 합법적 파워는 프랜차이즈 가맹계약, 전속대리점 계약, 대형 유통업체 입점계약 등과 같은 계약을 근거로 하는 경로파워를 의미한다. 계약서에는 쌍방의 권리와 의무사항이 모두 나열되지만 그 내용에는 이미 쌍방의 경로파워의 차이가 반영되어 있다. 예를 들어 프랜차이즈 가맹계약은 가맹희망자가 수정을 요구할 수 없는 부합계약(附合契約, 당사자의 일방이 내용을 미리 결정하고 상대방은 이에 따를 것인지의 여부만을 결정할 수 있는 계약)의 형태로 이루어지기 때문에 가맹사업자는 가맹점을 운영하는 과정에서 가맹본부가 일방적으로 정한 모든 규정을 준수하여야 한다. 제조업체와 전속대리점 간의 계약, 백화점과 입점업체 간의 계약, TV홈쇼핑 업체와 납품업체 간의 계약 등도 정도의 차이는 있지만 모두 부합계약의 형태로 이루어진다. 또한 이러한 계약에 명기되어 있는 계약기간의 연장 여부는 위에서 언급한 강압적 파워의 수단으로 종종 사용된다.

2.4 준거적 파워

준거적 파워(referent power)는 '거래를 통해 자사의 좋은 이미지를 활용하기를 원하는 타 경로구성원을 대상으로 자사의 요구를 관철시킬 수 있는 능력'을 의미한다. 즉, 준거적 파워는 자사 브랜드 혹은 점포에 대한 소비자의 로열티가 매우 높고, 타 경로구성원이 거래를 통해 자사의 이미지를 활용하려는 열망이 클 때 성립하는 경로파워이다. 예를 들어 브랜드 가치가 높은 해외 명품 의류/잡화의 제조업체는 우리나라의 백화점에 판매수수료율이 낮은 임대을매장이나 독립적인 운영과 저렴한 임대료를 보장받는 임대갑매장의 형태로 입점하고 있으며, 또한 가시성과 접근성이 좋은 매장위치를 받아내고 있다. 백화점이 이렇게 해외 명품 브랜드 제조업체의 요구에 응하는 것은 해외 명품 브랜드의 유치가 자사의 이미지 제고에 도움이 된다고 판단하기 때문이다.

또한 제조업체가 대형 유통업체 가운데 선도적인 위치를 점하고 있는 유통업체와의 지속적인 거래를 위해 수익을 창출할 가능성이 낮음에도 불구하고 대형 유통업체의 다양한 요구를 수용하는 것도 준거적 파워에 근거하는 예에 속한다. 제조업체가 이렇게 하는 이유는 선도 유통업체의 매장에 자사의 상품이 진열된다는 것 자체가 자사와 자사 브랜드이미지의 제고에 도움이 되고, 또한 선도 유통업체를 제외한 여타 유통업체와의 거래에서 유리한 위치를 점할 수 있기 때문이다.

2.5 전문적 파워

전문적 파워(expertise power)는 '지식과 경험을 통해 축적된 노하우를 바탕으로 타 경로구성원으로 하여금 자사의 요구에 따르도록 만들 수 있는 능력'을 의미한다. 예를 들어 많은 가맹점을 설립하고 운영해본 경험을 가지고 있는 프랜차이즈 가맹본부는 축적된 경영 노하우를 바탕으로 가맹점을 설득하여 본부의 경영방침에 따르도록 만들어 갈 수 있으며, 전속대리점을 운영하고 있는 제조업체도 재고관리, 직원관리, 시장개척, 고객관리 등에 대한 노하우를 바탕으로 전속대리점이 자사의 정책에 따르도록 만들어 갈 수 있다.

또한 최종소비자와의 접점을 형성하고 있는 대형 소매업체는 고객과 시장에 대한 노하우를 바탕으로 제조업체를 설득함으로써 공급상품의 종류, 가격, 포장, 디자인, 공급시기 등에 대한 의사결정이 자사의 요구대로 이루어지도록 만들어 갈 수 있다. 전문적 파워는 우월한 노하우를 바탕으로 하고 있다. 그런데 노하우는 타 경로구성원과의 접촉과정에서 타 경로구성원에게 서서히 이전되어 가기 때문에 전문적 파워를 유지하기 위해서는 새로운 노하우를 개발하려는 노력을 지속적으로 기울여야 한다.

2.6 정보적 파워

정보적 파워(information power)는 '보유하고 있는 객관적인 사실에 대한 정보를 바탕으로 타 경로구성원으로 하여금 자사의 요구에 따르도록 만들 수 있는 능력'을 의미한다. 정보는 전문성을 갖추기 위한 기반이 된다는 의미에서 정보적 파워는 전문적 파워의 일부라고 볼 수도 있지만, 전문적 파워의 기반이 되는 노하우의 내용에는 주관적 판단이 상당부분 차지하고 있는 반면 정보적 파워의 기반이 되는 정보는 주관적 판단이 배제된 객관적 사실만을 의미한다는 점에서 정보적 파워는 전문적 파워와 구분된다. 예를 들어 여러 소매업체와 거래하고 있는 제조업체가 축적된 판매정보에 근거하여 특정 소매업체를 대상으로 자사의 상품을 더 많이 취급하도록 설득한다거나, 여러 제조업체와 거래하고 있는 소매업체가 거래정보에 근거하여 특정 제조업체를 대상으로 상품의 유형과 가격을 조정해줄 것을 설득하는 것 등을 그 예로 들 수 있다. 정보적 파워는 정보에 근간을 두고 있기 때문에 고객과 접점을 형성하면서 정보기술을 활용하여 대량의 정보를 수집하고 있는 대형 소매업체가 제조업체에 비해 우위를 점하고 있다고 할 수 있다.

3. 경로리더

3.1 경로리더의 개념

경로구성원 가운데 경로파워가 가장 큰 경로구성원을 경로리더(channel leader) 혹은 경로캡틴(channel captain)이라고 부른다. 일반적으로 '리더(leader)'라고 하면 '조직이 추구하는 목표를 달성하기 위해 동일한 조직에 소속된 다른 사람들의 행동에 영향을 미치거나 고무(鼓舞)시키는 사람'을 의미한다. 그런데 유통경로에는 복수의 경로구성원(즉, 제조업체, 도매업체, 소매업체 등)이 존재하고 각 경로구성원의 목표는 모든 경로구성원의 수익의 합을 극대화하는 것이 아니라 각사의 수익을 극대화하는 것이기 때문에 경로리더는 '공동목표'의 달성을 위해 타 경로구성원들의 행동에 영향을 미치거나 고무시키는 경로구성원을 의미하는 것이 아니라 단순히 '다수의 경로구성원 가운데 경로파워가 가장 큰 경로구성원', 즉 '타 경로구성원의 행동에 대한 영향력이 가장 큰 경로구성원'을 의미한다.

경로리더는 경로구성원 간의 관계에서 정해지는 것이기 때문에 특정 업체가 해당 업계에서 마켓리더로서의 위상을 차지하고 있다고 하더라도 타 경로구성원과 비교할 때 영향력이 떨어지면 경로리더가 될 수 없다. 또한 특정 업계에서 마켓리더가 아니더라도 마켓리더에 필적할 만한 위상을 지니고 있으면서 타 경로구성원을 압도할 수 있다면 경로리더가 될 수 있다. 결론적으로 제조업체이든 유통업체이든 특정 업계(예를 들어 의류업계, 백화점업계 등)에서 경로리더는 하나가 될 수도 있지만 둘 이상이 될 수도 있고 없을 수도 있다. 또한 경로리더는 상당한 수준의 시장점유율을 차지하고 있어야 하기 때문에 시장점유율이 많은 업체에 분산되어 있는 업계에서는 나올 수 없고, 독점체제 혹은 과점체제를 이루고 있는 업계에서 나오게 된다.

3.2 경로리더의 파워의 근원

경로리더는 제조업체가 될 수도 있고, 도매업체나 소매업체와 같은 유통업체가 될 수도 있다. 과거의 고성장, 산업화시대에는 제조업체가 경로리더가 되는 것이 당연시되었지만 시간이 지날수록 소매업체의 경로파워가 강해지면서 소매업체가 경로리더가 되는 경우가 많아지고 있다. 제조업체, 도매업체, 소매업체 등이 경로리더로서 성장하기 위해 필요한 파워의 근원은 다음과 같다.

3.2.1 제조업체의 파워의 근원

제조업체가 경로리더가 되기 위해 필요한 파워의 근원으로는 상당한 규모의 생산시설, 높은 수준의 매출액/수익/시장점유율, 높은 상표충성도, 전방통합(직영점/전속대리점/프랜차이즈의 구축) 등을 들 수 있다. 즉, 생산규모가 크고 시장에서 우월한 경쟁적 위상을 확보하고 있으며, 소유나 계약에 의해 유통경로를 장악할 수 있는 제조업체가 경로리더가 될 수 있다. 예를 들어 우리나라의 현대자동차는 높은 시장점유율, 높은 상표충성도, 직영점/

전속대리점의 유통망 구축 등의 조건을 갖추고 있는 자동차업계의 경로리더라고 할 수 있다. 또한 의류시장에서 상당한 시장점유율을 차지하고 있는 이랜드는 많은 수의 대리점을 가지고 있음은 물론, 백화점, 대형 아울렛, SPA 등 다양한 소매업태에 진출함으로써 생산에서 판매까지를 통제하고 있는 경로리더라고 할 수 있으며, 프랜차이즈인 파리바게뜨/파리크라상 등을 운영하고 있는 SPC그룹도 제빵업계의 경로리더라고 할 수 있다. 또한 화장품업계를 선도하는 제조업체이면서 원브랜드샵, 멀티브랜드샵, 방문판매 등의 소매업태를 통해 전방통합을 꾸준히 추진하고 있는 아모레퍼시픽도 화장품업계의 경로리더라고 할 수 있다. 이 외에도 가전/가공식품/생활용품/가구 등의 분야의 선도 제조업체들이 광고 등을 통해 이미지 증진을 도모하는 한편, 전속대리점 및 직영점체제의 구축을 적극적으로 추진하는 것도 경로리더가 되기 위한 노력이라고 할 수 있다.

3.2.2 도매업체의 파워의 근원

도매업체가 경로리더가 되기 위해 필요한 파워의 근원으로는 높은 수준의 매출액/수익/시장점유율, 높은 상표충성도, PB상품의 강화, 전후방통합 등을 들 수 있다. 또한 도매업체들이 연합체를 구성하여 규모를 키우는 것도 파워의 근원이 될 수 있다. 우리나라에서는 중소슈퍼를 대상으로 도매상의 역할을 하는 각 지역의 슈퍼마켓 가맹사업자들이 한국체인사업협동조합을 구심점으로 힘을 결집한다거나, 문구도매업체들이 사무용문구 프랜차이즈를 구축하여 소매시장에 진출한다거나 하는 등의 사례가 있지만 도매업체가 경로리더로서의 역할을 하고 있는 분야는 거의 없다.

3.2.3 소매업체의 파워의 근원

소매업체가 경로리더가 되기 위해 필요한 파워의 근원으로는 높은 수준의 매출액/수익/시장점유율, 높은 점포충성도, PB상품/수입상품의 강화, 후방통합, 연합체의 결성 등을 들 수 있다. 이 가운데 PB상품은 가격경쟁력을 바탕으로 매출액을 증가시킬 수 있을 뿐만 아니라 고객들의 유통업체 자체에 대한 충성도를 제고시키는 좋은 수단이 되고 있으며, 수입상품도 국내의 제조업체들에 대한 의존도를 낮춤으로써 유통업체가 보다 많은 파워를 갖는데 일조하고 있다고 할 수 있다. 우리나라에서는 많은 업종에서 대형 유통업체들이 경로리더로서의 역할을 수행하고 있다. 특히 의류시장에서의 3개의 선도 백화점, 생활용품/가공식품/신선식품시장에서의 3개의 선도 대형마트 등은 막강한 판매력과 인지도를 바탕으로 해당 업종에서 강력한 경로리더로서의 역할을 하고 있다.

또한 대형마트, SSM 등의 신선식품을 취급하는 유통업체들은 농산물, 축산물 등의 생산과정에 깊이 참여하고, 대형 물류센터를 건설함으로써 생산에서 판매에 이르기까지의 모든 과정을 통제하는 '계열화사업자'로서의 위상을 확보하기 위해 노력하고 있다. 상대적으로 파워가 약한 소매업체들은 연합체의 구성을 통해 제조업체에 대한 협상력을 강화하기 위해 노력하고 있다. 중소슈퍼 경영자들의 단체인 한국수퍼마켓협동조합연합회, 전통시장의 지역별 단체인 전통시장연합회 등을 그 예로 들 수 있지만 대형 유통업체에 비하면 파워는 극히 미약한 수준이라고 할 수 있다.

3.3 우리나라에서의 경로리더

누가 경로리더가 되는가에 영향을 미치는 요소는 매우 다양한데, 이 중 가장 중요한 요소로는 각 유통단계에서의 경로구성원의 규모와 수, 그리고 경로구성원에 대한 소비자의 충성도를 들 수 있다. 즉, 해당 유통단계에서 경로구성원의 수가 작고 규모가 클수록, 또한 소비자의 충성도가 높을수록 경로파워가 커지면서 경로리더가 될 가능성이 높아진다.

3.3.1 제조업체

어느 나라이든 유통부문보다는 제조부문을 중심으로 경제발전이 시작되기 때문에 경제발전 초기부터 유통부문의 대형화가 이루어지기 전까지의 시기에는 제조업체가 경로리더가 된다. 이 시기에는 몇몇의 대형 제조업체들이 영세한 소매업체를 대상으로 막강한 경로파워를 행사한다. 우리나라의 가전업계에서 3대 가전업체(삼성, LG, 대우)가 1970년대부터 1990년대 중반에 이르기까지 유통경로를 수직화하면서 제조와 유통을 모두 장악하고 있었던 것이나, 생활용품/가공식품/과자/주류 등 각 분야의 대형 제조업체들이 역시 1990년대 중반에 이르기까지 영세한 슈퍼마켓 등을 대상으로 막강한 파워를 행사하였던 것 등을 그 예로 들 수 있다.

3.3.2 소매업체

우리나라에서 소매업체의 대형화가 이루어지기 시작한 것은 1990년대 중반부터라고 할 수 있다. 그 이전의 시기에 대형화를 이룬 소매업태는 백화점이 유일하다. 백화점은 주력품목인 의류부문에서 1980년대부터 경로리더의 역할을 수행하였으며, 1997년의 외환위기를 계기로 빅3(롯데, 신세계, 현대) 백화점 체제가 정착되면서 그 위상이 더욱 강화되었다. 즉, 우리나라에 기성복이 출현한 1972년경부터 1985년 중반까지 제조업체가 경로리더로서의 역할을 수행하였으나 1970년대 말부터 백화점이 본격적으로 활성화되기 시작하면서 의류부문에서의 경로파워는 점차 백화점으로 기울게 되었다.

백화점을 제외하고는 1990년대 중반이 소매업체가 경로리더로 나서게 되는 시발점이라고 할 수 있다. 이 시기에는 유통산업의 육성을 위한 정부의 정책에 큰 변화가 있었다.

1996년에 유통시장이 전면개방되면서 외국자본에 의해 설립되는 점포의 수와 면적에 대한 규제가 폐지되었다. 또한 1997년에는 대규모 점포설립이 허가제에서 등록제로 전환되면서 대형 유통업체들이 손쉽게 매장을 늘려갈 수 있게 되었다. 등록제로의 전환은 국내 대형 유통업체의 진입을 자유롭게 함으로써 외국의 대형 유통업체에 대한 경쟁력을 강화시키려는 데 주된 목적이 있었다고 할 수 있다. 이를 계기로 영세 자영업자가 주도하던 우리나라의 유통시장은 대기업이 주도하는 방향으로 급격히 선회하게 되었다. 1999년에 도입된 오픈프라이스제도도 소매업체의 위상을 강화하는 데 크게 기여하였다. 즉, 이 제도를 계기로 소매가격결정권이 제조업체에서 소매업체로 넘어가면서 소매업체의 경로파워가 크게 신장되었다.

이러한 일련의 유통정책을 바탕으로 대형 유통업체들은 급속한 성장을 이루게 되었다. 대형마트가 1990년대 중반 이후 빠르게 성장하였고, 편의점, SSM 등의 소매업태도 2000년 전후를 기점으로 급속한 성장세를 보였다. 그 결과 백화점, 대형마트, SSM, 편의점 등 주요 소매업태들이 3~4개의 업체로 구성된 과점체제를 이루면서 성장하는 과정에서 각 분야의 경로리더로 나서게 되었다. 특히 우리나라 전체 소매시장의 약 7%를 차지하고 있는 대형마트 빅3(이마트, 홈플러스, 롯데마트)는 생활용품, 가공식품, 신선식품 등의 분야에서 막강한 경로리더로서의 위치를 차지하고 있다.

3.3.3 도매업체

경로리더에 대한 논의는 도매업체에 대한 언급 없이 제조업체와 소매업체를 중심으로 이루어지고 있다. 실제로 우리나라의 유통 역사에서 도매상이 절대적인 우위를 차지한 경우는 찾아보기 힘들다. 물론 예외적인 경우도 있었다. 우리나라의 의약품 유통 역사에서 해방 후 양약이 급속도로 확산되는 시기에 도매상은 제약회사, 약국, 병원 등을 훨씬 능가하는 경로리더로서의 위치를 차지하고 있었다. 즉, 해방 후 전국 주요 도시의 도매상들은 제조업자에 비해 자금, 시설, 규모 등의 면에서 월등하였으며, 이를 발판으로 제약업체에게 금융지원을 하는 등 제약산업에서 주도권을 행사하였다.

그러나 정부가 제약산업의 육성을 위해 제조업체에 대한 지원을 강화하면서 제약업체의 규모가 커지고, 또한 대형병원이 출현하면서 도매상의 위상은 점차 하락하게 되었다. 문구분야에서 도매상이 사무용문구 프랜차이즈를 구축하기도 하고, 주류도매상은 법적으로 모든 일반주류의 유통을 취급하는 권한을 보장받고 있는 등 도매상의 위상이 상대적으로 높은 분야도 있지만 이러한 분야에서도 도매업체의 규모가 크지 않고, 수도 많아서 대형 제조업체나 소매업체에 비해 경로파워가 크다고 보기 어렵다.

제2절 갈등관리

1. 유통경로 내의 갈등의 개념

1.1 갈등의 정의

일반적으로 갈등(conflict)은 '상대방과 일정한 이해관계를 가지고 있는 일방이 상대방의 행동이 자신이 추구하고 있는 목표를 달성하는 데 방해가 되고 있다고 지각하고 있는 상태'를 의미한다. 따라서 유통경로 내에서의 갈등은 다음과 같이 정의될 수 있다.

> 한 유통경로구성원이 다른 유통경로구성원의 행동이 자신이 추구하고 있는 목표를 달성하는 데 방해가 되고 있다고 지각하고 있는 상태

갈등은 주관적인 판단에 의해 이루어지기 때문에 경로구성원 일방이 갈등을 지각하고 있더라도 갈등의 원인을 제공한 상대 경로구성원은 갈등을 느낄 수도 있고 그렇지 않을 수도 있다. 많은 경우에 경로파워가 강한 경로구성원의 일상적인 활동이 경로파워가 약한 경로구성원에게 갈등의 원인을 제공할 수 있으며, 이러한 경우에 경로파워가 강한 경로구성원은 갈등을 지각하지 못하거나 지각하더라도 무시해 버리는 것이 보통이다.

1.2 갈등의 강도

유통경로구성원이 지각하는 갈등의 강도는 경로구성원의 목표달성 의지, 경로구성원 간의 이해관계의 밀접성, 경로구성원 간의 경로파워 불균형 등에 따라 달라진다.

- **목표달성 의지** : 경로구성원 간의 갈등은 이해당사자들이 추구하고 있는 목표에 대한 달성의지가 클수록 커진다. 그런데 대부분의 유통경로구성원은 수익극대화를 강하게 추구하기 때문에 유통경로구성원들은 종종 갈등으로 인해 매우 첨예하게 대립한다. 이로 인해 당사자 간의 해결이 어려워져서 법원이나 정부기관 등의 제3자의 판결, 중재, 재정 등을 통해 해결되기도 한다. 또한 국회나 정부기관은 상시적으로 발생하는 갈등을 원천적으로 해결하기 위해 법규를 제정하거나 권고안 등을 마련하기도 한다. 이러한 대표적인 예로 가맹본부와 가맹점 간의 갈등을 해소하기 위한 '가맹사업거래의 공정화에 관한 법률', 대형 유통업체와 영세 유통업체(중소슈퍼, 전통시장, 영세 제

과점 등) 간의 갈등을 해소하기 위한 '대·중소기업 상생협력 촉진에 관한 법률', 공정거래위원회의 '모범거래기준', 동반성장위원회의 '출점 제한 권고안' 등을 들 수 있다.

- **이해관계의 밀접성** : 경로구성원 간의 갈등은 이해관계가 밀접하게 연관되어 있을수록 커진다. 이는 이해관계가 밀접할수록 상대방에게 영향을 미칠 수 있는 여지가 그만큼 커지기 때문이다. 예를 들어 SSM은 같은 업태인 중소슈퍼와 크게 갈등을 빚고 있지만, 업태가 다른 편의점과의 갈등은 상대적으로 작다. 특히 장기계약을 기반으로 형성된 관계를 가지고 있는 경로구성원 간의 이해관계는 매우 밀접하게 연관되어 있다. 예를 들어 가맹본부와 가맹점 간의 관계, 제조업체와 전속대리점과의 관계, 백화점과 입주업체들과의 관계 등이 이에 해당하며 이들 사이의 갈등은 법정 다툼 등 매우 치열한 양상으로 전개되기도 한다.
- **경로파워 불균형** : 경로구성원 간의 경로파워의 불균형이 심할수록 갈등이 매우 심하게 나타날 가능성이 커진다. 왜냐하면 경로파워가 훨씬 더 강한 경로구성원은 강압적인 방법을 동원하여 타 경로구성원의 의사와는 관계없이 자신의 의지를 관철하려고 할 가능성이 크기 때문이다. 반면에 경로파워가 비슷한 경우에는 갈등이 첨예해지면 서로에게 큰 타격을 입힐 수 있기 때문에 타협을 통해 갈등을 해소하려는 경향이 크고, 따라서 갈등의 수준은 낮아진다.

1.3 갈등의 유형

유통경로 내의 갈등의 유형은 갈등관계에 있는 경로구성원들이 유통경로상에서 다른 단계에 있는지 혹은 동일 단계에 있는지에 따라 수직적 갈등과 수평적 갈등으로 구분된다.

- **수직적 갈등** : 수직적 갈등은 제조업체와 중간상 간의 갈등과 같이 서로 다른 단계의 경로구성원 간의 갈등을 의미한다. 대형 생활용품/가공식품/전통주 제조업체와 도매상의 역할을 하는 전속대리점과의 갈등, 대형 생활용품/가공식품제조업체와 대형 소매업체인 대형마트와의 갈등, 백화점과 백화점에 점포를 개설하고 있는 대형 의류제조업체와의 갈등, 핸드폰 제조업체와 핸드폰 유통을 주도하는 이동통신업체 간의 갈등 등이 이러한 예에 속한다.
- **수평적 갈등** : 수평적 갈등은 동일한 단계의 경로구성원 간에 발생하는 갈등으로 이는 당사자들이 치열한 '경쟁'관계에 있기 때문에 발생한다. 가전시장에서의 대형 제조업체 간의 갈등, 대형 가전제조업체의 직영점/전속대리점과 대형 가전제품 양판점과의 갈등, SSM과 중소슈퍼/전통시장과의 갈등, 화장품 브랜드샵과 H&B스토어와의 갈등, 오픈마켓과 소셜커머스와의 갈등, 가공식품/생활용품 제조업체 전속대리점과 도매상

과의 갈등, 약국용 화장품을 둘러싼 약국과 H&B스토어와의 갈등 등이 이러한 유형에 속한다.

1.4 갈등의 기능

유통경로구성원 간의 갈등은 불신, 소모적인 경쟁, 음해, 법정 다툼 등 당사자 모두에게 이득이 없는 방향으로 이어질 수 있으며, 이러한 현상이 우리 사회에서도 종종 나타나고 있다. 갈등의 이러한 기능을 갈등의 '역기능'이라고 할 수 있다. 갈등의 역기능으로 인해 경로구성원들은 제로섬(zero-sum)게임을 지나쳐서 모두가 패자가 되는 루즈루즈(lose-lose)게임을 하는 결과가 초래될 수 있다. 그러나 당사자 간의 갈등은 상대방의 입장을 이해하려고 노력하는 계기가 될 수 있고, 이러한 노력을 바탕으로 관계를 개선하고, 공동의 목표를 마련하여 이를 달성하는 과정에서 모두가 이득을 보는 결과를 성취할 수도 있는데, 이러한 의미에서 갈등은 역기능적인 측면만 가지고 있는 것이 아니라 '순기능'적인 측면도 가지고 있다. 즉, 경로구성원들은 갈등을 계기로 윈윈(win-win)게임을 할 수 있는 관계를 형성할 수도 있다. 갈등의 순기능적인 측면으로 다음과 같은 사항들을 들 수 있다.

- **효과적인 커뮤니케이션 수단 구축** : 경로구성원들은 이해증진을 통해 갈등을 완화하기 위해 정기적인 회의체의 구성, 인트라넷의 개설 등 효과적인 커뮤니케이션 수단을 구축할 수 있다.
- **갈등의 원인분석** : 경로구성원들은 갈등의 해결을 위해 갈등이 발생하는 원인을 파악하기 위한 공동노력을 기울일 수 있다.
- **갈등해결 수단의 구축** : 경로구성원들은 갈등의 원인에 대한 분석을 바탕으로 공동의 목표를 설정하고 서로 윈윈(win-win)할 수 있는 구체적인 수단을 마련하는 노력을 기울일 수 있다.

2. 갈등의 원인

유통경로구성원의 갈등은 여러 가지 원인에 의해 발생할 수 있는데, 이러한 원인들은 '추구하는 목표의 불일치', '역할에 대한 인식 불일치', '현실에 대한 인식 불일치' 등으로 구분될 수 있다. 그러나 이러한 구분이 서로 배타적인 것은 아니며 하나의 갈등이 복합적인 원인들로 인해 발생할 수 있다.

그림 8-2 ▌유통경로구성원의 갈등의 원인

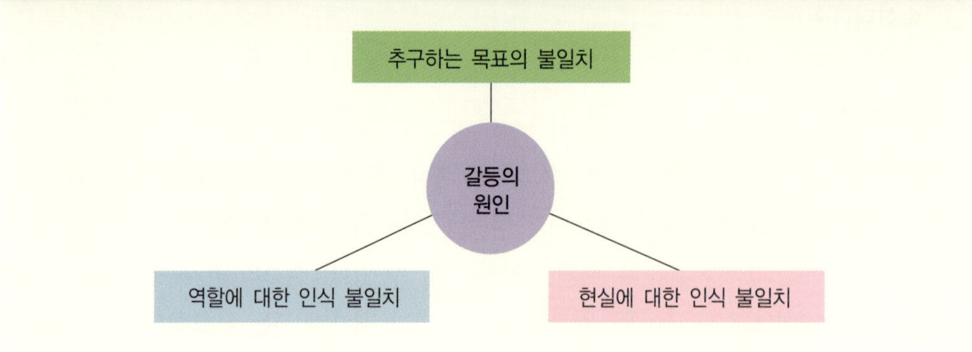

2.1 추구하는 목표의 불일치

목표 불일치에 의한 갈등은 경로구성원들이 각기 다른 목표를 추구하고 있고, 이러한 목표들이 동시에 달성될 수 없을 때 발생한다. 갈등의 유형 중 경쟁관계에 있는 동일 단계의 경로구성원 간의 갈등인 수평적 갈등은 모두 목표의 불일치에서 발생한다고 할 수 있다. 동일한 상권에 위치한 중소슈퍼와 편의점/SSM 간의 갈등, 동네 빵집과 프랜차이즈 빵집 간의 갈등, 모바일쇼핑의 주도권을 놓고 경쟁하는 오픈마켓업체와 소셜커머스업체 간의 갈등 등은 모두 목표의 불일치로 인해 발생한다. 또한 목표 불일치는 제조업체와 소매업체 간의 갈등인 수직적 갈등의 원인이 될 수 있으며, 다음과 같은 예들을 들 수 있다.

- **프랜차이즈 가맹본부와 가맹점** : 프랜차이즈 가맹본부가 가맹점 매출의 일정비율을 로열티로 받고 있는 경우에 가맹본부의 목표는 가맹점 매출의 극대화가 되지만, 가맹점의 목표는 매출이 아닌 수익이기 때문에 갈등이 발생할 가능성이 커진다. 예를 들어 가맹본부는 가맹점의 매출을 증대시키기 위해 인테리어 개선, 최신장비의 도입, 영업시간 연장 등을 요구하기도 하는데 이러한 요구는 가맹점의 비용을 증가시켜 수익을 감소시키기 때문에 가맹본부와 가맹점 간에 갈등이 발생한다. 또한 프랜차이즈 가맹본부는 매출증진을 위해 기존 가맹점 부근에 추가적으로 가맹점의 개설을 시도하기도 하는데 이는 기존 가맹점의 매출과 수익에 결정적인 악영향을 미칠 수 있기 때문에 매우 심한 수준의 갈등이 발생한다.
- **대형 제조업체와 전속대리점** : 대형 제조업체가 매출을 증대시키기 위해 우월한 경로파워를 이용하여 수익성을 중시하여야 하는 전속대리점의 입장을 무시하고 물량 밀어내기, 신제품 매입·배송차량 추가구입의 강요 등이 이루어지는 경우에 갈등이 발생하게 된다.

- **제조업체와 대형마트** : 대형마트가 매출증진을 위해 제조업체에게 프로모션 행사의 진행을 위한 물품제공, 가격인하, 진행요원 파견, 행사진행장비 등의 지원을 무리하게 요구하면 수익성을 중시하여야 하는 제조업체와의 갈등을 피할 수 없다.

2.2 역할에 대한 인식의 불일치

역할 불일치에 의한 갈등은 다른 경로구성원이 당연히 하여야 할 업무를 수행하지 않고 있거나 혹은 수행하더라도 기대에 미치지 못한다고 판단할 때 발생한다. 역할 불일치는 주로 제조업체와 중간상 간에 발생하는 갈등의 원인이 되며, 다음과 같은 예들을 들 수 있다.

- 어떤 주류업체가 여러 주류업체의 상품을 취급하고 있는 주류도매상이 자사의 제품을 상대적으로 소홀히 하고 있다고 판단하면 갈등이 발생한다.
- 특정매입매장의 형태로 백화점에 입점해 있는 의류업체가 백화점 측이 높은 수준의 수수료를 받아가는 만큼 집객을 위한 광고, 판촉활동 등을 활발히 전개하여야 하는데 그러한 역할을 충분히 수행하고 있지 않다고 판단하면 갈등이 발생한다.
- 대형마트에 납품하고 있는 가공식품제조업체가 대형마트가 수수료를 받아가는 만큼 재고관리를 스스로 하여야 하는데 직원을 파견하여 수행해줄 것을 요구하는 데 대해 불만을 가질 수 있다.
- 제조업체의 전속대리점이 제조업체는 잘 팔릴 수 있는 제품을 충분히 공급해주어야 하고, 광고 등의 활동도 활발하게 해주어야 하는데 그렇지 못하다고 판단하면 갈등이 발생하고, 제조업체의 입장에서도 전속대리점이 신규 거래점포 확보에 적극적으로 나서주어야 하는데 기존 거래처만 소극적으로 관리하고 있다고 판단하면 갈등이 발생한다.

2.3 현실에 대한 인식의 불일치

인식 불일치에 의한 갈등은 동일한 사실이나 현상에 대해 경로구성원들이 서로 다른 의견을 가지고 있을 때 발생하며, 다음과 같은 예들을 들 수 있다.

- 백화점의 판매수수료율에 대해 백화점은 백화점이 수행하는 광고/홍보활동, 고객관리, 매장관리, 건물관리 등의 다양한 활동 등을 고려할 때 높은 수준이 아니라고 판단하는 반면, 입점업체는 백화점의 역할에 비해 지나치게 높은 수준이라고 판단하면 갈등이 발생한다.
- TV홈쇼핑의 판매수수료율에 대해서 홈쇼핑업체는 수수료율이 머천다이징비용, 매체사에 지불하여야 하는 송출수수료 등을 감안하면 높은 수준이 아니라고 판단하는 반면, 납품업체는 판매수수료율이 수익을 내기가 거의 불가능할 만큼 높은 수준이라고

판단하면 갈등이 발생한다.

- 제조업체 전속대리점이나 가맹점이 부진한 판매실적에 대해 제조업체나 가맹본부가 상품개발능력이 부족해서 팔릴 수 있는 상품을 제대로 만들어내지 못하고 있다고 판단하고 있는 반면, 제조업체나 가맹본부는 전속대리점이나 가맹점이 영업활동을 적극적으로 하지 않고 있기 때문이라고 판단하면 갈등이 발생한다.

3. 유통경로 갈등관리

3.1 유통경로 갈등관리 유형 구분의 틀

갈등관리(conflict management)는 '갈등을 해소하기 위해 취하는 행동'을 의미하여, 따라서 유통경로 내에서의 갈등관리는 다음과 같이 정의될 수 있다.

> 유통경로구성원 간에 갈등이 발생하였을 때 경로구성원이 갈등을 해소하기 위해 취하는 행동

갈등관리의 유형은 Kenneth Thomas의 제안에 따라 회피형, 대립형, 수용형, 타협형, 협업형 등의 5가지 유형으로 나누어질 수 있다. 그는 갈등관리의 유형을 구분함에 있어서 두 가지 기준을 사용하고 있다. 첫째는 당사자가 자신이 목적을 달성하는 것에 대해 얼마나 관심을 가지고 있느냐는 것이고, 둘째는 당사자가 상대방이 목적을 달성하는 것에 대해 얼마나 관심을 가지고 있는가에 대한 것이다. 이를 유통경로 내에서의 갈등관리에 적용하면, [그림 8-3]에서 y축은 경로구성원이 자신의 목적달성에 대해 얼마나 관심을 가지고 있느냐를

그림 8-3 ▌유통경로 갈등관리의 유형

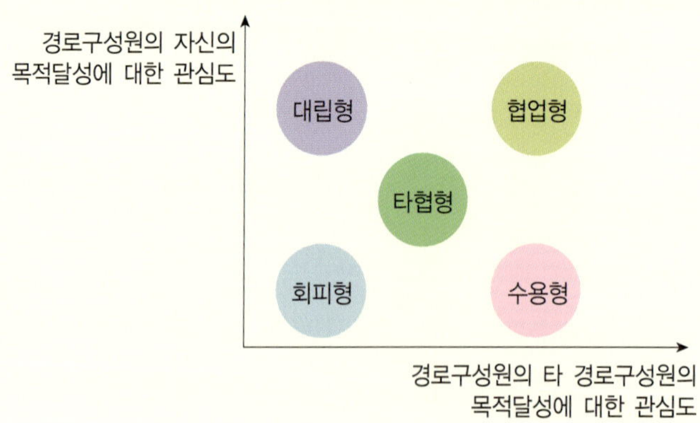

의미하고, x축은 경로구성원이 타 경로구성원의 목적달성에 대해 얼마나 관심을 갖고 있느냐를 의미한다.

3.2 유통경로 갈등관리의 유형

앞에서 언급한 5개의 유통경로 갈등관리 유형의 특징과 단점은 [표 8-1]과 같이 기술될 수 있다.

표 8-1 유통경로 갈등관리 유형의 특징과 단점

유형	특징	단점
회피형	경로구성원이 타 경로구성원과 맞서기를 싫어하고, 어려운 이슈가 다루어지는 것 자체를 싫어한다.	타 경로구성원의 요구가 제대로 논의되지 않기 때문에 더 많은 불만과 갈등이 야기될 수 있다.
수용형	경로구성원이 타 경로구성원의 요구를 적극적으로 수용함으로써 타 경로구성원과의 화합을 모색하려는 경향을 갖는다.	갈등의 해소과정에서 경로구성원이 자사의 니즈를 적극적으로 반영하지 않기 때문에 결과적으로 자사에 불리한 행동을 할 수 있다.
대립형	경로구성원이 타 경로구성원의 입장을 반영하지 않고 자신의 이득만을 앞세우는 입장을 견지한다.	타 경로구성원은 자신의 이득만 앞세우는 경로구성원에 대해 불신하게 되고, 어쩔 수 없는 경우가 아니라면 거래를 단절하고 새로운 유통경로를 모색할 가능성도 있다.
타협형	서로가 양보하여 적당한 선에서 조속히 결론을 지으려는 경향을 보인다.	쌍방에게 최선의 결과를 도출하는 것보다는 신속하게 갈등을 해소하는 데 초점을 두기 때문에 결국에는 쌍방 모두가 만족하지 못하는 결론에 이를 수 있다.
협업형	경로구성원이 자신의 목석달성을 중시하지만, 동시에 타 경로구성원의 입장을 충분히 이해하기 위해 노력한다.	새로운 가치를 창출하여야 하기 때문에 결론을 도출하기가 힘들고, 가능하다고 하더라도 많은 시간과 노력이 요구된다.

3.2.1 회피형

회피형(avoidance)은 경로구성원이 타 경로구성원의 목적달성은 물론 자신의 목적달성에도 관심이 없고, 갈등 자체를 싫어하여 회피해버리는 유형의 갈등관리이다. 그러나 이러한 갈등관리 유형이 현실에서 나타날 가능성은 매우 적다. 왜냐하면 수익을 추구하는 경로구성원이 자신의 목적달성에 관심을 갖지 않을 수 없기 때문이다.

3.2.2 수용형

수용형(accommodation)은 경로구성원이 타 경로구성원과의 관계를 중시하여 자신의 이익이 손상되더라도 타 경로구성원의 의견을 받아들이는 갈등관리 유형을 의미한다. 수용형은 경로파워가 강한 다 경로구성원과 계약관계에 있는 경로구성원에게서 많이 관찰된다.

수용형의 경로구성원은 타 경로구성원의 의견을 기꺼이 받아들인다고 하기보다는 타 경로구성원의 의견을 받아들이지 않으면 거래관계를 유지하기가 힘들기 때문에 어쩔 수 없이 받아들인다고 보는 것이 타당하다. 대형 제조업체와 거래하는 전속대리점, 대형 프랜차이즈의 가맹점, 대형 백화점에 입점해 있는 제조업체, TV홈쇼핑 업체와 거래하는 납품업체, 대형마트/SSM/편의점 등에 납품하는 제조업체, 대형 제약업체와 거래하는 의약품도매상 등이 지속적인 거래를 위해 수용형의 갈등관리행동을 보이는 경우가 많다.

3.2.3 대립형

대립형(confrontation)은 타 경로구성원의 이익에는 관심이 없고 오직 자신의 목적달성에만 관심을 갖는 갈등관리 유형을 의미한다. 대립형은 자본주의경제체제에서 가장 흔하게 발견되는 갈등관리 유형이라고 할 수 있다. 대립형은 수평적 갈등의 경우와 수직적 갈등의 경우를 구분하여 살펴볼 수 있다.

- **수평적 갈등** : 수평적 갈등의 경우에 경로파워가 강한 경로구성원은 경로파워가 약한 경로구성원과 경쟁관계에 있지만 경쟁의 우위를 이미 확보하고 있는 상태이기 때문에 경로파워가 약한 경로구성원의 시장을 끊임없이 공략함으로써 자신의 이익을 극대화한다. 이에 대해 경로파워가 약한 경로구성원이 생존을 위해 취할 수 있는 효과적인 갈등관리방법은 동맹체를 형성하여 경로파워의 증대를 도모하는 것이다. 우리나라에서는 대형마트, SSM 등의 점포확대에 따라 중소슈퍼가 생존의 위기에 처하면서 슈퍼마켓가맹점사업자의 단체인 한국체인사업협동조합과 슈퍼마켓 경영자의 단체인 한국슈퍼마켓협동조합연합회가 결속력을 강화하고 있는 것이나 화장품 브랜드샵의 공세에 밀려 고사위기에 처한 화장품전문점들이 화장품협동조합연합회를 설립하여 공동구매, 공동브랜드의 개발, 공동물류시스템 구축 등의 사업을 전개하는 것 등이 그 예라고 할 수 있다.
- **수직적 갈등** : 수직적 갈등의 경우에 경로파워가 강한 경로구성원이 자신의 의사를 관철시키기 위해서 주로 활용하는 수단은 위협(threat)이다. 위협의 수단으로는 가맹계약 해지, 전속대리점 계약 해지, 입점계약 해지, 물품공급 중단 등과 같은 거래의 중단뿐만 아니라 장려금/홍보물/경영지도 등 각종 지원의 축소, 불리한 점포위치 혹은 시간대의 배정, 인기상품 공급의 축소 등의 다양한 수단들이 활용될 수 있다. 경로파워가 약한 경로구성원이 여기에 대응할 수 있는 수단은 매우 제한적이다. 앞에서 언급한 수용형에서와 같이 상대 경로구성원의 요구를 받아들이거나 혹은 지속적인 거래를 포기하는 것이 가장 일반적이다. 그러나 수직적 갈등의 경우에도 경로파워가 약한 경로구성원들은 동맹체를 구성하여 대응하기도 한다. 즉, 가맹점주협의회, 대리점주협의

회, 소매상협의회 등을 구성하여 경로파워가 강한 제조업체, 가맹본부 등에 대응하기도 한다.

3.2.4 타협형

타협형(compromise)과 뒤에서 기술할 협업형(accommodation)은 자신의 목적달성은 물론 타 경로구성원의 목적달성에도 관심을 갖는 유형의 갈등관리이다. 타협형은 서로 한 발짝씩 양보하여 타협점을 찾는 형태의 갈등관리 유형을 의미한다. 타협이 이루어지기 위해서는 당사자 간의 커뮤니케이션이 활발히 이루어져야 하는데, 우리나라에서는 당사자 간의 커뮤니케이션을 위해 유통업상생발전협의회, 유통산업연합회, 동반성장협의회 등을 구성하여 대화의 창구로 활용하고 있다.

당사자 간에 대화를 통해서 원만한 해결책이 찾아지지 않는 경우에는 제3자에 의한 중재나 재정이 이루어지기도 한다. 중재(仲裁, mediation)는 제3자가 갈등의 당사자들이 상호 수용이 가능한 해결방안을 도출하는 데 도움을 주는 방식의 갈등해결방식을 의미하며, 재정(裁定, arbitration)은 제3자가 내리는 결정을 당사자들이 의무적으로 수용하도록 하는 갈등해결방식을 의미한다. 우리나라에서의 재정의 예로는 중소벤처기업부가 도입하고 있는 사업조정제도를 들 수 있다. 이는 중소기업의 경영이 대기업에 의하여 위협받을 가능성이 있는 경우에 중소벤처기업부가 이에 개입해 대기업에게 사업진출의 연기, 생산 품목·수량 등의 축소 등을 권고하는 제도이다. 이러한 권고는 법적 구속력은 없지만 실질적으로 대기업의 활동을 규제하는 힘을 가지고 있다.

3.2.5 협업형

협업형(accommodation)은 타 경로구성원의 목적달성에도 관심을 갖는다는 점에서는 타협형과 동일하지만 타협형이 일정한 크기의 파이(pie)를 쌍방이 어떻게 나눌 것인가에 대해 초점이 있다면, 협업형은 파이를 더 크게 만들어서 쌍방이 모두 제 몫을 갖도록 만드는 것에 초점이 있다. 협업형은 특히 타 경로구성원의 성공을 자사 성공의 전제조건으로 삼는 파트너십 관계에서 흔히 사용되는 갈등관리 유형이라고 할 수 있다. 협업형은 5개의 갈등관리 유형 가운데 가장 생산적인 유형이라고 할 수 있으나 협업형의 갈등관리가 실효를 거두기 위해서는 쌍방에 이득이 될 수 있는 방안을 찾아야 하기 때문에 노력과 시간이 가장 많이 소요되는 유형이다.

협업형의 예로 재고관리를 둘러싼 대형 제조업체와 대형 소매업체의 갈등을 해소하기 위해 도입한 '공급업체주도 재고관리(VMI : Vendor Managed Inventory)'시스템을 들 수 있다. 이 시스템은 결품을 막고 재고를 최소화함으로써 갈등을 없애는 것을 넘어서서 제조업체와 소매업체 모두가 이득을 볼 수 있도록 하려는 목적에서 도입되었다. 이를 위해 소매업체는 판매와 관련한 정보를 제조업체에게 제공하고, 제조업체는 이를 바탕으로 수요를 예측하여 수요에 부응할 수 있도록 자사의 생산계획을 조정함으로써 적정한 품목의 제품이 적정량, 적정시기에 차질 없이 공급될 수 있도록 도모한다.

Chapter 09

수직적 유통경로시스템

제1절 수직적 유통경로시스템의 개념

수직적 유통경로시스템(이하 VDCS : Vertical Distribution Channel System)은 다음과 같이 정의될 수 있다.

> 제조업체 → 도매상 → 소매상의 전통적인 유통경로상에서 생산, 도매, 소매 중 하나의 특정 기능을 수행하던 유통경로구성원이 다른 기능(들)을 동시에 수행하는 유통경로시스템

예를 들어 제조업체가 도매상이나 소매상의 기능을 동시에 수행하거나 혹은 소매상이 제조업체와 도매상으로서의 기능을 동시에 수행하는 것 등이 VDCS에 속한다. 전통적인 유통경로에서는 모든 유통경로구성원들은 자신의 성과를 중심으로 사업을 전개하고, 또한 다른 유통경로구성원과의 거래는 주로 협상을 통해서 이루어지기 때문에 유통경로구성원들 간에는 필연적으로 갈등이 발생하게 된다. 따라서 유통경로구성인은 할 수만 있다면 고유의 기능 이외의 기능을 스스로 통제할 수 있게 되기를 원한다. 수직적 유통경로시스템을 구축한 유통경로구성원은 다양한 기능을 통합적으로 수행할 수 있기 때문에 유통경로상에서의 갈등을 줄일 수 있으며, 유통경로의 축소를 통한 비용절감, 시장환경의 변화에 대한 신속한 대응, 안정적인 판로 혹은 공급처의 확보, 시장정보 및 고객정보의 원활한 확보 등을 통해 경쟁력을 강화시켜 나갈 수 있다.

제2절 수직적 유통경로시스템의 유형

우리나라에서도 유통경로의 수직화는 매우 활발하게 이루어져 왔다. 대형 화장품제조업체, 건강식품제조업체, 문구제조업체 등은 프랜차이즈시스템을 활용하여 소매기능을 동시에 수행하고 있고, SPA 의류업체나 축산물 패커(packer, 계열화사업자)는 생산에서 판매에 이르기까지의 대부분의 유통경로기능을 통합하여 수행하고 있다. 또한 대형마트나 SSM과 같은 대형 유통업체는 소매업체이면서 도매기능을 동시에 수행하고 있고, 대형 생활용품, 가공식품, 가전제품제조업체들은 전속대리점체제를 구축하여 도매기능 혹은 소매기능을 통합적으로 수행하고 있다.

VDCS는 여러 가지 기준에 의해 다양한 형태로 유형을 구분할 수 있다. 첫째, 수직화가 무엇을 근거로 하고 있는가에 따라 기업형 VDCS, 계약형 VDCS, 관리형 VDCS 등으로 나누어질 수 있다. 둘째, 수직화의 주체가 누구인가에 따라 제조업체주도의 VDCS, 도매상주도의 VDCS, 소매상주도의 VDCS 등으로 나누어질 수 있다.

1. 수직화의 근거에 의한 유형구분

VDCS는 수직화의 근거가 소유인지, 계약인지, 혹은 그 외의 요인인지에 따라 기업형 VDCS, 계약형 VDCS, 관리형 VDCS 등으로 나누어질 수 있다([그림 9-1] 참조). 그런데 기업형 VDCS는 소유를 통해 두 개 이상의 기능을 하나의 조직에서 수행하는 것이기 때문에 명확한 구분이 가능하지만, 계약형 VDCS와 관리형 VDCS의 유형구분은 완전히 배타적인 것은 아니다. 즉, 제조업체의 대리점과 같이 계약에 근거한 수직화라고 하더라도 보상력이나 전문성 등에 의한 관리형 VDCS가 얼마든지 병행되어 이루어질 수 있다.

그림 9-1 ❙ 수직화의 근거에 의한 VDCS의 유형

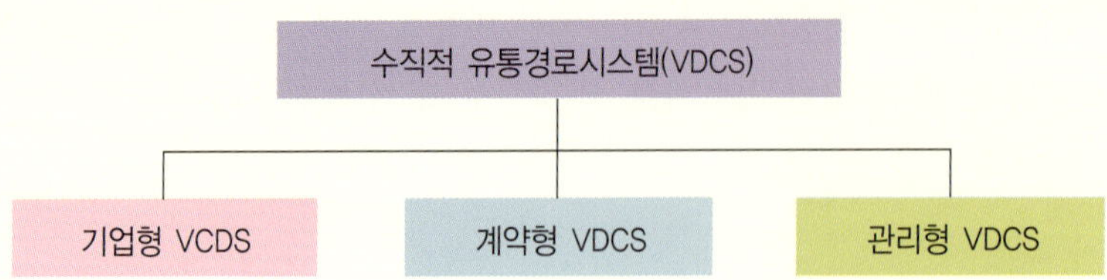

1.1 기업형 VDCS

기업형 VDCS는 한 경로구성원이 소유에 의해 원래의 기능 이외의 기능을 자체적으로 수행하는 형태의 VDCS이며, VDCS 중에서 수직화의 정도가 가장 강한 형태이다. 기업형 VDCS는 하나의 조직 내에서 다양한 기능들이 통합적으로 이루어지고 있다는 의미에서 '수직적 통합(vertical integration)'이라고도 불린다.

기업형 VDCS는 다시 전방통합과 후방통합으로 구분될 수 있다. 제조업체 → 도매상 → 소매상의 전통적인 유통경로에서 전방통합은 상품을 공급하는 주체가 상품을 구매하는 주체를 소유하는 것을 의미하고, 후방통합은 상품을 구매하는 주체가 상품을 공급하는 주체를 소유하는 것을 의미한다. 전방통합은 주로 제조업체가 도매상이나 소매상의 기능을 동시에 수행하는 형태의 수직적 통합을 의미한다. 현대자동차, 삼성전자, LG전자 등 대형 제조업체들이 직영점체제를 구축하는 것을 그 예로 들 수 있으며, 은행, 증권투신사 등의 금융기관이 상품개발 등의 기능을 갖추고 있는 본사와 함께 금융상품의 유통을 위해 다수의 지점을 운영하는 것도 이러한 유형에 속한다. 또한 도매기능을 수행하는 주류 수입업체가 수입주류 전문소매점을 운영하는 것과 같이 도매상이 소매상의 기능을 동시에 수행하는 것도 전방통합에 포함된다. 후방통합은 대형 유통업체가 막강한 판매력을 바탕으로 농장 등을 스스로 운영하는 것을 예로 들 수 있다. 기업형 VDCS가 다른 유형의 VDCS와 다른 점은 하나의 기업이 생산과 유통의 기능을 동시에 수행한다는 점에 있다. 기업형 VDCS의 대안(代案)은 외부의 독립업체를 활용하는 아웃소싱(outsourcing)이며, 따라서 기업형 VDCS의 장·단점은 아웃소싱과의 비교를 통해 분석될 수 있다.

1.1.1 기업형 VDCS의 장점

- 회사의 전략이나 정책을 일사불란하게 수행하는 데 유리하다.
- 판매를 위한 영업활동, 상품확보를 위한 공급업체 탐색 등에 소요되는 비용을 절약함으로써 가격경쟁력을 강화시킬 수 있다.
- 아웃소싱을 하였을 때 외부업체에게 주어야 하는 마진을 내부화함으로써 수익성을 제고시킬 수 있다.
- 생산에서 판매에 이르는 시간을 단축시킴으로써 변화하는 시장환경에 발 빠르게 대처할 수 있다.
- 외부업체에 의해 종속되는 현상을 미연에 방지할 수 있다. 기업형 VDCS는 특히 제조업체가 대형 유통업체에 대한 협상력을 증대시킬 수 있는 유력한 수단이 된다.

1.1.2 기업형 VDCS의 단점

- 한 기업이 타 기능을 내부화하기 위해서는 높은 초기비용은 물론 운영비용도 지속적으로 지출하여야 하기 때문에 새로운 기능에 대한 전문성을 충분히 확보하지 못하여 실패를 하게 되면 기업 전체에 큰 부담이 될 수 있다.
- 수요가 줄어들거나 경쟁에서 뒤처지는 등 시장상황이 좋지 않은 경우에는 특히 더 신속하고 유연하게 변화에 대응하여야 하는데 몸집이 커져 있는 조직구조로 인하여 대응능력이 떨어질 수 있다.
- 일반적으로 내부직원은 아웃소싱업체에 비해 프로의식 혹은 기업가정신이 떨어진다. 따라서 추가적인 기능을 내부화할 경우에 아웃소싱에 비해 실적이 떨어질 수 있다. 예를 들어 우리나라의 대표적인 자동차제조업체들은 판매를 위해 직영점과 전속대리점을 동시에 운영하고 있는데, 평균적으로 고용이 보장되어 있는 직영점 영업사원의 자동차 판매실적은 외부업체인 전속대리점 영업사원의 자동차 판매실적에 미치지 못한다.

1.2 계약형 VDCS

계약형 VDCS는 유통경로구성원들이 공식적인 계약을 통해 상호의존적인 관계를 형성할 때 성립한다. 따라서 기업형 VDCS와는 달리 수직화가 전면적이고 지속적인 것이 아니라 계약의 내용에 따라 수직화의 정도가 규정되며, 계약이 종료되면 수직화도 같이 소멸된다. 계약형 VDCS은 매우 다양한 형태로 이루어지고 있다. 예를 들어 가맹본부와 가맹점 간의 계약에 의해 성립되는 프랜차이즈, 제조업체와 소매상 간의 물품공급계약을 주된 내용으로 하는 전속대리점, 소매상들이 도매상의 기능을 수행하기 위해 구축하는 소매상협동조합, 도매상이 주도하여 구성되는 연쇄점, 축산농가와의 계약을 통해 축산물을 생산하는 축산물 패커, 제조업체와의 계약을 통해 PB상품을 생산하는 대형 유통업체 등이 모두 계약형 VDCS의 사례가 될 수 있다.

1.3 관리형 VDCS

특정 유통경로구성원이 다른 유통경로구성원에 대해 행사할 수 있는 힘의 원천은 보상적 힘, 강압적 힘, 합법적 힘, 전문적 힘, 준거적 힘 등의 5개 유형으로 나누어질 수 있는데, 관리형 VDCS는 소유나 계약에 의한 합법적 힘을 제외한 나머지의 힘의 원천을 기반으로 성립하는 VDCS를 의미한다. 따라서 기업형 VDCS와 계약형 VDCS가 주로 공식적인 관계를 기반으로 이루어지는 반면, 관리형 VDCS는 비공식적으로 이루어지는 것이 일반적이다.

예를 들어 대형마트나 SSM과 같이 막강한 판매력을 지니고 있는 대형 유통업체는 보상적 힘이나 강압적 힘을 활용하여 제조업체로부터 안정적인 상품조달, 유리한 가격조건, 판촉활동 지원 등을 이끌어낼 수 있으며, 이와 더불어 축적된 고객들의 구매정보에 대한 분석을 바탕으로 제조업체에게 유용한 정보를 제공함으로써 자신에 대한 제조업체의 로열티를 강화시켜 나갈 수 있다. 제약업체의 영업사원은 다양한 병원이나 약국과의 거래를 통해 습득한 정보와 경험을 바탕으로 병원이나 약국에게 경쟁력 강화에 기여할 수 있는 컨설팅서비스를 제공함으로써 거래규모를 점차 늘려갈 수 있으며, 막강한 브랜드 파워를 자랑하는 해외 명품 메이커는 거래의 중단이나 축소 등을 내세우며 유통업체로부터 유리한 거래조건을 이끌어낼 수 있다. 또한 중소슈퍼나 식당 등과 거래하는 주류도매상은 냉장 쇼케이스를 제공하고, 미수금을 통해 금융지원을 하며, 주인과의 사적인 친분관계를 돈독히 하는 등의 활동을 통해 자신에 대한 로열티를 강화시킬 수 있다.

2. 수직화의 주체에 의한 유형구분

VDCS는 수직화의 주체가 누구인가에 따라 제조업체주도형 VDCS, 도매상주도형 VDCS, 소매상주도형 VDCS 등으로 구분될 수 있다([그림 9-2] 참조).

그림 9-2 ▌수직화의 주체에 의한 VDCS의 유형

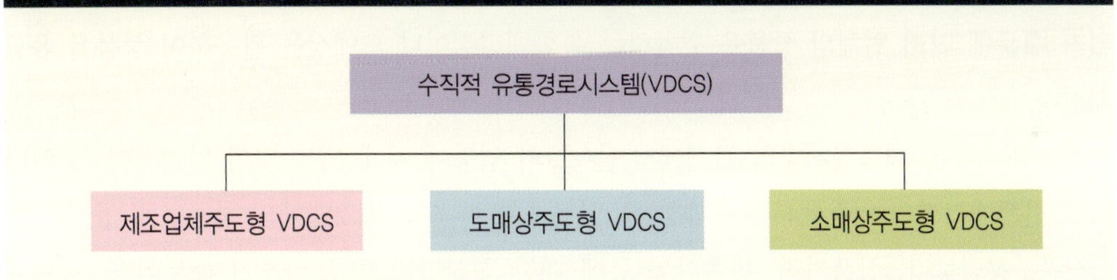

2.1 제조업체주도형 VDCS

제조업체에는 내구재나 소비재 등의 유형제품을 생산하는 업체는 물론 금융상품이나 이동통신서비스와 같이 무형의 서비스를 생산하는 업체도 포함된다. 제조업체가 주도하는 VDCS는 매우 다양한 산업에 걸쳐 나타나고 있다. 가장 대표적인 제조업체주도형 VDCS로는 생활용품, 가전제품, 자동차, 가공식품, 보험 등의 분야에서 활용되고 있는 전속대리점을 들 수 있다. 이 외에도 화장품, 문구, 제과/제빵, 건강식품 등의 분야에서 활용되고 있는 프랜차이즈, 의류 분야의 SPA, 농산물 생산단체에 의한 도매기능 강화, 축산물 패커

(packer) 등은 모두 제조업체주도형 VDCS에 속한다.

2.1.1 전속대리점

제조업체의 대리점은 제조업체로부터 상품을 공급받아 소매상 혹은 일반소비자를 대상으로 판매활동을 수행한다. 이러한 점에서 대리점은 도매상과 유사하지만, 도매상이 자신의 명의로 판매하는 데 반하여 대리점은 제조업체의 명의로 판매한다는 점에 차이가 있다. 대리점은 상품을 공급하는 업체와 대리점 점주 간의 대리점 계약을 기반으로 설립되며, 우리나라에서는 가전, 자동차, 의류, 보험, 가공식품, 생활용품, 이동통신, 가구, 전통주류, 화장품 등 매우 다양한 업종에서 운용되고 있다.

대리점은 취급하는 상품의 범위에 따라 전속대리점과 복합대리점으로 구분된다. 전속대리점은 한 업체의 상품만을 취급하고, 복합대리점은 여러 업체의 상품을 취급한다. 제조업체가 전속대리점을 운영하기 위해서는 자사의 상품만으로도 전속대리점 점주가 수익을 충분히 창출할 수 있어야 하기 때문에 전속대리점을 운영하는 업체는 대부분 경쟁력 있는 다양한 상품을 생산하고 있는 규모가 상당히 큰 제조업체들이다. 예를 들어 현대자동차는 2021년 4월 현재 399개의 직영점과 함께 378개의 전속대리점을 가지고 있으며, 삼성전자는 약 450개의 디지털프라자 매장을 가지고 있는데, 40%의 매장을 전속대리점체제로 운영하고 있다. 또한 서비스업체인 SK텔레콤은 직영점 572개와 전속대리점(공식인증대리점) 2,626개를 운영하고 있다. 반면에 규모가 작은 중소제조업체는 전속대리점을 모집할 수가 없기 때문에 여러 업체의 상품을 취급하는 복합대리점이나 도매상을 활용하여 상품을 유통시킨다.

전속대리점은 제조업체와의 관계에서 을(乙)의 입장에 서게 되는 것이 일반적이다. 왜냐하면 전속대리점의 입장에서는 판매할 수 있는 상품이 해당 제조업체의 상품밖에 없어서 공급상품, 공급물량, 상품가격, 판촉활동 등에 대한 협상력이 매우 약하기 때문이다. 반면에 복합대리점의 경우에는 여러 업체의 상품을 취급하기 때문에 공급업체와의 협상력은 자연히 커지게 된다. 따라서 복합대리점은 제조업체가 유통경로상에서의 도매 혹은 소매기능을 통합적으로 수행할 수 있는 수단이 되기 어렵지만, 전속대리점은 제조업체가 유통경로상에서 도매 혹은 소매기능을 통합적으로 수행할 수 있는 매우 유용한 수단이 된다.

대형 제조업체들이 전속대리점체제를 강화하는 주된 요인 중의 하나는 전속대리점이 유통경로상에서 대형 유통업체에 대항할 수 있는 유력한 수단이 되기 때문이다. 현재 대형 생활용품과 가공식품제조업체들의 경우에는 대형마트에서의 판매비중이 매우 높고, 상위 의류업체들의 경우에는 백화점, 대형 가전제품제조업체의 경우에는 가전양판점에서의 판매비중이 매우 높다. 이러한 추세가 계속되면 대형 유통업체로의 종속화가 더욱 심화될 수 있기 때문에 대형 제조업체들은 이러한 현상을 막기 위해 전속대리점 체제를 강화하기 위해 노력하고 있다. 제조업체들은 지역별로 영업조직을 구성하여 전속대리점을 관리하고 있다. 전속대리점 담당 영업사원들은 주로 본사 지원정책을 해당 대리점에 맞게 구성하여 제안하거나, 전속대리점 육성의 차원에서 목표치 및 이를 달성하기 위한 방법을 제시하는 등의 활동을 전개하고 있다.

전속대리점의 유형은 수행하는 기능(도매 vs 소매)과 주요 수입원(판매수수료 vs 판매마진)에 따라 [표 9-1]에서와 같이 3가지로 구분될 수 있다.

- **도매기능, 판매마진 중심의 전속대리점** : 가공식품, 생활용품, 전통주류 등의 상품을 생산하는 제조업체의 전속대리점은 제조업체로부터 물건을 구입하여 주로 중소슈퍼, 식당, 전통시장 등에 판매한다. 따라서 이 유형의 전속대리점의 입장에서는 중소슈퍼 등에 판매하는 판매가격과 제조업체로부터의 구입가격의 차액인 마진(margin)이 주요 수입원이 된다. 이러한 유형의 제조업체 전속대리점은 한 개 회사의 제품만을 취급한다는 점 이외에는 도매상과 그 기능이나 수입원이 일치한다. 즉, 도매상과는 중소슈퍼, 식당, 전통시장 등 판매하는 시장이 일치하기 때문에 치열한 경쟁관계를 형성하고 있다.
- **소매기능, 판매수수료 중심의 전속대리점** : 자동차, 의류, 보험, 이동통신서비스 등의 상품을 생산하는 제조업체의 전속대리점은 제조업체로부터 상품을 구입하는 것이 아니라 제조업체의 위탁을 받아 일반소비자에게 상품을 판매한 후, 판매액의 일정비율을 수수료의 명목으로 지급받는다. 보험이나 이동통신과 같은 서비스 상품의 경우에는 생산과 소비가 동시에 일어나기 때문에 먼저 구입을 하여 저장하였다가 판매한다는 개념이 성립하지 않기 때문에 판매마진을 주요 수입원으로 하는 경우는 없다. 서비스 상품뿐만 아니라 자동차나 의류부문에서도 판매마진이 아닌 판매수수료를 주요 수입원으로 하고 있다. 즉, 우리나라의 자동차나 의류제조업체들은 전속대리점으로부터 주문을 받는 것이 아니라, 자체적인 상품전략에 따라 상품을 선정하여 전속대리점에 공급하고, 판매되는 부분에 대해서는 판매수수료를 지급하며, 판매되지 않은 상품은 회수하여 처리하는 방식의 활동을 전개하고 있다. 이러한 의미에서 이 유형의 전속대리점은 위탁판매점이라고 할 수 있다.
- **소매기능, 판매마진 중심의 전속대리점** : 가전제품, 가구, 화장품 등을 생산하는 제조업체의 전속대리점은 제조업체로부터 상품을 구입하여 실수요자인 일반소비자, 기관구매자 등에게 판매한다. 따라서 소매가격과 제조업체로부터의 구매가격의 차액인 판매마진이 주요 수입원이 된다. 이러한 점에서 이 유형의 전속대리점은 중소슈퍼와 같은 소매상과 그 기능과 수입원이 일치한다.

표 9-1 전속대리점 유형별 업종

구분		기능	
		도매기능	소매기능
수입원	판매수수료	–	자동차, 의류, 보험, 이동통신서비스
	판매마진	가공식품, 생활용품, 전통주류	가전제품, 가구, 화장품

2.1.2 프랜차이즈

가맹본부와 가맹점 간의 계약에 의해 성립하는 프랜차이즈는 제조업체에 의해서도 활발하게 활용되고 있다. 예를 들어 아모레퍼시픽이나 LG생활건강 등 화장품제조업체의 원브랜드샵이나 멀티브랜드샵, 문구제조업체인 모닝글로리의 팬시문구체인점 등은 모두 프랜차이즈시스템을 통해 운영되고 있다. 그 외에도 파리바게뜨나 뚜레쥬르와 같은 제과/제빵업체나 정관장, 한삼인 등의 건강식품제조업체들도 프랜차이즈체제를 도입하고 있다. 프랜차이즈는 전속대리점과 매우 유사하지만 독자적인 특성을 지니면서 하나의 산업을 형성하고 있기 때문에 제5장에서 별도로 기술하였다.

2.1.3 SPA 의류업체

SPA(Specialty store retailer of Private label Apparel)는 의류제조업체가 기획과 디자인, 생산, 유통, 판매의 모든 과정을 담당하는 의류전문체인점을 의미한다. SPA는 1986년에 미국의 갭(Gap)에 의해 창안되었으며, 우리나라에는 2000년대 중반에 도입되었다. SPA 업체들은 자체공장이나 OEM을 통해 상품을 생산하고, 이를 가두매장, 대형마트 내의 샵인샵, 백화점 등에서 판매한다. 즉, SPA는 제조업체에 의해 도매 및 소매부문이 모두 수직화되어 있는 형태라고 할 수 있다. SPA의 가장 큰 장점은 기획에서 판매에 이르는 과정을 신속하게 수행함으로써 시장의 변화에 빠르게 대응할 수 있고, 유통에 소요되는 비용을 절감함으로써 경쟁력 있는 가격을 책정할 수 있다는 데 있다. 대표적인 국내 SPA 브랜드로는 이랜드의 스파오, 미쏘, 제일모직의 에잇세컨즈, LF(구 LG패션)의 TNGT, 신성통상의 탑텐 등이 있으며, 갭, H&M, 자라, 유니클로, 포에버21, 지오다노 등의 해외업체들도 우리나라에서 활발하게 사업을 전개하고 있다.

2.1.4 농산물생산단체에 의한 도매기능 강화

농산물은 작황에 따른 가격 등락폭이 심하고, 품질의 표준화가 어려우며, 또한 생산농가는 매우 영세하여 대형 유통업체 등에 비해 협상력이 매우 약하다. 이러한 단점을 극복하기 위해 최근 우리나라에서는 농산물생산자단체인 농협중앙회와 지역농협을 중심으로 도매기능의 강화를 통해 경쟁력을 강화시키려는 움직임이 본격화되고 있다.

먼저 농협중앙회는 도매기능의 강화를 위해서는 무엇보다 물류센터의 건립이 중요하다고 판단하고, 안성(2013), 밀양(2015), 장성(2021)에 농협농식품물류센터를 건립하였으며 횡성, 제주 등지에 추가로 건립할 예정이다. 이 물류센터는 농산물의 수집기능은 물론, 전처리 가공 및 소포장의 기능을 수행하고, 생산된 농산물을 다양한 유형의 소매업체에 판매한다. 판매대상에는 대형마트나 SSM과 같은 대형 유통업체는 물론 재래시장, 중소마트 등 전통적인 중소규모 소매상과 식자재업체, 외식업체 등이 포함된다. 또한 생산된 농산물을 농협직매장에서 직접 판매함으로써 생산에서 소매까지의 모든 과정을 수행하기도 한다. 지역농협에서도 작목반을 중심으로 공선출하회를 구성하고, 여기에서 생산된 농산물을 자체 농산물유통센터에서 전처리 가공 및 소포장 작업을 거친 후, 대형마트, 농협직매장 등에 납품하는 사례가 증가하고 있다.

2.1.5 축산물 패커

축산물 분야의 패커(packer)는 '축산물의 생산은 물론, 도축, 가공, 도매 등의 유통과정을 일괄적으로 수행하는 계열화사업자'로 정의될 수 있다. 즉, 패커는 축산물 분야에서 생산에서 도매에 이르는 과정을 수직화하여 사업을 전개하는 대형 도매업체라고 할 수 있다. 우리나라에서는 패커가 닭고기 분야에서 가장 활성화되어 있으며, 최근에는 돼지고기와 소고기 분야에서도 점차 활성화되어 가는 추세에 있다.

협동조합, 전문업체, 유통업체 등이 패커가 될 수 있는데, 닭고기 분야에서는 하림이나 마니커와 같은 닭고기 전문업체가 패커로서 자리를 잡고 있고, 돼지고기와 소고기 분야는 2121년 현재 아직 패커사업이 정착되었다고 보기는 어렵지만 도드람양돈협동조합, 농협중앙회의 농협안심축산 등과 같은 협동조합이 중심이 되어 추진되고 있다. 닭고기의 경우 90% 정도가 패커에 의해 유통되고 있는데, 패커는 계약사육농가에서 생산된 닭을 계열도계장과 계열육가공장을 거친 후, 생산된 닭고기를 대형 유통업체에도 공급하고, 전속대리점을 거쳐 중소슈퍼나 식당 등에도 공급하며, 2차 가공업체에도 공급하고 있다.

2.2 도매상주도형 VDCS

도매상은 우리나라에서 1990년대 중반에 이르기까지 제조업체와 소매상을 연결하는 주된 역할을 수행하였으나, 1990년대 이후 폭발적으로 증가한 대형마트, SSM, 편의점과 같은 대형 유통업체들이 도매기능까지 수행하고, 제조업체들도 전속대리점, 프랜차이즈 등을 통해 도매기능을 강화하면서 그 위상이 크게 축소되었다. 이로 인해 우리나라에서는 도매상이 주도가 되는 VDCS를 찾아보기 어렵다. 그러나 중소슈퍼를 대상으로 하는 연쇄화사업자, 사무용문구 프랜차이즈의 가맹본부 등이 도매상주도형 VDCS의 사례로 분류될 수 있다.

2.2.1 중소슈퍼 연쇄화사업자

중소슈퍼 연쇄화사업자는 연쇄점본부가 되어 중소슈퍼에 상품을 공급하는 도매상의 역할을 수행한다. 연쇄점본부는 주로 중소 제조업체가 생산한 가공식품 및 생활용품 등의 공산품을 가맹 중소슈퍼에 공급하며, 또한 주류중개업자로서 맥주와 소주 등의 일반주류를 공급하고 있다. 연쇄점본부와 중소슈퍼의 관계는 계약에 의해 이루어지지만 전속대리점이나 프랜차이즈와는 달리 중소슈퍼가 반드시 연쇄점본부에서 공급하는 상품만을 취급하여야 하는 것은 아니다. 이러한 의미에서 중소슈퍼 연쇄화사업은 상당히 느슨한 형태의 계약에 근거한 VDCS라고 할 수 있다. 2018년 현재 전국에 100여 개의 연쇄점본부가 있으며, 여기에 약 40,000개의 중소슈퍼가 가맹되어 있다. '한국수퍼체인유통사업협동조합'은 이들 연쇄점본부들이 모인 단체로 경쟁력 강화를 위해 공동구매, 공동물류 등의 사업을 추진하고 있다.

2.2.2 사무용문구 프랜차이즈의 가맹본부

문구도매상들은 1990년대에 사무용품에 대한 수요가 증가하는 추세에 맞추어 프랜차이즈체제 구축을 통해 소매시장에 진출하기 시작하였다. 즉, 팬시문구부문에서는 제조업체가 주도가 되어 프랜차이즈체제를 구축한 반면, 사무용문구부문에서는 도매상이 주도가 되어 프랜차이즈체제가 구축되었다. 알파, 드림디포, 오피스디포 등이 대표적인 가맹본부이며, 이 업체들은 2021년 현재 각각 667개, 332개, 114개의 가맹점을 보유하고 있다. 다른 업종에서와는 달리 문구업계에서 도매상이 상당한 힘을 발휘할 수 있었던 것은 3만 종에 달하는 문구를 도매상의 도움 없이 유통시키기가 힘들었고, 제조업체가 유통을 장악하기에는 숫자는 많으면서 규모가 상대적으로 작았기 때문이다.

2.3 소매상주도형 VDCS

소매상주도형 VDCS는 소매상이 생산 혹은 도매의 기능을 통합하여 수행하는 것을 의미한다. 중소규모의 소매상은 대형 유통업체에 대응하기 위한 방어적인 수단으로 협동조합을 조직하여 도매기능을 강화하고 있으며, 대형 유통업체들은 막강한 판매력을 바탕으로 생산과 도매부문으로 공격적인 세력 확장을 시도하고 있다.

2.3.1 소매상협동조합

일반적으로 '소매상협동조합'은 소매상을 회원으로 하는 협동조합으로 숫자는 많지만 규모가 영세한 소매상들이 대형 제조업체의 유통조직이나 대형 유통업체에 대항하여 힘을 강화시키려는 자발적인 의도에서 만들어진다. 협동조합은 공동구매, 공동마케팅을 통해 규모의 경제를 실현하고 점포운영 컨설팅, 매장 인테리어 지원 등 회원사에 대한 각종 서비스를 제공한다. 즉, 소매상협동조합은 가맹 소매상을 대상으로 하는 도매상으로서의 기능을 수행한다. 조합 가입을 통해 협회의 일정지분을 소유하게 되는 소매상은 정기적인 회비납부, 조합으로부터의 최소액 이상의 구매 등 일정한 의무사항을 준수하여야 한다. 회원사 소매상들은 매년 조합으로부터의 구매액에 기초하여 보상금을 받는다.

국내에서는 중소슈퍼 점주들의 단체인 '한국수퍼마켓협동조합연합회'가 코사마트(KOSA MART)라는 공동상표를 운영하면서 약 3만 개의 중소슈퍼를 대상으로 공동구매, 공동배송, 자체상품 개발, 점포시설 개선 및 POS시스템 설치지도 등의 사업을 전개하고 있다. 따라서 그 역할은 도매상으로 구성된 '한국수퍼체인유통사업협동조합'의 역할과 동일하다고 할 수 있다. 중소슈퍼의 공동구매, 공동배송 등을 통한 가격경쟁력 강화를 위한 노력은 연합회 차원뿐만 아니라 지역 슈퍼마켓협동조합의 차원에서도 이루어지고 있다. 즉, 몇몇 지역 슈퍼마켓협동조합들은 자체적인 물류센터를 건립하여 공동구매 등의 사업을 전개하고 있다.

2.3.2 대형 유통업체의 도매 및 생산 수직화

대형마트, SSM, 편의점, 백화점 등의 대형 유통업체들은 막강한 판매력을 바탕으로 도매 및 생산부문의 수직화에 적극 나서고 있다. 그 가운데에서도 대형마트와 SSM이 가장 적극적이다. 먼저 도매부문에 대한 계열화는 물류센터의 건립, 벤더업체의 육성 등의 형태로 나타나고 있다.

- **물류센터의 건립** : 대형 유통업체는 물류센터의 건립을 통해 자체적인 수요에 대응하는 한편, 중소슈퍼, 식자재업체, 외식업체 등에 대한 공급기능을 강화하고 있다. 대표적인 물류센터의 예로는 이마트의 후레쉬센터와 미트센터, 홈플러스의 신선물류서비스센터 등을 들 수 있다.
- **벤더업체 육성** : 대형 유통업체의 도매기능 흡수는 벤더업체의 육성이라는 형태로도 이루어지고 있다. 대형 유통업체의 벤더업체 육성은 특히 농산물과 수산물부문에서 두드러지게 나타나고 있다. 벤더업체는 생산자, 생산자단체, 산지수집상 등으로부터 농산물이나 수산물을 확보하여 가공·포장 등의 과정을 거쳐 대형마트, SSM, 백화점, 외식업체, 식자재업체 등에 납품한다. 그런데 예를 들어 특정 대형마트와 거래하는 벤더업체는 해당 대형마트로의 납품이 매출의 거의 전부를 차지하기 때문에 해당 대형

마트에 종속되는 경향을 갖게 된다. 즉, 이 경우의 수직화는 대형마트의 보상적 힘이 나 강압적 힘에 근거하는 관리형 VDCS라고 할 수 있다.

대형 유통업체의 생산부문에 대한 계열화는 PB상품의 활성화, 축산물 패커, 농산물 계약 재배 등의 형태로 나타나고 있다.

- **PB상품의 활성화** : 모든 유형의 대형 유통업체들은 가격경쟁력의 확보를 위해 PB상품 개발에 적극 나서고 있다. PB상품은 대부분 중소 제조업체에 의해 생산되는데, 판로 개척에 어려움을 겪고 있는 중소 제조업체로서는 대형 유통업체와의 거래가 사활을 걸 만큼 매우 중요하고 따라서 대형 유통업체에 종속화되는 현상이 나타나고 있다. 최근에는 대형 유통업체가 상품기획기능까지 갖추고 생산만 제조업체에 의뢰하는 현상이 나타나면서 전문성을 갖추지 못한 대형 유통업체가 제조업체화한다는 비판도 나오고 있다.
- **축산물 패커** : 대형 유통업체가 축산물 패커로 나서는 사례도 나타나고 있다. 즉, 대형 유통업체가 생산자단체와의 계약을 통해 소와 같은 생축을 생산하고, 자체적으로 도축 및 가공시설을 갖추어 부분육 등을 생산함으로써 축산물의 생산에서 소비에 이르는 모든 과정을 통합적으로 수행하는 체제를 갖추는 사례가 나타나고 있다.
- **농산물 계약재배** : 농산물의 경우에도 농가나 생산자단체와의 계약을 통해 농산물을 재배하여 납품을 받는 사례가 증가하고 있다. 농가나 생산자단체의 입장에서도 안정적인 판매처 확보, 공급가격의 안정성, 현금유동성의 확보 등의 이점이 있기 때문에 대형 유통업체와의 거래를 선호하고 있으며, 이로 인해 농가나 생산자단체의 대형 유통업체로의 종속이 상당한 정도로 진전되고 있다.

Chapter 10

유통경로의 결정

제 1 절 유통경로결정의 개념

유통경로의 결정은 다음과 같이 정의될 수 있다.

> 제조업체가 자사의 마케팅전략에 부합하는 최적의 유통경로 대안을 선택하는 것

즉, 유통경로의 결정은 제조업체가 자사의 상품이 최종소비자에게 전달되기까지의 유통경로를 확정하는 것을 의미한다. 유통경로의 결정은 신생기업이 유통경로를 처음부터 새롭게 구축하는 경우에는 물론이고, 기존의 유통경로를 변경하거나 혹은 기존의 유통경로에 새로운 유통경로를 추가하는 경우에도 이루어진다. 특정 상품이 제조과정을 거쳐 소비자에게 전달되기까지의 경로는 매우 다양하기 때문에 많은 기업들은 하나의 유통경로에만 의존하기보다는 복수의 유통경로를 채택하는 것이 일반적이다. 예를 들어 화장품업체는 도매상, 벤더업체, 전속대리점 등의 도매상을 활용하기도 하고, 소비자와의 직접적인 접촉을 통해 상품을 판매하기도 한다. 또한 브랜드샵, 백화점, 면세점, 대형마트, 홈쇼핑, H&B스토어, 방문판매, 인터넷쇼핑몰 등 다양한 소매업태를 활용하여 상품을 유통시키고 있다. 생활용품이나 가공식품을 생산하는 업체들도 중소슈퍼, 대형마트, SSM, 편의점, H&B스토어, 인터넷쇼핑몰 등과 같은 다양한 소매업태 가운데 자사의 상황에 부합하는 복수의 경로를 활용하는 것이 일반적이며, 의류업체의 경우도 가두점, 백화점, 편집매장, 아울렛, 온라인쇼핑몰 등 다양한 경로를 통해 의류를 판매하고 있다.

유통경로는 상품, 가격, 촉진 등과 같은 여타 마케팅믹스 변수들과는 달리 일단 구축이

되면 변경하기가 매우 어렵다는 특징이 있다. 왜냐하면 유통경로의 구축에는 많은 비용과 시간이 소요될 뿐만 아니라, 유통경로를 변경하거나 추가하는 경우에는 회사 내의 구조조정이나 기존 유통경로구성원과의 관계 정리 등 해결하기가 쉽지 않은 문제들이 발생하기 때문이다. 따라서 유통경로의 결정은 특히 더 신중하게 접근하여야 하는 과제라고 할 수 있다.

제 2 절 유통경로결정의 과정

유통경로결정의 과정은 [그림 10-1]과 같이 3개 부문으로 나누어질 수 있다. 첫 번째 부문은 최적의 유통경로를 선택하는 데 영향을 미칠 수 있는 회사 내·외부의 다양한 요인들에 대한 분석으로, 이러한 영향요인들로는 소비자의 경로서비스에 대한 니즈, 유통경로의 경제성, 유통경로에 대한 통제수준, 회사와 제품의 특성, 시장의 특성 등을 들 수 있다. 두 번째 부문은 유통경로 설계상에서의 의사결정으로 크게 '유통경로 유형의 결정', '중간상의 업태

그림 10-1 ▌유통경로결정의 과정

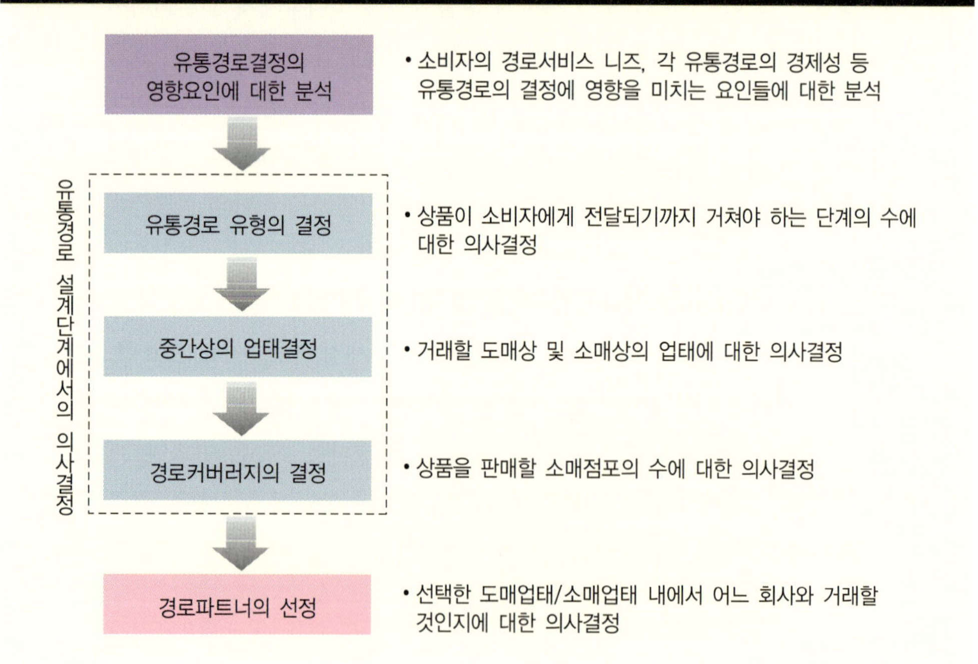

결정', '경로커버리지의 결정'으로 나누어질 수 있다. '유통경로 유형의 결정'은 상품이 소비자에게 전달되기까지 거쳐야 하는 단계의 수에 대한 의사결정을 의미하고, '중간상의 업태결정'은 거래할 도매상 및 소매상의 업태에 대한 의사결정을 의미하며, '경로커버리지의 결정'은 자사 상품을 판매할 점포의 수에 대한 의사결정을 의미한다. 그런데 유통경로 유형, 중간상의 업태, 경로커버리지 등에 대한 의사결정이 반드시 순차적으로 이루어지는 것은 아니며, 유통경로의 유형을 결정하는 과정에서 도매상/소매상의 업태나 경로커버리지에 대한 결정이 동시에 이루어질 수도 있다. 세 번째 부문은 경로파트너의 선정으로 선택한 도매업태/소매업태 내에서 어느 회사와 거래를 할 것인지에 대한 결정을 의미한다.

제3절 유통경로결정의 영향요인에 대한 분석

유통경로의 결정에 영향을 미치는 요인들은 [그림 10-2]에서와 같이 매우 다양하다. 이 가운데 가장 중요한 요인은 '소비자의 경로서비스에 대한 니즈'라고 할 수 있다. 왜냐하면 자사의 목표고객이 되는 소비자의 니즈를 만족시킬 수 없는 유통경로를 선택하면 성공의 가능성이 적어지기 때문이다. 그런데 제조업체가 현실적인 요인에 의해 소비자의 니즈에 부합하는 최적의 유통경로를 선택할 수 없는 경우가 많다. 예를 들어 유통경로를 단순화시켜 가격을 낮추기 위해 직영점이나 전속대리점을 구축하는 것이 바람직하다고 하더라도 기업의 규모가 작아 자금력이 부족한 경우에는 직영점이나 전속대리점은 선택의 대안이 될 수 없으며, 도매상에 상품을 공급하는 것이 유일한 대안이 될 수 있다.

그림 10-2 ▌유통경로결정 영향요인

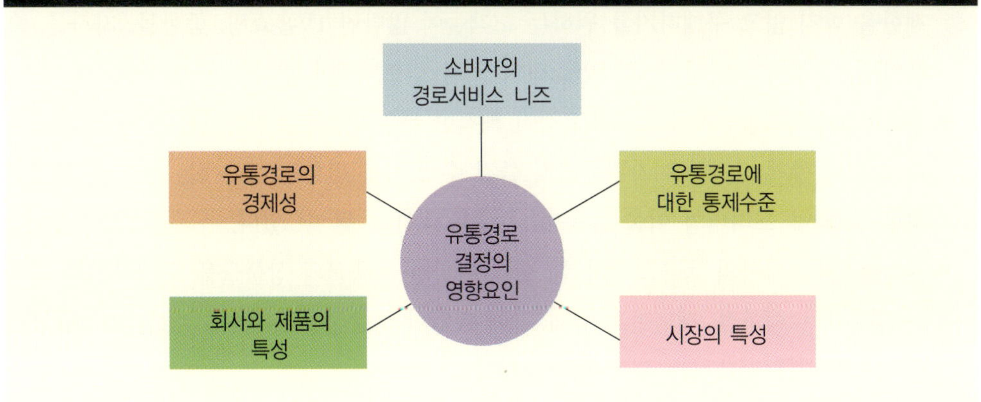

또한 우리나라의 대형 가전업체와 같이 유통경로에 대한 통제가능성을 높이기 위해 직영점이나 전속대리점에 주력해야 하는 경우도 있다. 생활용품이나 가공식품을 생산하는 대형 제조업체에게는 대형마트나 SSM이 선택의 대상이 아니라 거래하지 않으면 안 되는 대상이다. 왜냐하면 이러한 대형 유통업체와 거래하지 않으면 시장점유율이 급감할 수밖에 없기 때문이다. 이처럼 유통경로의 결정에는 여러 가지 복합적인 요인들이 작용하고 있기 때문에 기업은 주어진 환경에서 실현이 가능한 대안들을 검토하고, 그 가운데 최적의 대안을 선택하여야 한다.

1. 소비자의 경로서비스에 대한 니즈

제조업체의 유통경로 선택은 소비자가 어떠한 경로서비스에 주된 관심을 두고 있는가에 대한 분석을 기반으로 이루어지는 것이 바람직하다. 경로구성원이 제공하는 경로서비스에는 저렴한 가격, 구매의 편의성, 구매환경의 쾌적성, 원스톱쇼핑, 다양한 상품구색 등의 여러 요인들이 포함될 수 있다.

- **저렴한 가격** : 자사의 목표고객이 되는 소비자가 가격에 민감한 경우에 제조업체는 저렴한 가격에 상품을 판매할 수 있는 유통경로를 선택하여야 한다. 이러한 경우에는 인터넷 등을 통해 소비자와의 직거래 유통경로를 구축하거나 대형마트, 균일가샵 등 상대적으로 저렴한 가격에 상품을 판매하는 대형 유통업체와 직접 거래하는 방안을 적극 검토하여야 한다. 혹은 화장품업계의 원브랜드샵이나 의류업체의 SPA와 같이 자사제품만을 취급하는 오프라인 유통망을 구축함으로써 유통마진을 절감하는 것도 좋은 방법이 될 수 있다.
- **구매의 편의성** : 자사의 목표고객이 근거리 쇼핑을 원하는 경향이 강한 경우에는 중소슈퍼, 편의점, 전통시장 등의 소매업태가 유력한 대안이 될 수 있으며, 시간과 공간의 제한을 받지 않고 구매하기를 원하는 고객들이 많다면 TV홈쇼핑, 종합몰, 자사몰, 오픈마켓, 소셜커머스 등의 온라인쇼핑이 적극 검토되어야 한다.
- **구매환경의 쾌적성** : 자사의 목표고객이 쾌적한 분위기에서 쇼핑하기를 원하고 더 나아가 쇼핑과 함께 다양한 여가활동까지 즐길 수 있기를 원하는 경우에는 백화점, 복합쇼핑몰, 교외형 프리미엄 아울렛 등이 유력한 대안이 될 수 있다.
- **원스톱쇼핑** : 자사의 목표고객이 한 번에 다양한 제품군의 상품들을 구매하기를 원하는 경우에는 백화점, 대형마트 등과 같이 다양한 상품군을 취급하고 있는 매장규모가 큰 소매업태를 선택하는 것이 바람직하다.

- **다양한 상품구색** : 자사의 목표고객이 동일한 상품군에서 다양한 상품구색을 갖춘 매장 환경에서 쇼핑하기를 원하는 경우에는 전문양판점, 대형마트 등이 적극 검토되어야 한다.

2. 유통경로의 경제성

어떤 유통경로가 보다 경제적인가에 대한 분석을 통해 보다 적합한 유통경로를 결정할 수 있다. 경제성에 대한 논의는 특히 제조업체가 중간상의 기능을 자체적으로 수행할지, 계약에 의한 수직적 통합의 형태로 수행할지, 혹은 완전히 독립적인 중간상으로 하여금 수행하게 할지에 대한 결정을 중심으로 이루어진다.

[표 10-1]은 유통경로의 유형에 따른 고정비용과 변동비용의 수준을 나타내고 있다. 제조업체가 소비자와 직거래를 하거나 혹은 중간상의 기능을 소유에 의해 수직적으로 통합하는 경우에는 고정비용은 매우 높지만 매출에 따른 변동비용은 낮다. 반면에 외부의 독립적인 중간상을 활용하는 경우에는 고정비용은 거의 없지만 중간상의 마진을 확보하여 주어야 하기 때문에 변동비용은 매우 높다. 프랜차이즈나 진속대리점 등과 같은 계약에 의한 수직적 통합은 그 중간에 위치한다.

표 10-1 **유통경로 유형에 따른 고정비용과 변동비용**

구분	고정비용	변동비용
소비자 직거래	높음	낮음
소유에 의한 수직적 통합		
계약에 의한 수직적 통합	중간	중간
독립적 소매상	낮음	높음

따라서 세 가지 유형의 경제성은 매출의 수준에 따라 달라질 수 있다. [그림 10-3]은 판매액에 따라 어떠한 유형의 유통경로가 경제성의 측면에서 유리할 수 있는지를 보여주고 있다. 매출액이 분기점 A에도 미치지 못하는 수준이면 변동비용은 높더라도 고정비용이 낮은 독립적인 중간상을 이용하는 것이 유리하고, 매출액이 분기점 B를 넘는 경우에는 고정비용은 크지만 변동비용이 크게 발생하지 않는 소비자와의 직거래나 소유에 의한 수직적 통합방식을 활용하는 것이 유리하며, 그 중간수준이면 계약에 의한 수직적 통합이 바람직하다. 그래서 판매액이 많은 대형 제조업체는 상대적으로 수직적 통합을 선택하는 경우가 많고, 반대로 판매액이 적은 중소형 제조업체는 독립적인 중간상을 선택해야 하는 경우가 많아진다.

그림 10-3 ▌유통경로 유형에 따른 경제성분석

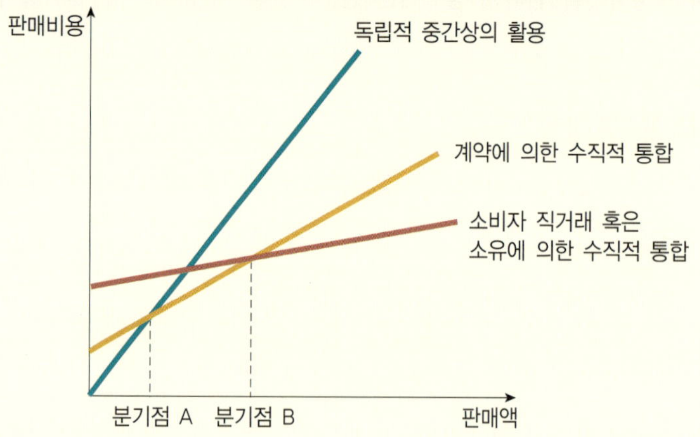

3. 유통경로에 대한 통제수준

회사가 유통경로에 대해 어느 정도로 통제하기를 원하는가도 유통경로 유형의 선택에 영향을 미친다. 소비자와 직거래를 하거나 중간상을 소유에 의해 수직적 통합을 이루는 경우에는 유통경로를 거의 완벽하게 통제할 수 있지만, 독립적 중간상을 이용하는 경우에는 통제가 이루어지기 힘들다. 독립적 중간상은 통상적으로 여러 회사의 제품을 취급하고 있기 때문에 자사 제품의 판매에 할애하는 시간을 통제하기 어렵고, 또한 자사가 원하는 방식으로 판매가 이루어지는지에 대한 통제도 어렵다. 그래서 자사의 마케팅전략을 강하게 추진할 필요가 있거나 고객에 대한 특별한 접근방식이나 세심한 배려가 필요한 경우에는 소비자와 직거래를 하거나 소유에 의해 수직적 통합을 하는 것이 바람직하다. 예를 들어 삼성전자와 LG전자가 직영점과 전속대리점을 강화시킴으로써 가전양판점에 대한 의존도를 낮추기 위해 노력하는 것도 유통경로상에서의 통제력을 강화하기 위함이라고 할 수 있다.

4. 회사와 제품의 특성

유통경로는 회사와 제품의 특성에 따라서도 크게 영향을 받는다. 외부의 독립적 중간상을 활용하는 것이 더 바람직하게 만드는 회사와 제품의 특성으로는 아래와 같은 점들을 들 수 있다. 즉, 회사의 역량이 크지 않을수록, 제품이 복잡하지 않을수록 독립적 중간상을 활용하는 것이 더 바람직하다.

- 회사의 규모가 작고 자금력이 부족함
- 회사의 인지도가 낮음
- 회사가 특정 시장에 대한 지식을 많이 가지고 있지 않음
- 회사가 판매하는 제품의 숫자가 적음
- 제품의 부피가 작고 장기보관이 용이하며 표준화되어 있음
- 제품의 특성이 단순하여 이해하는 것이 어렵지 않음
- 제품의 특성상 지속적인 사후서비스가 그다지 필요하지 않음
- 제품의 특성상 판매주기가 짧고 소량주문이 주종을 이룸
- 제품의 특성상 영업활동이 단순하여서 통제할 필요가 적음

5. 시장의 특성

시장의 특성도 유통경로의 유형을 결정하는 데 영향을 미친다. 제조업체가 직영점 등 자체적인 유통망을 구축하기 위해서는 고정비가 많이 소요되기 때문에 이를 회수하기 위해서는 시장의 규모나 잠재력이 일정수준을 넘어서야 한다. 또한 해당 시장에 접근하기 위한 노하우를 축적하는 데 많은 비용과 시간이 소요되는 경우에는 해당 시장에 대한 전문성을 보유하고 있는 독립적 중간상을 활용하는 것이 바람직하다. 독립적 중간상의 활용을 더 바람직하게 만드는 시장특성으로는 다음과 같은 점들을 들 수 있다.

- 시장의 잠재력이 그다지 크지 않음
- 시장의 개발 정도가 아직 낮은 수준에 있음
- 시장이 매우 세분화되어 있음
- 고객들을 발견하는 것이 매우 어려움
- 특정 지역에 대한 지식과 지역 특유의 유통경로가 매우 중요함
- 지역시장에 대한 전문성을 가지고 있는 독립적 중간상이 존재함

제4절 유통경로 유형의 결정

소비재의 유통경로는 [그림 10-4]에서와 같이 크게 3가지 유형으로 구분될 수 있으며, 제조업체는 이러한 유통경로 유형 가운데 하나 혹은 복수의 유형을 선택하여야 한다. 그런데 이러한 유형구분은 소비자 관점에서의 유형구분이며, 실제로는 제조업체가 도매기능이나 소매기능을 수직적으로 통합하여 수행할 수 있기 때문에 유통경로의 유형은 훨씬 더 세분화될 수 있다.

그림 10-4 | 소비재 유통경로의 유형

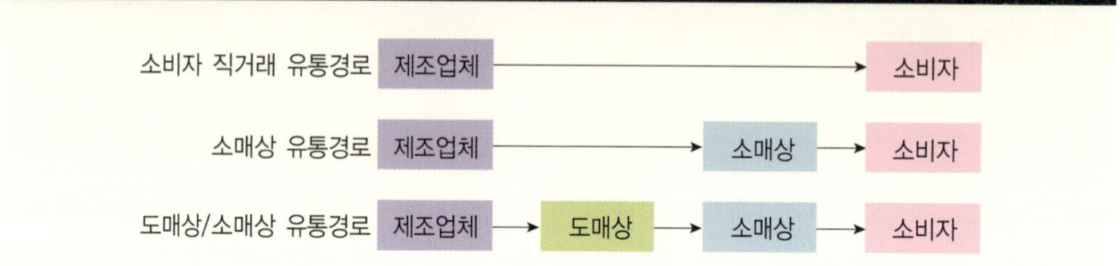

1. 소비자 직거래 유통경로

소비자 직거래 유통경로는 제조업체가 유통업체를 거치지 않고 직접 소비자와 거래하는 유통경로를 의미한다. 소비자 직거래 유통경로의 가장 큰 장점은 유통비용을 절약함으로써 제조업체와 소비자가 가격적인 측면에서 모두 이득을 볼 수 있다는 점이다. 예를 들어 보험상품의 인터넷이나 홈쇼핑을 통한 판매가 증가하고 있는 것도 유통비용을 절감하기 위한 노력이라고 할 수 있다. 즉, 보험상품의 직접판매를 통해 보험 중간상의 마진을 절감함으로써 소비자에게 보다 저렴하게 보험상품을 제공할 수 있음은 물론 보험사도 더 많은 수익을 창출할 수 있다. 농산물을 생산하는 농가나 영농단체들이 인터넷이나 직거래 장터 등을 통해 소비자에게 직접 농산물을 판매하는 것이나, 중소 가구제조업체들이 공장 내의 전시장이나 가구단지 내의 직영매장을 통해 소비자들에게 가구를 직접 판매하는 것도 이러한 예에 속한다. 그러나 소비자 직거래 유통경로를 선택하는 제조업체는 생산이나 제품개발뿐만 아니라 저장, 배송, 판매 등과 같은 기능을 모두 자체적으로 관리하여야 하기 때문에 수행하여야 하는 업무가 대폭 증가하게 된다.

2. 소매상 유통경로

이 유통경로는 제조업체가 도매상을 거치지 않고 소매상을 경유하여 소비자에게 상품을 판매하는 경로이다. 이러한 유형의 유통경로는 다시 독립적인 소매상을 활용하는 유통경로와 제조업체가 소매상의 기능을 수직적으로 통합하는 유형으로 구분될 수 있다.

- **독립적 소매상 유통경로** : 이 유통경로는 제조업체가 도매상을 거치지 않고 독립적인 소매상과의 직접적인 거래를 통해 상품을 유통시키는 것을 의미한다. 제조업체는 이러한 방법을 통해 도매상 마진을 절약할 수 있고, 소매상도 도매상을 거치는 경우에 비해 보다 저렴하게 상품을 공급받을 수 있다. 이러한 유통경로는 생활용품, 가공식품, 의약품, 화장품 등 다양한 업종에서 나타나고 있다. 규모가 큰 생활용품이나 가공식품 제조업체들은 대형마트, SSM, 편의점, 백화점 등 대형 소매업체에게 직접 상품을 판매하고 있으며, 화장품업체들도 대형마트, H&B스토어, 브랜드샵 등에 직접 상품을 판매하기도 한다. 또한 제약업체들도 일반의약품을 도매상에게 판매하기도 하지만 직접 약국에 판매하기도 한다.
- **소매상기능의 수직적 통합** : 제조업체는 소매상의 기능을 수직적으로 통합함으로써 실질적으로 소비자와 직거래를 하는 효과를 거둘 수 있다. 이를 통해 제조업체는 소매상에 대한 통제력을 강화할 수 있음은 물론 고객과의 거래과정에서 발생하는 정보를 확보함으로써 보다 정교한 마케팅전략을 전개해 나갈 수 있다. 이러한 유형의 유통경로는 자동차, 전자제품, 의류, 가구, 문구, 화장품, 농축산물 등의 다양한 업종에서 이루어지고 있다. 소매상의 기능을 통합하는 방법은 크게 소유에 의한 방법과 계약에 의한 방법으로 나누어질 수 있으며, 계약에 의한 가장 대표적인 방법으로는 프랜차이즈와 전속대리점을 들 수 있다. 그러나 소유에 의한 방법과 계약에 의한 방법은 서로 배타적인 것은 아니며 병행하여 사용되는 것이 오히려 더 일반적이다. 우리나라의 대표적인 자동차업체, 가전업체, 의류업체 등은 전속대리점과 함께 직영점을 병행하여 운영하고 있으며, 화장품업체나 문구업체 등도 각각 브랜드샵 프랜차이즈와 문구전문점 프랜차이즈를 운영하면서 직영점과 가맹점을 병행하여 개설하고 있다. 그러나 소비자의 입장에서는 직영점과 전속대리점/가맹점의 매장형태나 기능이 거의 유사하기 때문에 소유에 의한 통합인지 혹은 계약에 의한 통합인지가 구분이 되지 않는다. 농축산물의 생산자단체인 농협이 농협직매장을 운영하면서 소비자에게 직접 농축산물을 판매하는 것도 제조업체가 소매기능을 통합한 형태라고 할 수 있다.

3. 도매상/소매상 유통경로

도매상/소매상 유통경로는 가장 전통적인 유통경로이지만 도매기능이 제조업체 혹은 소매업체에 의해 통합이 되는 경향이 나타나면서 도매상의 위상은 과거에 비해 크게 위축되었다. 도매상/소매상 유통경로도 소매상 유통경로와 마찬가지로 독립적인 도매상을 활용하는 유통경로와 제조업체가 도매상의 기능을 수직적으로 통합하는 유형으로 구분될 수 있다.

- **독립적 도매상 유통경로** : 독립적 도매상 유통경로는 전속대리점이나 프랜차이즈시스템을 도입하기도 어렵고 대형 유통업체와 직접 거래하기도 어려운 중소 제조업체에 의해 주로 사용되고 있다. 즉, 자금이나 운영 노하우 등이 부족한 중소 제조업체로서는 도매상이 자사의 물건을 구입해주는 가장 유력한 대안이 되고 있다고 할 수 있다. 특히 생활용품, 가공식품, 문구, 가구, 화장품 등의 경우에 이러한 경향이 두드러지게 나타나고 있다. 예를 들어 중소 생활용품제조업체는 상품을 주로 도매상에게 판매하고 도매상은 다시 이를 중소슈퍼에 판매하고 있으며, 중소 가공식품제조업체도 상품을 주로 도매상에게 판매하고 도매상은 이를 중소슈퍼, 식당, 전통시장 점포 등에 판매하고 있다. 도매시장이 비교적 활성화되고 있는 업종으로는 농산물, 의약품, 주류 등을 들 수 있다. 농산물의 경우에는 지방자치단체가 설립한 도매시장이 농산물 유통의 중심이 되고 있으며, 의약품시장에서도 많은 수의 도매상이 제조업체로부터 상품을 공급받아 병원과 약국에 의약품을 공급하고 있다. 주류의 경우에는 모든 업종을 통틀어서 유일하게 법규를 통해 반드시 도매상을 경유하도록 규정되어 있기 때문에 도매상의 위상이 상당히 높다고 할 수 있다.

  제조업체가 홈쇼핑, 종합몰, 오픈마켓, 소셜커머스 등의 온라인 채널을 활용하는 경우에는 벤더(vendor)업체를 활용하는 경우가 많다. 이 경우에 벤더업체가 도매상의 기능을 수행하고 홈쇼핑업체 등의 온라인업체들이 소매상의 기능을 수행한다고 할 수 있다. 이러한 온라인 전문 벤더업체는 특정 상품군과 특정 온라인 채널에 대한 전문성을 갖추고 제조업체로부터 물건을 공급받아 온라인 채널을 통해 상품을 판매한다. 제조업체가 벤더업체를 이용하는 이유는 많은 수의 온라인업체와의 개별적인 접촉을 통해 상품을 판매하는 것에 비해 벤더업체를 활용하는 것이 비용적인 면에서 훨씬 유리하기 때문이다. 벤더업체의 활용은 중소 제조업체는 물론 대형 제조업체들에 의해서도 활발히 이루어지고 있다.
- **도매상 기능의 수직적 통합** : 제조업체는 도매상의 기능을 수직적으로 통합함으로써 도매상에 대한 통제력을 강화시킬 수 있다. 가장 대표적인 형태로는 대형 가공식품제조

업체, 대형 생활용품업체, 대형 전통주류업체 등에 의한 전속대리점 체제를 들 수 있다. 같은 전속대리점이라고 하더라도 자동차나 가전제품의 전속대리점은 소매상으로서의 기능을 수행하는 반면, 가공식품 · 생활용품 · 전통주류 등의 전속대리점은 도매상으로서의 기능을 수행한다. 이러한 업종의 전속대리점은 특정 제조업체의 상품만 취급하면서 주로 중소슈퍼, 전통시장 점포 등 소규모 소매상을 대상으로 상품을 판매한다.

이러한 논의를 종합하면 유통경로 유형에 대한 의사결정은 [그림 10-5]와 같이 3개의 단계로 나타낼 수 있다. 첫 번째 단계는 소비자와 직거래를 할 것인지 혹은 중간상을 활용할 것인지에 대한 의사결정이고, 두 번째 단계는 중간상을 활용할 경우에 소매상과 직접 거래할 것인지 혹은 도매상과 거래할 것인지에 대한 의사결정이며, 세 번째 단계는 두 번째 의사결정에 대해 독립적인 중간상을 활용할 것인지 혹은 중간상의 기능을 통합시킬 것인지에 대한 의사결정이다. 그러나 앞에서 언급한 바와 같이 제조업체가 하나의 유통경로 유형만을 선택하여야 하는 것은 아니며 얼마든지 2개 이상의 유통경로 유형을 병행하여 활용할 수 있다.

그림 10-5 ▌ 유통경로 유형의 결정

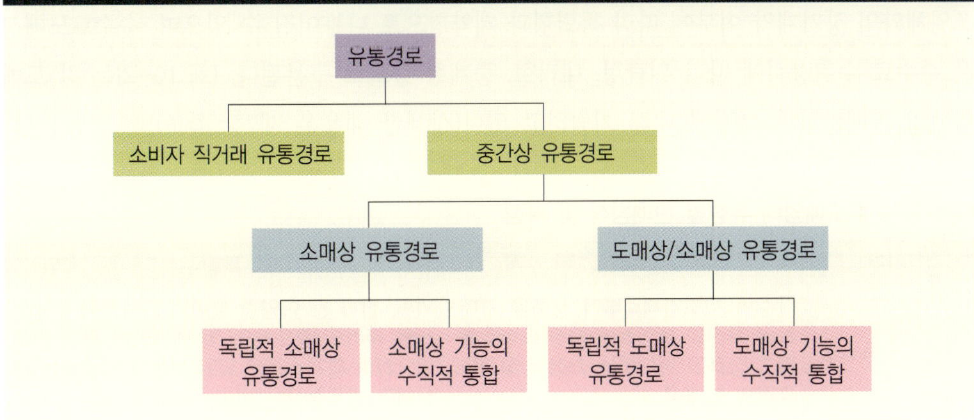

제5절 중간상의 업태결정

제조업체는 소비자 직거래 유통경로가 아닌 중간상 유통경로를 선택한 경우에는 거래하게 될 도매상/소매상의 업태를 결정하여야 한다. 업태는 '판매방식'을 뜻하고 따라서 도매상/소매상의 업태의 결정은 '어떠한 방식으로 판매를 하는 도매상/소매상을 선택할 것인가'를 의미한다. 제조업체는 앞에서 기술한 '유통경로에 영향을 미치는 요인'에 대한 분석을 바탕으로 가장 적합한 도매상 및 소매상의 업태를 선택하여야 한다. 그러나 하나의 업태만을 선택하여야 하는 것은 아니고, 복수의 업태를 선택하는 것이 훨씬 더 일반적이다. 여기에서는 제조업체가 선택할 수 있는 도매업태 및 소매업태에 대해 간략히 기술한다.

1. 도매업태

도매업태는 소비자 도매상의 상품구입 여부에 따라 상인도매상과 수수료도매상으로 구분될 수 있다. 상인도매상은 제조업체로부터 상품을 구입하여 판매하는 반면, 수수료도매상은 상품을 구매하지 않고 판매한 상품에 대한 수수료를 수취한다. 상인도매상은 다시 제조업체와의 장기계약 여부에 따라 독립형과 계약형으로 나누어질 수 있으며, 수수료도매상은 수수료 수취방식에 따라 위탁형, 대리형, 중계형 등으로 구분된다. [표 10-2]는 각 도매업태의 판매방식과 특징에 대해 기술하고 있다(상세한 내용은 제7장 참조).

표 10-2 도매업태 유형별 판매방식 및 특징

구분		판매방식	특징
상인 도매상	독립형	다수의 제조업체로부터 상품을 구매하여 자신의 책임하에 자신의 상호를 걸고 상품을 판매하는 가장 전형적인 유형의 도매상	의류, 잡화 등 다양한 분야의 도매상이나 농수산물 분야의 중도매인 및 벤더업체 등이 이에 해당하며 통제수준은 낮은 반면 제조업체는 생산에만 몰두할 수 있다는 이점이 있다.
	계약형	특정 제조업체와 장기계약을 맺고 상품을 구매하여 제조업체의 명의로 소매상에 상품을 판매하는 도매상	가공식품, 생활용품 등의 대형 제조업체들이 운영하는 전속대리점이 이에 해당하며, 통제의 수준은 높일 수 있지만 구축을 위해서는 많은 자금이 소요된다.
수수료 도매상	위탁형	위탁을 받아 자신의 상호를 걸고 상품을 판매한 후, 판매실적에 따라 수수료를 수취하는 도매상	실제의 사례는 많지 않으며 농수산물도매시장의 도매시장법인 정도가 이에 해당한다.

수수료 도매상	대리형	제조업체의 상호를 걸고 상품을 판매한 후, 판매실적에 따라 수수료를 수취하는 도매상	TV홈쇼핑 등 온라인쇼핑업계의 벤더업체가 이에 해당하며, 벤더업체의 전문성을 활용할 수 있다는 이점이 있다.
	중개형	단순히 제조업체와 소매상과의 거래를 연결시켜 주는 역할만을 수행하고 판매실적에 따라 수수료를 수취하는 도매상	실제의 사례는 많지 않으며, 주류시장의 슈퍼체인본부, 농축수협중앙회 정도가 이에 해당한다.

2. 소매업태

소매상은 거래하는 제조업체의 수에 따라 계약형과 독립형으로 구분될 수 있다. 계약형은 제조업체와의 장기계약을 맺고 해당 제조업체의 제품만을 취급한다. 독립형은 다시 판매방식에 따라 오프라인 소매상과 온라인 소매상으로 구분될 수 있다. [표 10-3]은 대표적인 소매업태의 판매방식과 특징에 대해 기술하고 있다(상세한 내용은 제4장 참조).

표 10-3 소매업태 유형별 판매방식 및 특징

구분			판매방식	특징
전속형			특정 제조업체와 장기계약을 맺고 제조업체의 명의로 소비자에게 상품을 판매하는 소매점	자동차, 가전, 가구 등의 분야의 대형 제조업체의 전속대리점이 이에 해당한다.
독립형	오프라인	대형마트	가공식품, 생활용품 등을 일반상점보다 저렴한 가격에 셀프서비스 방식으로 판매하는 대규모 소매점	제조업체와 직거래를 하며 유통파워가 강력하다.
		백화점	부문별로 구성된 의류, 잡화 등의 상품을 매장 직원의 서비스를 통해 판매하는 대규모 소매점	제조업체와 직거래를 하며, 판매수수료율이 높은 편이고 고가품을 주로 취급한다.
		SSM	식품, 생활용품 등을 비교적 저렴한 가격에 셀프서비스 방식으로 판매하는 중규모 소매점	제조업체와 직거래를 하며, 대기업에 의해 프랜차이즈의 형태로 운영된다.
		중소슈퍼	가공식품, 생활용품 등을 비교적 저렴한 가격에 셀프서비스 방식으로 판매하는 소규모 소매점	주로 도매상과 거래하며, 자영업자에 의해 운영된다.
		편의점	장시간 영업을 하며 생활용품을 셀프서비스로 판매하는 소규모 소매점	제조업체와 직거래를 하며 점포의 수가 매우 많고 대부분 대기업에 의해 프랜차이즈의 형태로 운영된다.
		H&B스토어	화장품, 건강식품, 의약품 등을 셀프서비스 방식으로 판매하는 소규모 소매점	제조업체와 직거래를 하며 화장품의 매출비중이 높다.
		균일가샵	생활용품 중심의 상품을 3~6개의 정해진 저가격으로 판매하는 소매점	제조업체와 직거래를 하며 주로 중소 제조업체의 상품을 취급한다.

독립형		전통시장	넓은 공간에 다양한 업종의 소규모 점포로 이루어진 장소	많은 수의 소규모 점포들로 구성되어 있으며, 주로 도매상과 거래한다.
		다단계판매	판매원의 방문에 의한 판매가 이루어지며 판매원은 해당 제조업체의 직원이 아닌 고객임	물리적 점포가 필요하지 않으며, 다단계판매업체는 자체공장 혹은 OEM을 통해 상품을 조달한다.
	온라인	TV홈쇼핑	TV를 통해 상품을 소개하고 전화를 통해 주문을 받는 방식	TV홈쇼핑 업체는 제조업체 혹은 벤더업체와 거래하며 판매수수료율이 높은 편이다.
		오픈마켓	오픈마켓업체가 제공하는 온라인 장터에서 판매하는 방식	어떠한 사업자든 판매가 가능하며, 오픈마켓업체는 일정한 판매수수료를 수취한다.
		소셜커머스	소셜커머스업체가 제품을 선정하여 온라인상에서 제안하는 방식	제조업체와의 협상을 통해 공급가격을 정하며, 판매마진을 수입원으로 한다.

제6절 경로커버리지의 결정

경로커버리지(channel coverage)에 대한 결정은 제조업체가 얼마나 많은 수의 소매점포에서 상품을 판매할 것인가에 대한 결정을 의미한다. 경로커버리지가 높아질수록, 즉 거래하는 소매점포의 수가 많아질수록 자사 제품의 시장침투율(market penetration rate)은 높아지지만, 반면에 관리비용이 증가하고 통제력이 약화되는 단점이 있다. 따라서 제조업체는 자사의 전략적인 목표와 역량에 부합하는 경로커버리지를 선택하여야 한다. 제조업체의 유통은 경로커버리지에 따라 개방적 유통, 선택적 유통, 배타적 유통 등의 3가지 유형으로 구분된다.

1. 개방적 유통

개방적 유통(intensive distribution)은 최대한 많은 수의 소매점포에서 자사 제품이 판매되도록 하는 것을 의미한다. 제조업체는 자사의 제품을 취급하기를 원하는 모든 소매점포에 자사의 제품을 공급함은 물론 자사의 제품을 취급하지 않고 있는 소매점포에 대해서는 자사의 제품을 취급하도록 설득하는 영업활동을 전개한다. 개방적 유통은 소비자들이 매장 내에서 어느 브랜드를 구매할 것인지를 결정하는 경향이 많은 관여도가 낮은 제품에 적합하며, 따라서 생활용품, 가공식품, 문구, 주류 등 일용소비재를 생산하는 제조업체가 주로 이 전략을 채택한다.

우리나라의 대형 생활용품이나 가공식품제조업체가 대형마트, SSM, 편의점과 같은 대형 유통업체에 대한 영업활동을 강화하는 주된 이유는 이러한 대형 유통업체가 많은 수의 점포를 가지고 있어서 거래가 성사되면 시장침투율을 획기적으로 증가시킬 수 있기 때문이다. 주류제조업체의 경우에도 최대한 많은 수의 중소슈퍼, 식당, 주점 등이 자사의 제품을 취급할 수 있도록 영업사원들이 이러한 점포를 돌면서 점주들에게 자사의 제품을 더 많이 취급해 줄 것을 설득하는 활동을 전개하며, 일반의약품을 생산하는 제약업체도 자사의 제품을 취급하는 약국의 수를 증가시키기 위해 약국을 대상으로 하는 영업활동을 전개한다.

2. 선택적 유통

선택적 유통(selective distribution)은 가능한 모든 소매점포를 선택하는 것이 아니라 일정한 기준을 두어 이 기준에 부합하는 소매점포가 자사의 제품을 취급하도록 하는 것을 의미한다. 선택적 유통은 소비자들이 상품에 대한 정보를 미리 탐색하고 쇼핑을 시작하기 때문에 취급점포의 수가 일용소비재만큼 중요하지 않은 경우, 또한 상품의 복잡성이나 전문성으로 인해 소매점포구성원을 대상으로 하는 교육훈련이 필요한 경우에 적합한 전략이 된다. 자동차, 전자제품, 가구, 의류 등 관여도가 비교적 높은 내구소비재를 생산하는 제조업체가 주로 이 전략을 채택한다. 제조업체는 소매상의 판매능력을 가장 중요한 선택기준으로 고려하지만 소매상 간의 과도한 경쟁이 벌어지지 않도록 그 수를 적절히 조정할 수 있어야 한다. 우리나라의 대표적인 자동차, 전자제품, 가구, 의류제조업체들은 소매점포의 역할을 하는 전속대리점의 수를 적절히 조절함으로써 시장침투율을 증가시키면서도 소매점포 간의 갈등이나 관리비용 등이 과다해지지 않도록 하기 위한 노력을 기울인다.

3. 배타적 유통

배타적 유통(exclusive distribution)은 극히 소수의 소매점포에서만 자사의 제품을 취급하도록 하는 것을 의미한다. 배타적 유통은 주로 브랜드충성도가 매우 높은 명품을 생산하는 제조업체에 의해 채택된다. 소비자들은 브랜드충성도가 높은 제품을 구매하기 위해 기꺼이 많은 노력을 기울이기 때문에 선택적 유통의 경우보다도 훨씬 더 적은 점포만을 가지고도 충분히 운영이 가능하다. 화장품, 패션의류, 잡화, 자동차 등의 분야에서의 명품제조업체들은 이러한 전략을 통해 소매점포에 대한 통제력을 극대화시킴으로써 자사 브랜드의 이미지를 자사의 전략에 맞게 유지할 수 있다. 화장품, 패션의류, 잡화 등의 분야의 명품제조업체들은 유명 백화점, 면세점 등 자사 제품의 이미지에 부합하는 소매업태에 소수의 매장을 개설하고 있으며, 해외 유명 자동차제조업체들도 소수의 공식딜러를 선정하여 이들이 개설한 점포에서 자동차를 판매하고 있다.

4. 도매상 대상의 경로커버리지의 결정

통상적으로 경로커버리지의 결정은 소매점포의 수에 대한 결정을 의미하지만 도매상을 거쳐 상품을 유통시키는 제조업체의 경우에는 도매상 대상의 경로커버지리 결정이 이루어져야 한다. 최대한 많은 소매점포에서 자사의 제품이 판매되기를 원하는 제조업체의 경우에도 소매점포에 상품을 공급하는 도매상에 대해서는 선택적 유통을 하는 것이 일반적이다. 왜냐하면 도매상을 관리하기 위해서는 인센티브의 제공, 교육훈련서비스의 제공 등 많은 비용과 시간이 소요되기 때문에 많은 수의 도매상을 두기보다는 능력 있는 소수의 도매상을 집중적으로 육성하는 것이 비용적인 측면에서는 물론 효과성의 측면에서도 유리하기 때문이다.

가공식품이나 생활용품을 생산하는 대형 제조업체의 경우, 도매상의 역할을 하는 전속대리점을 서울의 경우에 한 구에 1개 혹은 3개 구에 2개 정도를 두고 있으며, 이들 전속대리점을 관리하는 영업사원을 별도로 두고 있다. 영업사원들은 전속대리점 점주가 최대한 많은 수의 소매상들과 거래를 할 수 있도록 제언도 하고 회사의 정책에 따른 인센티브도 제공하는 활동을 전개한다. 제약업체들도 4,000여 개에 이르는 의약품도매상들 가운데 10개 내외의 도매상들을 선정하여 거래를 하고 있으며, 교재나 교과서를 출간하는 규모가 큰 출판사의 경우에도 도매상 역할을 하는 약 1,000개의 서적 총판들 가운데 약 100개 정도의 총판을 선정하여 거래를 한다. 홈쇼핑, 종합몰, 오픈마켓, 소셜커머스 등의 온라인 채널을 통해 상품을 판매하고자 하는 제조업체의 경우에는 수많은 벤더업체 가운데 1~2개의 업체를 선정하여 거래하는 것이 일반적이며, 따라서 능력 있는 벤더업체의 선정이 자사 매출에 결정적인 영향을 미칠 수 있다. 예외적으로 주류의 경우에는 중소슈퍼, 식당, 주점 등 주류를 판매하는 소매점포는 60만여 개에 이르고 도매업면허를 취득한 종합주류도매상은 1,100개 정도이기 때문에 주류업체는 최대한 많은 수의 도매상과 거래를 하려는 개방적 유통을 선택하고 있다.

제7절 경로파트너의 선정

유통경로의 설계에서 독립적 중간상을 활용하는 방안을 채택하였다면 다음 단계에서는 경로파트너가 될 업체를 선정하여야 한다. 예를 들어 제약업체는 4,000여 개에 이르는 의약품도매상 가운데 소수의 도매상을 선정하여야 하며, 출판사의 경우에도 1,000여 개의 총판 가운데 일부를 거래업체로 선정하여야 한다. 또한 생활용품이나 가공식품제조업체가 SSM을 주력 유통경로로 선택하였다면 GS더프레시, 롯데슈퍼, 홈플러스익스프레스, 이마트에브리데이 등의 업체들과 모두 거래할 것인지 혹은 특정 업체에 주력할 것인지에 대해 결정하여야 한다. 경로파트너를 선정하는 기준으로는 다음과 같은 사항들을 들 수 있다.

- 중간상의 규모와 판매능력
- 중간상의 마케팅전략 및 조직문화
- 자사 제품과 중간상이 취급하는 상품들과의 관계
- 자사 제품에 대한 중간상의 인식

우선 중간상을 이용하는 제조업체는 중간상을 통해 최대한 많은 매출을 올려야 하기 때문에 중간상의 규모나 판매능력이 매우 중요하다. 하지만 이보다 오히려 더 중요할 수 있는 기준은 중간상의 마케팅전략이나 조직문화가 자사의 마케팅전략이나 조직문화와 부합하는 정도라고 할 수 있다. 예를 들어 판매가 많이 이루어진다고 하더라도 판매방식에 문제가 있다면 판매 후에 고객불만이 크게 나타날 수 있는데, 이 경우에 중간상은 다른 회사의 제품을 취급하면 되기 때문에 큰 타격을 받지 않는 반면, 제조업체는 회사와 제품의 이미지에 큰 타격을 입을 수 있다. 또한 제조업체는 자사와 장기적인 파트너 관계를 형성하고자 하는 의지를 가지고 있고, 변화를 수반하는 가치제안을 수용할 수 있는 혁신적인 조직문화를 가지고 있는 중간상을 선택하는 것이 바람직하다. 가격을 깎는 데만 골몰하는 중간상이라면 매출규모가 크더라도 장기적인 관점에서는 바람직하지 않다.

중간상이 취급하고 있는 제품들과 자사의 제품이 경쟁관계가 아닌 보완적인 관계를 가지고 있는가도 중요한 기준이 된다. 이는 중간상은 자사의 이익이 최대가 될 수 있는 방향으로 판매활동을 전개하기 때문에 직접적인 경쟁관계에 있는 제품이 많을수록 자사 제품의 판매에 기울이는 노력이 적어질 확률이 큰 반면, 보완관계에 있는 상품들이 많이 취급되고 있는 경우에는 시너지효과를 기대할 수 있기 때문이다. 또한 자사의 제품에 대해 우호적인 인식을 가지고 있어서 많은 시간을 자사 제품의 판매에 할애할 것으로 기대할 수 있는 중간상을 선택하는 것이 바람직하다.

Chapter 11

업종별 유통경로

유통경로는 업종별로 상당한 차이를 보이고 있다. 이는 가격, 유통기간, 부피 등과 같은 상품의 특성은 물론 각 시장의 규모, 소비자의 특성, 유통경로구성원의 전략, 유통경로구성원의 수와 규모 등이 모두 다르기 때문이다. 유통경로는 새로운 소매업태의 출현 등으로 인해 점차 다양해지고 있으며, 시대의 흐름에 따라 특정 유통경로가 더욱 각광을 받기도 하고 위축되기도 한다. 본장에서는 우리나라의 일용소비재(가공식품, 생활용품, 의류, 화장품, 주류, 문구), 내구소비재(가전제품, 휴대폰, 가구, 국산차, 수입차, 중고차), 농수축산물(농산물, 수산물, 축산물), 약품(의약품, 한약), 보험상품 등의 유통경로에 대해 기술한다.

제 1 절 가공식품의 유통경로

1. 가공식품의 개념

가공식품은 '농산물, 축산물, 수산물 등을 활용하여 원재료의 맛을 더욱 제고시키는 동시에 조리간편성, 휴대편의성, 저장성 등을 향상시킬 수 있도록 변형시킨 식품'으로 정의된다. 가공식품은 여러 가지 기준에 의해 구분될 수 있다. 먼저 원료에 따라서는 농산가공식품, 축산가공식품, 수산가공식품으로 나누어진다. 가공기술적인 면에서는 ① 통조림・병조림(참치, 닭가슴살 등), ② 건조가공식품(김, 미역 등), ③ 절임가공식품(김치류, 젓갈 등), ④ 설탕절임가공식품(딸기잼, 유자차 등), ⑤ 훈연가공식품(햄, 소시지 등), ⑥ 냉동가공식품(냉동만두 등), ⑦ 발효식품(고추장, 된장, 간장 등), ⑧ 레토르트가공식품(카레, 하이라이스 등), ⑨ 냉동건조식품(커피, 크림 등), ⑩ 인스턴트식품(라면, 과자, 햄버거용 고기 등) 등으로 구분된다. 또한 가공식품은 보관온도에 따라 상온식품과 저온(냉장, 냉동)식품으로 구분할 수 있다. 저온제품을 취급하기 위해서는 냉장고, 냉동고, 냉장차, 냉동차 등을 갖추어야 하기 때문에 대리점, 도매상 등은 상온식품만을 취급하는 곳, 저온식품만 취급하는 곳, 동시에 취급하는 곳 등으로 구분된다.

2. 가공식품의 유통경로

가공식품의 유통경로는 [그림 11-1]과 같이 나타낼 수 있다. 도매상 역할을 하는 경로구성원으로는 대리점, 도매상, 식자재업체, 벤더사 등이 있고, 소매상 역할을 하는 경로구성원으로는 중소슈퍼, 전통시장 점포, 식당, 대형마트, SSM, 편의점, 종합몰, 오픈마켓, 소셜커머스 등이 있다. 가공식품의 유통경로는 가공식품을 생산하는 제조업체의 규모에 따라 크게 달라진다.

- **대형 가공식품제조업체** : CJ제일제당, 풀무원, 대상, 매일유업, 동서식품 등 대형 가공식품제조업체의 주력 유통경로 대리점과 대형 유통업체이다. 그래서 대형 가공식품제조업체의 영업사원들은 대리점을 관리하는 영업사원, 대형 유통업체 본사의 구매부서를 담당하는 영업사원, 대형 유통업체의 매장에서 판매를 관리하는 영업사원 등의 3가지 유형으로 나누어진다. 대형 제조업체는 생산품을 공장에서 대형 유통업체의 매장에 직배송하거나 혹은 대리점의 창고나 대형 유통업체의 물류센터로 배송한다.
- **중소 가공식품제조업체** : 중소 가공식품제조업체의 주력 유통경로는 도매상과 식자재업체이며, 물류에 있어서도 직접 물류센터를 구축하기는 어렵기 때문에 거래하는 도매상이나 식자재업체가 물류를 대행하는 것이 일반적이다. 도매상은 주로 중소슈퍼, 전통시장 점포, 식당 등에 납품을 하며, 식자재업체는 식당, 학교, 기업, 관공서, 군부대 등에 납품을 한다.

가공식품의 유통환경은 대형 유통업체 중심으로 변화하고 있다. 특히 대형마트와 SSM의 급속한 성장은 중소슈퍼, 전통시장의 축소를 가져왔으며, 이에 따라 중소슈퍼와 전통시장을 대상으로 상품을 공급하는 대리점이나 도매상의 축소를 불러오고 있다. 여기에서는 가공식품의 주력 경로구성원이라고 할 수 있는 대리점, 도매상, 식자재업체, 대형 유통업체, 온라인 채널 등에 대해 기술한다.

그림 11-1 ▌ 가공식품의 유통경로

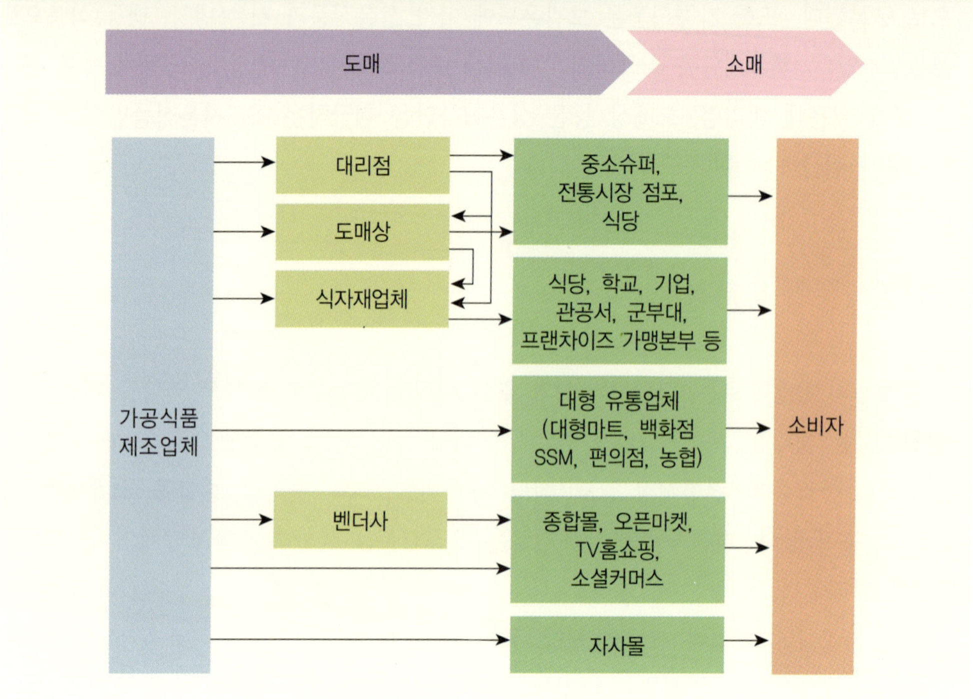

2.1 대리점

원래 대리점이라고 하면 상품을 소유하지 않으면서 판매를 대행해주고 판매 실적에 따른 수수료를 수입원으로 하는 중간상을 의미한다. 그런데 우리나라의 경우에는 대리점이 반드시 '판매대행 수수료 수취 중간상'의 의미로만 사용되지는 않는다. 우리나라의 가공식품 및 생활용품 부문의 대리점은 대리점 계약을 체결한 제조업체로부터 자신의 책임하에 상품을 선택하여 구매한 후, 구매한 상품을 중소슈퍼, 전통시장 점포, 식당 등에 판매하여 수익을 올리는 중간상이다. 즉, 가공식품 및 생활용품 부문의 대리점은 수수료가 아닌 판매가에서 구입가를 차감한 마진(margin)을 수입원으로 한다. 이 경우에 구입한 상품의 소유권은 당연히 대리점주에게 있기 때문에 잘 팔리지 않아 재고가 쌓이면 대리점주가 책임지고 처리해야 한다.

대리점은 전속대리점과 복합대리점으로 나누어진다. 전속대리점은 한 개 제조업체의 상품만을 취급하는 대리점을 의미하고 복합대리점은 2개 이상의 제조업체의 상품을 취급하는 대리점을 의미한다. 전속대리점의 경우에는 제조업체와 갈등이 생기면 대리점 계약의 연장이 어려워지고 그렇게 되면 사업을 포기해야 하기 때문에 제조업체에 종속되는 위치에 놓이게 된다. 이와는 달리 복합대리점의 경우에는 한 제조업체와의 관계가 단절되어도 다른 제조업체의 상품을 판매하면 되기 때문에 사업을 지속적으로 해나갈 수 있다. 그래서 복합대리점은 전속대리점과는 달리 특정 제조업체에 종속되지 않는다. 경우에 따라서는 제조업체가 복합대리점에게 자사의 상품을 많이 팔아주기를 부탁하는 상황이 발생할 수 있다. 복합대리점이 대리점 계약을 체결한 제조업체가 많아지면 해당 복합대리점은 대리점 계약에 근거하여 사업을 수행한다는 점을 제외하고는 완전히 독립적으로 활동하는 도매상과 비슷해진다.

전속대리점은 한 회사의 제품만을 가지고 수익을 창출할 수 있어야 하기 때문에 CJ제일제당, 풀무원, 대상, 사조산업, 매일유업, 남양유업, 동원, 오뚜기, 하림, 동서식품 등 각 제품 카테고리에서 높은 시장점유율을 차지하고 있는 대기업들에 의해 운영되고 있다. 전속대리점은 한 회사의 제품만을 취급하는 것이 원칙이지만 중소슈퍼 등 거래처가 요구하는 다양한 품목을 갖추기 위해 대리점 계약관계에 있는 제조업체의 묵인 하에 계약관계에 있는 제조업체가 생산하지 않는 상품을 다른 제조업체로부터 구입하여 판매하기도 한다. 그런데 우리나라의 가공식품 대기업 중에서 전속대리점만으로 대리점 조직을 갖추고 있는 기업은 CJ제일제당과 풀무원 정도에 불과하고 다른 대기업들의 대리점 조직은 전속대리점과 복합대리점이 혼합되어 있다. 왜냐하면 대리점주의 입장에서 전속대리점을 운영하려면 한 기업의 상품만을 가지고 기대하는 수준의 매출을 올릴 수 있어야 하기 때문이다. 즉, 매출 실적이 양호한 지역에서는 전속대리점을 설립할 수 있지만 그렇지 않은 지역에서는 전속대리점 운영을 하고자 하는 대리점주를 구할 수 없어서 복합대리점을 운영할 수밖에 없게 된다. 모든 가공식품 대기업들이 전속대리점으로만 구성된 대리점 조직을 구축하기를 원하지만 현실은 그렇게 따라주지 못하는 경우가 많은 것이다.

대리점은 서울지역의 경우 구단위로 1~2개를 운영하는 것이 일반적이며, 자체적인 창고 시설을 갖추고 중소슈퍼, 전통시장 점포, 식당, 도매상 등에 상품을 공급한다. 전속대리점도 특정 가공식품제조업체의 모든 제품을 취급하는 것은 아니고, 특정 제품군만을 취급하는 경우가 많다. 특히 저온식품을 취급하기 위해서는 냉장고, 냉동고, 냉장차, 냉동차 등을 갖추어야 하기 때문에 제조업체는 전속대리점을 상온식품(밀가루, 설탕, 조미료, 양념류, 캔제품, 면류 등)을 취급하는 대리점과 냉장 및 냉동식품(두부, 콩나물, 김치, 만두 등)을 취급하는 대리점으로 구분하여 운영하기도 한다. 또한 대리점을 특정 제품군별(예를 들어 우유업체의 경우 우유대리점, 치즈대리점, 분유대리점 등)로 특화하여 운영하기도 한다.

2.2 도매상

도매상은 제조업체와는 완전히 분리되어 있는 독립적인 입체이다. 도매상은 제조업체는 물론 대리점, 수입업체 등 다양한 경로를 통해 상품을 구매하며, 이를 중소슈퍼, 전통시장의 점포, 식당, 더 작은 규모의 도매상 등에 납품한다. 대리점을 운영하고 있는 제조업체는 도매상에 상품을 공급하지 않기 때문에 도매상이 상품을 공급받는 제조업체는 중소 제조업체에 한정된다. 대형 제조업체의 대리점과 도매상은 판매처(주로 중소슈퍼)가 겹치기 때문에 경쟁관계에 있으며, 따라서 대형 제조업체의 대리점은 도매상에 물건을 정기적으로 공급하지는 않는다. 하지만 단기적으로 많은 물량을 할인된 가격에라도 처분하여야 할 필요가 있을 때에는 도매상에 판매하기도 한다([글 11-1] 참조).

글 11-1 가공식품 도매상의 상품공급원

대리점체제는 각사에서 대리점을 통제하고, 또 좀 더 많은 자사 물건을 취급하게 하기 위해 장려금이나 판매지원금을 지급하는 것이 일반적이다. 대리점들은 목표량을 판매해야 장려금이나 판매지원금 또는 본사로부터의 다양한 혜택을 받을 수 있기 때문에 '청량리 식품도매시장', '화곡동 유통단지', '영등포 식품도매시장', '식품전문 유통 및 덤핑업체' 등에 덤핑판매하는 사례들도 많다. '청량리 식품도매시장'이나 '영등포 식품도매시장'은 라면, 주스, 음료수, 분유, 기저귀, 설탕, 식용유, 생수 등 각종 생필품 및 식자재를 전문으로 취급하는 도매단지이다. 대형음식점에 식품을 납품하는 중간상인부터 동네마트에 이르기까지 고객층이 다양하며, 라면 등 가공식품의 경우 권장소비자가격의 50% 이상 저렴하게 구매할 수 있다. 이렇게 저렴하게 구입할 수 있는 이유는 대부분의 식품업체 대리점이나 영업사원들로부터 덤핑제품을 공급받기 때문이다. 월말과 연말 또는 식품업체의 가격인상 전에는 대리점이나 영업사원들을 통한 재고물량의 유입이 많다.

자료 : 모영일 · 김병성(2012), 도매시장 완벽분석, 앤써북, 99.

또한 대형마트 등 대형 유통업체도 단기적인 매출증진을 위해 필요한 경우에는 도매상에 상품을 판매하기도 한다. 이러한 상품들은 대리점의 공급가격보다 훨씬 싼 가격에 중소슈퍼나 식당 등에 공급된다. 서울지역에서는 청량리 식품도매시장과 영등포 식품도매시장이 가공식품 도매상들이 모여 있는 단지로 유명하다. 도매상도 대리점과 마찬가지로 상온식품을 취급하는 도매상, 저온식품을 취급하는 도매상, 상온상품과 저온상품을 모두 취급하는 도매상으로 구분된다. 그런데 중소슈퍼마켓이나 식당이 가공식품을 가장 많이 구매하는 곳은 대리점이나 도매상이 아니라 중간수집상이라 할 수 있는 개인업자인 것으로 조사되고 있다. 이들 중간수집상은 대리점이나 대형 유통업체들이 단기적인 매출증진을 위해 싸게 판매하는 상품을 확보하여 차량에 싣고 다니면서 중소슈퍼나 식당 등에 판매한다. 즉, 이들은 점포를 가지고 있는 도매상은 아니지만 실질적으로는 도매상의 역할을 수행하고 있다고 할 수 있다.

2.3 식자재업체

식자재업체는 제조업체, 대리점, 도매상 등으로부터 상품을 공급받아서 학교, 식당, 병원, 관공서, 공장, 회사, 군부대, 프랜차이즈 가맹본부 등에 식자재를 납품한다. 대기업에서 운영하는 식자재업체는 직접 가공식품제조업체로부터 구매하는 경우가 많은 반면, 중소규모의 식자재업체는 제조업체는 물론, 대리점, 도매상 등의 다양한 경로를 통해 구매한다. 식자재업체는 다양한 식자재를 일괄적으로 공급하는 것이 가능하도록 하기 위해 일반적으로 상온식품과 저온식품을 모두 취급한다. 2000년대 들어 CJ프레시웨이, 풀무원 푸드앤컬처, 현대그린푸드, 대상베스트코, 삼성웰스토리, 한화푸디스트, 아워홈, 신세계푸드 등 대기업들의 식자재시장 진출이 늘어나면서 중소 식자재업체의 입지가 좁아지고 있다. 이러한 대형 식사재업체들은 단체급식사업을 병행하는 경우가 많으며, 규모가 큰 학교, 병원, 기업 등을 대상으로 입찰을 통해 단체급식사업을 전개하면서 식자재를 자체적으로 조달한다. 2019년을 기준으로 약 43조 3천억원으로 추산되는 국내 단체급식시장에서 대기업과 관련이 있는 5개 업체(삼성웰스토리, 아워홈, 현대그린푸드, CJ플레시웨어, 신세계푸드)의 점유율이 80%에 달했다. 이처럼 중소 식자재업체가 큰 기업이나 대형병원 등을 상대로 식자재를 공급하는 것이 점점 더 어려워지고 있다.

2.4 대형 유통업체

대형 유통업체들의 구매의사결정은 본사에서 일괄적으로 이루어지기 때문에 대형 가공식품제조업체의 대형 유통업체에 대한 영업은 유통업체 본사를 대상으로 이루어진다. 즉, 대형 유통업체 본사와의 협상을 통해 공급물량과 공급가격이 정해지며, 상품은 제조업체의 창고에서 대형 유통업체의 물류센터로 입고된 후에 여기에서 각 지점으로 배송된다. 대형마트, SSM, 편의점 등의 대형 유통업체가 가공식품제조업체의 전체 도매매출에서 차지하는 비중은 약 35% 정도인 것으로 알려져 있으며, 그 가운데에서도 이마트, 홈플러스, 롯데마트 등 대형마트의 비중이 가장 크다. 그런데 이러한 비율은 대형 유통업체와 거래하기 어려운 중소 및 영세 가공식품제조업체를 모두 포함하였을 경우이고, 대형 가공식품제조업체만을 놓고 보면 대형 유통업체에 대한 의존도는 훨씬 높다. 예를 들어 한 대형 가공식품제조업체의 빅3 대형마트 의존도는 2000년 전후의 60%에서 2013년 이후에는 약 70% 수준을 유지하고 있다.

농림축산식품부에서 2020년에 약 2,000가구를 대상으로 실시한 가공식품 관련 설문조사에 따르면 응답자들은 가공식품의 주 구입처로 대형마트(36.4%), 중소슈퍼(24.5%), SSM(15.7%), 온라인쇼핑몰(11.4%) 등을 지적하고 있다. 즉, 50% 이상의 응답자가 주로 대형마트와 SSM

의 2개 유형의 대형 유통업체에서 가공식품을 구입하고 있는 것으로 나타났다.

2.5 온라인쇼핑몰

젊은층을 중심으로 스마트폰, PC 등을 이용하여 소비활동을 하는 소비자들이 증가하면서 가공식품 분야에서도 2010년대 후반에 들면서 온라인쇼핑몰의 비중이 급증하였다. 농림축산식품부에서 매년 실시하고 있는 가공식품 관련 설문조사에 따르면 주로 인터넷을 통해 가공식품을 구입한다고 응답한 비율이 2018년의 2.4%에서 2019년에 4.0%, 2020년에는 11.4%로 급증한 반면, SSM, 중소슈퍼, 전통시장 등의 비율은 감소하는 추세를 보였다([표 11-1] 참조). 온라인쇼핑을 위해 사용하는 단말기로는 모바일 단말기(스마트폰, 태블릿PC)가 PC보다 압도적으로 많았다(85.9% vs 14.1%).

표 11-1 가공식품 주 구입처 (단위 : %)

구입처	2018	2019	2020
온라인쇼핑몰	2.4	4.0	11.4
대형마트	36.3	40.5	36.4
SSM	17.2	17.5	15.7
중소슈퍼	28.1	25.6	24.5
전통시장	11.9	7.9	7.7

자료 : 농림축산식품부, 한국농촌경제연구원, 가공식품 소비자태도조사 통계보고서, 2021, 2020, 2019.

또한 같은 설문조사에 따르면 '인터넷으로 가공식품을 구매하는 장소'에 대한 응답에서 대형마트(이마트, 홈플러스, 롯데마트)가 운영하는 온라인쇼핑몰이 차지하는 비중은 2019년의 32.1%에서 2020년에는 22.2%로 크게 감소한 것으로 나타났다([표 11-2] 참조). 반면에 식품전문 온라인쇼핑몰의 비중은 2019년 9.5%에서 2020년에는 17.2%로 크게 증가하였다. 가장 큰 비중을 차지하고 있는 장소는 종합온라인쇼핑몰(오픈마켓, 소셜커머스, 백화점 종합몰 등)로 2020년에 52.7%를 차지하였다. 또한 지출액을 기준으로 온라인을 통해 가장 많이 구매한 가공식품은 육류가공품, 유가공품, 면류, 건조수산가공품, 간편식 등의 순으로 나타났다. 가공식품 업체는 인터넷을 통해 판매활동을 하고자 할 때 수많은 인터넷쇼핑몰들을 일일이 상대하기가 어렵기 때문에 전문성을 갖춘 벤더사를 통해 거래하는 것이 일반적이다.

표 11-2 인터넷으로 가공식품을 구매하는 장소 (단위 : %)

구매 장소	2019년	2020년
종합 온라인쇼핑몰	50.8	53.7
대형마트 온라인쇼핑몰	32.1	22.2
식품전문 온라인쇼핑몰	9.5	17.2

자료 : 농림축산식품부, 한국농촌경제연구원, 가공식품 소비자태도조사 통계보고서, 2021, 2020.

3. 과자의 유통경로

업계에서의 과자의 개념에는 비스킷, 쿠키, 스낵류뿐만 아니라 빙과류, 캔디, 초콜릿, 껌 등도 포함된다. 국내 과자시장은 건과류 5개 업체(해태제과, 크라운제과, 롯데제과, 오리온, 농심)와 빙과류 4개 업체(해태제과, 롯데제과, 빙그레, 롯데푸드)가 대부분의 시장점유율을 차지하는 과점체제를 이루고 있다. 과자의 유통경로는 다른 가공식품의 유통경로와는 상당한 차이가 있다([그림 11-2] 참조).

과자의 유통경로가 다른 가공식품의 유통경로와 특히 차이가 나는 것은 대형 과자제조업체의 중소슈퍼 대상의 유통경로이다. 앞에서 기술한 바와 같이 대형 가공식품 제조업체의 대리점이 중소슈퍼에 상품을 공급하지만 대형 과자제조업체의 경우에는 복합대리점을 활용하는 빙과류를 제외하고는 제조업체 영업사원이 직접 중소슈퍼를 상대로 영업활동을 전개한다. 즉, 롯데제과, 오리온, 해태제과, 크라운제과, 농심 등 대형 과자제조입체는 시사 혹은 영업소에서 영업사원이 판매차량을 이용하여 직접 중소슈퍼에 상품을 공급하고 있다. 이러한 관행이 정착된 이유는, 첫째 다양한 제품을 편중되지 않게 골고루 팔 수 있고, 둘째 소매상과의 직접적인 접촉을 통해 소비자들의 과자에 대한 니즈를 보다 정확하게 파악할 수 있기 때문이다. 또한 아이스크림을 포함한 빙과류의 유통을 위해 대리점을 활용하는 이유는 빙과류를 취급하기 위해서는 냉동고, 냉동차 등의 설비를 갖출 필요가 있기 때문이고, 전속대리점이 아니라 복합대리점의 형태를 취하는 것은 대리점이 한 제과업체의 빙과류만만을 취급하여서는 일정수준의 수익을 올리기 힘들기 때문이다. 과자의 경우도 여타 가공식품과 마찬가지로 전체매출에서 대형 유통업체와 온라인쇼핑몰이 차지하는 비중이 점차 높아지면서 중소슈퍼가 차지하는 비중은 점점 축소되고 있다.

그림 11-2 ❙ 과자의 유통경로

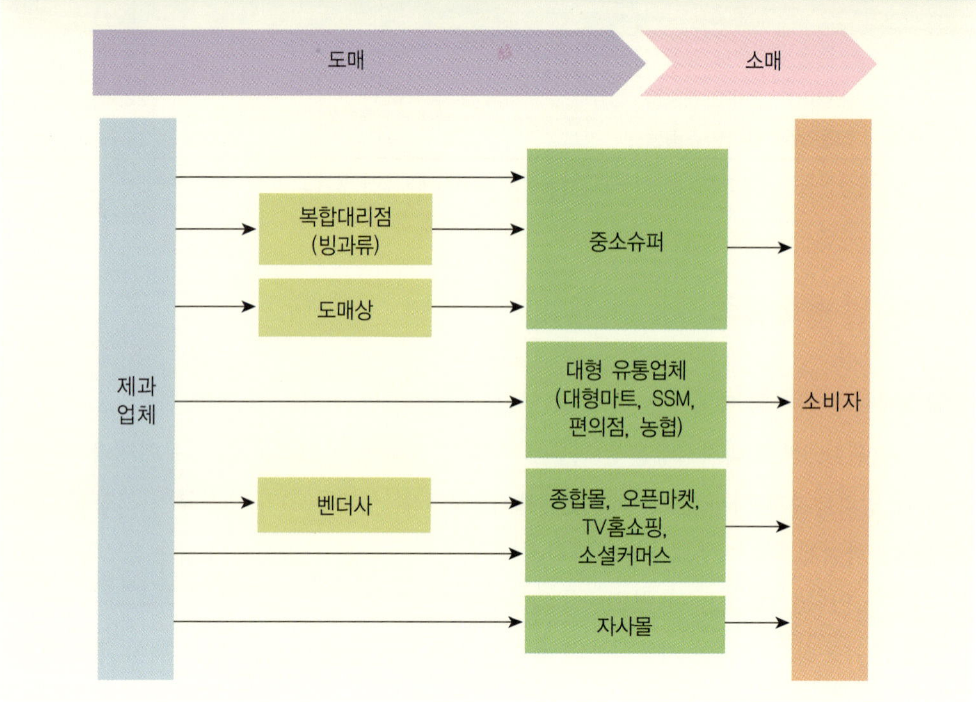

제2절 생활용품의 유통경로

1. 생활용품의 개념

생활용품이라 하면 일상생활에서 사용되는 소모성 제품들로 신체관리용품(샴푸, 린스, 비누, 칫솔, 치약, 보습제, 염모제, 기저귀 등), 의복관리용품(세제, 섬유유연제, 표백제, 탈취제 등), 부엌용품(주방세제, 랩, 고무장갑, 위생팩, 위생장갑, 물티슈 등), 청소용품(락스, 걸레, 마대 등), 욕실용품(화장지, 샤워타월 등) 등을 의미한다. 그러나 '생활용품 전문점'에서는 이 외에도 문구, 완구, 수납용품, 캠핑용품, 소형가전, 인형, 침구용품 등 매우 다양한 상품들을 취급하고 있다. 생활용품은 가공식품과 함께 흔히 일용소비재 혹은 FMCG(Fast Moving Consumer Goods)로 분류된다. 생활용품은 주류나 의약품 등과는 달리 유통에 대한 정부의 규제가 덜하고, 가공식품 등에 비해서는 유통기간도 상대적으로 길며, 소비자들의 구매패턴도 빠르게 바뀌기 때문에 유통경로의 변화가 심한 업종 중의 하나라고 할 수 있다.

2. 생활용품의 유통경로

생활용품의 유통경로는 가공식품의 유통경로와 매우 유사하다. 그 이유로는 생활용품과 가공식품은 모두 그 종류가 매우 다양하고, 구매주기가 비교적 짧으며, 대형마트나 슈퍼마켓 등의 소매업태들이 생활용품과 가공식품을 동시에 취급하고 있다는 등의 공통점을 지니고 있기 때문이다. 생활용품의 유통경로는 [그림 11-3]과 같이 나타낼 수 있다.

가공식품의 유통경로와 마찬가지로 생활용품의 유통경로도 제조업체의 규모에 따라 크게 달라진다. LG생활건강, 아모레퍼시픽, 애경산업, 피죤, 무궁화, CJ라이온, 유한킴벌리 등의 대형 제조업체의 주력 유통경로는 대리점을 경유하는 경로, 대형 유통업체(대형마트, SSM, 편의점, H&B스토어 등)를 경유하는 경로, 온라인쇼핑몰 경로 등으로 나누어진다. 이 가운데 대리점, 대형마트, SSM 등의 비중은 정체 혹은 감소하는 경향이 있고, 반면에 H&B스토어, 편의점, 온라인쇼핑 등의 비중은 점차 높아지는 경향이 있다. 중소 제조업체의 경우에는 대리점을 둘 수 있는 여력이 없고, 대형 유통업체와의 거래가 어렵기 때문에 주로

그림 11-3 ▌생활용품의 유통경로

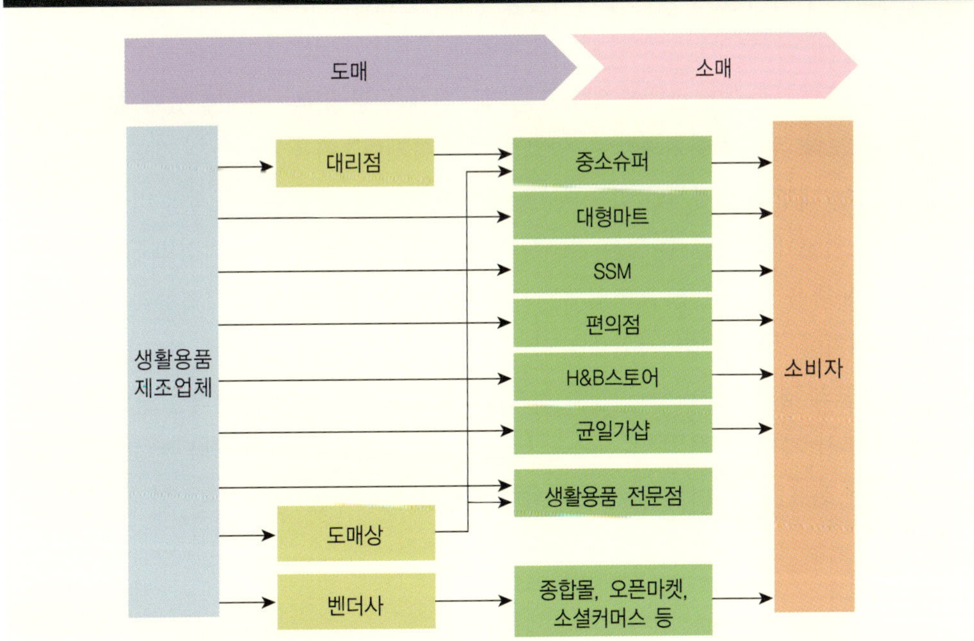

도매상을 거쳐 중소슈퍼에 판매한다. 또한 중저가 상품을 주로 취급하는 균일가샵과 생활용품전문점도 중소 제조업체의 중요한 거래처이다. 온라인 경로는 구축단계에서 큰 규모의 투자가 필요하지 않고, 소량의 판매도 얼마든지 가능하기 때문에 대형 제조업체는 물론 중소 제조업체들도 활발하게 활용하고 있다.

대형 유통업체와의 거래가 어렵기 때문에 주로 도매상을 거쳐 중소슈퍼에 판매된다. 또한 중저가 상품을 주로 취급하는 균일가샵과 생활용품 전문점도 중소제조업체의 중요한 거래처이다. 온라인 경로는 구축단계에서 큰 규모의 투자가 필요하지 않고, 소량의 판매도 얼마든지 가능하기 때문에 대형 제조업체는 물론 중소 제조업체들도 활발하게 활용하고 있다.

2.1 대리점

우리나라의 생활용품 대리점은 대리점 계약을 체결한 제조업체로부터 상품을 구매한 후, 구매한 상품을 중소슈퍼, 전통시장 점포 등에 판매한다. 즉, 우리나라의 생활용품 대리점은 마진을 수입원으로 하는 도매상이다. 대리점은 전속대리점과 복합대리점으로 나누어진다. 전속대리점은 특정 제조업체에 종속되는 위치에 놓이게 되지만 여러 제조업체의 상품을 취급하는 복합대리점은 특정 제조업체에 종속되지 않는다. 전속대리점은 대형 유통업체, 온라인 경로 등의 취급비중이 증가하면서 점차 축소되는 경향이 있지만 제조업체의 입장에서는 수익성이나 마케팅전략의 측면에서 매우 중요하다. 대형 유통업체와의 관계에서 제조업체는 을(乙)의 위치에 있기 때문에 가격협상에서도 불리하고 신제품 론칭 등의 마케팅전략을 구사함에 있어서도 여러 가지 제약이 따른다.

반면에 전속대리점과의 관계에 있어서는 제조업체는 갑(甲)의 위치에 있기 때문에 공급가격조건을 보다 유리하게 가져갈 수 있고 다양한 마케팅전략을 구사하는 것도 상대적으로 용이하다. 즉, 대형 제조업체의 입장에서는 대형마트 등의 대형 유통업체의 비중이 커지면 커질수록 수익성이 악화될 수 있는 가능성이 높아지기 때문에 전속대리점체제를 유지하기 위해 많은 노력을 기울인다. 제조업체는 전속대리점의 관리를 위해 지역별로 영업조직을 구성하고 여기에 소속된 영업사원으로 하여금 전속대리점을 담당하도록 하고 있으며 통상적으로 한 명의 영업사원이 5~10개의 전속대리점을 관리한다. 전속대리점 담당 영업사원들은 주로 본사 지원정책을 해당 전속대리점에 맞게 구성하여 제안하거나 전속대리점 육성의 차원에서 목표치 및 이를 달성하기 위한 방법을 제시하는 활동 등을 전개한다.

2.2 대형마트

대형마트는 대형 제조업체가 생산하는 생활용품의 유통경로에서 가장 중요한 위치를 점하고 있다. 대형마트의 구매품목, 판촉행사 등에 대한 의사결정은 여타 대형 유통업체(SSM, 편의점, 백화점, H&B스토어 등)와 마찬가지로 80~90%가 본사에서 중앙집중적으로 이루어진다. 즉, 본사에서 공급업체와의 협의를 통해 구매물량, 구매품목, 구매가격 등 구매에 대한 의사결정뿐만 아니라 주기적으로 실시되는 판촉행사를 실행하기 위한 행사품목, 행사품목단가, 행사위치 등과 같은 판촉활동과 관련한 의사결정도 이루어진다. 대형 생활용품제조업체는 각 대형마트별로 영업팀(이마트팀, 홈플러스팀, 롯데마트팀)을 구성하고 여기에 소속된 영업사원으로 하여금 대형마트 본사의 구매부서를 담당하도록 하고 있다. 이들 영업사원은 대형마트 본사의 구매부서를 대상으로 가격, 품목, 판촉행사 등에 대해 협상하는 업무를 수행한다. 또한 제조업체는 대형마트의 각 매장을 담당하는 영업사원을 별도로 배치하고 있다. 이들은 각 매장에서 재고관리 및 매장진열관리, 본사 판촉행사 진행지원, 매장 특화 판촉행사 기획 및 진행, 자사 파견 판촉사원관리 등의 업무를 수행한다. 그렇지만 대형 제조업체는 SSM, 편의점, H&B스토어 등 여타 대형 유통업체에는 이러한 매상담당 영업사원을 별도로 배치하지 않는다.

2.3 온라인 경로

생활용품제조업체들은 2000년대 중반까지 대형마트, 전속대리점 등 오프라인 경로에 집중하여 왔으나 2000년대 이후 온라인시장이 오프라인시장보다 빠른 속도로 성장하는 추세에 따라 점차 온라인 경로의 비중을 높이고 있다. 통계청의 '온라인쇼핑동향조사 통계정보보고서'에 따르면 2017~2020년의 기간 동안 생활용품의 온라인 구매는 7.4조원에서 14.5조원으로 2배 가까이 증가하였다. 이 기간 동안 생활용품의 오프라인과 온라인을 모두 포함한 전체 구매 규모가 거의 정체되어 있던 점을 감안하면 시간이 지날수록 생활용품 구매에서 온라인쇼핑이 차지하는 비중이 빠른 속도로 증가하고 있음을 알 수 있다. 제조업체는 종합몰, 전문몰, 대형포털몰, 오픈마켓, 소셜커머스 등의 다양한 온라인몰과 직접 거래하기보다는 생활용품에 특화하고 있는 벤더사를 통해 거래하는 것이 일반적이다. 이렇게 하는 이유는 제조업체가 직접 수많은 온라인몰과 직접 거래하는 것이 비용적인 측면이나 효율성의 측면에서 바람직하지 않기 때문이다.

2.4 여타 소매업태

여러 소매업태 가운데 생활용품시장에서 차지하는 비중을 꾸준히 높여가고 있는 소매업태로 H&B스토어, 편의점, 균일가샵, 생활용품 전문점 등을 들 수 있다. CJ올리브영이나 GS 랄라블라 등의 H&B스토어는 2008년부터 2020년에 이르는 시기에 매출액이 20배 이상 증가할 정도로 모든 소매업태 가운데 가장 빠른 성장률을 기록했다. H&B스토어의 주력 취급 제품은 화장품이지만 이와 함께 바디케어, 헤어케어, 위생용품 등과 같은 신체관리용품도 같이 취급하고 있으며, 이러한 신체관리용품의 판매도 빠른 속도로 증가하고 있다. 또한 편의점은 점포당 매출액을 증가시키기 위한 다양한 전략들을 실행하고 있는데 그 전략 중의 하나로 생활용품의 취급비중을 점차 높여가고 있다. 즉, 1인가구의 증가에 따라 이들을 대상으로 원스톱쇼핑이 가능하도록 하기 위해 다양한 생활용품을 과거보다 더 많이 취급하고 있으며, 다양한 프로모션 행사도 진행하고 있다.

'다이소'로 대변되는 균일가샵은 다양한 생활용품을 취급하고 있는 대표적인 소매업태이다. 다이소는 2020년 현재 1,339개의 매장에서 약 2조 4천억원의 매출액을 올리고 있다. 시장조사전문기업인 엠브레인 트렌드모니터가 2019년에 성인남녀 1,000명을 대상으로 조사한 자료에 따르면 응답자의 대부분이 다이소를 알고 있었다(98.1%). 또한 예전에 비해 더 자주 균일가샵을 찾고 있는 것으로 나타났으며, 이러한 경향은 20대에서 특히 두드러지게 나타났다. 많이 구매하는 제품은 문구/팬시/사무용품, 수납/정리용품, 욕실용품, 청소/세탁용품, 주방용품 등이었다. 소비자들은 균일가샵에 대해 비교적 긍정적인 이미지를 가지고 있으며, 가격경쟁력을 우수하다고 평가하고 있었다. 다이소는 대형마트나 SSM 등과는 달리 주된 구매처가 대기업이 아닌 중소기업이다. 2010년대에 지속된 경기침체로 중저가 제품을 선호하는 소비자들이 증가하면서 '생활용품 전문점'들이 생겨나고 있다. 예를 들어 사자킹, 다팜몰, 만쿠나, 다마요, 엘마트생활용품할인점, 다판다, 디씨생활용품, 행복한 생활용품DC마트 등 다양한 매장들이 생겨나고 있다. 구매의 편의성을 제고하기 위해 생활용품뿐만 아니라 화장품, 문구, 완구, 소형가전, 소형가구, 차량용품, 속옷, 벽지, 과자, 음료수, 인형, 이불, 공구류 등 매우 다양한 품목을 취급하고 있다.

2.5 도매상

도매상은 여러 회사의 다양한 제품들을 모두 취급하며 주로 중소슈퍼를 대상으로 판매한다. 상품은 중소 제조업체로부터 직접 확보하기도 하지만 대형 제조업체의 대리점이나 대형마트 등에서 싼 가격에 나오는 상품들을 확보하기도 한다. 일정장소에 위치한 점포에서 슈퍼마켓 점주나 일반소비자들에게 상품을 판매하기도 하지만 일정지역에서 슈퍼마켓을 방문하며 영업활동을 전개한다. 도매상은 대형마트와 SSM의 성장, 온라인 쇼핑의 활성화 등으로 인해 중소슈퍼가 쇠퇴함에 따라 그 비중이 점차 축소되고 있다.

제3절 의류의 유통경로

1. 의류시장 개관

1.1 의류시장의 연도별 매출액 추이

의류의 연도별 매출액 추이를 2000년대 후반부터 살펴보면 금융위기가 닥쳐왔던 2008년에는 매우 이례적으로 마이너스 성장(−2.2%)을 기록했다. 그 후로 의류 매출액은 2016년까지 꾸준히 증가하였지만 연도별 성장률은 2010년에 9.2%로 정점을 찍은 후 지속적인 하락세를 보였다. 그러다가 2017년부터는 마이너스 성장이 일상화되는 경향을 보이고 있다. 2017~2020년의 기간 동안 2018년을 제외하고는 모두 마이너스 성장을 기록하였으며 코로나19가 발생한 2020년에는 무려 17.0%의 마이너스 성장을 기록하였다([표 11-3] 참조). 2020년의 저조한 성장률은 코로나19로 인해 외출을 꺼리게 되면서 옷을 구매할 필요성도 그만큼 줄어든 것이 주요한 요인이다.

▌표 11-3▐ 의류의 연도별 매출액 추이 (단위 : 조원, %)

	2015	2016	2017	2018	2019	2020
매출액	57.1	58.9	58.7	60.9	60.0	49.8
성장률	−	3.2	−0.3	2.2	−1.5	−17.0

자료 : 통계청, 국내통계 > 도소매 · 서비스 > 서비스업동향조사 > 소매판매액 > 재별및상품군별판매액 > 의류

2010년대 후반에 들어 의류의 총매출액은 감소하는 추세를 보이고 있지만 의류 온라인쇼핑의 매출액은 오히려 상승하는 추세를 보이고 있다. 의류의 온라인쇼핑 매출액은 2017~2020년의 기간 동안 연평균 8%씩 성장하며 11조 9천억원에서 15조원으로 증가하였다([표 11-4] 참조). 이에 따라 온라인쇼핑 매출액이 총매출액에서 차지하는 비중도 2017년의 20.7%에서 2020년에는 30.1%로 10% 가까이 증가하였다. 또한 전체 온라인쇼핑에서 모바일쇼핑이 차지하는 비중도 지속적으로 증가하고 있다. 2017~2020년의 기간 동안 모바일쇼핑이 온라인쇼핑에서 차지하는 비중은 56.3%에서 65.3%로 9% 상승하였다. 의류시장에서 모바일쇼핑이 주도하는 온라인쇼핑의 증가 추세는 코로나19가 종식이 되어도 지속될 것으로 예상되고 있다.

표 11-4 의류의 연도별 온라인쇼핑 및 모바일쇼핑 매출액 추이 (단위 : 조원, %)

	2017	2018	2019	2020
온라인쇼핑 매출액	11.9	13.2	14.7	15.0
모바일쇼핑 매출액	6.7	8.0	9.2	9.8
총매출액	58.7	60.9	60.0	49.8
총매출액 대비 온라인쇼핑 매출액 비중	20.3	21.7	24.5	30.1
온라인쇼핑 매출액 대비 모바일쇼핑 매출액 비중	56.3	60.6	62.6	65.3

자료 : 통계청, 국내통계 > 도소매 · 서비스 > 온라인쇼핑동향조사 > 온라인쇼핑몰판매매체별/상품군별거래액

1.2 의류시장의 특성

의류는 유행에 민감한 품목이기 때문에 소비자의 트렌드 변화를 예측하는 것이 매우 중요하다. 트렌드 변화에 대한 예측이 제대로 이루어지지 않으면 재고가 쌓이게 되고 재고는 시간이 지나면서 가치가 급감한다. 의류시장은 다른 업종의 시장에 비해 재고가 많은 편이다. 따라서 의류제조업체는 재고를 남기지 않는 생산방식을 도입하거나 재고를 효율적으로 처리할 수 있는 시스템을 갖추는 것이 매우 중요하다. '봉제공장'이라고 불리는 소규모 의류제조업체는 원천적으로 재고를 발생시키지 않게 하기 위해 도매상인으로부터 주문을 받은 뒤 생산하는 주문생산 방식을 채택하고 있으며, 특별한 경우가 아니면 반품도 받지 않는다. 주문을 하는 도매상인도 새로운 디자인이 만들어지면 처음에는 봉제공장에 소량을 주문하여 매장에 진열해 놓고 소매상들의 반응을 살핀 뒤에 반응이 좋으면 물량을 늘려 주문하는 방식으로 재고를 최소화한다. 대량생산에 의존하는 대형 제조업체들은 철이 지나거나 유형이 지난 재고를 처리하기 위해 자체적으로 상설할인매장을 운영하여 판매하거나 혹은 아울렛 업체 등에 판매한다.

의류산업에서의 경쟁력은 제품력과 유통력으로 나누어질 수 있는데, 수많은 업체들이 경쟁하면서 우수한 품질에 의한 압도적인 경쟁력을 확보하는 것이 점차 힘들어지고 있는 반면, 신속한 소비자 트렌드의 반영, 구매의 편의성, 가격경쟁력 등을 확보하기 위한 유통시스템 구축의 중요성은 더욱 커지고 있으며, 그 변화 또한 매우 빠르게 진행되고 있다. 특히 사회 전반적으로 온라인화가 빠르게 진전되면서 의류유통도 오프라인에서 온라인으로 그 중심이 빠르게 이동하고 있다. 의류의 유통경로는 제조업체의 규모에 따라 큰 차이를 보인다. 중대형 의류제조업체들의 상품은 가두점, 백화점, 상설할인매장, 대형마트, 아울렛, 복합쇼핑몰, 대형 편집샵, 온라인쇼핑몰 등 다양한 경로로 유통되며, 소규모 의류제조업체의 의류는 도매상을 거쳐 소규모 가두편집샵, 오프라인 디자이너샵, 온라인쇼핑몰, 전통시장 의류매장 등을 중심으로 유통된다.

2. 소규모 제조업체 의류의 유통경로

소규모 제조업체 의류의 유통경로는 [그림 11-4]와 같이 나타낼 수 있다. 여기서 '소규모 제조업체'라 함은 주로 동대문패션타운 인근의 봉제공장을 의미한다. 우리나라에는 종로구의 창신동, 숭인동, 이화동 등지에 약 3,000개의 봉제공장이 밀집되어 있다. 여기에서 만들어진 의류의 대부분은 동대문패션타운의 도매상가에 입주해 있는 도매상인들에게 공급된다.

동대문패션타운에 있는 약 20개의 의류도매상가에는 약 2만 명의 도매상인들이 의류를 소매상들에게 판매하고 있다. 그런데 봉제공장은 스스로 기획한 옷을 만들어서 파는 것이 아니라 도매상인으로부터 주문받은 의류를 주문받은 수량만큼 제작하여 판매한다. 즉, 어떤 디자인의 의류를 만들 것인가는 도매상인이 결정하여 봉제공장에 제작 주문을 낸다. 도매상인은 자신만의 브랜드를 육성하겠다는 생각을 가지고 있는 경우는 거의 없고, 단지 소비자의 트렌드를 잘 따라가면서 잘 팔릴 수 있는 디자인의 옷을 만드는 것을 목적으로 삼는다. 도매상은 원도매상과 중도매상으로 나누어지는데 원도매상은 봉제공장에 주문을 해서 자신이 원하는 디자인의 옷을 생산할 수 있는 도매상을 의미하고 중도매상은 직접 봉제

그림 11-4 ▌소규모 제조업체 의류의 유통경로

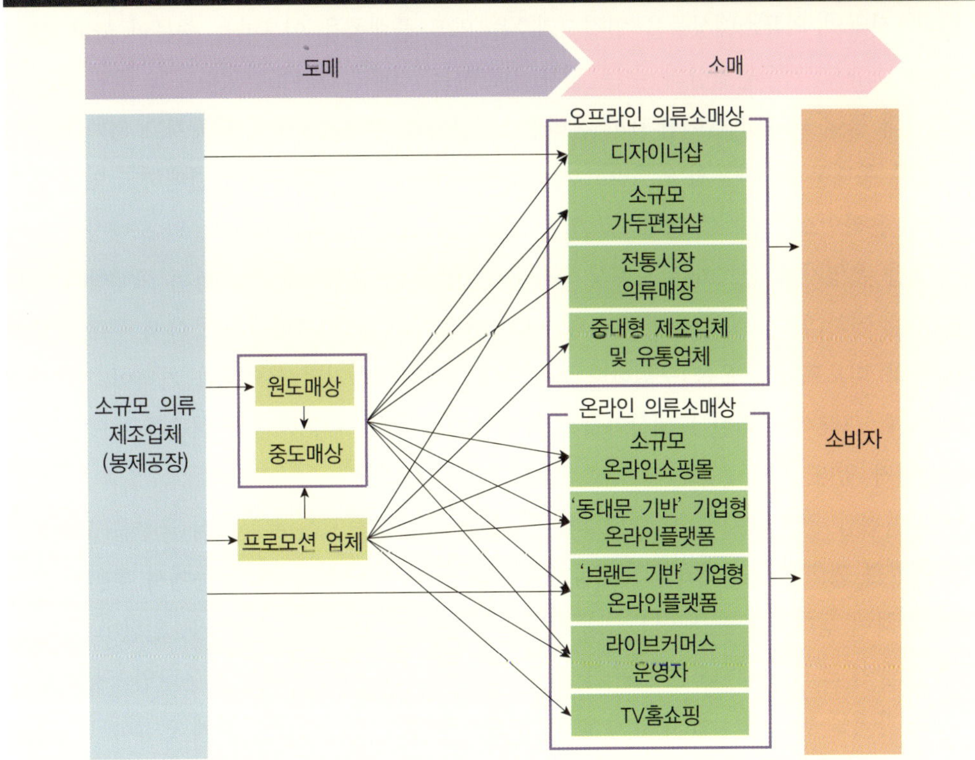

공장에 주문을 하지 않고 원도매상으로부터 의류를 공급받는 도매상을 의미한다. 도매상은 확보한 의류를 소매상에게 판매하는데 소매상은 오프라인 소매상과 온라인 소매상으로 나누어진다.

2.1 오프라인 의류소매상

오프라인 의류소매상에는 디자이너샵, 소규모 가두편집샵, 전통시장 의류매장 등이 포함된다. 디자이너샵은 디자이너가 운영하는 소규모 오프라인 점포를 의미하는데 이들은 직접 디자인한 옷을 봉제공장에 주문하여 제작하지만, 구색을 갖추기 위해 일부 의류는 도매상인으로부터 구입하기도 한다.

오프라인 소매상 중에서 가장 큰 비중을 차지하는 소매상은 소규모 가두편집샵이다. 소규모 가두편집샵 운영자는 보통 면적이 5~10평 정도 되는 매장을 운영하면서 매장의 콘셉트에 부합하는 의류를 동대문패션타운의 도매상인으로부터 구입하여 판매한다. 지금은 많이 줄어들었지만 서울에서는 명동, 가로수길, 홍대앞 등이 소규모 가두편집샵들이 몰려 있는 곳으로 유명했다. 소규모 가두편집샵 운영자들은 도매상가에 가서 옷을 직접 보고 주문하기도 하지만 '사입삼촌'이라고 불리는 구매대행인을 통해 구매하기도 한다.

또한 2010년대 후반부터는 '신상마켓', '링크샵스', '골라라' 등 동대문패션타운의 도매상인들과 전국의 의류소매상들을 연결시켜주는 B2B 플랫폼을 이용하는 주문이 늘고 있다. 그런데 소규모 가두편집샵의 수는 점차 감소하는 경향을 보이고 있다. 그 주된 이유는 2010년대 들어 급격히 늘어난 B2C 온라인쇼핑몰과의 가격경쟁에서 뒤처지고 있기 때문이다. 물론 동대문패션타운의 의류라고 하더라도 소규모 가두편집샵에서 판매하고 있는 의류와 B2C 온라인쇼핑몰에서 판매하고 있는 의류는 다르다. 동대문패션타운의 도매상가도 가두편집샵 운영자가 선호하는 도매상가와 온라인쇼핑몰 운영자가 선호하는 도매상가가 확연히 나누어져 있다. 예를 들어 온라인쇼핑몰 운영자는 많은 도매상가 중에서 주로 청평화 패션몰과 디오트에서 옷을 구입한다. 디자인도 트렌디 하지만 무엇보다 가격이 저렴하기 때문이다. 그래서 이러한 도매상가들은 중국에서 수입한 의류를 많이 취급하고 있는 것으로 알려져 있다.

가두편집샵 운영자는 상대적으로 디자인, 원단, 봉제 등 모든 부문에서 국산을 고수하는 도매상가를 많이 찾는다. 이들 도매상가의 의류는 디자인, 원단, 봉제 등에서 우위를 보이지만 가격이 상대적으로 비싸다. 가두편집샵은 점포임대료, 인테리어비용, 인건비 등의 고정비 부담이 크고 구입해오는 의류의 가격이 상대적으로 비싸기 때문에 온라인쇼핑몰의 의류보다 가격을 높게 책정할 수밖에 없다. 제품은 분명이 다르지만 가격에 민감하고 트렌디한 디자인을 좋아하며 거래의 편의성을 중시하는 소비자층이 늘어나면서 품질은 좋지만 온라인쇼핑몰과 가격경쟁을 하기 어려운 가두편집샵은 점차 경쟁력을 잃어가고 있다.

2.2 온라인 의류소매상

온라인 의류소매상은 개인이 운영하는 소규모 온라인쇼핑몰과 연간 수천억에서 조단위의 거래규모를 가지고 있는 기업형 온라인플랫폼으로 나누어진다. 소규모 온라인쇼핑몰 운영자는 G마켓, 11번가, 옥션, 스마트스토어, 쿠팡, 티몬, 위메프 등의 오픈마켓이나 소셜커머스에 온라인쇼핑몰을 개설하고 주로 동대문패션타운 도매상가에서 구입한 의류를 판매한다. 최근 들어 SSG닷컴, 현대Mall, 롯데ON 등 대기업 온라인쇼핑몰들이 종합몰과 더불어 오픈마켓 사업을 병행하면서 여기에 직접 쇼핑몰을 개설하는 운영자들도 생겨나고 있다. 소규모 가두편집샵 운영자와 마찬가지로 소규모 온라인쇼핑몰 운영자도 직접 도매상가에 가서 주문을 하거나 구매대행인을 통해 주문을 하기도 하지만 점차 신상마켓, 링크샵스, 골라라 등과 같은 B2B 플랫폼을 이용하는 운영자들이 많아지고 있다. 온라인쇼핑몰 운영자가 이러한 B2B 플랫폼을 이용하면 따로 사진을 찍을 필요 없이 도매상인들이 B2B 플랫폼에 올려놓은 의류 사진을 손쉽고 신속하게 다운로드를 해서 자신이 운영하는 온라인쇼핑몰에 올려놓고 판매를 할 수 있다는 장점이 있다.

기업형 온라인플랫폼은 많은 수의 소규모 온라인쇼핑몰들을 한 곳에 모아놓은 대규모 의류 온라인쇼핑몰이다. 우리나라의 기업형 온라인플랫폼은 '브랜드 기반 플랫폼'과 '동대문 기반 플랫폼'으로 나누어진다. '브랜드 기반 플랫폼'은 플랫폼에 소속되어 있는 많은 수의 디자이너들이 각자 자신의 브랜드를 내세운 의류를 만들어서 판매하는 것을 위주로 하는 플랫폼을 의미한다. 무신사, W컨셉, 29CM 등이 '브랜드 기반 플랫폼'에 속한다. 예를 들어 기업형 온라인플랫폼 중에서 무신사에 이어 거래액 2위를 차지하고 있는 W컨셉은 대중들에게 별로 알려지지 않은 신진 디자이너들의 브랜드를 모아 놓은 여성의류 플랫폼으로 2021년을 기준으로 3,500여 개의 브랜드가 입점해 있는데 그 중 80%가 디자이너브랜드이다. 그런데 디자이너들이 자신이 디자인한 의류의 제작을 주로 동대문패션타운 인근의 봉제공장에 의뢰하여 제작하기 때문에 봉제공장은 '브랜드 기반 플랫폼'에서도 여전히 중요한 역할을 하고 있다.

'동대문 기반 플랫폼'은 동대문 도매상가의 수많은 옷들 중에서 고객들의 취향에 부합할 것으로 판단되는 옷을 선별하여 판매하는 소규모 온라인쇼핑몰 운영자들이 모여 있는 플랫폼이다. 동대문 기반 플랫폼은 브랜드의 육성에는 관심을 두지 않으며, 소비자들의 취향에 어울리는 상품을 선별하는데 초점을 둔다. 지그재그, 에이블리, 브랜디 등이 '동대문 기반 플랫폼'에 속한다. 이 가운데 1위 업체인 지그재그는 2015년에 설립되었으며, 2021년 현재 4,000개 이상의 소규모 온라인 의류쇼핑몰이 입점해 있다. '동대문 기반 플랫폼'의 특징은 목표고객인 10~30대 여성고객을 대상으로 체형, 취향, 구매이력 등의 정보를 분석한 뒤 이를 바탕으로 고객이 좋아할 확률이 높은 옷을 추천하는 서비스를 제공하는데 있다. 이러한 작업을 수행하려면 데이터마이닝, 인공지능에 능숙한 많은 수의 IT인력이 필요하고 그래서 이 유형에 속한 플랫폼들은 예외 없이 전체 인력의 30~50%를 IT관련 인력으로 채용하고 있다.

기업형 온라인플랫폼 중에서 무신사는 남성복 시장에서 독보적인 위치를 차지하고 있으며, 여성복 시장에서는 지그재그, 에이블리, 브랜디 등의 3개 업체가 각축을 벌이고 있다. 2020년을 기준으로 무신사의 거래액은 1조 2,000억원, 지그재그 7,500억원, 에이블리 3,800억원, 브랜디 3,000억원에 달한다. 무신사는 2021년 3월을 기준으로 입점 브랜드가 6,000개를 넘어섰고, 회원수는 840만 명에 이른다. 지그재그는 맞춤형 추천의 선두업체로서의 이미지를 공고히 하고 있고, 에이블리는 인스타그램이나 블로그마켓을 운영하는 인플루언서를 많이 확보하고 있는 것으로 유명하며, 브랜디는 주문한 의류를 당일이나 다음날 새벽에 받아볼 수 있도록 하는 '하루배송' 서비스로 잘 알려져 있다. 기업형 온라인플랫폼이 단기간에 엄청난 성공을 거둘 수 있었던 것은 차별화를 위한 노력을 꾸준히 기울였기 때문이다. 즉, 기업형 온라인플랫폼은 새로운 브랜드의 발굴, 새로운 상품추천 기법의 개발, 한정판·콜레보레이션 상품의 출시 등을 통해 '가치소비'를 지향하는 MZ세대의 취향에 부응하면서 경쟁력을 강화해가고 있으며, 그 결과 온라인 패션시장에서 패션 강자인 대형 제조업체, 백화점 등은 물론 쿠팡 등과 같은 거대 이커머스 업체들을 따돌리면서 기업의 규모를 키워가고 있다.

기업형 온라인플랫폼은 소속되어 있는 온라인쇼핑몰이 의류를 판매하면 매출액의 일부를 수수료 명목으로 수취하는데 이 수수료가 해당 플랫폼의 매출이 된다. 기업형 온라인플랫폼의 수수료율은 오픈마켓이나 소셜커머스의 수수료에 비해 높은 편이며, 특히 브랜드 기반 플랫폼에서 이러한 경향이 확연하다. 수수료율은 스마트스토어가 6%, 오픈마켓(G마켓, 옥션, 11번가)이 13%, 소셜커머스(쿠팡, 티몬, 위메프)가 10~15% 정도의 수준인데 반하여, 무신사 등 브랜드 기반 플랫폼의 수수료율은 공정거래위원회가 2020년 12월에 발표한 자료에 따르면 평균 26.7%에 달했다. 지그재그 등 동대문 기반 플랫폼의 수수료율은 업체마다 차이가 있지만 대체로 10~20% 수준이다.

2.3 프로모션 업체

동대문패션타운에는 도매상가의 도매상인 이외에 도매상의 역할을 하는 직종이 또 하나 있다. 이는 '프로모션'이라고 불리는 업체인데 이 업체는 동대문패션타운의 도매상인, 온라인쇼핑몰 운영자, 오프라인 가두편집샵 운영자, 중대형 제조업체나 유통업체, 라이브커머스 운영자, TV홈쇼핑 판매 운영사 등으로부터 의뢰를 받아서 의류의 생산에 필요한 모든 공정, 즉 디자인, 샘플제작, 원부자재 구입, 생산 등의 모든 과정을 대행해주고 그에 대한 일정한 수수료를 수취한다. 즉, 프로모션 업체는 의뢰받은 디자인의 옷의 생산을 대행해주는 도매상이라고 할 수 있다. 프로모션 업체는 자신의 판단에 의해 물품을 구매한 후 판매하는 상인은 아니기 때문에 엄밀한 의미에서는 도매상이 아니라 '생산공정 관리서비스 제공업체'라고 할 수 있다. 그러나 프로모션 업체는 소매상이나 제조업체와 일정한 수량의 제품의 생산 및 납품과 관련하여 자신의 명의로 계약을 맺고, 또한 봉제공장과도 자신의 명의로 계약을 맺고 업무를 수행하기 때문에 적어도 형식상으로는 도매상이라고 할 수 있다.

프로모션 업체를 운영하기 위해서는 디자인 능력은 필수이기 때문에 운영자 중에는 디자이너 출신들이 많다. 또한 회사 전체 차원의 디자인 능력을 제고시키기 위해 사내에 '디자인연구소'를 설치하고 있는 업체들도 있다. 프로모션 업체의 고객은 도매상인, 온라인쇼핑몰 운영자, 소규모 가두편집샵 운영자 등 매우 다양하다. 이 고객들의 공통된 니즈는 '판매 이외의 업무는 모두 외부업체에 의뢰하고 자신은 오로지 판매에 힘을 쏟고 싶다'로 요약될 수 있다. 동대문패션타운의 도매상인 중 약 3분의 1은 디자인에서 생산에 이르는 모든 과정을 프로모션 업체에 의뢰하고 판매와 관련한 업무에만 집중한다. 즉, 이러한 유형의 도매상인은 프로모션 업체가 보유하고 있는 샘플제작을 해놓은 의류 중에서 선택을 하거나 혹은 수정을 거쳐 디자인을 확정한 후 일정 물량의 생산을 의뢰한다. 또한 온라인쇼핑몰 운영자나 소규모 가두편집샵 운영자 중에는 도매상가에서 의류를 구입해서 판매하기보다는 자신이 원하는 디자인의 옷을 만들어서 판매하려는 운영자들도 있는데 이들도 대부분 프로모션 업체에 의뢰하여 자신이 원하는 디자인의 옷이 만든다.

더욱이 프로모션 업체는 도매상인과는 달리 비싼 임대료를 내는 도매상가 매장에서 일하는 것이 아니라 임대료가 훨씬 저렴한 장소에 사무실을 임대하여 일을 할 수 있기 때문에 온라인쇼핑몰 운영자나 오프라인 가두편집샵 운영자는 도매상가에서 구매할 때보다 더 저렴한 가격에 자신이 원하는 디자인의 옷을 확보할 수 있다. 다만 프로모션 업체와 거래를 하려면 생산물량이 어느 정도 이상이 되어야 하기 때문에 판매에 대해서는 어느 정도 자신감이 있는 운영자만이 프로모션 업체와 거래를 할 수 있다. 프로모션 업체가 중대형 의류 제조업체나 백화점, 아울렛과 같은 대형 유통업체로부터 많은 물량의 생산을 의뢰 받으면 생산은 주로 인건비가 저렴한 베트남이나 중국의 공장에서 이루어지기 때문에 한국의 봉제 공장과는 아무런 연관성이 없지만 도매상인, 온라인쇼핑몰 운영자, 소규모 가두편집샵 등이 고객인 경우에는 생산은 대부분 봉제공장에서 이루어진다.

3. 중대형 제조업체 의류의 유통경로

3.1 개관

중대형 제조업체 의류의 유통경로는 [그림 11-5]와 같이 나타낼 수 있다. 한국의 중대형 의류제조업체들로는 삼성물산패션부문, 이랜드, LF, 코오롱FnC, 한섬, 패션그룹 형지, 신세계인터네셔날, 세정, 신원, 파크랜드 등 많은 업체들이 있다. 소비자의 트렌드에 부합하는 다양한 소재, 다양한 디자인의 옷을 신속하게 생산하여 공급해야 하는 의류제조업체의 특성상 하나의 회사가 적지 않은 수의 브랜드를 모두 생산할 수 있는 공장시설을 갖추기는 어렵기 때문에 대형 제조업체라고 하더라도 옷에 대한 기획과정은 자사가 해결하지만 생산은 OEM에 의존하는 경우가 훨씬 더 많다.

또한 규모가 큰 의류제조업체들은 오프라인 유통시장에도 적극적으로 진출하고 있다. 예를 들어 삼성물산 패션부문과 LF는 대형편집샵과 SPA, 이랜드는 아울렛, 백화점, SPA 등의 분야에 진출함으로써 제조업체인 동시에 유통업체로서의 위상을 견고히 해가고 있다. 중대형 의류제조업체는 전통적으로 유통경로의 수직계열화를 위한 가두점 채널과 매출극대화와 인지도 및 이미지 제고를 위한 백화점 채널, 그리고 재고상품의 판매를 위한 상설할인매장 등을 주력 유통채널로 하고 있었으나, 아울렛, 복합쇼핑몰 등으로 그 경로가 다양해졌으며, 자사몰 등 온라인쇼핑을 통한 매출규모도 점차 커지고 있다. 여러 유통경로 가운데 가장 주된 유통경로는 가두점과 백화점이라고 할 수 있는데 업체에 따라 그 상대적인 비중에는 상당한 차이를 보이고 있다. 여기에서는 삼성물산 패션부문, 이랜드, LF, 패션그룹 형지의 오프라인 유통경로에 대해 간략히 기술한다.

갤럭시, 빈폴, 로가디스 등의 브랜드를 보유하고 있는 '삼성물산 패션부문'은 제일모직이 그 전신이며 약 900개의 오프라인 매장을 운영하고 있다. 주요 브랜드별 유통경로를 살펴보면 갤럭시는 156개 매장 중 122개를 백화점에서 운영하고 있으며, 가두점은 17개에 불과하고 나머지는 17개는 아울렛 매장으로 운영하고 있다. 빈폴도 166개 매장 중 대다수인 130개가 백화점에 입점해 있으며, 가두점은 21개, 아울렛 매장이 15개이다. 젊은층을 대상으로 하는 로가디스의 경우에는 백화점 매장보다 가두점의 수가 더 많다. 즉, 139개 매장 중 37개가 백화점 매장이고, 59개가 가두점이며, 40개는 아울렛, 3개는 복합쇼핑몰에 매장

그림 11-5 ▌중대형 제조업체 의류의 유통경로

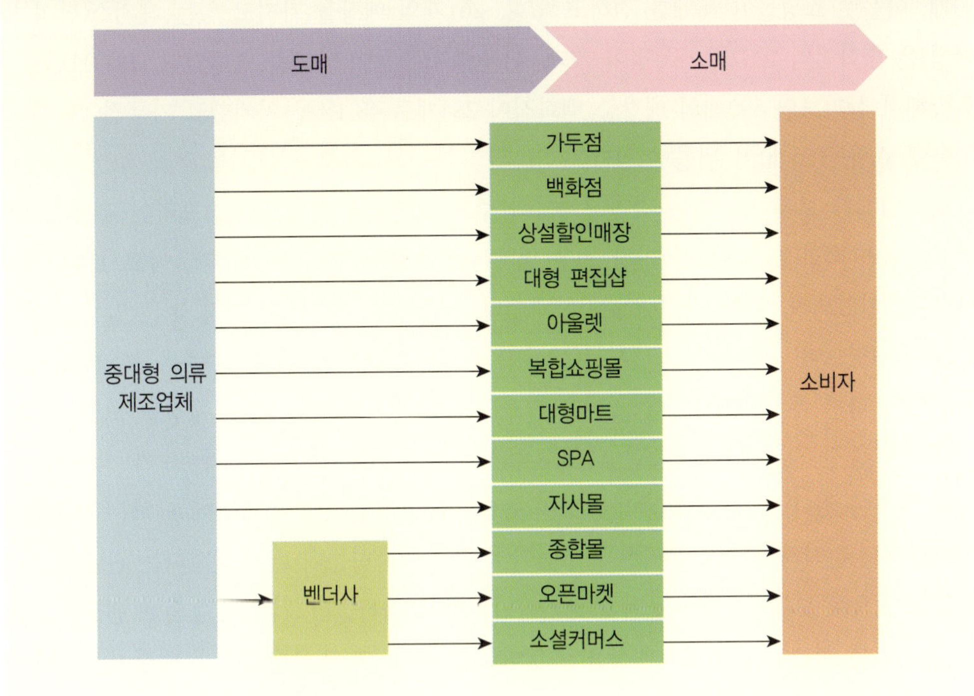

을 가지고 있다. 주요 3개 브랜드를 종합하여 살펴보면 461개 매장 중 백화점 매장은 289개로 62.7%를 차지했고 가두점(97개)과 아울렛/쇼핑몰(75개)이 뒤를 이었다.

로엠, 에블린, 클로비스 등의 브랜드를 보유하고 있는 이랜드는 약 400개의 오프라인 매장을 운영하고 있다. 로엠은 102개 매장 중 가두점이 44개, 백화점이 9개, 아울렛/쇼핑몰이 49개를 점하고 있다. 에블린의 경우에는 40개의 매장 중 60%가 넘는 25개가 가두점이며 백화점이 7개, 아울렛/쇼핑몰이 8개를 점하고 있다. 52개의 매장을 가지고 있는 클로비스의 경우는 가두점은 17개, 백화점은 2개이며 과반이 훨씬 넘는 33개는 아울렛/쇼핑몰에 입점해 있다. 주요 3개 브랜드를 종합하여 살펴보면 194개 매장 중 가두점과 아울렛/쇼핑몰이 각각 86개와 90개로 비슷한 수준을 보였고 백화점은 10%에도 미치지 못하는 18개에 불과했다. 이랜드 브랜드가 입점해 있는 백화점이나 아울렛에는 이랜드리테일이 운영하는 NC백화점, 뉴코아아울렛, 2001아울렛뿐만 아니라 빅3 백화점이나 다른 기업에서 운영하는 아울렛도 다수 포함되어 있다. 특히 빅3 백화점의 경우에는 이랜드가 강점을 가지고 있는 아동복 브랜드들이 많이 입점해 있다.

마에스트로, 닥스, 헤지스 등의 브랜드를 보유하고 있는 LF는 약 900여 개의 매장을 운영하고 있다. 마에스트로는 93개 매장 중 가두점이 33개, 백화점이 38개, 아울렛/쇼핑몰이

22개를 점하고 있다. 닥스(남성 및 여성)는 236개 매장 중에서 백화점이 118개, 가두점이 80개, 아울렛/쇼핑몰이 38개를 점하고 있다. 261개의 매장을 가지고 있는 헤지스(남성 및 여성)은 백화점이 128개, 가두점이 77개, 아울렛/쇼핑몰이 56개를 점하였다. 3개 브랜드를 종합해서 살펴보면 590개의 매장중 백화점이 284개로 48.1%를 차지했고 가두점(190개)과 아울렛/쇼핑몰(56개)이 뒤를 이었다.

빅3 업체가 보유하고 있는 각각 3개씩의 주요 브랜드를 중심으로 오프라인 유통경로를 비교해보면 백화점 의존도가 가장 높은 업체는 삼성물산 패션부문(62.7%)이고, LF(48.1%)가 뒤를 이었으며, 이랜드는 9.3%에 불과했다. 가두점의 의존도가 가장 높은 업체는 이랜드(44.3%)였으며 삼성물산 패션부문(33.6%)과 LF(32.2%)는 비슷한 수준을 보였다. 또한 이랜드는 다른 두 업체와는 달리 아울렛/쇼핑몰 의존도가 유독 높은 특징을 보였다.

그런데 중견 의류제조업체들은 대체로 빅3 업체에 비해 가두점의 의존도가 상대적으로 높은 경향이 있다. 이는 백화점의 문턱이 높은 이유도 있고, 또한 40%에 달하는 수수료를 내기보다는 수직적 통합에 유리한 가두점이 수익을 창출하는데 더 유리하다는 판단을 했기 때문인 것으로 보인다. 예를 들어 크로커다일, 올리비아하슬러, 샤트렌 등의 브랜드를 보유한 패션그룹 형지는 772개의 매장을 운영하고 있는데, 그 가운데 587개 매장이 가두점이다. 나머지 185개 매장은 아울렛, 대형마트, 복합쇼핑몰, 백화점 등에 샵인샵의 형태로 입점되어 있다. 즉, 패션그룹 형지는 매우 다양한 유통경로를 가지고 있지만 점포수로 보면 빅3 중 가두점 비율이 가장 높은 이랜드보다 훨씬 높은 71.8%를 가두점이 점하고 있다.

3.2 주요 유통경로구성원

3.2.1 가두점

가두점은 도로변에 위치해 있는 매장을 의미한다. 매장의 면적은 천차만별이지만 대체로 10~20평 정도의 크기로 운영된다. 운영의 형태는 직영점과 대리점으로 나누어진다. 그런데 가두점만 직영점과 대리점으로 나누어지는 것은 아니고 백화점, 아울렛, 복합쇼핑몰 등에 입점해 있는 점포들도 마찬가지로 직영점도 있고 대리점도 있다. 가두점 채널은 중대형 의류제조업체의 주요한 유통채널 중의 하나이지만 아울렛, 복합쇼핑몰, 온라인 채널 등이 부상하면서 점차 줄어드는 경향을 보이고 있다.

- **직영점** : 직영점은 제조업체가 직접 자본을 투자하고 중간관리자(샵매니저)를 두어 운영하는 소매점포를 의미한다. 중간관리자는 자사의 직원인 경우도 있지만 대개는 1년 단위의 계약에 의해 채용된다. 중간관리자는 자신의 책임하에 판매직원을 채용하여 직영점을 운영한다. 직영점은 제조업체가 유통경로를 가장 잘 통제할 수 있는 수단이

기는 하지만 점포임대료, 인테리어비용, 인건비 등의 고정비가 많이 소요된다는 단점이 있다. 이 때문에 직영점의 수는 많지 않으며, 대리점에 비해 넓은 매장에 상당히 고급스런 이미지의 인테리어를 갖춤으로써 브랜드의 이미지를 부각시키기 위한 플래그십 스토어의 개념으로 운영되는 경우가 많다.

- **대리점** : 의류제조업체의 대리점은 특정 의류제조업체와의 대리점 계약을 기반으로 설립된 점포를 의미한다. 대리점 운영자는 제조업체에 일정한 액수의 보증금을 예치하고, 제조업체가 인정하는 위치에 점포를 개설한 후, 제조업체가 제공하는 옷을 판매하면서 매출액의 일정비율을 수수료로 수취한다. 아웃도어 의류제조업체인 노스페이스와 같이 수수료 수취가 아니라 제조업체로부터 상품을 구매한 후, 마진을 붙여 판매하는 형태로 운영되는 대리점도 있지만 이는 매우 예외적인 경우에 속한다.

  대리점은 의류제조업체는 물론 생활용품이나 가공식품제조업체 등에 의해서도 운영되고 있지만, 의류제조업체의 대리점은 생활용품이나 가공식품제조업체의 대리점과는 두 가지 점에서 크게 차이가 난다. 첫째, 생활용품이나 가공식품제조업체의 대리점은 주로 중소슈퍼에 상품을 공급하는 노매상의 역할을 수행하는 반면, 의류제조업체의 대리점은 소비자에게 직접 상품을 판매하는 소매상의 역할을 수행한다. 둘째, 생활용품이나 가공식품제조업체의 대리점은 제조업체로부터 구입한 가격과 중소슈퍼에 판매한 가격의 차이인 마진을 수입원으로 하고 재고도 스스로 책임지는 형태로 운영된다. 그러나 의류제조업체의 대리점은 제조업체가 공급하는 의류를 판매하고 판매액의 일정비율로 지급되는 수수료를 수입원으로 하며, 재고부담을 지지 않고, 팔리지 않은 의류는 제조업체가 수거하여 상설할인매장 등과 같은 다른 채널에서 판매한다. 따라서 생활용품이나 가공식품제조업체의 대리점에는 반품의 개념이 있지만, 의류 대리점의 경우에는 대리점에 진열된 상품들이 원래부터 제조업체의 소유이기 때문에 반품의 개념이 없다. 즉, 의류제조업체의 대리점은 '위탁판매점'이라고 할 수 있으며, 이러한 의미에서 현대자동차와 같은 자동차제조업체의 대리점과 유사하다. 의류제조업체와 대리점주와의 관계는 대부분 1년 단위의 계약에 의해 이루어지며, 의류 대리점은 해당 제조업체의 브랜드를 모두 취급하는 것이 아니라 특정 브랜드만을 취급하는 것이 일반적이다.

3.2.2 백화점

백화점은 중대형 의류제조업체의 주력 유통채널로 제조업체에 따라서는 전체 매출액의 60% 이상을 차지하기도 한다. 특히 삼성물산 패션부문, LF, 그리고 현대백화점그룹이 인수한 한섬 등의 백화점 의존도가 높다. 제조업체는 중간관리자를 선발하여 매장을 운영한다.

중간관리자는 정식직원인 경우도 있지만 대부분 1년 단위의 계약직이며, 중간관리자는 자신의 책임하에 판매사원을 채용하여 월급을 지급한다. 따라서 운영의 형태로 보면 백화점은 직영가두점과 차이가 거의 없다.

대형 의류제조업체가 백화점 채널을 활용하는 이유로는 두 가지를 들 수 있다. 첫째, 백화점은 많은 수의 내점고객을 확보하고 있기 때문에 백화점에 입점하면 집객을 위한 노력을 특별히 하지 않아도 일정수준 이상의 매출을 올릴 수 있다. 둘째, 백화점이 가지고 있는 고급이미지를 공유함으로써 제품의 이미지를 제고시킬 수 있다. 이러한 점들 때문에 많은 중대형 의류제조업체들이 백화점에 입점하기를 원한다. 그러나 백화점은 극소수의 명품 브랜드를 제외한 대부분의 의류제조업체들과 임대계약이 아닌 37~38%의 높은 판매수수료를 부과하는 특정매입계약을 맺기 때문에 제조업체로서는 판매수수료가 큰 부담이 된다. 또한 매년 계약을 갱신해야 하기 때문에 실적이 부진할 경우 매장을 빼야 하거나 혹은 백화점 내에서 집객이 어려운 위치로 이동해야 하는 불이익도 감수하여야 한다.

3.2.3 아울렛

아울렛은 원래 제조업체가 과잉 생산품이나 재고를 공장에 딸린 창고 등을 활용하여 주로 지역주민들에게 저렴하게 판매하는 매장을 의미했다. 지금의 아울렛은 이러한 '공장형 아울렛'이 아니라 재고상품을 저렴하게 판매하는 매장을 지칭하는 용어로 쓰이고 있다.

아울렛은 두 가지 유형이 있다. 첫째는 제조업체에서 가두 단독매장형태로 운영하는 아울렛으로 해당 제조업체에서 생산하는 다양한 브랜드들이 판매된다. '제일모직 아울렛', 'LF아울렛', '한섬 상설할인매장' 등이 대표적인 예라고 할 수 있다. 제조업체에서 운영하는 아울렛은 1년 이하의 재고상품을 취급하는 1차 아울렛과 1~2년의 재고상품을 취급하는 2차 아울렛으로 구분되어 있는 경우가 많으며, 아울렛에서도 팔리지 않은 제품은 소각, 덤핑판매, 제3국 수출, 사회단체기부 등의 방식으로 처분된다. 둘째는 유통업체들이 운영하는 대규모 아울렛으로 이는 도심형 아울렛과 교외형 프리미엄아울렛으로 구분된다. 도심형 아울렛은 상가나 주거중심지에 위치하면서 대형 건물에서 백화점과 같이 상품을 층별로 구분하여 판매한다. 2021년을 기준으로 이랜드리테일은 뉴코아아울렛 15개와 2001아울렛 7개 등 모두 22개의 점포를 운영하고 있으며, 롯데백화점 14개, 현대백화점 4개, 모다아울렛 17개, 세이브존 9개의 점포를 운영하고 있다. 교외형 프리미엄아울렛은 빅3 백화점에 의해 운영되고 있으며 도심에서 떨어진 외곽지역의 넓은 부지에 위치하고 있다. 프리미엄아울렛에는 의류와 잡화를 중심으로 많은 국내외 브랜드 매장들이 입점해 있다. 2021년 현재 신세계백화점 4개, 롯데백화점 5개, 현대백화점 4개의 매장을 가지고 있다.

3.2.4 복합쇼핑몰

복합쇼핑몰은 쇼핑과 함께 다양한 여가활동을 즐길 수 있는 대규모 상업시설로 의류, 잡화 등을 판매하는 매장과 함께 영화관, 문화공간, 식당, 공원 등 다양한 시설을 갖추고 있다. 우리나라에는 2021년 현재 전국에 60여 개의 복합쇼핑몰이 있다. 롯데백화점은 10개의 점포를 가지고 있으며, 신세계백화점은 교외형 4개, 도심형 3개 등 모두 7개의 점포를 가지고 있다. 그 외에도 아이파크몰, 비트플렉스, 가든파이브, 타임스퀘어, IFC몰 등이 있다. 국내 유명 의류 브랜드는 물론 해외의 유명 브랜드들도 다수 입점해 있다.

3.2.5 대형 편집샵

대형 편집샵은 주로 대형 의류제조업체에 의해 체인점의 형태로 운영되고 있으며, 대체로 복층의 건물에서 여러 층을 사용하여 의류를 전시하고 있다. 대형 편집샵은 두 가지 유형으로 나누어진다. 즉, 자사의 대표적인 브랜드만을 취급하는 대형 편집샵과 자사 브랜드는 물론 해외브랜드, 디자이너브랜드 등을 같이 취급하는 대형 편집샵으로 나누어질 수 있다. 전자의 예로는 한섬의 더한섬하우스, 삼성물산 패션부문의 SSF샵, LF의 라움이스트, 파크랜드의 제너럴 리퍼블릭 등을 들 수 있다. 후자의 예로는 삼성물산 패션부문의 '비이커', '10꼬르소꼬모', LF의 '라움'과 '어라운드코너' 등이 있다. 대부분의 편집매장은 백화점과 마찬가지로 입점업체가 판매수수료를 지불하는 특정매입매장의 형태로 운영되고 있다. 판매수수료율은 30~33% 수준으로 백화점의 의류부문 판매수수료율인 35~38%와 크게 차이가 나지 않는다. 이 밖에도 대형 백화점 등의 유통업체가 샵인샵의 형태로 편집샵을 운영하기도 한다. 예를 들어 롯데백화점은 엘리든, 현대백화점은 폼스튜디오, 신세계백화점은 트리니티라는 이름의 편집샵을 일부 매장에서 운영하고 있다. 또한 B2B 온라인 패션 플랫폼인 무신사는 2021년 홍대 인근에 첫 번째 오프라인 편집샵을 개장했다.

3.2.6 대형마트

대형마트의 입장에서 의류는 중요한 품목 중의 하나이다. 그 이유는 의류는 고객들의 원스톱 쇼핑을 가능케 해주는 품목일 뿐만 아니라 신선식품·가공식품·생활용품 등 여타 품목에 비해 수익성이 높기 때문이다. 통상적으로 의류 및 잡화의 매출비중은 약 15~20%에 이른다. 대형마트는 2000년대 이후에 중저가 의류에 초점을 맞추기 시작하면서 SPA를 샵인샵의 형태로 입점시키는 전략을 구사했다. 롯데마트는 롯데그룹에서 지분을 가지고 있는 유니클로를 많이 입점시켰으나 이마트의 경우는 '데이즈'라는 자체 SPA 브랜드를 개발하여 입점시켰다. 2010년에 론칭된 데이즈는 론칭 4년만인 2014년에는 3,500억원, 2015년에는 4,500억원, 2016년에는 4,750억원이라는 괄목할만한 매출실적을 올렸고, 이에 자극을 받은 홈플러스는 2015년에 SPA 브랜드 F2F를, 롯데마트는 2016년에 SPA 브랜드 테(TE)를 론칭시켜 역시 샵인샵의 형태로 운영하였다. 그런데 2016년 이후에 대형마트의 SPA는 퇴조하기 시작하였다. 결국 롯데의 '테'는 2019년 사업을 철수했고, 홈플러스 'F2F'도 매장 수를 줄였으며, 선두주자인 이마트는 예상과는 달리 매출액이 떨어지자 2018년부터 데이즈 매출을 비공개로 전환했다.

2020년대 들면서 대형마트의 의류에 대한 전략은 시험단계에 돌입했다. 우선 SPA를 대체할만한 대안을 찾기 위한 노력이 기울여졌다. 예를 들어 롯데마트의 경우 2020년에 의류를 중심으로 인테리어 소품, 가구 등을 두루 갖춘 편집샵인 165평 규모의 'GN 스퀘어'를 청량리점에 오픈했다. GN 스퀘어의 여성복 및 아동복 코너에는 유행에 빠르게 대응하기 위해 동대문 디자이너 브랜드를 입점시켰다. 이마트는 2020년 월계점을 리모델링하는 과정에서 점포의 개념을 복합쇼핑몰로 바꾸면서 마트가 차지하는 부분은 30% 수준으로 대폭 축소하고 점포의 가장 중심이 되는 앞면을 테넌트(임대매장)로 채우면서 젊은층이 선호하는 패션·액세서리 브랜드로 채웠다. 그러나 2020년에 시작된 코로나19의 영향으로 의류판매가 역성장을 하면서 대형마트들은 의류 및 잡화 매장을 대폭 축소하고 식품, 애완동물 용품, 리빙용품 등의 매장을 늘리는 방향으로 전환하는 경향을 보이고 있다.

3.2.7 온라인 경로

2010년대 들어 의류의 온라인 매출비중이 점차 증가하고, 더욱이 코로나19로 인해 온라인 매출의 증가 속도가 더욱 가속화됨에 따라 의류제조업체들도 온라인화에 박차를 가하고 있다. 이러한 노력은 다양한 온라인 브랜드의 도입 등을 통한 자사몰의 강화, 온라인 패션 편집샵의 구축 등의 방향으로 이루어지고 있다.

- **다양한 온라인 브랜드의 도입** : 패션기업들은 경쟁적으로 온라인 전용 브랜드의 개발, 기존 오프라인 브랜드의 온라인 브랜드로의 전환, 기존 오프라인 브랜드의 온라인 전용 라인의 개발 등의 방법을 활용하여 소비자들이 자사몰에서 보다 다양한 브랜드를 접할 수 있도록 하는 노력을 기울이고 있다. 특히 패션기업들의 온라인 전용 브랜드의 개발은 예외 없이 20대 젊은층을 대상으로 10만원대의 중저가 브랜드를 개발하는데 초점을 맞추고 있다. 온라인 브랜드의 도입과 관련한 몇 가지를 사례를 들면 다음과 같다. 중견 패션기업인 세정은 2019년에 14년차 여성복 브랜드인 '올리비아로렌'의 온라인 전용 라인 '올리비아비'와 남성브랜드 편집매장인 '웰메이드'의 온라인 전용 브랜드인 '웰메이드컴'을 론칭했다. 코오롱FnC는 온라인 전용 브랜드인 새드스마일의 품목을 제한적으로 운영하다가 2020년부터는 거의 모든 유형의 의류는 물론 액세서리까지 범위를 확장하였으며, 삼성물산 패션부문은 2019년에 20대 여성을 대상으로 10만

원대의 여성복을 판매하는 온라인 전용 브랜드 '오이아우어'를 론칭하였다. LF는 2020년 봄에 여성복 브랜드 '질스튜어트뉴욕'의 영버전인 'JSNY'를 온라인 전용 브랜드로 출시하였으며, 캐주얼 브랜드인 '베이직하우스'를 온라인 전용 브랜드로 전환하면서 운영 중인 52개의 오프라인 매장을 모두 철수시켰다. 신세계인터내셔날은 2020년 초에 신규 온라인 전용 여성복 브랜드 '텐먼스'를 론칭하였으며, 장수 여성 캐주얼 브랜드인 '지컷'의 Z세대를 타깃으로 하는 온라인 전용 라인도 론칭하였다. 신원은 25년차 장수 여성복 브랜드인 '비키'를 2020년 여름 시즌부터 온라인 전용 브랜드로 전환하였으며, '비키'의 80여 개 기존 백화점 및 대리점 매장을 모두 철수시켰다.

- **온라인 패션 편집샵의 구축** : 패션기업들은 자사 브랜드를 모아놓은 통합 온라인쇼핑몰 이외에 자사 브랜드는 물론, 수입브랜드, 디자이너브랜드 등 다양한 브랜드를 모아놓은 온라인 패션 편집샵의 구축에 적극 나서고 있다. 이러한 유형의 편집샵은, 첫째 다양한 브랜드가 구비되어 있는 구매환경을 선호하는 젊은층을 확보하기가 용이하고, 둘째 다양한 브랜드에 대한 소비자들의 반응을 비교적 손쉽게 파악할 수 있다는 장점이 있다.

  온라인 패션 편집샵의 몇 가지 사례를 들면 다음과 같다. 삼성물산 패션부문은 자사 통합몰 'SSF샵' 내에 온라인 편집샵 '어나더샵(ANOTHER#)'을 운영하고 있으며, LF는 젊은층을 대상으로 하는 온라인 편집샵 '어라운드더코너닷컴'과 30~40대 그루밍족(패션・미용 등에 관심이 많은 남성)을 대상으로 하는 온라인 편집샹 '아우(AU)'를 운영하고 있다. 아동복시장 점유율 1위 업체인 이랜드는 2020년에 아동을 대상으로 하는 온라인 편집샵 '키디키디'를 론칭했다. 현대백화점 계열의 한섬은 2020년에 밀레니얼세대를 겨냥하여 최대 200개의 선별된 브랜드만 유치한 온라인 편집샵 'EQL'을 론칭했다. 중견 패션기업 신원은 2020년 5월 자사몰의 이름을 신원몰에서 '쇼윈도'로 바꾸면서 자사 제품만 취급하던 것에서 타사 브랜드까지 판매하는 패션 편집샵으로 방향을 전환하였다. 신세계인터내셔날의 자사몰 'SI빌리지'는 디자이너를 영입해서 디자이너브랜드를 위주로 하는 플랫폼을 별도로 구축하였다.

3.2.8 SPA

전문점(Specialty store retailer), 자사상표(Private label), 의류(Apparel)의 첫 글자를 따서 만든 단어인 SPA는 미국의 의류브랜드 '갭(Gap)'이 1986년에 처음 도입한 사업모델로 의류제조업체가 기획과 디자인, 생산, 유통, 판매의 모든 과정을 담당하는 의류전문체인점을 의미한다. SPA는 소비자의 요구에 부응하는 제품을 신속하게 상품에 반영시켜 비교적 저렴한 가격에 공급한다는 점을 특징으로 하고 있다. 즉, 고객수요에 따라서는 1~2주 만에 상품을 비교적 저렴한 가격에 공급하는 것이 가능하도록 하는 것이 가장 큰 특징이며 '패스트패션'이라고도 불리운다. 국내의 대표적인 브랜드로는 이랜드의 스파오, 미쏘, 제일모직의 에잇세컨즈, LF의 TNGT, 신성통상의 탑텐 등이 있으며, H&M(스웨덴), 자라(ZARA, 스페인), 유니클로(UNIQLO, 일본), 지오다노(GIORDANO, 홍콩) 등의 많은 해외업체들도 우리나라에서 활동하고 있다.

SPA는 우리나라에는 2005년에 도입되었으며, 2018년까지 불황이 지속되고 있는 우리나라의 의류시장에서 꾸준한 성장세를 보였다. 국내 SPA 매출액은 2010년의 1.2조억원, 2015년 4조원, 그리고 정점을 찍은 2018년에는 5조원을 기록했다. 많은 업체들 가운데 일본계인 유니클로는 2019년 7월에 일본상품 불매운동이 일어나기 전까지 시장점유율 30%의 압도적인 선두주자의 위치를 차지하고 있었다. 다국적기업의 풍부한 자본과 노하우, 그리고 트렌디한 디자인과 경쟁력 있는 가격으로 오랫 동안 지속될 것으로 보였던 외국계 SPA가 2010년대 말에 들면서 퇴조의 기미를 보이고 있다. 2019년 7월부터 시작된 일본제품 불매운동으로 인해 30%의 시장점유율을 차지하고 있던 유니클로가 크게 타격을 받은 것 이외에도 2019년에는 미국의 포에버21이 파산신청을 하였고, SPA 업계 세계 1, 2위 기업인 자라와 H&M도 성장이 크게 둔화되었다. 그 원인으로는 전반적인 한국 경기의 침체도 있지만 그보다는 장점으로 내세운 트렌디한 디자인이 소비자들에 의해 진부하게 여겨지게 된 점, 대량의 의류폐기물 발생에 대한 반감 등이 크게 작용한 것으로 지적되고 있다.

그에 반해 다국적 SPA 업체에 밀리면서 시장점유율이 미미했던 토종 SPA들이 소비자 트렌드에 부합하는 제품을 신속하게 출시하면서 빠르게 성장했다. 예를 들어 일상복 느낌의 스포츠웨어인 '애슬레저(애슬레틱+레저)'가 인기를 얻자 스파오, 탑텐, 에잇세컨즈 등의 업체가 '요가 팬티'라고도 불리는 레깅스 라인을 강화하면서 크게 인기를 얻었다. 또한 탑텐이 만든 겨울용 발열내의 '온에어'와 여름용 인견내의 '쿨에어'는 MZ세대의 니즈에 부응하며 매출액 견인에 크게 기여하였다. 그 결과 탑텐과 스파오는 2020년에 국내시장에서 처음으로 ZARA와 H&M을 제치고 점유율 2, 3위를 차지했다. 이러한 추세가 2020년대에 어떻게 진행될 것인지를 정확히 예측할 수는 없지만 SPA 업계에서 어떻게 생존해야 하는지를 경험한 토종 SPA 업체들이 이전보다는 훨씬 더 견고하게 성장해 갈 것으로 예상된다.

제4절 화장품의 유통경로

1. 화장품 유통경로 개관

통계청의 자료에 따르면 우리나라의 화장품시장은 소매기준으로 2010~2019년 기간 동안 연평균 약 10%의 성장률을 기록하면서 큰 기복이 없는 성장세를 보여 왔다. 그러나 코로나19 사태로 인해 경제가 위축된 2020년에는 큰 폭의 마이너스 성장(−17.9%)을 기록하였다([표 11-5] 참조). 2020년의 화장품 소매판매액은 28.5조원으로 전체 소매판매액(475.2조원)의 약 6.0%를 차지하였다.

표 11-5 화장품 판매액 추이 (단위 : 조원, %)

구분	2015	2016	2017	2018	2019	2020
매출액	22.1	24.6	25.7	29.8	34.7	28.5
성장률	–	11.3	4.5	16.0	16.4	−17.9

자료 : 통계청, 국내통계>도소매>소매판매액>재별 및 상품군별 판매액

우리나라의 주력 화장품 유통경로는 시대에 따라 큰 변화를 보여왔다. 방문판매는 1970년대와 1980년대에 80% 이상의 경로점유율을 보이면서 압도적인 위치를 차지하였다. 화장품전문점은 1980년대 초반에 등장하기 시작하였으며, 1990년대에 약 60%의 경로점유율을 차지하면서 전성기를 구가하였다. 화장품전문점은 자영사업자가 운영하는 5평 내외의 소규모 점포로 10~20개의 화장품 브랜드를 진열하여 판매하였다. 1990년대 중후반부터는 온라인쇼핑몰, TV홈쇼핑, 백화점, 면세점, 대형마트, 원브랜드샵, 멀티브랜드샵, H&B스토어 등 다양한 유통채널이 활성화되기 시작하면서 유통채널 간의 경쟁이 본격화되었다. 그 결과 2000년 이후에는 1970~1980년대의 방문판매나 1990년대의 화장품전문점과 같이 하나의 유통경로가 압도적인 경로점유율을 차지하는 현상은 사라지고 화장품의 판매가 여러 유통경로로 분산되는 경향을 보이고 있다.

이와 같은 시대에 따른 화장품 유통경로의 변화는 유통경로 구성원의 측면에서 두 가지의 큰 특징을 보이고 있다. 첫째, 대리점, 도매상, 화장품전문점, 방문판매사원 등과 같은 소규모 자영사업자 중심의 유통경로에서 대형 유통업체와 대형 제조업체 등의 대기업 중심의 유통경로로 변화하였다는 점이다. 즉, 1970년대에서 1990년대에 이르는 시기를 석권했던 방문판매와 화장품전문점이 위축되면서 대리점, 도매상, 방문판매사원, 화장품전문점 등

자영사업자의 영향력이 크게 줄어든 반면, 백화점, 면세점, 브랜드샵, H&B스토어 등을 운영하는 대형 제조업체나 대형 유통업체의 영향력은 크게 증가하였다. 둘째, 제조업체에서 도매상을 거쳐 화장품전문점 등의 소매상으로 연결되는 전형적인 간접유통은 급격히 줄어든 반면, 제조업체에 의한 소매기능의 통합과 제조업체와 대형 유통업체 간의 직거래가 증가하고, 또한 제조업체가 인터넷을 활용하여 소비자에게 직접 판매하는 활동이 활성화되면서 유통경로가 과거에 비해 훨씬 단순해졌다.

국내 화장품시장의 유통경로별 점유율을 살펴보면 2016년경에는 온라인쇼핑몰, 면세점, 브랜드샵이 각각 20~25%의 점유율을 보이며 3강 체제를 구축했다. 그 다음으로 방문판매가 13~15%의 점유율을 차지하고 있었고, 백화점, TV홈쇼핑, H&B스토어 등은 한 자릿수의 점유율에 머물러 있었다. 그런데 2010년대 후반에 들면서 화장품 유통시장에서도 인터넷과 소셜미디어에 익숙하고, 다양성과 체험을 중시하는 밀레니얼세대(1981~1996년생)와 Z세대(1990~2000년대 중반생)의 영향력이 가시화되기 시작했다. 첫째, MZ세대의 시장 진입이 활발해지면서 특히 스마트폰을 활용한 화장품 구입이 크게 증가하였다. 둘째, 오프라인에서는 하나의 브랜드만을 취급하는 원브랜드샵의 퇴조가 뚜렷하게 나타난 반면, 다양한 브랜드를 체험하고 평가할 수 있는 편집샵 형태의 H&B스토어는 꾸준히 인기를 유지하면서 성장해 나갔다. 이러한 흐름에 맞서 아모레퍼시픽과 같이 원브랜드샵과 멀티브랜드샵을 동시에 운영하는 화장품 제조업체들은 멀티브랜드샵을 개선시켜 MZ세대의 취향에 부응하려는 노력을 기울였으나 의도한 바를 이루지는 못하고 있다. 2017년은 이러한 흐름이 뚜렷하게 가시화되기 시작한 해라고 할 수 있다. 매출액을 기준으로 상위 10위에 포함되는 브랜드샵의 총매출액이 2016년의 3조 3,600억원에서 2017년에는 2조 8,200억원으로 약 16% 감소한 반면, 같은 기간 동안 온라인쇼핑몰에서의 화장품 매출액은 1조원 이상 증가하면서 8.1조원 규모로 성장하였고, H&B스토어의 대명사라고 할 수 있는 CJ올리브영의 매출액은 7,600억원에서 1조 4,300억원으로 무려 88.2% 증가했다.

2020년부터 시작된 코로나19 사태는 화장품 유통경로에도 큰 변화를 가져왔다. 2020년의 화장품 전체 판매액이 2019년에 비해 급격한 감소세(−17.9%)를 보이는 와중에서도 온라인쇼핑의 매출액은 오히려 약간 상승하면서 유통경로 점유율이 40%를 넘어섰다. 반면에 오프라인 유통경로는 정도의 차이는 있지만 모두 매출액이 감소하는 추세를 보였다. 2020년대 초반에는 온라인쇼핑몰의 비중이 50%를 상회하면서 화장품 유통경로 점유율에서 부동의 1위를 차지할 것으로 예상되며, 오프라인 경로에서는 H&B스토어가 유일하게 두드러진 성장세를 보이면서 20% 이상의 점유율을 차지할 것으로 예상된다. 그 다음으로 방문판매, 백화점, 면세점, 브랜드샵, TV홈쇼핑 등이 10% 미만의 점유율을 보일 것으로 예상된다.

우리나라의 화장품 유통경로는 [그림 11-6]과 같이 나타낼 수 있다. 도매단계에는 전속대리점, 도매상, 벤더사 등이 있다. 전속대리점은 주로 대형 화장품제조업체의 방문판매 대리점을 의미하는데, 제조업체로부터 화장품을 공급받아 대리점 소속의 방문판매원을 통해 소비자에게 판매하는 역할을 수행한다. 이와 더불어 전속대리점은 화장품전문점이나 도매상에게 물건을 공급하는 역할도 수행한다. 도매상은 중소형 제조업체나 대형 제조업체의 전속대리점으로부터 상품을 공급받아 주로 화장품전문점에 판매한다. 화장품 도매상은 화장품전문점이 위축되면서 같이 위축되는 현상을 보이고 있다. 벤더사는 주로 온라인 경로에서 활동한다. 홈쇼핑, 종합몰, 오픈마켓, 소셜커머스 등은 제조업체와 직접 거래하기도 하지만 거래의 전문성, 편의성 등을 위해 벤더사를 통해 거래하는 것이 일반적이다. 벤더사는 오프라인에서는 대형마트와도 거래하는데, 2010년대 초반부터 대형마트 내의 브랜드샵이 활성화되면서 그 위상이 급격히 축소되는 경향을 보이고 있다. 외국화장품은 국내법인, 공식수입업체 등을 통해 수입되며 주로 백화점, 면세점, 멀티브랜드샵 등에서 판매되고 있다.

그림 11-6 ▌ 화장품의 유통경로

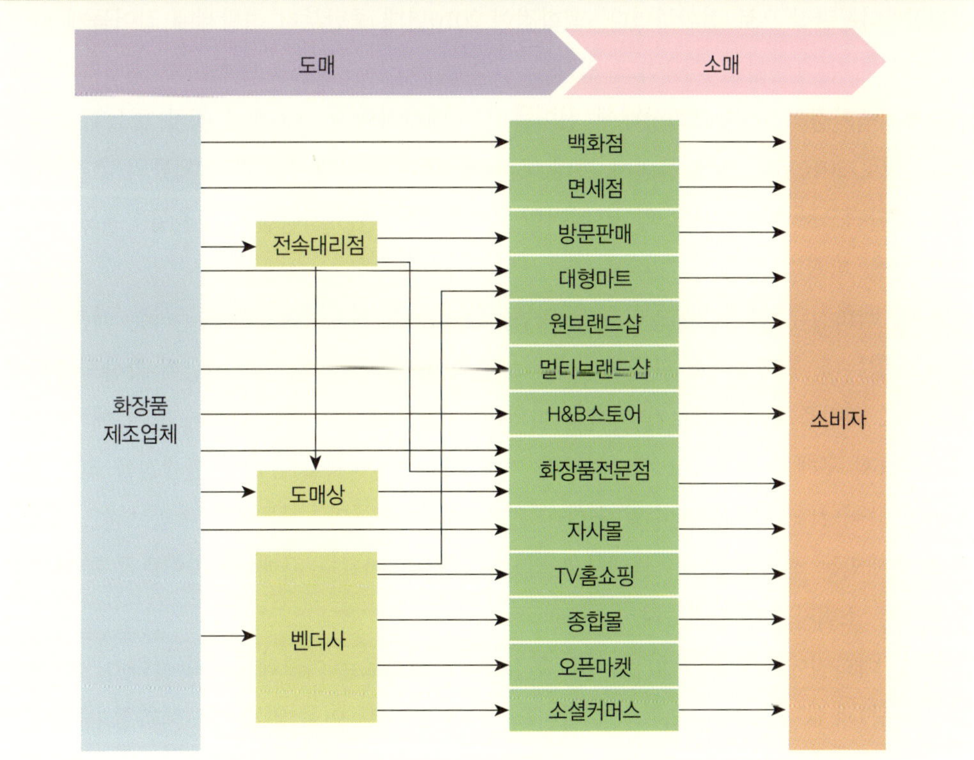

2. 화장품 소매업태별 특성

화장품은 매우 다양한 소매업태를 통해 소비자에게 판매되고 있다. 각 소매업태는 각기 독특한 특성을 지니고 있으며, 또한 앞에서 기술한 바와 같이 시대에 따른 부침도 심하게 나타났다. 여기에서는 백화점, 방문판매, 브랜드샵, 화장품전문점, H&B스토어, TV홈쇼핑, 대형마트, 온라인쇼핑몰, 면세점 등 대표적인 화장품 소매업태에 대해 기술한다.

2.1 백화점

면세점 및 방문판매와 더불어 고가 화장품의 주력 유통경로인 백화점은 2011년에 점유율 26%로 정점을 찍은 후 매출액과 점유율이 모두 감소하기 시작했다. 백화점은 2013년에도 화장품 유통경로 점유율 1위를 유지하고 있었지만, 2016년에는 점유율이 8~9%로 떨어지면서 2000년 이후에 등장한 온라인쇼핑몰, 면세점, 브랜드샵 등에 뒤처지게 되었다. 이러한 추세가 지속되자 주요 백화점들이 화장품 매장이 밀집해 있는 1층을 다른 용도로 전환하는 사례까지 생겨났다. 예를 들어 신세계백화점은 2020년 1월에 영등포점의 1층을 식품관으로 전환하였고, 롯데백화점은 2019년 11월에 강남점의 1층과 2층을 외국계 고급 리빙 편집샵 '더콘란샵'으로 전환하였다. 백화점이 2010년대 중반부터 하락세에 접어들게 된 데는 여러 가지 요인들이 작용하고 있다.

첫째, 백화점의 수가 포화상태에 접어들면서 백화점의 추가출점이 점차 힘들어지고 있다. 실제로 2010년대 초에 들면서 롯데, 신세계, 현대 등 3대 백화점 업체들의 추가출점은 매우 제한적으로 이루어지고 있다. 이러한 물리적인 여건이 화장품의 매출실적에도 부정적인 영향을 미쳤다.

둘째, 백화점은 SK-II, 에스티로더, 랑콤, 샤넬 등의 해외브랜드에 의존하는 매출구조를 가지고 있는데, 백화점에서 판매하는 해외브랜드 화장품의 가격거품 논란이 확산되면서 해외브랜드 화장품의 유통경로가 백화점 이외의 다양한 경로로 확산되었다. 먼저 해외여행이 늘어나면서 구매도 편리하고 백화점보다 가격적인 측면에서도 유리한 면세점을 찾는 소비자들이 늘어났다. 또한 병행수입 제한이 완화되면서 온라인쇼핑몰이나 수입브랜드 매장을 통해 판매되는 해외브랜드가 늘어나고 있으며, 해외사이트나 구매대행사이트를 통해 직접 구매하는 소비자들도 늘어났다.

셋째, 백화점에 입점하고 있는 국내 화장품제조업체로는 아모레퍼시픽(설화수, 헤라, 프리메라 등)과 LG생활건강(오휘, 숨, 빌리프 등)이 있는데, 이들 업체들은 백화점 매출의 정체, 백화점의 높은 매출수수료 징수, 상대적으로 활성화되어 가고 있는 여타 유통경로 등을 이유로 백화점보다는 브랜드샵, 면세점, 인터넷쇼핑몰 등에 진력하는 경향을 보였다.

2.2 방문판매

우리나라에서 화장품 방문판매는 1960년대 태평양(현 아모레퍼시픽)이 방판전용 브랜드인 아모레를 출시하면서 시작되었다. 유통경로의 측면에서 우리나라 화장품업계의 방문판매의 특성은 두 가지로 요약될 수 있다. 첫째는 제조업체가 방문판매원 조직을 직접 관리하는 것이 아니라 대리점을 통해 간접적으로 관리한다는 점이다. 즉, 제조회사는 자영업자와 대리점 계약을 맺고 제품을 공급하고, 대리점은 소속 방문판매원을 통해 소비자에게 제품을 판매한다. 둘째, 대부분의 대표적인 화장품제조업체들이 방문판매원 조직을 후원방문판매의 형태로 관리하고 있다는 점이다. 후원방문판매는 방문판매원이 자신의 판매액의 일정비율과 자신이 모집한 방문판매원으로부터의 후원수당을 수입으로 하는 형태를 의미한다([글 11-2] 참조).

글 11-2 우리나라 화장품업계의 방문판매 유형

우리나라의 방문판매는 방문판매법이 2012년에 개정되기 이전에는 방문판매와 다단계판매로 이분화되어 있었다. 이는 방문판매원의 활동과 수당체계를 기준으로 구분한 것으로 방문판매는 방문판매원이 판매에만 주력하면서 자신의 판매액의 일정비율을 수입으로 하는 형태를 의미하고, 다단계판매는 방문판매원이 판매와 함께 방문판매원 모집활동도 동시에 수행하면서 자신의 매출액의 일정 비율은 물론, 단계를 거치면서 자신의 하위로 들어오는 모든 방문판매사원으로부터의 후원수당을 수입으로 하는 형태를 의미한다. 우리나라의 화장품업계는 2012년 이전에는 방문판매를 구방판과 신방판으로 구분하였는데, 구방판은 위에서 언급한 순수한 형태의 방문판매를 의미하고, 신방판은 방문판매에 직급체계 등 다단계판매의 요소를 가미한 형태를 의미한다. 신방판은 1989년 코리아나화장품이 처음 도입했으며, 이후 아모레퍼시픽, LG생활건강 등 대부분의 화장품기업들이 구방판에서 신방판으로 전환하였다. 또한 신방판에서는 직영판매점을 개설하여 피부관리를 해주면서 화장품을 판매하는 형태를 도입하였다. 즉, 소비자들이 찾아오도록 하는 영업방식을 병행하였는데, 이러한 이유로 신방판은 직판이라는 명칭으로 불리기도 하였으며, 직영판매점은 방문판매원을 지원하기 위한 목적으로 아직도 여러 업체들이 실행하고 있다.

그런데 2008년 이후에 신방판이 실제로는 다단계판매와 동일함에도 불구하고 화장품기업들이 다단계판매업체가 아닌 방문판매업체로 신고하여 규제를 피해간다는 여론이 형성되기 시작하였다. 이러한 문제를 해결하기 위해 2012년에 개정된 방문판매법은 방문판매를 순수방문판매, 후원방문판매, 다단계판매로 구분하고 있다. 순수방문판매와 다단계판매는 개정 이전의 방문판매 및 다단계판매와 동일하고, 후원방문판매는 방문판매원이 자신이 직접 모집한 방문판매원으로부터만 후원수당을 받을 수 있는 방문판매를 의미한다. 다단계판매와 후원방문판매는 신고가 아닌 등록의 과정을 거쳐야 함은 물론, 후원수당 총액제안(매출액 대비 각각 35% 및 38%), 취급제품 가격상한(160만원), 소비자

피해보상보험 가입 의무화 등의 3대 규제를 받도록 되어 있다. 다만 후원방문판매의 경우에는 최종 소비자에 대한 판매비중이 70% 이상인 경우에는 3대 규제가 면제된다. 법개정을 계기로 아모레퍼시픽, LG생활건강, 코리아나화장품, 웅진, 한국화장품 등 대표적인 화장품제조업체의 대부분이 방문판매업에서 후원방문판매업으로 업종을 전환하였다.

방문판매는 백화점과 함께 여전히 고가 화장품의 주력 유통채널이지만 과거에 비하면 그 점유율이 크게 감소하였다. 1970년대와 1980년대에는 전체시장에서 80% 이상의 유통점유율을 확보하면서 독보적인 지위를 점하였지만, 유통채널이 다각화되면서 점차 점유율이 낮아지고 있다. 1990년대에는 화장품전문점에 주도권을 넘겨주었으며, 2000년대 들어서는 백화점, TV홈쇼핑, 대형마트, 온라인쇼핑몰, 브랜드샵, H&B스토어 등이 활성화되면서 점유율 감소가 가속화되었다. 2000년대 초반에도 화장품시장에서 가장 높은 점유율을 차지하고 있었지만 2003년 33%에서 2007년 24%, 2012년 21%, 2015년 16% 등으로 지속적인 하락세를 보였으며, 2020년에 들어서는 코로나19로 인해 소비자들이 대인접촉을 기피하게 되면서 점유율이 더욱 하락하였다.

방문판매는 카운슬링을 통한 판매가 가장 원활하게 이루어질 수 있는 유통경로로 고객 개개인의 취향에 부합하는 맞춤서비스가 가능하다는 강점을 가지고 있다. 이러한 강점 때문에 2000년대 들어 다양한 유통경로가 등장하는 시기에도 꾸준히 15% 내외의 점유율을 유지하였지만 코로나 시대에는 대면 카운슬링이 갖는 장점이 오히려 치명적인 단점이 되면서 급속한 쇠퇴를 면치 못하고 있다.

2.3 브랜드샵

브랜드샵은 2000년대 후반에서 2016년에 이르는 시기에 높은 성장률을 보이며 대표적인 화장품 유통경로로 성장했다. 그 결과 브랜드샵은 2016년에 21~22%의 유통경로 점유율을 차지하며 인터넷쇼핑몰 및 면세점과 더불어 3대 화장품 유통경로 중 하나가 되었다. 브랜드샵은 하나의 브랜드를 취급하는 원브랜드샵과 다수의 브랜드를 취급하는 멀티브랜드샵으로 나누어진다.

원브랜드샵은 2002년 에이블씨엔씨가 3,300원 초저가를 내세우며 '미샤' 명동점을 오픈하면서 시작되었다. 미샤는 과도한 포장을 없애는 등의 전략을 바탕으로 젊은층을 대상으로 중저가 화장품시장을 공략하면서 높은 성장률을 구가하였다. 그러자 더페이스샵(LG생활건강), 스킨푸드(아이피어리스), 에뛰드하우스(아모레퍼시픽), 이니스프리(아모레퍼시픽), 토니모리(태성산업), 네이처리퍼블릭 등이 연이어 등장하면서 원브랜드샵은 중저가 화장품 유통경로로서의 입지를 굳건히 했다. 또한 원브랜드샵은 가두점뿐만 아니라 대형마트에도 샵인샵의 형태로 진출하면서 대형마트에서 주력 화장품 유통경로로도 자리를 잡았다. 2016년 중순을 기준으로 6,500여 개의 원브랜드샵 매장이 있었다. 더페이스샵이 1,200여 개로 가장 많은 매장을 가지고 있었고, 이니스프리, 네이처리퍼블릭, 미샤, 토니모리, 스킨푸드, 에뛰드하우스, 잇츠스킨, 더샘 등이 그 뒤를 이었다.

멀티브랜드샵은 특정한 스토어콘셉트를 바탕으로 만들어지는 화장품 편집샵이다. 멀티브랜드샵은 LG생활건강이 2003년 뷰티플렉스(후에 '보떼'로 개칭)를 개점하면서 시작되었으며, 그 후 아모레퍼시픽의 아리따움, 엔프라니의 뷰티애비뉴, 코리아나의 세니떼뷰티샵 등이 시장에 참여했다. 멀티브랜드샵은 2000년대 말에서 2010년대 초에 연평균 10%대의 높은 매출성장률을 보이며 빠르게 성장했다. 2015년 말을 기준으로 1위 업체인 아리따움(2008년 개점)은 1,330개 점, 2위 업체인 보떼는 780개 점을 운영하고 있었다. 멀티브랜드샵을 최초로 만들어낸 LG생활건강은 2016년에 아리따움의 아성을 무너뜨리기 위해 뷰티&라이프스타일 편집샵을 표방하며 '네이처컬렉션'이라는 이름의 멀티브랜드샵을 출범시켰으며, 신규점 설립과 함께 기존의 더페이스샵과 보떼를 네이처컬렉션으로 전환시키며 빠른 속도로 점포수를 늘려나갔다. 그런데 멀티브랜드샵이 다양한 브랜드의 취급을 표방하고 있지만 진정한 편집샵이라고 보기 힘든 측면이 있다. 왜냐하면 1, 2위 업체인 아모레퍼시픽이나 LG생활건강은 자사의 다양한 브랜드를 중심으로 멀티브랜드샵 매장을 구성하면서 일부만 수입제품이나 타사의 비화장품 계열의 제품을 취급하고 있기 때문이다. 즉, 경쟁사들의 제품들이 진열되어 있는 것은 아니기 때문에 소비자들이 보기에는 멀티브랜드샵이라기보다는 '아모레퍼시픽샵', 'LG생활건강샵'으로 비춰질 가능성이 높다.

브랜드샵의 매출액은 2017년을 기점으로 큰 폭으로 감소하기 시작했는데, 그 근본적인 원인은 MZ세대의 사회진출과 밀접하게 연관되어 있다. 첫째, MZ세대의 본격화된 화장품 시장 진출로 온라인 구매가 급속히 늘어나면서 브랜드샵을 포함한 대부분의 오프라인 화장품 점포들이 큰 타격을 받았고, 둘째 다양성과 체험을 중시하는 MZ세대로 인해 진정한 화장품 편집샵이라고 할 수 있는 H&B스토어가 각광을 받으면서 브랜드샵이 크게 위축되었다. 브랜드샵 운영사들은 브랜드샵이 온라인쇼핑몰과 H&B스토어에 밀리는 형세가 뚜렷해지자 매장의 수를 줄여나갔다. 가장 많은 브랜드샵 매장을 보유하고 있던 아모레퍼시픽은 2018년 말에서 2020년 말에 이르는 2년 동안 아리따움(1,186개→880개), 이니스프리(760개→546개), 에뛰드(321개→170개) 등 3개 브랜드샵의 매장수를 약 30% 감축시켰다. 더페이스샵(598개→463개), 미샤(550개→400여 개), 에뛰드하우스(275개→164개), 토니모리(517개→452개) 등도 2019년 말에서 2020년 말에 이르는 1년 동안 적지 않은 매장들을 폐점시켰다. 이와 함께 일부 브랜드샵 운영사들은 브랜드샵을 인터넷과 연계시키는 옴니채널 전략을 전개하기 시작했다. 예를 들어 LG생활건강은 2020년 6월에 온라인 고객의 주문을 고객이 선정한 가맹점의 매출과 연계시키는 플랫폼을 개시했으며, 1세대 원브랜드샵인 미샤의 운영사인 에이블씨엔씨도 2020년에 고객이 미샤의 온라인몰에서 오프라인 매장의 직원과 1 대 1로 상담도 하고 구매도 할 수 있는 서비스를 개시했다.

2.4 화장품전문점

화장품전문점은 제조업체, 제조업체의 대리점, 화장품 도매상 등으로부터 제품을 공급받아 판매하는 대표적인 화장품 간접유통채널이다. 화장품전문점은 1980년대 중반부터 1990년대 중반까지 가장 주된 화장품 유통경로였으며, 2000년대 초까지도 방문판매에 이어 두 번째로 점유율이 많았지만, 그 후 10년이 지난 2010년대 초에는 점유율이 1% 정도에 불과할 정도로 크게 위축되었다. 2000년대 초에 등장한 원브랜드샵이 중저가시장을 크게 잠식하면서 경쟁력을 상실하기 시작하였으며, 인터넷 구매의 확산, 피부관리를 겸하는 신방판의 등장, 대형마트의 화장품시장 진입 등이 화장품전문점의 쇠퇴를 가속화시켰다. 어려움에 직면한 화장품전문점들이 영업을 중단하거나 원브랜드샵 등으로 전환하면서 거리에서 그 모습을 거의 찾아볼 수 없게 되었다.

2.5 H&B스토어

건강(Health)과 미(Beauty)를 추구하는 점포를 의미하는 H&B스토어는 2000년대 후반부터 화장품 유통경로로 각광을 받고 있다. 2008~2016년 동안의 H&B스토어의 화장품 매출액 연평균성장률은 모든 유통채널 중에서 가장 높은 25%를 기록하였으며, 2017년 이후에도 MZ세대의 영향으로 화장품 오프라인 유통채널 가운데 유일하게 꾸준한 성장세를 보였다. 다만 코로나19가 본격화된 2020년에는 매출액이 10%가량 감소하였다. H&B스토어가 화장품의 유력한 유통채널로 부상함에 따라 홈쇼핑에 진출하였던 업체, 백화점에서 철수한 업체, 약국용 화장품제조업체 등의 입점이 크게 늘어났다.

우리나라의 H&B스토어는 미국의 드럭스토어(Drug Store)의 개념으로 출발하였으나 현재는 의약품은 취급하지 않고 화장품, 이미용품, 스킨케어용품, 건강식품 등의 다양한 상품군을 취급하고 있다. 여러 상품군 가운데 화장품의 판매 비중이 압도적으로 높으며, 중견 화장품 제조업체들의 다양한 브랜드를 취급하고 있다. 우리나라에서는 1999년 CJ의 올리브영 1호점이 가장 먼저 개설되었으며, 뒤를 이어 랄라블라(GS), 롭스(롯데) 등이 진출하여 경쟁을 벌이고 있다. 신세계도 분스(Boons, 2012~2015)와 부츠(Boots, 2017~2020) 등 2

개 H&B스토어 브랜드를 론칭시켰으나 올리브영과의 경쟁을 이기지 못하고 모두 철수하였다. H&B스토어는 다양한 상품구색과 가격경쟁력 강화를 위해 우수 제조업체의 발굴, PB 상품의 개발, 해외브랜드 직수입 등의 활동을 전개하고 있다. 또한 MZ세대에 대한 공략을 위해 온라인 사업에도 힘쓰고 있다. 예를 들어 CJ올리브영은 온라인쇼핑몰에서 주문한 고객이 3시간 내에 주문한 상품을 받을 수 있도록 주소지 인근의 매장에서 배송해주는 '오늘드림' 서비스를 제공하고 있으며, 업계 최초의 뷰티 전문 라이브커머스인 '올라이브'를 운영하고 있다.

2.6 TV홈쇼핑

TV홈쇼핑은 단기적으로 많은 매출을 올릴 수 있는 가능성이 있다는 점과 장시간 동안 TV에 노출됨으로써 홍보효과를 거둘 수 있다는 점 때문에 대형 제조업체, 해외브랜드, 중소 제조업체, 메이크업 아티스트 등 다양한 주체들이 참여하고 있으며, 경기의 침체로 화장품의 오프라인 매출이 부진해지면서 더욱 많은 주목을 받고 있다. 오프라인에서 판로를 확보하기 어려운 중소 화장품제조업체들은 주로 기능성 화장품을 중심으로 홈쇼핑에 진출하고 있다([글 11-3] 참조). 예를 들어 중소 제조업체가 개발한 약국용 화장품 등 기능성이 강화된 제품이 많은 매출을 올리는 사례들이 나타나고 있다. 해외브랜드도 백화점에만 집중하지 않고 홈쇼핑에 참여하는 사례가 늘고 있으며, 국내 대형 제조업체들의 참여도 활발하게 이루어지면서 홈쇼핑용 브랜드를 개발하여 론칭시키는 사례들도 나타나고 있다. 홈쇼핑 화장품 판매에 있어서 특징적인 것으로 메이크업 아티스트들의 참여가 늘고 있다는 점을 들 수 있다. 이들은 주로 화장품 OEM(위탁생산)/ODM(위탁개발 및 생산) 업체와의 제휴를 통해 제품을 개발하여 자신의 이름으로 화장품을 판매하고 있다.

글 11-3 중소 화장품 제조업체의 홈쇼핑 성공 사례

홈쇼핑 업계에서 대표적인 화장품 히트상품이 '철벽녀 쿠션 파운데이션'이다. 2017년 출시된 이후 3년만에 누적 판매량이 480만 개(560억원)를 넘었다. 중소기업 전문 홈앤쇼핑에서 3년 연속으로 쿠션 파운데이션 분야에서 판매 1위를 유지하고 있다. 다양한 제품이 넘치고 수요 트렌드가 급변하는 홈쇼핑시장에서 독보적인 인기를 누리고 있는 것이다. 철벽녀는 '도도한 20~30대 여성'인 동시에 '잡티와 기미 등을 철벽처럼 방어해준다'는 의미를 담고 있는 뷰티피플인터내셔널의 대표 제품이다. 이종섭 뷰티피플 대표(50)는 "내년에는 신제품과 새 브랜드로 온라인과 해외시장을 적극 공략할 계획"이라고 말했다. 이 대표는 대기업이 장악한 기초화장품 대신 색조화장품 시장에 뛰어들었다. 젊은 소비자들이 온라인몰에서 쉽게 구매하는 색조화장품에 승산이 있다고 판단한 것이다. 첫 제품인 펜슬형 아이라인(백설공주 젤펜슬라이너) 개발에만 꼬박 1년이 걸렸다. 쉽게 아이라인을 그리면서도 번짐 현상이 적은 제품을 만드는데 실패만 수십번 했다. 이후 아이섀도와 펄 피그먼트 팩트를 내놓아 입지를 다졌다. 지마켓, 위메프, 티몬 등 3대 소셜커머스의 뷰티 메이크업 카테고리에서 1위를 지속하고 있다.

자료 : 한국경제, "홈쇼핑 히트 화장품 브랜드(철벽녀) 뷰티피플, '돌(doll)녀' 브랜드와 신제품으로 시장 공략," 2020년 1월 2일

2.7 대형마트

대형마트 경로는 정부의 대형마트 출점 제한, 높은 매출수수료, 인터넷쇼핑몰 등 여타 유통경로와의 치열한 경쟁 등으로 인해 2010년 이후에는 매출이 정체되는 현상을 보이고 있다. 대형마트의 화장품매장은 세 가지로 구분될 수 있다. 첫째, 화장품을 전문적으로 취급하는 벤더사에게 운영을 맡기고 있는 종합매장, 둘째 대형 제조업체가 직영하는 단독매장, 셋째 샵인샵의 형태로 입점한 브랜드샵(원브랜드샵과 멀티브랜드샵)이다. 그런데 2010년대에 들어 전체적인 매출은 늘지 않는 상태에서 브랜드샵의 매출규모는 커지고 여타 매장의 매출규모가 감소하는 경향을 보이고 있다. 대형마트는 특히 종합매장의 매출향상을 위해 제조업체와 공동으로 자사의 매장에서만 판매되는 PNB(Private National Brand)를 개발하여 판매하기도 한다. PNB는 특정 매장에서만 판매된다는 점에서 제조업체 브랜드와 구별되고, 제조업체의 브랜드를 사용하고 AS도 제조업체에서 담당한다는 점에서 PB와도 구별된다.

2.8 온라인쇼핑

온라인쇼핑은 2000년대에 들어 가장 빠른 속도로 발전하고 있는 화장품 유통경로이다. 화장품의 온라인쇼핑 매출액이 전체 화장품 매출액에서 차지하는 비중은 2010년의 11.6%에서 2015년에는 19.4%로 20%대에 다가섰고, 2017년부터는 30%대로 진입하였으며, 코로나19가 발생한 2020년에는 43.5%에 달했다([표 11-6] 참조). 특히 2020년에는 전체 화장

표 11-6 화장품의 온라인 · 오프라인 매출액 비중 연도별 추이 (단위 : 조원, %)

구분		2017	2018	2019	2020
화장품매출액	전체	25.7	29.8	34.7	28.5
	오프라인	17.6	20.0	22.4	16.1
	온라인	8.1	9.8	12.3	12.4
온라인쇼핑 비중		31.5	32.9	35.4	43.5

자료 : 통계청, 국내통계>도소매>소매매출액>재별 및 상품군별 매출액
국내통계>도소매>온라인쇼핑동향조사>온라인쇼핑몰판매매체별/상품군별거래액

품시장의 매출액이 전년에 비해 17.9%나 감소하였음에도 불구하고 온라인쇼핑은 미미하긴 하지만 오히려 상승하였다. 온라인쇼핑의 성장배경에는 온라인상에서 다른 사람들의 사용 후기를 확인하고 화장품을 구매하려는 소비자들의 구매심리가 바탕이 되고 있다.

2014~2019년 기간 동안 온라인쇼핑 가운데에서도 특히 모바일쇼핑을 통한 화장품 매출액이 크게 증가하였다. 이 기간 동안 PC쇼핑 매출액은 3배 정도 증가하는 데 그친 반면, 모바일쇼핑 매출액은 6배 정도 증가하였다. 그 과정에서 2015년에는 온라인쇼핑 매출액에서 모바일쇼핑 매출액이 차지하는 비중이 PC쇼핑 매출액이 차지하는 비중을 추월하였으며(54.3% vs 45.7%), 2019년에는 모바일쇼핑의 비중이 60%에 접근했다([표 11-7] 참조). 그런데 2020년에 코로나19 사태가 발생하면서 모바일쇼핑 매출액은 줄어들고 PC쇼핑 매출액은 증가하면서 PC쇼핑 매출액의 비중이 다시 모바일쇼핑 매출액의 비중을 앞서게 되었다. 이는 소비자들이 집에 머무는 시간이 늘어나면서 '이동 중의 인터넷 접속'이라는 모바일쇼핑의 장점이 줄어든 반면, 집에서 PC를 더 많이 사용하게 되면서 나타난 현상이라고 볼 수 있다.

표 11-7 화장품의 PC쇼핑 · 모바일쇼핑 매출액 비중 (단위 : 조원, %)

구분		2017	2018	2019	2020
합계	매출액	8.1(100.0)	9.8(100)	12.3(100)	12.4(100)
	성장률	-	21.0	25.5	0.8
PC쇼핑	매출액	3.5(43.2)	4.3(43.9)	5.0(40.7)	6.8(54.8)
	성장률	-	22.9	16.3	36.0
모바일쇼핑	매출액	4.6(56.8)	5.5(56.1)	7.3(59.3)	5.6(45.2)
	성장률	-	19.6	32.7	-23.3

* 괄호안은 매출액을 100%로 볼 때 PC쇼핑과 모바일쇼핑이 차지하는 비중임.
자료 : 통계청, 국내통계 > 도소매 > 온라인쇼핑동향조사 > 온라인쇼핑몰판매매체별/상품군별거래액

또한 온라인 매체 중에서 소비자들이 가장 많이 이용한 매체는 소셜커머스와 오픈마켓인 것으로 나타났다. 모바일 리서치 플랫폼인 오픈서베이가 매년 1월 국내에 거주하는 20~49세 여성 1,500명의 대상으로 실시한 '최근 1년 내에 화장품을 구매한 온라인 채널'에 대한 설문조사에 따르면 2017~2020년에 가장 많은 사람이 구매한 온라인 채널은 소셜커머스와 오픈마켓이었으며, 제조업체 브랜드의 쇼핑몰과 종합몰이 그 뒤를 이었다. 또한 시간이 흐를수록 소셜커머스를 이용하는 사람들이 빠르게 증가하고 있는 것으로 나타났다([표 11-8] 참조).

화장품 업계에서 온라인 유통채널의 중요성이 커지면서 화장품과 관련된 모든 유통경로

표 11-8 최근 1년 내 제품별 구매 채널

(단위 : %)

온라인 쇼핑몰 유형	스킨/로션				베이스메이크업				색조메이크업			
	2018	2019	2020	2021	2018	2019	2020	2021	2018	2019	2020	2021
소셜커머스	25.5	25.4	27.7	34.9	21.0	21.5	21.4	26.1	17.6	19.1	19.3	21.9
오픈마켓	31.4	31.1	35.1	33.9	26.3	25.8	26.6	25.9	20.5	19.9	20.3	19.1
브랜드 쇼핑몰	-	23.2	25.5	29.3	-	16.7	16.1	17.6	-	13.9	13.4	16.4
종합몰	21.3	19.1	17.9	22.6	18.0	14.4	13.3	15.2	11.1	11.3	10.5	11.2

자료 : 오픈서베이, 뷰티 트렌드 리포트, 2018~2021.

구성원들이 온라인 판매의 활성화를 위해 노력하고 있다. 우리나라의 화장품 빅2 제조업체 중 하나인 아모레퍼시픽은 '아모래퍼시픽몰'을 운영하는 한편, 쿠팡, 11번가, 네이버 등에 입점하는 등 본격적으로 온라인 사업에 나서고 있다. LG생활건강은 2013년 '뷰티앤써'를 개설하면서 자사의 주력 브랜드뿐만 아니라 타사 브랜드도 동시에 취급하는 등 적극적인 활동을 전개하였으며, 2016년부터는 네이처컬렉션몰을 공식 통합플랫폼으로 규정하고 시너지효과의 상승을 위해 더페이스샵을 포함한 이자녹스, 수려한 등 다양한 브랜드를 통합적으로 관리하고 있다. 백화점, 면세점, 방문판매, 브랜드샵 등 확고한 오프라인 유통경로를 확보하고 있는 대기업보다는 오프라인 유통경로를 유지하기 힘든 중소기업에게는 온라인 유통경로는 생존을 위한 유일한 대안이 될 수도 있기 때문에 더욱 중요한 의미를 지닌다([글 11-4] 참조).

대표적인 화장품 유통기업인 신세계백화점은 2019년부터 자사의 화장품 PB인 시코르의 인터넷쇼핑몰 '시크로닷컴'을 운영하고 있다. 1세대 원브랜드샵인 미샤의 운영사인 에이블씨엔씨는 2020년 자사의 화장품 온라인몰을 통해 고객이 오프라인 매장의 직원과 1 대 1로 피부나 제품에 대해 상담도 하고 구매도 할 수 있는 서비스를 도입했으며, H&B스토어인 CJ올리브영도 2020년부터 고객이 온라인으로 주문하면 주소지 인근의 매장에서 고객이 3시간 이내에 제품을 받을 수 있도록 배송해주는 서비스를 제공하고 있다.

글 11-4 클리오의 온라인쇼핑 유통경로 강화

1997년 설립된 클리오는 색조 메이크업 브랜드 클리오를 바탕으로 유통채널 다각화를 이루어내며 매출을 끌어올려왔다. 그러나 2018년 중국 사업전략이 전격적으로 변경되면서 중국과 더불어 국내에서도 오프라인에서 온라인 유통채널로 사업 무게 중심을 이동시켰다. 클리오 이사회가 '지점 폐지의 건'을 처음으로 주요 논의 안건으로 상정한 건 2017년이다. 그동안 점포 확장을 통해 매출을 증가시켰지만 이때부터 점차 이상 징후가 포착됐다. 지급임차료 부담이 커지면서 로드숍 중심의 외형확장 전략에 제동이 걸리기 시작했다. 오프라인에서 온라인 유통채널로 전환을 해나가는 과도기 단계에서 클리오의 오프라인 매장수는 133개로 2018년 최다를 기록했다. 점포 확장에도 불구하고 매출은 전년 동기 대비 3.2% 감소한 1,874억원을 기록했다. 기존 사업계획을 수정하지 않을 경우 고정비 부담으로 인한 지속적인 출혈이 불가피했다. 이사회는 2019년에 이르러 지점 폐지의 건을 본격적으로 논의하기에 이르렀다. 클리오의 주요 판매채널은 수출, 온라인, 면세점, 브랜드숍, H&B로 구분된다. 그중 매출의 상당 부분을 차지했던 직영 브랜드숍을 축소하면서 온라인 채널에 힘을 기울였다. 브랜드숍이 대폭적으로 줄면서 지난해 지급임차료는 7억원으로 전년 동기 대비 73.3% 감소했다. 중국에서는 오프라인 점포를 전면 철수한 상태다. 2017년 중국의 경제보복 이후 점포를 차례대로 정리한 후 현재는 현지 온라인 채널을 통한 상품 판매에 집중하고 있다. 덕분에 해외 자회사 상해클리오화장품유한회사는 지난해 첫 당기순이익 7억원을 기록했다. 코로나19 영향으로 수익성이 약화되기는 했지만 클리오는 지난해 경쟁사 대비 선방한 실적을 기록한 것으로 평가된다. 실제 매출과 영업이익은 각 2,182억원, 62억원으로 전년 동기 대비 12.8%, 66.6% 감소했지만 선제적으로 점포 구조조정을 단행한 덕에 흑자를 유지했다.

자료 : 더벨 "클리오, '흑자' 지켜낸 이사진의 결단," 2021년 4월 5일

2.9 면세점

면세점은 2015년 이후에 매출액 점유율이 가장 높은 유통경로 중의 하나로 급부상했다. 특히 백화점과 방문판매 등의 여타 고가 화장품 유통경로들은 쇠퇴하고 있는 반면 면세점의 점유율은 빠른 속도로 증가했다. 우리나라의 대표적인 고가 화장품 제조업체인 아모레퍼시픽의 유통경로별 매출액 점유율은 이를 잘 보여주고 있다([표 11-9] 참조). 2012년 백

표 11-9 아모레퍼시픽의 유통경로별 매출액 점유율 추이(해외법인 제외) (단위 : %)

<table>
<tr><th>연도</th><th>전문점</th><th>할인점</th><th>방문판매</th><th>백화점</th><th>기타</th><th>합계</th><th>면세점</th><th>온라인</th></tr>
<tr><td>2012</td><td>16.9</td><td>8.7</td><td>29.0</td><td>33.0</td><td>1.0</td><td>88.7</td><td>–</td><td>11.3</td></tr>
<tr><td>2013</td><td>18.0</td><td>8.6</td><td>26.9</td><td>14.1</td><td>2.4</td><td>69.8</td><td>16.7</td><td>13.5</td></tr>
<tr><td>2014</td><td>16.5</td><td>6.2</td><td>21.2</td><td>11.6</td><td>1.9</td><td>57.6</td><td>27.2</td><td>15.3</td></tr>
<tr><td>2015</td><td>14.8</td><td>5.2</td><td>19.7</td><td>10.2</td><td>1.7</td><td>51.4</td><td>34.9</td><td>13.7</td></tr>
<tr><td>2016</td><td>12.6</td><td>4.0</td><td>17.6</td><td>8.9</td><td>2.3</td><td>45.5</td><td>42.5</td><td>12.0</td></tr>
<tr><td>2017</td><td colspan="6">54.5</td><td>33.3</td><td>12.1</td></tr>
<tr><td>2018</td><td colspan="6">52.3</td><td>36.9</td><td>10.7</td></tr>
<tr><td>2019</td><td colspan="6">44.6</td><td>43.1</td><td>12.3</td></tr>
<tr><td>2020</td><td colspan="6">41.9</td><td>35.5</td><td>22.6</td></tr>
</table>

자료 : 금융감독원 전자공시시스템>아모레퍼시픽 사업보고서>사업의 내용(2012~2020)
(모든 숫자는 해외법인을 제외한 국내 점유율 100%로 환산된 수치임)
(이 회사는 2017년부터 면세점 및 온라인 이외의 채널에 대해서는 구체적인 수치를 제시하지 않음)

화점의 매출액 점유율은 33.0%로 1위를 차지하고 있었지만 2013년부터 급속히 감소하기 시작해서 불과 4년만인 2016년에는 거의 4분의 1 수준인 8.9%로 축소되었다. 방문판매 또한 2012년에는 매출액 점유율이 29.0%로 2위를 차지하였지만 2016년에는 17.6%로 축소되었다. 반면에 면세점은 2012년에는 존재가 미미했지만 빠른 속도로 성장하면서 2016년 42.5%라는 괄목할만한 점유율을 달성하면서 독보적인 1위의 위치를 차지했다. 심지어 코로나로 인해 면세점 사업이 크게 타격을 받은 2020년에도 아모레퍼시픽의 면세점 점유율은 35.5%로 1위를 유지하고 있다.

이렇게 면세점 채널이 크게 각광을 받게 된 데는 두 가지 원인이 있다. 첫째는 외국인 관광객, 특히 중국 요커(遊客)의 증가가 매우 중요한 원인이 되고 있다. 요커는 2010년대 중후반에 면세점 매출의 80% 이상을 차지하고 있었고, 면세점에서의 화장품 매출액은 면세점 전체 매출액의 50~60%를 차지했다. 중국 요커가 한국의 고급 화장품을 백화점 등에 비해 훨씬 저렴하게 구매할 수 있는 면세점을 선호하면서 면세점의 판매 점유율이 급격하게 높아졌다. 둘째는 시내 면세점의 수가 2010년대 중반 이후 많이 증가했다는 점도 중요한 요인이다. 시내 면세점은 전체 면세점 매출의 3분의 2를 점하고 있었고, 공항, 항만 등 출국장 면세점의 매출보다 훨씬 빠른 속도로 성장하고 있었다.

그런데 2017년에 들면서 사정이 크게 달라졌다. 한국의 사드배치에 따른 중국 정부의 보복으로 중국인 단체 관광객이 사라지면서 매출에 큰 타격을 받았다. 중국의 한국 화장품에 대한 수요를 충족시키기 위해 보따리상을 의미하는 다이공(代工)이 늘어나기는 하였지만 다이공이 비행기값과 수고료를 지불하고 모셔와야 하는 귀하신 몸이 되면서 면세점의 수익성은 크게 악화되었다. 더욱이 2020년의 코로나19로 인해 외국인 관광객이 90% 이상 감소하면서 면세점은 더욱 큰 타격을 입었다. 이렇게 되자 면세점 사업권을 반납하거나 점포를 철수시키는 면세점들도 생겨났다. 2021년 현재 화장품의 면세점 판매는 2012년 이래 최악의 상황을 맞고 있지만 코로나19가 어느 정도 진정될 것으로 예상되는 2022년부터는 빠른 속도로 회복될 수 있을 것으로 예상된다.

제 5 절 주류의 유통경로

1. 주류의 개념

우리나라의 주세법에 의하면 주류는 '주정(酒精)과 알코올 성분 1도 이상의 음료'를 의미한다. 주정은 식품이나 맥주, 소주 등 타 주류의 원료로 쓰인다. 즉, 주류에서 주정을 제외한 모든 주류는 소비재인 반면, 주정은 산업재로 분류될 수 있다. 또한 주류법은 주정 이외의 주류를 크게 발효주류(탁주, 약주, 청주, 맥주, 과실주), 증류주류(소주, 위스키, 브랜디, 증류주, 리큐르), 기타주류 등으로 구분하고 있다. 세제와 세율도 술의 종류에 따라 달리 적용하고 있다.

우리나라의 주세법은 1968년에 개정된 이후 50여 년 동안 모든 유형의 주류에 대해 종가세를 유지해오다가 2021년 3월부터 맥주와 탁주에 대해 종량세로 전환하였다. 종가세는 출고가격의 일정비율로 세금을 매기는 방식인 반면 종량세는 출고하는 주류에 대해 구체적인 종류나 도수와는 무관하게 리터당 일정 금액을 세금으로 부과하는 방식이다. 먼저 종가세를 부과하고 있는 주종의 세율은 약주 30%, 청주 30%, 과실주 30%, 소주 72%, 위스키 72% 등으로 규정되어 있다. 즉, 약주, 청주 등의 전통주의 세율은 30%, 소주, 위스키 등의 일반주류의 세율은 72%에 이르고 있다. 또한 종량세를 부과하고 있는 탁주와 맥주를 살펴보면 탁주는 리터(ℓ)당 41.7원의 세금을 부과하는 반면, 맥주는 리터당 830.3원의 세금을 부과한다. 동일한 양에 대해 맥주의 세금이 탁주의 세금의 무려 20배에 이른다. 즉, 우리나라의 주세법은 전통주의 육성을 위해 전통주에 유리하게 규정되어 있음을 알 수 있다. 맥주와 탁주의 종량세로의 전환은 부피는 작으면서 가격이 비싼 고급제품에 유리한 측면이 있다. 이에 따라 향후에는 수제맥주를 비롯한 고급맥주와 도수가 높은 고급소주 등의 출현이 활발해질 것으로 예상되고 있다.

2. 주류의 시장규모 추이

[표 11-10]은 2007~2019년의 13년 동안의 국내생산주류의 시장규모 추이를 보여주고 있다. 이 기간 동안 제조업체 출고가를 기준으로 한 국내생산주류의 시장규모는 7조 2,000억원에서 8조 4,600억원으로 불과 17.5% 증가하는데 그쳤다. 이는 우리나라의 주류시장이 완전한 성숙시장에 들어서 있었음을 의미한다. 또한 국내생산주류의 시장규모는 2015년에

표 11-10 국내생산주류 시장규모의 연도별 추이

(단위 : 원, %)

구분		2007	2008	2009	2010	2011	2012	2013
국내생산주류	합계	7조 2,000억	7조 4,000억	7조 3,300억	7조 5,700억	7조 7,000억	7조 9,300억	8조 3,300억
	맥주	3조 3,200억 (46.1)	3조 5,600억 (48.1)	3조 6,100억 (49.2)	3조 6,700억 (48.5)	3조 8,000억 (49.4)	4조(50.4)	4조 3,000억 (51.6)
	소주	2조 6,900억 (37.4)	2조 8,800억 (38.9)	2조 8,300억 (38.6)	2조 8,700억 (37.9)	2조 8,700억 (37.3)	2조 9,900억 (37.7)	3조 1,200억 (37.5)
	탁주	1,600억	1,700억	2,600억	4,500억	5,100억	5,000억	4,700억
구분		2014	2015	2016	2017	2018	2019	
국내생산주류	합계	8조 6,200억	8조 8,600억	8조 8,100억	8조 7,500억	8조 5,500억	8조 4,600억	
	맥주	4조 3,300억 (50.2)	4조 3,400억 (49.0)	4조 2,100억 (47.8)	4조 1,000억 (46.9)	3조 8,600억 (45.1)	3조 6,900억 (43.6)	
	소주	3조 3,700억 (39.1)	3조 4,700억 (39.2)	3조 5,900억 (40.7)	3조 6,800억 (42.1)	3조 6,200억 (42.3)	3조 7,400억 (44.2)	
	탁주	4,800억	4,700억	4,500억	4,500억	4,600억	4,400억	

자료 : 국세청홈페이지>정보공개>국세통계포털>자료실>통계간행물>국세통계연보>주세신고현황

8조 8,600억원으로 정점을 찍은 후 지속적으로 감소하고 있다. 이는 주류 자체에 대한 수요가 줄어들었다기보다는 수입와인이나 수입맥주 등 수입주류의 시장규모가 커지면서 국내생산주류에 대한 수요가 감소하였음을 의미한다.

주종별로 살펴보면 2019년을 기준으로 맥주가 43.6%, (희석식)소주가 44.2%로 두 개의 주종이 국내생산주류 시장의 87.8%를 점하고 있다. 맥주는 2012~2014년에는 국내생산주류의 50% 이상을 차지하고 있었으나 2015년부터 지속적으로 감소하면서 2019년에는 43.6%까지 하락하였다. 이에 반해 소주는 줄곧 30% 후반에서 머물다가 2016년부터 40% 이상의 비중을 차지하기 시작하였으며 2019년에는 맥주를 능가하면서 44.2%까지 상승하였다. 맥주의 점유율이 줄어든 것은 소주와의 경쟁에서 뒤쳐졌기 때문이라기보다는 수입맥주가 상당부분 국내생산맥주를 대체하였기 때문이다. 수입맥주가 단기간에 국내맥주시장을 잠식한 데는 품질 등에도 이유가 있겠지만 종가세 부과로 인한 구조적인 불리함이 작용한 측면도 있다. 그런데 2021년 맥주에 대해 종가제가 폐지되고 종량세가 도입되면서 국내맥주의 가격경쟁력이 향상되었기 때문에 국내생산맥주의 침체가 완화될 수 있을 것으로 예상되고 있다([글 11-5] 참조). 탁주는 2007~2019년의 기간 동안 시장규모가 약 1,600억원에

서 약 4,400억원으로 약 3배 가까이 성장하였으나, 세부적으로 보면 2011년에 5,100억원으로 정점을 찍은 뒤 줄곧 감소 추세를 보이고 있다. 국내생산 위스키는 2007년에는 시장규모가 약 5,200억원이었으나 2019년에는 약 50억원으로 그 규모가 급감하면서 거의 시장에서 소멸하는 모습을 보였다.

글 11-5 주세의 종량세로의 전환과 국내 맥주제조업체의 경쟁력

한국의 조세법은 2021년 3월부터 맥주에 대해 기존의 종가세를 폐지하고 종량세로 전환하도록 규정하고 있다. 국내의 맥주 대기업들과 수제맥주 업계는 한 목소리로 종가세를 폐지하고 종량세를 도입해줄 것을 요구해왔다. 맥주 대기업들은 종가세가 국내생산 맥주를 역차별하고 있다는 점을 지적했다. 종가세는 국산맥주에 대해서는 공장 출고가격의 72%, 수입맥주에 대해서는 신고수입가의 72%가 부과된다. 그런데 종합주류도매상에게 공급되는 국산맥주의 출고가격에는 원가뿐만 아니라 판매관리비와 이윤 등이 포함되어 있는 반면, 수입맥주에는 수출국 공장의 출고가에 운임비를 더한 수입신고가만 포함되어 있을 뿐 국내에서의 판매관리비와 이윤은 포함되어 있지 않다. 즉, 수입맥주의 경우에는 수입신고가를 기준으로 세금을 낸 후에 판매관리비와 이윤을 더해서 유통업체에 판매된다. 이렇게 세금을 부과하는 기반에서 차이가 있기 때문에 국산맥주는 수입맥주에 비해 가격경쟁력이 떨어질 수밖에 없었다. 이러한 가격경쟁력이 2012년 무렵부터 2010년대 말까지 편의점에서 수입맥주를 4캔에 1만원에 판매하면서 우리나라의 맥주시장을 풍미할 수 있었던 밑바탕이 되었다. 종량세가 도입되면서 국산맥주에 대한 역차별이 초래한 문제가 상당부분 해소되었다고 할 수 있다.

[표 11-11]은 2014~2020년 7년 동안의 수입신고가를 기준으로 한 수입주류의 시장규모의 추이를 보여주고 있다. 이 기간 동안 수입주류의 시장규모는 약 40% 성장하였다. 동 기간 동안 국내생산주류의 시장규모가 마이너스 성장을 기록한 것과 비교하면 큰 차이를 느낄 수 있다. 주종별로 살펴보면 수입와인은 이 기간 동안 약 1.8배로 규모가 커졌으며, 전체 수입주류에서 자지하는 비중도 24.6%에서 31.2%로 증가하였다. 수입맥주도 동 기간 동안 2배로 규모가 커졌으며, 전체 수입주류에서 차지하는 비중도 14.2%에서 20.5%로 증가하였다. 하지만 수입와인의 시장규모는 지속적인 증가세를 보였던 반면, 수입맥주의 시장규모는 2018년을 정점으로 점차 감소하는 추세를 보이고 있다. 수입위스키는 2014년에는 수입주류 시장에서 와인이나 맥주보다 더 큰 비중을 차지하고 있었지만(25.2%) 그 규모가 꾸준히 줄어들면서 2020년에는 전체 수입시장에서 차지하는 비중이 11.8%로 줄어들었다.

▌표 11-11▐ 수입주류 시장규모의 연도별 추이 (단위 : 달러)

		2014	2015	2016	2017	2018	2019	2020
수입주류	합계	7억 8,600만	7억 9,200만	8억 600만	9억 2,000만	10억 4,400만	10억 2,800만	11억 700만
	와인(과실주)	1억 9,300만	1억 9,900만	1억 9,800만	2억 1,700만	2억 5,200만	2억 7,000만	3억 4,500만
	맥주	1억 1,200만	1억 4,200만	1억 8,200만	2억 6,300만	3억 1,000만	2억 8,100만	2억 2,700만
	위스키	1억 9,800만	1억 8,800만	1억 6,600만	1억 5,200만	1억 5,500만	1억 5,400만	1억 3,100만

자료 : 농림축산식품부, 한국농수산식품유통공사, 주류시장 트렌드 보고서, 2020, 2021.

3. 주류 유통에 대한 정부의 규제

주류는 국민의 건강과 직결되어 있는 제품이기 때문에 정부는 생산에서 판매에 이르는 모든 과정을 규제하고 있으며, 이러한 규제는 주류의 유통경로에도 결정적인 영향을 미치고 있다. 정부의 주류에 대한 규제 가운데 유통과 관련된 중요한 사항들로는 다음과 같은 것들이 있다.

3.1 일반주류의 주류도매상을 통한 거래

맥주, 소주, 위스키 등을 제조하는 일반주류 제조업체들은 직접 소비자나 소매상을 대상으로 판매할 수 없고, 반드시 도매상을 거쳐야 한다. 과거에는 제약업체의 의약품도 반드시 도매상을 경유하도록 되어 있었던 시기가 있었지만 2010년부터 약국이나 병원과의 직거래를 허용하고 있으며, 한약의 경우도 2014년 10월부터 직거래가 허용되었다. 따라서 2014년 10월부터는 주류가 모든 업종 가운데 유일하게 도매상을 경유하여야 한다는 규제를 받고 있다. 국내 제조업체와는 달리 외국으로부터 와인, 양주, 맥주 등을 수입하는 주류수입업체들은 소매상에 직접 판매할 수 있고, 2012년 초부터는 규제가 풀려서 소비자에게도 직접 판매할 수 있게 되었다. 이러한 규제완화는 직접 판매를 허용하여 유통경로를 단축시킴으로써 수입주류의 가격인하를 유도하려는 목적을 가지고 있다. 그렇지만 현실적으로 영세하고 인지도가 낮은 주류수입업체들이 다양한 종류의 수입주류를 직접 소비자에게 판매하기는 쉽지 않기 때문에 규제완화의 효과가 크게 나타나지는 않았다. 탁주, 약주 등의 전통주의 경우에도 전통주 장려책의 일환으로 제조업체가 직접 소매상이나 소비자에게 공급하는 것이 가능하도록 되어 있다.

3.2 주류도매업 및 주류중개업의 허가제

주류를 도매하거나 중개하기 위해서는 국세청으로부터 허가를 얻어야 한다. 즉, 주류도매업이나 주류중개업은 신고제가 아니라 면허를 주는 허가제이다. 이는 무분별한 주류 유통으로 인해 국민건강에 악영향이 미치는 것을 미연에 방지하고, 동시에 세원(稅源)을 관리하여 재정수입을 원활하게 확보하기 위함이다. 주류도매상이 제조업체나 수입업체로부터 주류를 구입하여 소매상, 식당, 주점 등에 판매하는 반면, 주류중개상은 구입을 하는 것이 아니라 제조업체·수입업체와 자신의 조직에 소속되어 있는 가맹점·직영점과의 거래가 이루어지도록 중개자의 역할만을 수행한다. 대표적인 주류중개상으로는 한국슈퍼마켓협동조합, 농협중앙회, 슈퍼체인본부 등을 들 수 있다.

주류도매업면허는 종합주류도매업면허, 특정주류도매업면허, 수입주류전문도매업면허 등으로 구분된다. 종합주류도매상은 탁주와 술의 원료가 되는 주정(酒精)을 제외한 국내외의 모든 주류를 판매할 수 있는데, 주로 일반주류인 맥주, 소주, 위스키를 취급한다. 특정주류도매상은 탁주, 약주, 청주 등의 전통주만을 판매할 수 있으며, 수입주류전문도매상은 주종에 관계없이 모든 수입주류를 판매할 수 있다. [표 11-2]는 주류 판매면허의 유형별 추이를 보여주고 있다. 이 표를 통해 도매상의 수가 조금씩 감소하는 추세를 보이고는 있지만 시장 규모에 비해 대단히 많다는 것을 알 수 있다. 그래서 도매상들은 슈퍼, 주점 등 약 60만 개의 판매처를 놓고 판매처를 확보하기 위해 치열한 경쟁을 벌이고 있다.

표 11-12 ▌주류 판매면허의 유형별 추이 (단위 : 개)

구분		2010	2011	2012	2013	2014	2015	2016	2017	2018	2019
도매업 면허	종합주류도매	1,182	1,173	1,172	1,162	1,159	1,149	1,150	1,144	1,135	1,129
	특정주류도매	1,863	1,895	1,849	1,788	1,677	1,685	1,681	1,628	1,604	1,600
	수입주류 전문도매	117	117	115	112	108	106	104	100	96	94
국내중개업		230	236	243	246	244	236	236	259	250	248

자료 : 통계청, 국내통계>정부·재정>국세통계>주세>주류 면허 현황>주류 판매면허 종류별·지역별 현황

3.3 일반주류 대리점의 불허

맥주, 소주, 위스키 등을 제조하는 일반주류제조업체들은 대리점을 둘 수 없다. 과거에는 약주나 탁주 등의 전통주제조업체들도 대리점을 둘 수 없었으나 1993년에 규제가 풀리면서 대리점을 둘 수 있게 되었다. 이러한 규제완화는 전통주제조업체들이 유통경로상에서 힘을 발휘할 수 있도록 함으로써 전통주 판매의 활성화를 도모하기 위한 조치였다고 할 수 있다.

이에 따라 서울탁주, 국순당, 배상면주가 등 대형 전통주제조업체들은 특정주류도매상들과 대리점 계약을 맺고 제품을 유통시키고 있다. 이러한 대리점들의 상당수는 특정 제조업체의 주류만을 취급하는 전속대리점의 형태를 취하고 있다. 대리점을 둘 수 없는 하이트진로, 오비맥주, 롯데주류 등의 일반주류제조업체들은 여러 회사의 제품을 취급하는 종합주류도매상과의 관계에서 을(乙)의 위치에 서게 되는 반면, 서울탁주, 국순당, 배상면주가 등의 전통주제조업체들의 경우에는 자사의 제품만을 취급하는 전속대리점과의 관계에서 갑(甲)의 위치에 서게 된다. 이로 인해 일반주류제조업체의 경우에는 도매상을 대상으로 하는 '물량 밀어내기' 등과 같은 현상이 발생할 소지가 원천적으로 없는 반면, 전통주제조업체들의 경우에는 '물량 밀어내기', '일방적 계약 해지', '무리한 판매목표 설정' 등의 행위를 함으로써 전속대리점들과 갈등관계를 갖게 될 수 있다.

3.4 온라인 판매의 금지

원칙적으로 주종에 관계없이 주류의 온라인 판매는 금지되어 있다. 예외적으로 전통주에 대해서는 판매활성화를 위해 일부 온라인 판매를 허용하고 있다. 그러나 모든 전통주제조업체에 대해 온라인 판매를 허용하는 것은 아니며 상당히 까다로운 조건을 두고 있다. 즉, 농림축산식품부장관이 추천하는 농·임업인이나 생산자단체가 스스로 생산하는 농산물을 주원료로 하여 제조한 주류, 문화재보호법에 의하여 문화재청장 또는 특별시장·광역시장·도지사가 추천하는 주류, 식품산업진흥법에 의하여 지정된 주류부문의 전통식품 명인에 대하여 농림축산식품부장관이 추천하는 주류에 대해서만 허용되어 있고, 그것도 생산자의 자체 인터넷사이트, 우체국 인터넷사이트, 한국농수산식품유통공사의 전통주 판매전용 인터넷사이트 등의 제한된 인터넷사이트를 통해서만 실수요자에게 판매할 수 있도록 하고 있다. 구매자는 성인인증을 거쳐 1인당 50병 미만의 전통주를 구입할 수 있다.

4. 주류의 유통경로

앞에서 언급한 규제는 주류의 유통경로에 결정적인 영향을 미치고 있고, 또한 일반주류, 전통주, 수입주류 등이 각기 상이한 형태의 규제를 받고 있기 때문에 주류의 유통경로는 일반주류(맥주, 소주, 위스키 등), 전통주(약주, 탁주 등), 그리고 수입주류 등의 3가지 유형으로 나누어 살펴볼 수 있다.

4.1 일반주류의 유통경로

맥주, 소주, 위스키와 같은 일반주류의 유통경로는 [그림 11-7]과 같이 나타낼 수 있다. 일반주류제조업체의 주력 유통경로는 종합주류도매상을 거치는 경로이다. 즉, 일반주류제조업체는 종합주류도매상에게 맥주, 소주, 위스키 등을 판매하고, 종합주류도매상은 이를 식당, 주점, 비가맹 중소슈퍼, 대형 유통업체(대형마트, SSM, 편의점 등) 등에 판매한다. 또 다른 경로는 슈퍼체인본부, 농협중앙회, 한국슈퍼마켓협동조합 등의 중개업체를 통해 슈퍼체인본부나 한국슈퍼마켓협동조합에 소속된 중소슈퍼 가맹점이나 농협중앙회에 소속된 직매장에 판매하는 경로이다. 중개업체를 통한 거래규모는 종합주류도매상을 통한 거래규모에 비해 훨씬 작다.

이러한 유통경로하에서 일반주류제조업체의 영업은 종합주류도매상 대상의 영업, 대형 유통업체 대상의 영업, 그리고 주요 소비처인 식당, 주점 등을 대상으로 하는 영업 등의 3가지 유형으로 나누어진다. 종합주류도매상 대상의 영업은 영업사원 1명이 약 20~30개의 도매상을 담당하여 이루어지는데 주로 도매상에게 중소마트나 주점 등을 대상으로 자사의 제품을 더 많이 취급하도록 독려해 줄 것을 부탁하는 방향으로 이루어진다.

대형 유통업체 대상의 영업은 다시 대형 유통업체 본사 대상의 영업과 대형 유통업체 매장 대상의 영업으로 나누어진다. 대형마트와 같은 대형 유통업체는 대부분의 구매의사결정을 본사에서 총괄하기 때문에 본사에서 근무하는 구매담당자인 MD를 대상으로 하는 영업이 이루어져야 하고, 또한 각 매장에서는 대형 유통업체 주류담당 PM(product manager)의 판촉행사를 지원하고, 자사에서 파견한 판촉사원을 관리하는 등의 활동이 이루어져야 한다.

그림 11-7 ▌일반주류의 유통경로

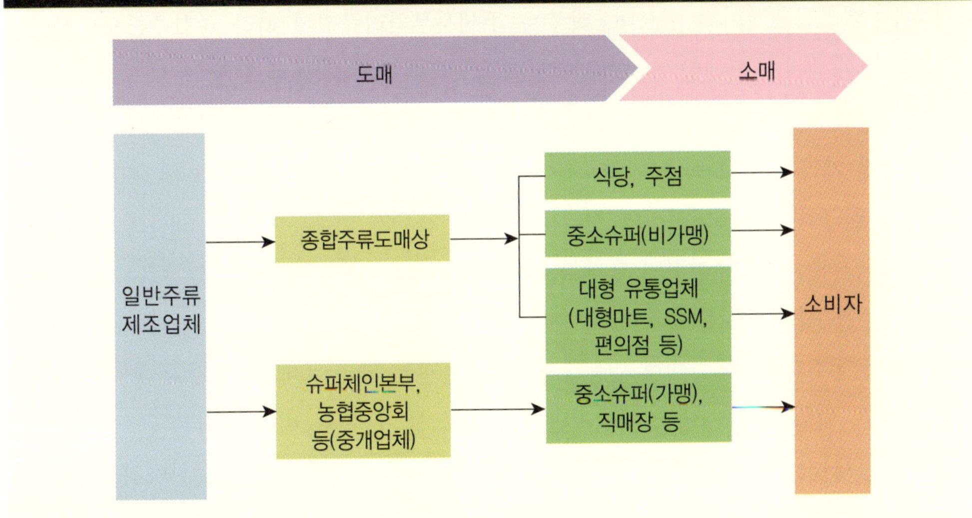

마지막으로 주점이나 식당 등을 대상으로 하는 영업은 영업사원 1명이 약 200개의 주점과 식당을 담당하여 이루어지는데, 주점이나 식당 등을 찾은 손님들을 대상으로 시제품제공 등의 활동을 벌이기도 하고, 점주를 대상으로 자사의 제품을 더 많이 주문해줄 것을 요청하기도 한다. 경우에 따라서는 자사의 제품을 취급하고 있지 않은 점주를 설득해서 자사제품을 취급하겠다는 약속을 얻어내고, 그 점주와 자사의 제품을 취급하고 있는 종합주류도매상을 연결시켜 주는 역할을 하기도 한다. 그러나 어떠한 유형의 영업이든 일반주류제조업체의 영업사원은 주점이나 식당을 대상으로 주문을 받는 활동을 하는 것이 아니라 자사 제품에 대한 정보를 제공하고 자사의 제품에 대해 호의를 가질 수 있도록 하는 활동을 전개한다. 이러한 유형의 영업사원을 일반적인 영업사원과 구분하여 '촉진활동 영업사원(missionary salespeople)'이라고 부른다.

4.2 전통주의 유통경로

전통주는 일반주류에 비해 시장규모가 훨씬 작은 반면, 탁주(막걸리), 약주, 청주, 과실주, 증류식 소주 등 그 종류는 매우 다양하다. 전통주 가운데 가장 큰 시장을 형성하고 있는 주종으로 탁주와 약주가 있다. 탁주의 경우에는 '장수막걸리'로 유명한 서울탁주가 약 40%, 국순당이 약 15%의 시장점유율을 차지하고 있으며, 그 외에 960개에 달하는 많은 수의 소규모 제조업체들이 있다. 약주도 국순당(백세주), 배상면주가(산사춘) 등이 선두권을 이루고 있으며, 그 외에 430여 개에 달하는 많은 수의 소규모 제조업체들이 있다. 전통주의 유통경로는 제조업체의 규모에 따라 두 가지 유형으로 크게 나누어질 수 있다([그림 11-8] 참조).

- **대형 전통주제조업체** : 전통주제조업체는 일반주류제조업체와는 달리 도매상의 역할을 하는 대리점을 둘 수 있으며, 탁주는 주세사무처리규정에 따라 종합주류도매상이나 주류중개상에게 판매할 수 없다. 서울탁주, 국순당, 배상면주가 등 규모가 큰 전통주제조업체들은 시장침투율을 높이기 위해 특정주류도매면허를 가지고 있는 도매상과 대리점 계약을 맺고 탁주와 약주를 유통시키고 있다. 대리점은 특정 제조업체의 주류만을 취급하는 전속대리점의 형태를 취하는 경우가 대부분이지만, 타사의 제품을 같이 취급하는 복합대리점의 형태를 취하기도 한다. 대리점은 제조업체로부터 구입한 전통주를 식당, 주점, 중소마트, 대형 유통업체 등에 납품한다.
- **소형 전통주제조업체** : 대형 전통주제조업체들과는 달리 문배주, 이강주, 안동소주, 진도홍주, 백일주 등 지명도는 높지만 대리점을 둘 수 없는 비교적 작은 규모의 전통주제조업체들은 공장에 위치한 직판장, 많지 않은 수의 직영점, 특산물판매장, 전통주전

그림 11-8 ▮ 전통주의 유통경로

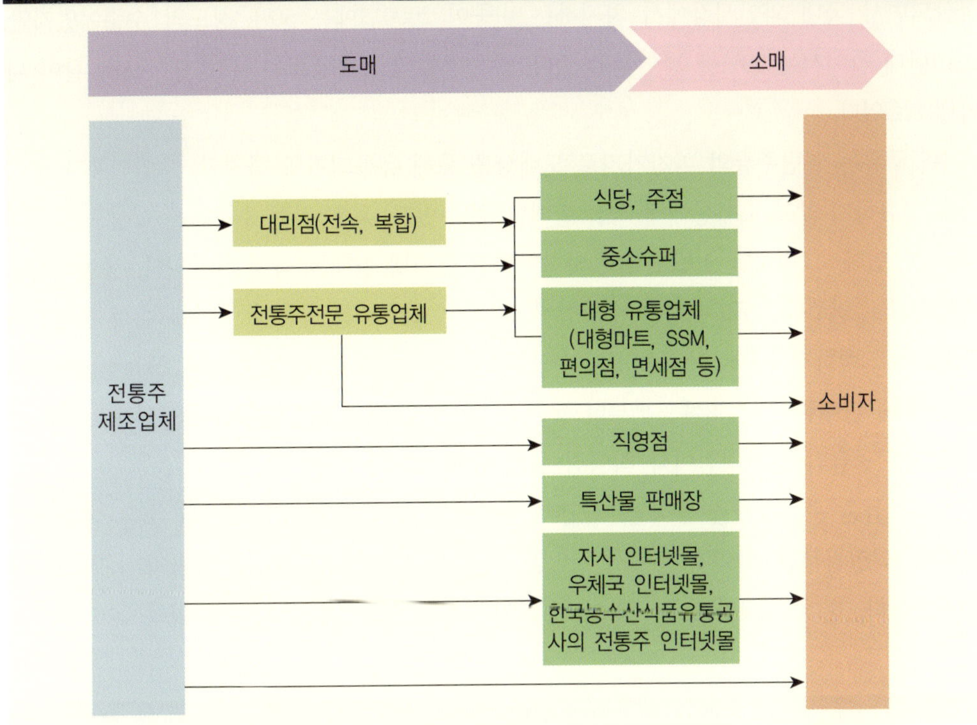

문유통업체 등을 통해 판매하거나 대형 유통업체로부터 직접 주문을 받아 납품하기도 한다. 전통주전문 유통업체는 전화상담이나 방문상담을 통해 일반소비자, 소매상, 기업(선물용) 등에 제품을 판매한다. 막걸리는 일정한 맛을 유지하기 위해서는 냉동탑차, 냉동저장고 등이 필요하지만, 영세한 지역양조장의 경우에는 이러한 설비를 갖추기 어렵기 때문에 대부분 인근의 식당이나 중소마트에 직접 납품하고 있다. 일부 자격을 갖춘 전통주제조업체들은 자사의 인터넷몰, 우체국의 인터넷몰, 한국농수산식품유통공사의 전통주 전용 인터넷몰 등을 통해 판매할 수 있다.

4.3 수입주류의 유통경로

우리나라에는 맥주, 와인, 위스키, 보드카, 럼 등 다양한 주류가 수입되고 있다. 최근에는 저도주를 선호하는 소비 트렌드의 변화에 따라 위스키의 수입이 급격히 줄어든 반면, 맥주와 와인 등의 수입이 증가하고 있다. 국내 맥주시장에서 수입맥주가 차지하는 비중은 2004년에는 1% 정도였으나 젊은층을 중심으로 수입맥주에 대한 선호가 높아지면서 2015년 8.4%, 2019년 21.3% 등으로 급격히 높아져 왔다. 수입맥주의 종류도 2000년대 후반까지도

20여 개에 불과하였지만, 2021년 현재 200개를 넘고 있다. 수입와인은 와인문화가 폭넓게 확산되면서 국내 와인시장에서 차지하는 비중이 2000년에는 50% 정도의 수준이었지만, 2010년대 들어서는 90%를 넘어서고 있다. 수입주류의 유통경로는 [그림 11-9]와 같이 나타낼 수 있다.

수입주류는 일반주류와 마찬가지로 도매상을 통해 유통되기도 하지만, 수입업체가 도매상을 경유하지 않고 소매상에게 직접 판매할 수도 있고, 혹은 직접 소비자를 대상으로 판매할 수도 있다. 그렇지만 일반주류와 마찬가지로 인터넷 판매는 금지되어 있다. 종합주류도매상이나 수입주류전문도매상은 수입업체로부터 수입주류를 공급받아 이를 대형 유통업체(대형마트, 백화점, SSM, 편의점 등), 수입주류전문점, 중소슈퍼, 고급호텔, 음식점, 와인바, 주점 등에 판매한다. 슈퍼체인본부나 농협중앙회와 같은 중개업체들도 수입업체로부터 수입주류를 공급받아 가맹점이나 직영점 등에 유통시킬 수 있다.

소비자들은 수입와인을 음식점, 와인바, 레스토랑 등에서 직접 마시거나 혹은 대형마트, 백화점, 와인전문점, 편의점 등에서 구입할 수 있지만, 와인이 가장 많이 팔리는 장소는 대형마트이다. 현재 대형마트에서 와인 매출액이 소주 매출액을 추월하고 있다. 수입맥주도

그림 11-9 ▌수입주류의 유통경로

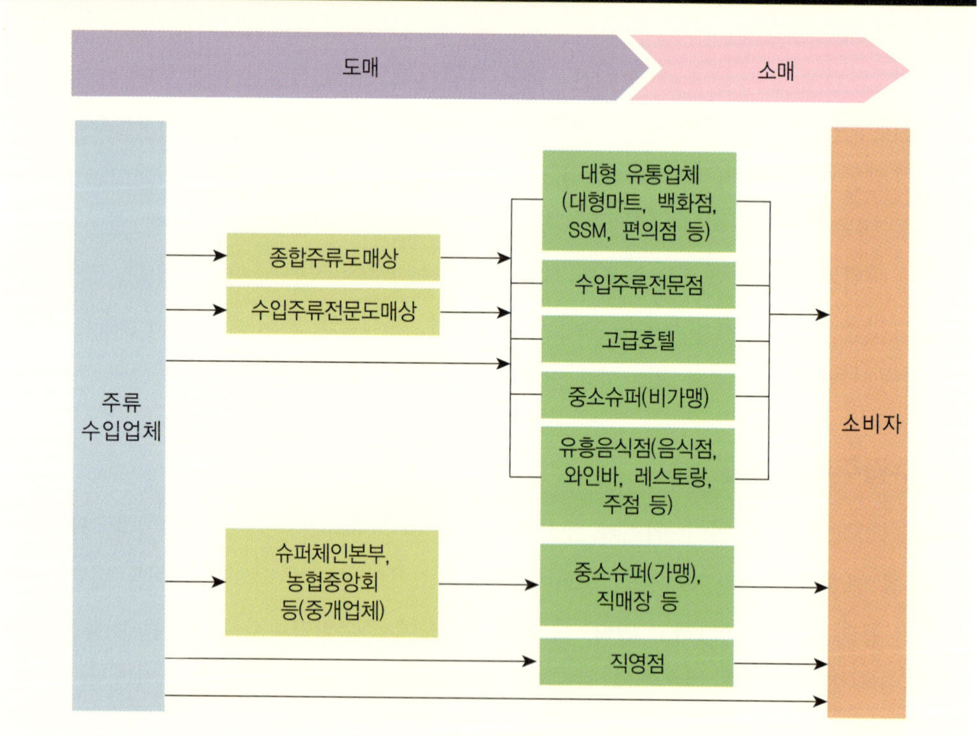

대형마트, 편의점, 백화점, SSM 등 대형 유통업체들을 중심으로 판매되고 있다. 수입맥주를 브랜드별로 보면 2019년 상반기까지만 해도 부동의 1위 자리를 고수하고 있던 아사히는 2019년 7월에 시작된 일본상품 불매운동의 직격탄을 맞으면서 급전직하하였다. 2020년을 기준으로 하이네켄과 칭다오가 매출액 1, 2위를 차지하고 있으며, 호가든, 버드바이저, 코로넨버그, 1664블랑, 스텔라 등이 상위권에 포진되어 있다. 그런데 수입주류의 경우에는 수입업체, 도매상, 소매상이 명확히 구분되어 있는 것은 아니다. 예를 들어 주류수입업체는 스스로 주류도매를 같이 하기도 하고, 가자주류와 같이 수입주류전문 프랜차이즈를 운영하면서 가맹점에 수입주류를 공급하기도 한다. 또한 자신의 매장에서 직접 소비자에게 판매하는 수입업체도 있으며, 대형마트와 같은 대형 소매업체들도 직접 와인, 맥주 등을 수입하고 있다.

4.4 수제맥주의 유통경로

4.4.1 수제맥주의 부흥과 유통경로

수제맥주는 크래프트비어(craft beer)를 번역한 용어이며, 크래프트비어는 규모가 작은 양조장에서 에일, 라거 등 유행이 지난 옛 스타일 맥주를 그대로 재현하거나 혹은 재해석을 가미해 제조한 맥주를 지칭한다. 현재 국내에서는 '오비맥주, 하이트진로, 롯데주류 등 빅3 맥주 제조업체를 제외한 중소규모 브랜드'를 통칭하는 의미로 사용되고 있다. 한국의 수제맥주 역사는 정부가 2002년 '소규모 맥주 제조자' 면허 제도를 도입하면서 시작되었다. 수제맥주 제조 면허를 취득한 업체는 2021년 현재 150여 개에 이른다. '소규모 맥주 제조자' 면허 제도의 도입을 계기로 많은 사업자들이 크레프트비어의 생산에 뛰어들었다. 그런데 당시에는 '수제맥주'라는 용어는 쓰지 않고 '하우스맥주'라는 용어를 사용하고 있었다. 하우스맥주는 균일한 품질 유지의 어려움, 제조업체의 영업장으로 제한된 판매장소, 맛의 다양성 결여 등으로 인해 소비자들의 큰 관심을 끌지 못하였으며 그 결과 2010년 전후에는 존재감이 거의 사라질 정도로 위축되었다.

2010년대에 들어 소비자들 사이에 국산맥주는 맛이 없다는 여론이 높아지고, 2012년부터 수입맥주가 '4캔 1만원' 프로모션을 앞세워 빠른 속도로 국내시장을 잠식하자 정부는 중소브루어리가 생산하는 수제맥주의 활성화를 위해 2014년부터 규제를 완화하는 정책을 내놓기 시작했다. 즉, 2014년에 정부는 수제맥주의 판매를 영업장으로 제한하던 규정을 폐지하고 맥주전문점, 레스토랑 등 일반음식점에서도 판매할 수 있도록 허용하였다. 또한 2017년에는 편의점, SSM, 대형마트 등의 소매유통점에서의 판매도 가능하게 하였으며, 중소브루어리에게 상당한 부담이 되었던 영업장 설치 의무도 폐지하였다. 수제맥주도 일반맥주와 마찬가지로 소매유통업체에 직접 공급될 수는 없고 주류도매상을 반드시 거쳐야 한다. 그런데 대형 일반주류 제조업체는 주류도매상 중에서 종합주류도매상만 거래가 가능하였지만 수제맥주에 대해서는 종합주류도매상은 물론 특정주류도매상과도 거래를 할 수 있도록 하였다. 이는 종합주류도매상이 빅3 일반주류 제조업체와의 관계가 훼손된다거나 혹은 취급물량이 너무 작다는 등의 이유로 수제맥주의 취급을 거절할 수도 있기 때문에 이러한 점을 고려하여 수제맥주 제조업체에게 선택의 폭을 넓혀주기 위한 조치였다고 할 수 있다.

이러한 정부에 조치에 따라 수제맥주의 유통경로는 [그림 11-10]과 같이 영업장, 일반음식점, 대형유통업체 등의 3개의 유형으로 나누어진다. 영업장 채널은 영업장이 한두 곳밖에 없기 때문에 큰 의미는 없고, 나머지 2개 채널은 각각 '음식점채널'과 '소매채널'로 명명될 수 있다. 그런데 매출성장률은 유통채널 유형별로 큰 차이를 보였다. 즉, 국내 수제맥주의 시장규모는 2017년 약 400억원에서 2020년에는 1,200억원으로 3배 가까이 증가하였는데 2017년에는 음식점채널의 매출액이 소매채널 매출액보다 훨씬 큰 비중을 차지하고 있었지만 코로나19가 시작된 2020년에는 소비자들의 음식점 출입이 현격히 줄어들면서 음식점채널 매출액이 마이너스 성장을 한 반면, '홈술족'이 늘어나면서 소매채널 매출액은 크게 증가하였다. 그 결과 2021년에는 소매채널 매출액이 음식점채널 매출액의 2배 이상의 규모가 되었다. 음식점채널의 주체인 맥주전문점이나 레스토랑은 대부분 자영업자에 의해 운영되고 있고, 소매채널에서의 매출액은 대부분 수제맥주 부흥이 시작된 2014년 이래 줄곧 3

그림 11-10 ▌수제맥주의 유통경로

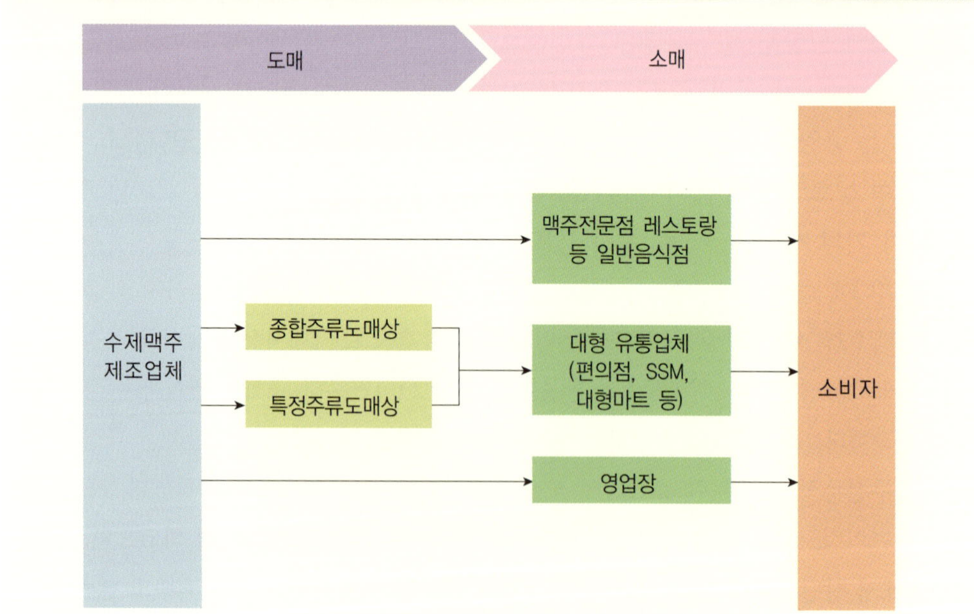

대 편의점 업체들의 주도로 이루어지고 있기 때문에 음식점채널은 '자영업자 유통경로', 소매채널은 '대기업 유통경로'라고 할 수 있다.

정부가 수제맥주의 활성화를 도모한 주된 이유 중의 하나는 수제맥주를 생산하는 중소브로어리의 활성화였다고 할 수 있는데 현실은 전혀 그런 방향으로 전개되고 있지는 않다. 2021년 현재 약 150여 개의 수제맥주 제조업체 가운데 원활한 활동을 전개하고 있는 업체는 10개 미만에 불과하다. 이는 우리나라의 3대 편의점이 수제맥주 시장의 약 70%를 장악하고 있고, 이들 업체들이 수제맥주를 조달하는 과정에서 5~6개 정도의 수제맥주 제조업체만 상대해도 충분하기 때문이다. 그 결과 150여 개 수제맥주 제조업체들 중 대부분이 공급처를 찾지 못해 적자에 시달리고 있으며 문을 닫는 사례들까지 발생하고 있다.

4.4.2 수제맥주시장의 주역

현재 우리나라 수제맥주시장의 주역은 단연 3대 편의점 업체라고 할 수 있다. 편의점 업체들은 수제맥주 제조업체가 독자적으로 만든 상품을 공급받아 판매하는 것이 아니라 다양한 분야의 제조업체와의 협업을 통한 '협업 수제맥주'를 개발하여 판매하고 있다. '협업 수제맥주'는 '특정 제조업체의 유명브랜드의 이름을 내포하고 있으면서 해당 편의점에서만 판매되는 수제맥주'를 의미한다.

'협업 수제맥주'는 PB상품와 유사한듯 보이지만 다음과 같이 두 가지 점에서 차이가 있다. 첫째, PB상품이 유통업체와 PB상품을 생산하는 제조업체와의 거래를 바탕으로 만들어지는 반면, '협업 수제맥주'는 편의점, 브랜드 명칭을 제공하는 제조업체, 수제맥주 전문 제조업체의 3자 간의 협업에 의해 만들어진다. 둘째, PB상품에는 통상적으로 브랜드 명칭을 가지고 있지 않은 경우가 대부분이지만 '협업 수제맥주'에서의 브랜드 명칭은 상품의 이미지를 결정하는데 있어서 매우 중요한 역할을 한다. 주로 식품업체와 협업을 하고 있는 세븐일레븐은 2020년 말에 '유동골뱅이맥주'를 출시하였으며, 2021년에는 '쥬시후레쉬맥주', '스피아민트맥주' 등을 출시하였다. CU는 '말표 흑맥주', '백양BYC 비엔나라거' 등을 출시하였다. 2021년 6월에 출시된 '백양BYC 비엔나라거'는 CU, 속옷 전문기업 BYC, 오비맥주의 협업전문 수제맥주 제조업체인 '코리아 브루어스 콜렉티브(KBC)' 등의 3자의 협업에 의해 만들어졌다. GS25는 2018년 '광화문'과 '제주백록담', 2019년 '경복궁', 2000년 '성산일출봉'과 '남산' 등 랜드마크 시리즈를 출시했으며, 2021년에는 아웃도어브랜드 노르디스크와 협업한 '노르디스크맥주'와 LG전자의 전신인 금성의 이름을 딴 '금성맥주' 등을 출시했다.

수제맥주 전문 제조업체 중에 두각을 나타내는 기업으로 세븐브로이를 들 수 있다. 세븐브로이는 2003년 맥주전문점으로 시작해서 2011년에 최초로 수제맥주 제조면허를 획득한

회사이다. 즉, 대한민국 1호 수제맥주 전문 제조업체이다. 이 회사가 만든 제품 가운데 가장 유명한 것은 단연 '곰표밀맥주'이다. 곰표밀맥주는 세븐브로이와 대한제분의 협업 제품이다. 밀가루 제조업체인 대한제분은 자사 상표인 '곰표'를 제공하고 세븐브로이가 R&D를 통해 생산한 제품이다. 이 맥주는 CU, 롯데마트, 이마트 등에서 판매되고 있으며, 2021년 상반기에 국내생산맥주 및 수입맥주의 모든 브랜드 중에서 매출 1위를 차지하기도 했다. 세븐브로이는 또한 강서맥주, 달서맥주, 해운대맥주, 제주위트에일맥주, 전라맥주, 서초맥주 등 지역명을 딴 수제맥주로도 유명하여, 이 가운데 강서맥주와 달서맥주는 2017년 청와대 호프미팅 때 공식만찬주로 사용되기도 하였다.

4.4.3 향후 전망

수제맥주는 꾸준히 성장해 가면서 점차 대기업의 일반맥주 및 수입맥주와 삼각구도를 이루어갈 것으로 보는 예측이 많다. 이러한 예측에는 여러 가지 요인들이 작용하고 있다. 첫째, 코로나19로 인한 '홈술'문화의 확산을 들 수 있다. 편의점에서 쉽게 접할 수 있는 수제맥주는 술집에 가는 대신에 집에서 마실 술을 사기 위해 집 근처의 편의점을 찾는 소비자들에게 좋은 선택대안이 되었다. 둘째, 개성이 뚜렷하고 재미있는 상품을 선호하는 MZ세대의 본격적인 맥주시장으로의 진입도 크게 영향을 미쳤다. 즉, 특색 있는 브랜드, 독특한 풍미 등 수제맥주의 핵심적인 특징들이 시장을 주도하는 MZ세대의 취향과 잘 부합하면서 폭발적인 구매를 이끌어냈다. 셋째, 주세법의 개정도 수제맥주의 성장에 크게 기여하였다. 정부는 주세법에서의 맥주에 대한 과세방법을 종가제에서 종량제로 개정하여 2021년 3월부터 시행하고 있다.

이러한 조치는 수제맥주 제조업체에 매우 유리하게 작용하였다. 수제맥주 회사들은 오래 전부터 정부를 상대로 종가제를 종량제로 바꾸어줄 것을 줄기차게 요구해 왔다. 그 이유는 수제맥주는 독특한 맛을 내야 하기 때문에 일반맥주에 비해 고급재료를 써야 하고, 제조방식도 상대적으로 복잡하며, 대량생산이 가능하지 않기 때문에 원가가 높아서 출고가격이 일반맥주에 비해 높을 수밖에 없는데 여기에 종가세를 부과하면 세금부담이 커져서 가격경쟁력이 떨어지기 때문이다. 종량세로의 전환으로 수제맥주 업체는 20~30%의 세금감소 효과를 볼 수 있게 되었으며, 이로 인한 상승된 가격경쟁력을 바탕으로 수입맥주의 영역이었던 '4캔 1만원' 행사에 참여할 수 있게 되었다. 또한 편의점이 앞으로도 지속적으로 '술판매'에 매진할 것이라는 예측도 수제맥주가 앞으로도 꾸준히 성장할 것이라는 예상을 뒷받침하고 있다. 한국에서 '술'은 극히 일부의 전통주를 제외하고는 온라인 판매가 금지되어 있다. 이로 인해 편의점은 술에 있어서는 온라인업체들과 경쟁을 할 필요가 없기 때문에 더욱 더 술 분야에 매진할 것이라는 예상이다. 또한 술을 구매하는 고객은 안주를 동시에 구입하는 경향이 있기 때문에 술 판매를 통해 추가수입을 올릴 수 있다는 점도 편의점이 술 판매에 적극 나서는 이유 중 하나가 되고 있다.

제6절 문구의 유통경로

1. 문구의 개념

문구(文具) 혹은 문방구(文房具)라고 하면 과거에는 노트, 책받침, 필통 등과 같이 교실이나 서재 등에서 쓰이는 학습용 도구를 주로 의미하였지만, 지금은 학용품은 물론 복사용지, 서류꽂이, 스테이플러 등과 같은 사무용품도 같이 일컫는 말로 그 범위가 확장되었다.

2. 문구시장 개요

[표 11-13]은 2006~2019년의 문구시장 규모와 점포수의 추이를 나타내고 있다. 문구류의 연도별 매출액 추이를 살펴보면 2006년에서 2009년까지는 성장세를 보였으나 2010년대에 들어서면서 2014년까지 지속적으로 감소하였다. 2016년부터 2018년까지 증가세를 보이면서 2018년에는 시장규모가 처음으로 2조원을 넘어섰으나 2019년에는 다시 감소세로 돌아섰다. 이처럼 문구시장은 부침이 있는 모습을 보여주고 있지만 전반적으로 보면 13년간 연평균 성장률이 1~2%에 불과한 정체된 모습을 보여주고 있다. 점포수는 2006년부터 2019년의 기간 동안 한 해의 예외도 없이 지속적으로 감소했다. 2006년에는 2만 개가 넘는

표 11-13 문구류의 연도별 매출액 및 점포수 추이 (단위 : 원, 개)

구분	2006	2007	2008	2009	2011	2012
매출액	1조 5,205억	1조 5,699억	1조 7,976억	1조 9,050억	1조 7,168억	1조 6,242억
점포수	20,583	19,671	18,675	17,893	15,750	14,731
구분	2013	2014	2016	2017	2018	2019
매출액	1조 5,741억	1조 5,678억	1조 9,041억	1조 9,590억	2조 557억	1조 8,836억
점포수	13,496	12,364	10,922	0,620	9,826	9,468

자료 : (2006~2014) 통계청, 도소매·서비스>서비스업조사>9차 서비스업조사(2007~2016)>시도/사업별총괄 2006~2016.
(2016~2019) 통계청, 도소매·서비스>서비스업조사>10차 서비스업조사(2016~)>시도/사업별총괄 2016~2019.

점포가 있었으나 2018년에 점포수는 1만 개 미만으로 떨어졌다. 이렇게 점포수가 크게 감소한 이유는 학교앞 문방구 등 많은 소규모 문구점들이 운영의 어려움으로 문을 닫았기 때문이다.

문구시장의 정체는 업무환경 전산화, 학생수의 감소 등의 여러 가지 요인에 기인한다. 먼저 업무의 처리가 온라인에서 이루어지는 환경이 조성되면서 종이, 문서파일, 필기도구 등의 필요성이 대폭 줄어들었으며, 앞으로도 학습용 모바일기기 등의 확산 등에 따라 이러한 추세는 더 빠른 속도로 진전될 것으로 예상되고 있다. 문구시장 위축을 가져온 가장 직접적인 요인은 출산율 저하에 따른 학생수의 감소라고 할 수 있다. 우리나라에서 초등학생수는 2003년부터, 중학생수는 2008년부터, 그리고 고등학생수는 2010년부터 감소하기 시작하였다. [표 11-14]는 2010~2020년의 초등학생, 중학생, 고등학생의 수를 나타내고 있다. 이 기간 동안 초등학생수는 60.5만 명(18.3%) 감소하였고, 중학생수는 약 65.9만 명(33.4%) 감소하였으며, 고등학생수는 약 62.5만 명(31.9%)이 감소하였다. 초·중·고등학생의 전체수는 약 188.9만 명(26.1%) 감소하였으며, 감소율은 2016년까지 3%대를 유지하다가 2017년에는 2%대로 낮아졌으며 2020년에는 1%대로 낮아졌다.

표 11-14 연도별 초중고 학생수의 변화 추이

(단위 : 천 명, %)

구분		2010	2011	2012	2013	2014	2015	2016	2017	2018	2019	2020
초등학생		3,299	3,132	2,951	2,784	2,729	2,715	2,673	2,674	2,711	2,747	2,694
중학생		1,975	1,911	1,849	1,804	1,718	1,586	1,457	1,381	1,334	1,295	1,316
고등학생		1,962	1,944	1,920	1,893	1,839	1,788	1,752	1,670	1,539	1,411	1,337
합계	인구수	7,236	6,987	6,720	6,481	6,286	6,089	5,882	5,725	5,584	5,453	5,347
	성장률	-	-3.4	-3.8	-3.6	-3.0	-3.1	-3.4	-2.7	-2.5	-2.3	-1.9

자료 : 교육부·한국교육개발원, 교육통계연보, 2010~2020.

3. 문구의 유통경로

문구의 유통경로는 [그림 11-11]과 같이 나타낼 수 있다. 주된 경로구성원으로 소규모 문구점, 도매상, 문구전문체인점, 대형마트 등을 들 수 있다.

그림 11-11 ▌문구의 유통경로

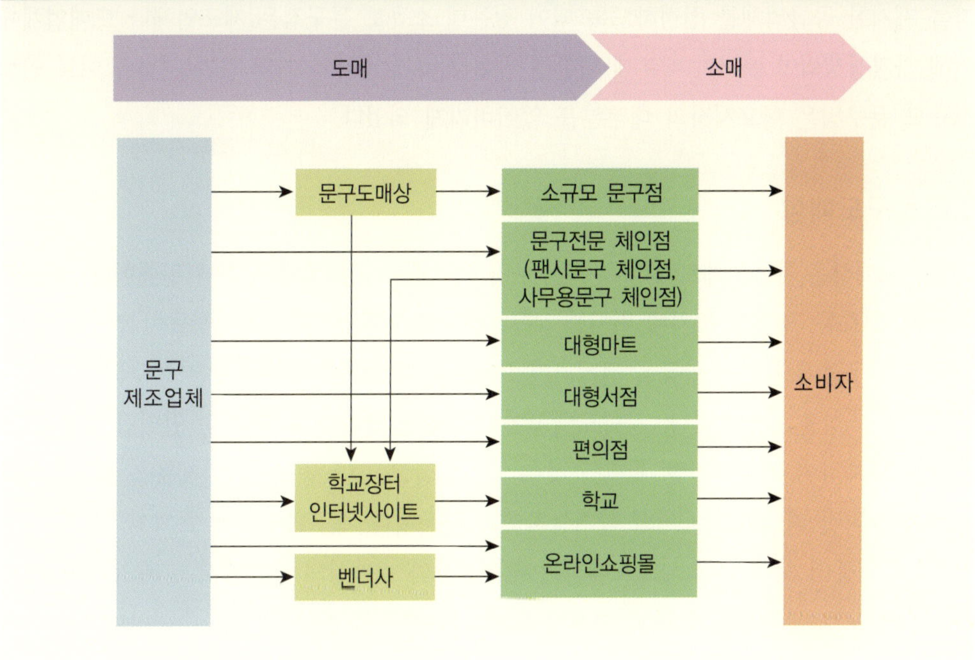

3.1 소규모 문구점

1980년대 초까지 학교앞 문방구와 같은 소규모 문구점은 문구 소매시장의 대부분을 차지하고 있었다. 그러나 2000년대에 들면서 소규모 문구점은 한해에 500~1,000개씩 줄어들었으며 2010년대 들어서는 존재감조차 희미해져 가고 있다. 소규모 문구점의 쇠퇴에는 다음과 같은 여러 가지 요인들이 작용하고 있다.

첫째, 문구시장 자체의 규모가 정체되면서 문구전문 체인점 등에 비해 시장 변화에 대한 대처능력이 뒤처지는 소규모 문구점이 가장 많은 타격을 받았다.

둘째, 1980년대 중반부터 팬시문구 체인점과 사무용문구 체인점이 크게 늘어나면서 소규모 문구점이 큰 타격을 받았다.

셋째, 1990년대 초반에 등장한 대형마트가 문구류를 취급하기 시작하면서 가격경쟁력이 뒤지는 소규모 문방구의 매출에 부정적인 영향을 미쳤다. 소규모 문구점들은 협동조합을 결성하고 2013년 동반성장위원회에 문구유통업을 '중소기업적합업종'으로 지정해줄 것을 청원하였으나 받아들여지지 않았다. 대형마트뿐만 아니라 편의점, 대형서점, 균일가샵 등도 문구시장에 진출하면서 소규모 문구점에 대한 압박이 가중되었다.

넷째, 정부가 2011년에 맞벌이 부부에 대한 지원책으로 마련한 '학습물지원제도'는 소규모 문구점에는 큰 악재로 작용하였다. 이 제도하에서는 학교가 학교장터를 통해 최저입찰가를 제시한 공급업체를 선정하도록 되어 있는데 소규모 문구점은 제조업체나 도매업체에 비해 가격경쟁력이 뒤지기 때문에 입찰에 참여하는 것 자체가 거의 불가능했다. 이로 인해 소규모 문구점은 학교시장의 대부분을 잃어버리게 되었다.

3.2 문구도매상

문구도매상은 제조업체로부터 문구를 구입하여 주로 소규모 문구점에 판매한다. 서울의 창신동, 천호동, 영등포 등지에 위치한 문구·완구도매시장에 문구도매상들이 밀집해 있다. 소규모 문구점이 활발한 활동을 전개하던 1980년대 초까지 문구도매상은 문구의 유통에서 주도적인 역할을 수행하였다. 문구도매상이 주도적인 역할을 수행할 수 있었던 것은 제조업체가 영세하여 전속대리점 체제를 갖추기가 힘들고, 3만 종 이상의 제품을 제조업체와 소매점이 직접 거래하기는 거의 불가능하였기 때문이다. 즉, 1980년대 초까지의 문구시장은 여러 업종의 시장 중에서도 도매상이 제조업체와 소매상의 중간에서 상품의 구색을 갖추고 소규모로 분할하는 등의 전형적인 도매상의 기능을 가장 활발히 수행하던 시장이었다. 그러나 1980년대 중반 이후 문구도매상의 주고객인 소규모 문구점이 쇠퇴하면서 문구도매상의 위상도 크게 위축되었다.

3.3 문구전문 체인점

문구전문 체인점은 팬시문구 체인점과 사무용문구 체인점으로 나누어진다. 팬시문구는 문구에 다양한 색상, 세련된 디자인, 친근한 캐릭터 등을 접목시킨 문구를 의미한다. 1980년대에 들면서 학생층을 중심으로 많은 소비자들이 문구를 자신의 감성을 표현하는 수단으로 활용하기를 즐겨하면서 팬시문구가 크게 유행하기 시작했다. 모닝글로리, 바른손, 색연필, 영아트 등 여러 업체들이 팬시문구를 판매하는 가맹점 사업을 전개하였다. 1990년대에 전성기를 맞이했던 팬시문구는 2000년대 들면서 시들해지기 시작했다. 이는 문구시장의 전반적인 침체가 가장 큰 원인이지만 스마트폰의 보급에 따라 학생들이 다양하고 화려한 사진, 그림, 동영상, 캐릭터 등을 손쉽게 접하게 되면서 팬시문구가 관심권 밖으로 밀려나가게 된 것도 중요한 원인이 되었다. 이로 인해 2000년대에 들면서 여러 팬시문구 체인점들이 문을 닫거나 규모를 축소하여 운영을 하게 되었다. 팬시문구업계 1위인 모닝글로리는 팬시문구업체 중 거의 유일하게 가맹점사업을 정상적으로 전개하고 있다. 모닝글로리는 2021년 7월 현재 278개의 가맹점을 보유하고 있다.

1990년에 들어 사무용품의 수요가 증가하면서 사무용문구 전문점이 하나둘씩 생겨났다.

이러한 추세에 발맞추어 알파, 디림디포, 오피스디포, 드림오피스, 오피스넥스 등 10여 개 업체가 사무용문구 체인점 사업을 전개하기 시작했다. 가맹점수 기준으로 가장 규모가 큰 알파는 667개의 가맹점과 4개의 직영점을 보유하고 있으며, 알파를 운영하고 있는 알파(주)는 사무실용 사무용품만 취급하는 별도의 체인점인 '오피스알파'도 운영하고 있다. 오피스알파는 2019년 기준 42개의 가맹점과 1개의 직영점을 보유하고 있다. 2위 업체인 드림디포는 가맹점만 332개를 보유하고 있다. 2020년을 기준으로 오피스디포는 114개의 가맹점과 26개의 직영점, 드림오피스는 94개의 가맹점과 2개의 직영점, 오피스넥스는 53개의 가맹점과 2개의 직영점을 각각 보유하고 있다. 사무용문구 체인점은 운영하는 업체의 정책에 따라 다르기는 하지만 대체로 팬시문구 체인점에 비해 훨씬 넓은 면적을 확보하고 있고, 사무용문구뿐만 아니라 사무용기기 소모품과 액세서리, IT기기 등도 취급하고 있으며, 복사, 인쇄 등의 사무지원 서비스까지 제공하고 있다. 여기에서 더 나아가 사무실에서 필요로 하는 식음료, 생필품, 가구 등까지 판매함으로써 사무실을 위한 종합매장으로의 모습을 갖춰가고 있다. 팬시문구 전문점이 1980~1990년대를 풍미하고 2000년대에는 쇠퇴해가고 있는 모습을 보이는 반면 2000년대 들어 본격화된 사무용문구 전문점은 2020년대에 들어서까지 계속해서 성장해가는 모습을 보이고 있다.

3.4 대형마트, 대형서점, 균일가샵, 편의점

대형마트는 1990년대 중반 유통시장의 개방과 더불어 본격화되기 시작하였으며 2020년 현재 전국에 522개의 매장을 가지고 있다. 대형마트는 문구의 기본품목을 중심으로 제조업체와의 직거래, 병행수입, OEM을 통한 PB브랜드 생산 등으로 상품을 확보하고 이를 대폭적인 할인행사, 묶음판매 등을 통해 판매하고 있다. 2000년대 등장한 균일가샵은 다양한 생활용품을 판매하고 있는데 문구류도 주력 제품군 중의 하나이다. 우리나라 균일가샵의 대명사라고 할 수 있는 '다이소'는 매장의 수를 급속하게 늘리면서 2020년 현재 전국에 1,339개의 매장을 가지고 있다. 주로 국내의 중소 문구제조업체로부터 상품을 확보하여 판매한다. 교보문고와 같은 대형서점들도 문구판매와 서적판매는 시너지효과를 발휘할 수 있다는 판단하에 문구판매에 적극 나서고 있으며, 2021년 현재 약 5만 개의 매장을 가지고 있는 편의점도 근거리·소량구매의 추세에 맞추어 문구의 취급을 점차 늘려가고 있다.

제7절 가전제품의 유통경로

1. 우리나라 가전시장 개관

가전(家電)제품은 가정에서 주로 사용되는 전자제품을 의미하며, TV, 냉장고, 세탁기, 에어컨, 김치냉장고 등의 5대 가전을 위시하여 전기밥솥, 선풍기, 다리미, 가습기, 공기청정기, 헤어드라이어, 제습기, 정수기, 가스레인지, 식기세척기 등 수많은 유형의 제품이 이에 포함된다. 그러나 통상적으로 노트북, 태블릿PC, 프린터 등과 같은 컴퓨터 관련 제품이나 스마트폰, 전화기, 내비게이션 등과 같은 통신기기는 가전제품의 범주에 포함시키지 않는 것이 일반적이다.

국내 가전제품 제조업체로는 빅2에 해당하는 삼성전자와 LG전자가 있고, 그 외에도 코웨이, 위니아딤채, 쿠첸, 쿠쿠전자, 신일전자, 한경희생활과학, SK매직, 위닉스, 청호나이스 등 많은 수의 중견업체들이 있다. 삼성전자와 LG전자는 주로 대형가전을 중심으로 다양한 품목의 가전제품을 생산하고 있으며, 중견업체들은 대부분 몇 개의 품목에 특화하여 생산하고 있다. 해외 가전제품은 GE, 필립스, 일렉트로룩스, 소니, 키친에이드, 지멘스, 월풀, 하이얼, 다이슨, 브라운 등 많은 업체들이 한국지사 혹은 공식수입업체를 두고 해외 본사로부터 수입을 하고 있다.

[표 11-15]는 가전제품의 2010~2020년의 연도별 판매액 및 성장률 추이를 보여주고 있다. 이 기간 동안 가전제품 판매액은 15.0조원에서 29.5조원으로 약 2배 증가하였다. 2020년을 기준으로 가전제품의 판매액은 전체 소매시장 규모(475.2조원)의 약 6.2%이며, 이는 5년 전인 2015년의 4.4%에 비해 2% 가까이 증가한 수치이다. 연도별로 살펴보면 2012년과 2019년에는 마이너스 성장을 기록하기도 하였지만 2010년과 2016~2017년에는 10% 이상의 성장률을 기록하였으며, 특히 2020년에는 코로나19로 인해 가정에 머무르는 시간이 늘어남에 따라 가전제품에 대한 수요가 증가하면서 18.5%의 높은 성장률을 기록하였다.

표 11-15 가전제품의 판매액 및 성장률 추이 (단위 : 조원, %)

구분	2010	2011	2012	2013	2014	2015	2016	2017	2018	2019	2020
판매액	15.0	15.6	15.5	16.8	16.9	17.9	20.2	22.4	25.1	24.9	29.5
성장률	12.4	3.9	−0.8	8.5	0.8	5.9	12.8	10.9	3.1	−0.8	18.5

* 가전제품에는 통신기기 및 컴퓨터는 포함되지 않음.

자료 : 통계청, 국내통계>도소매·서비스>서비스업동향조사>소매판매통계>소매판매액>재별및상품군별판매액>가전제품

2. 가전제품의 유통경로

우리나라 가전제품의 유통경로는 [그림 11-12]와 같이 나타낼 수 있다. 가전제품의 유통경로는 크게 오프라인 유통경로와 온라인 유통경로로 나누어진다. 주요 오프라인 유통경로로는 가전업체의 가두점, 가전양판점, 대형마트, 백화점 등을 들 수 있다. 온라인 유통경로에는 온라인쇼핑몰(오픈마켓, 소셜커머스, 백화점·대형마트 등이 운영하는 종합몰, 제조업체·가전양판점 등이 운영하는 전문몰), 라이브커머스, TV홈쇼핑 등이 포함된다. 2000년대 중후반까지는 오프라인 유통경로가 압도적이었지만 2010년대 들어 온라인 유통경로가 비약적으로 성장하면서 2020년에는 전체 가전제품 매출액의 약 40%를 차지하였으며, 향후에는 더 빠른 속도로 성장해 나갈 것으로 예상되고 있다.

오프라인 유통경로에서 제조업체 빅2인 삼성전자와 LG전자는 직영점이나 전속대리점을 통해 직접 소비자에게 판매하거나 가전양판점을 통해 판매하는 경로를 이용하고 있다. 빅2의 직영점이나 전속대리점은 매장의 위치로 보면 가두점이 다수를 차지하고 있지만 백화점과 대형마트에도 많은 매장이 입점해 있다. 중견 가전업체의 유통경로도 매우 다양하다. 예를 들어 김치냉장고, 에어컨 등을 생산하는 위니아딤채의 경우에는 약 220개의 전속대리점이 주력 유통경로이며, 코웨이의 경우에는 오프라인 매장보다는 판매원을 활용한 렌털

그림 11-12 ▌우리나라 가전제품 유통경로

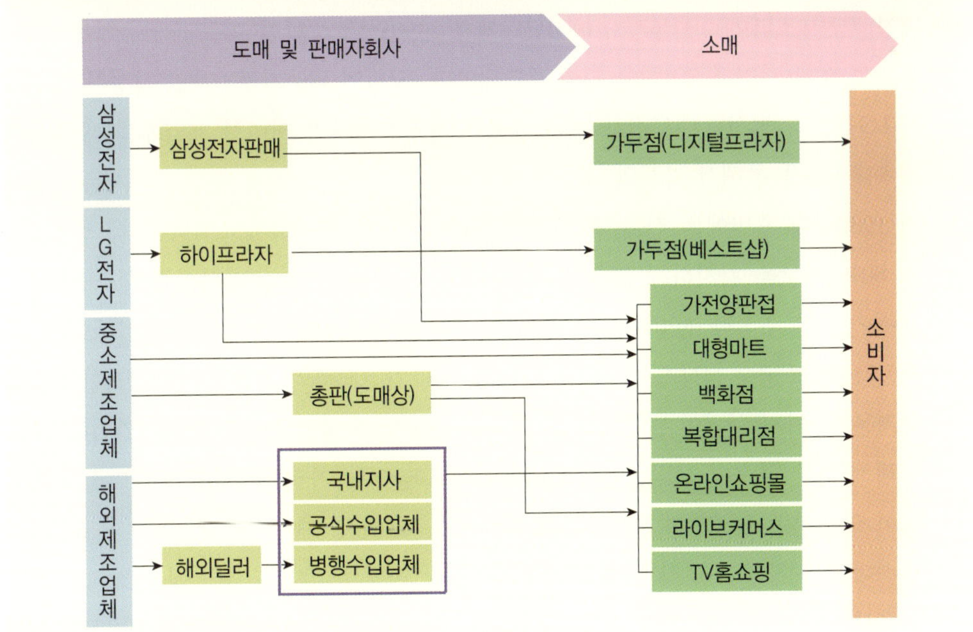

서비스에 주력하고 있다. 또한 선풍기 등으로 유명한 신일전기는 전속대리점도 운영하지만 소형가전을 취급하는 복합대리점에 대한 의존도가 높다. 또한 규모가 작은 소형가전 제조업체는 도매상의 역할을 하는 총판을 통해 주로 판매하고 있다.

3. 오프라인 유통경로

전자제품의 주요 오프라인 유통경로에는 가두점, 가전양판점, 대형마트, 백화점 등이 포함된다.

3.1 가전제조업체 빅2 및 가전양판점 빅2의 유통경로

삼성전자와 LG전자는 전통적으로 가두점을 중심으로 하는 유통경로를 운영해 왔으며, 2000년대 들어 가전양판점이 크게 성장하면서 오프라인에서의 유통경로의 주도권을 놓고 가전양판점과 치열한 경쟁을 벌이고 있다.

3.1.1 가전제조업체 빅2 및 가전양판점 빅2의 유통경로 변천사

현재의 가전제품 오프라인 유통경로가 제조업체 빅2와 가전양판점 빅2로 정립되기까지 많은 변화를 겪어왔다. 이러한 변화의 과정은 대형 제조업체의 전성기, 가전양판점의 급속 성장기, 가전유통 빅4의 정립기 등 3개의 시기로 나누어 볼 수 있다.

- **대형 가전제조업체의 전성기** : 1970년대에서 1990년대 중반에 이르기까지 가전제품의 유통은 대형 가전제조업체에 의해 주도되었다. 당시의 빅3 가전업체인 삼성전자, 금성사(LG전자의 전신), 대우전자 등은 대부분 자영업자와의 대리점 계약에 의해 설립된 전속대리점을 통해서 자사의 제품을 판매하였다. 전속대리점을 통한 가전제품 판매액이 1980년대 후반에는 전체 가전시장의 90% 이상을 차지하였고, 1990년대 중반까지도 80% 이상을 차지하고 있었다. 이처럼 이 시기에는 대형 가전제품 제조업체들이 '유통경로의 수직적 전방통합'을 통해 생산과 유통을 모두 장악하고 있었다.
- **가전양판점의 급속 성장기** : 1990대 후반에 들어 가전제품의 유통경로에 급격한 변화를 가져온 두 가지 사건이 발생하였다. 첫째는 1997년에 발생한 IMF 외환위기이다. 이로 인해 경기가 급속히 쇠퇴하면서 5,000여 개로 늘어난 가전업체의 전속대리점들의 경영이 크게 악화되었으며, 이로 인해 삼성전자, LG전자, 대우전자 등 대형 제조업체의 전속대리점 체제가 크게 위협을 받게 되었다. 둘째는 1990대 후반에 시작된 정부의 유통정책의 변화이다. 1996년에 유통시장이 개방되고 1997년에 대형 유통매장의 설립

이 허가제에서 등록제로 전환되면서 대형 유통업체들이 손쉽게 매장을 늘려갈 수 있는 환경이 조성되었다. 또한 1999년에 도입된 오픈프라이스(open price) 제도는 제조업체가 가지고 있던 소비자권장가격을 설정할 수 있는 권한을 없애고 유통업체가 상품판매가격을 자율적으로 정할 수 있도록 하는 것을 주된 내용으로 하고 있었으며 이로 인해 유통업체의 위상이 강화되었다. 이러한 제도 변화를 계기로 롯데하이마트나 전자랜드와 같은 가전양판점과 이마트나 홈플러스와 같은 대형마트들은 제조업체의 간섭에서 벗어나서 대량구매를 바탕으로 낮은 가격에 제품을 확보하여 경쟁력 있는 가격에 판매할 수 있게 되었다. 가전양판점이 1990년대 말부터 빠르게 성장하면서 유통시장에서의 영향력 감소를 우려한 대형 가전제조업체들이 가전양판점으로의 납품을 거부하기도 하였으나 가전양판점들은 국내의 중견 제조업체나 해외의 제조업체로부터 저렴한 가격에 제품을 확보하는 방법으로 대형 가전제조업체의 저항을 극복해나갔다. 이러한 사건들이 발생하면서 1990년대 중반에 5,000여 개에 이르던 가전제조업체 전속대리점의 숫자는 2000년에는 2,000여 개로 급감하였다. 이에 반해 가전양판점은 크게 성장하였다. 우리나라의 가장 대표적인 가전양판점인 롯데하이마트는 1990년대 중반까지 매장이 30개에 불과하였으나 공격적인 투자를 통해 1999년 말에는 200여 개의 매장을 보유하게 되었다. 또한 1999년에 6,860억원이던 매출액이 2000년에는 1조 1,191억원, 2001년에는 1조 4,863억원으로 불과 2년 만에 매출이 2배 이상 급증하였다. 유통에서의 우위가 크게 흔들리게 된 제조업체 빅2인 삼성전자와 LG전자는 전속대리점의 숫자를 줄이는 한편, 고급스러운 이미지의 대형 직영점(각각 리빙프라자와 하이프라자) 설립을 통해 가전양판점과의 차별화를 시도하기 시작하였다. 빅3의 한 축이었던 대우전자는 1999년 대우그룹이 해체되면서 사세가 급격히 약화되었으며, 2000년대 들어서는 존재감이 거의 사라졌다.

- **가전유통 빅4의 정립기** : 2000년을 전후로 급격한 변화가 있었던 가전제품의 오프라인 유통경로는 2000년대 중반부터 제조업체 빅2가 운영하는 유통경로와 가전양판점 빅2가 운영하는 유통경로의 양대 유통경로가 비교적 안정된 기조하에서 서로 유리한 고지를 차지하기 위해 치열한 경쟁을 벌이는 양상을 보이고 있다. [표 11-16]은 빅4 업체의 2014~2020년 기간 동안의 연도별 매출액 추이를 보여주고 있다.

  가전양판점 빅2의 매출액이 4개 업체 전체 매출액에서 차지하는 비중을 살펴보면 2010년대 중반에는 53~56% 수준을 유지하고 있었으나 점차 감소하여 2010년대 말에는 50% 이하의 수준으로 떨어졌으며, 2020년에는 44.2%를 기록하였다. 즉, 2014~2020년의 기간 동안 매출액 점유율이 55.6%에서 44.2%로 11.4% 감소하였다. 또한 가

표 11-16 빅4 업체의 연도별 매출액 추이

(단위 : 원, %)

구분			2014	2015	2016	2017	2018	2019	2020
가전양판점	롯데하이마트	매출액	3조 7,543억	3조 8,961억	3조 9,394억	4조 993억	4조 1,227억	4조 265억	4조 517억
		점유율	48.6	48.4	47.0	44.3	40.8	38.7	36.5
	전자랜드	매출액	5,414억	5,130억	5,226억	5,890억	7,486억	7,795억	8,504억
		점유율	7.0	6.4	6.2	6.4	7.4	7.5	7.7
	점유율 합계		55.6	54.8	53.2	50.7	48.2	46.2	44.2
가전제조업체	삼성전자판매주식회사	매출액	1조 9,719억	2조 1,810억	2조 2,066억	2조 4,827억	2조 5,467억	2조 7,629억	3조 2,977억
		점유율	25.5	27.1	26.3	26.8	25.2	26.6	29.7
	하이프라자	매출액	1조 4,568억	1조 4,530억	1조 7,195억	2조 880억	2조 6,889억	2조 8,280억	2조 8,905억
		점유율	19.0	18.1	20.5	22.6	26.6	27.2	26.1
	점유율 합계		44.5	45.2	46.8	49.4	51.8	53.8	55.8
매출액 합계			7조 7,244억	8조 431억	8조 3,881억	9조 2,590억	10조 1,069억	10조 3,969	11조 903억
성장률			2.2	4.1	4.3	10.4	9.2	2.9	6.7

자료 : 금융감독원, 전자공시시스템(dart.fss.or.kr)

전양판점 2개 업체를 비교해보면 롯데하이마트는 점유율이 2014년의 48.6%에서 2020년에는 36.5%로 비교적 큰 폭으로 감소한 반면, 전자랜드는 2014년의 7.0%에서 2020년에는 7.7%로 약간 상승하였다.

가전양판점과를 달리 빅2 제조업체 매출액의 점유율은 2010년대 중반에는 44~47% 수준에 머물렀으나 점차 증가하면서 2010년대 말이 되면서는 50% 이상의 수준으로 올라섰으며, 2020년에는 55.8%를 기록하였다. 즉, 2014~2020년의 기간 동안 매출액 점유율이 44.5%에서 55.8%로 11.3% 증가하였다. 또한 가전회사 2개 업체를 비교해 보면 삼성전자와 LG전자가 매우 치열하게 각축전을 벌이고 있음을 알 수 있다. 2014년에는 25.5% vs 19.0%로 삼성전자가 큰 폭으로 앞섰으나 2018년에는 26.6% vs 25.2%로 LG전자가 역전하였으며, 2020년에는 29.7% vs 26.1%로 삼성전자가 다시 앞서나갔다.

3.1.2 가전제조업체 빅2의 직영점 및 전속대리점

가전제품 제조업체 빅2인 삼성전자와 LG전자의 유통은 자체적으로 구축한 직영점과 전속대리점을 중심으로 이루어지고 있다.

- **삼성전자** : 삼성전자는 1998년에 설립된 국내판매 담당 자회사인 '리빙프라자'를 2013년 말에 '삼성식 유통망의 구축'을 다짐하며 '삼성전자판매주식회사'로 개명하였다. 삼성전자판매는 2021년 현재 전국에 약 440개의 전자제품 전문매장인 '삼성디지털프라

자'를 보유하고 있다. 2020년에 매출액 3조 2,977억원을 기록하였다.

- **LG전자** : LG전자의 국내판매 담당 자회사인 '하이프라자'는 가전전문점인 '베스트샵'을 운영하고 있으며, 2021년 현재 전국에 540여 개의 매장을 보유하고 있다. 2020년에 매출액 2조 8,905억원을 기록하였다.

삼성전자와 LG전자의 매장은 직영점과 전속대리점으로 구분되는데 직영점의 비율이 약 60% 정도이며 유통 통제력을 강화하기 위해 직영점의 비율을 높여가고 있다. 삼성전자와 LG전자가 자체적인 유통망을 강화하기 위해 꾸준히 노력해 온 것은 가전양판점의 성장과 직접적인 관련이 있다. 2010년을 전후로 가전양판점인 하이마트의 시장점유율이 급격히 증가하고, 특히 2012년에 우리나라 유통업계의 최강자 중의 하나인 롯데가 하이마트를 레미콘 업체인 '유진기업'으로부터 인수하면서 하이마트의 성장이 가속화될 수 있는 가능성이 커졌다. 삼성전자와 LG전자는 유통에서 힘을 잃으면 유통업체와의 가격 협상력이 떨어져서 수익성이 악화될 수 있을 뿐만 아니라 자사 제품에 대한 적극적인 프로모션이 크게 지장을 받으면서 회사의 이미지는 물론 매출에도 크게 타격이 올 수 있다고 판단하였기 때문에 자체적인 유통망 강화를 위해 치열하게 노력하고 있는 것이라고 볼 수 있다. 오랜 기간 동안 디지털프라자와 베스트샵의 수익성이 매우 낮은 수준을 유지하고 있음에도 불구하고 삼성전자와 LG전자가 오히려 매장의 수를 꾸준히 늘려가고 있는 것은 바로 이러한 이유 때문이다.

3.1.3 가전양판점 빅2의 매장

롯데하이마트와 전자랜드는 우리나라의 대표적인 오프라인 가전양판점이다.

- **롯데하이마트** : 롯데하이마트는 1987년에 '한국신용유통'이라는 이름으로 설립되었으며, 1999년에 '하이마트'로 개명되었다. 2007년에 레미콘 기업인 '유진기업'이 하이마트를 인수하였다. 하이마트의 매출액이 유진기업 전체 매출액의 70%를 차지할 정도로 사업이 잘 되었으나 레미콘 사업이 불황을 맞으면서 유진기업은 2012년에 하이마트를 매각하기로 결정하였다. 하이마트는 2012년에 롯데그룹에 매각되면서 '롯데하이마트'로 개명되었다. 롯데하이마트는 2021년 7월 현재 전국에 436개의 매장을 가지고 있으며 모든 매장은 직영점으로 운영되고 있다. 2020년 매출액은 4조 517억원을 기록했다. 롯데하이마트는 현재 삼성전자, LG전자, SK매직, 신일전자, 위니아딤채 등의 국내업체와 다이슨, 일렉트로룩스, 하이얼, 테팔, 필립스 등의 외국업체를 합쳐서 약 300여 개 업체로부터 제품을 공급받고 있다.
- **전자랜드** : 전자랜드는 1985년에 '서울전자유통주식회사'라는 이름으로 설립되었다.

이 회사는 1988년 용산전자상가에 첫 매장을 열었는데 이 매장이 바로 국내 최초의 가전양판점이다. 전자랜드는 2000년대 들어 하이마트가 점유율을 급속히 늘려가는 것과는 반대로 점유율이 지속적으로 하락하자 2013년 초부터 '가격'이 가장 중요한 경쟁력 요인이라고 판단하여 사명을 '전자랜드 프라이스킹'으로 개명하고 매장도 창고형 할인매장으로 개조하였다. 그러나 결과는 신통치 않았다. 디지털프라자, 베스트샵, 롯데하이마트, 전자랜드의 4개 가전 유통채널의 총매출에서 전자랜드가 차지하는 비중이 2013년의 7.3%에서 2014년 7.0%, 2015년 6.4%, 2016년 6.2% 등으로 지속적으로 하락했다. 결국 전자랜드는 이 전략을 포기하고 2017년에는 이전과는 전혀 다르게 백화점식 프리미엄 매장을 확대하는 전략을 구사하기 시작했다. 즉, 전자랜드는 소비자들이 특히 대형가전을 구매할 때 실물을 직접 보고 신중하게 구매하는 경향이 강하다는 점에 주목하고 오프라인 매장의 장점을 극대화하기 위해 고급 인테리어와 휴식 공간까지 갖춰서 고객들이 가전제품을 충분히 '체험'을 할 수 있는 매장으로 전환하기 시작했다. 이 전략은 바로 효과를 나타냈다. 2017년의 매출액은 5,890억원이었는데 2018년 7,486억원, 2019년 7,795억원, 2020년 8,504억원으로 증가였으며, 이에 따라 4대 오프라인 유통채널에서 차지하는 비중도 2017년의 6.4%에서 2020년에는 7.7%로 증가하였다. 전자랜드는 2021년 현재 전국에 약 140개의 매장을 가지고 있으며, 이 매장들은 모두 직영으로 운영되고 있다. 국내외 100여 개의 기업으로부터 제품을 공급받고 있다.

3.2 여타 유형의 오프라인 유통경로

앞에서 기술한 바와 같이 빅2 제조업체와 빅2 가전양판점이 우리나라 가전의 오프라인 유통의 주축을 형성하고 있지만 그 외에도 다양한 유통경로가 존재한다. 이러한 유통경로에는 도매상의 역할을 수행하는 총판 및 수입업체와 소매상의 역할을 수행하는 대형마트 및 백화점이 있다.

- **총판과 수입업체** : 먼저 도매상 역할을 하는 유통경로로는 총판과 해외브랜드를 수입하는 해외 가전제조업체의 국내법인과 공식수입업체, 그리고 병행수입업체 등이 있다. 총판은 국내 중소 제조업체나 수입업체로부터 제품을 확보하여 다양한 소매업체에 판매한다. 수입업체들도 총판에 상품을 공급하기도 하지만 주로 직접 다양한 소매업체에 판매한다.
- **대형마트** : 가전제품은 대형마트에서 신선식품, 가공식품, 생활용품에 이어 4번째로 매출비중이 높으며 전체매출의 약 12~13%를 차지하고 있다. 2020년의 대형마트 매출

액은 약 33.8조원이었으며, 따라서 4~4.5조원의 가전제품 매출이 발생한 것으로 추정할 수 있다. 대형마트는 주로 가격을 위주로 경쟁을 하기 때문에 중저가의 중소기업 소형가전을 많이 취급하는 경향이 있다. 하지만 대형마트들은 2010년대에 들면서 가전제품 판매의 전문성을 높이기 위해 적극적으로 가전 전문점을 샵인샵의 형태로 입점시키고 있다. 롯데그룹은 하이마트를 인수한 2012년 말부터 롯데마트 내에 롯데하이마트를 입점시키기 시작하였으며, 2021년 현재 롯데하이마트는 110여 개의 롯데마트 중 82개에 입점해 있다. 전자랜드는 2021년 현재 홈플러스 3개, 이마트 8개, 롯데마트 5개 등 모두 16개의 매장이 대형마트 내에 입점해 있다. 삼성전자의 디지털프라자도 홈플러스에 17개, 이마트에 4개의 매장을 가지고 있으며, LG전자의 베스트샵은 홈플러스에만 38개의 매장을 가지고 있다.

- **백화점** : 가전제품은 백화점의 주력 품목이 아니며 더욱이 공간을 많이 차지하는 대형 가전제품은 환영받기 힘든 품목에 속한다. 또한 의류, 잡화 등 패션제품에 비해 수수료율이 3분의 1 수준에도 미치지 못한다는 점도 백화점이 가전제품 취급에 적극적으로 나서지 못하도록 하는 요인이 된다. 그런데 삼성전자와 LG전자가 2010년대 중후반부터 제품의 고급화·고가격화를 추구하고 또한 체험을 중심으로 하는 영업 전략에 적극 나서면서 상황이 변하였다. 이러한 변화는 우선 삼성전자의 디지털프라자와 LG전자의 베스트샵이 백화점 내에 입점을 강화시키고 있는 데서 찾아볼 수 있다. 2021년 7월 현재 삼성전자의 디지털프라자는 롯데백화점에 22개, 현대백화점에 11개, 신세계백화점에 6개 등 빅3 백화점 58개 중 39개의 백화점에 매장을 가지고 있으며, LG전자의 베스트샵은 31개의 롯데백화점, 15개의 현대백화점, 12개의 신세계백화점 등 빅3 백화점 58개의 모든 지점에 매장을 가지고 있다. 이는 고급화와 맞춤형 가전 인테리어를 추구하는 삼성전자와 LG전자가 백화점이 고소득층을 대상으로 새로운 개념의 가전제품을 체험할 수 있게 하는 최적의 장소라고 판단하였기 때문에 나타난 현상이라고 할 수 있다.

4. 온라인 유통경로

4.1 가전제품 온라인 유통의 개요

(주 : 통계청의 '소매판매액' 자료에는 가전제품에 대한 자료가 통신기기 등과 분리되어 제시되고 있으나 '품목별 온라인쇼핑동향' 자료에는 가전제품 자료를 분리하여 제시하지 않고 '가전·전자·통신기기'를 통합한 자료를 제시하고 있다. 저자는 '가전·전자·통신기

기' 매출액의 대부분을 가전제품이 차지하고 또한 '가전·전자·통신기기' 매출액의 추이가 가전제품 매출액의 추이와 대체로 일치할 것으로 가정하고 기술한다.)

통계청의 자료에 따르면 2015~2020년의 기간 동안 전체 가전제품 매출액은 17.9조원에서 29.5조원으로 연평균 약 10%씩 성장하였지만 '가전·전자·통신기기'의 온라인쇼핑 매출액은 연평균 25%의 성장률을 기록했다. 또한 '가전·전자·통신기기'의 온라인쇼핑 매출에서 모바일쇼핑이 차지하는 비중도 2015년의 37.3%에서 2020년에는 60.8%로 크게 증가하였다([표 11-17] 참조). 즉, 일반적인 추세와 마찬가지로 소비자의 가전제품의 구매도 오프라인쇼핑에서 모바일쇼핑이 주도하는 온라인쇼핑으로 전이하고 있음을 알 수 있다. 과거에는 가전제품을 구매할 때 제품을 직접 경험해볼 수 없는 온라인구매를 기피하는 경향이 있었지만 최근에는 많은 MZ세대 소비자들이 합리적인 가격에 주문이나 배송도 매우 간편하게 할 수 있는 온라인구매를 선호하고 있다. 이러한 이유로 특히 의류관리기, 식기세척기, 에스프레소머신 등과 같이 MZ세대들이 선호하는 가전제품의 판매가 많이 이루어지고 있다.

'가전·전자·통신기기'의 판매매체별(종합몰 vs 전문몰) 판매액 비중은 종합몰이 약 90%를 점유하고 있는 것으로 나타났다. 즉, 소비자들은 가전제품의 온라인 구입처로 가전양판점이나 가전회사가 운영하는 전문몰보다는 오픈마켓이나 소셜커머스와 같은 종합몰을 훨씬 더 선호한다. 글로벌 시장정보 기업 GfK가 한국의 대표적인 가전제품 23개를 대상으로 실시한 조사에 따르면 2020년의 한국 가전제품 시장은 전년에 비해 오프라인 채널(가전전문점, 대형마트, 백화점 등)의 성장률은 8%에 머문 반면, 온라인 채널(오픈마켓, 소셜커머스, 인터넷 종합몰, TV홈쇼핑 등)의 성장률은 25%에 달했으며, 온라인 채널 가운데

표 11-17 가전·전자·통신기기의 연도별 온라인쇼핑 관련 매출액 추이 (단위 : 조원, %)

구분		2015	2016	2017	2018	2019	2020
온라인쇼핑	매출액	5.9	7.2	9.0	11.7	14.3	18.1
	성장률	-	22.0	25.0	30.0	22.2	26.6
PC인터넷 쇼핑	매출액	3.7	4.0	4.4	5.2	6.1	7.1
	온라인쇼핑 전체 매출액 대비 점유율	62.7	55.6	48.9	44.4	42.7	44.2
모바일쇼핑	매출액	2.2	3.2	4.6	6.5	8.2	11.0
	온라인쇼핑 전체 매출액 대비 점유율	37.3	44.4	51.1	55.6	57.3	60.8
종합몰	매출액	5.4	6.5	8.2	10.4	12.6	15.8
	온라인쇼핑 전체 매출액 대비 점유율	91.5	90.3	91.1	88.9	88.1	87.3
전문몰	매출액	0.5	0.6	0.8	1.3	1.7	2.3
	온라인쇼핑 전체 매출액 대비 점유율	8.5	9.7	8.9	11.1	11.9	12.7

자료 : 통계청, 보도자료, 온라인쇼핑동향, 2021, 2018, 2016.

특히 쿠팡, 위메프, 티몬 등 소셜커머스의 성장률(58%)이 두드러지게 높았음을 보고하고 있다.

온라인 생방송으로 진행되면서 고객과의 쌍방향 커뮤니케이션이 가능한 라이브커머스는 아직 큰 시장규모를 형성하고 있지 못하지만 가전제품 시장에서도 성장가능성이 매우 높은 유통경로로 평가받고 있다. 특히 젊은층을 대상으로 새로운 기능에 대한 설명이 필요한 가전제품의 판매에 크게 기여할 수 있을 것으로 예상된다. 2021년에 들어 LG전자, 쿠쿠전자, 쿠첸, 일렉트로룩스 등 많은 가전업체들이 라이브커머스를 통해 수제맥주제조기, 무선청소기, 전기레인지, 인덕션 등을 판매하였다.

4.2 오프라인 업체의 대응전략

삼성전자, LG전자, 롯데하이마트, 전자랜드 등 대형 가전제조업체와 오프라인 가전유통업체들의 입장에서 온라인쇼핑의 성장은 매우 두려운 현상이다. 왜냐하면 소비자들이 가전제품을 온라인쇼핑을 통해 구매하고자 할 때 이들 업체들이 운영하는 전문몰보다는 오픈마켓이나 소셜커머스와 같은 종합몰을 훨씬 더 많이 이용하기 때문이다. 이들 업체들은 가전제품의 온라인 구매가 늘어나면서 매출이 줄어드는 현상을 극복하기 위해 자사의 온라인쇼핑몰을 강화하는 한편, 오프라인 매장의 장점을 극대화시킬 수 있는 방안을 적극적으로 모색하고 있다.

온라인쇼핑몰과 비교할 때 오프라인 매장의 가장 큰 장점은 고객들이 직접 제품을 접할 수 있다는 점이다. 많은 매장을 가지고 있는 이들 업체들의 온라인 성장에 대한 대응전략은 매장에서의 '고객체험'을 극대화할 수 있는 방안을 모색하는데 초점이 맞춰져 있다. 다만 삼성전자와 LG전자는 자사의 가전제품이 인터리어의 훌륭한 수단이 될 수 있음을 체험할 수 있는 공간으로 오프라인 매장을 활용하는데 중점을 두고 있는 반면, 롯데하이마트와 전자랜드는 대형가전을 중심으로 넓고 고급스런 공간에서 고객들이 여유롭고 편안하게 제품들을 체험할 수 있도록 하는데 중점을 두고 있다는 차이점이 있다.

대형 가전제조업체의 전속 매장인 디지털프라자와 베스트샵은 2020년부터 '가전 인테리어'의 개념을 도입하여 가전제품이 단순히 특정 기능만을 수행하는 것이 아니라 집 전체의 인테리어를 위한 수단으로도 활용될 수 있다는 관점을 기반으로 운영되기 시작했다. 삼성전자는 2021년부터 디지털프라자를 고객들이 삼성전자의 가전제품이 자신이 원하는 공간을 창출할 수 있는 훌륭한 수단이 될 수 있음을 체험할 수 있는 공간으로 만들어가고 있다. 이러한 전략을 강화하기 위해 2020년부터 고객의 취향이나 라이프스타일에 따라 제품을 추천하는 '디테일러'라는 명칭의 컨설턴트를 매장에 배치하고 있으며, 2021년부터는 고객이 온라인에서도 원하는 시간에 오프라인의 디테일러와 화상상담이 가능한 'e디테일러 화상상담 서비스'를 운영하고 있다. LG전자는 2021년부터 넓은 공간에 '인테리어를 고려한 가전'의 의미를 가지고 있는 'LG 오브제 컬렉션'과 프레미엄 제품인 'LG 시그니처'를 전시하고 있는 베스트샵을 개점하기 시작했다. 이곳에는 가전제품이 종류별로 전시되어 있는 것이 아니라 실제 집에서 사용되고 있는 형태로 배치되어 있다. 이러한 방법으로 고객들이 이곳에서 제품의 기능뿐만 아니라 가전제품이 집안의 인테리어 요소로서 어떠한 역할을 할 수 있는지를 체험할 수 있도록 하고 있다. 매장의 직원들도 단순히 제품의 기능을 설명하는 것이 아니라 고객이 원하는 인테리어를 구현할 수 있는 제품을 추천하는 역할을 수행한다.

롯데하이마트는 '메가스토어'로 불리는 프리미엄 제품 중심의 체험형 초대형 매장을 만들어서 소비자들에게 온라인쇼핑에서 느낄 수 없는 체험을 제공한다는 전략을 전개하고 있다. 2019년 12월에는 잠실점을 확장하여 2,200평 규모의 국내 최대의 가전제품 매장을 만들었으며, 이곳에서 프리미엄 스피커들이 배치된 청음실, e스포츠 경기장 등 오프라인 가전양판점에서만 가능한 체험들을 제공한다. 롯데하이마트는 향후에 10개 정도의 메가스토어를 보유할 계획을 가지고 있다. 롯데하이마트의 또 하나의 전략은 온·오프라인 연계매장인 '옴니스토어'로 이는 매장에 온·오프라인에 진열되지 않은 상품들을 포함한 25만 개 이상의 상품이 담겨있는 '옴니테블릿'을 설치하고, 내방한 고객이 이를 이용하여 구매를 할 수 있도록 한 통합형 매장을 의미한다. 2018년에 시작된 옴니스토어는 2019년 말 42개로 확대되었다.

전자랜드는 소비자들이 가격이 비싼 대형가전일수록 제품을 직접 보고 구매하려는 경향이 있다는 점에 주목하여 매장을 고객이 편안하고 여유로운 분위기에서 대형가전 제품들을 '체험'할 수 있는 공간으로 만들어가고 있다. 전자랜드는 체험형 프리미엄 매장을 '파워센터'로 부르고 있는데 2017년 용산본점에 구축되기 시작하여 2021년 7월 현재 전체 약 140개 매장 중 100개 매장이 파워센터로 전환되었다.

제8절 휴대폰의 유통경로

1. 휴대폰의 유형

우리나라에서 유통되는 휴대폰은 '통신사폰'과 '자급제폰'으로 나누어진다. '통신사폰'은 1984년 SKT의 전신인 '한국이동통신서비스주식회사'가 출범하면서 휴대폰이 등장한 이래 지금까지 줄곧 지속되어 오고 있는 유형의 휴대폰인 반면, '자급제폰'은 2012년 5월에 '단말기 자급제'가 도입되면서 비로소 등장한 유형의 휴대폰이다. '단말기 자급제'가 소비자의 '휴대폰의 구입'과 '이동통신서비스의 가입'을 완전히 분리시키는 '완전한 형태의 단말기 자급제'는 아니기 때문에 현재 우리나라의 휴대폰 시장에는 두 유형의 휴대폰이 병존하고 있다.

1.1 통신사폰

'통신사폰'이란 이동통신사가 삼성전자 등 휴대폰 제조업체로부터 휴대폰을 구매한 후, 휴대폰의 15자리 숫자의 식별번호(IMEI : Internation Mobile Equipment Identity, 국제단말기식별번호)를 자사의 전산망에 등록시켜 놓은 휴대폰을 의미한다. 여기에서의 이동통신사는 SKT, KT, LGU+ 등 3개의 이동통신망사업자(MNO : Mobile Network Operator)를 지칭한다. 2012년 '단말기 자급제'가 도입되면서 '자급제폰'이 허용되기 전까지는 국내에서 유통되는 모든 휴대폰은 통신사폰이었기 때문에 구태여 통신사폰이라는 용어가 필요하지 않았지만 자급제폰이 등장한 이후에는 두 유형의 휴대폰을 구별하기 위해 통신사폰이라는 용어가 사용되고 있다.

자급제폰이 등장하기 이전까지 한국기업이든 외국기업이든 모든 휴대폰 제조업체가 한국에서 자사의 휴대폰을 유통시키기 위해서는 이동통신 3사에게 판매하는 방법밖에 없었다. 왜냐하면 정부가 이동통신사의 전산망에 식별번호가 등록되어 있지 않은 휴대폰의 유통을 허용하지 않았기 때문이다. 이렇게 특정 조건을 갖춘 휴대폰을 선별하여 개통을 허용하는 제도를 화이트리스트(white list)제도라고 부른다. 이 제도하에서는 외국에서 사용하던 휴대폰을 국내에 가져와서 사용하려고 해도 이동통신 3사의 전산망에 식별번호가 등록되어 있지 않기 때문에 개통이 불가능하다. 화이트리스트제도는 '블랙리스트(black list)제도'와 반대되는 개념이다.

블랙리스트제도는 이동통신사가 도난, 분실 등의 문제가 있는 휴대폰이 자사의 통신망에 접근하는 것을 방지하기 위해 문제가 있는 휴대폰의 식별번호만을 관리하는 제도를 의미한다. 즉, 블랙리스트제도하에서는 도난이나 분실 등의 문제가 없는 모든 휴대폰은 통신서비스의 가입이 가능하다. 전 세계 대부분의 이동통신사가 블랙리스트제도를 채택하고 있는 반면, 한국은 '단말기 자급제'를 실시하기 이전까지 화이트리스트제도를 채택해 왔다. 이 제도하에서는 모든 단말기가 이동통신 3사를 경유하여 유통되어야 하기 때문에 이동통신 3사는 자연히 휴대폰 유통에 있어서 절대적인 지위를 점하게 된다.

우리나라의 이동통신 3사는 제조업체로부터 사들인 휴대폰을 판매함에 있어서도 거의 완벽에 가까운 '수직적 통합'을 이루어왔다. 즉, 이동통신 3사는 통신사폰을 자사가 관리하는 대리점에 판매하고 대리점은 다시 자신의 영향력하에 있는 휴대폰 판매점에 판매한다. 또한 이동통신 3사는 자사의 대리점 코드를 가지고 휴대폰 영업을 하는 몇몇 양판점 업체에 휴대폰을 판매한다. 양판점에는 디지털프라자, 모바일스토어, 베스트샵과 같은 휴대폰 제조업체의 매장과 롯데하이마트, 전자랜드와 같은 가전양판점이 포함된다. 즉, 휴대폰을 판매하는 매장 중에서 이동통신 3사의 영향력이 미치지 않는 곳은 없다. 이들 매장에서는 휴대폰과 함께 이동통신 3사의 요금제를 연계시킨 패키지 형태의 상품을 소비자에게 판매한다. 이동통신 3사는 대리점, 판매점, 양판점 등에서의 판매방식에 영향을 미침으로써 소비자가 어떤 요금제를 선택하느냐에 따라 단말기의 가격을 조정할 수 있는 능력을 가지고 있다.

1.2 자급제폰

한국정보통신진흥협회에 따르면 자급제폰은 '이동통신사의 서비스 가입을 조건으로 구매하는 단말기가 아닌, 전자제품 매장이나 온라인쇼핑몰 등에서 공기계(개통되지 않은 휴대폰) 형태로 구매한 단말기'로 정의된다. 자급제폰은 통신사폰과 구별되는 개념으로 이동통신 3사의 전산망에 식별번호가 등록되어 있지 않으며 이러한 의미에서 공(空)단말기, 공기계 등으로도 불린다. '통신사폰'의 구입이 통신서비스의 가입과 함께 이루어지는 데 반하여 '자급제폰'의 구입은 통신서비스의 가입 이전에 이루어진다. 즉, '자급제폰'의 등장은 휴대폰의 구입과 통신서비스 요금제 가입이 분리된다는 것을 의미한다. 이처럼 자급제폰의 구입은 이동통신 3사의 요금제 가입과는 완전히 독립적으로 이루어지기 때문에 자급제폰의 등장으로 이해 이동통신 3사의 휴대폰 유통에서의 절대적인 지위는 약화될 수밖에 없다.

자급제 휴대폰이 등장한 것은 2012년 '단말기 자급제'가 도입되면서부터이다. '단말기 자급제'는 소비자가 자신이 원하는 휴대폰을 구입한 후에 통신사와 요금제를 선택할 수 있도록 하는 제도이다. 즉, 단말기의 구입과 통신서비스 요금제의 구입을 분리시키는 제도라고 할 수 있다. '단말기 자급제'는 바로 앞에서 언급한 '블랙리스트제도'를 의미한다. 즉, 도난당하거나 분실된 휴대폰만 아니면 어떤 휴대폰이든 개통이 가능하다. 따라서 이 제도하에서 소비자는 디지털프라자나 롯데하이마트와 같은 양판점에서뿐만 아니라 제조업체의 홈페이지, 소셜커머스, 오픈마켓, 해외직구, 전자상가, 대형마트 등 어떤 경로에서든지 휴대폰을 구입할 수 있다.

또한 자급제폰은 통신사폰과는 달리 이동통신 3사의 선택을 받지 않아도 판매할 수 있기 때문에 많은 제조업체들이 시장에 참여할 수 있다. 따라서 시장에서 유통되는 단말기의 종류와 가격은 훨씬 더 다양해진다. '단말기 자급제'가 도입된 것은 화이트리스트제도가 여러 가지 문제점을 가지고 있기 때문이다. 화이트리스트제도하에서는 휴대폰 제조업체이든 휴대폰 유통업체이든 이동통신 3사의 선택을 받지 못하면 시장에 참여할 수 없기 때문에 매우 폐쇄적인 구조가 될 수밖에 없다. 정부는 화이트리스트제도하에서는 이동통신사와 휴대폰 제조업체 간의 밀착관계가 형성되면서 휴대폰 가격과 통신요금이 과다하게 책정되고, 통신사폰을 판매하는 과정에서 발생하고 있는 불법 보조금 문제가 해결되기 힘들다는 시각을 가져왔다. 정부는 바로 이러한 문제를 해결하기 위해 '단말기 자급제'를 도입하였다.

정부는 '단말기 자급제'를 통한 자급제폰 시장의 성장이 다음과 같은 긍정적인 결과를 가져올 것으로 기대하고 있다. 첫째, 소비자가 자급제폰을 구입할 때 보조금을 받을 수는 없기 때문에 보조금과 관련한 문제는 자연히 사라지게 된다. 둘째, 국내 소비자에게 휴대폰을 판매하기를 원하는 모든 휴대폰 제조업체는 자사가 판매하기를 원하는 단말기를 다양한 경로로 판매할 수 있기 때문에 휴대폰 제조업체 간의 경쟁이 치열해지면서 휴대폰 가격의 인하도 활발해질 수 있다. 셋째, 휴대폰 판매를 통해서 수익을 창출하기가 어려워진 이동통신 3사는 통신상품에 집중하면서 서비스 개선과 통신요금 인하를 바탕으로 하는 경쟁에 나설 수밖에 없게 된다.

2. 휴대폰시장의 개관

2.1 휴대폰시장의 규모

이동통신시장은 이미 포화된 상태이기 때문에 신규고객의 진입에 의한 휴대폰 수요는 그다지 많지 않지만 기존고객에 의한 교체수요는 꾸준히 발생하고 있다. 리서치회사인 컨슈머인사이트의 조사결과에 따르면 휴대폰 교체주기가 가장 짧았던 2012년 하반기에는 교체주기가 23.9개월이었으며 그 이후로 교체주기는 2년에 약 1개월씩 증가하면서 2020년 말에는 27.9개월로 늘어났다. 예를 들어 교체주기가 3년이고 2022년 현재 6,000만 대의 휴대폰이 사용되고 있으며 0~12개월, 13~24개월, 25~36개월 된 단말기가 각각 2천만 대씩이라면 2023~2025년에는 매년 2천만 대의 대체수요가 발생하게 된다. 2015년 국내에서 판매된 휴대폰수는 약 1,600만 대로 추산되며, 2020년에는 약 1,700만 대가 판매된 것으로 추산된다. 2020년에 스마트폰의 평균 가격이 약 67만원이었던 점을 감안하면 2020년의 시장규모는 약 11.4조원에 이르는 것으로 추산할 수 있다.

국내 시장점유율 1위의 휴대폰 제조업체인 삼성전자의 휴대폰시장 점유율은 스마트폰이 등장하기 전인 2000년대 중반까지는 50% 수준이었으나, 스마트폰이 등장하면서 지속적으로 상승하여 2012년에는 70%대까지 상승하기도 하였다. 2015년에는 삼성전자 57%, LG전자 23%, 팬택 8%, 애플 12%의 시장점유율을 보였으며, 이때에는 이미 소니, 모토로라, 노키아 등 애플 이외의 해외 제조업체들은 우리나라 휴대폰시장에서 거의 자취를 감췄다. 글로벌 시장조사업체인 카운터포인트리서치의 보고서에 따르면 2020년의 국내 스마트폰시장에서의 브랜드별 점유율은 삼성전자 65%, 애플 21%, LG전자 13%인 것으로 조사되었다. 국내업체인 팬택은 매출부진으로 2014년에 워크아웃에 들어가면서 점차 시장에서 사라졌다. LG전자가 2021년 4월에 스마트폰시장에서 완전히 철수하는 것을 결정하면서 2021년 이후에는 국내시장에서 삼성과 애플의 스마트폰 시장점유율이 크게 달라질 것으로 예상되고 있다.

2.2 자급제폰의 확산

단말기 자급제가 2012년에 도입되면서 자급제폰이 통신사폰을 대체하며 시장점유율을 점차 늘려가고 있다. 시장조사회사인 스트레티지애널리틱스에 따르면 자급제폰의 점유율은 단말기 자급제 첫해인 2012년에는 5.3%를 기록하였고, 2015년에는 7.0%, 2019년에는 9.0%, 2020년에는 12.0%를 기록하였다. 또한 2021년에는 20%대로 진입할 것으로 예상되고 있다. 세계시장에서는 약 70%가 자급제폰이 점유하고 있다는 점을 감안하면 한국의 자급제폰의 점유율은 아직은 매우 낮은 수준이라고 할 수 있다.

자급제폰의 확산에는 여러 가지 요인들이 작용하고 있다. 먼저 2011년에 도입된 '알뜰폰'으로 불리는 MVNO(가상이동통신망사업자) 서비스를 들 수 있다. 알뜰폰 서비스를 이용하기를 원하는 소비자는 자신이 원하는 경로를 통해 단말기를 구입한 후 알뜰폰 업체와 요금제를 선택하여 가입하면 된다. 즉, 알뜰폰 서비스에서는 '단말기 자급제'가 도입되기 이전에 이미 자급제폰이 사용되고 있었으며, 따라서 알뜰폰 가입자가 늘어나면서 자급제폰도 자연스럽게 증가하게 되었다. 또한 알뜰폰 도입 초기에는 알뜰폰 단말기로는 저가 자급제폰이 거의 대부분을 차지하고 있었으나 알뜰폰에 대한 이미지가 개선되면서 프리미엄 단말기로 요금부담이 훨씬 저렴한 알뜰폰 서비스를 이용하려는 소비자들이 증가하고 있다.

또한 과학기술정보통신부 등 정부의 정책이 자급제폰의 성장에 큰 역할을 했다. 정부는 이동통신업체 간의 통신서비스 품질 및 요금제 가격의 경쟁을 촉진시키기 위해 '알뜰폰 서비스'를 도입하였다면 '단말기 자급제'는 통신상품의 가입과 단말기의 구입을 분리시킴으로써 이동통신사는 통신서비스 품질의 향상과 요금인하에 진력하고, 단말기 제조업체는 단말기의 개선과 가격인하에 진력할 수 있도록 만들기 위해 도입하였다. 과학기술정보통신부는 2018년 '소비자 관점의 자급제 활성화 방안'을 발표하고 자급제폰 확대를 위한 유통경로의 다양화, 기종의 확대, 개통 편의의 제고 등의 정책을 실행해오고 있다. 예를 들어 과학기술정보통신부는 2019년부터 이동통신 3사에서 동시에 출시되는 단말기에 대해 자급제폰도 동시에 출시할 것을 의무화하고 있다.

알뜰폰과 단말기 자급제를 확산시키려는 정부의 노력은 자급제폰의 경쟁력을 높이는데 기여하였으며, 이로 인해 자급제폰은 빠른 속도로 시장을 넓혀가고 있다. 자급제폰은 통신사폰과는 달리 보조금도 없고 할부도 제공되지 않기 때문에 소비자는 자급제폰을 정가대로 일시불로 구입해야 하는 부담이 있다. 하지만 대신에 통신비가 훨씬 저렴하기 때문에 인기가 높아지고 있다. 소비자는 자급폰을 구입한 후 이동통신 3사의 서비스에 가입할 수도 있고 알뜰폰 서비스에 가입할 수도 있다. 이동통신 3사의 서비스에 가입하면 '선택약정'을 통해 요금을 할인받을 수 있다. '선택약정'이란 2년 동안의 약정이 통신사폰과 같이 강제로 해야만 하는 것이 아니라 소비자가 약정을 선택할 수 있음을 의미한다.

2014년 10월에 단통법(이동통신단말장치 유통구조 개선에 관한 법률)이 시행되면서 분리요금제가 신설되었는데, 분리요금제는 자급제폰을 사용하여 이동통신 3사에서 개통하는 고객에 대해 보조금을 주지 않는 대신 요금할인을 해줄 것을 규정하고 있다. 과학기술정보통신부는 단통법이 시행되면서 2년 약정을 조건으로 요금할인율을 실납부액의 12%로 확정하였으며, 할인율을 3개월마다 조정할 수 있도록 하였다. 그로부터 6개월이 지난 2015년 4월에 과학기술정보통신부는 '선택약정 요금 할인제'의 할인율을 종전의 12%에서 20%로 인상하였으며, 2017년 9월에는 단통법 고시 개정을 통해 할인율은 다시 25%로 상향조정되었다. 또한 약정기간도 1년 약정과 2년 약정 중에 선택할 수 있게 되었다.

선택약정 서비스는 자급제폰을 이용하고 있는 고객뿐만 아니라 통신사폰을 이용하여 이동통신 3사의 서비스를 이용하고 있는 고객 중에 약정시간이 끝난 고객들에게도 제공된다. 선택약정 서비스는 1번만 제공되는 것이 아니라 약정기간이 끝나도 새로 선택약정을 맺으면 계속 요금할인을 받을 수 있다. 또한 통신사 5G폰은 대부분 5G 요금제로만 개통이 가능하지만 과학기술정보통신부의 지침에 따라 2020년 8월부터 자급제 5G폰은 4G 요금제로도 가입할 수 있게 되었다. 통신사폰보다 더 저렴한 요금에 더하여 선택약정을 맺으면 25% 할인까지 받을 수 있기 때문에 2년 정도만 이용하여도 보조금을 받고 통신사폰을 구입하는 것보다 경제적으로 훨씬 유리할 수 있다. 자급폰으로 알뜰폰에 가입하는 경우에는 알뜰폰의 요금제가 이동통신 3사의 요금제에 비해 30~50% 저렴하기 때문에 2년을 사용하는 것을 가정하더라도 자급제폰이 훨씬 더 경제적이다. 또한 알뜰폰에 가입하면 약정기간이 없기 때문에 언제든 위약금을 물지 않고 해지할 수 있다. 이러한 경제적인 이점이 자급제폰 확산의 가장 확실한 근간이 되고 있다.

3. 통신사폰의 유통경로

통신사폰의 유통경로는 [그림 11-13]과 같이 나타낼 수 있다. 이를 살펴보면 이동통신 3사가 휴대폰 유통의 중심에 있음을 알 수 있다. 휴대폰 제조업체의 판매처는 이동통신 3사밖에 없으며, 게다가 이동통신 3사가 주문한 만큼만 판매가 가능하다. 또한 휴대폰이 가장 많이 판매되는 장소도 이동통신 3사가 관리하는 대리점과 그 대리점의 영향력하에 있는 판매점이다. 이처럼 이동통신 3사는 통신사폰 유통의 전 과정을 장악하고 있다. 이동통신

그림 11-13 ▌통신사폰의 유통경로

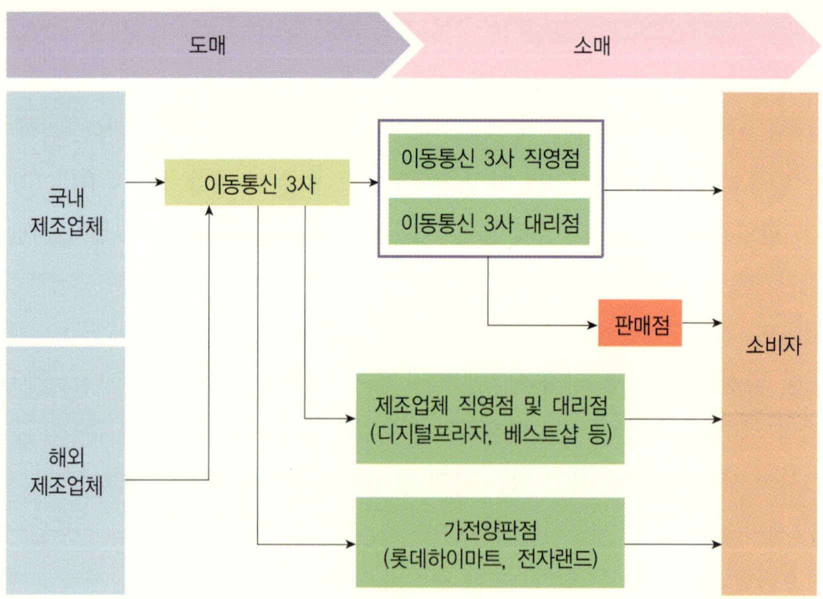

3사가 휴대폰 제조업체로부터 공급받은 핸드폰의 식별번호를 자사의 전산망에 등록시킨 후 이를 자사가 운영하는 대리점, 자사의 대리점 코드를 가지고 있는 핸드폰 제조업체의 대리점과 가전양판점 등에 판매한다. 대표적인 핸드폰 제조업체의 대리점으로는 삼성전자의 디지털프라자와 모바일스토어, 그리고 LG전자의 베스트샵이 있으며, 대표적인 가전양판점에는 롯데하이마트와 전자랜드가 있다. 대표적인 유통경로구성원들을 살펴보면 다음과 같다.

3.1 직영점

직영점은 이동통신사에서 직접 운영하는 점포로 이동통신업계에서는 '지점'이라고도 불린다. 직영점은 그 숫자는 작지만 규모가 크고 시설이 잘 갖추어진 플래그십스토어(flagship store)의 개념으로 운영된다. 주로 번화한 곳에 위치해 있으며, 임시직 직원과 정직원이 같이 근무하고 있다. 여기에서는 가입, 해지, 휴대폰구입 등 대리점에서 수행할 수 있는 업무뿐만 아니라 고객센터로서의 역할도 하고 있기 때문에 통화내용의 청구, 임대폰의 임대 등의 업무도 가능하다. 숫자가 많지 않기 때문에 휴대폰의 유통에서 핵심적인 역할을 하는 곳은 아니다.

3.2 대리점

대리점은 특정 이동통신사와 위탁판매계약을 맺고 해당 이동통신사의 상품만 판매하는 점포를 의미한다. 점포의 간판에는 주로 '공식(인증)대리점'이라는 명칭을 쓰고 있다. 대리점은 가두점이 주류를 이루지만 전자상가, 가전양판점 등에도 들어가 있다. 대리점에는 이동통신사의 전산망이 연결되어 있기 때문에 가입, 해지, 요금납부, 기기변경, 멤버십 등 이동통신사의 서비스를 거의 모두 제공할 수 있다. 2021년 현재 우리나라에는 약 10,000개의 이동통신 대리점이 있다. 대리점의 수입은 관리수수료와 판매수수료로 구성된다. 관리수수료는 이동통신사의 고객관리업무를 대행하는 대가로 받는 수수료를 의미하며, 자신의 대리점에서 이동통신서비스에 가입한 고객이 매월 납부하는 통신요금의 5~8%를 4~5년간 지급받는다(SKT는 4년, KT와 LGU+는 5년). 예를 들어 최근 4년 이내에 가입한 고객이 5,000명이고 이 가운데 한 명도 중간에 이탈하지 않았으며 고객들의 월평균 통신요금이 40,000원이라고 가정하면 대리점이 수취하는 관리수수료는 월 1,000만~1,600만원이 된다. 관리수수료는 대리점의 가장 주된 수입원이기 때문에 대리점은 휴대폰의 판매보다는 가입자 유치에 주력한다. 판매수수료는 일종의 보너스(bonus)로 개통 휴대폰, 요금제, 부가서비스 등에 대해 이동통신사가 설정한 목표치의 달성 여부에 따라 지급되는 장려금이다.

3.3 판매점

판매점은 대리점과 계약을 맺고 가입자 유치, 휴대폰 판매 등의 업무를 수행하는 점포를 의미한다. 대부분의 판매점은 3개 이동통신사(SKT, KT, LGU+)의 대리점과 모두 계약을 맺고 있으며, 휴대폰을 직접 개통시킬 수 없기 때문에 계약을 맺고 있는 대리점을 통해 개통 서비스를 제공한다. 즉, 대리점이 이동통신사의 영업조직으로서의 역할을 하고 있다면, 판매점은 대리점의 영업조직으로서의 역할을 하고 있다고 할 수 있다. 따라서 대리점의 입장에서는 최대한 많은 수의 능력 있는 판매점을 확보하는 것이 성공적인 영업의 관건이 된다. 2020년 현재 전국에 약 19,000개의 판매점이 있다.

대리점이 수입을 주로 관리수수료에 의존하고 있는 반면, 자체적인 고객기반을 가질 수 없는 판매점은 수입을 거의 휴대폰의 판매에 의존하고 있다. 즉, 판매점에서 이동통신서비스에 가입한 고객은 판매점의 고객이 아니라 판매점과 계약을 맺고 있는 대리점의 고객이 되고, 따라서 통신요금의 일정비율로 정해지는 관리수수료는 판매점이 아니라 대리점의 수입이 된다. 판매점의 수입은 휴대폰의 판매에 따른 마진과 대리점으로부터의 보조금에 의존하고 있다. 대리점의 입장에서는 판매점에서의 휴대폰 판매가 활성화되어야 가입자의 수도 증가하기 때문에 대리점은 이동통신사로부터 수령한 보조금을 자신이 취하기보다는 판매점에 전달함으로써 판매를 독려하는 쪽을 선택한다. 더 나아가 대리점은 가입자를 증가시키기 위해 이동통신사의 보조금에 더하여 대리점에서 자체적으로 조성한 보조금을 추가적으로 판매점에 제공하기도 한다. 대리점과 판매점의 관계에 있어서는 여러 대리점과 계약할 수 있는 위치에 있는 판매점보다는 이동통신사와 직접적인 계약관계에 있으면서 판매점에 공급되는 단말기의 가격이나 수량, 보조금의 규모 등에서 영향력을 행사할 수 있는 대리점이 힘의 우위를 점하고 있다. 대리점에서 판매점에 공급된 휴대폰이 팔리지 않을 경우에는 100% 반품이 가능하다. 따라서 판매점은 대리점으로부터 휴대폰의 판매를 위탁받아 판매하는 위탁판매점이라고 할 수 있다.

3.4 제조업체의 직영점/대리점 및 가전양판점

이동통신 3사의 통신폰은 자사의 직영점이나 대리점 이외에도 삼성디지털프라자, 삼성모바일스토어, LG베스트샵, 롯데하이마트, 전자랜드 등에서도 판매된다. 이들 업체들은 이동통신 3사의 대리점 코드를 모두 가지고 있기 때문에 고객들은 휴대폰과 함께 원하는 이동통신사의 통신상품을 구매할 수 있다.

4. 자급제폰의 유통경로

자급제폰의 유통경로는 [그림 11-14]와 같이 나타낼 수 있다. 통신사폰의 경우에는 휴대폰 제조업체가 자사의 단말기를 유통할 수 있는 유일한 방법은 이동통신 3사에게 판매하는 것이었지만 자급제폰은 매우 다양한 경로를 통해 유통시킬 수 있다. 먼저 오프라인 경로를 보면 삼성전자 등의 국내 제조업체는 디지털프라자와 같은 자사의 직영점/대리점은 물론, 롯데하이마트 등의 가전양판점 혹은 이마트 등의 대형마트 등에도 공급할 수 있다. 애플과 같은 외국업체의 경우에는 경쟁사인 삼성전자의 디지털프라자에서는 판매가 이루어지지 않지만 휴대폰시장에서 물러난 LG전자의 베스트샵에서는 판매될 수 있을 것으로 보인다. 그 외에 가전양판점이나 대형마트 등에 공급하는 것은 국내 제조업체와 동일하다. 그런데 이동통신 3사의 대리점이나 판매점은 통신사폰을 판매해야 하는 이동통신 3사의 영향력하에 있기 때문에 자급제폰을 취급하기는 힘들 것으로 판단된다. 온라인 경로는 자사몰, 오픈마켓, 소셜커머스 등이 있다. 오픈마켓이나 소셜커머스의 경우에는 제조업체가 직접 공급하는 방법도 사용될 수 있고, 공인(공식인증)리셀러라고 불리는 벤더사를 통해 공급할 수도 있다.

그림 11-14 ▌ 자급제폰의 유통경로

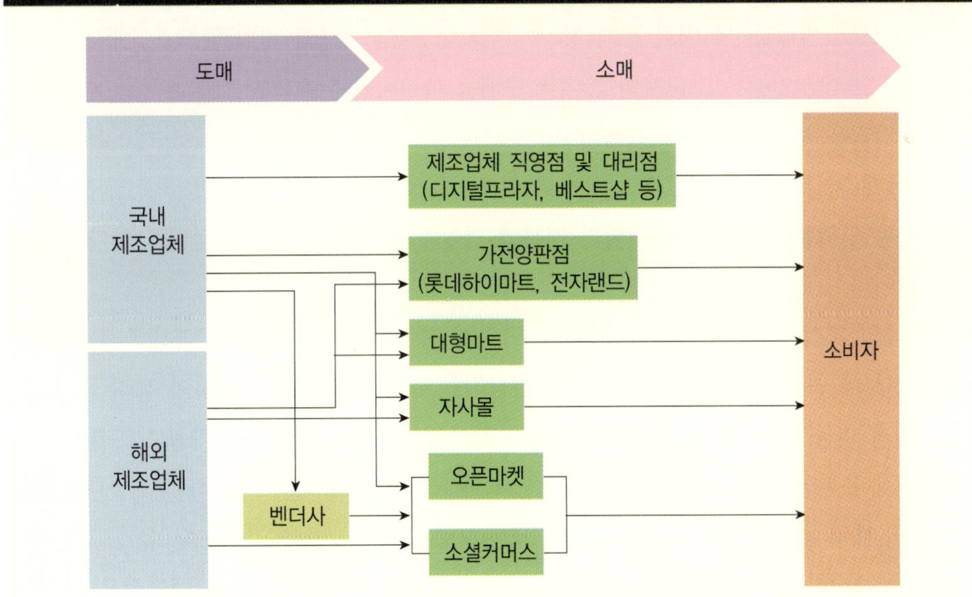

5. 보조금 논란과 단통법

통신사폰의 판매와 관련하여 보조금을 둘러싼 논란이 끊임없이 이어져 왔다. 보조금은 '이동통신사가 신규가입 혹은 번호이동을 활성화시키기 위한 목적으로 소비자의 휴대폰 구입비용의 일부를 보조해주는 금액'을 의미한다. 따라서 보조금의 제공은 일종의 가격할인이기 때문에 소비자들의 입장에서는 긍정적으로 받아들여질 수 있다. 그런데 불법보조금 문제로 인해 이동통신 3사와 휴대폰제조업체에 대해 과징금, 업무정지 등의 징계가 해마다 반복되어 왔다. 이 문제를 해결하기 위해 '단통법(단말기유통법)'이 2014년 10월 1일부터 시행되고 있다. 여기에서는 먼저 보조금의 개념에 대해 기술하고, 이로 인해 파생되는 문제점들과 보조금에 대한 규제에 대해 기술한다. 이어서 이를 해결하기 위해 만들어진 '단통법'에 대해서 기술한다.

5.1 보조금의 개념

소비자가 통신사폰을 구입하면서 받는 보조금은 이동통신사가 제공하는 보조금과 휴대폰 제조업체의 장려금으로 구성된다. 그 비율은 6:4 정도로 이동통신사의 보조금이 제조업체의 장려금보다 좀 더 많은 비중을 차지하고 있는 것으로 알려져 있다. 통상적으로 보조금이라고 하면 이동통신사의 보조금과 제조업체의 장려금을 합친 금액을 의미한다. 과학기술정보통신부, 방송통신위원회 등의 정부기관은 이동통신 3사와 핸드폰 제조업체사가 보조금이 많은 휴대폰일수록 소비자의 휴대폰 구매를 촉진시키는 효과가 크다는 점을 이용하여 단말기 가격을 부풀려서 높게 책정하고, 이러한 방법으로 마련한 보조금을 대리점을 통해 소비자에게 지급하여 온 것으로 파악하고 있다. 즉, 이동통신 3사가 단말기 보조금을 중심으로 하는 영업활동을 전개하고 있기 때문에 단말기의 가격이 높게 책정되고 있다고 보고 있는 것이다.

보조금의 조성과 집행 과정은 [그림 11-15]와 같이 나타낼 수 있다. 휴대폰제조업체는 이동통신사에 공급하는 휴대폰의 가격을 정상적인 수준보다 높게 책정하여 장려금을 조성하고, 이를 이동통신사에 지급한다(경우에 따라서는 이동통신 3사의 대리점 코드를 가지고 있는 자체 유통망, 예를 들어 디지털프라자나 베스트샵 등에 직접 지급하기도 한다). 이동통신사도 대리점에 공급하는 출고가를 제조업체로부터 공급받은 가격보다 높게 책정하여 보조금을 조성하고, 이를 제조업체의 장려금과 함께 대리점에 제공한다. 대리점은 다시 판매점에 휴대폰의 판매를 위탁하면서 보조금을 제공하고, 판매점은 소비자에게 휴대폰을 판매하면서 보조금을 지급한다.

그림 11-15 ▎보조금의 조성 및 집행과정

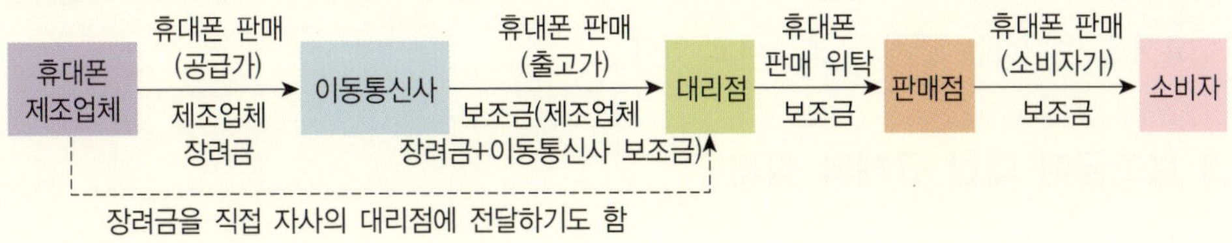

5.2 보조금의 문제점

보조금 관행은 휴대폰의 판매를 촉진시킴으로써 시장을 활성화시킨다는 측면은 있지만 다음과 같은 여러 가지 부작용을 발생시키고 있다.

- **과도하게 높은 휴대폰 가격** : 보조금을 조성하기 위해서는 휴대폰의 가격을 높여야 하기 때문에 소비자는 과도하게 높은 휴대폰 가격을 부담하여야 한다. 우리나라의 고급 휴대폰 가격은 OECD 국가 중에서 매우 비싼 편에 속한다.
- **시장의 불안정성 초래** : 보조금의 규모는 이동통신사 간의 경쟁상황이나 제조업체 간의 경쟁상황, 그리고 대리점 점주나 판매점 점주의 의도에 따라서 크게 달라질 수 있다. 이러한 이유로 동일한 휴대폰의 가격이 구매시점, 구매점포, 구매통신상품 등에 따라 크게 달라지는 현상이 발생하면서 시장의 불안정성을 키우고 있다.
- **보조금 미지급에 의한 소비자 피해** : 보조금이 실제로 소비자에게 지급되지 않는 일이 발생하고 있다. 즉, 통신상품에 대해 잘 알지 못하는 소비자들을 대상으로 복잡한 설명을 통해 실제로는 지급되지 않은 보조금이 지급되는 것처럼 기만하는 경우도 발생하고 있다.
- **과소비의 조장** : 보조금을 수단으로 소비자에게 휴대폰의 교체를 권하는 영업활동이 이루어지면서 꼭 필요하지도 않음에도 불구하고 휴대폰을 교체하는 경우가 많다. 또한 이동통신사는 비싼 통신요금 상품을 중심으로 보조금을 지급하고, 제조사는 최신의 고가 휴대폰을 중심으로 장려금을 지급하는 경향이 있기 때문에 소비자는 보조금을 얻기 위해 비싼 요금제 상품과 비싼 휴대폰을 구입하게 될 가능성이 높으며, 이로 인해 과소비가 조장되는 환경이 조성될 수 있다.
- **보조금의 차별적 지급** : 보조금의 재원은 결국 소비자가 부담하는 단말기 구입금액과 통신요금에 의해 조성되는데 보조금의 혜택은 일부 고객에게만 집중적·차별적으로 주어지고 있다. 특히 젊은층에 비해 상대적으로 통신상품에 대한 정보에 어두운 중장

년층이 손해를 보는 경우가 많다. 또한 이동통신사 간의 치열한 경쟁으로 인해 번호이동 고객에게 많은 보조금을 지급하는 경우가 대부분이기 때문에 충성고객보다는 철새 고객을 우대하는 결과가 초래되고 있다.

5.3 보조금에 대한 규제와 징계

막대한 예산이 소요되는 보조금이 많은 문제들을 야기하면서 이동통신 이용자들의 혼란과 이용자 차별 논란이 끊이지 않았으며, 이로 인해 정부는 2010년 10월부터 단말기 보조금 상한제를 실시해 27만원 이상의 보조금을 지급하지 못하도록 규정하였다. 이를 위반한 이동통신사와 공급가를 과도하게 책정한 제조업체에 대해 영업정지, 과징금 등의 징계가 해마다 이어졌지만, 불법 보조금의 관행은 지속되었다.

5.4 단말기 유통법

정부가 2010년 10월에 보조금의 상한선을 정하였음에도 불구하고 불법적인 판매행위가 반복됨에 따라 정부는 보조금문제의 근본적인 해결을 위해 '단통법(정식명칭은 '이동통신 단말장치 유통구조 개선에 관한 법안')'을 제정하였으며, 이 법안은 2014년 5월에 공포되어 2014년 10월 1일부터 시행되고 있다. 이 법안은 보조금을 투명하게 공개한다는 것을 골자로 하고 있으며, 구체적인 내용은 다음과 같이 요약될 수 있다.

- **보조금의 차별적 지급 금지** : 소비자의 가입유형(번호이동, 신규가입, 기기변경 등), 이동통신서비스 요금제, 이용자의 거주지역/나이/신체적 조건 등에 따라 차별적으로 보조금을 지급할 수 없다.
- **보조금의 과다 지급 제한 및 공시** : 이동통신사는 방송통신위원회가 정한 상한액인 30만원을 초과하여 보조금을 지급하여서는 안 된다. 또한 출고가, 보조금, 판매가 등 보조금 지급내용 및 지급요건에 대해 이용자가 알기 쉬운 방식으로 공시하여야 한다. 대리점 또는 판매점은 이동통신사업자가 공시한 보조금의 15% 범위에서 보조금을 추가로 지급할 수 있으며, 이에 대한 내용을 이용자가 쉽게 인식할 수 있도록 영업장 등에 게시하여야 한다. 단, 출시된 지 15개월 이상이 된 단말기에 대해서는 상한액 규정이 적용되지 않는다.
- **보조금과 연계한 개별계약 체결 제한** : 이동통신사업자, 대리점, 판매점 등은 이용약관과 별도로 보조금을 지원하는 조건으로 특정 요금제, 부가서비스 등에 대한 일정기간 사용의무를 부과하고 위반 시 위약금을 부과하는 내용의 개별계약을 체결하여서는 안 된다.

- **단말기 구입비용의 구분 고지** : 이동통신사업자는 단말기 구입비용이 서비스 이용요금과 혼동되지 않도록 명확하게 구분 표기하여 고지 및 청구하여야 하고, 이동통신사업자, 대리점, 판매점 등은 요금할인액을 보조금으로 설명하거나 표시하여서는 안 된다.

단통법에서는 보조금 대신 '지원금'이라는 용어를 쓰고 있다. 지원금의 상한액은 단통법이 시행되었던 2014년 10월에는 30만원으로 되어 있었으나 지원금 상한제로 인해 지원금을 충분히 받지 못해 단말기를 높은 가격에 구매하여야 한다는 여론을 반영하여 2015년 4월에 33만원으로 인상되었다. 그런데 단통법의 핵심 조항인 '단말기 지원금 상한제'는 법제정 당시 부칙에 3년 일몰 조항으로 지정되어 있었으며 이에 따라 2017년 9월에 자동 폐지되었다. 결국 '단통법 지원금 상한제'는 과도한 보조금으로 인한 혼란과 이용자 차별을 불식하고, 이동통신 3사가 과도한 보조금 경쟁에서 벗어나 통신요금 및 단말기 가격의 인하에 적극 나설 수 있도록 하려는 목적으로 만들어졌지만 소기의 목적을 달성하지 못하고 사라져버렸다.

이로써 2017년 9월 이후에는 이동통신 3사가 단말기 지원금에 대한 공시만 정확하게 하면 지원금을 얼마든지 주어도 불법이 아니다. '지원금 상한제'가 없어졌다고 해서 단통법이 모두 없어진 것은 아니다. 즉, 영업점에서 공시지원금의 15% 내에서 추가 지원금을 제공할 수 있다는 조항은 그대로 유지되고 있다. 예를 들어 이동통신사가 특정 단말기의 지원금을 10만원으로 공시하였다면 소비자는 10만원에 영업점에서의 추가 지원금 1만5천원을 합쳐 최대 11만5천원의 지원금을 받을 수 있다. 추가 지원금과 관련하여 방송통신위원회는 2021년 5월에 공시지원금 추가지급 한도를 단통법 입법 당시의 15%에서 30%로 인상하는 안을 마련하여 입법을 추진하고 있다.

단통법은 통신사폰을 구매하려는 고객이 지원금을 받지 않는 대신 '선택약정'을 통해 통신요금 할인을 받을 수 있도록 규정하고 있다. 선택약정을 맺을 때 1년 약정과 2년 약정 중에 선택할 수 있고, 기본요금의 할인율은 25%로 구성되어 있으며, 약정기간이 끝나도 재계약을 통해 할인혜택을 지속적으로 받을 수 있다. 따라서 이동통신 3사의 통신서비스를 이용하려는 고객은 단말기를 구입함에 있어서 두 가지 선택 대안이 있다. 첫째는, 공시 지원금과 추가 지원금을 받고 구매하는 것이고, 둘째는 지원금을 받지 않고 선택약정을 통해 25%의 기본요금 할인을 지속적으로 받는 방법이다. 지원금의 수준에 만족하지 못하거나 장기적으로 특정 단말기를 사용하려는 계획이 있는 고객일수록 지원금보다는 선택약정을 선택할 가능성이 높아진다.

제9절 가구의 유통경로

1. 가구시장 개요

가구(家具, furniture)는 사전적으로는 '집안 살림에 쓰는 기구'를 의미하지만, 일반소비자나 업계에서는 '가구'라는 용어를 가정용가구(소파, 침대, 탁자, 옷장 등)나 주방가구(싱크대, 부엌수납장 등)뿐만 아니라 사무용가구(책상, 테이블, 의자 등), 업소용가구 등을 포함하는 포괄적인 의미로 사용하고 있다.

[표 11-18]은 2011~2019년의 종사자 10인 이상 가구업체의 업체수, 종사자수 추이를 보여주고 있다. 업체수는 2011년 1,059개에서 2019년 1,284개로 약 12% 증가하였으며, 종업원수는 2011년 23,319명에서 2019년 29,072명으로 약 25% 증가하였다. 또한 통계청 자료에 따르면 2019년 현재 종업원 10인 이상 가구업체 1,284개 가운데 종업원 50명 미만의 가구업체가 약 95%에 이르는 1,217개로 나타났다. 그런데 우리나라의 전체 가구제조업체의 수는 2,500~3,000개 정도로 통계청의 조사대상에 포함되지 않은 종업원 10인 미만의 영세제조업체가 전체 가구제조업체 수의 과반수 이상을 차지하고 있으며, 이를 감안하면 우리나라의 가구업체의 97% 이상이 종업원 50명 이하의 영세업체인 것으로 파악되고 있다.

우리나라의 가구산업은 2006~2009년에 건설경기의 퇴조, 금융위기 등으로 인해 마이너스 성장을 기록하였다. 2010년에는 회복하는 듯하다가 2011~2013년에는 경기부진으로 다시 정체되었으며, 아파트 신규분양이 급증한 2014년부터 다시 회복되기 시작하였다. [표 11-19]는 2015~2020년 가구 매출액의 연도별 추이를 보여주고 있다. 2015~2016년에는 회복되는 모습을 보였으나 2016년에 정부의 부동산 규제가 시작되면서 2017년에는 다시 정체된 모습을 나타냈다. 그런데 2018년부터 다시 회복하기 시작하여 2019년에는 10%에 근접하는 성장률을 기록했다. 또한 코로나19가 발생한 2020년에는 집에서 보내는 시간이 늘어남에 따라 가구에 대한 수요가 증가하면서 성장률이 24.4%로 폭증하면서 매출액이 사

표 11-18 10인 이상 가구업체의 업체수, 종사자수의 연도별 추이 (단위 : 개, 명)

연도	2011	2012	2013	2014	2015	2016	2017	2018	2019
업체수	1,059	1,049	1,060	1,133	1,149	1,191	1,248	1,250	1,284
종사자수	23,319	22,545	23,217	25,281	26,185	27,802	28,695	28,832	29,072

자료 : 통계청, 국내통계>광업・제조업>광업제조업조사>산업편>10차개정>시도(시군구)/산업별주요지표(10인 이상)

상 처음으로 10조원을 넘어섰다.

한국의 가구업계의 부침은 전통적으로 아파트 건설에 따른 신규주택이 얼마나 많이 분양되는가에 의해 크게 영향을 받았다. 그러나 2010년대 중반 이후 신규아파트 분양이 감소되고 1~2인 가구의 수가 지속적으로 증가하면서 가구산업의 트렌드도 크게 변모하였다. 즉, 가구업체들은 신규아파트 분양과 신혼부부의 수가 줄어들면서 입주가구와 혼수가구에 집중하던 사업구조를 유지하기 힘들어졌고, 이에 대한 대안으로 현재 거주하는 주택의 리모델링 사업과 집안을 자신의 취향에 맞게 꾸밀 수 있도록 조력하는 홈퍼니싱 사업으로 빠르게 전환하고 있다. 이렇듯 가구업체들이 소비자의 트렌드에 부합하는 활동을 전개한 결과 2010년대 말부터 가구산업이 다시 부흥하고 있다. 그런데 이러한 가구매출액의 증가는 일반소비자를 대상으로 하는 B2C 부문을 중심으로 나타나고 있으며, 사무용가구 등 B2B 부문의 가구매출은 지속적으로 감소하는 추세를 보이고 있다.

또한 MZ세대의 소비자들이 대거 가구시장에 진입하면서 가구시장에서도 온라인 매출이 크게 늘고 있다. 2010년대에 들면서 시작된 가구의 온라인매출 증가는 2010년대 후반에도 지속되고 있다. 통계청의 자료에 따르면 가구의 온라인매출은 2018년과 2019년에 10%대의 높은 성장률을 기록하였으며, 코로나19가 시작된 2020년의 성장률은 약 43%로 급증하였다. 이에 따라 온라인매출이 전체매출에서 차지하는 비중도 2017년의 36.6%에서 2020년에는 전체 매출의 절반 수준에 근접한 49.0%를 기록하였다([표 11-19] 참조).

표 11-19 가구 매출액의 연도별 추이 (단위 : 조원, %)

연도		2015	2016	2017	2018	2019	2020
전체 매출	매출액	6.8	7.1	7.1	7.5	8.2	10.2
	성장률	–	4.4	0.0	5.6	9.3	24.4
온라인매출	매출액	–	–	2.6	3.1	3.5	5.0
	성장률	–	–	–	19.2	12.9	42.9
	비중	–	–	36.6	41.3	42.7	49.0

자료 : 매출액 : 통계청, 국내통계>광업 · 제조업>광업제조업조사>산업편>10차개정>시도(시군구)/산업별주요지표(10인 이상)
온라인매출액 : 통계청, 국내통계>도소매 · 서비스>온라인쇼핑동향>온라인쇼핑몰취급상품범위별/상품군별거래액

2. 가구의 유통경로

가구의 유통경로는 국산가구와 수입가구로 나누어 살펴볼 수 있으며, 국내가구는 다시

중대형 제조업체의 가구와 소형 제조업체의 가구로 나누어 살펴볼 수 있다.

2.1 국산가구의 유통경로

국산가구의 유통경로는 [그림 11-16]과 같이 나타낼 수 있다.

그림 11-16 ▌국산가구의 유통경로

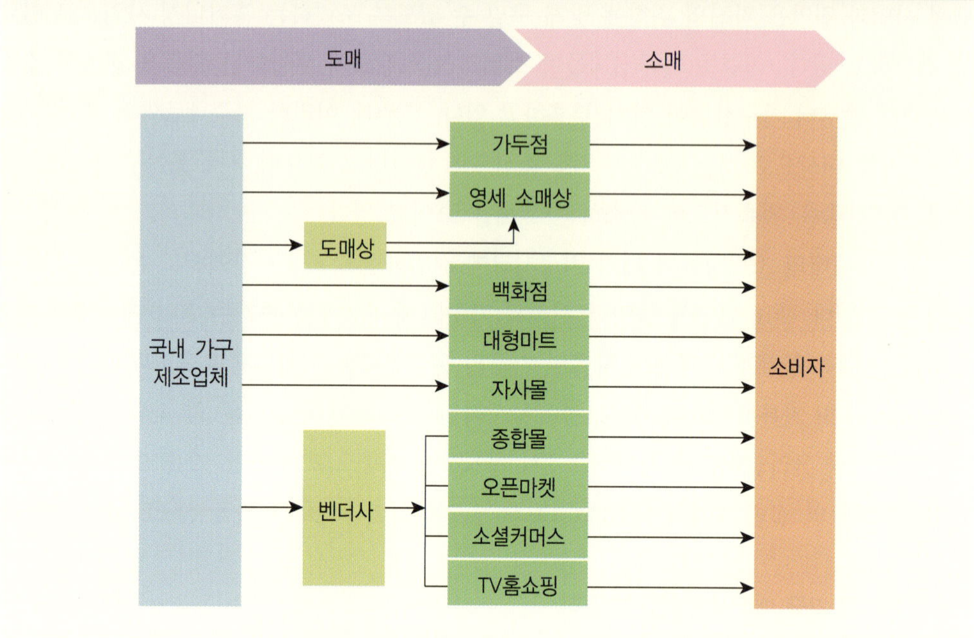

2.1.1 대형 가구제조업체 가구의 유통경로

한샘, 현대리바트, 에넥스, 까사미아, 에이스침대, 지누스, 시디즈, 퍼시스, 코아스, 듀오백, 보루네오가구 등 대형 가구제조업체가 생산한 가구의 유통경로는 크게 오프라인 채널과 온라인 채널로 나누어진다.

- **오프라인 유통경로** : 대형 가구제조업체가 생산한 가구의 오프라인 유통경로로는 가두점, 백화점, 대형마트 등을 들 수 있으며 이 가운데 가두점이 가장 주된 유통경로이다. 매장의 운영 방식은 직영점과 대리점으로 나누어진다. 즉, 가두점이나 백화점, 대형마트 내의 매장은 직영점일 수도 있고 대리점일 수도 있다. 직영점은 매출증진과 함께 제품 이미지의 제고를 위한 플래그십스토어(flagship store)의 개념으로 대리점에 비해 훨씬 큰 매장으로 운영되며, 신입사원들을 위한 교육훈련 장소로 이용되기도 한다. 그러나 그 수는 대리점에 비하면 훨씬 적다. 대리점은 해당 업체의 모든 제품을 취급하

기도 하지만 회사의 규모가 클수록 특정 상품 카테고리만을 취급하는 경우가 많아지고, 또한 생활용품과 같이 상품 카테고리가 다른 타사 제품을 일부 취급하기도 한다. 백화점에는 수수료매장(특정매장)의 형태로 입점하는 것이 일반적이며 상당히 높은 수준의 수수료를 지불해야 하는 단점이 있지만 자체적인 노력을 기울이지 않고도 많은 고객을 확보할 수 있으며 백화점이 가지고 있는 고급이미지를 향유할 수 있다는 이점도 있다. 그러나 가구는 부피가 커서 점포면적당 판매액이나 마진율이 상대적으로 낮기 때문에 가구가 백화점에서 차지하는 비중은 높지 않다. 백화점이 자사의 이미지를 고려하여 고가의 국내유명 브랜드 가구나 프리미엄 수입가구를 주로 취급하는 반면, 대형마트는 가격경쟁력이 중요하기 때문에 상대적으로 특색이 있는 중저가의 가구를 주로 취급하고 있으며 부피가 큰 침대, 옷장 등보다는 책장, 식탁 등 간단한 가정용가구나 사무용가구만을 취급하는 경우가 많다.

우리나라의 대표적인 가구업체의 오프라인 매장을 살펴보면, 우리나라 1위의 가구업체이면서 가장 많은 매장을 보유하고 있는 한샘은 2021년 8월 현재 인테리어와 리모델링의 복합매장인 '디자인파크' 19개, 국내 최초의 리모델링 전문매장인 '리하우스' 569개, 부엌 및 욕실 전문매장인 '키친바흐' 210개, 가구와 생활용품의 원스톱쇼핑이 가능한 '인테리어' 57개 등 모두 855개의 매장을 운영하고 있다. 매장의 대다수가 가두점으로 운영되고 있으며 백화점 입점매장(5개)과 대형마트 입점매장(22개)의 숫자는 매우 적은 편이다. 점포의 대다수는 대리점이며 직영점은 매우 소수이다. 2위 업체인 현대리바트의 매장은 '리바트' 90개, '리바트 키즈' 19개, '리바트 키친' 97개, '리바트 오피스/하움' 362개, '리바트 오피스/하움 직영전시장' 4개, '해외 프리미엄 홈퍼니싱' 17개 등 모두 589개가 있다. 매장이 제품유형과 목표고객의 유형을 기준으로 구분되어 있다. 백화점과 대형마트 매장은 10개 미만이며 대부분이 가두점이다. 또한 대부분 대리점으로 운영되며 직영점의 수는 매우 적다. 침대업계 1위 기업인 에이스침대는 총 234개의 매장을 가지고 있는데 가두점 157개와 백화점 입점 매장 72개를 포함하여 대형 소매업체 입점 매장 77개를 보유하고 있다. 우리나라 가구업계 1, 2위 기업인 한샘과 현대리바트와 비교하면 백화점 의존도가 매우 높은 편이다. 가두점 157개 중에서 30개는 규모가 큰 프리미엄샵인 '에이스스퀘어'이며 5개는 해외 명품가구를 판매하고 있는 '에이스에비뉴'이다.

- **온라인 유통경로** : 온라인 가구시장은 2010년대에 들어 빠르게 성장하고 있다. 이는 가격이 직접 매장에서 구매하는 것보다 20% 정도 저렴하고, 구매방법도 간편하기 때문이다. [표 11-20]은 2017~2020년의 가구의 오프라인 및 온라인의 매출 추이를 보여

표 11-20 가구 온라인매출의 온라인몰의 유형 및 판매매체에 따른 연도별 추이

(단위 : 조원, %)

연도			2017	2018	2019	2020
전체 매출액			7.1	7.5	8.2	10.2
오프라인매출	매출액		4.5	4.4	4.7	5.2
	성장률		–	–2.2	6.8	10.6
온라인매출	매출액		2.6	3.1	3.5	5.0
	성장률		–	19.2	12.9	42.9
	전체매출액 비중		36.6	41.3	42.7	49.0
	종합몰 vs 전문몰	종합몰	2.2	2.7	3.0	4.4
		전문몰	0.4	0.4	0.5	0.6
		종합몰 비중	84.6	87.1	85.7	88.0
	유선인터넷쇼핑 vs 모바일쇼핑	유선인터넷쇼핑	1.1	1.1	1.2	1.5
		모바일쇼핑	1.5	2.0	2.3	3.5
		모바일쇼핑 비중	57.7	64.5	62.9	70.0

자료 : 통계청, 국내통계>도소매·서비스>온라인쇼핑동향조사>온라인쇼핑몰취급상품범위별/상품군별거래액, 온라인쇼핑몰판매매체별/상품군별거래액

주고 있다. 이 기간 동안 가구의 오프라인매출의 성장률은 연평균 약 5%에 불과하였는데 반해, 온라인매출의 성장률은 연평균 약 25%에 달했다. 온라인매출액은 이러한 높은 성장률을 바탕으로 2020년에는 전체 매출액의 거의 50%를 차지하면서 5조원을 달성하였다. 온라인몰의 유형은 취급상품의 다양성에 따라 종합몰과 전문몰로 나누어지고, 온라인쇼핑의 유형은 사용하는 인터넷의 유형에 따라 유선인터넷쇼핑(PC쇼핑)과 모바일쇼핑으로 나누어진다. 여기에서의 종합몰은 넓은 의미의 종합몰로 백화점이나 대형마트가 운영하는 종합몰도 포함되지만 주로 오픈마켓과 소셜커머스를 지칭한다. 통계청의 자료에 따르면 2020년을 기준으로 가구의 구입에 있어서 종합몰의 비중은 88.0%에 달했으며(전문몰 12.0%), 모바일쇼핑이 차지하는 비중은 70.0%에 달했다(유선인터넷쇼핑 30.0%). 특히 모바일쇼핑의 비중은 2017~2020년의 기간 동안 57.7%에서 70.0%로 크게 증가하였다. 이처럼 다른 업종에서와 마찬가지로 가구산업에서도 모바일쇼핑 편중 현상이 시간이 갈수록 뚜렷하게 나타나고 있다. 종합해서 기술하면 2019년을 기준으로 가구의 온라인매출액 중에서 오픈마켓, 소셜커머스 등의 종합몰에서 모바일쇼핑을 통해 구매하는 비중이 약 62%로 가장 높았고, 종합몰에서 유선인터넷쇼핑을 통해 구매하는 비중은 약 26%, 제조업체 자사몰 등 전문몰에서 모바일쇼핑을 통해 구매하는 비중은 약 8%, 전문몰에서 유선인터넷쇼핑을 통해 구매하는 비중은 약 4%로 가장 낮았다([그림 11-17] 참조).

그림 11-17 ▌가구의 온라인쇼핑 유형별 비중

	종합몰(88%)	전문몰(12%)
유선인터넷쇼핑 (30%)	26.4%	3.6%
모바일쇼핑 (70%)	61.6%	8.4%

오프라인에 집중하고 있던 중대형 가구제조업체들이 온라인화라는 변화에 부응하기 위해 온라인사업을 강화하고 있다. 자체몰을 활성화시키는 한편, 대형 종합몰(SSG닷컴, H몰, 롯데온 등), 오픈마켓, 소셜커머스, TV홈쇼핑 등에도 적극적으로 진출하고 있다. 가구업체가 자체몰을 제외한 종합몰, 오픈마켓, 소셜커머스, TV홈쇼핑 등을 유통경로로 사용하는 경우에는 직접 거래하는 경우도 있지만 주로 운영의 효율성을 위해 가구와 온라인 매체에 대한 전문성을 갖춘 벤더사를 이용하고 있다.

대표적인 가구업체들의 온라인 동향을 살펴보면, 한샘은 2004년 한샘몰을 오픈할 당시의 온라인 매출액은 45억원에 불과하였지만 매년 높은 성장률을 기록하면서 2007년 137억원, 2010년 419억원, 2015년 1,700억원, 2020년 2,400억원의 매출을 기록하였다. 한샘은 온라인매출의 활성화를 위해 2020년에 '내맘배송' 서비스(30일 이내에 배송일을 지정할 수 있는 서비스 및 익일배송 서비스)를 도입하여 운영하고 있다. 가구업계 2위 업체인 현대리바트도 온라인매출 규모가 2009년의 70억원에서 2015년 700억원, 2020년에는 1,500억원으로 증가하였다. 신세계그룹이 2018년에 인수한 까사미아는 2020년에 가구, 소품, 리빙아이템 등을 망라한 홈퍼니싱몰인 '굳닷컴'을 개설하였으며, 기존의 브랜드몰인 '까사미아샵'에 비해 2배 이상의 매출실적으로 올리고 있다. 오프라인 매장을 두지 않고 온라인 경로만 운영하는 가구업체도 있다. 글로벌 온라인 가구업체로 매트리스와 침실가구를 주력분야로 하고 있는 '지누스'가 이러한 예에 속한다. 생산 제품의 90% 이상이 미국시장으로 수출되고 있으며, 미국 온라인 매트리스 판매 1위 업체로 오르기도 했다. 온라인 판매로 인한 오프라인 채널과의 갈등을 피하기 위해 여러 업체가 온라인전용 브랜드를 출시하였다. 에넥스의 에니(2007), 한샘의 하우위즈(2008), 현대리바트의 이즈마인(2017), 까사미아의 어니언(2020) 등을 예로 들 수 있다.

대형 가구업체들을 중심으로 MZ세대에 대한 판매를 강화하기 위해 실시간 동영상을 통해 상품을 판매하는 '라이브커머스'도 도입하고 있다. 도입 초기에는 타사의 라이브커머스 플랫폼을 통해 방송을 하였으나 점차 자체 라이브커머스 채널을 구축하는 방향으로 발전하고 있다. 까사미아는 2020년 10월 네이버쇼핑라이브에서 '네이버 까사미아 브랜드데이'를 라이브커머스로 진행하였으며, 에넥스도 2020년 11월에 모바일 라이브커머스 플랫폼 '소스라이브'를 통해 첫 번째 라이브커머스 방송을 진행하였다. 현대리바트는 2020년 12월에 국내 가구업계 최초로 자사가 운영하는 '리바트몰'에 라이브커머스 채널인 '리바트LIVE'를 개설하였으며, 이케아도 같은 달에 자체 라이브커머스 채널인 '이케아Live'를 개설하였다. 한샘도 타사의 라이브커머스 플랫폼을 이용한 테스트를 거쳐 2021년 2월에 자사몰인 '한샘몰'에 라이브커머스 채널인 '샘LIVE'를 개설하였다.

2.1.2 중소 가구제조업체 가구의 유통경로

중소 가구제조업체는 대리점 체제를 구축할 수 없기 때문에 가구단지에 1~2개의 직영점(전시판매점)을 개설하여 판매하거나 도매상이나 가구거리 등지에 위치한 소매상과의 거래를 통해 가구를 판매하고 있다.

- **직영점(전시판매점)** : 중소 가구제조업체의 직영점은 도심의 가구거리에 입점하기도 하지만 대부분 가구단지에 위치하고 있다. 가구단지는 원래 국내 유명가구 제조업체의 하청을 받아 가구를 생산하던 공장들이 모이면서 형성되기 시작하였다. 수도권의 대표적인 가구단지로는 일산가구단지, 오남리가구단지, 마석가구공단, 수지가구단지, 헌인가구공단, 의왕가구단지 등이 있다. 하청공장들은 불황 등으로 인한 경영난을 타개하기 위한 자구책의 일환으로 공장 내에 전시장을 만들어 놓고 가구를 판매하였는데, 가구단지가 형성되면서 단지 내에 직영점을 내거나 혹은 여러 공장들이 연합하여 공동전시장을 개설하게 되었다. 이러한 직영점은 유통마진을 거의 생략할 수 있기 때문에 대형 제조업체들이 판매하고 있는 동일한 제품을 20~30% 이상 할인된 저렴한 가격에 판매할 수 있다는 장점이 있다. 그런데 2000년대 중반 이후 가구단지 내 점포들의 임대료가 가파르게 상승하면서 중소가구업체들이 점차 가구단지를 떠나는 현상이 나타났다. 여기에 더하여 2010년대에 들어 대형 가구제조업체들이 중소 가구제조업체들의 영역이었던 부엌가구와 붙박이장 부문에 적극적으로 진출함에 따라 중소 가구제조업체들이 큰 타격을 입게 되면서 그 수는 더욱 줄어들었다. 또한 이케아가 한국에 진출하면서 그 인근에 있는 가구단지들은 큰 타격을 입고 있다. 중소가구업체들이 떠난 자리는 슬럼화되거나 유명 브랜드 가구업체의 대리점들로 채워지면서 점차 본래의 모습이 사라져가고 있다.

- **도매상** : 가구도매상은 가구 물류센터를 갖추고 중소 가구제조업체들로부터 가구를 구입하여 소매상에 판매하며, 직접 소비자에게 판매하기도 한다. 그러나 가구소매상들이 원가절감을 위해 제조업체로부터 직접 물건을 구입하는 경우가 많아서 우리나라에서의 가구도매상의 위상은 그다지 높지 않다.
- **소매상** : 자영사업자가 운영하는 가구 소매상은 일반적으로 규모가 영세하기 때문에 집객을 위해 가구거리를 형성하고 있는 경우가 많다. 서울지역의 대표적인 가구거리로는 사당동 가구거리, 중곡동 가구거리, 을지로 가구거리, 아현동 가구거리, 천호동 가구거리 등이 있다. 가구거리도 가구단지와 마찬가지로 해방 이후 가구공장이 들어서면서 형성되기 시작했다. 가구공장들은 해당 지역이 개발이 되면서 임대료가 상승하자 도시 외곽으로 옮겨가고 가구공장의 직매장들과 소매상들이 그 자리를 채우면서 가구거리가 형성되었다. 가구단지와 마찬가지로 임대료의 상승이 지속되면서 자영 소매상들은 점차 줄어들고 유명 가구업체의 대리점들이 그 자리를 채우고 있다.
- **온라인** : 중소 가구제조업체도 대형 가구제조업체와 마찬가지로 온라인 경로의 활용을 위해 쇼핑몰의 개설, 온라인 전용상품의 개발 등을 시도하고 있다. 또한 중소 가구제조업체 가운데는 앞에서 기술한 직영점, 도매상, 소매상 등의 전통적인 유통경로에 의존하지 않고 온라인 경로를 주력 유통경로로 활용하는 사례도 있다. 온라인 경로는 제품을 직접 보여줄 수 없기 때문에 소비자의 신뢰를 구축하는 데 오랜 시간이 걸린다는 단점이 있지만 오프라인 경로의 구축에 소요되는 비용을 절감할 수 있고 지역적인 한계에서 벗어날 수 있다는 장점이 있기 때문에 제품의 품질에는 자신이 있지만 투자 여력이 부족한 중소 제조업체에 의해 활용되고 있다.

2.2 수입가구의 유통경로

우리나라에서는 수입가구의 판매도 매우 활발하게 이루어지고 있으며, 수입가구의 유통경로는 [그림 11-18]과 같이 나타낼 수 있다. 수입가구의 유통경로는 크게 저가시장과 고가시장으로 나누어진다. 유럽과 미국의 해외유명 브랜드 가구는 국내 대형 제조업체나 수입업체에 의해 수입되어 주로 가두 단독매장, 수입가구 종합매장, 백화점 등에서 판매되고 있다. 서울지역에서는 논현동 가구거리가 해외유명 가구브랜드 매장들이 몰려 있는 장소로 유명하다. 주로 중국과 동남아지역으로부터 수입되는 저가 가구의 경우에는 수입업체가 직접 대형마트 등에 공급하기도 하고, 국내 중소업체의 가구와 마찬가지로 도매상을 거쳐 영세 소매상에 공급되기도 한다. 경우에 따라서는 수입업체가 도매상의 역할을 겸하기도 한다. 또한 온라인 경로에서는 벤더사를 거쳐 오픈마켓, 소셜커머스, TV홈쇼핑 등에서 판매

그림 11-18 ▌ 수입가구의 유통경로

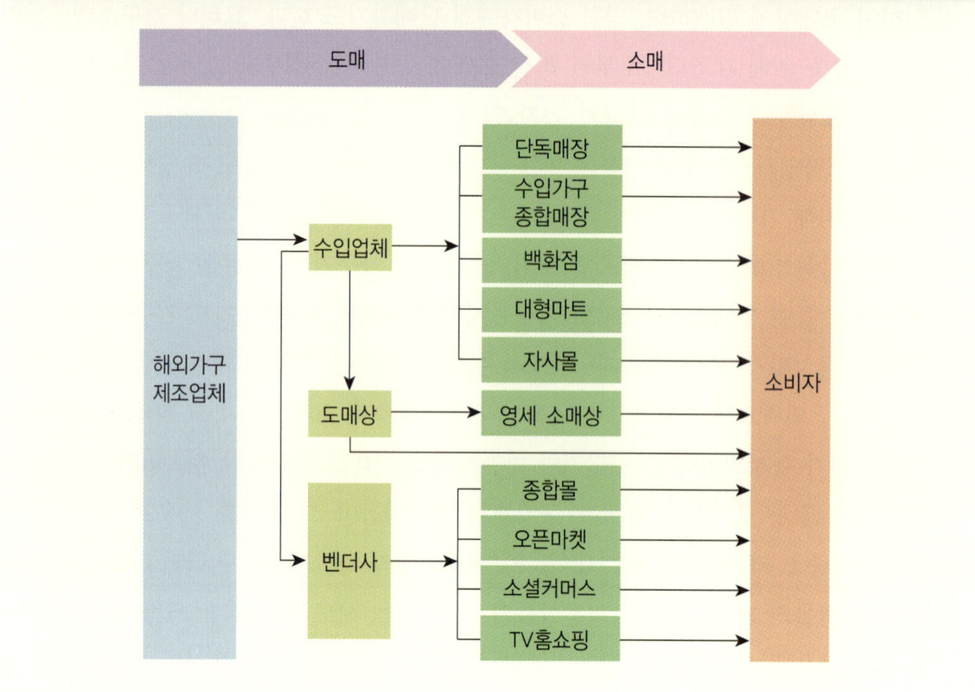

되기도 한다.

그런데 세계 최대의 가구회사인 스웨덴의 이케아(IKEA)가 우리나라에 진출하면서 수입가구의 유통경로에 새로운 유형이 등장하게 되었다. 즉, 중저가가구이지만 유명 가구제조업체인 이케아는 수입업체에 의해 수입이 되어 판매되는 것이 아니라 직접투자에 의해 진출하여 자사 소유의 단독매장에서 판매하는 최초의 사례라고 할 수 있다. 이케아가구의 국내 유통경로는 이케아의 한국법인이 본사로부터 가구를 수입한 후 자사의 매장에 공급하여 판매가 이루어지도록 하는 매우 단순한 구조를 가지고 있다([그림 11-19] 참조).

그림 11-19 ▌ 이케아가구의 유통경로

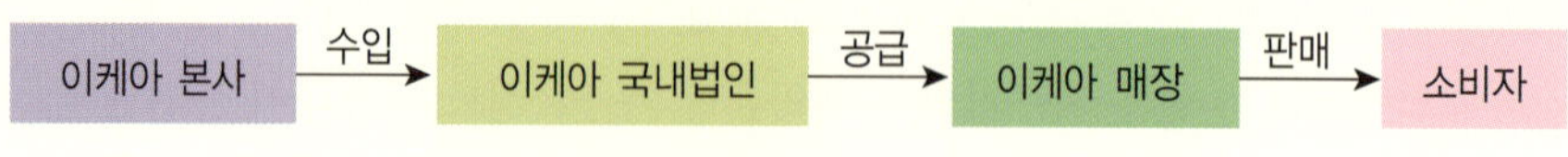

1943년에 설립된 이케아는 2020년 기준 연매출 약 50조원의 세계 1위의 가구제조업체이며, 2021년 현재 전 세계에 456개의 점포를 가지고 있다. 이케아(IKEA)라는 이름은 창업자인 잉그바르 캄프라드(Ingvar Kamprad)의 이니셜인 I 및 K와 그가 성장한 농장과 마을 이

름인 엘름타르트(Elmtard)와 아귀나르드(Agunnard)의 첫자인 E 및 A가 합쳐져 만들어졌다. 이케아 제품의 특징으로는 저렴한 가격, 조립식 상품, 부피를 줄인 포장, 깔끔하고 세련된 디자인 등을 들 수 있으며, 도시 외곽의 넓은 공간에 위치한 창고형 매장에서 판매되고 있다. 조립품 판매방식, 부피를 줄인 포장, 임대료가 싼 매장 등을 기반으로 생산비, 운송비, 운영비 등을 절감하여 가격을 낮게 책정할 수 있었고, 여기에 세련되고 아이디어가 넘치는 디자인이 더해지면서 큰 인기를 끌고 있다.

2021년 현재 한국에는 4개의 이케아 매장이 있다. 제1호 매장인 광명점은 2014년 12월 경기도 광명시에 축구장 11배 크기의 부지에 지하 2층, 지상 6층 규모로 들어섰다. 이어서 고양점, 기흥점, 동부산점이 각각 2017년, 2019년, 2020년에 건립되었다. 이케아는 4개 매장 이외에 서울지역에서의 영업활동을 강화하기 위해 '플래닝 스튜디어'라는 이름의 매장을 2개 가지고 있다. 하나는 2020년 3월 신도림동에 소재한 현대백화점 디큐브시티점에 506m^2 규모로 입점해 있으며, 또 하나는 2020년 8월에 만들어졌으며 현대백화점 천호점에 입점해 있다. 플래닝 스튜디오에서는 이케아의 홈퍼니싱 컨설턴트가 상담을 신청한 고객들에게 맞춤형 홈퍼니싱 토탈 솔루션을 제공한다. 또한 고객들은 여기에서 다양한 상품을 구매할 수도 있다.

이케아는 우리나라에서 홈퍼니싱(home furnishing) 분야를 가장 먼저 시작한 업체로 꼽힌다. 홈퍼니싱은 집(home)을 단장(furnishing)한다는 의미로 집안에 단순히 가구를 구입하여 배치하는 것을 넘어서서 벽지, 커튼, 쿠션, 조명 등을 바꾼다거나 아기자기한 생활용품으로 집안을 꾸미는 등 실내장식, 인터리어 등까지 포괄하는 개념으로 사용되고 있다. 우리나라에서도 홈퍼니싱 산업이 빠른 속도로 성장하고 있다. 통계청의 '가계동향조사'의 자료에 따르면 2020년의 홈퍼니싱과 관련 있는 분야에서의 지출은 2019년의 비해 상당히 높아진 것으로 나타나고 있다. 즉, 2020년의 '가구 및 조명'에 대한 지출은 2019년에 비해 12.5% 성장하였으며, '실내장식', '가정용 섬유', '가전 및 가정용기기', '가사용품' 등도 각각 24.0%, 14.3%, 10.5%, 24.7% 성장하였다. 이케아의 홈퍼니싱 비즈니스는 주로 혼자 혹은 배우자와 함께 크지 않은 평수의 집에 살면서 비교적 적은 비용으로 자신의 개성에 맞게 집안을 꾸미는 것을 선호하는 젊은 MZ세대들의 취향과 부합하면서 빠른 속도로 성장해 나갔다.

그런데 사실 이케아의 등장이 우리나라의 가구산업에 미친 영향은 이케아가 우리나라에 들어오기 이전에 예상되었던 것만큼 크지는 않았다. 즉, 가성비와 디자인, 그리고 DIY를 앞세운 이케아가 우리나라에 진입하면 단시간 내에 우리나라의 가구산업을 평정할 것이라는 예측도 많았지만 실제로 그렇지는 않았다. 그 주된 이유는 우리나라의 대표적인 가구업체들이 재빨리 홈퍼니싱, 리모델링, 인테리어 분야로 사업의 범주를 확장하였기 때문인 것으로 보인다. 예를 들어 한샘은 2018년 하반기에 '리하우스 패키지'라는 이름의 홈퍼니싱 상품을 도입하여 주택과 관련한 모든 인테리어 아이템을 단품이 아닌 세트로 제공하는 사업을 전개하였고, 현대리바트도 세계적인 홈퍼니싱 회사인 미국의 '윌리엄스소노마'와 2017년 2월에 프랜차이즈 계약을 맺고 윌리엄스소노마의 홈퍼니싱 제품을 판매하는 매장을 계속 늘려나가고 있다. 어쨌든 이케아는 한국시장 진입 이래 빠른 속도로 성장하면서 2020년 회계연도(2019년 9월~2020년 8월)에 2019년 회계연도의 매출액인 5,032억원에서 31.8% 성장한 6,634억원의 매출액을 달성하였으며, 이를 계기로 한국진출 6년만에 한샘과 현대리바트에 이어 제3위의 업체로 도약하였다.

제10절 국산차의 유통경로

1. 국산차시장 개관

우리나라의 국산승용차(이하 국산차)는 1982~1985년의 성장준비단계, 1986~1988년의 본격적 양산단계, 1987~1996년의 대중화단계 등을 거치면서 빠른 성장세를 구가하였다. 외환위기가 있었던 1997년에는 판매량이 전년에 비해 8% 정도 감소하는데 그쳤지만, 다음 해인 1998년에는 전년의 절반 이하의 수준으로 감소하였으며, 2002년이 되어서야 판매대수(약 122만5천 대)가 외환위기 이전의 수준을 회복하였다. 2003~2008년의 시기에는 정체 혹은 감소의 추세를 유지했다. 그러다가 2009년에는 성장세에 있던 수입차가 금융위기를 겪으면서 마이너스 성장을 하는 동안 반사이익을 누리면서 20%가 넘는 성장률을 기록하였다. 2010년대에 들어서는 2014년과 2015년을 제외하고는 성장률이 저조했으며 마이너스 성장을 기록한 해도 5개년이나 되었다([표 11-21] 참조). 이는 경기침체에도 원인이 있지만 수입차의 증가도 크게 영향을 미쳤다.

그런데 코로나19가 발발한 2020년에는 일반적인 예상과는 달리 국산차의 판매는 비교적 높은 수준의 성장률(5.8%)을 나타냈다. 이는 코로나19의 확산에 따른 소비자들의 대중교통 기피 심리와 여행을 가고 싶어 하는 심리가 작용한 것으로 해석되고 있다. 우리나라의 승용차 제조업체에는 현대자동차, 기아자동차, 르노삼성자동차, 한국GM, 쌍용자동차 등의 5개사가 있다. 전체 내수시장에서의 점유율은 2020년을 기준으로 현대자동차가 49.0%, 기

표 11-21 ❚ 국산차의 연도별 판매 추이

(단위 : 천 대, %)

구분	2010	2011	2012	2013	2014	2015	2016	2017	2018	2019	2020
판매대수	1,217.8	1,211.3	1,175.9	1,137.0	1,213.9	1,326.8	1,343.4	1,296.9	1,297.9	1,292.0	1,367.5
성장률	–	-0.5	-2.9	-3.3	6.8	9.3	1.3	-3.5	0.1	-0.5	5.8

자료 : 한국자동차산업협회(www.kama.or.kr)

아자동차가 34.4%로 현대자동차그룹이 운영하는 양사의 점유율 합계가 83.4%에 이르고 있으며 뒤를 이어 르노삼성자동차 6.0%, 쌍용자동차 5.5%, 한국GM 5.2% 등으로 나타나고 있다.

2. 국산차의 유통경로

2.1 국산차 유통경로 개관

국산차의 유통경로에는 직영점과 전속대리점의 2개 경로가 있다([그림 11-20] 참조). 우리나라의 5개 자동차제조업체 가운데 현대자동차, 기아자동차, 르노삼성자동차는 직영점과 전속대리점의 이원체제를 운영하고 있고, 쌍용자동차와 한국GM은 전속대리점만을 운영하고 있다.

그림 11-20 ❚ 국산차의 유통경로

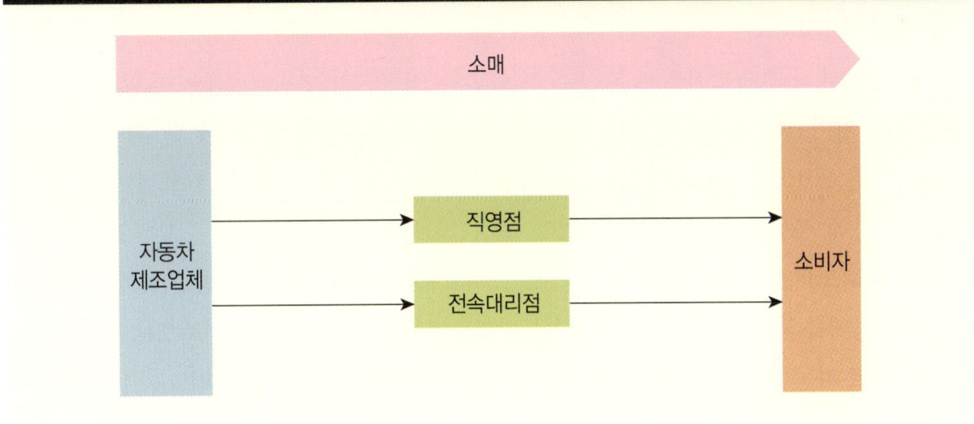

표 11-22 제조업체별 점포의 유형 및 수

(단위 : 개)

자동차 제조업체	직영점수	전속대리점수	합계
현대자동차	399(51.4%)	378(48.6%)	777
기아자동차	322(46.1%)	377(53.9%)	699
르노삼성자동차	42(15.4%)	230(84.6%)	272
쌍용자동차	-	317(100%)	317
한국GM	-	234(100%) (쉐보레 223, 캐딜락 11)	234

자료 : 각 사의 홈페이지(2021년 4월 기준)

국산차 제조업체의 점포유형과 수는 [표 11-22]와 같다. 2021년을 기준으로 현대자동차는 5개 제조업체 가운데 가장 많은 777개의 점포를 운영하고 있으며, 이 가운데 직영점이 51.4%를 차지하고 있다. 기아자동차는 두 번째로 많은 699개의 점포를 운영하고 있으며, 직영점이 46.1%를 차지하고 있다. 르노삼성자동차는 42개(15.4%)의 직영점과 230개(84.6%)의 전속대리점을 운영하고 있으며, 쌍용자동차는 전속대리점만 317개, 한국GM도 전속대리점만 234개를 운영하고 있다. 국산차 제조업체들 모두가 전속대리점을 운영하고 있는 이유는 전속대리점이 다음과 같은 이점을 가지고 있기 때문이다.

첫째, 시장의 수요변화에 따른 신속한 대응이 용이하다. 즉, 수요의 변화에 따라 직영점의 수를 조절하는 것보다 전속대리점의 수를 조절하는 것이 더 용이하다.

둘째, 직영점의 개설과 운영에 소요되는 인테리어비용, 점포임대료, 관리운영비 등의 비용을 줄일 수 있다.

셋째, 전속대리점 영업사원은 고정 급여를 받는 직영점의 영업사원과는 달리 수입을 판매에 따른 커미션에 의존하고 있어서 판매에 대한 동기부여가 훨씬 더 잘 되어 있다.

한국GM은 2010년 판매대행업체였던 대우차판매와 결별한 이후 2015년 말까지 광역딜러체제를 통해 자동차를 판매하고 있었다. 즉, 전국을 15개의 지역으로 구분하고 5개(아주모터스, 삼화모터스, 대한모터스, SS오토, 스피드모터스)의 광역딜러(총판)에게 2~5개의 지역에서 판매를 담당하도록 하였다. 이들 광역딜러들은 2015년 말을 기준으로 290여 개의 점포를 두고 자동차를 판매하였으며, 그에 대한 대가로 한국GM으로부터 13~14%의 수수료를 수령하였다. 그러다가 한국GM은 2016년을 기점으로 판매수수료 절감을 통한 수익증대, 고객과의 소통 강화, 판매서비스 강화 등을 목적으로 광역딜러와의 계약을 해지하고 대리점과 직접 계약을 맺는 체제로 전환하였다. 이는 우리나라의 여타 자동차 제조업체들이 모두 채택하고 있는 전속대리점 체제로의 전환을 의미한다.

2.2 국산차 유통경로의 특징

국산차 유통경로의 특징으로는 제조업체에 의한 수직적 통합, 영업사원의 이원화, 신차 판매 단일기능 등을 들 수 있다([그림 11-21] 참조).

그림 11-21 ▌국산차 유통경로의 특징

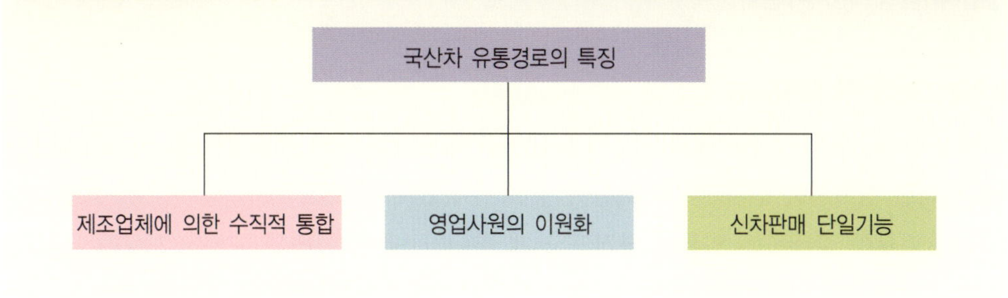

2.2.1 제조업체에 의한 수직적 통합

국산차 유통경로의 가장 큰 특징은 제조업체가 소비자에게 직접 자동차를 판매하는 수직적 통합을 구현하고 있다는 점이다. 이러한 수직적 통합은 제조업체의 소비자 직접 판매를 금지하고 있는 미국, 유럽, 일본, 중국 등에서의 자동차 유통경로와는 판이하게 다르다. 현대자동차 등 우리나라의 주요 자동차제조업체들은 자사에서 직접 운영하는 직영점과 계약에 의한 전속대리점의 이원적인 유통경로를 가지고 있다. 전속대리점은 형식적으로는 본사와 독립되어 있는 법인체이지만 실제로는 제조업체에 의해 거의 완벽하게 통제되고 있는 유통경로이다. 전속대리점은 제조업체로부터 자동차를 구입하여 판매하는 것이 아니라 본사에서 공급하는 자동차의 판매를 대행하는 역할을 수행하고 판매에 따른 판매수수료를 수령한다. 또한 매장의 디자인 등도 본사에서 정한 통일된 안에 따라야 하고, 가격도 전속대리점의 의지에 따라 설정할 수 없으며, 본사의 정책과 상반되는 판촉활동도 수행할 수 없다. 외관상 직영점과 전속대리점은 직영점이 상대적으로 전속대리점보다 넓다는 점 이외에는 차이가 거의 없다.

2.2.2 영업사원의 이원화

주요 국산차 제조업체들이 직영점과 전속대리점의 이원체제를 갖춤에 따라 영업사원의 유형도 이원화되어 있다. 직영점의 영업사원과 전속대리점의 영업사원의 신분은 완전히 다르다. 직영점의 영업사원은 제조업체의 정규직원으로 여타 부서의 직원들과 동일한 인사, 급여, 복리후생시스템의 적용을 받으며, 보상체계는 성과급보다는 고정급의 비중이 훨씬 더 높다. 반면에 전속대리점의 영업사원은 대리점주와의 고용계약에 의해 채용되며 대리점주가 정한 인사, 급여, 복리후생시스템의 적용을 받는다. 보상체계는 고정급보다는 커미션과 같은 성과급의 비중이 훨씬 더 높다. 전속대리점의 영업사원은 수입의 증진을 위해서는 판매활동에 진력하여야 하고, 이로 인해 직영점과 전속대리점을 동시에 운영하고 있는 자동차 제조업체의 경우, 자동차 판매왕 등과 같은 고실적 영업사원은 예외 없이 전속대리점 영업사원 중에서 나온다.

2.2.3 신차판매 단일기능

국산차 직영점이나 전속대리점은 거의 대부분 정비나 중고차 매매기능을 가지고 있지 않다. 이러한 점에서는 신차판매와 더불어 정비, 부품판매, 중고차 매매, 할부금융, 보험 등의 다양한 업무를 수행하는 일본의 딜러와 크게 차이가 난다. 이러한 특성을 지니게 된 것은 시장이 팽창하던 1990년대 중반에 이르기까지 제조업체가 판매보다는 생산에 중점을 두고 있었고, 또한 차량정비나 중고차 매매가 영세 자영업자의 고유업종이 되면서 자동차제조업체의 진입이 금지되어 있었기 때문이다. 현재 국산차 제조업체들은 유통망과는 별도로 직영 정비센터나 지정 협력업체를 통해 정비서비스를 제공하고 있으며, 중고차 매매에는 전혀 관여하고 있지 않다.

2.3 미국과 일본의 자동차 유통경로

국산차 유통경로에 대해 보다 잘 이해하기 위해서는 미국과 일본에서의 자동차 유통경로를 살펴볼 필요가 있다.

2.3.1 미국의 자동차 유통경로

미국 대부분의 주에서는 프랜차이즈 관련 법규를 통해 자동차제조업체가 직접 소비자에게 자동차를 판매할 수 없으며 오직 딜러에게만 판매할 수 있도록 하고 있다. 딜러는 제조업체로부터 완전히 독립되어 있는 사업체로 제조업체로부터 자동차를 구입하여 자신의 책임과 전략에 따라 자동차를 판매한다. 즉, 판매마진이 이들의 수입원이 된다. 딜러는 가격책정, 판매촉진, 고객관리 등 판매와 관련한 모든 활동을 자신의 책임하에 수행하며, AS, 정비, 할부금융 등의 업무도 독자적으로 수행한다. 예를 들어 딜러는 대량구매를 협상카드로 하여 제조업체로부터 차량가격을 할인받기도 하고, 소비자를 대상으로 구형모델에 대한 과감한 할인행사를 전개하기도 한다.

또한 미국의 자동차 딜러는 여러 개의 점포를 운영하기도 하고, 여러 제조업체의 자동차를 동시에 취급하기도 한다. 제조업체의 입장에서는 판매가 딜러의 노력에 의해 크게 좌우되기 때문에 능력 있는 딜러를 영입하고, 이들을 대상으로 효율적인 영업활동을 위한 교육훈련을 실시하며, 장려금 등과 같은 동기부여시스템을 도입하는 등의 활동을 전개하고 있다. 이렇게 제조업체와 딜러는 협력관계를 유지하여야 하지만, 공급가격, 프로모션 지원 등을 양자 간의 협상에 의해 결정하여야 하기 때문에 특히 판매가 원활하게 이루어지지 않는 시기에는 언제든 갈등이 표면화될 수 있다.

2.3.2 일본의 자동차 유통경로

일본의 자동차 유통경로는 미국의 딜러시스템을 벤치마킹하여 만들어졌으나 구체적인 형태는 미국과 상당히 다르다. 일본 자동차 유통경로의 특징으로는 광역딜러시스템, 딜러와 제조업체와의 밀접한 관계, 다기능 점포 등을 지적할 수 있다.

- **광역딜러시스템** : 미국에서도 딜러가 여러 개의 점포를 갖기도 하지만 일본은 광역딜러라는 제도를 통해 한 딜러가 여러 점포를 통해 자동차를 판매하는 체제가 정착되어 있다. 일본의 자동차제조업체는 생산하고 있는 모델들을 유사성을 기준으로 몇 개의 제품군으로 구분하고 각 제품군에 대해 일정지역에서 독점적으로 판매할 수 있는 권한을 광역딜러에게 부여한다. 광역딜러는 보통 우리나라의 도에 해당하는 현(縣)에서 독점적인 판매권한을 부여받으며 해당 지역에 여러 개의 점포를 개설하여 판매권을 부여받은 제품군의 자동차를 판매한다. 따라서 해당 제조업체가 5개의 제품군을 운영하고 있다면 동일한 지역에서 활동하는 해당 제조업체의 광역딜러는 5개가 된다. 예를 들어 토요타자동차는 제품군을 5개(토요타, 토요페트, 코롤라, 네츠, 렉서스)로 구분하여 전국의 약 300개의 광역딜러에게 판매권을 부여하고 있으며, 이들 광역딜러는 평균 15개 내외의 점포를 통해 자동차를 판매하고 있다. 이렇게 한 지역에서 활동하는 동일 제조업체의 광역딜러 간에는 제품군이 다름에도 불구하고 점포 간 가격경쟁을 유발함으로써 수익성을 떨어뜨리는 요인이 되기도 한다. 이러한 부작용을 해소하기 위해 일부 제조업체들은 제품군을 없애거나 숫자를 줄여서 점포들 간의 불필요한 경쟁이 발생하지 않도록 하고 있다.
- **딜러와 제조업체와의 밀접한 관계** : 제조업체는 광역딜러와 매우 밀접한 관계를 형성하고 있다. 제조업체는 광역딜러에 자본을 투자하기도 하고 저리의 융자를 제공하기도 한다. 또한 직원을 파견하여 협업을 하기도 하고, 광역딜러 직원을 대상으로 하는 교육훈련이나 경영지도 등을 실시하기도 한다. 이처럼 제조업체와 광역딜러는 밀접한 관계를 형성하고 있기 때문에 여러 제조업체의 자동차를 취급하는 경우가 많은 미국의 딜러와는 달리 한 제조업체의 자동차만을 취급한다.
- **다기능 점포** : 우리나라의 자동차 직영점이나 전속대리점이 신차판매기능만 수행하고

있는 것과는 달리 일본의 자동차 딜러는 신차판매와 함께 중고차판매, 할부금융, 보험, 부품판매, 정비서비스 등의 다양한 기능을 수행하고 있으며, 딜러의 수익의 3분의 1 정도가 신차판매 이외의 다양한 서비스로부터 창출되고 있다. 따라서 우리나라의 경우에는 차량을 판매한 후에 영업사원과 고객과의 접촉이 지속적으로 이루어지기 힘든 환경인 반면, 일본의 경우에는 고객에게 차량에 관한 서비스를 지속적으로 제공함으로써 고객관계관리가 자연스럽게 이루어질 수 있는 사업환경을 갖추고 있다.

제11절 수입차의 유통경로

1. 수입차시장 개관

우리나라의 수입차시장이 개방된 것은 1987년이다. 이 해에 한성자동차(메르세데스-벤츠), 효성물산(아우디, 폭스바겐), 한진(볼보), 코오롱상사(BMW) 등이 5개 브랜드의 판매를 개시하였지만, 메르세데스-벤츠만 10대 팔리는 데 그쳤다. 이듬해인 1988년에는 동부, 두산, 기아, 금호, 쌍용 등의 기업들이 가세하면서 수입브랜드의 수가 11개로 확대되었으며, 그 수가 점차 늘어나면서 2020년 현재 승용차 부문에서 21개의 수입브랜드가 판매되고 있다.

시장개방 초기에 수입차시장은 "자동차 수입은 국내 자동차산업의 위축, 외화낭비, 과소비, 계층 간 위화감 조성 등을 초래한다"는 부정적인 인식이 있어서 크게 성장하지 못하였다. 시장개방 6년이 지난 1993년까지 2천 대 미만에 머물던 수입차시장은 1994년부터 급격히 증가하기 시작하였다. 이는 국내 자동차 판매대수가 100만 대를 돌파하면서 미국 등으로부터의 통상압력이 거세졌는데, 이로 인해 우리나라가 1995년에 관세, 취득세, 특소세, 자동차세 등을 인하하고, 판매대리점과 광고시간 등에 대한 규제도 폐지하였기 때문이다. 1996년에는 수입차의 판매대수가 1만 대를 넘어섰다. 그러나 1997년의 IMF 외환위기 여파로 수입차 판매가 급감하면서 1998~1999년에는 다시 2천 대 수준으로 떨어졌다.

2000년대에는 전반적으로 높은 성장세를 보였으나 금융위기가 발생한 2009년에 마이너스 성장(-1.1%)을 기록했다. 금융위기가 진정되자 2010년에는 거의 50%에 달하는 성장률을 보였으며, 이후 2015년까지 매년 15~25%에 이르는 높은 성장률을 기록했다([표 11-23] 참조). 2016년에는 아우디와 폭스바겐의 배출가스 조작 사건으로 수입차 전반에 대한 이미

▌표 11-23▐ 수입차의 연도별 판매대수 및 점유율 추이 (단위 : 천 대, %)

구분	2010	2011	2012	2013	2014	2015	2016	2017	2018	2019	2020
판매대수	90.6	105.0	130.9	156.5	196.4	243.9	225.3	233.1	260.7	244.8	274.9
성장률	48.8	15.9	24.7	19.6	25.5	24.2	−7.6	3.5	11.8	−6.1	12.3
수입차 점유율	6.9	8.0	10.0	12.1	13.9	15.5	4.4	15.2	16.7	5.9	16.7

자료 : 한국수입자동차협회 홈페이지(www.kaida.co.kr)

지가 하락하면서 마이너스 성장을 기록하였으며, 2019년에는 경기침체의 영향으로 마이너스 성장을 기록하였다. 2020년은 코로나19가 발생한 시기임에도 불구하고 12.3%의 비교적 높은 성장률을 기록했다. 2010~2020년에 이르는 기간 동안 국산차의 판매대수는 불과 12.3% 증가하는데 그친 반면, 수입차의 판매대수는 9만여 대에서 약 27만5천 대로 3배 이상 증가하였으며, 이에 따라 수입차의 판매대수 기준 점유율도 6.9%에서 16.7%로 크게 증가하였다. 시장조사회사인 컨슈머인사이트의 자료에 따르면 2020년의 수입차 평균 구매가격(6,828만원)은 국산차 평균 구매가격(3,379만원)의 약 2배에 달했으며, 이 점을 감안하면 수입차의 2020년 매출액 기준 점유율은 28.6%에 달한다.

수입지역별로 보면 개방 초기에는 미국산 자동차의 판매대수와 유럽산 자동차의 판매대수가 비슷한 수준을 유지하였으나 2000년대 들면서 격차가 크게 벌어지기 시작하였다. 2020년 현재 미국산 자동차는 12.1%, 유럽산 자동차는 80.4%의 점유율을 보이고 있다. 2001년이 되어서야 수입되기 시작한 일본산 자동차는 2020년 7.5%의 점유율을 차지하였다. 이는 2019년의 15.0%에서 절반으로 줄어든 수치이며, 이렇게 줄어든 것은 2019년에 촉발된 한일간 외교문제로 인해 우리나라에서 일본산 제품에 대한 불매운동이 일어났기 때문이다. 국가별로 보면 2020년에 메르세데스-벤츠, BMW, 아우디, 폭스바겐, 포르쉐 등 5개 브랜드의 독일산 자동차가 67.7%의 점유율을 차지했다. 5개 브랜드 중에서도 메르세데스-벤츠(28.0%)와 BMW(21.2%)의 2개 브랜드가 수입차 시장의 절반에 가까운 점유율(49.2%)을 차지했다.

2. 수입차의 유통경로

수입차의 유통경로는 [그림 11-22]와 같이 나타낼 수 있다. 수입차의 유통경로는 공식수입업체 경로, 국내지사 경로, 병행수입업체 경로의 3가지 유형으로 나누어진다.

그림 11-22 ▌수입차의 유통경로

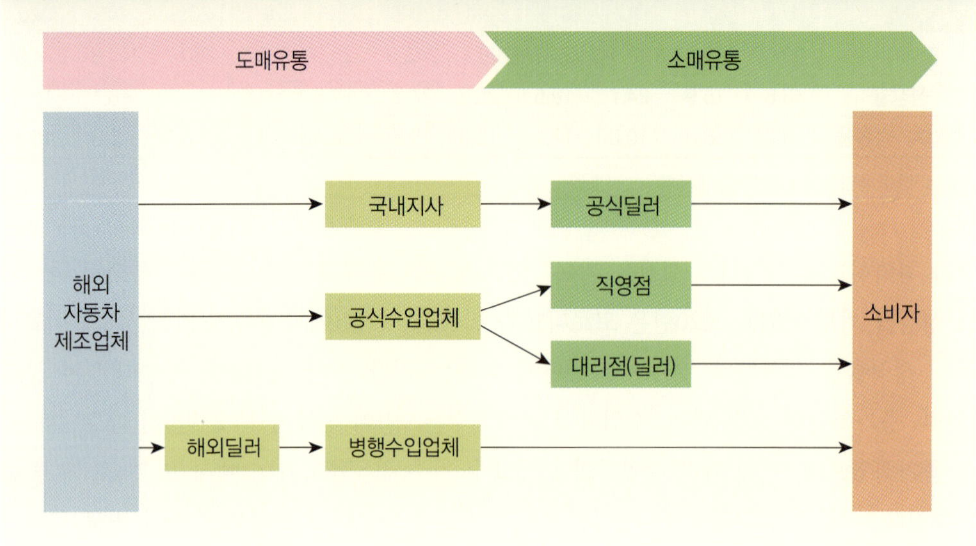

2.1 공식수입업체 경로

공식수입업체(official importer) 경로는 해외 자동차제조업체가 선정한 공식수입업체가 직수입해서 자신이 관리하는 직영점이나 대리점을 통해 판매하는 경로이다. 공식수입업체가 직영점과 함께 대리점(딜러)을 운영하는 이유는 전국을 모두 직영점만으로 커버하려면 너무 많은 자금이 소요되기 때문이다. 이 경로에서는 공식수입업체가 수입은 물론 판매와 AS 등의 모든 업무를 수행한다. 우리나라에서 자동차시장 개방 초기에는 공식수입업체가 주도적인 역할을 수행하였으나 시장규모가 커짐에 따라 해외 자동차제조업체들의 국내지사 설립이 증가하면서 공식수입업체는 대부분 국내지사의 공식딜러로 전환되었다. 해외 자동차제조업체가 공식수입업체 경로와 국내지사 경로를 병행하여 운영하는 경우는 없다.

2.2 국내지사 경로

국내지사 경로는 해외 자동차제조업체가 현지법인인 국내지사를 설립하고, 이 국내지사가 차량을 수입하여 자사에서 선정한 공식딜러에게 판매하는 경로이다. 1995년에 국내지사를 설립한 BMW, 포드, 크라이슬러 등을 필두로 지금은 대부분의 제조업체들이 국내지사를 설립하여 운영하고 있다. 국내지사는 자체적인 판단에 따라 차종을 결정하여 수입하는 것이 아니라 공식딜러로부터 주문을 받은 차량을 수입하여 공급한다. 공식딜러는 판매뿐만 아니라 AS도 제공하여야 하기 때문에 전시판매장과 더불어 서비스센터도 보유하고 있어야 한다. 해외 제조업체의 국내지사는 판매규모가 커질수록 공식딜러의 수를 늘려나가는 것이 보통이다. 2020년에 약 7만7천 대를 판매하여 수입차 판매 1위를 기록한 메르세데스-벤츠의 경우 2020년 현재 한성자동차, KCC오토, 스타자동차, 모터원 등을 비롯한 11개의 공식딜러를 두고 있으며 이들 공식딜러들은 59개의 전시판매장과 65개의 서비스센터를 운영하고 있다.

2.3 병행수입업체 경로

병행수입업체 경로는 외국 자동차제조업체와 수입계약을 맺지 않은 병행수입업체가 해외딜러로부터 차를 수입하여 판매하는 경로이다. 병행수입업체는 주로 독일과 미국에 지사를 두고 현지 딜러로부터 싸게 나온 차량이나 혹은 희소성이 있는 모델을 수입하여 판매한다. 병행수입업체는 인터넷이나 광고 등을 통해 확보한 고객으로부터 미리 주문을 받은 후 수입해서 공급하기도 하고, 소량의 차량을 수입한 후에 판매할 고객을 찾기도 한다. 병행수입업체는 대부분 영세하고 판매규모도 작기 때문에 별도의 매장을 갖고 있는 경우는 거의 없다. 병행수입업체가 공급하는 차량의 가격은 공식딜러에 비해 약 15~20% 저렴하다. 소비자의 입장에서 병행수입은 가격경쟁력이 뒤지는 공식딜러를 자극하여 가격을 인하하게 만드는 순기능적인 역할을 하기도 한다.

그러나 병행수입업체는 대부분 영세하여 품질보증과 AS가 매우 취약하다는 약점을 가지고 있어서 구입자들이 피해를 볼 수 있는 소지를 안고 있다. 2010년대에 들어 수입차의 가격이 인하되면서 병행수입업체의 입지가 점차 좁아지고 있으며, 이로 인해 병행수입은 수입차시장에서 큰 역할은 하지 못하고 있다. 그러나 최고급 슈퍼카를 중심으로 병행수입이 일부 이루어지고 있다([글 11-6] 참조). 대기업으로서는 SK네트웍스가 유일하게 2007년에 병행수입사업을 시작하였다. 이 회사는 자체 전시장도 가지고 있었고, 병행수입업체의 큰 약점인 AS를 산하의 자동차 정비조직인 스피드메이트 지점을 활용하여 보완하였다. 그러나 수익성이 악화되면서 사업개시 2년 만에 철수하였다.

글 11-6 벤틀리 병행수입

국내에서 벤틀리를 구입한 소비자 셋 중 한 명은 정식 수입이 아닌 병행수입, 이른바 '그레이 임포터'를 사용한 것으로 나타났다. 15일 국토교통부 자동차 등록자료에 따르면 지난 1년간 국내에 등록한 벤틀리는 총 373대로 나타났다. 하지만 같은 기간 아우디폭스바겐코리아 산하의 벤틀리가 공식 발표한 판매량은 257대다. 둘 간의 차이 114대는 병행수입으로 국내에 들어온 것. 비율로는 30.7%에 이른다. 업계에서는 벤틀리의 병행수입이 많은 이유를 가격과 서비스 문제로 보고 있다. 벤틀리는

2억 1,400만원 가량의 SUV 벤테이가를 출시하면서 판매량이 크게 늘어나고 있지만 서비스센터는 서울과 부산에 모두 합쳐 단 2곳뿐이다. 소비자들은 자연스럽게 병행수입으로 관심을 돌린다. 인터넷을 통해 쉽게 검색할 수 있는 몇 곳의 병행수입 업체에 문의해보니 상당수의 소비자들이 신형 벤틀리를 병행수입으로 주문했고 독일에서 올해 출고를 시작해 몇 달 안에 들여올 예정이라는 답변도 받았다. 이들은 "벤틀리 같은 경우는 굳이 비싼 차값을 지불한 정식 수입차를 사더라도 사후 서비스 등에서 곤란한 상황을 겪는 사례를 많이 봤다"며 "가격 측면이나 서비스나 병행수입이 경쟁력을 갖고 있어서 문의가 이어지고 있다"고 답변했다. 벤틀리는 영국의 자동차 브랜드로 독일 아우디폭스바겐그룹에 속해 있다. 국내에서는 아우디폭스바겐코리아에 1명의 영국인 담당자를 두고 시장을 관리하고 있으며 '벤틀리 서울'이 단일 딜러로 서울과 부산에 전시장과 서비스센터를 운영하고 있으며 제주도에 팝업스토어 1곳을 운영하고 있다. 벤틀리가 국내에서 공식 발표한 자료에 따르면 2019년 차량 판매가격 총합은 341억원에 이르며 올해는 10월까지 489억원을 돌파하며 상승세를 그리고 있다.

자료 : 데일리뉴스, "병행 수입 30% 벤틀리…'왜 비싼돈 주고 사야하나요'," 2020년 10월 15일

제12절 중고차의 유통경로

1. 중고차시장 개관

우리나라의 연간 중고차 거래대수는 지속적으로 증가하고 있다. 중고차 거래대수는 2007년에는 중고차와 신차를 포함한 전체 연간 거래대수의 59.0%인 약 181만 대였으나 2010년에 200만 대를 돌파하였고, 2011년에는 300만 대를 돌파하였으며, 2020년 현재는 전체 거래대수의 66.9%인 약 387만 대에 이르고 있다. 중고차의 평균가격에 대한 정확한 통계치는 없지만 중고차시장에서 가장 많이 거래되는 가격대가 500~1,000만원 정도인 점을 감안하여 평균가격을 700만원으로 가정하면 우리나라에는 2020년을 기준으로 약 27조원 규모의 중고차시장이 형성되어 있는 셈이다. 반면에 연간 신차 거래대수가 전체 거래대수에서 차지하는 비중은 2007년의 41.0%에서 2020년에는 약 8%가 줄어든 33.1%를 기록하였다([표 11-24] 참조).

표 11-24 중고차 및 신차거래 대수 연도별 추이 (단위 : 천 대, %)

구분		2007	2008	2009	2010	2011	2012	2013
중고차	거래대수	1,813.0	1,756.6	1,964.8	2,730.2	3,257.3	3,220.9	3,308.1
	거래비중	59.0	59.1	57.4	64.4	67.5	67.7	68.4
신차	거래대수	1,259.4	1,215.6	1,455.0	1,512.0	1,570.2	1,535.9	1,530.4
	거래비중	41.0	40.9	42.5	35.6	32.5	32.3	31.6
전체 거래대수		3,072.4	2,972.2	3,419.8	4,242.2	4,827.5	4,756.8	4,838.5
구분		2014	2015	2016	2017	2018	2019	2020
중고차	거래대수	3,401.1	3,591.4	3,702.1	3,658.9	3,693.6	3,614.1	3,874.3
	거래비중	67.3	66.2	67.0	66.6	66.8	66.7	66.9
신차	거래대수	1,650.3	1,833.3	1,831.1	1,837.8	1,836.0	1,804.5	1,915.7
	거래비중	32.7	33.8	33.0	33.4	33.2	33.3	33.1
전체 거래대수		5,051.4	5,424.7	5,533.2	5,496.7	5,529.6	5,418.6	5,790.0

자료 : 국토교통부, "2020년 12월 기준 자동차 등록대수 2,437만대, 친환경차 80만대 돌파," 보도자료, 2021년 1월 21일
국토교통부, "자동차 등록대수 2016년 말, 2천2백만 대 육박," 보도자료, 2017년 1월 17일

이처럼 중고차 거래대수가 증가하고 있는 데는 자동차 등록대수의 증가, 자동차 품질의 향상, 중고차 거래의 안전성 제고 등의 여러 가지 요인들이 작용하고 있다.

- **자동차 등록대수의 증가** : 우리나라의 자동차 등록대수는 1985년에 100만 대를 넘어섰고, 1997년에는 1,000만 대, 2014년에는 2,000만 대를 돌파하였으며, 2020년 말 현재의 자동차 등록대수는 약 2,437만 대에 이르고 있다. 자동차 등록대수의 증가는 자연스럽게 중고차 거래규모의 증가로 이어지고 있다.
- **자동차 품질의 향상** : 국산자동차의 품질이 향상되면서 수명이 길어졌다는 점도 중고차 거래의 활성화에 기여하고 있다. 중고차를 구입해도 적어도 몇 년간은 큰 고장 없이 탈 수 있다는 소비자들의 인식이 중고차 거래를 활성화시키고 있다.
- **중고차 거래의 안전성 제고** : 중고차 구입은 번거롭고 속기 쉽다는 인식이 불식되고 있는 점도 중고차의 거래를 활성화시키고 있다. 인터넷의 발전으로 소비자들도 관심이 있는 특정 차량에 대한 다양한 정보를 수집할 수 있어서 매매상사나 딜러와의 거래에서도 정보에서 뒤지지 않고 협상에 임할 수 있다. 정부도 중고차 매매상사에 대해 판매하는 차량에 대한 보증책임을 부과함으로써 부당한 거래가 이루어지지 않도록 하고 있으며, 매매상사도 품질보증제도 등을 도입함으로써 소비자들이 안심하고 구입할 수 있도록 하기 위해 노력하고 있다.

2. 대기업의 중고차 매매시장 진출

중고차 매매시장의 규모가 커지면서 2000년 무렵부터 대기업들이 중고차 매매시장으로의 진출에 적극적인 자세를 보이기 시작했다. 이는 중고차 매매사업이 중고차를 매입해서 되파는 단순한 구조를 가지고 있어서 기술상의 진입장벽이 거의 없는데다가 대기업은 자본력을 바탕으로 다양한 중고차를 대량으로 확보할 수 있는 이점이 있기 때문이었다. 대기업 가운데에서도 특히 렌트카사업 등 자동차와 관련된 사업을 하고 있어서 중고차를 대량으로 확보할 수 있는 능력을 지니고 있는 대기업들이 활발한 움직임을 보였다. 이러한 움직임에 대해 전국의 중고차 매매상사들은 대기업의 중고차 매매시장 진입은 소규모 영세사업자인 자신들은 물론, 딜러 등 중고차 종사자들의 생존권을 박탈하는 행위라고 반발했지만 결국 대기업의 중고차 매매시장 진출은 시작되었다.

SK는 2001년에 대기업으로서는 가장 먼저 중고차 매매시장에 진출했다. SK는 'SK엔카'와 'SK엔카닷컴'을 통해 각각 오프라인과 온라인에서 사업을 전개했다. 현대차그룹은 자동차부품 물류를 담당하고 있는 현대글로비스를 통해 중고차 매매시장에 진출했으며, AJ렌터카는 'AJ셀카'를 출범시켰다. 현대캐피탈은 2007년에 중고차 사이트를 개설하였으며, GS칼텍스의 자회사인 넥스테이션은 중고차 매매사이트인 얄개닷컴을 'GS카넷'으로 개편하고 사업을 확장하였다. 또한 SK엔카. 현대글로비스, KT렌탈, AJ셀카, 롯데렌터카 등 상당수의 대기업들이 중고차 경매가 늘어날 것으로 예측하고 경매장을 개장하였다.

대기업의 중고차 매매시장 진출이 시작된 지 10여 년이 지난 2013년 3월에 동반성장위원회는 중고차판매업을 '중소기업적합업종'으로 지정했다. 이로써 향후 3년 동안 대기업의 중고차 매매시장으로의 신규 진입은 금지되었고, 이미 진출한 대기업들은 점포수를 더 이상 늘리지 못하게 되었다. 당시에 SK엔카는 이미 국내 최대 중고차업체로서 26개의 직영점을 운영하면서 2012년 기준 약 5,000억원의 매출을 올릴 만큼 적지 않은 성과를 올리고 있었다. 그렇지만 동반성장위원회의 결정으로 매년 1~2개씩 직영점을 꾸준히 늘려왔던 SK엔카는 사업확장이 불가능해졌다. 중고차판매업이 중소기업적합업종으로 지정된 지 3년이 지난 2016년 3월에 동반성장위원회는 중고차판매업의 중소기업적합업종 지정을 3년간 연장했다. 그러자 SK그룹은 중고차 매매사업의 전망이 좋지 않다고 보고 당시 업계 1위인 SK엔카를 사모펀드인 한앤컴퍼니에 매각했다. 매각된 후 SK엔카는 'K카'로 개명되었다. 중고차 매매사업의 중소기업적합업종 연장 만료 시한이 다가오고 있던 2019년 2월에 매매상사들의 단체인 '전국자동차매매사업조합연합회'는 대기업의 중고차 매매사업 진출을 막기 위해 중소벤처기업부와 동반성장위원회에 중고차매매업을 '소상공인 생계형 적합업종'으로 지정해 달라는 신청서를 제출했다. 생계형 적합업종으로 지정되면 대기업은 물론 중견기업에 대해서도 중고차 매매사업으로의 진출, 인수, 확장 등을 5년간 제한할 수 있었다.

이처럼 생계형 적합업종 지정은 중소기업적합업종 지정보다 법적 구속력이 훨씬 강력했다. 이에 대해 동반성장위원회는 2019년 11월 중고차 매매업은 '생계형 적합업종'에 '부적합'하다는 의견서를 중소벤처기업부에 제출했다. 이러한 의견을 낸 이유는 매매상사의 매출액은 증가하고 있고 대기업의 시장점유율은 하락하고 있다는 점 등을 고려할 때 대기업의 시장지배력이 크지 않다고 판단하였기 때문이다. 이제 최종 결론은 중소벤처기업부의 판단에 맡겨졌다. 중소벤처기업부는 6개월 이내에 답변을 내놓아야 했지만 2021년 6월 현재 그 기간이 다 지나고도 또 1년이 지난 시점에서도 결론을 내지 못했다. 정부와 여당은 2021년 2월 '중고차상생협력위원회'를 구성하여 중고차업계와 완성차업계 간의 이견을 좁히려는 시도를 하였지만 중고차업계의 거부로 시작도 해보지 못하고 무산되고 말았다.

3. 매매상사와 딜러

중고차의 거래에서는 중고차 매매상사와 중고차 딜러가 핵심적인 역할을 수행한다. 매매상사는 중고차 매매단지 내에 사무실과 전시장을 가지고 있으며, 차량을 매입하여 판매하거나 판매를 위탁받아 거래를 성사시키는 역할을 수행한다. 매매상사는 80% 이상이 개인상사의 형태로 운영되고 있으며, 규모가 상대적으로 큰 법인상사는 수도권, 광역시 등에 집중되어 있다. 매매상사를 개설하기 위해서는 일정한 요건을 갖추어서 시·군·구의 관련 관청에 등록하여야 한다. 주된 등록요건으로는 전시장 및 사무실의 확보가 있다. 먼저 매매상사로 등록하기 위해서는 660m^2 이상의 차량 전시장을 확보하여야 한다. 다만 매매상사 5개 이상이 공동으로 전시장을 사용하는 경우에는 각 매매상사에 대해 전시장 확보면적을 660m^{2}의 30%인 198m^{2}의 범위 내에서 완화시킬 수 있다. 또한 매매상사는 전시장과 붙어 있거나 같은 건물에 위치한 사무실을 가지고 있어야 한다. 이처럼 매매상사를 운영하기 위해서는 전시장과 사무실을 가지고 있어야 하고, 전시장에 진열할 다량의 차량도 구입하여야 하기 때문에 상당한 자금력을 가지고 있어야 한다. 매매상사의 수는 2008년에 4천 개, 2015년에 5천 개, 2020년에 6천 개를 넘어섰으며, 2021년 1사분기 현재 6,212개에 이르고 있다([표 11-25] 참조).

표 11-25 **연도별 매매상사의 수**

(단위 : 개)

연도	2013년 4사분기	2014년 4사분기	2015년 4사분기	2016년 4사분기	2017년 4사분기	2018년 4사분기	2019년 4사분기	2021년 1사분기
매매상사의 수	4,760	4,946	5,126	5,430	5,722	5,811	5,964	6,212

자료 : 국토교통부홈페이지 > 교통 · 물류 > 행정자료 > 자동차관리사업자업체현황

매매상사들은 매매단지 내의 같은 건물에 입주해 있는 매매상사들을 중심으로 조합을 결성하고 있다. 예를 들어 장안평매매단지에는 장안평자동차매매사업조합, 강남매매단지에는 강남자동차매매사업조합 등이 결성되어 있다. 그러나 동일한 매매단지에 복수의 조합이 결성되어 있는 경우도 많다. 이러한 조합들은 다시 모여서 연합회를 결성하고 있다. 우리나라에는 '전국자동차매매사업조합연합회'와 '중앙자동차매매사업조합연합회' 등의 2개 연합회가 있으며, 이 두 개의 연합회에 전국 매매상사의 약 80%가 가입해 있다. 연합회의 가장 큰 기능은 자동차 딜러업무를 하려는 사람들에게 딜러 자격증이라고 할 수 있는 '매매사원증'을 발급하는 것이다. 우리나라에는 약 3만여 명의 중고차 딜러들이 활동하고 있다. 그런데 딜러의 역할을 하고 있는 사람들 가운데에는 매매사원증을 갖지 않고 활동하는 사람들도 상당수에 이르고 있다.

차량의 매매는 판매자와 실수요자 혹은 판매자와 매매상사와의 계약 체결을 통해서만 이루어지도록 되어 있기 때문에 중고차 딜러는 중고차 매매계약 체결의 당사자가 될 수 없다. 따라서 딜러가 중고차 매매업무를 원활하게 수행하기 위해서는 반드시 특정 매매상사에 소속되어야 한다. 이처럼 딜러는 형식적으로는 특정 매매상사의 직원 신분으로 매매상사의 사무실을 이용하기도 하지만 실제로는 매매상사로부터 월급을 받는 것도 아니고 매매상사 대표의 업무지시를 받는 것도 아니다. 즉, 딜러는 개별사업자와 같이 자신의 의지에 따라 자유롭게 중고차 매매와 관련한 활동을 수행한다. 딜러는 중고차판매자나 실수요자를 소속되어 있는 매매상사와 연결시켜 거래가 성사될 수 있도록 노력을 기울이지만, 그 밖에도 소속되어 있는 매매상사와는 전혀 관계없이 실수요자를 섭외하여 판매를 중개하기도 하고, 혹은 자신이 소속되어 있는 매매상사 이외의 다른 매매상사에 연결시켜 판매를 성사시킬 수도 있다.

또한 자신이 직접 구매하고 싶은 중고차는 자신이 구입비용을 부담하지만 소속 매매상사의 명의로 계약을 체결한 후 구매자를 물색할 수도 있으며, 다른 매매상사가 보유하고 있는 차량 중에 판매하고 싶은 차량이 있으면 해당 매매상사의 양해하에 구매자를 물색하여 판매를 성사시킬 수도 있다. 이러한 자율적인 자동차 딜러들의 활동은 매매상사의 입장에서도 자사에 소속되어 있는 딜러에만 의존하지 않고 다수의 딜러들과의 협업을 통해 거래를

활성화시킬 수 있다는 이점이 있다. 즉, 중고차 매매시장은 시설과 자금, 그리고 계약 체결 당사자로서의 법적 지위를 가지고 있는 매매상사와 자금력은 부족하지만 영업력과 활동성이 뛰어난 딜러가 공생하고 있는 시장이라고 할 수 있다.

4. 중고차 거래의 유형

중고차 거래는 판매자와 실수요자 간의 거래인 '직거래'와 중고차 매매상사와 실수요자 간의 거래인 '매매상사거래'로 나누어질 수 있다. 직거래는 중고차 매매계약에서 판매자와 실수요자가 계약의 주체가 되는 거래를 의미하고, 매매상사거래는 매매계약에서 매매상사와 실수요자가 계약의 주체가 되는 거래를 의미한다. 즉, 직거래와 매매상사거래의 구분은 계약의 주체가 누가 되는가에 따른 다분히 법률상의 구분이라고 할 수 있다. 직거래는 다시 순수직거래와 위탁거래로 나누어진다([그림 11-23] 참조). 순수직거래는 판매자가 실수요자를 스스로 찾아서 이루어지는 거래를 의미하고, 위탁거래는 매매상사나 딜러가 판매자의 위탁을 받은 후에 실수요자를 찾아서 판매자와 연결시켜 주는 형태로 이루어지는 거래를 의미하는데 중개거래, 알선거래 등으로도 불린다. 위탁거래에서는 매매상사나 딜러가 주도적인 역할을 수행하지만 중고차의 명의가 매매상사나 딜러에게 이전되는 것은 아니기 때문에 여전히 직거래로 구분된다.

이처럼 매매상사나 딜러는 판매자에게 중고차를 구입하여 실수요자에게 판매하는 역할을 수행하기도 하고, 경우에 따라서는 판매자로부터 판매를 위탁받아 거래가 이루어질 수 있도록 조력하는 역할을 담당하기도 한다. 매매상사나 딜러가 중고차를 구입하여 판매하는 경우에는 판매마진이 수입이 되고, 위탁거래의 경우에는 위탁수수료가 수입이 된다.

직거래와 매매상사거래의 비율을 보면 시간이 지날수록 직거래가 줄어들고 매매상사거

그림 11-23 ▌중고차 거래의 유형

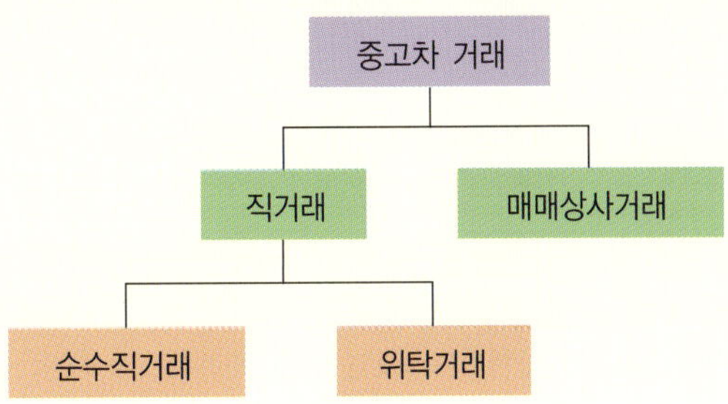

래가 증가하는 추세를 보이고 있다([표 11-26] 참조). 1998년에는 직거래가 61.0%를 차지하였으나, 10년 후인 2008년에는 44.6%로 감소하였으며, 2021년 현재로는 36.5%로 더욱 감소하였다. 이처럼 시간이 지나면서 매매상사거래의 비중이 높아지고 있는 데는 여러 가지 요인이 작용하고 있다.

첫째, 중고차를 사고팔 수 있는 중고차 매매단지가 증가하면서 접근성이 높아졌다. 현재 전국에는 약 200여 개의 매매단지가 산재해 있어서 소비자는 먼 거리를 이동하지 않고도 다양한 차량들을 직접 볼 수 있다.

둘째, 소비자들은 구매 이전에 인터넷을 통해 다양한 정보를 입수할 수 있기 때문에 매매상사나 딜러가 제공하는 정보에만 의존하지 않아도 되고, 이로 인해 소비자와 매매상사(혹은 딜러) 간의 정보의 비대칭성에 기인하는 손실이 대폭 줄어들었다.

셋째, 정부는 중고차 거래의 투명성을 제고시키기 위해 여러 가지 제도적인 장치를 만들어가고 있다. 예를 들어 중고차 품질보증제도는 중고차 매매업자가 소비자에게 중고차를 판매한 후 30일간 혹은 주행거리가 2,000km에 이를 때까지 품질을 보증해 줄 것을 의무화한 제도로, 이 기간 안에 고장이 나면 중고차 매매업자는 무상 수리를 제공해야 한다. 또한 매매업자가 품질보증 의무를 이행하지 않는 상황이 발생하지 않도록 매매업자로 하여금 의무적으로 보험에 가입하도록 하고 있다. 정부는 이러한 제도의 도입을 통해 중고차 구입과 관련한 불안감을 해소시키기 위해 노력하고 있다.

표 11-26 중고차의 직거래 및 매매상사거래 비율의 연도별 변화 추이 (단위 : 천 대, %)

구분		2007	2008	2009	2010	2011	2012	2013
직거래	거래대수	774.5	784.1	889.0	1,117.4	1,389.2	1,348.5	1,331.5
	점유율	42.7	44.6	45.2	40.9	42.6	41.9	40.2
매매상 사거래	거래대수	1,038.5	972.5	1,075.8	1,612.8	1,868.1	1,872.3	1,976.6
	점유율	57.3	55.4	54.8	59.1	57.4	58.1	59.8
합계		1,813.0	1,756.6	1,964.8	2,730.2	3,257.3	3,220.8	3,308.2
구분		2014	2015	2016	2017	2018	2019	2021 1사분기
직거래	거래대수	1,259.7	1,329.0	1,374.4	1,389.5	1,357.8	1,299.3	361.6
	점유율	37.0	37.0	37.1	38.0	36.8	36.0	36.5
매매상 사거래	거래대수	2,141.4	2,262.4	2,327.7	2,269.4	2,335.8	2,314.9	629.9
	점유율	63.0	63.0	62.9	62.0	63.2	64.0	63.5
합계		3,401.1	3,591.4	3,702.1	3,658.9	3,693.6	3,614.2	991.5

자료 : (2016~2019) 국토교통부, 자동차 등록대수 2,368만 대… 친환경차수입차 지속증가, 보도자료, 2020년 1월 16일
(2013~2016) 국토교통부, "자동차 등록대수 2016년 말, 2천2백만 대 육박," 보도자료, 2017년 1월 17일
(2007~2012) 국토교통부 보도자료에서 연도별 이전등록 수치에서 증여 상속 등으로 이전한 차량을 제외한 수치 사용

5. 중고차의 유통경로

앞에서 논의한 중고차 거래의 유형에 따라 중고차의 유통경로는 순수직거래 유통경로, 위탁거래 유통경로, 매매상사거래 유통경로 등으로 구분될 수 있다([그림 11-24] 참조).

그림 11-24 ▌ 중고차의 유통경로

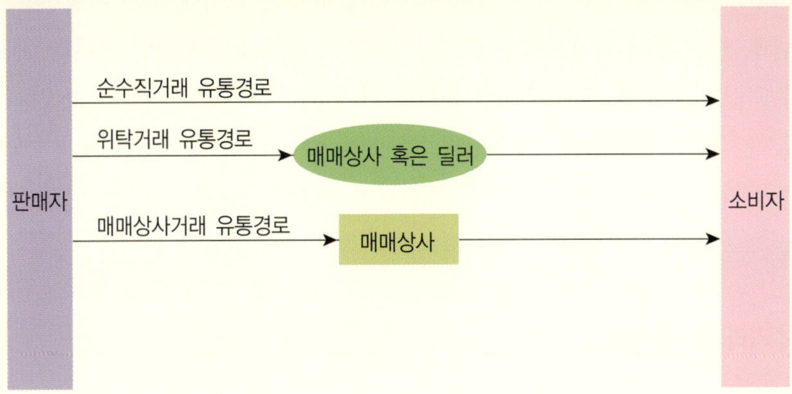

* 위탁거래 유통경로에서 매매상사 혹은 딜러는 경로구성원은 아니지만 매매성사의 주요한 역할을 수행

5.1 순수직거래 유통경로

순수직거래 유통경로는 매매상사나 딜러의 개입 없이 판매자와 실수요자의 직접 거래가 이루어지는 유통경로를 의미한다. 순수직거래에서는 판매자가 스스로 구매자를 찾아야 한다. 구매자를 찾는 데는 다음과 같은 다양한 방법이 사용될 수 있다.

- **자신이 알고 있는 지인**
- **주변 지인들의 소개**
- **각 차종별 인터넷 카페** : 각 차종별로 동호인들이 참여하는 인터넷 카페가 활성화되어 있는 경우가 많으며, 여기에 게시판 등을 통해 구매자를 찾는 방법이 많이 사용되고 있다.
- **인터넷 중고차 매매사이트** : 엔카(SK엔카닷컴), 보베드림, 오토인사이드(현대캐피탈) 등의 인터넷 중고차 매매사이트를 활용하는 방법도 많이 사용되고 있다. 이러한 사이트의 직거래기능을 활용하여 차량의 사진과 사양, 판매자의 연락처 등을 올려서 구매자를 찾는 방법으로 일정액의 수수료를 지급하여야 하지만 중고차를 구매하려는 많은 사람들이 보기 때문에 비교적 빨리 구매자를 찾을 수 있다는 장점이 있다.

순수직거래는 명의이전비용, 알선수수료 등 각종 비용을 절감시킬 수 있기 때문에 판매자나 실수요자 모두에게 금전적으로 이득이 될 수 있지만, 대부분 차량의 상태에 대한 정확한 정보 없이 거래가 이루어지기 때문에 구매자의 입장에서는 상당한 위험부담을 감수하여야 하는 단점이 있다. 현행 자동차관리법에 따르면 중고차 매매상사는 거래 시에 의무적으로 한국자동차진단보증협회가 지정하는 자동차 정비공장에서 '중고자동차성능 · 상태점검기록부'를 발급받아 첨부해야 한다. 여기서 점검기록부는 제조업체, 차량번호, 연식, 최초등록일 등의 기본정보는 물론 차량 내외부의 이상 유무를 표시해 놓은 차량진단서를 의미한다. 그런데 개인 간의 직거래에서는 점검기록부 첨부가 의무사항이 아니다. 점검기록부를 첨부하지 않으면 구매 후에 차량에 문제가 발생하여도 문제의 원인을 확정하기 어렵기 때문에 사고차나 침수차를 속아서 구매했다고 해도 보상을 받을 방법이 없다. 판매자와 실수요자 간에 거래조건에 대한 합의가 이루어지면 '자동차양도증명서(양도인 · 양수인 직접거래용)'를 작성하여 구청에 제출하면 된다.

5.2 위탁거래 유통경로

위탁거래 유통경로는 차량소유자가 매매상사나 딜러에게 판매를 위탁(委託)하여 거래가 이루어지도록 하는 유통경로를 의미한다. 차량소유자가 판매를 의뢰하는 대상은 8:2 정도의 비율로 딜러가 매매상사보다 훨씬 더 많다. 그 이유는 차량소유자가 중고차시장에서 매매상사보다는 딜러를 접촉할 확률이 훨씬 더 크기 때문이다. 순수직거래 유통경로에서와 마찬가지로 위탁거래 유통경로에서도 계약서상의 거래는 차량소유자와 실수요자 간에 이루어진다. 즉, 위탁거래에서 매매상사나 딜러는 거래가 이루어지도록 조력하는 역할을 수행할 뿐, 상품의 소유권을 갖는 유통경로구성원은 아니다.

위탁거래에서 딜러는 소유권을 갖지 않으면서 알선의 역할만 하기 때문에 '알선딜러'라고 불린다. 대부분의 딜러는 자신이 소유하고 있는 자동차를 판매하는 것은 아니기 때문에 소비자가 접하는 거의 대부분의 딜러는 알선딜러이다. 위탁거래에서는 원칙적으로 차량소유자와 매매상사 혹은 딜러 간에 알선수수료 등을 명기한 '자동차 매매알선 위탁계약서'가 작성되어야 하지만 실제로는 계약서 없이 구두로만 위탁계약이 이루어지는 경우가 대부분이다. 이 경우에 알선수수료 등의 수입이 발생하였음에도 불구하고 순수직거래가 이루어진 것처럼 업무를 처리함으로써 세금을 탈루하는 문제가 발생할 수 있다.

차량소유자와 매매상사 혹은 딜러 사이에 위탁계약이 이루어지면 매매상사나 딜러는 보험개발원 사이트에 접속하여 차량의 사고이력을 확인하고 중고자동차성능검사장에서 약식진단을 한 후 차량 소유자와 차량의 가격을 협의한다. 가격에 대한 합의가 이루어지면 매매상사나 딜러는 매매상사의 주차장에 주차를 시켜놓고, 엔카, 보배드림, KB차차차 등 중고차 사이트에 차량정보를 올리는 등의 방법으로 구매자를 찾는다. 그런데 구체적인 판매과정이나 판매수입의 배분은 차량소유자가 매매상사에게 판매를 위탁하였는지 혹은 딜러에게 위탁하였는지에 따라 크게 달라진다.

- **매매상사에게 위탁한 경우** : 차량소유자가 매매상사에 차량의 판매를 위탁한 경우에는 매매상사가 판매위탁을 받은 차량을 자신의 주차장에 주차시켜 놓고 오가는 잠재적 구매자들이나 딜러들이 볼 수 있도록 하는 것은 물론, 주차된 차량에 대한 관리나 중고차 사이트에 올리는 활동 등에 소요되는 비용도 모두 본인이 부담한다. 그렇지만 실제의 판매활동은 통상적으로 딜러에 의해 수행된다. 딜러는 판매위탁을 받은 매매상사에 소속된 딜러일 수도 있고 그렇지 않을 수도 있다. 딜러가 알선 역할을 잘해서 판매가 이루어지면 매매상사는 판매를 통해 발생한 수익금을 딜러와 나누어 갖는다. 예를 들어 매매상사가 차량소유자와 1,000만원에 팔아주기로 위탁계약을 하였는데 실제로 판매는 1,200만원에 이루어졌다면 이때 발생하는 수입은 1,000만원에 대한 알선수수료와 200만원의 마진이 된다. 알선수수료는 차량소유자는 물론, 구매자로부터도 수취할 수 있다. 2003년 이전에는 알선수수료율을 차량가격의 2%와 2%에 대한 부가세 10%를 더한 2.2%로 규정하고 있었지만 국토교통부가 딜러의 수수료는 차량의 가격에 관계없이 비슷하다고 판단하면서 이러한 규정은 현재 더 이상 존재하지 않는다. 그렇지만 현장에서는 많은 매매상사들과 딜러들이 알선수수료율로 2.2%를 적용시키고 있다. 차량의 판매가가 2~3천만원일 때 알선수수료 2.2%를 적용시키면 알선수수료는 44~66만원이 되기 때문에 상당히 부담스럽다. 그래서 중고차업계에는 알선수수료를 차량의 가격에 관계없이 20~30만원 정도로 책정할 것을 권장하는 사람들도 많다. 딜러가 알선역할을 하였기 때문에 알선수수료는 딜러의 수입이 되고, 200만원의 추가적인 수입은 매매상사와 딜러가 사전에 쌍방의 합의에 의해 정한 비율로 나누어 갖는다.
- **딜러에게 위탁한 경우** : 차량소유자가 딜러에게 판매를 위탁한 경우에는 판매과정에서 발생하는 비용을 딜러 자신이 모두 부담해야 한다. 우선 딜러는 주차장을 가지고 있지 않기 때문에 매매상사의 주차장을 빌려 써야 하고 따라서 매매상사에게 주차비를 지불해야 한다. 주차비는 통상 팔리는 시점에서 30만원을 지불한다. 즉, 주차한지 5일이 지나서 팔려도 30만원을 지불하고 5개월이 지나서 판매가 되도 30만원을 지불한다. 그런데 세차, 광택 등 주차된 차량의 관리를 매매상사가 직원을 두고 하기 때문에 이 부분도 딜러가 매매상사에게 지불하여야 한다. 관리비는 통상 10~15만원 정도이다. 예를 들어 딜러가 차량소유자와 1,000만원에 팔아주기로 위탁계약을 하였는데 중개활

동을 통해 1,200만원에 판매가 이루어졌다면 알선수수료와 200만원의 마진이 발생하게 된다. 딜러는 매매상사에게 30만원의 주차료는 물론, 관리비도 지불하여야 한다. 만일 차량소유자와 1,000만원에 팔아주기로 계약을 했는데 실제로도 판매가 1,000만원에 이루어졌다면 알선딜러의 수입은 알선수수료가 전부이게 된다. 알선수수료를 차량소유자와 구매자 양측으로부터 22만원씩 44만원을 받는다고 해도 매매상사에게 주차료 30만원과 관리비 10~15만원을 지불하면 자신의 수입은 전혀 없게 된다. 이러한 상황이 발생하지 않게 하기 위해서 딜러는 자신의 노력에 대한 대가를 확보할 있는 가격을 책정해서 판매해야 한다. 예를 들어 알선딜러가 교통비, 공임, 이윤 등을 고려했을 때 적정 마진이 20%라고 판단하면 1,200만원 이하로는 판매하면 안된다. 하지만 가격을 높게 책정하면 판매가 잘 이루어지지 않기 때문에 알선딜러는 가격을 올리지 않으면서 수입을 올릴 수 있는 명분을 찾게 된다. 찻값이 비쌀 때 흔히 쓸 수 있는 방법은 2.2%의 알선수수료율을 적용시키는 방법이다. 구매가가 2,000만원이면 양측으로부터 44만원씩 총 88만원의 알선수수료를 받을 수 있다. 혹은 매매상사에게 명의가 이전되지 않는 거래임에도 불구하고 명의이전비용이 포함된 매도비의 명목으로 33만원(경기도) 혹은 37만원(서울)을 청구하기도 한다.

5.3 매매상사거래

매매상사거래는 매매상사가 계약서상의 매매주체가 되는 거래를 의미하다. 매매상사 거래는 차량의 실소유자가 매매상사인 경우와 실소유자가 딜러인 경우로 나누어질 수 있다. 차량을 실질적으로 소유하고 있는 딜러는 '매입딜러'라고 불리는데 이들은 자신의 돈으로 차량을 구입하지만 소속 매매상사의 명의로 차량을 등록시킨 후 판매활동을 전개한다. 이러한 경우는 딜러가 싸게 나왔다고 생각되는 중고차를 발견하였을 때 흔히 발생한다. 딜러가 자신의 돈으로 차량을 구입함에도 불구하고 매매상사의 명의로 등록을 하는 것은 법규상 딜러가 중고차매매의 주체가 될 수 없기 때문이다.

- **매매상사 소유의 차량** : 매매상사를 통한 거래는 2021년을 기준으로 전체 중고차 거래의 약 63.5%를 차지하고 있다. 중고차 매매시장에서 매매상사는 차량소유자로부터 자동차를 구입하여 실수요자에 판매한다. 매매상사가 직접 판매자와 구매자를 물색하기도 하지만 대부분의 영업활동은 딜러에 의해 이루어진다. 중고차를 판매하고자 하는 차량 소유자와 접촉한 딜러는 사고 조회, 약식 차량진단 등을 거쳐 소유자와의 가격에 대한 합의가 이루어지면 소속 매매상사에 구매를 권유할 수 있으며, 소속 매매상사 이외의 매매상사와 접촉하여 구매를 권유할 수도 있다. 차량소유자가 매매상사에게 자

동차를 판매하는 방식도 시대에 따라 많은 변화가 있었다. 인터넷이 그다지 활성화되지 않았던 시절에는 차량소유주가 판매하려는 차를 몰고 중고차 매매단지에 가서 자신의 차를 구매해 줄 매매상사를 물색하는 것이 일반적이었다. 그런데 '헤이딜러', '첫차' 등 중고차 입찰 플랫폼이 등장하면서 차량소유주가 중고차 매매단지에 가지 않고 팔 수 있게 되었다. 즉, 차량소유자가 중고차 입찰 플랫폼에 자신의 차량에 대한 정보를 올리면 올리고 난 후 48시간 이내에 입찰에 참여한 딜러들 중에 한 명을 선택해서 차량을 판매할 수 있다. 차량소유자가 딜러를 선택해서 연락을 하면 딜러가 차량소유자가 있는 곳으로 찾아가서 매매를 하는 경우가 많아졌다. 차량소유자는 금전적으로는 최고 입찰가를 써낸 딜러를 선택하는 것이 합리적이지만 해당 딜러와 거래를 했던 차량 판매자들이 평가한 5점 만점의 평점이 우수한 딜러를 선택하는 경우도 많다. 일단 구입이 이루어지면 매매상사는 '한국자동차진단보증협회'가 지정하는 자동차 정비공장에서 '중고자동차성능·상태점검기록부'를 발급받고, 차량의 가치를 증진시키기 위해 도색, 판금, 소모품 교환 등의 정비 및 수리 업무를 수행한 후, 구매자를 물색한다([글 11-7] 참조). 판매되는 차량은 매매상사의 전시장에 주차되어 있기 때문에 방문하는 고객들을 대상으로 영업이 이루어지기도 하지만, 보다 많은 수의 소비자들에게 알리기 위해 엔카, 보배드림, KB차차차 등의 중고차 사이트를 많이 활용하고 있다. 판매활동을 전개하는 딜러는 매도비 명목으로 판매과정에서 발생한 비용을 구매자에게 청구할 수 있다. 매도비는 명의이전 비용과 관리비로 구분된다. 명의이전 비용은 매매상사 소유의 차량을 구매자의 명의로 이전시킬 때 발생하는 비용을 의미하고, 관리비는 주차비, 차량 관리비, 사무실 운영비 등 각종 비용을 포괄하는 비용을 의미한다. 차량 1대당 매도비는 통상적으로 서울지역은 37만원, 경기지역은 33만원의 수준으로 책정된다. 딜러는 매매상사 소유의 차량을 판매함에 있어서 여러 가지 형태로 수입을 창출할 수 있다. 딜러는 판매가 이루어지면 매매상사로부터 차량가격의 약 5%에 해당하는 수고비를 받는다. 판매가격이 1,000만원이면 약 50만원이 되는데 매매상사는 50만원에 대한 13.3%의 원천징수를 제외한 금액을 딜러에게 지급한다. 딜러는 이외에도 자신이 소유한 차량이 아니기 때문에 차량구매자는 물론 구매자로부터도 알선수수료를 청구할 수 있으며, 매매상사가 책정한 금액보다 더 비싸게 판매함으로써 차액을 수취할 수도 있다.

- **딜러 소유의 차량** : 딜러는 시장가보다 싸게 나온 차량에 대해 자신이 직접 구입하여 판매할 수도 있다. 이 경우의 딜러는 '매입딜러'라고 불린다. 그렇지만 딜러가 이분법적으로 알선딜러와 매입딜러로 구분되는 것은 아니고 평상시에는 알선딜러로 활동하

더라도 좋은 물건이 나오면 스스로 매입하여 판매하는 '매입딜러'가 되기도 한다. 그런데 매입딜러는 자신의 명의로 중고차를 판매를 할 수 없기 때문에 구매한 차량을 매매상사의 명의로 등록을 해야 한다. 자신이 위탁을 받은 차량을 판매할 경우와 마찬가지로 판매과정에서 발생하는 주차비, 차량관리비 등을 딜러 자신이 모두 부담해야 한다. 즉, 판매가 이루어지면 매입딜러는 30만원의 주차료와 10~15만원의 관리비를 매매상사에게 지불하여야 한다. 수입의 측면에서 보면 매입딜러는 구매자에게 매도비의 명목으로 37만원 혹은 33만원을 수취할 수 있고, 자신이 매입한 가격보다 높은 가격으로 판매함으로써 마진을 취할 수도 있다. 그러나 실제로 자신이 소유하고 있는 차량을 판매하는 것이기 때문에 알선수수료를 청구하여서는 안 되지만 종종 알선수수료를 청구해서 차량소유자나 구매자와 마찰을 빚기도 한다.

글 11-7 매입가와 판매가의 차이

판매가와 매입가의 차이가 발생하는 이유는 중고차 유통과정에서 찾을 수 있다. 중고차 딜러는 일반소비자에게 차량을 구입하면, 1차적으로 성능점검기록부 발급비, 계약서 대금, 탁송비, 이전등록비 등의 추가비용이 발생한다. 또 차량을 되팔기 위해 도색 및 판금, 오일 교환, 타이어 및 배터리 등 소모품 점검 및 교환과 같은 정비 수리과정을 거치면서 2차 추가비용이 발생한다. 여기에 차량이 판매될 때까지 보관비, 유지관리비, 광고비 등이 필요한데 여기에 3차 추가비용이 든다. 물론 이런 추가비용은 차가 팔릴 때까지 꾸준히 소요된다. 차가 팔리지 않으면 감가가 발생해 손해를 보고서라도 팔아버려야 하는 위험부담까지 감수해야 한다. 이런 추가비용은 상황에 따라 매우 유동적인데, 내차를 팔 때 딜러가 제시하는 가격은 이런 추가비용과 일정 이윤을 고려한 것이다.

자료 : 비즈포커스, "중고차 살 때 팔 때 다른 가격 왜죠?," 2013년 9월 6일

제13절 농산물의 유통경로

1. 농산물 유통의 특성

농업은 시간이 흐를수록 우리나라 경제에서 차지하는 비중이 낮아지고는 있지만 농산물의 품질은 국민의 건강과 직결되어 있고, 농촌의 부흥은 균형 있는 국가경제의 초석이 되기 때문에 그 중요성은 여전히 크다. 또한 농업인들의 사업규모가 상대적으로 영세하여 가격

결정 등을 시장기능에만 맡겨놓을 수는 없는 측면이 있다. 농산물의 유통은 공산품의 유통과는 달리 다음과 같은 여러 가지 특징을 지니고 있다.

첫째, 농산물의 작황은 기상조건에 의해 크게 좌우되며, 보관시설 등이 잘 갖추어지지 않은 경우에는 작황에 따른 가격 등락폭이 매우 심하게 나타난다.

둘째, 가격에 비해 무게나 부피가 큰 편이며, 따라서 공산품에 비해 보관·배송 등에 소요되는 유통비용이 상대적으로 더 크다.

셋째, 공산품에 비해 부패하기 쉽기 때문에 적절한 보관과 신속한 배송 등이 매우 중요하다.

넷째, 농산물은 크기, 품질, 무게 등이 모두 상이하기 때문에 이를 표준화하고 등급화하기가 매우 힘들다.

다섯째, 농산물의 수요는 가격이나 소득에 대해 비탄력적이다. 즉, 가격의 변동이나 소득의 변동에 대한 농산물의 수요변화는 공산품에 비해 상대적으로 작다.

여섯째, 농산물 생산자단체나 산지유통인의 규모가 영세하여 대형 유통업체 등과의 가격 협상력이 크게 떨어진다.

정부는 이러한 농산물 유통의 특성을 고려하여 생산자인 농민을 보호하는 동시에 건전한 농산물 유통을 위한 제도적인 장치를 적극 도입하고 있으며, '농수산물 유통 및 가격안정에 관한 법률(농안법)'은 이러한 제도적인 장치의 핵심이 되고 있다. 농안법은 공영도매시장인 농수산물도매시장의 운영에 대해 규정하는 등 농수산물의 유통경로에 큰 영향을 미치고 있다.

2. 농산물의 유통경로

농산물의 유통경로는 [그림 11-25]에서와 같이 산지유통, 도매유통, 소매유통 등으로 나누어 살펴볼 수 있다.

2.1 산지유통

농산물 산지에서 활동하는 대표적인 유통주체로는 생산자단체와 산지유통인을 들 수 있다. 생산자단체에는 지역농협뿐만 아니라 영농조합법인이나 농업회사법인 등의 농업법인도 포함된다. 지역농협은 2020년 현재 923개가 있고 영농조합법인과 농협회사법인은 2019년 현재 각각 10,000여 개, 11,600개가 있다. 산지유통인은 농안법에 따르면 '도매시장에 등록하고 산지에서 수집하여 도매시장에 출하하는 상인'을 의미하며, 산지에서는 '산지수집상'이라는 명칭으로 불리고 있다.

그림 11-25 ▌농산물의 유통경로

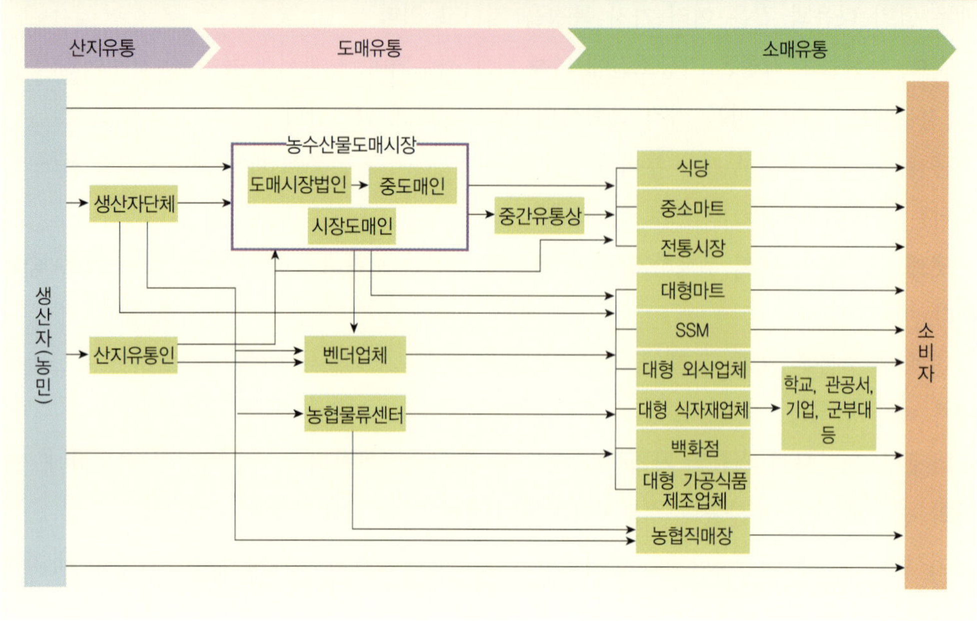

농가가 생산자단체나 산지유통인과 거래하는 방식에는 계약재배, 공동판매, 포전거래, 정전거래 등이 있다. 계약재배와 공동판매는 주로 농가와 생산자단체와의 사이에서 이루어지는 거래형태이고, 포전거래와 정전거래는 주로 농가와 산지유통인과의 사이에서 이루어지는 거래형태이다. 이 가운데 흔히 '밭떼기'로 불리는 포전(圃田)거래는 수확이 이루어지기 이전에 산지유통인에게 판매하는 방식으로 농민의 입장에서는 가격변동으로 인한 위험을 피할 수 있을 뿐만 아니라 수확을 위한 인력을 확보할 필요가 적기 때문에 특히 시장상황에 어둡고 활동성이 떨어지는 고령농가가 선호하고 있다. 통상적으로 무와 배추는 파종후부터 수확 전까지 거래가 형성되고, 감자는 수확 1개월 전, 마늘과 양파는 수확 1~2개월 전에 거래가 형성된다. 거래조건은 일반적으로 계약 시에 거래금액의 20~30%가 지불되고 계약 후 1개월 이내 혹은 수확 직전에 잔금이 지불된다. 품목별로 보면 거래규모도 큰 무와 배추가 포전거래 비율이 가장 높다.

산지유통은 농민이 농산물의 판매를 생산자단체에 의뢰하는지의 여부에 따라 계통출하와 비계통출하로 구분된다. 대략 계통출하가 약 70%, 나머지 약 30%를 비계통출하가 차지하고 있다. 계통출하는 농민이 지역농협과 같은 생산자단체에 위탁하여 농산물을 판매하는 것을 의미한다. 특히 영세 농민은 교섭력의 확보를 위해 계통출하를 선호한다. 생산자단체는 농민으로부터 판매 위탁을 받은 농산물을 일반적으로 도매시장에 출하하지만, 그렇지 않고 농협직영점에서 판매하거나 소비자와 직거래를 하거나 대형 유통업체에 판매하는 등 여타 방법을 통해서도 판매할 수 있다. 최근 들어 대형 유통업체들의 산지구매와 농민과 소비자와의 직거래가 활성화되면서 계통출하 비율이 점차 감소하는 추세를 보이고는 있지만, 아직까지는 생산자단체를 통한 도매시장 판매가 농산물 판매에서 가장 높은 비중을 차지하고 있다. 따라서 생산자단체를 통한 도매시장 출하에서 좋은 값을 받지 못하면 농민의 수익성도 하락할 수밖에 없다. 생산자단체는 규모가 영세하여 대형 유통업체 등과의 거래에서 협상력을 발휘하지 못하는 경향은 있지만, 이를 극복하기 위해 온라인쇼핑이나 산지유통센터를 활용한 소비자와의 직거래를 통해 자생력을 높이려는 활동을 지속적으로 전개하고 있다.

2.2 도매유통

우리나라 농산물도매의 중심에는 지방자치단체가 개설한 농수산물도매시장이 있다. 농수산물도매시장 이외의 농산물도매유통의 주체로는 농협중앙회가 설립한 농협농식품물류센터와 대형 유통업체 등에 농산물을 공급하는 벤더업체가 있다.

2.2.1 농수산물도매시장

우리나라의 농수산물도매시장은 모두 49개로 정부의 지원으로 건설된 공영도매시장 33개(중앙도매시장 11개, 지방도매시장 22개), 일반법정도매시장 13개, 민영도매시장 3개가 있다. 대부분의 농수산물도매시장은 농산물과 수산물을 동시에 취급하지만 농산물만 취급하거나 수산물만 취급하는 도매시장도 드물지만 존재한다. 우리나라에서 생산되는 청과물의 약 50%가 도매시장을 경유하여 유통되고 있다. 농수산물도매시장에서의 거래는 주로 경매제도 방식으로 이루어지지만 제품의 표준화가 잘 진전된 상품에 대해서는 정가매매나 수의매매도 이루어지고 있다. 경매의 비중은 시장에 따라 다르지만 대개 70~90% 정도인 것으로 파악되고 있다.

도매시장의 주요 구성원으로는 도매시장법인, 경매사, 중도매인, 매참인, 시장도매인 등이 있다. 이 가운데 가장 핵심적인 구성원은 도매시장법인과 중도매인으로 도매시장법인은 수탁업무, 중도매인은 분산업무로 담당업무가 명확하게 구분되어 있다([그림 11-26] 참조). 따라서 경매과정에서 도매시장법인은 출하자(농민 및 생산자단체)의 입장을 반영하여 낙찰가격이 최대한 높게 형성될 수 있도록 노력하고, 반대로 중도매인은 자신이나 혹은 구매의뢰자(유통업체, 가공업체 등)의 입장을 반영하여 낙찰가격이 최대한 낮게 형성될 수 있도록 노력한다. 따라서 도매시장법인과 중도매인은 농수산물도매시장의 활성화를 위해 협력하는 관계에 있지만, 입장의 차이로 인해 갈등을 빚는 경우도 발생할 수 있다.

그림 11-26 ❙ 농수산물도매시장의 도매시장법인과 중도매인

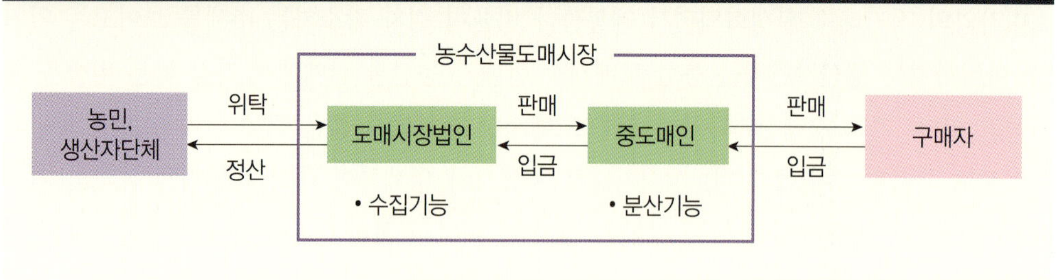

- **도매시장법인** : 도매시장법인은 농수산물도매시장의 개설자로부터 지정을 받아 업무를 수행한다. 도매시장법인의 주된 업무는 판매를 위탁받은 농산물을 경매에 상장하여 소속 경매사를 통해 중도매인에게 판매하고, 판매대금에서 위탁수수료 등의 제반 경비를 제외한 금액을 위탁자에게 지급하는 것이다. 위탁수수료는 청과는 거래금액의 7%, 양곡은 2%를 초과할 수 없다. 경매가 도매시장법인의 주된 업무이지만 표준화된 상품의 경우에는 정가매매나 수의매매를 하기도 하고, 스스로 구매하여 판매하기도 한다. 전국 농수산물도매시장의 도매시장법인은 모두 121개로 도매시장 한 개당 약 2.5개가 있는 셈이다. 약 88%에 해당하는 106개의 도매시장법인이 공영도매시장에 있으며, 품목별로 보면 청과부문의 도매시장법인이 가장 많다(약 73%) ([표 11-27] 참조).

표 11-27 ❙ 도매시장 유형별 도매시장법인의 수 (단위 : 개소)

구분	도매시장	도매시장법인				
		계	청과	수산	축산	약용
계	49	121	88	27	4	2
공영도매시장	33	106	81	25	–	–
일반법정도매시장	13	12	5	2	3	2
민영도매시장	3	3	2	–	1	11

자료 : 농림축산식품부, 한국농수산식품유통공사(2019), 2018 농수산물 도매시장 통계연보

- **경매사** : 경매사는 도매시장법인의 소속으로 경매과정에서 경매에 올라온 농산물에 대한 정보를 제공하고 흥을 돋움으로써 농산물이 적정한 가격에 거래될 수 있도록 하는 역할을 수행한다. 또한 경매사는 산지를 돌면서 우수한 농산물이 도매시장에 출하될 수 있도록 하는 역할도 수행한다.
- **중도매인** : 중도매인(仲都賣人)은 도매시장 개설자의 허가를 받아 상장된 농산물을 구입하여 판매하거나 혹은 구매자로부터 의뢰를 받아 매매를 중개하는 역할을 수행한다.

직접 구입하는 경우에는 구입가와 판매가의 차이인 마진이 수입원이 되고, 매매를 중개하는 경우에는 중개수수료가 수입원이 된다. 중개수수료는 거래금액의 4%를 초과할 수 없다. 매매중개보다는 구입을 통해 수익을 실현하는 비중이 훨씬 더 크다. 중도매인은 2018년을 기준으로 약 8,000명이 있으며 그 가운데 개인이 약 68%, 법인이 약 32%를 차지하고 있다. 이들은 도매시장 내에 점포를 가지고 있는데, 점포에서는 주로 중간유통상이나 소매상(식당, 전통시장 점포, 중소슈퍼 등의 종사자)을 대상으로 농산물을 판매하지만 일반소비자를 대상으로 소매를 하기도 한다.

- **매참인** : 매매참가인을 의미하는 매참인은 농산물의 실수요자로 도매시장 개설자에게 신고를 하고 경매에 참여할 수 있다. 이들은 주로 대형 유통업체, 가공업체, 수출업체, 소비자단체 등이며 구입한 농산물을 소매상 등에 판매할 수는 없다. 이들은 경매과정에서 중도매인과 경쟁관계를 형성하게 된다. 2018년 현재 전국의 농수산물도매시장에는 약 790명의 매참인이 있다.
- **시장도매인** : 시장도매인(市場都賣人)은 농수산물 도매시장의 개설자로부터 지정을 받아 농수산물을 구입하여 판매하거나 혹은 위탁을 받아 매매를 중개하는 법인을 의미한다. 즉, 시장도매인은 도매시장법인의 수탁기능과 중도매인의 분산기능을 동시에 수행하는 도매상인이며, 따라서 농수산물이 시장도매인을 경유하여 유통이 되는 경우에는 경매과정이 존재하지 않는다([그림 11-27] 참조). 현재 전국 33개의 공영농수산물도매시장 가운데 시장도매인제만을 도입하고 있는 도매시장은 없으며, 강서농산물도매시장(청과 60개소), 대구북부농수산물도매시장(수산 3개소), 안동농수산물도매시장(수산 1개소) 등에서 경매제와 시장도매인제를 병행하고 있다. 시장도매인제는 경매제의 단점을 극복하기 위한 대안으로 도입되었다. 경매제는 수탁기능과 분산기능의 분할을 통해 가격책정이 공정하게 이루어질 수 있고, 거래대금의 정산이 정확하게 이루어질 수 있다는 등의 장점을 가지고 있으나, 유통단계가 길어지고 거래시간이 늘어남으로써 유통효율성이 저하된다는 단점을 가지고 있다. 시장도매인제하에서는 출하자와 분산기능을 수행하는 주체가 직접 거래함으로써 유통경로가 짧아지면서 신선도의 유지와 거래비용의 절감이 가능해지고, 대량거래가 용이해진다는 이점이 있다. 그렇지만 시장도매인제는 경매제에서와는 달리 거래의 투명성이 떨어져서 1985년 농수산물도매시장 건립 이전에 위탁상을 중심으로 하는 유통체계에서 발생하였던 매점매석, 담합, 가격 후려치기 등과 같은 불공정거래행위가 발생할 우려도 배제할 수 없다.

그림 11-27 ▌ 시장도매인의 기능

도매시장법인 (수집기능) + 중도매인 (분산기능) = 시장도매인 (수집 및 분산기능)

그림 11-28 ▌ 농수산물도매시장에서의 전자경매 전경

구리농수산물도매시장에서의 청과물 전자경매 모습. 경매사라고 적힌 모자를 쓰고 있는 경매사가 경매를 진행하고 있으며, 중도매인들은 응찰기를 들고 경매에 올라온 청과물(느타리버섯)과 전광판에 적힌 청과물에 대한 정보를 주시하고 있다. 수지경매에서와는 달리 경매사는 컴퓨터 화면을 통해 어느 중도매인이 얼마에 응찰하였는지를 알 수 있기 때문에 중도매인들은 자신의 고유번호가 적힌 모자를 쓰고 있지 않다.

2.2.2 농협농식품물류센터

농협중앙회가 2013년에 설립하기 시작한 농협농식품물류센터는 농산물의 수집, 가공, 분산 등의 기능을 종합적으로 수행할 수 있는 대규모 물류센터를 의미한다. 2013년에 안성물류센터, 2015년에 밀양물류센터, 2021년에 장성물류센터가 준공되었으며 예정되었던 횡성과 제주의 물류센터는 아직 준공되지 못하였다. 농협농식품물류센터는 집배송시설, 자동화 소포장시설, 전처리센터(세척 및 단순가공), 저온저장고, 잔류농약 및 미생물 검사를 위한 식품안전센터 등을 갖추고 있다. 여기에서는 생산자단체로부터 농산물을 확보하여 분류하고 가공한 뒤 전국의 농협직판장, 외식업체, 대형마트 등에 공급한다. 이러한 시설을 갖춤으로써 농산물 유통구조를 생산자단체 → 물류센터 → 소매상 → 소비자 등의 4단계로 단순화하여 농산물의 가격을 낮추는 한편, 농민에게는 안정적인 판로를 확보해주는 효과를 거둘 수 있다.

그림 11-29 ▌ 농협안성농수산식품물류센터 내부 전경

지상 1층에서는 물류센터 직원들이 센터에 들어온 농산물을 재분배하여 운반하고 있으며(왼쪽), 지상 2층에서는 여성 작업자들이 컨베이어벨트로 빠르게 지나가는 오이를 선별하고, 포장하는 작업을 하고 있다(오른쪽).

자료 : 한국농정신문, "'판매농협 구현' 위한 첫걸음, 안성농식품물류센터," 2013년 9월 16일

2.2.3 벤더업체

벤더(vendor)업체는 대형마트, 대형 외식업체, 대형 식자재업체 등의 대형 구매처로부터 의뢰를 받아 농산물을 확보하여 납품하는 업체를 의미한다. 벤더업체는 생산자단체, 도매시장, 산지유통인 등으로부터 농산물을 확보하여 의뢰처에 농산물을 공급하는데, 농산물을 원형대로 납품하기도 하지만 주로 전처리(세척 및 단순가공) 및 소포장의 과정을 거친 농산물을 납품한다. 벤더업체는 스스로 시설을 갖추어 가공을 하기도 하고 혹은 가공업체를 활용하기도 한다. 즉, 벤더업체는 산지수집상이 훨씬 더 대규모화되고 다기능화된 형태라고 할 수 있다. 대형 구매처가 벤더업체를 이용하는 이유는 수천 종에 이르는 농산물 품목을 일일이 관리하기가 매우 힘들기 때문이다. 따라서 대형 구매처가 대량으로 구입하는 핵심적인 상품은 농민이나 생산자단체와 직접 접촉하여 거래하지만 그렇지 않은 농산물은 벤더업체를 통해 확보하는 경우가 많다. 벤더업체가 전처리 가공, 정기납품, 1차 품질검수 등의 기능을 수행하기 때문에 대형 구매처는 벤더업체를 통해 원하는 제품을 안정적으로 공급받을 수 있다.

2.3 소매유통

농산물의 소매유통은 소규모 소매상, 대형 구매처, 생산자수도의 직거래 등의 세 가지 유형으로 나누어 살펴볼 수 있다.

2.3.1 소규모 소매상

소규모 소매상은 소형식당, 중소마트, 전통시장 등을 의미한다. 이러한 소규모 소매상은 농민이나 생산자단체와 직접 거래하기는 힘들기 때문에 도매시장, 중간유통상, 산지유통인 등을 통해 농산물을 공급받는다. 이들은 도매시장에 직접 가서 중도매인으로부터 물건을 구입하기도 하지만 소량의 다양한 상품을 매일 공급받아야 하기 때문에 대부분은 트럭에 농산물을 싣고 다니며 판매하는 중간유통상으로부터 농산물을 공급받는다. 중간유통상은 대부분 소규모의 식자재업체로 도매시장에서 경매를 마친 농산물을 중도매인으로부터 구입한다. 산지유통인도 산지 부근의 식당, 재래시장 등에 농산물을 공급한다.

2.3.2 대형 구매처

대형마트, SSM, 대형 외식업체, 대형 식자재업체 등과 같은 대형 구매처는 신선한 농산물의 확보와 유통비용의 절감을 위해 생산자단체와 직접 거래하는 사례가 증가하고 있다. 최근의 연구에 의하면 대형마트 등 대형 유통업체는 도매시장이나 벤더업체로부터의 공급보다 생산자단체와의 직거래를 더 선호하고 있는 것으로 나타나고 있다. 대규모 소매상의 도매시장에 대한 선호도가 떨어지고는 있지만 소량으로 구매하는 구색상품 등의 구입은 앞으로도 여전히 도매시장을 이용할 것으로 예상되고 있다. 대형 구매처의 규모가 커질수록 벤더업체에 대한 요구도 다양해지고 거래물량도 늘어나면서 벤더업체의 규모도 커지고 기능도 다양화될 것으로 예상되고 있다. 대형 구매처는 이외에도 계약재배 등을 통해 농민과 직접 거래하거나 혹은 농협이 운영하는 농식품물류센터로부터 농산물을 공급받기도 한다.

2.3.3 생산자 주도의 직거래

농협은 농협로컬푸드직매장의 운영을 통해 생산자단체 → 농협직매장 → 소비자로 유통경로를 단축시킴으로써 생산자와 소비자가 모두 이득을 볼 수 있는 방안을 도입하고 있다. 또한 농민이나 생산자단체가 스스로 인터넷몰을 운영하거나 자택으로 농산물을 배달하는 사업을 전개함으로써 소비자와의 직거래를 시도하고 있는 예들도 증가하고 있다.

2.3.4 온라인쇼핑몰

인터넷을 활용한 온라인쇼핑은 2010년대에 들면서 전 업종에 걸쳐 소매유통의 대세가 되었으며, 특히 2020년에 발생한 코로나19는 온라인쇼핑의 성장을 가속화시켰다. 이러한 현상은 농산물시장에도 그대로 나타나고 있다. 통계청의 자료에 따르면 2017~2020년에 이르는 시기에 농축수산물의 온라인쇼핑 규모는 빠른 속도로 성장하였으며, 특히 2019년과 2020년 사이에 폭발적으로 성장하였다([표 11-28] 참조). 또한 농촌진흥청이 2020년 초에

985명을 대상으로 실시한 코로나19의 발생 전과 발생 후의 신선농식품 구매장소를 비교한 자료에 따르면 여러 소매 유통경로 가운데 온라인쇼핑이 발생전에 비해 발생 후에 가장 높은 성장률을 보인 것으로 나타났다([표 11-29] 참조).

표 11-28 연도별 농축수산물의 온라인쇼핑 규모 (단위 : 조원, %)

구분	2017년	2018년	2019년	2020년
매출액	2.4	2.9	3.7	6.2
성장률	–	20.8	21.6	67.6

자료 : 통계청, 국내통계>도소매>온라인쇼핑동향조사>온라인쇼핑몰 취급상품범위별/상품군별거래액

표 11-29 코로나19 발생 전과 발생 후의 신선농식품 구매장소 (단위 : %)

시기 구분	온라인쇼핑몰	대형마트	편의점	슈퍼마켓	전통시장	기타
발생 전	10.3	26.8	5.6	32.0	12.2	4.8
발생 후(1차)	16.2	21.9	5.6	33.5	11.0	4.6
발생 후(2차)	16.2	23.4	5.6	33.7	11.0	3.3

자료 : 1차(2020년 2월 8일~10일), 2차(2020년 4월 2일~4일)

농산물을 판매하는 온라인쇼핑몰은 오픈마켓이나 소셜커머스에 기반을 둔 G마켓, 11번가, 옥션, 쿠팡, 티몬, 위메프 등은 물론, SSG닷컴, 롯데ON 등 대형 오프라인 유통업체 기반의 온라인쇼핑몰, 또한 마켓컬리, 오아시스마켓 등 신선식품 전문몰 등 다양한 형태를 취하고 있다([글 11-8] 참고). 또한 인터넷을 통한 신선식품의 판매는 온라인쇼핑몰 이외에도 인터넷경매나 라이브커머스의 형태로도 이루어지고 있다.

글 11-8 신선식품 전문몰 마켓컬리의 출현

고급 식자재와 빠른 배송으로 무장한 스타트업이 신선식품 O2O 시장을 선점하고 있다. 장 볼 시간이 없는 바쁜 현대인들의 소비 트렌드와 맞아 떨어진건데. 과일처럼 생으로 먹을 수 있는 당도 높은 초당옥수수부터, 국내 당근 최대산지인 제주도에서 직접 수확한 친환경 구좌당근까지. 프리미엄 농식품을 생산 단계부터 참여해 유통까지 하는 이 스타트업은 창업 3년만에 매출액 100억원을 돌파하며 농산품 O2O 시장에서 두각을 나타내고 있다. 소비자들에게 각종 콘텐츠나 레시피를 전달하면서 우리 농산물의 가치나 상품을 알리는 큐레이션 식품 전문몰이다. 특수 작물들, 초당옥수수라든지 국산품종 고구마 등 직접 농가들에게 종자를 주고 계약 재배하는 형태로 하고 있다. 일반 온라인몰에서 볼 수 없는 고급 식자재를 주로 취급하는 '마켓컬리'는 틈새시장 공략에 성공했다. 밤에 주문하면 다음 날 새벽에 집 앞으로 가져다주는 '샛별배송'으로 경쟁력을 갖췄다. 프리미엄 큐레이션과 차별화된 배송시스템으로 무장한 스타트업은 최근 몇 년 사이 신선식품 시장에서 빠르게 성장하고 있

다. 맛있고 안전하면서도 남과 다른 식소비를 지향하는 대중의 트렌드와 정확히 맞아 떨어졌다는 분석이다. 주문 빈도수가 많은 신선식품 특성상 꾸준한 현금흐름을 창출할 수 있다는 점도 기업 입장에서 매력요인으로 꼽힌다. SK플래닛, 동원그룹 등 대규모 인프라와 유통망을 갖춘 대기업들도 관련 스타트업을 인수해 시장에 뛰어들며 경쟁이 치열해지고 있다. 소비 트렌드 변화 흐름을 타고 당분간 신선식품을 둘러싼 경쟁은 치열해질 것으로 예상된다.

자료 : 머니투데이방송, "'프리미엄'에 '새벽배송'까지 … 신선식품 고객 잡는 스타트업," 2018년 2월 14일

제14절 수산물의 유통경로

1. 수산물 유통경로 개관

수산물의 유통경로는 연근해수산물, 원양수산물, 양식수산물, 내수면수산물, 수입수산물 등 수산물의 유형에 따라 크게 달라진다. 여기에서는 우리의 생활과 가장 밀접하게 연관되어 있는 연근해수산물을 중심으로 수산물의 유통경로를 기술한다. 연근해수산물의 유통은 산지시장이 활성화되어 있다는 특징을 가지고 있다. 이는 어민의 생산활동 및 상품으로서의 수산물의 특성과 연관이 있다. 어민은 인근해역에서 어획한 수산물을 싣고 귀항한 후 재출항하기까지의 시간을 최대한 단축시키는 것이 매우 중요하다. 왜냐하면 어종마다 성어기가 정해져 있어서 이 시기를 놓치면 생산활동에 큰 지장을 받기 때문이다. 따라서 산지에 시장이 있어야 어민이 어획한 수산물을 신속하게 판매할 수 있다. 수산물은 상품의 가치를 떨어뜨리지 않게 하기 위해서는 신선도 유지가 매우 중요하기 때문에 최대한 빨리 소비지로 옮겨져야 한다. 그런데 어민이 직접 소비지로 수산물을 옮기기는 어렵기 때문에 산지시장에서 거래가 이루어진 후에 소비지시장으로 배송되는 구조를 갖게 된다. 그 결과 연근해수산물의 유통은 산지유통과 소비지유통으로 구분되는 특성을 갖는다.

연근해수산물의 유통경로는 매우 복잡하지만 주된 유통경로를 중심으로 [그림 11-30]과 같이 나타낼 수 있다.

그림 11-30 ▌연근해수산물의 유통경로

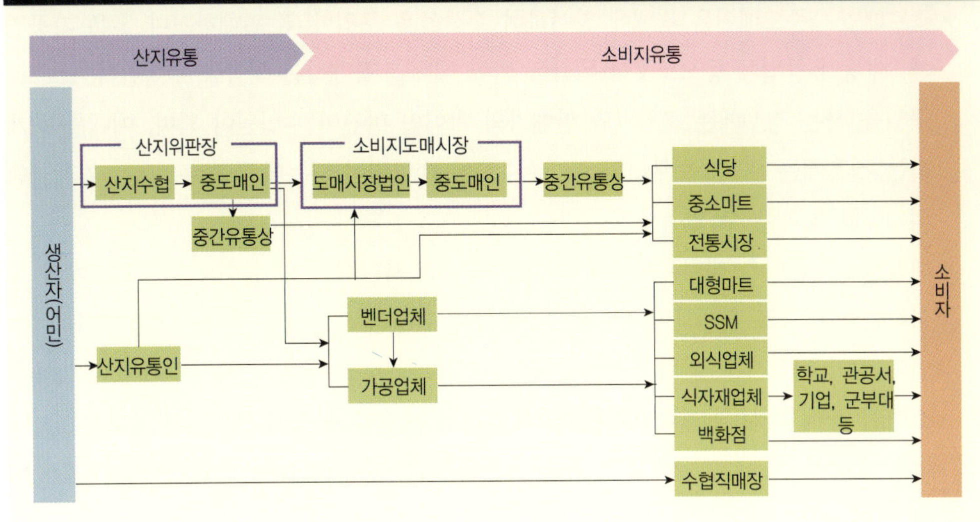

2. 산지유통

수산물의 산지유통은 수협이 운영하는 산지위판장을 중심으로 이루어지는 계통출하와 산지유통인을 통해 이루어지는 비계통출하로 나누어진다. 산지위판장은 '산지에 위치하여 어민의 위탁을 받아 어획한 수산물을 판매하는 장소'라고 정의될 수 있으며, 전국 어항에 220여 개가 산재해 있다. 연근해수산물은 80~90%가 계통출하에 의해 유통되고 있으며, 나머지 10~20%가 비계통출하로 유통되고 있다. 즉, 어민이 연근해에서 어획한 대부분의 수산물이 산지위판장을 통해 유통되고 있다. 이에 비해 양식수산물의 경우에는 계통출하가 30% 수준이며, 원양수산물・수입수산물・내수면수산물 등은 계통출하되는 물량이 전혀 없다.

2.1 계통출하

산지위판장에서는 정가매매나 수의매매도 이루어지지만 주로 경매를 통해 거래가 이루어지며, 경매에는 수협・경매사・중도매인・매참인(매매참가인) 등이 참여한다.

- **수협** : 수협은 산지위판장을 관리하는 주체로 출하자인 어민의 위탁을 받아 주로 경매를 통해 중도매인과 매참인에게 수산물을 판매하는 역할을 한다. 수협은 어민의 입장에 서기 때문에 최대한 높은 가격에 경매가 이루어질 수 있도록 노력하며, 낙찰가에서 위탁수수료, 경매수수료 등 경비를 제한 후 나머지 금액을 위탁자인 어민에게 지급한다.
- **경매사** : 산지위판장 소속의 경매사는 상장된 수산물에 대한 정보를 제공하고 경매의

흥을 돋음으로써 수산물의 가격이 적정선에서 결정될 있도록 하는 역할을 수행한다.

- **중도매인** : 중도매인은 경매에 참여하여 수산물을 구입한 후 판매하거나 혹은 가공업체, 대형 유통업체 등으로부터 위탁을 받아 매매를 중개하는 역할을 수행한다. 스스로 구입을 하는 경우에는 구입가와 판매가의 차이인 마진이 수입원이 되며, 매매를 중개하는 경우에는 위탁자로부터의 중개수수료가 수입원이 되는데 중개수수료는 거래금액의 4%를 초과할 수 없다.
- **매참인** : 매참인은 대형유통업체, 가공업체, 소비자단체 등의 실수요자로서 경매에 참여하는 사람들로 경매과정에서 중도매인들과 경쟁을 벌이며 수산물을 구입한다. 매참인이 되기 위해서는 일정한 자격을 갖춘 후 등록과정을 거쳐야 하며, 구입한 수산물을 소매점 등에 다시 판매할 수 없다.

2.2 비계통출하

1997년부터 시행되고 있는 '자유판매제'로 어민은 자신이 원하는 판매처에 생산물을 판매할 수 있다. 따라서 어민은 반드시 산지위판장을 이용하여야 하는 것은 아니며, 산지에서 활동하는 산지유통인에게도 판매할 수 있다. 산지유통인은 주로 산지위판장이 없는 어항 등에서 어민으로부터 수산물을 구입하여 식당, 전통시장, 가공업체, 중소슈퍼, 소비지도매시장, 유사도매시장 등 판매가 가능한 모든 곳에 판매한다.

3. 소비지유통

연근해수산물의 소비지유통은 소매업체의 규모에 따라 크게 다르다. 즉, 대형마트, SSM, 프랜차이즈 외식업체, 대형 식자재업체 등 대규모 소매업체로의 유통경로와 중소슈퍼, 전통시장, 식당 등 소규모 소매업체로의 유통경로가 뚜렷하게 구별되는 특성을 보인다. 소규모 소매업체로의 유통경로의 중심에는 소비지도매시장이 있고, 대규모 소매업체로의 유통경로의 중심에는 벤더업체가 있다. 2000년 이후에 연근해수산물의 유통이 대규모 소매업체를 중심으로 이루어지는 추세가 심화되면서 소비지도매시장의 위상이 지속적으로 떨어졌으며, 그 결과 2010년대부터는 소비지도매시장에 출하되는 연근해수산물의 비율이 10% 수준에도 미치지 못하고 있다. 여기에서는 먼저 소비지도매시장과 벤더업체에 대해 살펴보고 소비지에서의 두 가지 유형의 유통경로에 대해 기술한다.

3.1 소비지도매시장

소비지도매시장은 지방자치단체가 농수산물의 도매거래를 위해 소비지인 도시지역에 개설한 법정시장으로 전체 49개의 소비지도매시장 중에 수산물을 취급하는 도매시장은 전국에 19개가 산재되어 있다. 여기에서는 산지에서 포장한 상태로 거래가 이루어지기 때문에 별도의 선별작업이 이루어지지는 않는다. 서울시에는 가락동농수산물도매시장과 노량진수산도매시장이 있으며, 이 두 개 시장이 우리나라의 전체 소비지도매시장 거래물량의 약 50%를 차지하고 있다. 소비지도매시장에서는 산지위판장의 중도매인, 산지유통인 등으로부터 출하가 이루어지며, 거래에는 도매시장법인, 경매사, 중도매인, 매참인 등이 참여한다. 경매참여자 가운데 도매시장법인과 중도매인이 가장 중추적인 역할을 수행한다. 수탁(受託)주체인 도매시장법인은 출하자의 입장을 반영하여 최대한 높은 가격에 낙찰이 이루어지도록 노력하는 반면, 분산(分散)주체인 중도매인은 자신이나 구매 위탁자의 입장을 반영하여 최대한 낮은 가격에 낙찰이 이루어지도록 노력한다.

- **도매시장법인** : 도매시장법인은 도매시장 개설자인 지방자치단체로부터 지정을 받은 사업자로 거래의 공정성, 투명성, 효율성을 확보하여야 하는 책임이 있으며 출하된 수산물을 경매에 상장하여 거래하는 업무를 주관한다. 도매시장 개설자는 복수의 도매시장법인을 둘 수 있다. 예를 들어 가락동농수산물도매시장 내의 수산시장에는 3개의 도매시장법인(강동수산주식회사, 수협중앙회가락동공판장, 서울건해산물주식회사)이 있다. 도매시장법인 간에는 더 많은 물량을 확보하기 위한 위탁수수료 덤핑경쟁이 벌어지기도 한다. 도매시장법인의 위탁수수료는 거래금액의 6%를 초과할 수 없다.
- **경매사** : 도매시장법인의 소속인 경매사는 산지위판장 소속의 경매사와 마찬가지로 경매과정을 진행하는 역할을 수행한다.
- **중도매인** : 도매시장 개설자인 지방자치단체로부터 허가를 받아 경매에 참가하는 중도매인은 산지위판장의 중도매인과 마찬가지로 상장된 수산물을 구입하여 판매하거나 구매자의 위탁을 받아 매매를 중개하는 역할을 수행하며, 매매를 중개할 경우에 중개수수료는 거래금액의 4%를 초과할 수 없다. 그런데 산지위판장의 중도매인이 식용, 가공식품용, 공업용 등 다양한 용도의 수산물을 취급하는 반면, 소비지도매시장의 중도매인은 식용으로 쓰이는 수산물만 취급한다.
- **매참인** : 매참인은 중도매인과 마찬가지로 지방자치단체로부터 허가를 받아 경매에 참여하며, 그 특성이나 역할은 산지위판장의 매참인과 동일하다.

그림 11-31 ▌농수산물도매시장에서의 수산물 수지경매 전경

오른쪽 두 명 중 아래쪽이 경매사이고, 위쪽이 기록사이며, 가운데 있는 사람은 보조경매사이다. 세 사람 모두 경매사라고 쓰인 빨간색 모자를 쓰고 있다. 왼쪽의 여섯 명은 모두 중도매인으로 손가락으로 입찰가를 표시하며, 자신의 번호가 쓰여 있는 파란색이나 까만색 모자를 쓰고 있다. 산지위판장에서 한 차례 경매를 거친 상품이 올라와서 다시 경매에 붙여지는 것이기 때문에 대부분은 스티로폼 박스에 그대로 담겨져 있고, 일부만 포장을 벗겨 경매를 실시한다.

3.2 벤더업체

2000년대 들어 전개되고 있는 수산물 유통상에서의 큰 변화는 대형마트, SSM, 프랜차이즈 외식업체, 대형 식자재업체, 백화점 등 대규모 소매업체의 영향력이 크게 증대되었다는 점이다. 이들 대규모 소매업체들은 대량의 신선한 수산물을 경쟁력 있는 가격에 안정적으로 확보하여야 하기 때문에 이를 위해 가장 적합한 수산물 공급원을 모색하여 왔으며, 이러한 과정에서 유통경로구성원들의 위상에 큰 변화를 가져왔다. 대형마트의 경우 초기에는 소비지도매시장에서 수산물을 구입하였으나, 점차 규모가 커지면서 산지위판장으로 공급원을 변경하였고, 현재는 직접 구매하는 형태에서 벗어나서 벤더(vendor)업체를 활용하는 경향이 커지고 있다. 대형마트가 벤더업체를 활용하는 이유는 취급하여야 하는 수산물의 종류가 매우 많기 때문에 이를 일일이 직접 확보하기가 힘들고, 또한 구입한 수산물을 가공하는 업무를 직접 수행하는 것도 비용적으로 비효율적이기 때문이다. 대형마트는 하나의 벤더업체를 활용하기보다는 수산물을 몇 개의 군으로 나누어 각 군별로 벤더업체를 지정하여 운용한다. 대형마트 이외의 대량 구매업체인 SSM, 대형 프랜차이즈 외식업체, 대형 식자재

업체, 백화점 등도 규모에 따라 정도의 차이는 있지만 소비지도매시장에서 수산물을 구매하기보다는 벤더업체를 활용하거나 혹은 산지위판장에서 매참인으로 참여하여 구매하는 편이다.

벤더업체는 구매처의 요구에 맞추어 산지에서 다양한 수산물을 확보하는 것은 물론 수산물을 가공하고, 정해진 물량을 규칙적으로 구매처의 물류센터에 배송하는 등의 업무를 수행한다. 이러한 의미에서 벤더업체는 산지유통인이 대규모화・현대화된 형태라고 할 수 있다. 벤더업체는 중도매인 등과는 달리 자동주문시스템 등의 유통정보시스템은 물론 냉동・냉장창고 및 트럭, 가공공장 등의 상당한 시설을 갖추고 있다. 벤더업체는 스스로 가공하기도 하지만 가공을 전문으로 하는 업체는 아니기 때문에 시설을 갖추지 못하고 있는 경우에는 외부가공전문업체를 활용하기도 한다.

3.3 소매업체 유형에 따른 유통경로

앞에서 기술한 바와 같이 소비지에서의 유통경로는 소매업체의 규모에 따라 크게 다르다. 소매업체를 규모에 따라 대규모과 소규모로 정확하게 구분하기는 불가능하지만 여기에서는 편의상 대규모과 소규모로 나누어 주된 유통경로에 대해 기술한다.

3.3.1 소규모 소매업체

전통시장, 식당, 중소슈퍼 등 소규모 소매업체는 소비지도매시장에서 중도매인으로부터 직접 수산물을 구매할 수도 있지만 소량의 다양한 품목을 거의 매일 정기적으로 구매하는 것은 매우 힘들기 때문에 중간유통상에 의존하게 된다. 중간유통상은 중도매인으로부터 구입한 수산물을 트럭에 싣고 자신이 거래하는 식당, 전통시장, 중소슈퍼 등을 돌면서 수산물을 공급한다. 대부분의 중간유통상은 소비지도매시장의 중도매인으로부터 수산물을 공급받지만, 산지위판장의 중도매인으로부터 공급받아 위판장 인근의 소규모 소매상에 판매하는 중간유통상도 있다. 또한 산지유통인도 직접 인근의 인근의 식당 등 소규모 소매업체에 수산물을 공급하기도 한다.

3.3.2 대규모 소매업체

대형마트, SSM, 백화점, 대형 프랜차이즈 외식업체, 대형 식자재업체 등은 구색상품 등 소량의 수산물을 구매해야 하는 경우를 제외하고는 소비지도매시장을 거의 이용하지 않는다. 대규모 소매업체가 수산물을 구입하는 경로는 몇 가지로 나누어질 수 있다. 첫째, 산지위판장의 중도매인으로부터 구입 둘째, 산지위판장에 매참인의 자격으로 경매에 참여하여 구입 셋째, 가공업체로부터 구입 넷째, 벤더업체로부터 구입 등이다. 앞에서 기술한 바와 같이 규모가 커질수록 벤더업체에 대한 의존도가 커진다. 벤더업체는 산지위판장의 중도매인이나 산지유통인 등으로부터 수산물을 구입하며, 구매자의 요구에 따라 가공・배송 등의 업무를 수행하기도 한다. 그런데 벤더업체는 스스로 가공업무를 수행하기도 하지만 가공을 전문으로 하는 업체는 아니기 때문에 가공업체로부터 가공된 수산물을 구입하기도 한다. 가공업체는 예를 들어 절단, 건조 등의 저차 가공에서 분쇄, 혼합, 조미 등의 고차 가공까지 다양한 형태로 수산물을 가공하는 업체로 이 업체들도 벤더업체와 마찬가지로 산지위판장의 중도매인이나 산지유통인으로부터 수산물을 공급받아 가공된 수산물을 대형마트 등의 대형업체에도 공급하고 벤더업체에도 공급한다. 그러나 대형마트와 같은 경우 지정 벤더업체로부터 일괄적으로 수산물을 공급받기 때문에 가공업체가 주력 공급원은 아니다. 대형업체의 벤더업체 활용의 증가는 소매업체에 의한 도매기능의 수직적 통합의 일환으로 볼 수 있다. 벤더업체는 분명히 독립된 사업체이지만 안정적인 판매를 제공해주는 대형업체에 의존하게 되기 때문에 종속적인 관계가 형성된다.

4. 유통경로의 개선

앞에서 살펴본 바와 같이 6~7단계에 이르는 연근해 수산물의 복잡한 유통경로는 유통비용을 상승시키면서 결과적으로 어업인과 소비자 모두에게 불이익을 주고 있다. 해양수산부는 이러한 문제를 해결하기 위해 2차례에 걸쳐 수산물 유통경로 개선안을 발표하였다. 2013년 7월에 수산물 유통비용 축소와 안전하고 깨끗한 수산물 공급을 위한 '수산물 유통구조개선 종합대책'을 발표하였고, 2018년 5월에는 질 좋고 안전한 수산물의 생산 및 공급체계 구축을 위해 '제1차 수산물 유통발전 기본계획'을 발표하였다. 2013년의 종합대책과 2018년의 기본계획은 유통경로 개선 방법론은 매우 유사하다. 2013년의 종합대책이 계획대로 잘 실행되지는 못했는데 이의 원인에 대한 검토를 바탕으로 2018년에는 보다 현실적이고 합리적인 개선안을 제시했다고 할 수 있다.

두 개의 유통경로 개선안은 모두 수산물산지거점유통센터(FPC : Fisheries Products Processing & Marketing Center)와 수산물분산물류센터(FDC : Fisheries Products Distribution Center)를 중심으로 하고 있다. 이 두 개의 센터는 모두 수협에 의해 운영된다. 산지에 건설되는 FPC는 수산물의 집하・선별・가공・포장・배송 등의 기능을 종합적으로 수행하고, 소비지에 건설되는 FDC는 FPC로부터 배송된 수산물을 소비지에서 판매하는 역할을 수행한다. 즉, 해양수산부의 개선안은 산지위판장 – FPC – FDC – 소매상을 연결하는 수산물 유통경로의 구축을 목적으로 하고 있다. 산지위판장에서 경매가 이루어진

수산물은 FPC에 집결된 후 가공과정을 거쳐 상품화가 이루어지고, 상품화된 수산물은 소비지에 위치한 FDC에 배송된 후 여기에서 다시 대형마트 등 소매상에게 판매된다. FPC가 수산물을 어떻게 가공하여 상품화할 것인가는 FDC가 파악한 소비자들의 수산품에 대한 니즈를 근거로 이루어진다. 이러한 구조가 확립되면 유통과정이 단순해지면서 유통비용이 감소하기 때문에 어업인의 판매가격을 높일 수 있고 동시에 산지와 소비지의 가격격차를 줄이는 효과를 거둘 수 있게 된다.

제15절 축산물의 유통경로

1. 축산물의 개념

축산물의 범위에는 식육(食肉, 고기)은 물론 달걀, 우유, 가공식품 등도 포함된다([글 11-9] 참조). 공산품인 가공식품의 유통구조에 대해서는 별도의 절(제1절 가공식품의 유통경로)에서 기술하고, 여기에서는 식육의 유통구조에 대해 기술한다. 가축에는 소, 돼지, 닭, 오리, 칠면조, 토끼, 사슴 등이 포함되지만 본서에서는 가장 많이 유통되고 있는 소고기, 돼지고기, 닭고기 등에 대해서만 기술한다. 또한 소고기와 돼지고기는 유통경로가 유사하기 때문에 함께 기술하고 닭고기는 별도로 기술한다.

글 11-9 축산물의 가공

축산물의 가공은 1차육가공과 2차육가공으로 구분된다. 1차육가공은 도축과정을 통해 생산된 지육을 발골・해체 등을 거쳐 부분육으로 변환시키는 과정을 의미하고, 2차육가공은 식육의 분쇄・혼합・조미 등의 방법으로 햄, 소시지, 햄버거패티, 돈가스 등과 같은 가공식품(공산품)을 생산하는 과정을 의미한다. 2차육가공업체는 가공식품 생산을 위한 부분육을 1차육가공업체로부터 공급받는다. 따라서 1차육가공업체에서 생산된 부분육은 포장을 거쳐 소비자까지 유통될 수도 있고, 2차가공을 거쳐 공산품의 형태로 소비자에게 유통될 수도 있는데, 부분육과 가공식품의 유통경로는 크게 다르다. 부분육 유통에서는 예를 들어 마장축산물시장에 위치한 정육점이 1차육가공업체로서 지육을 들여와 부분육을 생산하여 일반음식점, 다른 정육점, 중소슈퍼 등에 공급하는 도매상으로서의 역할을 수행하지만, 가공식품의 유통에서는 예를 들어 CJ제일제당, 롯데햄, 농협목우촌, 진주햄 등은 도매상 역할을 하는 자사의 대리점을 통해 중소슈퍼 등에 공급하기도 하고, 대형마트 등 대형 유통업체에 직접 공급하기도 한다.

2. 소고기와 돼지고기의 유통경로

소고기와 돼지고기는 생축 → 지육 → 부분육 등의 단계를 거쳐 소비자에게 판매된다. 생축(生畜)은 살아 있는 가축을 의미하고, 지육(枝肉)은 도살된 생축에서 머리, 발목, 내장, 가죽, 꼬리 등을 제거한 식육(食肉)을 의미하며, 부분육(部分肉)은 지육에서 뼈, 지방 등을 제거한 후 부위별로 해체한 식육을 의미한다. 안심, 등심, 삼겹살, 갈비 등이 바로 부위에 따른 부분육의 명칭들이다. 소고기와 돼지고기 유통의 특징으로 다음과 같은 점들을 들 수 있다.

- 소고기나 돼지고기의 유통경로는 공산품 등에 비해 복잡하다. 이는 소고기와 돼지고기는 생축유통, 지육유통, 부분육유통 등의 세 단계를 거쳐 소비자에게 판매되는데, 각 단계가 각기 다른 시장에서 이루어지고 있고, 각 시장마다 참여하는 주체들이 많기 때문이다.
- 축산물 유통에서는 유통경로에서 중요한 역할을 하는 주체들이 상품의 소유주체가 아닌 경우가 많다. 이러한 대표적인 주체로 산지조합(축협), 산지수집상, 도축장, 1차육가공업체 등을 들 수 있다. 산지조합은 축협직매장에서의 판매 등을 위해 축산농가로부터 생축을 구입하기도 하지만 대부분은 축산농가의 위탁을 받아 도축과 경매를 대행해주는 역할을 수행한다. 산지수집상은 직접 구매를 하기도 하지만, 육가공업체 등을 위해 구매대행을 해주고 수수료를 받는 경우가 많다. 도축장도 드물게 축산농가로부터 구입을 하기도 하지만 대부분은 도축수수료가 주요 수입원이다. 1차육가공업체는 구입도 하지만 가공만 해주고 수수료를 받는 경우도 많다. 예를 들어 산지조합이 축산농가로부터 소를 구입하여 축협직판장에서 소고기를 직접 판매한다면 소유관계를 중심으로 하는 상적유통(商的流通)은 축산농가 → 축협(산지조합 및 축협직판장) → 소비자가 되지만 물리적인 이동을 중심으로 하는 물적유통(物的流通)은 축산농가 → 산지조합 → 도축장 → 1차육가공업체 → 축협직판장 → 소비자가 된다. 물적유통과정에서의 도축장과 1차육가공업체는 소유와는 전혀 관련이 없으며 단순히 도축이나 가공 등의 서비스를 제공하고 도축비, 가공비 등의 수수료를 수취한다. 또 다른 예로 대형마트가 산지수집상의 중개로 축산농민으로부터 돼지 생축을 구입하였다면 산지수집상은 생축을 도축장을 거쳐 지육의 형태로 만들어서 대형마트로 납품하고, 대형마트는 1차육가공업체에 의뢰하여 부분육을 생산한 뒤 매장에 들여와서 소비자에게 판매한다. 이 경우에도 산지수집상, 도축장, 1차육가공업체 등은 유통과정에서 중요한 역할을 수행하지만 소유하는 것은 아니다.

그림 11-32 ▌ 소고기와 돼지고기의 유통경로

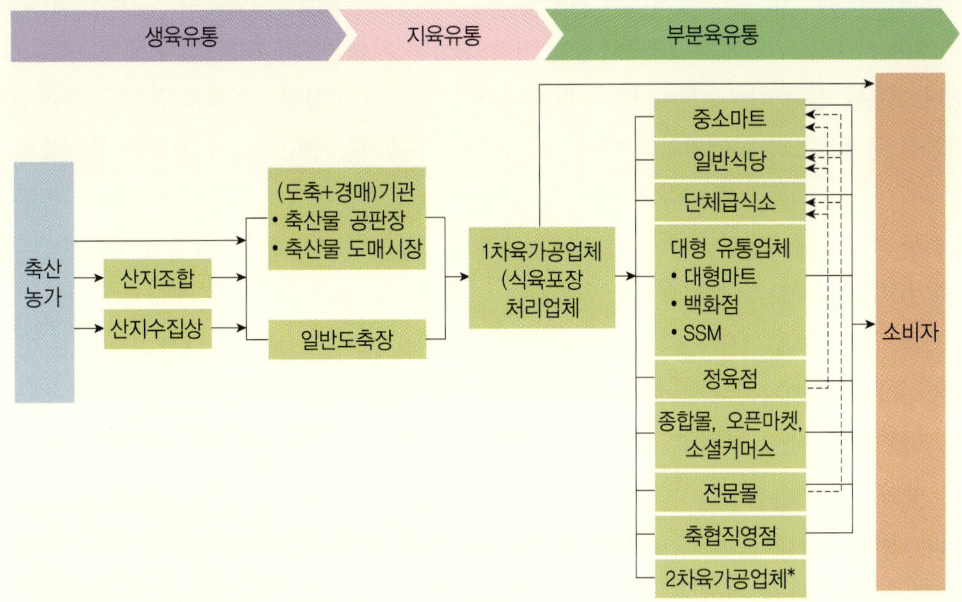

* 2차육가공업체를 거쳐 생산된 제품은 '가공식품 유통경로'를 거쳐 판매되며 여기에서는 별도로 표시하지 않음.

소고기와 돼지고기의 유통경로는 [그림 11-32]와 같이 생축유통, 지육유통, 부분육유통으로 구분하여 살펴볼 수 있다.

2.1 생육유통

생육유통의 주체로는 축산농가, 산지조합, 산지수집상, 도축장 등이 있다.

2.1.1 축산농가

축산농가는 사육한 생축에 대해 산지조합에 판매를 의뢰하기도 하고, 산지수집상에게 판매하기도 하며, 직접 도축장에 출하하기도 한다. 산지조합을 통한 판매를 계통출하, 그 밖의 방법에 의한 출하를 비계통출하라고 부른다.

2.1.2 산지조합

축산농가로부터 판매를 의뢰받은 산지조합은 도축과 경매를 대리수행하고 경매가 이루어진 금액에서 도축비, 경매수수료 등의 제반 비용을 제한 금액을 축산농가에 지급한다. 산지조합은 경우에 따라서는 유통경로의 단축을 위해 축산농가로부터 생축을 구입하여 도축과 가공단계를 거쳐 축협직매장 등에서 소비자에게 직접 부분육을 판매하기도 한다.

2.1.3 산지수집상

산지수집상은 두 가지 유형으로 나누어진다. 첫 번째 유형은 축산농가나 가축시장(우시장)에서 생축을 구입한 후, 도축과정을 거쳐 생산된 지육을 1차육가공업체 등에 판매함으로써 이윤을 실현하는 유형이다. 두 번째 유형은 1차육가공업체, 2차육가공업체, 대형마트, 백화점 등으로부터 구매의뢰를 받아 축산농가나 가축시장에서 생축의 거래를 중개해주고 일정액수의 수수료를 받는 유형이다. 두 번째 유형의 산지수집상은 구입을 중개한 생체를 도축한 후 생산된 지육을 구매의뢰처에 납품한다. 혹은 구매의뢰처의 요청이 있으면 1차육가공업체에서 지육을 부분육으로 가공하여 납품하기도 한다.

가축시장은 축산업협동조합이 생축의 거래를 목적으로 산지에 설립하여 관리하고 있는 시장이다. 가축시장에서는 주로 소가 거래되고 돼지는 거래되지 않는다. 그래서 가축시장은 흔히 우시장으로 불린다. 가축시장에서는 경매 혹은 중개의 방식으로 거래가 이루어진다. 따라서 산지수집상은 경매에 직접 참여하거나 혹은 중개인을 통해 생축을 구입할 수 있다. 경매는 축협직원이 담당하며, 중개는 축협직원 혹은 축협에 등록된 중개인이 담당한다. 최근에는 축산농가의 규모가 커지면서 도축장에 직접 출하하는 비중이 증가하고 있으며, 이로 인해 산지수집상의 역할이 점차 감소하고 있다.

2.1.4 도축장

도축장은 축산물의 유통과정에서 매우 중요한 위치를 차지한다. 왜냐하면 도축과정을 잘못 관리할 경우 식육의 위생상태에 큰 문제가 발생할 수 있기 때문이다. 도축장은 축산농가가 출하한 생축을 도축·처리하여 그 산물인 지육과 부산물을 육가공업체나 유통업체에 넘겨주고 수수료를 받는 형태로 운영된다. 우리나라의 도축장은 축산물공판장, 축산물도매시장, 일반도축장의 3개 유형으로 나누어진다. 이 가운데 축산물공판장과 축산물도매시장은 도축과 함께 지육경매의 기능도 가지고 있다. 2020년을 기준으로 소의 경우에는 축산물공판장 9개소, 축산물도매시장 5개소, 일반도축장 49개소가 있으며, 돼지의 경우에는 축산물공판장 4개소, 축산물도매시장 4개소, 일반도축장 62개소가 있다. 그런데 소와 돼지의 도축이 별도의 도축장에서 이루어지고 있는 것은 아니고 대부분의 도축장에서 소와 돼지의 도축이 병행된다.

도축과 경매의 기능을 모두 가지고 있는 도축장에서 이루어지는 도축을 '상장도축(上場屠畜)'이라고 하고 일반도축장에서의 도축을 '임도축(賃屠畜)'이라고 한다. 상장도축은 경매에 상장하기 위해 이루어지는 도축이라는 의미이고, 임도축은 일정한 수수료를 받고 이루어지는 도축이라는 의미이다. 상장도축의 경우에는 농가나 산지조합이 축산물도매시장이나 축산물공판장에 출하하여 지육상태에서 경매를 통하여 거래가 이루어지며, 따라서 도축장까지 생축 운송비, 도축 제경비, 상장수수료, 각종 수수료 등은 농가가 부담한다. 반면에 임도축의 경우에는 산지조합이나 대형 유통업체에 의한 수매사업, 산지수집상에 의한 가축시장거래, 축산농가의 직거래 등을 통해 생축상태에서 이미 소유권이 이전된 후에 도축이 이루어지는 것이기 때문에 생축 운송비, 도축 제경비, 각종 수수료 등은 생축을 구매한 산지조합, 대형 유통업체, 산지수집상 등이 부담한다. 소의 경우에는 상장도축이 지속적으로 증가하고 있다. 2010년에는 상장도축은 35%에도 미치지 못하였지만 2020년에는 60%에 근접하였다. 반면, 돼지의 경우에는 축산농가와 1차육가공업체・대형유통업체 등과의 장기계약이 늘어남에 따라 상장물량이 줄어들면서 2010년에 12% 정도였던 상장도축이 지속적으로 감소하여 2020년에는 약 6% 수준에 그치고 있다([표 11-30] 참조).

표 11-30 소와 돼지의 상장도축 및 임도축 비율 (단위 : %)

구분		2010	2012	2013	2014	2015	2016	2017	2018	2019	2020
소	상장도축	34.2	41.4	48.0	50.9	53.0	54.0	55.1	55.5	57.1	58.6
	임도축	65.8	58.6	52.0	49.1	47.0	46.0	44.9	44.5	42.9	41.4
돼지	상장도축	11.7	10.9	12.1	10.6	9.6	9.2	8.4	7.4	6.6	5.9
	임도축	88.3	89.1	87.9	89.4	90.4	90.8	91.6	92.6	93.4	94.1

자료 : 축산물품질평가원(2016), 2015년 축산물 유통실태
축산물품질평가원(2021), 2020년 축산물 유통정보조사 보고서

2.2 지육유통

도축장에서 생산된 지육은 축산물등급판정소에 소속된 등급사의 등급판정을 받은 후, 부분육으로 가공되기 위해 1차육가공업체에 넘겨진다([그림 11-33] 참조). 앞에서 언급한 바와 같이 1차육가공업체는 지육을 스스로 구입하여 소유할 수도 있지만 단순히 가공만 하여 가공수수료를 받고 의뢰업체에 넘기기도 한다. 스스로 구입하는 경우에는 부분육을 식당, 정육점, 중소슈퍼 등에 판매하는 도매상의 역할도 하고, 사사가 운영하는 오프라인 매상, 자사몰 등을 통해 소비자에게 판매하는 소매상의 역할도 한다. 1차육가공업체의 법규상의 명칭은 '식육포장처리업체'인데, 상당히 큰 규모의 업체도 있는 반면 '마장축산물시장' 등에 위치한 정육점들과 같이 소규모 업체들도 많다. 우리나라에는 약 2,500~3,000개의 1차육가공업체가 있다. 우리나라에 정육점이 약 50,000여 개가 있다는 점을 감안하면 정육점 가운데 소수만이 1차육가공업체로서의 역할을 하고 있고, 대부분은 1차육가공업체로부터 부분육을 공급받아 소매로 판매하고 있다는 것을 알 수 있다.

지육이 1차육가공업체로 넘어가는 과정은 도축의 유형(상장도축 vs 임도축)에 따라 다르다. 상장도축의 경우에는 축산물공판장, 축산물도매시장 등에서 경매를 통해서 1차육가공

그림 11-33 ▌축산물도매시장(축림) 및 1차육가공업체(금천)의 인터넷 홈페이지

자료 : (주)축림 홈페이지(http://www.chuklim.co.kr); (주)금천 홈페이지(http://www.ekcm.co.kr)

업체로 넘겨진다. 경매에는 중도매인(仲都賣人)과 매참인(매매참가인)이 참여할 수 있다. 중도매인은 거래처(예를 들어 대형 유통업체, 1차육가공업체, 2차육가공업체 등)로부터 의뢰를 받아 거래처에서 요구하는 품질의 지육을 최대한 낮은 가격에 낙찰을 받아 공급하는 역할을 수행한다. 약 1.65%의 중개수수료가 중도매인의 수입이 된다. 매참인은 등록과정을 거쳐 경매의 과정에 참여하는 실제 소유자로 1차육가공업체는 물론 2차육가공업체, 대형 유통업체 등도 매참인으로 참여할 수 있다. 경매를 관리하는 축산물공판장이나 축산물도매시장은 낙찰된 지육에 대해 판매대금에서 공판수수료, 도축비용 등을 공제한 후 잔액을 축산농가, 산지조합, 산지수집상 등의 출하자에게 지급한다. 일반도축장에서 임도축에 의해 생산된 지육은 경매의 과정 없이 1차육가공업체로 넘겨진다. 산지수집상이 거래처의 의뢰를 받아 도축장에 출하를 한 경우에는 거의 대부분 임도축을 거쳐 거래처에 지육을 납품하고, 거래처는 자체시설을 이용하거나 혹은 1차육가공업체를 통해 지육을 가공한다.

2.3 부분육유통

1차육가공업체에서 생산되는 부분육은 다양한 채널로 유통된다. 주요한 오프라인 채널로는 정육점, 대형 유통업체(대형마트, SSM, 백화점), 중소마트, 일반식당, 단체급식소, 2차육가공업체 등이 있으며, 종합몰, 오픈마켓, 소셜커머스, 전문몰 등의 온라인 채널에서도 판매된다. 이 가운데 정육점과 전문몰은 소매도 하면서 일반식당, 단체급식소, 중소마트 등에 공급하는 도매상의 역할을 수행하기도 한다. 또한 1차육가공업체는 자사 매장에서 혹은 자사몰을 통해 소비자에게 직접 판매하는 소매상의 역할을 하기도 한다.

2.4 소고기와 돼지고기의 유통상의 문제점

소고기와 돼지고기 유통의 문제점으로 소비자가격 중에서 유통비용이 차지하는 비율이 크다는 점이 지적되고 있다. 2020년을 기준으로 유통비용이 차지하는 비율은 쇠고기의 경우 48.2%, 돼지고기는 49.9%였다. 즉, 소비자가 소고기나 돼지고기의 구입을 위해 10,000원을 지출하였다면 축산농가에 돌아가는 돈은 5,000~5,200원에 불과하다. 그런데 이러한 과다한 유통비용 이외에도 축산농가의 생체 출하가격이 생산가에도 미치지 못하는 경우가 많고, 생체 출하가격이 떨어지더라도 소고기와 돼지고기의 소비자가격은 떨어지지 않아서 소비의 증가로 이어지지 못하는 현상이 발생한다는 점 등도 문제점으로 지적될 수 있다.

이러한 현상들이 발생하는 원인으로 두 가지 점을 들 수 있다. 첫째는 유통경로가 과도하게 길어지면서 많은 경로구성원의 비용과 마진이 더해지기 때문이다. 둘째는 축산물은 생산기간이 길어서 단기적으로는 공급을 수요에 맞게 탄력적으로 대응하기가 힘들기 때문이다. 그래서 과잉생산으로 가격폭락이 예견되더라도 이를 단기적으로 조절하기가 매우 어렵다. 소의 경우는 20~32개월, 돼지는 6개월 정도의 사육기간이 소요된다. 현재 이러한 문제들의 해결을 위해 지방자치단체주도의 직거래장터의 개설, 축협직판장을 이용한 유통경로의 축소 등의 방안이 일부 실천되고 있으며, 협동조합이 중심이 되는 계열화(축협이 생산, 가공, 판매 등의 과정을 일괄처리함으로써 유통비용을 절감하는 제도) 등에 대한 논의도 활발히 이루어지고 있다.

3. 닭고기의 유통경로

닭고기는 1990년부터 시작된 계열화사업의 진전으로 전체물량의 90% 정도가 계열화사업자에 의해 생산되어 유통되고 있다. 즉, 닭고기의 유통에서는 소고기나 돼지고기의 경우와는 달리 계열화사업자가 주된 역할을 수행하고 있다. 계열화사업자는 종란생산, 부화, 사육, 도계, 가공, 판매 등 모든 유통과정을 일괄적으로 수행하는 업체로 흔히 패커(packer)라고 불린다. 협동조합, 전문기업, 대형 유통업체 등이 계열화사업자가 될 수 있는데, 우리나라의 닭고기시장에서는 하림, 마니커, 동우 등의 닭고기 전문기업이 계열화사업자로서의 역할을 하고 있다.

우리나라의 닭고기 유통경로는 [그림 11-34]와 같이 나타낼 수 있다.

그림 11-34 ▌닭고기의 유통경로

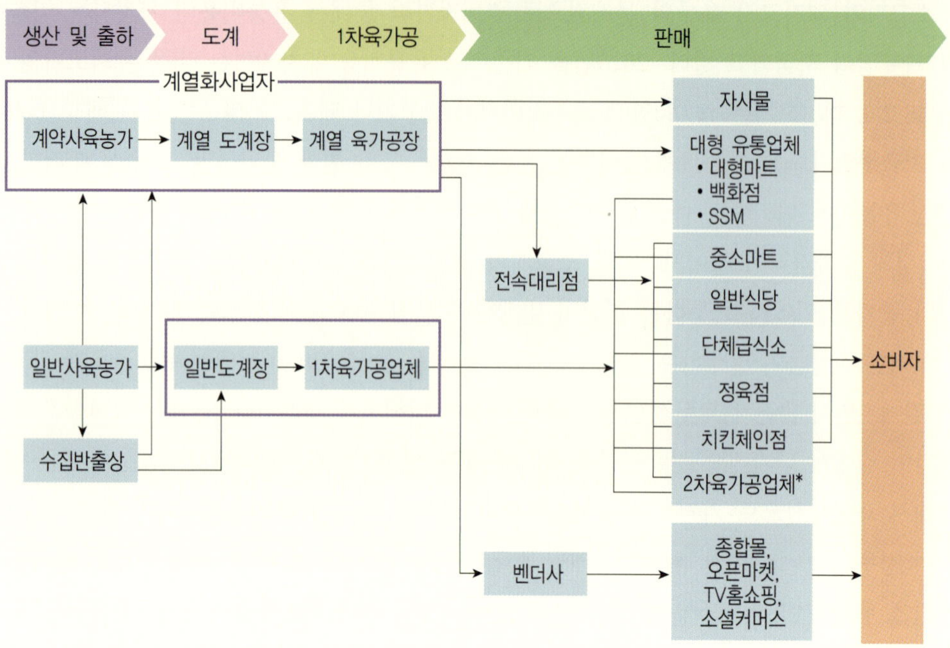

* 2차육가공업체를 거쳐 생산된 제품은 '가공식품 유통경로'를 거쳐 판매되며 여기에서는 별도로 표시하지 않음.

우리나라의 닭고기는 계열화사업자와 위탁생산계약을 맺고 있는 계약사육농가에서 약 80%가 생산되며, 나머지 20%가 일반사육농가에서 생산된다. 계약사육농가에서 생산된 닭은 계열 도계장과 계열 육가공장을 거쳐 판매된다. 일반사육농가에서 생산되는 물량의 약 70%는 수집반출상에게 판매되고, 약 10%는 계열화사업자에게 판매되며, 약 20%는 1차육가공업체에 판매된다. 수집반출상은 주로 1차육가공업체에 판매하지만 계열화사업자에게 판매하기도 한다. 계열화사업자는 위탁생산물량과 일반사육농가 및 수집반출상으로부터 확보한 물량을 합쳐서 약 90%의 닭고기를 유통시키고 있다. 2000년에 계열화사업자에 의한 닭고기 유통비율이 30% 정도이었던 것을 감안하면 그 비율이 비약적으로 증가하였다는 알 수 있으며, 앞으로도 95% 정도까지 증가할 것으로 예상되고 있다. 계열화사업자는 식육은 물론 2차육가공을 통한 가공식품(예를 들어 닭가슴살캔)을 생산하여 판매하고 있다.

계열화사업자에 의해 생산된 닭고기가 소비자에게 판매되는 경로는 규모가 큰 가공식품 제조업체 혹은 생활용품 제조업체가 생산하는 제품의 유통경로와 매우 유사하다. 계열화사업자는 대형마트, 백화점, SSM과 같은 대형 유통업체와는 직접 거래하고, 그 밖에 중소마트, 정육점, 단체급식소, 일반식당 등에는 전속대리점을 통해 판매한다. 최근에는 온라인쇼핑의 증가 추세에 부응하기 위해 벤더사를 통한 TV홈쇼핑, 종합몰, 오픈마켓, 소셜커머스 등의 판매활동을 전개하는 것은 물론, 직접 자사몰을 운영하기도 한다. 비계열 1차육가공 업체는 중형슈퍼, 정육점, 단체급식소, 일반식당 등은 물론 대형 유통업체와도 거래한다.

제16절 의약품의 유통경로

1. 우리나라 의약품산업의 특성

의약품은 국민의 생명 및 건강과 직결되어 있기 때문에 의약품산업은 국민건강보험법과 약사법 등의 법규에 의한 규제를 많이 받는 특수한 산업이다. 다른 산업에서와는 달리 정부가 의약품의 가격을 정하고 있으며, 의약품산업 전반에 걸쳐 심대한 영향을 미치는 국민개보험(1989년), 의약분업(2000년), 리베이트 쌍벌제(2010년) 등과 같은 제도를 도입하고 있다. 이러한 제도의 도입은 의약품의 유통경로에도 큰 영향을 미치고 있다. 또한 의약품산업은 다른 산업과는 달리 소비자의 선택권이 매우 제한되어 있다는 특성을 가지고 있다. 의사의 처방이 필요한 전문의약품의 경우에는 소비자인 환자가 의약품을 선택할 수 없고, 일반의약품의 경우에도 소비자가 의약품에 대한 지식이 적어서 약사의 권유에 의해 구매를 하는 경우가 많다. 이로 인해 다른 산업에서와는 달리 의약품의 유통경로는 소비자의 니즈가 적극적으로 반영되기 힘든 구조를 가지고 있다. 우리나라 의약품산업의 특성으로는 다음과 같은 사항을 들 수 있다.

1.1 전문의약품 및 제네릭 의약품 중심의 의약품

의약품은 의사의 처방이 필요한지의 여부에 따라 전문의약품(ETC : Ethical the Counter)과 일반의약품(OTC : Over the Counter)으로 나누어지며, 또한 특허만료 여부에 따라 오리지널(original) 의약품과 제네릭(generic) 의약품으로 나누어진다. 우리나라에서는 80:20의 비율로 전문의약품의 비중이 압도적으로 높으며, 또한 오리지널 의약품은 전체 의약품의 3%대에 머무를 정도로 그 비중이 매우 미미하다. 즉, 우리나라에서 거래되고 있는 의약품 중 약 80%가 특허가 만료된 제네릭 전문의약품이다.

1.2 과도하게 많은 제약업체

우리나라의 의약품산업의 규모는 2019년을 기준으로 약 22.3조원으로 전 세계 의약품 시장규모(약 1,380조원)에서 차지하는 비중은 1.4% 정도에 불과하며([표 11-31] 참조), 의약품 생산이 우리나라 전체 제조업 생산에서 차지하는 비중도 1.2% 수준에 불과하다. 그럼에도 불구하고 제약업체의 수는 639개로 시장규모에 비해 과도하게 많다. 시장규모에 비해 제약업체의 수가 많다는 것은 제약업체의 대다수가 영세하다는 것을 의미한다. 우리나라 제약업체 시장점유율 1위인 한미약품의 2019년 생산액은 약 1조 3천억원이었다. 2019년 기준 세계 1위 제약업체인 화이자(미국)의 매출액은 약 50조원에 달했고, 세계 50위를 기록한 페링파마슈티컬(미국)의 매출액도 2조 8천억원을 기록했다. 즉, 우리나라의 상위 제약회사들도 세계시장에서는 매우 작은 편에 속한다. 규모가 크지 않은 제약회사는 세계시장에서 두각을 나타내기 어렵다. 왜냐하면 두각을 나타내기 위해서는 신약을 계속 개발할 수 있어야 하는데 자본력이 뒷받침되지 않으면 활발한 R&D 활동을 전개할 수 없기 때문이다.

신약개발은 보통 10년이 넘는 기간과 최소 2,000억원에서 1조원이 넘는 엄청난 개발비가 요구되지만, 성공확률이 1%에도 이르지 못할 정도로 위험성이 높다. 그렇지만 성공하면 벌어들이는 돈은 투자액의 수백 배에서 수천 배에 이를 수도 있다. 거의 도박과 같은 성격을 지니고 있는 것이 바로 신약개발이다. 그래서 신약개발은 미국, 프랑스, 영국, 일본, 독일 등 몇몇 선진국의 대형 제약업체들이 독점하다시피 하고 있다. 결국 규모가 작은 제약회사가 이러한 경쟁구도에서 나름대로의 입지를 차지하기는 거의 불가능하다.

2019년의 우리나라 R&D 투자 1위 제약업체(셀트리온)의 투자액은 약 3,000억원, 2위(한미약품)와 3위(LG화학(제약)) 업체는 모두 약 1,800억원을 기록했으며, R&D 투자 1~10위 제약업체의 총 투자액은 1.5조원 정도에 불과했다. 2019년을 기준으로 세계에서 R&D 투자를 가장 많이 하는 제약업체(로슈, 스위스) 투자액은 약 12조원이었으며 2위(J&J, 미국). 3위(머크, 미국)는 모두 약 10조원이었다. 한 회사의 투자액이 우리나라 전체 제약업체 투자액의 몇 배에 이를 정도의 수준이다.

투자규모에 있어서 너무 많이 차이가 난다. 정부는 제약업체가 자발적인 M&A를 통해 규모를 키워나가도록 유도하기 위해 2010년부터 각종 정책을 내놓았다. 제네릭 의약품을 둘러싼 과당경쟁을 약화시키기 위해 제네릭 의약품 약가의 50% 인하, 리베이트 쌍벌제의 도입 등을 실시하였고, 연구개발 중심 제약회사에 대해 약값우대, 세제지원 등의 정책도 실시하였다. 하지만 기대와는 달리 제약업체의 수는 줄어들지 않았다. 2010년에 593개였던 것이 2015년에는 585개로 약간 줄었으나 2019년에는 639개로 훨씬 더 늘어났다. 이러한 상황이기 때문에 우리나라 제약업체들은 대부분 신약특허기간이 만료된 제네릭 의약품 중심의 생산체제를 갖추고 있다. 그 결과 우리나라의 제약산업은 절대강자가 등장하기 어렵고, 진입장벽이 비교적 낮은 특성을 보이고 있다.

시장규모에 비해 제약업체의 수가 너무 많고, 또한 주로 효능이 비슷한 제네릭 의약품이나 일반의약품을 판매하기 때문에 치열한 경쟁을 피할 수 없고 그 과정에서 불법 리베이트, 과도한 판촉비용 지출 등과 같은 부정적인 현상들이 나타나게 된다. 리베이트 쌍벌제에도 불구하고 병의원에는 자사제품 처방실적의 10~20%, 약국에는 구매실적의 5%를 리베이트로 제공하는 제약회사가 아직도 적지 않은 것으로 알려져 있다. 또한 제약업체의 판매관리비 비중은 제조업 평균인 12%대를 훨씬 능가하는 35~40%에 이르고 있다.

표 11-31 연도별 의약품 제조업체의 수/총생산액 및 도매상의 수 추이 (단위 : 조원, 개)

구분		2010	2011	2012	2013	2014	2015	2016	2017	2018	2019
의약품 제조업체수		593	581	647	684	612	586	635	623	616	639
총생산액	완제의약품	14.2	14.1	13.7	14.1	14.3	14.9	16.3	17.6	18.5	19.8
	원료의약품	1.5	1.5	2.0	2.2	2.1	2.1	2.5	2.8	2.6	2.5
	합계	15.7	15.6	15.7	16.3	16.4	17.0	18.8	20.4	21.1	22.3
의약품 도매상		2,388	2,300	2,351	2,393	2,356	2,728	3,783	3,562	3,684	3,852

자료 : 식품의약품안전처, 통계>의약품>업체현황,산업현황

1.3 과도하게 많은 도매상

우리나라 의약품 도매상의 수는 2019년 기준으로 3,852개로 과도하게 많다([표 11-31] 참조). 2010년대에 들어 2015년까지 2,300~2,700개 수준을 유지하다가 2016년에 1,000개 이상이 증가하였으며 2019년까지 비슷한 수준으로 유지되고 있다. 이는 미국, 영국, 프랑스 등 의약품 선진국의 도매상이 10~20개 정도인 것과 비교하면 너무 많은 차이가 있다. 도매상이 많아진 데는 2000년 의약분업 실시에 따른 약국의 기하급수적 증가, 2001년에 1994년에 도입되었던 '도매상 시설규모 규제(영업소 10평, 창고 80평 이상을 의무화하는 제도)'의 폐지 등과 관련이 있다. 그렇지만 가장 근본적인 원인은 투자비용이 크지 않은 등 진입장벽이 낮고, 22,000개에 이르는 약국과 32,000개에 이르는 의원 등 많은 수의 잠재고객이 있기 때문에 이 중 일부를 대상으로 판로를 개척할 수 있으면 얼마든지 수익을 창출할 수 있다고 보는 시각이 많기 때문인 것으로 판단된다. 시장의 규모에 비해 도매상의 수가 너무 많기 때문에 과당경쟁은 피할 수 없고 이 과정에서 불법 리베이트, 과도한 판촉비용 지출 등과 같은 부정적인 현상들이 나타나고 있다. 그 결과 리베이트 쌍벌제에도 불구하고 약국이나 의원에 구매실적의 일정 부분을 리베이트로 제공하는 도매상들이 적지 않은 것으로 알려져 있다.

의약품 도매상의 수가 엄청나게 많지만 실제 거래는 소수의 도매상에게 집중되는 현상을 보이고 있다. 금융감독원의 전자공시시스템에 제시된 2019년의 의약품 도매상의 매출액을 집계한 자료에 따르면 지오영, 백제약품, 동원약품 등 상위 10개 도매상의 매출액이 전체 도매상 매출액의 40% 이상을 점유하고 있는 것으로 나타났다. 즉, 2019년에 10개 상위 도매상의 매출액 합계는 약 12.4조원이었고, 건강보험심사평가원의 '완제의약품 유통정보 통계집'에 제시된 2019년의 전체 도매상의 매출규모는 28.8조원이었기 때문에 상위 10개 도매상이 전체 도매상 매출의 43%를 점유하고 있는 것으로 분석되었다. 이러한 '쏠림현상'이 나타나는 것은 상위 도매상들이 물류시설, 전산시스템 등에 대한 투자를 통해 제약회사, 병원, 약국 등의 거래처에 편리하고 신속정확한 서비스를 제공하고 있기 때문이다. 예를 들어 의약품 도매업계 1위 기업인 '지오영'은 2019년 세계 최대 사모펀드 운용사인 블랙스톤으로부터 1조 1천억원 규모의 투자를 받아 지역업체들을 대상으로 한 M&A를 통해 전국적인 유통망을 갖추었고, 1일 3배송 체제를 구축했으며, 자동화물류센터를 구축해 실시간 재고현황 파악이 가능하도록 하고 있다.

2. 우리나라의 의약품 유통경로

우리나라의 의약품 유통경로는 [그림 11-35]에서와 같이 제약회사가 병원이나 약국과 직접 거래하는 직거래 채널과 도매상을 경유하는 도매거래 채널로 나누어진다.

그림 11-35 ▌ 의약품의 유통경로

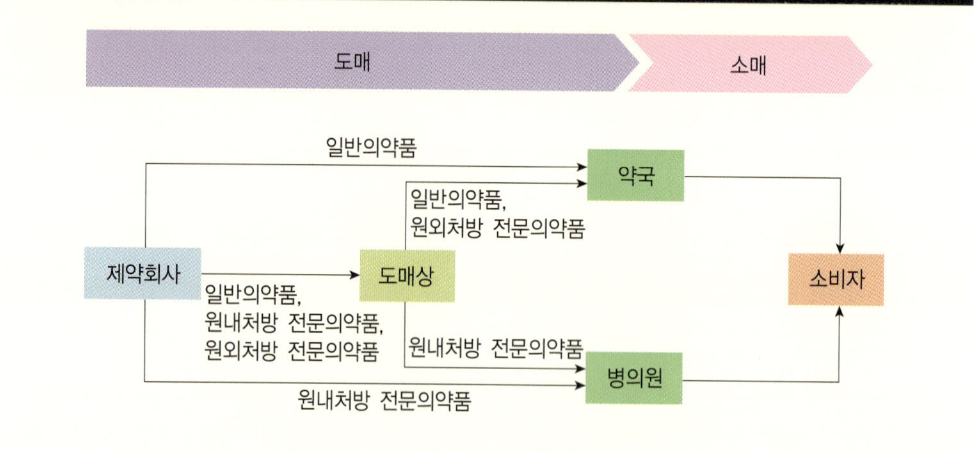

2.1 직거래 채널

직거래 채널은 제약업체가 병의원이나 약국에 직접 납품하는 것을 의미한다. 즉, 제약업체가 약국에 대해서는 일반의약품과 원외처방 전문의약품(외래환자가 의사의 처방을 받아 약국에서 구입하는 의약품)을, 병의원에 대해서는 원내처방 전문의약품(입원환자를 대상으로 병원 내에서 소비되는 의약품)을 직접 공급한다는 것을 의미한다. 2020년을 기준으로 제약업체의 전체 판매액에서 직거래가 차지하는 비중은 14.0%였으며, 14% 가운데 약국의 비중은 9.4%, 병의원의 비중은 4.6%였다. 2000년에 도입된 '의약분업' 이전에는 의사가 처방한 의약품이 병의원에서 판매되었으며, 이 시기에는 직거래 비중은 약 75%로 매우 높았다. 의약분업 실시 이후에는 병의원의 의약품 구매가 급감하면서 직거래 비중도 크게 감소하였다(2006년 약 52%, 2008년 약 46.5%).

2010년에 '의약품 유통일원화제도(100병상 이상의 종합병원은 반드시 도매상을 통해서 의약품을 구매하도록 하는 제도로 1994년에 도입)'가 일몰제도로 끝나면서 직거래 비중이 다시 증가할 것으로 예상되었으나, 2010년에 실시된 '리베이트 쌍벌제'의 영향으로 의사와 약사들이 제약업체 영업사원과의 직접적인 접촉을 꺼리면서 직거래 비중은 계속 줄어들었다. '리베이트 쌍벌제'는 판촉을 목적으로 한 금전, 물품, 편익, 노무, 향응 등 각종 리베이트를 준 사람은 물론 이를 받은 의료인도 2년 이하 징역이나 3,000만원 이하의 벌금 또는 과징금 없이 1년 이내의 자격정지의 처벌을 하도록 규정하고 있다. 또한 취득한 경제적 이득을 전액 몰수하며, 몰수할 수 없을 때에는 이에 상당하는 액수를 추징할 수 있도록 하고 있다.

2.2 도매거래 채널

도매거래 채널은 의약품 제약업체가 도매상에게 의약품을 판매하는 경로를 의미한다. 제약업체의 판매액에서 도매상이 차지하는 비중은 의약분업 이전에는 25% 수준이었으나 의약분업 이후에 꾸준히 증가하면서 2020년에는 86.0%가 되었다. 이 비중은 앞으로도 계속 증가하여 95% 수준에 이를 수도 있을 것으로 예상되고 있다. 도매상은 약국에는 일반의약품과 원외처방 전문의약품을, 병의원에는 원내처방 전문의약품을 판매한다. 도매상의 병의원 및 약국에 대한 판매액에서 병의원이 차지하는 비중은 2020년을 기준으로 약 35.9%였으며, 약국이 차지하는 비중은 64.1%였는데, 시간이 갈수록 약국이 차지하는 비중이 늘어나고 있다.

그런데 도매상은 제약업체로부터 뿐만 아니라 다른 도매상으로부터 의약품을 공급받기도 한다. 이는 제약업체가 거래의 효율성을 위해 많은 수의 도매상과 거래하지 않고 10개

내외의 도매상을 총판으로 선정하여 거래를 하기 때문이다. 따라서 제약업체와 직접 거래하기가 어려운 도매상은 제약회사의 총판으로부터 의약품을 공급받아야 한다. 이러한 도매상은 특정 의약품 혹은 특정 약국이나 병의원에 대한 판매능력은 가지고 있지만 총판으로 선정되기에는 규모가 작은 도매상인 경우가 많다. 경우에 따라서는 병의원에 납품되는 의약품이 3~5개의 도매상을 거치는 경우도 있다. 이러한 거래를 업계에서는 도매상이 도매상에게 판매한다는 의미에서 '도도매(都都賣)'라고 부른다. 유통경로가 길어질수록 가격은 상승하기 때문에 이러한 도도매 관행은 의약품의 공급가격 상승을 초래하게 된다. 우리나라에서는 도매상의 수가 매우 많기 때문에 도도매는 매우 빈번하게 이루어지고 있다. 2020년을 기준으로 도매상의 판매액에서 도매상으로의 판매가 차지하는 비중은 약 43%였다.

도매상의 특수한 형태로 '간납(間納)도매상'이라고 불리는 도매상이 있다. 간납도매상은 특정 대형병원으로부터 해당 대형병원에게 독점적으로 의약품을 공급할 수 있는 권한을 부여받은 도매상을 의미한다. 대형병원은 원내처방 전문의약품을 대량으로 사용하기 때문에 간납도매상은 해당 대형병원만을 상대로 의약품을 공급해도 충분한 수익을 올릴 수 있다. 대형병원은 간납도매상을 둠으로써 재고관리와 주문업무 등에 소요되는 시간과 비용의 절감할 수 있다는 점을 강조하지만 특정인에게 특혜를 주기 위한 수단으로 간납도매상을 두고 있다는 비판을 받고 있다. 간납도매상은 도매상이나 제조업체로부터 공급받은 의약품에 자신의 마진(3~10%)을 더하여 병원에 납품하는데 그렇다고 정부에서 정한 의약품 소매가격을 올릴 수는 없기 때문에 간납도매상에 납품하는 제약업체와 도매상들의 수익률은 감소할 수밖에 없게 된다.

2.3 의약품 유통경로에 대한 전망

우리나라의 의약품 유통경로구성원들의 영세성과 제네릭 의약품 중심의 생산구조는 경로구성원들 간의 치열한 가격경쟁을 유발시키고 있으며, 이로 인해 경로구성원들의 수익성이 악화됨은 물론 리베이트 쌍벌제와 같은 제도의 도입에도 불구하고 불법적인 관행이 사라지기 어려운 환경이 조성되어 있다. 이러한 환경은 오리지널 의약품으로 무장한 다국적 제약업체들이 제조부문은 물론 유통부문에까지 그 세력을 크게 확장할 수 있는 토양이 되고 있다. 제약회사의 영업사원들이 국내업체보다 영업이 상대적으로 수월하고 근무조건이 상대적으로 양호한 다국적 제약회사를 더 선호하는 경향을 보이는 것도 이러한 상황을 반영하고 있다고 할 수 있다. 이러한 환경에서 향후에는 유통경로구성원들이 경쟁력 강화를 위해 수평적 통합과 수직적 통합을 강화해 나갈 것으로 전망되고 있다. 이미 몇몇 대형병원들은 막강한 구매력을 바탕으로 도매부문에 대한 영향력을 강화시키고 있고, 약국들도 대형화를 위해 프랜차이즈시스템을 도입하고 있으며, 첨단 물류시스템 등으로 무장한 대형 도매업체들도 등장하고 있다.

제17절 한약의 유통경로

1. 한약의 개념

약사법에 따르면 '한약'은 '자연계에 존재하는 식물, 동물, 광물에서 채취된 것으로 주로 원형대로 건조, 절단 또는 정제된 생약(生藥)'을 의미한다. 즉, 한약은 의약품이며, '한약제제(韓藥製劑)'라고도 불린다. 한약제제는 '한약재를 한방 원리에 따라 배합하여 제조한 의약품'이라는 의미의 담고 있다. '한약재'는 한약의 재료가 되는 것으로 강활, 구기자, 당귀, 두충, 작약, 지황, 천궁, 하수오, 황기, 감초 등과 같은 '약용작물(약초)'이 대부분을 차지하고 있다. 한약재는 산지에서 생산되어 농민의 손에 있을 때에는 농산물이지만, 건조·절단·정제 등의 과정을 거쳐 검사 규격품인 한약이 되면 약사법의 규제를 받는다. 그러므로 한약재는 처음에는 농림축산식품부의 소관이었다가 나중에 한약이 되면 보건복지부 소관으로 바뀌는 특수한 성격을 지니고 있다. 실제 현장에서는 '한약재'와 '한약'이라는 용어 대신 '식품용 한약재'와 '의약품 한약재'라는 용어를 사용하기도 한다. 한약재는 가공의 과정을 거쳐 한약으로 만들어지기도 하지만 원물 그대로 식품으로 쓰이기도 하고 가공식품이나 화장품 등의 원료로 사용되기도 한다.

2. 한약의 유통경로

한약의 유통경로는 한약재의 생산자인 '한약재 재배농가'를 기점으로 하는 '한약재의 유통경로'와 한약의 생산자인 '한약제조업체'를 기점으로 하는 '한약의 유통경로'로 나누어진다. 이러한 논의에 따라 한약의 유통경로는 [그림 11-36]과 같이 나타낼 수 있다.

그림 11-36 ▌한약의 유통경로

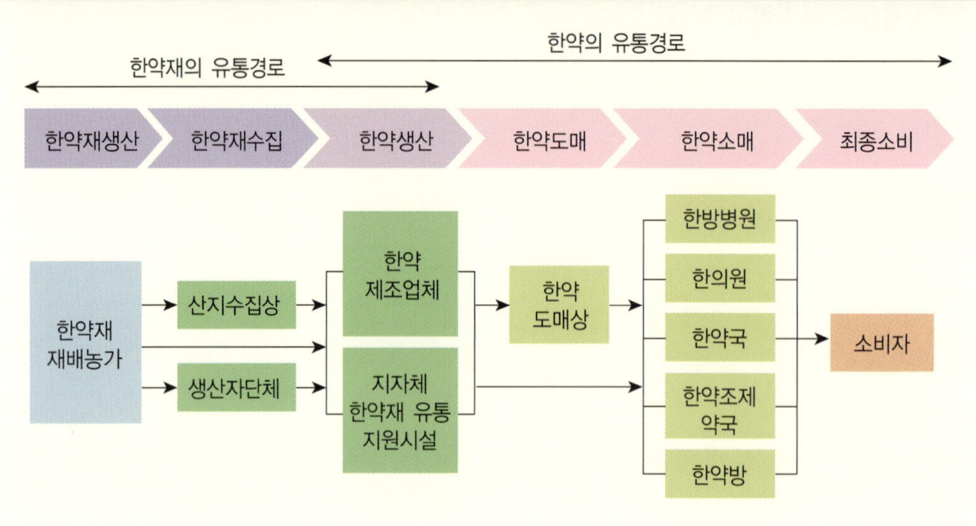

2.1 한약재의 유통경로

[표 11-32]는 2010~2019년 기간 동안의 국내 한약재의 연도별 생산액 추이를 보여주고 있다. '2019 한국한의약연감'의 자료에 따르면 인삼을 제외한 한약재의 생산액은 2010년의 약 1조 2천억원에서 2019년에는 1조 7천억원으로 증가하였다. 인삼은 2010년의 약 9,400억원에서 2019년에는 약 7,000억원으로 크게 감소하였으며, 2019년을 기준으로 전체 한약재의 약 29.2%를 차지했다.

표 11-32 ▌국내 한약재의 연도별 생산액 추이 (단위 : 억원)

연도	2010	2011	2012	2013	2014	2015	2016	2017	2018	2019
한약재	11,979	17,173	15,312	16,864	18,907	14,894	16,287	15,599	14,659	17,041
인삼	9,385	10,666	11,088	9,131	8,435	8,164	7,686	8,134	8,307	7,029

자료 : 한국한의학연구원, 한국한의약진흥원, 대한한의사협회, 부산대학교 한의학전문대학원(2021), 2019 한국한의약연감

한약재 재배농가가 수확이나 채취를 통해 생산한 한약재는 직접 혹은 생산자단체(산지농협, 영농조합법인, 농업회사법인 등)를 통해 한약제조업체에 공급되기도 하지만 대부분은 산지수집상을 거쳐 한약제조업체에 공급된다. 왜냐하면 재배농가나 생산자단체는 출하규모도 적고 정보력이나 교섭력 등이 부족하여 직접 한약제조업체를 상대하는 것이 대단히 번거롭고 부담스럽기 때문이다. 산지수집상은 산지를 돌면서 한약재를 구입하여 판매하거

나 혹은 제조업체 등으로부터 의뢰를 받아 의뢰를 받은 한약재를 납품하고 수수료를 수취한다.

한약제조업체 이외에 한약을 제조할 수 있는 기관으로 정부가 지원하고 지방자치단체가 운영하는 '한약재 유통지원시설'이 있다. 한약재 유통지원시설은 제조업체와 마찬가지로 가공시설, 저장시설, 한약재 품질검사시설 등을 갖추고 있으며, 인근지역으로부터 수매한 한약재를 바탕으로 한약을 제조하여 유통시키는 역할을 수행한다([글 11-10] 참조). 2010년에 건립된 이 유통지원시설은 BTL(Build-Transfer-Lease, 민간사업자가 재원을 조달하여 설계 및 시공을 한 후 국가로부터 약정된 임대료를 수취하는 방식)로 건립되었으며 각 지방자치단체의 국고보조(임대료 지원)사업으로 운영되고 있다. 현재 이 시설은 한약재생산거점지역으로 지정된 5개 지역(강원도 평창군, 충북 제천시, 전북 진안군, 전남 화순군, 경북 안동시)에 위치하고 있다.

글 11-10 한약재 유통지원시설

화순군이 화순읍 내평리 지방산업단지 내 한약재 유통지원시설을 17일 준공해 화순이 호남지역 한방산업의 메카로 떠오르고 있다. 지난해 7월 착공한 이 시설은 전남생물산업연구센터 인근의 위치에 부지 20,000m^2, 건물연면적 5,873.68m^{2}의 3층 규모로 총사업비는 100억원을 들여 전처리 가공시설, 저장시설(냉장, 항온·항습), 한약재 품질검사실 등을 갖추었다. '화순 우수한약재 유통지원시설'은 전남, 광주, 제주지역에서 생산된 한약재를 전량 수매하여 고품질의 한약재를 생산한 뒤 이를 저장하여 전국에 공급하게 돼 호남권 한약재 유통의 메카로 우뚝 서게 될 전망이다. 우수 한약재 유통지원시설은 화순군을 포함해 평창, 제천, 안동, 진안 등 5개 시·군에서 BTL사업으로 추진됐으며, 시설운영은 화순군과 민간이 공동출자법인 회사를 만들어 맡게 된다.

자료 : 남도방송, "화순군, 한약재 유통지원시설 준공," 2010년 9월 24일

2.2 한약의 유통경로

[표 11-33]은 2010~2019년 기간 동안의 한약 제조업체 출고가격 기준의 한약 총생산액과 제조업체/도매상수의 연도별 추이를 나타내고 있다. 한약 총생산액은 2010년에 약 1,400억원 정도였으나 2019년에는 약 2,000억원으로 증가하였다. 한약제조업체는 산지수집상 등으로부터 공급받은 한약재를 활용하여 의료용으로 사용될 수 있는 규격화된 한약을 생산하는 역할을 수행한다. 2010년에는 256개의 한약제조업체가 있었으나 지속적으로 감소하면서 2019년에는 179개가 되었다. 2019년에 총생산액이 약 2,000억원이기 때문에 한약제조업체 1개당 연생산액은 약 11억원 정도가 된다. 한약제조업체는 원형을 유지하고 있는 한약재를 세척, 박피, 절단, 건조, 살균 등의 과정을 거쳐 규격화한 후 중금속 함량 등에

대한 검사를 통과한 제품을 유통기간, 저장방법, 원산지 등이 명기된 포장지에 포장하여 출시한다. 2015년부터 의약품 한약제조업체에도 GMP(Good Manufacturing Practice, 약품의 안전성과 유효성을 품질 면에서 보증하는 우수 의약품 제조관리기준)가 적용되고 있다. 이 기준을 충족하지 못하는 제조업체는 자격을 상실하게 된다.

표 11-33 한약 총생산액 및 제조업체/도매상수의 연도별 추이 (단위 : 억원, 개)

연도	2010	2011	2012	2013	2014	2015	2016	2017	2018	2019
한약 총생산액	1,412	1,614	1,935	1,824	1,860	1,742	2,043	1,623	1,739	1,969
한약제조업체	256	247	247	238	239	196	210	183	182	179
한약도매상	900	883	970	1,036	865	847	849	832	797	801

자료 : 식품의약품안전처, 통계>바이오생약>업체현황,산업현황

한약제조업체에서 생산된 한약은 '약업사'가 운영하는 한약도매상에 판매되고, 이는 다시 한방병원과 한의원(한의사가 운영), 한약국(한약사가 운영), 한약조제약국(한약조제약사가 운영), 한약방(한약업사가 운영) 등에 판매된다. [표 11-34]는 2010~2019년 기간 동안의 한방 관련 시설 및 전문인의 연도별 추이를 보여주고 있다.

한의사의 숫자는 2010년에는 19,132명이었으며, 2019년에는 25,592명으로 2010년에 비해 약 34% 증가하였다. 한방방원과 한의원은 한의사에 의해 운영된다. 한방병원은 2010년 159개에서 2019년에는 353개로 2배 이상 증가하였고, 한의원은 11,804개에서 14,442개로 약 22% 증가하였다. 한약사는 약사법에 의거하여 대학에서 한약학과를 졸업하고 한약사 국가시험에 합격하여 면허를 취득한 자를 지칭한다. 한약국은 한약사에 의해 운영되며, 한약사는 한의사의 처방이 없이도 조제가 가능하다. 한약사는 2010년에 1,515명에서 2019년에는 2,649명으로 약 75% 증가하였으며, 한약국은 2010년 486개에서 2019년에는 701개로 약 44% 증가하였다. 한약조제약사는 약사면허를 가지고 있으면서 약학대학 졸업 후 2년 이내에 한약조제 자격증 시험에 합격한 자를 지칭한다. 한약조제약사는 약국에서 스스로 한약을 조제할 수 있다. 한약조제약사는 2010년 26,630명에서 2019년에는 25,180명으로 약간 감소하였으며, 2019년에 전체 약사의 수가 70,904명이었으므로 약사의 약 36%가 약사이면서 동시에 한약조제약사이다. 한약업사는 약사법 1971년 개정법률이 시행된 시점에 '한약종상'의 자격을 가지고 있었거나 혹은 한약업사 자격증 시험에 합격한 자를 지칭한다. 한약종상은 한약업사의 옛이름이다. 그런데 한약업사 자격증 시험은 1983년부터 실시되지 않고 있으며 이에 따라 한약업사는 사라져가는 직업이 되었다. 한약방은 한약업사에 의해 운영되며 한약업사는 반드시 한약서에 실린 처방이나 한의사의 처방에 의거하여 한약을 조

제하여야 한다. 한약업사는 2010년에 1,367명에서 2019년에는 706명으로 거의 절반 수준으로 감소하였으며, 한약방도 이에 따라 같은 비율로 감소하였다.

표 11-34 한방 관련 시설 및 전문인의 연도별 추이 (단위 : 개, 명)

연도		2010	2011	2012	2013	2014	2015	2016	2017	2018	2019
시설	한방병원	159	178	199	203	234	260	282	312	307	353
	한의원	11,804	12,305	12,440	12,816	13,135	13,605	13,860	14,155	14,329	14,442
	한약국	486	540	569	513	544	556	603	595	665	701
	한약방	1,367	1,367	1,050	979	979	842	842	769	760	706
전문 인력	한의사	19,132	19,912	20,668	21,355	22,074	23,245	23,460	24,187	24,885	25,592
	한약사	1,515	1,643	1,778	1,920	2,073	2,193	2,306	2,404	2,549	2,649
	한약조제약사	26,630	26,631	26,632	25,749	25,683	25,674	25,527	25,455	25,308	25,180
	한약업사	1,367	1,367	1,050	979	979	842	872	769	760	706

자료 : 한국한의학연구원, 한국한의약진흥원, 대한한의사협회, 부산대학교 한의학전문대학원(2021), 2019 한국한의약연감

2014년 10월 이전까지는 정부의 유통일원화정책에 의해 한약은 반드시 한약도매상을 경유하도록 되어 있었지만 2014년 10월부터는 유통일원화정책이 일몰제로 폐지됨에 따라 한약제조업체가 직접 한방병원, 한의원 등에 공급할 수 있게 되었다. 즉, 2014년 10월부터는 양약의 경우와 마찬가지로 한약의 유통경로가 직거래 경로와 도매거래 경로로 2원화되었다. 이로 인해 제조업체와 소매상의 직거래가 늘어나면서 상당수의 도매상이 시장에서 퇴출되는 것은 물론 도매상 간의 규모를 키우기 위한 인수·합병이 활발하게 이루어지고 있다. 2010년에 900개 였던 도매상수가 2013년에 1,036개로 정점을 찍고 난 후 2014년에 170여 개가 감소하여 865개가 되고, 그 이후에도 꾸준히 감소하고 있는 것이 바로 이러한 현상을 반영하고 있다고 할 수 있다([표 11-33] 참조). 2019년 현재 약 800개의 도매상들이 서울약령시, 대구약령시, 제천약령시 등 전국의 약령시를 중심으로 활동하고 있다([글 11-11] 참조).

글 11-11 서울약령시

현대적인 서울약령시의 역사는 1960년대 중반으로 거슬러 올라간다. 서울 동부 도심권의 교통요충지인 청량리역과 마장동 시외버스터미널을 중심으로 한약상인들이 하나둘 모여들면서 구성되었다. 한국전쟁 이후 경기도와 강원도 일대의 농민들이 생산하거나 채취해온 농산물과 채소 및 임산물들이 옛 성동역과 청량리역을 통해 몰려들어 그 반입과 판매를 위해 인근 논을 매립한 공터에서 장

사를 벌이기 시작하면서부터 자연히 시장이 형성된 것이 서울약령시의 시초이다. 1960년 6월 공설 시장 개설 허가를 받은 후, 서울시내에서 모든 농산물을 골고루 갖춘 가장 싸게 파는 시장으로 자리를 잡았으며, 특히 강원도 등의 한약재의 주산지와 철도 및 도로로 편리하게 연결되면서 급속히 발전하여 1960년대 후반에는 한약재 등의 특종 물품을 취급하는 전문시장으로 변모하게 되었다. 지금과 같은 규모와 상품구색을 갖추게 된 것은 1970년대이다. 종로 4가와 종로 5가에 모여 있던 전통적인 토박이 약재상들이 이곳으로 이사를 오면서 서울약령시가 약재집산지 역할을 담당하게 되었다. 1970년대부터는 전국적으로 명성이 알려지면서 시장은 급격히 확대되었고, 1980년 8월에는 시장근대화사업을 촉진시켜 근대시장으로서의 면모를 갖추게 되었다. 1983년부터는 인삼과 꿀까지 취급하면서 서울에서 소비되는 인삼과 꿀의 약 4분의 3, 전국 한약재의 약 3분의 2가 서울약령시를 통해 유통되고 있다.

자료 : 경동시장 홈페이지(www.kyungdongmart.com)

제 18 절 보험상품의 유통경로

1. 보험시장 개관

글로벌 재보험사인 스위스리(Swiss Re)의 분석 결과에 따르면 우리나라의 보험시장 규모는 2015년에는 약 197.5조원으로 세계 8위를 차지했고, 2018년에는 약 211.9조원으로 세계 7위, 2020년에는 221.9조원으로 세계 7위를 기록했다. [표 11-35]는 2014~2020년의 우리나라 생명보험 및 손해보험 시장의 규모와 성장률을 보여주고 있다. 우리나라 보험업계의 회계연도는 2013년까지는 4월부터 익년 3월까지였으나 2014년부터는 1월부터 12월까지로 변경되었다. 보험시장의 성장률은 2008년의 금융위기 때에는 2%에도 미치지 못하였지만 2010년대에 들면서 10%를 상회하는 성장률을 보였다. 그러나 2013년에는 마이너스 성장을 하였으며, 다시 회복이 되면서 2014~2016 기간 동안에는 연평균 약 4.4%의 성장률을 기록하였다. 2017년과 2018년에는 다시 마이너스 성장으로 돌아섰으며, 2019년에는 5.4%, 2020년에는 4.2%로 회복되었다.

생명보험시장의 성장률이 등락이 심한 반면, 손해보험시장은 비교적 안정적인 성장률을 꾸준히 유지하고 있다. 손해보험의 지속적인 성장은 개인건강보험의 꾸준한 증가로 인한 장기손해보험의 수입보험료 증가가 크게 기여하고 있는 것으로 분석되고 있다. 생명보험과 손해보험의 상대적 비중을 살펴보면 2000년대 중반에는 생명보험이 약 70%를 차지하고 있었으나 2010년대에 들면서 60% 수준으로 줄어들었으며, 반대로 손해보험은 2000년대 중반에는 약 30%를 유지하고 있었으나 2010년대에 들면서 40% 수준으로 증가하였다. 2014~2020년의 기간에도 이러한 추세가 지속되면서 2020년에 생명보험의 비중은 53.9%까지 감소하였으며, 반면에 손해보험의 비중은 46.1%로 증가하였다.

표 11-35 보험시장 규모의 연도별 추이 (단위 : 조원, %)

연도		2014	2015	2016	2017	2018	2019	2020
생명	규모	110.6	117.2	119.8	114.0	110.8	117.3	119.6
	비중	59.1	59.3	58.6	56.4	54.9	55.1	53.9
	성장률	–	6.0	2.2	–4.8	–2.8	5.9	2.0
손해	규모	76.6	80.2	84.5	88.3	91.1	95.6	102.3
	비중	40.9	40.7	41.4	43.6	45.1	44.9	46.1
	성장률	–	4.7	5.4	4.5	3.2	4.9	7.0
합계	규모	187.2	197.5	204.3	202.3	201.9	212.9	221.9
	성장률	4.4	5.5	3.4	–1.0	–0.2	5.4	4.2

* 생명보험은 수입보험료, 손해보험은 원수보험료 기준
자료 : 보험연구원, 간행물>보험동향, 2015~2021년 봄호

2020년 현재 생명보험업계에는 국내사 15개사, 외국사 9개사가 활동하고 있으며, 손해보험업계에서는 국내사 14개사, 외국사 17개사가 활동하고 있다. [표 11-36]과 [표 11-37]은 2000~2020년 기간 동안의 대형사, 중소형사, 외국사 등 3개 유형의 보험회사의 보험료수익(손해보험사는 수입보험료) 및 이에 따른 시장규모와 점유율 추이를 나타내고 있다. 생명보험의 경우 삼성, 한화, 교보, 농협(2012년 시장 진입) 등 빅4의 시장점유율이 2000년에는 82.7%를 기록하였지만 점차 감소하며 2020년에는 53.8%로 30% 가까이 줄어들었다. 반면에 중소형 보험회사와 외국사는 괄목한 만한 시장점유율 증가를 보였다. 중소형 보험회사의 시장점유율은 같은 기간 동안 10.3%에서 25.1%로 증가하였으며, 외국사의 시장점유율도 7.3%에서 21.2%로 증가하였다. 손해보험의 경우에는 삼성, 현대, DB, KB 등 빅4의 시장점유율이 2000년에는 66.7%, 2015년에는 58.9%로 변동폭은 10% 미만이었으며, 중소형사와 외국사는 시장점유율이 약간씩 증가하였다. 2020년을 기준으로 생명보험시장과 손해보험시장을 비교해보면 상위 4대 보험사들에 의한 과점현상이 손해보험시장에서 더 두드러지게 나타나고 있으며, 이로 인해 국내 중소형사와 외국사의 입지가 훨씬 좁은 것으로 나타났다. 특히 손해보험 외국사의 경우, 그 숫자는 생명보험 외국사 숫자의 2배에 달하지만 시장점유율은 생명보험 외국사 시장점유율의 4분의 1 수준밖에 되지 않았다.

표 11-36 생명보험사 유형별 보험료수익 추이

(단위 : 조원, %)

구분			2000	2005	2010	2015	2020
국내 생보사	삼성		14.9	11.7	10.9	17.3	17.6
	한화		6.5	5.7	5.1	10.2	10.1
	교보		8.2	5.6	5.1	7.8	8.8
	농협		–	–	–	10.5	6.4
	대형사	합계	29.6	23.0	21.1	45.8	42.9
		점유율	82.7	65.0	50.1	55.4	53.8
	중소사	합계	3.6	6.9	12.1	23.0	20.0
		점유율	10.1	19.5	28.7	27.8	25.1
	국내사 전체	합계	33.2	29.9	33.2	68.8	62.9
		점유율	92.7	84.5	78.9	83.3	78.8
외국 생보사		합계	2.6	5.5	8.9	13.8	16.9
		점유율	7.3	15.5	21.1	16.7	21.2
총계			35.8	35.4	42.1	82.6	79.8

자료 : 금융통계정보시스템, 생명보험 > 재무현황 > 요약손익계산서(전체)(http://fisis.fss.or.kr)

표 11-37 손해보험사 유형별 수입보험료 추이

(단위 : 조원, %)

구분			2000	2005	2010	2015	2020
국내 생보사	삼성		3.4	5.4	9.5	18.1	19.9
	현대		1.7	2.6	5.6	12.2	14.4
	DB		1.6	2.5	5.2	11.4	14.0
	KB		1.5	2.6	4.8	9.1	10.9
	대형사	합계	8.2	13.1	25.1	50.8	59.2
		점유율	66.7	66.8	64.0	62.6	58.9
	중소사	합계	4.1	5.9	12.7	27.6	36.4
		점유율	33.3	30.1	32.4	34.0	36.2
	국내사 전체	합계	12.3	19.0	37.8	78.4	95.6
		점유율	100.0	96.9	96.4	96.6	95.1
외국 손보사		합계	0.0	0.6	1.3	2.8	4.9
		점유율	0.0	3.1	3.3	3.4	4.9
총계			12.3	19.6	39.2	81.2	100.5

자료 : 금융통계정보시스템, 손해보험 > 재무현황 > 요약손익계산서(전체)(http://fisis.fss.or.kr)

2. 보험상품의 유통경로

2.1 유통경로 개관

우리나라 보험상품의 유통경로는 전통적으로 직급, 전속설계사, 대리점 등을 주축으로 하여 왔으나 2000년대에 들어 금융겸업화, 금융서비스에 대한 소비자니즈의 다양화, 정보기술의 발전 등이 빠르게 진전되면서 다양화되는 현상이 나타나기 시작하였다. 즉, 2000년대 초부터 텔레마케팅(2001년), 방카슈랑스(2003년), 독립대리점(2005년) 등의 새로운 채널이 생겨나면서 유통경로가 다양화되고 있다. 우리나라 보험상품의 유통경로는 [그림 11-37]과 같이 나타낼 수 있다.

그림 11-37 ▌보험상품의 유통경로

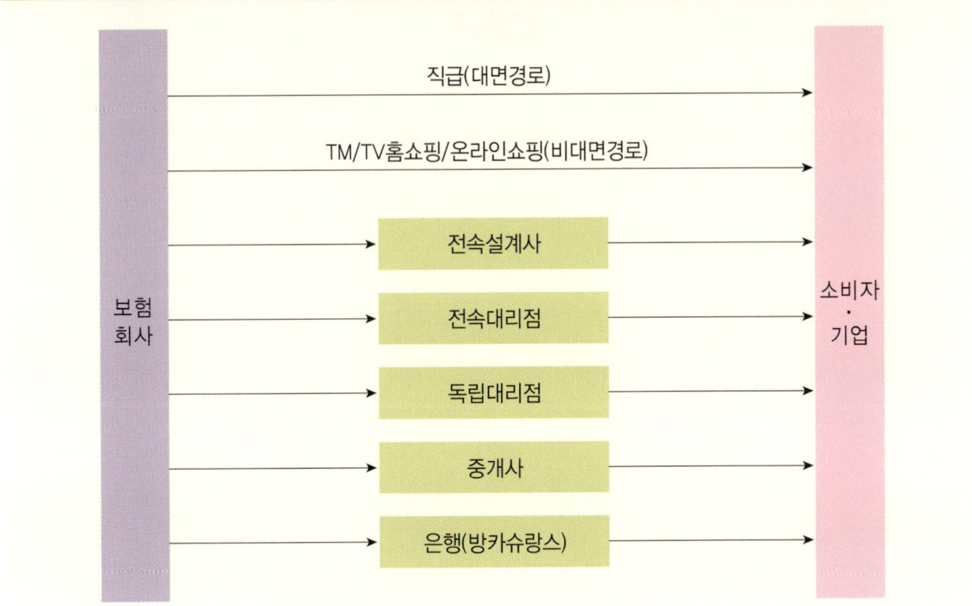

보험상품의 유통경로는 직접경로와 간접경로로 나누어진다. 직접경로는 보험회사가 임직원이나 자체 영업조직을 통해 직접 소비자를 대상으로 보험상품을 판매하는 경로를 의미하고, 간접경로는 전속설계사, 대리점(전속대리점 및 독립대리점), 중개사, 은행 등 타 조직을 통해서 보험상품을 판매하는 경로를 의미한다. 직접경로는 다시 대면경로와 비대면경로로 나누어진다. 대면경로는 정규 임직원들이 직접 고객들과 개별적으로 접촉하여 영업이 이루어지는 경로를 의미하고, 비대면경로는 TM(텔레마케팅), TV홈쇼핑, 온라인쇼핑 등을 통해 보험상품의 판매가 이루어지는 경로를 의미한다.

보험회사는 보험상품을 만드는 것도 중요하지만, 개별상품 브랜드에 대한 소비자들의 충성도가 거의 존재하지 않는다는 보험업의 특성으로 인해 영업부문을 중심으로 하는 조직체계를 갖추고 있으며, 영업부문의 조직체계는 앞에서 기술한 유통경로를 중심으로 구성되어 있다. [그림 11-38]은 국내 보험회사들의 가장 보편적인 영업부문 조직도를 나타내고 있다. 직접경로조직은 대면조직과 비대면조직으로 구성되어 있고, 간접경로조직은 외부 판매주체의 유형별로 구성되어 있다. 직접경로조직은 직접 영업활동을 실행하는 조직인 반면, 간접경로조직은 직접 영업활동을 실행하는 조직이 아니라 전속설계사나 전속대리점 등의 외부의 판매조직을 관리하는 조직이다.

그림 11-38 ❙ 국내 보험사의 영업부문 조직도

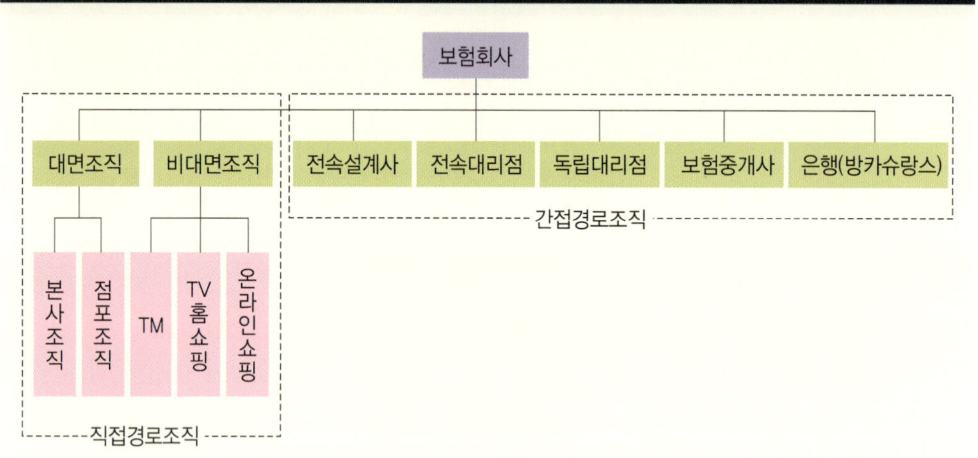

2.2 경로구성원

보험상품의 유통경로를 이해하기 위해서는 경로구성원들에 대한 이해가 선행되어야 한다. 주요 경로구성원으로는 직급, 비대면 영업조직, 전속설계사, 전속대리점, 독립대리점, 중개사, 은행(방카슈랑스) 등을 들 수 있다. [표 11-38]은 경로구성원별 특성을 기술하고 있다.

▮ 표 11-38 ▮ 각 경로구성원의 특성

구분	직급	비대면 영업조직	전속설계사	대리점		중개사	은행 (방카슈랑스)
				전속대리점	독립대리점		
개념	임직원이 직접 계약 체결	비대면 영업조직 구성원이 직접 계약 체결	특정 보험회사를 위해 보험계약 체결 중개	특정 보험회사를 위해 보험계약 체결 대리	여러 보험회사를 위해 보험계약 체결 대리	독립적으로 보험계약 체결 중개	은행이 법인대리점 자격으로 보험상품 판매
보험계약체결 3권*	있음	있음	없음	있음		없음	없음
요율협상권	있음	없음	없음	없음		있음	없음
손해배상책임	보험회사	보험회사	보험회사	보험회사	보험회사	중개인	보험회사
보험회사와의 관계	종속	종속	종속	종속	독립	독립	독립

* 보험계약체결 3권 : 계약체결대리권, 고지의무수령권, 보험료수령권

2.2.1 직급 및 비대면 영업조직

보험상품의 직접경로를 운영하는 조직은 직급과 비대면 영업조직으로 구분된다.

- **직급** : 직급(直扱)의 사전적인 의미는 직접취급(直接取扱)한다는 것이며, 보험회사에서의 직급은 '보험모집업무를 직접 수행하는 임직원'을 의미한다. 보험업법에서는 임직원 가운데 대표이사, 사외이사, 감사, 감사위원을 제외한 임직원이 보험모집활동을 할 수 있도록 하고 있다. 직급은 보험계약체결 3권(계약체결대리권, 고지의무수령권, 보험료수령권)을 보유한다. 직급은 여타 경로에 비해 비용이 많이 소요되기 때문에 가계보험보다는 수익성이 크고 높은 전문성이 요구되는 기업보험의 판매에 더 적합하다. 즉, 직급은 주로 기업을 대상으로 B2B 영업을 하는 조직을 의미한다.
- **비대면 영업조직** : 보험회사의 비대면 영업조직은 TM(텔레마케팅), TV홈쇼핑, 온라인쇼핑 등을 운영하는 조직을 의미한다. 비대면 영업조직은 2000년대 들어 도입되기 시작하였으며, 대형 보험회사보다는 전속설계사나 전속대리점체제를 구축하기 힘든 국내 중소형 보험회사나 외국사에 의해 보다 적극적으로 도입되었다. TM, TV홈쇼핑, 온라인쇼핑 등은 외부 판매조직에게 지급하는 판매수수료를 절감할 수 있기 때문에 보다 저렴한 가격에 보험상품을 판매할 수 있다는 장점을 가지고 있다. 그러나 대면을 통해 판매되는 것이 아니기 때문에 복잡하고 전문성이 높은 상품의 판매에는 적합하지 않다. 이러한 특성으로 인해 비대면 영업조직은 직급과는 달리 자동차보험과 같은 일반소비자를 대상으로 하는 보험상품에 주력하고 있다. 또한 최근에는 모바일기기를 이용한 '모바일슈랑스'도 도입되고 있다. 여러 보험사들이 2016년부터 모바일슈랑스

를 통해 보험상품을 판매하고 있으며, 은행들은 2020년부터 방카슈랑스를 활성화시키기 위한 목적으로 모바일슈랑스를 도입하고 있다.

2.2.2 전속설계사

전속설계사는 '보험회사에 소속되어 보험계약의 체결을 중개하는 자'를 의미한다. 전속설계사는 특정 보험회사에 소속되어 있으면서 보험회사의 지원과 관리를 받지만, 해당 보험회사의 정규직원이 아니며 자영업자로 분류된다. 전속설계사는 보험회사의 정규직원이 아니기 때문에 보험계약체결 3권(계약체결대리권, 고지의무수령권, 보험료수령권)이 인정되지 않는다. 다만 소비자보호를 위해 초회 보험료의 수령권은 인정되고 있다. 전속설계사가 되기 위해서는 연수과정의 이수 혹은 관련 분야 1년 이상의 종사 등의 요건을 갖추어야 하며, 보험회사가 이러한 요건을 갖춘 사람을 자사 소속의 보험설계사로 금융위원회에 등록하여야 한다.

전속설계사는 원칙적으로 소속된 보험회사 이외의 보험회사를 위해 모집활동을 하지 못하지만, 등록요건을 갖추어 '교차모집 설계사'로 보험협회에 등록을 하면 생명보험사 소속 전속설계사는 한 개의 손해보험회사를 위해, 손해보험사 소속 전속설계사는 한 개의 생명보험회사를 위해 추가적으로 모집활동을 할 수 있다. 이러한 '설계사 교차모집제도'는 방카슈랑스 도입에 따라 설계사들의 수입이 감소하는 것을 보전시켜주기 위해 2008년에 도입되었다. 그런데 생명보험사 소속 전속설계사 중에서 상당수가 교차판매 설계사로 활동하고 있는 반면, 2010년 이래 손해보험사 소속 전속설계사 중에는 교차판매 설계사로 활동하고 있는 예는 거의 없다. 생명보험사 소속 전속설계사 중에서 교차판매 설계사로 활동하고 있는 설계사의 비율은 2010년 약 52%, 2015년 약 57%, 2020년 약 66%로 증가하는 추세에 있다.

전속설계사는 보험상품이 전문화되고 고객의 니즈가 다각화되면서 단순한 모집활동을 넘어서서 재무상담, 생활설계, 대출상담 등과 같은 금융 전반에 대한 컨설턴트로서의 역할을 강화하고 있으며, 보험회사들은 이러한 활동을 장려하고 지원하기 위해 전속설계사에게 FC(Financial Consultant), FP(Financial Planner) 등의 명칭을 부여하고 있다. 전속설계사는 특정 보험회사에 소속되어 있다는 점에서 독립대리점이나 보험중개사와 구분되고, 보험계약의 체결을 중개할 뿐 보험회사를 대리하는 것은 아니라는 점에서 보험대리점과 구분된다.

2.2.3 보험대리점

보험대리점은 보험회사와 대리점 계약을 체결하고 그 계약의 내용에 따라 모집업무를 수행하며 이에 대한 대가로 보험회사로부터 일정한 수수료를 지급받는 독립된 모집조직이다.

보험대리점이 되기 위해서는 보험회사와 보험대리업무에 관한 계약을 체결하고 영업보증금 예탁 등의 등록요건을 갖추어 금융위원회에 등록하여야 한다. 보험대리점은 보험계약체결 3권(계약체결대리권, 고지의무수령권, 보험료수령권)은 있으나, 요율협상권은 가지고 있지 않다. 대리점은 몇 개 보험회사의 상품을 취급하는가에 따라 전속대리점과 독립대리점으로 구분된다.

- **전속대리점** : 전속대리점은 한 개 보험회사의 상품만을 취급하는 보험대리점을 의미한다. 전속대리점은 해당 보험회사를 퇴사한 임직원에 의해 설립되는 경우가 많으며, 보험회사는 이들이 빨리 정착할 수 있도록 사무실, 직원 인건비 등을 지원한다. 전속대리점의 매출은 전속 보험회사의 매출로 잡힌다.
- **독립대리점** : 독립대리점(GA : General Agency)은 여러 보험회사의 상품을 판매할 수 있는 대리점으로 우리나라에는 2005년을 전후로 등장하였으며, 이후 전문화・대형화・다각화를 하면서 현재 우리나라 보험시장의 변화를 주도하고 있다. 독립대리점은 통상적으로 보험회사와 1년 단위로 계약하며, 생명보험 및 손해보험에서 각각 2개 정도의 보험회사를 주력 거래 보험회사로 선정하여 운영한다. 독립대리점은 보험회사로부터 사무실, 인테리어, 비품, 전산시스템 등을 지원받기도 하고, 지원을 받지 않는 경우에는 보다 유리한 판매수수료율 조건을 요구하기도 한다. 독립대리점은 규모가 클수록 보험회사로부터 좋은 조건의 수수료율을 적용받을 수 있고, 또한 향후에 도입될 것으로 예상되는 보험판매전문회사로의 전환이 수월하게 이루어질 수 있기 때문에 대형화를 위한 노력을 적극적으로 전개하고 있다. 하지만 이러한 과정에서 보험설계사의 잦은 이동과 스카우트 과열 등의 문제점도 발생하고 있다. 독립대리점의 조직은 본사조직과 영업조직으로 구분된다. 본사조직은 독립대리점을 운영하는 주체로 경영진과 지원조직 등으로 구성된다. 영업조직은 보험설계사들로 구성된 조직으로 판매수당을 수입원으로 하며 상당히 자율적으로 운영된다. 독립대리점의 영업조직에 의해 판매가 이루어지면 독립대리점은 해당 보험회사로부터 판매수수료를 받게 되는데, 판매수수료는 독립대리점 운영경비, 설계사 판매수당, 본사 수입 등으로 쓰이게 된다. 독립대리점 본사에서는 운영경비와 본사 수입부분을 줄이고 대신 보험설계사의 판매수당을 높임으로써 좋은 설계사들을 많이 유치할 수 있도록 도모하고 있다.

2.2.4 보험중개사

보험중개사제도는 우리나라에서는 1998년에 도입되었다. 보험중개사는 보험계약자와 보험회사 사이에서 독립적으로 보험계약의 체결을 중개하는 자로서 교육과정의 이수와 보험중개사시험의 합격 등의 요건을 갖추어 금융위원회에 등록을 하여야 한다. 보험중개사는 보험계약체결 3권(계약체결대리권, 고지의무수령권, 보험료수령권)을 갖지 않으나, 보험계약자를 위하여 보험계약체결을 중개하는 과정에서 보험회사와 보험요율을 협상할 수 있는 권한을 갖는다. 즉, 대리점이나 전속설계사가 보험회사를 위해 영업을 하는 것과는 달리 보험중개사는 고객을 위해 보험회사와 보험상품을 선택하고, 보험회사와 보험상품의 요율을 협상한다. 계약이 성공적으로 이루어지면 보험중개사는 해당 보험회사로부터 일정수수료를 수취한다. 보험중개사는 보험요율 협상권한을 갖기 때문에 시장에서의 주도권이 중개사로 기울 수 있다고 우려하는 보험회사들의 집중적인 견제의 대상이 되고 있으며 이로 인해 매출비중은 매우 미미한 수준이다.

2.2.5 방카슈랑스

방카슈랑스(Bancassurance)는 프랑스어로 은행을 뜻하는 'Banque'와 보험을 뜻하는 'Assurance'의 합성어로 '은행이 보험회사의 법인대리점 자격으로 보험상품을 판매하는 것'을 의미한다. 우리나라에는 2003년에 도입되었다. 은행은 이미 구축되어 있는 점포망 및 판매조직을 활용하여 보험상품을 판매하기 때문에 방카슈랑스를 통해 판매되는 보험상품은 보험료가 상대적으로 저렴하다는 장점이 있다. 이러한 장점으로 인해 방카슈랑스가 과도하게 증가하면서 기존의 보험판매에 큰 충격을 줄 우려가 있기 때문에 이를 방지하기 위해 여러 가지 규제조항을 두고 있다. 예를 들어 일반보험 판매에 있어서는 방문판매나 전화를 통한 판매가 가능하지만 방카슈랑스에서는 방문판매와 전화를 이용한 판매를 허용하지 않고 있으며, 은행 점포당 방카슈랑스 모집인원을 2인으로 제한하고 있다. 또한 은행이 동일한 금융그룹에 소속된 보험회사의 상품을 집중적으로 판매하는 것을 막기 위해 특정 보험사 상품의 판매비중이 25%를 넘을 수 없도록 하고 있다.

2.3 경로구성원의 매출비중 및 인원 추이

2.3.1 경로구성원의 매출비중 추이

[표 11-39]와 [표 11-40]은 각각 2007~2020년의 생명보험 및 손해보험 경로구성원들의 매출비중 추이를 보여주고 있다. 먼저 생명보험은 직급과 방카슈랑스 비중의 증가, 그리고 전속설계사 비중의 감소로 요약될 수 있다. 직급은 2007년에 14.4%, 2015년에는 21.5%였으며 2020년대 후반에 오면서는 30%대로 훌쩍 증가하였다. 전속설계사는 2000년대 후반까지 오랜 기간 동안 부동의 1위 유통경로였지만 2000년대 말에 1위 자리를 방카슈랑스에게 내어주고, 2010년대 초에는 2위 자리도 직급에게 내어주면서 3위 자리로 내려앉았다. 2007년에는 매출비중이 40%를 넘었으나 2020년에는 약 11%로 축소되었다. 방카슈랑스는 지속

적으로 성장하면서 2015~2016년에는 50%를 넘어서기도 하였으나 그 이후 약간 감소하여 40% 중후반에 머무르고 있다.

손해보험의 유통경로별 매출비중은 직급의 지속적인 증가와 설계사의 지속적인 감소로 요약될 수 있다. 보험대리점과 방카슈랑스는 큰 변화를 보이지 않았다. 직급은 꾸준히 증가하면 2010년대 말부터 20% 중반을 기록하고 있다. 전속설계사는 지속적으로 감소하였으나 그 변화가 생명보험보다는 훨씬 완만하게 이루어지고 있다. 대리점은 40%대의 비중을 유지하면서 1위의 유통경로 지위를 견지하고 있고, 방카슈랑스는 2014~2015년에는 11%대를 기록하기도 하였으나 이후 지속적으로 감소하여 2020년에는 5%대에 머물렀다. 방카슈랑스의 비중이 생명보험에 비해 훨씬 낮은 이유는 손해보험의 주력상품인 자동차보험이 방카슈랑스를 통해 판매될 수 없도록 되어 있기 때문이다.

표 11-39 생명보험 경로구성원의 매출비중 추이(초회보험료 기준) (단위 : %)

구분	2007	2010	2014	2015	2016	2017	2018	2019	2020
직급	14.4	21.0	28.2	21.5	20.5	24.3	34.0	37.8	34.9
전속설계사	42.0	26.1	16.4	20.0	16.4	18.4	13.7	11.1	10.9
보험대리점	9.4	6.8	5.7	6.2	6.3	7.2	5.9	6.1	5.6
방카슈랑스	34.2	45.5	49.6	52.0	56.6	49.7	45.8	44.8	48.4
기타	0.0	0.7	0.2	0.3	0.2	0.4	0.6	0.2	0.2

자료 : 보험연구원, 정기간행물>보험동향, 2021년, 2016년, 2011년, 2008년 봄호

표 11-40 손해보험 경로구성원의 매출비중 추이(원수보험료 기준) (단위 : %)

구분	2007	2010	2014	2015	2016	2017	2018	2019	2020
직급	11.9	15.6	18.3	18.0	19.8	22.1	23.3	24.5	26.3
전속설계사	34.3	32.2	27.9	27.1	26.1	26.1	24.5	23.7	22.6
보험대리점	47.0	44.5	41.2	42.5	43.3	42.5	43.8	44.3	44.1
방카슈랑스	5.4	6.6	11.8	11.2	9.6	8.0	6.9	6.0	5.5
기타*	1.3	1.1	0.8	1.2	1.2	1.3	1.5	1.5	1.5

* 기타는 보험중개사, 공동인수 등을 포함함.
자료 : 보험연구원, 정기간행물>보험동향, 2021년, 2016년, 2011년, 2008년 봄호

2.3.1 경로구성원의 인원 추이

보험상품 유통의 주요 경로구성원이라고 할 수 있는 임직원, 전속설계사, 전속대리점, 독립대리점수의 2010~2020년의 추이는 [표 11-41] 및 [표 11-42]와 같다. 각 경로구성원별 특징은 다음과 같이 기술될 수 있다.

▌표 11-41 ▌생명보험사 유통경로별 인원 추이

(단위 : 명)

구분		2010	2015	2016	2017	2018	2019	2020
임직원		26,096	26,934	26,552	25,111	25,444	25,362	25,338
전속설계사		147,661	126,250	123,516	121,422	111,197	109,925	113,283
대리점	개인	6,630	3,043	3,042	3,515	3,464	3,635	3,635
	법인	3,424	2,952	2,922	2,891	2,775	2,794	2,750
	합계	10,054	5,995	6,324	6,406	6,239	6,429	6,385

자료 : 금융통계정보시스템, 생명보험 > 일반현황 > 임직원및설계사현황,점포및대리점현황

▌표 11-42 ▌손해보험사 유통경로별 인원 추이

(단위 : 명)

구분		2010	2015	2016	2017	2018	2019	2020
임직원		27,406	32,253	31,842	32,373	33,973	34,400	33,279
전속설계사		81,453	81,148	81,331	79,647	80,096	92,193	102,552
대리점	개인	30,268	20,823	20,099	19,567	17,951	17,647	17,791
	법인	11,018	9,948	9,598	9,710	9,691	10,122	10,456
	합계	41,286	30,771	29,697	29,277	27,642	27,769	28,247

자료 : 금융통계정보시스템, 손해보험 > 일반현황 > 임직원및설계사현황,점포및대리점현황

- **임직원** : 직급을 구성하는 임직원의 수는 2010년대 중반 이후에 생명보험, 손해보험 모두 정체현상을 뚜렷하게 보여주고 있다. 직급의 매출 비중이 꾸준히 늘어나고 있음에도 불구하고 임직원의 수가 늘지 않는 것은 생산성의 향상으로도 설명할 수 있으나 한 사람의 임직원이 담당해야 하는 업무가 상당히 늘어났음을 시사한다.
- **전속설계사** : 2020년 말 현재 보험업계 전체의 전속설계사 규모는 약 21.6만 명이며 이 가운데 생명보험사 소속의 전속설계사가 52.5%를 차지하고 있고, 나머지 47.5%를 손해보험사 소속의 전속설계사가 차지하고 있다. 2020년 말을 기준으로 생명보험사 소속의 전속설계사는 113,283명으로 2010년에 비해 23.3% 감소하였고, 손해보험사 소속의 전속설계사는 102,552명으로 2010년에 비해 25.9% 증가하였다. 생명보험사 소속의 전속설계사 수는 1990년대 말의 금융위기 이래 지속적으로 감소하였으며, 이러한 추세가 2010년대에도 지속되고 있다. 이러한 추세의 원인으로는 저금리에 따른 연금상품의 퇴조 등 영업환경의 악화, GA(법인보험대리점)의 발전, 방카슈랑스를 비롯한 새로운 채널의 도입 등을 들 수 있다. 1990년대 말의 금융위기를 극복하기 위해 생명보험업계에도 점포의 효율화, 비효율설계사의 정리 등이 진행되었고 이 시기에 회사를 그만두게 된 많은 수의 설계사들이 GA의 설립에 참여하였는데, GA가 규모를 키

워가면서 많은 생명보험사 소속의 전속설계사들이 더 높은 수입을 기대할 수 있는 GA로 자리를 옮겼다. 또한 2003년에 도입되어 생명보험사 매출의 40~50%를 차지하게 된 방카슈라스는 전속설계사의 입지를 약화시키는 역할을 하였다. 손해보험사 소속의 전속설계사 수는 생명보험사에 비해 상당히 안정적이지만 2000년대 말, 그리고 2010년대 말에는 상당한 변화가 있었다. 이러한 변화는 손해보험사의 전략적 의지를 배경으로 하고 있다. 2000년대 말에는 빅4 손보사 간의 경쟁이 격화되면서 경쟁적으로 설계사조직을 강화하려는 시도로 인해 전속설계사의 수가 급격히 증가하였고, 2010년대 말에는 실손보험 상품, 장기손해보험 상품 등 바탕으로 사세를 키우려는 손보사가 적극적으로 설계사를 영입을 시도하면서 설계사수가 급격히 증가하였다.

- **대리점** : 대리점은 개인대리점과 법인대리점으로 나뉜다. 개인대리점수는 2010~2020년 기간 동안 크게 감소하였다. 즉, 생명보험회사의 개인대리점수는 6,630개에서 3,635개로 45.2% 감소하였고, 손해보험회사의 전속대리점수는 30,268개에서 17,791개로 41.2% 감소하였고, 감소의 이유로는 지속적인 불황, 독립대리점의 활성화 등을 들 수 있다. 생보업계의 독립대리점의 수는 2010~2020년 기간 동안 약 20% 정도 감소하였다. 손보업계의 법인대리점의 수는 훨씬 더 급격한 변화를 보였다. 손보업계의 법인대리점은 전속설계사와 마찬가지로 2008년의 금융위기 때 급격히 증가한 후(약 6,000개에서 약 9,500개) 꾸준한 증가세를 유지하면서 2013년에는 13,700여 개에 달하였다. 그러나 2014~2016년 기간 동안에는 급격한 하락세를 보였으며, 2020년 말 현재 약 1만여 개가 있다.

3. 보험유통의 문제점

보험상품 유통경로의 다원화로 소비자의 선택권이 넓어지고 편의성이 증대되었지만, 불완전판매의 증가, 낮은 계약유지율 및 유지서비스의 소홀, 초기해약 시 낮은 환급금 등의 문제가 지속적으로 제기되어 왔다. 여기에서는 최근 들어 가장 중요한 이슈가 되고 있는 불완전판매와 불완전판매의 주요 요인인 설계사에 대한 보상구조에 대해 논의한다.

3.1 불완전판매

금융업계에서의 불완전판매는 금융회사가 금융상품의 기본구조, 자금운용, 원금손실 여부 등 주요 내용을 고객에게 충분히 설명하지 않고 판매하는 것을 의미한다. 불완전판매는 보험업계에서도 매우 중요한 이슈가 되고 있다. 보험상품의 거래에서는 보험상품과 보험계약의 복잡성과 전문성으로 인하여 보험회사와 소비자 간에 '정보 비대칭성'의 문제가 실물 상품은 물론 여타 금융상품에 비해서도 훨씬 크게 나타나고 있다. 따라서 불완전판매의 문제가 발생하지 않기 위해서는 설계사의 보험상품 및 계약체결에 대한 높은 전문성과 높은 윤리의식이 요구되고 있으나 그렇지 않은 경우가 많아서 소비자의 민원이 증가하고 있다. 또한 가입단계에서 소비자의 니즈에 부합한 계약이 체결되지 않아 해약으로 이어지고 있으며, 이로 인해 우리나라의 보험계약 유지율 수준은 주요 선진국에 비해 낮다. 불완전판매를 개선하기 위해서는 유통채널 종사자의 자격 및 교육제도 정비, 소비자 중심의 유통 관행 정착을 위한 행위규범 및 윤리강령 정비, 불법행위에 대한 판매자책임, 선수당방식의 개선 등이 필요하다는 점이 지적되고 있다.

3.2 설계사에 대한 보상구조

보험회사의 경로구성원에 대한 보상은 판매에 따른 커미션(commission)의 형태로 이루어지고 있으며, 또한 신계약을 활성화시키기 위해 커미션의 지급이 계약 초기에 집중적으로 이루어지고 있다. 즉, 전체 커미션의 30~70%가 계약체결 직후에 지급되며, 초년도 지급률도 75~99%에 달하고 있다. 이에 비해 영국이나 미국의 초년도 지급률은 25~50% 수준으로 우리나라에 비해 훨씬 낮은 수준이다. 이로 인해 다음과 같은 여러 가지 문제점들이 발생하고 있으며, 이를 해결하기 위해서는 판매커미션 일변도의 보상체계에서 벗어나서 유지커미션을 대폭 강화해야 한다는 점이 지적되고 있다.

첫째, 설계사나 대리점 등의 경로구성원이 계약유지에 대한 고려 없이 신규계약의 체결에만 집중하는 경향을 보이면서 초기 해약률이 높은 특성을 보이고 있다. 즉, 판매커미션 일변도의 보상체계는 불완전판매를 부추기는 효과를 가질 수 있고, 이로 인해 불만을 제기하고 계약을 해지하는 고객들이 증가하게 된다. 고객이 초기에 해약을 하면 보험회사의 입장에서는 선지급한 커미션(판매수당)이 회수되지 않아 소비자에게 많은 해약공제금 적용하게 되고, 이는 소비자들이 지급받게 되는 해약환급금을 낮추는 결과를 초래하게 된다.

둘째, 설계사와 대리점의 입장에서는 기존고객의 유지에 따른 보상이 거의 없기 때문에 자연히 기존고객의 관리에 소홀해지고 이는 고객들의 높은 이탈률로 이어질 수 있다. 설계사나 대리점의 입장에서는 지속적으로 보험계약을 유지하는 고객보다는 해지와 체결을 반복하는 고객이 더 이득이 될 수 있으며, 이는 보험회사의 입장과는 정반대되는 방향으로 영업활동이 이루어질 수 있다는 것을 의미한다.

셋째, 커미션의 선지급으로 인해 설계사들이 한 보험회사에서 지속적으로 근무하려는 유인이 작아지게 되며, 이는 설계사들의 잦은 이직으로 이어진다. 우리나라의 설계사 정착률은 주요 선진국에 비해 낮은 수준이며, 이는 소비자와의 장기적인 관계 형성이라는 측면에서 볼 때 매우 바람직하지 않은 현상이다. 설계사들의 잦은 이직은 보험회사의 채용, 교육훈련 등에 소요되는 비용을 증가시키고, 미환수된 커미션을 회수하기 위한 보험료의 증가로 이어진다.

실전 유통론
Principles of Distribution

04 Part

경로관리

Chapter 12

물류관리

제1절 물류의 개념

물류(physical distribution)는 물적유통(物的流通)의 줄임말로 다음과 같이 정의될 수 있다. 구체적으로는 운송, 보관, 하역, 포장, 물류정보관리 등의 활동이 포함되며, 이러한 활동을 통해 상품의 공간적 · 시간적 가치가 창출된다.

상품이 생산자에서 소비자에게 이동해가는 실물적인 흐름을 원활하게 수행하기 위한 모든 활동

물적유통은 소유권의 이전을 의미하는 상적유통(transactional distribution, 商的流通)과 구별되는 개념이다. 상적유통은 제조업체로부터 도매상과 소매상을 거쳐 소비자에게 상품의 소유권이 이전되는 과정에서 발생하는 활동을 의미하며, 산업으로 보면 도매업, 소매업, 무역업, 중개업, 대리업 등이 이에 해당된다. 이에 반해 물적유통은 상품의 소유권과는 관계없이 상품의 실물적인 이동이 원활하게 이루어지게 하기 위한 활동을 의미하며, 산업으로 보면 창고업, 운송업, 하역업, 포장업 등이 이에 해당된다. 예를 들어 대형마트가 생산자(농민 혹은 조합)와의 직거래를 통해 농산물을 조달한다고 하면 생산자로부터의 농산물 구매, 대형마트 매장에서의 농산물 판매 등의 활동은 상적유통에 해당되고, 생산지로부터 대형마트 물류센터로의 농산물 운송, 물류센터에서의 저장 · 가공 · 포장, 물류센터에 각 매장으로의 농산물 운송 등의 활동은 물적유통에 해당된다.

물류는 상품이 만들어지고 판매되는 흐름에 따라 [그림 12-1]과 같이 조달물류, 생산(사내)물류, 판매물류, 반품 · 회수물류 등으로 구분된다.

그림 12-1 ▌물류의 유형

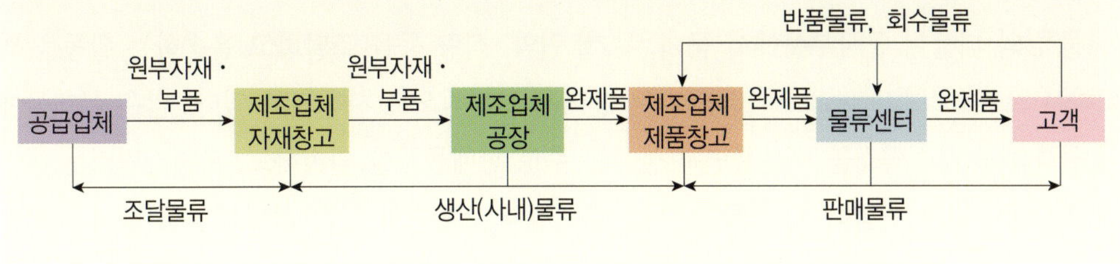

1. 조달물류

조달물류는 공급업체가 원자재나 부품을 제조업체의 자재창고에 입고하고, 제조업체가 자재창고에 입고된 원자재나 부품을 보관하고 관리하는 활동을 의미한다.

2. 생산물류

생산물류는 사내물류라고도 불리며, 자재창고에서 원자재와 부품 등을 공장으로 운반하고 공장에서 생산된 완제품을 제품창고에 입고하는 활동을 의미한다.

3. 판매물류

판매물류는 생산된 완제품을 제조업체의 제품창고에서 물류센터로 배송하고, 물류센터에서 다시 고객에게 배송하는 활동을 의미한다. 고객은 도매상, 소매상, 대리점 등의 중간상이 되는 것이 일반적이지만 인터넷 판매와 같은 경우에는 일반소비자가 될 수도 있다. 제조업체가 물류센터를 보유하고 있지 않은 경우에는 고객사의 제품창고나 혹은 고객사가 운영하는 물류센터로 배송된다.

4. 반품 · 회수물류

반품물류는 발송처의 업무처리 오류(발송상품 오류, 발송수량 오류, 납기지연 등), 고객의 클레임 제기, 상품의 파손 등으로 인해 발생하며, 회수물류는 고객으로부터 팔레트 등

상품 운반도구, 포장재, 빈 용기 등을 다시 거두어들이는 물류를 의미한다.

'물류'와 더불어 군사부문에서 군대, 무기, 탄약, 식량 등을 조달하고 운송하는 활동을 의미하는 로지스틱스(logistics : 병참)라는 용어가 보편적으로 사용되고 있다. 많은 문헌들에서 물류와 로지스틱스를 구분하면서 물류는 주로 판매물류를 의미하고, 로지스틱스는 여기에 조달물류까지 포함하며, 물류가 주로 운송비와 보관비와 같은 물류비의 절감에 초점을 두고 있는 반면 로지스틱스는 비용절감은 물론 매출증대 등을 통한 수익증대와 같은 보다 전략적인 측면에도 초점을 두고 있는 것으로 규정하기도 한다. 하지만 물류의 개념이 조달물류를 포괄하고 있고, 또한 전략적인 수단으로서의 물류의 중요성이 강조되면서 현재는 물류와 로지스틱스를 엄밀하게 구분하지 않고 혼용하여 사용되고 있다. 이러한 점을 감안하여 본장에서도 로지스틱스라는 용어를 별도로 사용하지는 않았다.

제2절 물류의 중요성

물류는 운송, 보관, 하역 등의 활동을 통해 생산에서부터 판매에 이르는 과정을 효율적으로 연결시켜 주는 역할을 수행한다. 이러한 활동이 원활하게 이루어지 못하면 아무리 좋은 제품을 생산하고, 아무리 많은 물량을 수주받더라도 최종적인 판매에 이르지 못할 수도 있고, 판매를 하더라도 고객의 불만을 사게 되어 지속적인 거래가 어려워진다. 즉, 경쟁력의 강화를 위해서는 고객이 원하는 수량의 상품을 고객이 원하는 장소와 시간에 배송하여야 하고, 동시에 이러한 활동이 비용효율적으로 이루어질 수 있어야 한다. 경제발전 초기에는 유통의 대상이 되는 상품을 만들어내는 제조부문이 물류부문에 비해 훨씬 더 빠른 속도로 발전하지만 경제가 성숙기에 접어들수록 물류의 중요성이 증가한다. 우리나라 경제도 2000년대에 들어 급속히 성숙기에 접어들면서 물류의 중요성이 점증하고 있다. 물류의 중요성을 증가시키는 요인들로 물류비의 증가, 제품의 표준화, 생산부문 생산성 증가의 정체, 다품종 소량생산의 보편화 등을 들 수 있다.

1. 물류비의 증가

운송비 증가, 임대료 상승, 지가 상승 등으로 인해 물류비가 증가하면서 원가에서 물류비가 차지하는 비중이 점차 커지고 있으며, 이로 인해 물류비의 절감 없이 가격경쟁력을 확보하는 것이 더욱 어려워지고 있다.

2. 제품의 표준화

제품의 품질이나 브랜드 파워만을 가지고 경쟁력을 확보하기가 점차 어려워지면서 경쟁력 우위를 확보하기 위한 전략적 수단으로서의 물류의 중요성이 커지고 있다.

3. 생산부문 생산성 증가의 정체

생산기술의 진보속도가 과거에 비해 크게 둔화되면서 생산의 합리화에 의한 비용절감이 줄어들었고 이로 인해 상대적으로 낙후된 물류를 통한 비용절감의 중요성이 부각되었다.

4. 다품종 소량생산의 증가

고객니즈의 다양화로 인한 다품종 소량생산이 보편화되면서 운송비 등 물류비의 증가가 수반되었고 이로 인해 물류비의 절감이 비용절감의 주요 대상으로 부상되었다.

물류가 이러한 중요성을 지니고 있음에도 불구하고 기업경영에서 잘 드러나지 않기 때문에 부수적인 업무로 취급되는 경향이 있지만, 물류는 생산·영업 등 기업의 거의 모든 활동이 원활하게 수행되기 위해 매우 중요한 역할을 하고 있다는 의미에서 기업경영의 주된 전략적 수단이라고 할 수 있다. “물류를 지배하는 자, 업계를 지배한다”라는 말은 이러한 물류의 중요성을 대변해주고 있다.

제3절 물류관리

물류관리는 '원자재, 부품, 완제품 등의 상품의 흐름을 통합적이고 체계적으로 관리하는 것'을 의미한다. 물류관리가 성공적으로 이루어지기 위해서는 물류관리의 목표를 명확히 하여야 하고 이를 달성하기 위해 물류관리의 수단들을 효율적으로 운용할 수 있어야 한다. 물류관리의 목표는 물류와 관련한 고객서비스 수준을 제고시킴으로써 고객의 만족도를 높이는 데 있으며, 물류와 관련한 주요한 고객서비스로는 정시주문충족, 주문인도시간의 준수, 주문의 편의성 제고 등을 들 수 있다. 물류관리의 대상으로는 재고, 운송, 보관, 하역, 포장, 유통정보 등이 있다. 과거에는 물류관리의 대상을 운송과 보관에 국한시키는 경향이 있었지만, 현재는 이외에도 하역, 포장, 가공, 유통정보 등의 다양한 영역이 포함된다. 이러한 논의에 따라 물류관리는 [그림 12-2]와 같이 나타낼 수 있으며, 다음과 같이 정의될 수 있다.

그림 12-2 ▌물류관리

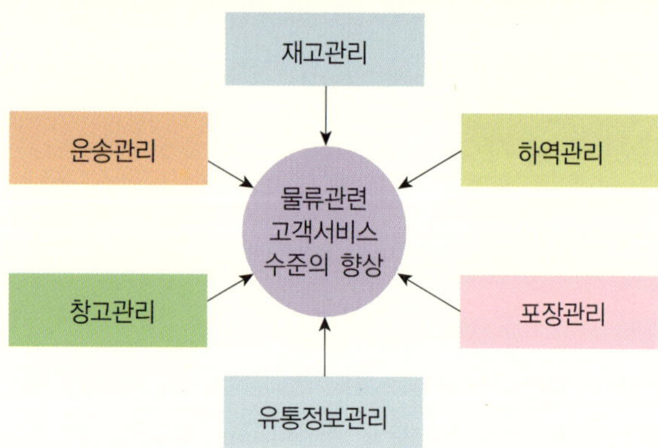

물류관련 고객서비스 수준을 향상시키기 위해 재고, 운송, 창고, 하역, 포장, 유통정보 등을 통합적이고 체계적으로 관리해 나가는 활동

그런데 고객서비스 수준을 향상시키기 위해서는 보다 많은 물류비가 지출되기 때문에 고객서비스 수준의 향상과 물류비의 절감을 동시에 달성할 수는 없다. 따라서 기업은 경쟁력을 강화시킬 수 있는 수준의 고객서비스 목표를 설정하고 이를 가장 비용효율적으로 달성

할 수 있는 방안을 모색하여야 한다. 즉, 고객서비스 수준의 향상과 물류비의 절감은 트레이드오프(trade-off)의 관계에 있기 때문에 기업은 목표로 삼고 있는 고객서비스 수준을 달성하는 데 있어서 물류관리의 다양한 수단들을 비용효율적으로 운용할 수 있는 방안을 창출하고 이를 실행에 옮기는 것이 매우 중요하다. [그림 12-3]은 고객서비스 수준의 제고와 물류비의 절감이 트레이드오프의 관계에 있으며, 이로 인해 적정 고객서비스 수준이 존재할 수 있음을 나타내고 있다. 그림에서와 같이 물류관련 고객서비스 수준이 높아질수록 매출의 증가속도는 점차 둔화되는 반면에 물류비의 증가속도는 점차 빨라지는 경향을 보인다. 이러한 현상이 나타나는 이유는 기업들이 매출증대효과는 가장 높으면서 추가적인 비용부담은 가장 적은 부문부터 물류서비스를 개선시켜 나가기 때문이다. 따라서 매출에서 물류비를 차감한 수익이 가장 극대화되는 지점이 존재하게 되고 바로 이 지점이 적정 고객서비스 수준(S*)이 된다.

그림 12-3 ▌ 적정 고객서비스 수준의 결정

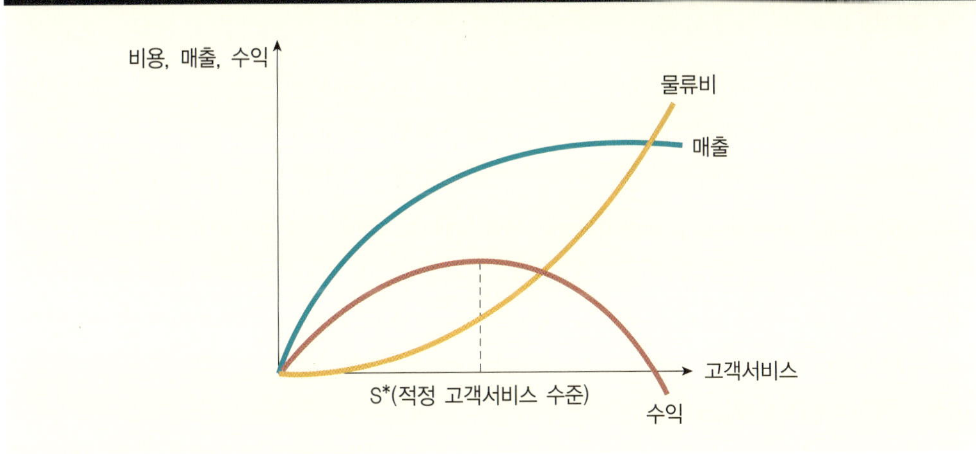

1. 물류관련 고객서비스

물류와 관련한 주요 고객서비스 항목들은 자사 고객들을 대상으로 하는 설문조사, 경쟁업체나 선도업체들이 제공하고 있는 고객서비스에 대한 벤치마킹 등을 통해 발견될 수 있다. 고객서비스 항목들은 매우 다양하며 이러한 항목들 가운데 가장 중요한 항목들을 선별하여 달성 목표치를 정하는 것이 바람직하다. 또한 주요한 고객서비스 항목들을 대상으로 가중치를 부여하여 종합적인 고객서비스 점수를 산출할 수 있는 시스템을 갖추고 이를 지속적으로 관리하는 것도 좋은 방안이 될 수 있다. 대표적인 고객서비스 항목들은 다음과 같다.

- **주문인도시간** : 고객이 주문한 시점으로부터 주문한 상품이 고객에게 인도되는 시점까지 경과한 시간을 의미한다. 주문인도시간을 단축시키기 위해서는 재고를 충분히 보유하여야 하고, 배송시스템을 여유 있게 운영하여야 하기 때문에 재고비용, 운송비용 등의 물류비가 상승하게 된다.
- **정시주문충족률** : 전체주문수에서 주문한 제품이 고객이 요구한 시점에 주문한 수량만큼 정확하게 인도된 주문의 수가 차지하는 비율을 의미한다. 이 비율을 높이기 위해서는 주문인도시간의 경우와 마찬가지로 재고를 충분히 보유하여야 하고, 보다 정교한 배송시스템을 갖추어야 하기 때문에 물류비가 상승한다.
- **최소주문량** : 고객은 자사의 재고비용을 줄이고 위험부담을 감소시키기 위해 생산 혹은 판매시점에 맞추어 소량으로 빈번하게 주문하기를 원한다. 따라서 최소주문량(MOQ : Minimum Order Quantity)을 낮출수록 고객의 만족도는 높아지지만 반면에 운송비용은 증가한다.
- **주문의 편의성** : 고객이 주문을 편리하게 할 수 있는 정도를 의미한다. 주문의 편의성을 높이기 위해서는 주문처리시스템, 고객정보시스템, 고객센터 등의 구축이 필요하다.
- **사후서비스 수준** : 판매가 이루어진 후에 발생하는 고객들의 문의나 불만제기에 얼마나 신속하고 효과적으로 대응할 수 있는가를 의미한다. 이를 위해서는 주문처리현황 정보의 제공, 신속한 반품처리서비스, 서비스센터, 고객센터 등을 갖추어야 한다.

2. 물류관리의 수단

고객이 요구하는 고객서비스 목표수준을 달성하는 것도 중요하지만, 이를 최대한 최소의 비용으로 달성할 수 있어야 한다. 주요한 물류관리수단으로 재고관리, 운송관리, 창고관리, 하역관리, 포장관리, 물류정보관리 등을 들 수 있다.

2.1 재고관리

재고는 '기업이 미래에 사용할 목적으로 보유하고 있는 원자재, 부품, 완제품' 등을 의미한다. 재고를 유지하기 위해서는 많은 비용이 소요되기 때문에 기업들은 재고비용을 감소시키기 위해 다각적인 노력을 기울인다. 재고비용은 크게 주문비용, 재고유지비용, 재고부족비용 등으로 나누어진다.

- **주문비용** : 주문비용은 주문 시에 발생하는 비용으로 서류작성비, 통관비, 하역비, 검

사비 등이 포함되며, 대체로 주문량에 관계없이 일정하다.

- **재고유지비용** : 재고유지비용은 재고를 유지하고 보관하는 데 소요되는 비용으로 이자 비용, 창고사용료, 재고감손비용 등이 포함된다.
- **재고부족비용** : 재고부족비용은 품절로 인해 판매기회를 상실하는 데 따른 기회비용을 의미한다.

원자재나 부품의 주문량을 늘리면 주문비용과 재고부족비용은 감소하지만 재고유지비용이 증가하고, 반대로 주문량을 감소시키면 재고유지비용은 감소하지만 주문비용과 재고부족비용이 증가하기 때문에 주문을 어느 정도의 수량으로 얼마나 빈번하게 할 것인가는 매우 중요한 의사결정이며, 이를 해결하기 위한 다양한 재고관리모형들이 개발되어 있다([글 12-1] 참조).

글 12-1 경제적 주문량 모형

최적 1회 주문량을 계산하기 위한 재고관리모형 가운데 가장 보편적으로 알려져 있는 것으로 경제적 주문량 모형(EOD model : Economic Order Quantity model)을 들 수 있다. 이 모형은 다음과 같은 가정을 기반으로 하고 있다.

- 연간총재고비용은 연간재고유지비용과 연간주문비용으로 구성된다.
- 연간수요량(D), 단위당 연간재고유지비용(H), 1회 주문비용(S) 등은 일정하며 잘 알려져 있다.

이러한 가정을 기반으로 연간총재고비용은 다음과 같은 수식으로 나타낼 수 있다.

- 연간총재고비용＝연간재고유지비용＋연간주문비용
  ＝평균재고량×단위당 연간재고유지비용＋연간주문횟수×1회 주문비용
  ＝(Q÷2)×H＋(D÷Q)×S
  (Q : 1회 주문량, H : 단위당 연간재고유지비용, D : 연간수요량, S : 1회 주문비용)

이를 시각적으로 표현하면 [그림 12-4]과 같이 나타낼 수 있다. 1회 주문량이 늘어나면 평균재고량이 많아지기 때문에 연간재고비용은 증가하는 반면, 연간주문비용은 주문횟수가 줄어들기 때문에 감소한다. 따라서 연간총재고비용은 그림에서와 같이 1회 주문량이 증가함에 따라 감소하다가 연간재고비용과 연간주문비용이 만나는 지점부터는 다시 증가하는 형태를 취한다. 따라서 연간재고비용과 연간주문비용이 만나는 지점이 최적 1회 주문량이 된다. 이를 수식으로 나타내면 $Q^* = \sqrt{(2DS \div H)}$ 가 된다. 즉, 연간수요량과 1회 주문비용이 증가할수록 1회 주문량은 늘어나야 하고, 단위당 연간재고유지비용이 증가할수록 1회 주문량은 감소하여야 한다.

그림 12-4 ▌ 경제적 주문량 모델

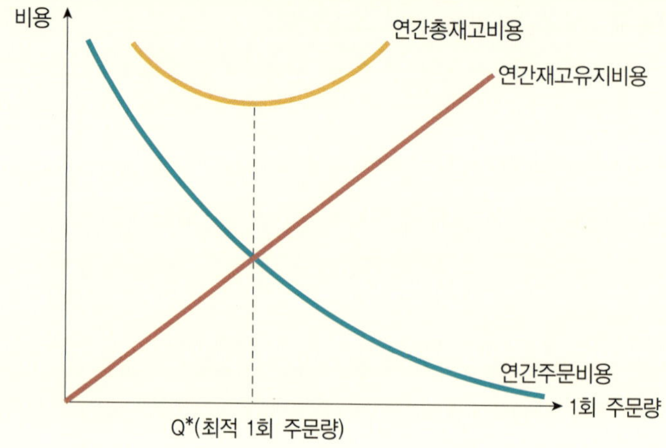

그러나 이러한 방식의 최적 1회 주문량 계산방식을 현실에서 적용하는 데는 큰 제약이 따른다. 그 이유로는 또 하나의 재고비용인 재고부족비용이 명시적으로 고려되지 않았고, 단위당 연간재고유지비용(H), 1회 주문비용(S) 등이 이 모형에서의 가정에서와는 달리 일정하지 않고 지속적으로 변화하며 계산하기가 용이하지 않기 때문이다.

2.2 운송관리

운송은 '물류과정에서 발생하는 원자재, 부품, 완제품 등의 물리적인 이동'을 의미하며, 기업은 운송을 통해 상품의 장소적 및 시간적 효용을 창출하게 된다. 시간적 효용은 주로 창고(보관)기능에 의해 창출되지만 신속하고 정확한 이동을 통해 고객이 원하는 시점에 상품을 공급할 수 있다는 의미에서 운송기능에 의해서도 창출된다. 운송비는 전체 물류비에서 50% 이상의 큰 비중을 차지하고 있기 때문에 운송관리는 물류관리의 성패를 좌우할 수 있을 만큼의 중요성을 지니고 있다. 운송수단으로는 화물자동차, 기차, 선박, 항공기, 파이프라인 등이 있으며, 기업은 구체적인 운송상황과 각 운송수단의 특성을 고려하여 운송수단을 선택하여야 한다. 운송수단의 특성으로는 문전운송능력(고객이 위치한 장소까지 상품을 운송시킬 수 있는 능력), 거리에 따른 경제성, 주문수량 변경 대응능력, 안전성, 하역작업 편의성, 운송 소요시간, 기상조건 제약성 등을 들 수 있다.

2.3 창고관리

창고는 '보관을 위한 시설'을 의미한다. 그런데 창고에서는 보관 이외에도 상품분류, 포장, 단순가공, 조립, 라벨링 등의 다양한 활동이 이루어지기 때문에 창고관리는 보관관리보다 훨씬 더 포괄적인 개념이라고 할 수 있다. 최근에는 고객의 다양한 주문에 신속하게 대응하는 기능이 강화된 새로운 형태의 창고인 물류센터(distribution center)가 보편화되면서 창고관리는 물류관리의 핵심적인 요소로 자리 잡고 있다. 창고관리는 생산과 판매의 시점을 조정함으로써 시간적 효용을 창출하는 역할을 수행한다. 창고관리와 관련한 중요한 의사결정사항 중의 하나로 '자가창고'를 이용할 것인지 혹은 타사가 운영하는 '영업창고'를 이용할 것인지에 대한 것을 들 수 있다. 먼저 자가창고를 이용하는 경우의 장점으로는 창고의 입지, 시설, 작업시간 등 창고의 설립 및 운영과 관련한 모든 측면을 자사의 전략에 부응할 수 있도록 조정할 수 있다는 점을 들 수 있으며, 단점으로는 토지구입비, 건축비, 고정인건비, 관리비 등의 비용부담이 크고 수요의 변동에 대응하기 어렵다는 점을 들 수 있다. 이에 반해 영업창고를 이용하는 경우에는 고정비용의 부담을 피할 수 있고 수요변동에 적절하게 대응할 수 있지만, 반면에 작업시간의 조정이나 공간의 확보가 어려워지는 등 창고운영에 있어서의 자율성이 크게 떨어지고 상품기밀이 외부에 노출될 수 있다는 단점이 있다.

자가창고를 이용하는 경우에는 몇 개의 창고를 어느 정도의 규모로 어느 장소에 건립할 것인가를 결정하여야 한다. 창고에 대한 의사결정은 재고비용 및 운송비용과 직접적인 관련이 있다([그림 12-5] 참조). 창고의 수가 늘어나면 같은 물량의 재고를 더 많은 숫자의 창고에 분산하여 관리하게 되기 때문에 인건비, 임대료, 창고관리비 등의 고정비용의 부담이 늘어난다. 따라서 창고의 수가 늘어날수록 재고비용은 증가한다. 운송비용의 경우에는 창고의 수가 늘어남에 따라 초기에는 감소하지만 일정수준을 넘어서면 증가한다. 창고의 수가 늘어나는 초기에 운송비가 감소하는 이유는 절대적인 운송거리가 짧아지기 때문이다.

그림 12-5 ▌ 창고의 수와 물류비용의 관계

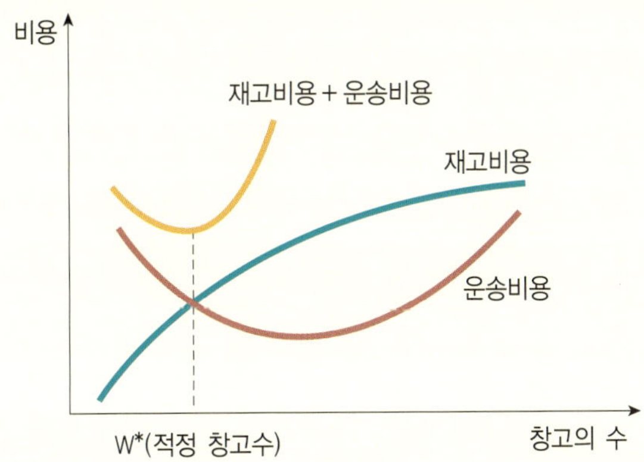

예를 들어 서울과 부산에 수요처가 있고 대전에만 1개의 창고가 있다고 가정하면 상품을 대전에서 서울과 부산으로 운송을 하여야 하지만 서울과 부산에 각각 1개씩의 창고를 가지고 있다면 운송거리를 훨씬 단축시킬 수 있다. 그러나 창고의 수가 늘어나면서 절대적인 운송거리의 감소로 인한 운송비용의 절감보다는 단거리 운행과 부분적재로 인한 운송비용의 증가가 점차 커지면서 전체 운송비용이 증가하는 현상을 보이게 된다. 따라서 재고비용과 운송비용을 합한 물류비는 그림에서와 같이 창고의 수가 증가함에 따라 점차 감소하다가 다시 증가하며, 최저점(W*)이 바로 적정 창고수가 된다.

2.4 하역관리

하역은 '물건을 싣고 내리는 작업'을 의미하며, 운송 및 보관 전후에 반드시 수반하여 발생하기 때문에 하역관리의 합리화는 물류관리 합리화의 중요한 요소가 된다. 하역관리는 종전에는 주로 인력에 의존하였지만, 현재는 기계화·자동화 등이 급속히 진행되고 있다. 예를 들어 하역의 주요 구성요소 중의 하나인 피킹(picking)은 주문에 따라 주문상품을 보관장소에서 꺼내는 작업을 의미하는데, 최근에는 피킹작업의 효율화를 위해 많은 기업들이 물류센터에 다품종 소량출고 자동화시스템인 '디지털피킹시스템(DPS : Digital Picking System)', '자동피킹시스템(Auto Picking System)' 등을 도입하고 있다.

2.5 포장관리

포장은 '물품을 운송하고 보관하는 과정에서 물품의 가치와 상태를 보존하기 위해 적합한 재료나 용기 등을 물품에 더하는 기술 또는 상태'를 의미한다. 포장은 상품의 내용을 보호하고 상품의 크기, 모양 등을 표준화함으로써 운송과 보관의 효율성을 높일 뿐만 아니라 마케팅적인 측면에서 상품의 가치를 향상시키는 역할도 동시에 수행한다.

2.6 물류정보관리

물류정보는 '상품이 이동하는 과정에서 발생하는 다양한 정보'를 의미하며 수발주정보, 재고정보, 생산정보, 출하정보, 판매정보 등을 포괄한다. 많은 기업들이 물류정보의 효율적인 관리를 위해 물류정보시스템(Logistics Information System)을 도입하고 있으며, 이를 통해 물류의 각 과정이 신속하고 정확하게 연결될 수 있도록 도모하고 있다. 물류정보시스템은 '물류관리의 주요 대상인 재고, 운송, 보관, 하역, 포장 등을 유기적으로 연결시킴으로써 효율적인 물류관리를 지원하는 정보시스템'으로 정의될 수 있다. 물류정보시스템은 물류과정에서 발생하는 모든 정보들이 집적되어 있는 물류정보 데이터베이스를 기반으로 구축되며 수발주시스템, 수배송시스템, 재고관리시스템, 창고관리시스템 등으로 구성된다. 물류정보시스템 구축을 위해 다양한 정보기술이 활용되고 있으며, 주요 정보기술들로는 전자문서교환(EDI : Electronic Data Exchange), 판매시점관리시스템(POS System), 바코드(Bar Code), RFID(Radio Frequency Identification) 등을 들 수 있다. 이에 대해서는 제14장에서 상술한다.

제 4 절 SCM

1. SCM의 개념

SCM(Supply Chain Management : 공급망관리)에서의 'Supply Chain(공급망)'은 원자재와 부품을 활용하여 완제품이 생산되고 완제품이 중간상을 거쳐 소비자에게 판매되기까지의 과정에 참여하는 모든 유통경로구성원을 의미한다. 즉, 공급망은 원자재공급업체, 부품공급업체, 완제품제조업체, 도매상, 소매상, 물류업체 등 특정 상품의 생산 및 판매과정에 참여하는 모든 주체들을 포괄하는 개념이다. 따라서 SCM은 '공급망을 구성하는 모든 구성원들에 대한 관리'를 의미한다. 그런데 기업경영에서 '관리'라고 하면 통상적으로 개별기업에 의한 관리를 의미하지만 SCM에서의 관리는 개별기업에 의한 관리가 아니라 공급망을 구성하는 다양한 구성원들에 의한 공동관리를 의미하며, 관리의 목적도 개별기업 차원에서의 수익극대화가 아니라 공동의 노력에 의한 고객서비스 수준의 제고를 통해 공급망 구성원 전체의 수익을 극대화하는 데 그 목적이 있다.

즉, SCM은 유통경로구성원 전체의 차원에서 전략적 제휴를 바탕으로 통합적으로 수행되는 물류관리를 의미하며, SCM에서는 특히 제조업체와 유통업체 간의 전략적 제휴관계가 강조되고 있다. 이러한 의미에서 SCM은 새로운 개념이라기보다는 특정 상품에 대한 물류관리의 수행주체가 개별기업에서 전체 유통경로구성원으로 확장된 개념이라고 할 수 있다. 뒤에서 기술할 제3자 물류 및 제4자 물류가 화주업체(주로 제조업체)와 물류업체 간의 전략적 제휴라고 하면, SCM은 공급업체, 제조업체, 유통업체, 물류업체 간의 전략적 제휴, 그 가운데에서도 특히 제조업체와 유통업체와의 전략적 제휴라고 할 수 있다. SCM이 활성화되면서 개별기업 간의 경쟁은 점차 공급망 간의 경쟁으로 발전하고 있다. 이러한 논의를 바탕으로 SCM은 다음과 같이 정의될 수 있다.

원자재·부품공급업체, 제조업체, 유통업체, 물류업체 등 모든 유통경로구성원들의 협력을 바탕으로 정보기술을 활용하여 재고관리, 운송관리, 창고관리 등의 물류관리활동을 수행함으로써 고객서비스를 극대화하는 한편, 각 구성원들의 경쟁력을 강화시키려는 활동

SCM의 개념은 1990년대 초에 등장하기 시작하였는데 이 개념이 등장한 가장 중요한 배경으로는 시장의 불확실성이 증가하고 경쟁이 치열해지는 환경에서 개별기업이 자체적인 노력만을 기반으로 경쟁력을 향상시키는 데는 한계가 분명해졌다는 점을 들 수 있다. 예를 들어 제조업체의 입장에서 사내물류를 아무리 훌륭하게 수행한다고 하더라도 공급업체로부터의 원자재·부품의 공급이나 유통업체로부터의 주문에 불확실성이 존재하면 적정 물량의 생산이 이루어질 수 없고, 따라서 적정 재고를 유지하는 데 어려움이 발생하게 된다. 이렇게 되면 재고과잉나 재고부족 현상이 발생하면서 과다한 재고비용 발생이나 고객서비스품질의 저하로 이어지게 된다. 즉, 이른바 채찍효과로 인해 공급망 전체의 효율이 떨어지는 현상이 발생한다([글 12-2] 참조). 이를 극복하기 위해 제조업체는 공급업체와 유통업체 등으로부터 생산계획에 반영할 수 있는 정보를 공급받아 적정량의 상품을 안정적으로 생산함으로써 적정 재고를 유지할 수 있고, 공급업체와 유통업체도 불확실성을 줄임으로써 보다 효율적인 생산 및 판매활동을 전개할 수 있다. 결론적으로 SCM은 수요와 공급을 일치시키기 위한 활동이라고 할 수 있다. 이를 통해 기업들은 재고비용과 운영비용을 절감시킬 수 있고, 동시에 소비자에게는 원하는 상품을 적기에 공급함으로써 고객서비스의 수준을 향상시켜 나갈 수 있다.

글 12-2 SCM과 채찍효과

채찍을 흔들면 손잡이 부근에서의 작은 흔들림은 채찍 끝으로 갈수록 그 폭이 점점 더 커진다. 공급망상에서의 채찍효과(bullwhip effect)는 소비자에서 멀리 떨어진 유통경로구성원일수록 주문량의 변화가 심화되는 현상을 말한다. 즉, 소비자의 구매량에 변화가 있을 때 소비자의 구매량의 변화에 비해 소매상의 도매상에 대한 주문량의 변화가 더 크고, 소매상의 도매상에 대한 주문량의 변화보다 도매상의 제조업체에 대한 주문량의 변화가 더 크며, 도매상의 제조업체에 대한 주문량의 변화보다 제조업체의 원자재공급업체에 대한 주문량의 변화가 더 크게 나타나는 현상을 의미한다.

[그림 12-6]은 소비자의 구매량에 일시적인 증가가 발생하였을 때의 채찍효과를 나타내고 있다. 소비자의 구매증가를 알게 된 소매상은 소비자의 구매증가가 지속될 것을 대비하여 안전재고까지 감안하여 도매상에 대한 주문량을 늘린다. 여기에 더하여 소매상은 도매상이 제공하는 수량할인 혜택을 얻기 위해 주문량을 더욱 늘릴 수 있다. 이러한 현상이 발생하기 때문에 소매상의 주문량은 시차를 두고 소비자의 구매량보다 훨씬 더 큰 폭으로 증가한다. 이러한 현상은 도매상에서 제조업체, 제조업체에서 공급업체로 가면서 더욱 확대된다. 소비자의 구매가 지속적으로 증가하지 않는다면

소매상, 도매상, 제조업체에는 재고가 쌓이게 된다. 반대로 소비자의 구매가 일시적으로 감소하는 경우에는 소매상, 도매상, 제조업체는 구매량 감소분 이상으로 주문량을 줄이기 때문에 소비자의 구매량이 회복되는 경우에는 재고부족이 발생한다. 따라서 채찍효과가 발생하면 과잉재고에 따른 재고비용의 증가, 재고부족으로 인한 판매기회 상실, 고객서비스 수준의 하락 등으로 인해 전체 공급망의 효율성이 크게 감소하게 된다.

채찍효과가 발생하는 가장 큰 원인은 제조업체가 주문량에 의존하여 생산계획을 세우기 때문이며, 따라서 제조업체가 유통업체로부터 소비자의 구매량에 대한 정확한 정보를 기반으로 생산계획을 세울 수 있다면 채찍효과는 거의 대부분 극복될 수 있다. 제조업체와 유통업체 간의 정보교류는 SCM의 핵심을 이루고 있으며, 따라서 SCM은 채찍효과를 극복할 수 있는 효과적인 수단이 된다.

그림 12-6 ▌ 소비자의 구매량 증가로 인한 채찍효과

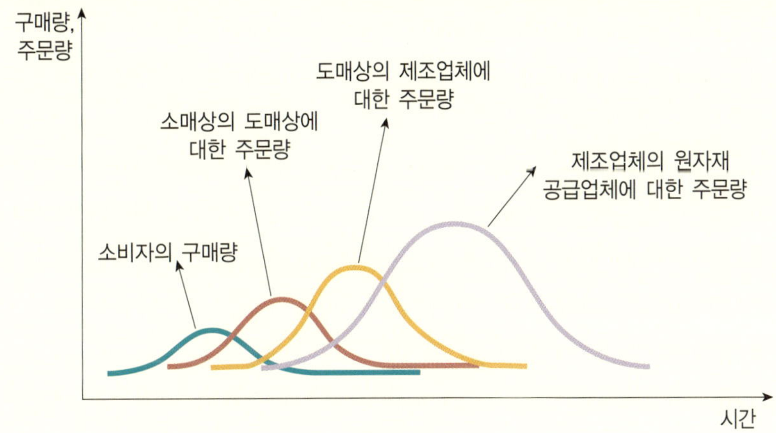

2. 주요 SCM시스템

SCM을 구현하기 위한 많은 수의 시스템이 존재한다. 그 대표적인 시스템으로는 EOS/CAO(Electronic Ordering System/Computer Assisted Ordering), QR(Quick Response), ECR(Efficient Customer Response), CPFR(Collaborative Planning, Forecasting and Replenishment) 등을 들 수 있다.

2.1 EOS/CAO(전자발주시스템/자동발주시스템)

EOS는 수주와 발주업무가 컴퓨터를 통해 이루어지는 것을 지원하는 시스템을 의미한다. 즉, 발주하는 거래기업이 컴퓨터에 주문의 내용을 입력하여 전송하면 수주하는 거래기업은

이 정보를 기반으로 납품업무를 진행하게 된다. EOS는 팩스나 전화를 이용한 수발주에 비해 여러 가지 장점이 있다. 수발주업무가 보다 신속하고 정확하게 이루어질 수 있으며, 수작업으로 인한 실수를 최소화시킬 수 있다. 또한 수발주에 소요되는 시간과 인력이 절감되기 때문에 생산성을 향상시키는 효과도 얻을 수 있다. CAO는 EOS와 POS시스템을 결합한 시스템으로 EOS가 진화한 형태라고 할 수 있다. CAO에서는 POS시스템을 통해 파악된 재고정보를 바탕으로 재고가 일정수준으로 떨어지면 컴퓨터가 이를 인지하여 자동으로 발주한다. 이 시스템은 발주시점, 발주물량 등에 대한 결정이 컴퓨터를 통해 자동으로 이루어지도록 함으로써 사람의 판단 착오에서 오는 비효율성을 제거할 수 있고, 발주업무에 필요한 인력을 줄임으로써 비용을 절감하는 효과를 거둘 수 있다. 특히 대형마트, SSM, 편의점 등과 같이 많은 수의 제품을 취급하는 대형 유통업체는 CAO의 도입이 SCM을 구현하는 필수적인 수단이 된다.

2.2 신속대응(QR)

QR은 의류업계에서 채택하고 있는 SCM시스템으로 그 이름이 시사하는 바와 같이 소비자의 수요변화에 따라 팔릴 수 있는 상품을 신속하게 공급함으로써 매출을 증가시키고 재고비용을 절감시키는 데 초점을 두고 있다. QR은 1980년대 중반 미국의 의류업계와 유통업체가 상호 협력하면서 시작됐다. 당시 미국의 의류업계는 세계 제일의 생산 및 내수시장 기반을 확보하고 있으면서도 시장변화에 적절히 대응하지 못해 경쟁력이 약화되고 재고비용이 증가하는 등의 어려움에 직면해 있었는데, QR의 도입으로 리드타임의 감소, 재고비용의 감소, 판매의 증진 등의 획기적인 성과를 거둘 수 있었다. 우리나라에서는 QR이 1998년부터 도입되기 시작하였다. QR의 핵심은 유통업체가 제조업체에게 판매된 의류에 대한 정보(의류의 색상, 사이즈, 소재 등)를 매일 정기적으로 제공함으로써 제조업체로 하여금 판매가 부진한 상품에 대해서는 생산을 감축하고 잘 팔리는 상품의 생산에 주력할 수 있도록 하는 데 있다. QR이 업계 전반에 걸쳐 확산되기 위해서는 유통업체마다 각각 다르게 운영되고 있는 의류상품에 대한 상품분류체계를 표준화하여야 하며, 따라서 이를 위한 업계의 협력이 전제되어야 한다. 미국의 식품업계는 QR에 대한 벤치마킹을 통해 식품업계의 SCM시스템인 ECR을 개발하였으며, 이러한 과정에서 SCM의 개념이 정착하게 되었다. 즉, QR은 SCM이 태동하게 된 계기를 마련하였다고 할 수 있다.

2.3 효율적 고객대응(ECR)

ECR은 1990년대 초반에 미국의 슈퍼마켓업계가 의류업계에서 성공한 QR에 대한 벤치마킹을 통해 개발한 시스템이다. 슈퍼마켓업계가 ECR을 도입하게 된 이유는 월마트 등의 대형마트가 식품부문을 강화하면서 이에 대응하기 위한 획기적인 변화가 필요했고, 또한 식품의 특성상 유통기한이 짧아서 상품을 필요할 때 소량으로 신속하게 공급받아야 할 필요가 있었기 때문이다. 이 시스템의 가장 두드러진 특징은 제조업체로부터 유통업체로의 상품공급이 유통업체의 주문에 의한 푸시(push)방식에서 벗어나 공급망의 최하단에 위치한 소비자의 실구매자료를 기반으로 하는 풀(pull)방식을 채택하고 있다는 데 있다. 이를 구현하기 위해 ECR에서는 유통업체로 공급되는 상품의 유형, 공급량, 공급시점 등에 대한 의사결정이 유통업체가 아닌 제조업체에 의해 이루어지도록 하고 있다. 즉, 유통업체는 공급업체에게 소비자가 실제로 구입한 상품에 대한 정보와 재고정보를 정기적으로 제공하고 공급업체는 이를 바탕으로 물류비의 최소화, 유통업체의 안전재고 확보와 과잉재고 최소화 등을 고려하여 상품, 공급량, 공급시기 등을 결정하게 된다. ECR은 여러 가지 시스템에 의해 구현되는데 제조업체가 재고관리를 주도한다는 의미를 가지고 있는 '공급업체주도 재고관리(VMI : Vendor Managed Inventory)', 유통업체의 재고보충이 유통업체에 의한 주문에 의해 단발적으로 이루어지는 것이 아니라 제조업체가 필요시에 필요한 만큼 지속적으로 공급한다는 의미를 가지고 있는 '지속적 재고보충프로그램(CRP : Continuous Replenishment Program)' 등이 그 대표적인 예이다.

2.4 협력적 계획, 예측 및 재고보충(CPFR)

CPFR은 제조업체와 유통업체가 생산 및 판매와 관련된 사업계획, 예측, 재고보충 등을 공동으로 수행하는 것을 지원하기 위한 시스템으로 기존 시스템이 가지고 있는 단점을 보완하고 표준화한 시스템이라고 할 수 있다. 즉, VMI나 CRP 등이 상품을 공급하는 제조업체가 주도하는 판매분석, 수요예측 등에 의해 재고보충이 이루어지는 시스템인 반면, CPFR은 유통업체와 제조업체의 협업을 통해서 의사결정이 이루어진다. 또한 CRFR에서는 재고보충 뿐만 아니라 상품개발, 프로모션 등 상품의 생산 및 판매과정 전반에 걸친 협력작업이 이루어진다. 이를 실현하기 위해서는 제조업체와 유통업체 간에 판매, 재고, 생산 등에 대한 자료는 물론 업무프로세스나 사업계획에 대한 정보의 공유가 이루어져야 하고, 주요 사안에 대한 의견조율 등 긴밀한 협력관계가 유지될 수 있어야 한다.

제5절 제3자 물류와 제4자 물류

물류는 물류활동을 수행하는 주체가 누구인가에 따라 [그림 12-7]에서와 같이 제1자 물류, 제2자 물류, 제3자 물류, 제4자 물류 등으로 구분될 수 있다. '제1자 물류'는 화주업체가 자체적으로 물류활동을 수행하는 물류를 의미하고, '제2자 물류'는 계열 물류회사를 통해 수행하는 물류를 의미하며, '제3자 물류'와 '제4자 물류'는 외부 전문업체에 의한 물류를 의미한다. 최근 들어 물류의 전략적인 중요성이 증가하면서 물류업무를 자체적으로 수행하지 않고 전문업체에 의뢰하는 경향이 커지고 있다. 여기에서는 최근 그 중요성이 점증하고 있는 제3자 물류와 제4자 물류에 대해 기술한다.

그림 12-7 ▌물류활동 수행 주체에 따른 물류의 유형

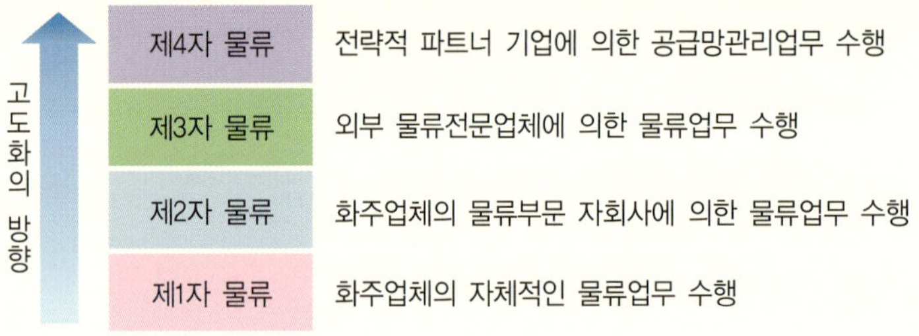

1. 제3자 물류

제3자 물류(3PL : Third Party Logistics)는 '부품이나 완제품의 조달에서 시작하여 완제품의 판매에 이르기까지의 모든 과정에서 발생하는 물류기능의 전체 혹은 일부를 전문물류업체가 화주업체로부터 위탁을 받아 수행하는 물류활동'이라고 정의될 수 있다. 이러한 업무를 수행하는 업체를 '제3자 물류업체'라고 하는데, 여기에서 '제3자'라는 것은 거래의 당사자나 상품의 소유자로서가 아니라 거래가 효율적으로 이루어질 수 있도록 하는 조력자의 입장에서 업무를 수행한다는 것을 의미한다. 제3자 물류업체는 화주업체와 통상적으로 짧게는 1년에서 길게는 5년 이상의 장기계약을 통해 업무를 수행하며, 이러한 의미에서 제3자 물류는 '계약물류'라고도 불린다. 제3자 물류는 단발성 외주물류와 비교되는데 단발성 외주물류가 단기적인 관점에서 운송비용이나 보관비용을 절감하는 데 초점을 두고 있는 반

면, 제3자 물류는 비용절감은 물론 장기적이고 전략적인 관점에서 경쟁우위를 확보하는 데 초점을 두고 있다. 그래서 제3자 물류에서는 제3자 물류업체가 화주업체의 경쟁력을 강화시키기 위해 물류프로세스의 개선을 위한 전략 컨설팅서비스까지 제공하는 경우가 많다. 즉, 제3자 물류는 화주업체와 물류업체와의 관계가 거래적 관계에서 자문적 관계, 파트너십 관계로 변화한 형태라고 할 수 있다.

화주업체는 제3자 물류를 활용함으로써 자체적으로 물류활동을 수행하는 것에 비해 상품개발, 영업/마케팅활동 등의 핵심역량의 강화에 진력할 수 있고, 물류비용을 절감할 수 있으며, 조직을 슬림화시키는 효과를 거둘 수 있다. 제3자 물류업체의 활용은 대기업보다는 규모가 작은 기업에 의해 더 활발하게 이루어지고 있다. 이는 대형 유통업체나 제조업체들은 자체적인 물류센터의 구축이나 자회사/관계사를 통해 물류활동을 전개하더라도 규모의 경제를 실현할 수 있는 반면 중소기업들은 그렇지 못하기 때문이다. 예를 들어 삼성전자, 현대자동차그룹, LG그룹, CJ그룹 등의 대형 제조업체들은 각각 삼성전자로지텍, 현대글로비스, 범한판토스, CJ대한통운 등의 관계사를 통해 물류활동을 전개하고 있으며, 이들 관계사는 그룹 내의 물량은 물론 제3자 물류업체로서 다른 기업의 위탁을 받아 물류활동을 수행하기도 한다. CJ대한통운과 같은 경우 매출의 65%를 제3자 물류를 통해 실현하고 있다. 또한 대형마트, SSM 등을 포함한 대형 유통업체들은 물류센터의 건립을 통해 저장, 유통가공, 재고관리 등의 업무를 스스로 수행하는 경우가 많다.

2. 제4자 물류

제3자 물류에서는 통상적으로 전문운송업체나 전문창고업체가 해당 부문에서 비용절감을 위한 특화된 서비스를 고객사에게 제공한다. 즉, 제3자 물류업체는 특정 기업을 위해 특정 부문에서의 최적 대안을 찾아 수행하는 것을 주된 목표로 삼고 있다. 그런데 업체 간(대부분은 제조업체와 유통업체 간)의 긴밀한 협력관계를 전제로 하는 SCM에 대한 관심이 높아지면서 단순히 해당 부문에 특화된 서비스를 특정 업체에게 제공하는 제3자 물류의 한계점이 노정되었고, 이로 인해 제4자 물류라는 개념이 태동되었다고 할 수 있다.

제4자 물류는 외부 전문업체가 SCM의 수행을 위한 다양한 유형의 서비스를 제공하는 것을 주된 내용으로 하고 있다. 제4자 물류에서는 제3자 물류업체가 업무 영역을 확대하여 수행주체가 될 수도 있고, 물류부문에 특화된 컨설팅회사도 수행주체가 될 수 있다. 제4자 물류업체는 고객사를 위한 성공적인 SCM의 수행을 위해 다양한 활동을 수행하게 된다. 즉, 제4자 물류업체는 기업 간 정보교류를 위한 정보시스템의 구축, 공급망 전체의 수익극대화를 위한 아이디어의 창출, 최적 운송업무 및 창고업무의 수행방안 선정, 물류업무의 수행 등의 업무를 총괄하는 역할을 수행하며, 다양한 유형의 업체(컨설팅사, IT업체, 운송업체, 창고업체 등)가 참여하는 컨소시엄을 구성하여 업무를 수행하게 된다.

Chapter 13 머천다이징

제1절 머천다이징의 개념

AMA(American Marketing Association)에 따르면 머천다이징(merchandising)은 '고객들에게 적합한 상품을 적합한 장소, 적합한 시점, 적합한 수량, 적합한 가격에 공급하는 것과 관련된 모든 활동'이라고 정의될 수 있으며, 우리말로는 상품기획, 상품화계획 등으로 불린다. 이러한 정의에 따라 머천다이징은 5R로 요약될 수 있다. 5R은 Right Product, Right Place, Right Time, Right Quantity, Right Price를 의미한다. 즉, 머천다이징은 상품구색, 진열, 물량확보, 재고관리, 가격설정, 프로모션 등의 광범위한 활동들을 포괄하는 용어로 사용되고 있다([그림 13-1] 참조).

머천다이징업무를 수행하는 사람을 머천다이저(merchandiser) 혹은 약어로 MD라고 부른다. 소매업체에서의 MD는 고객의 니즈에 부합하는 상품을 구매하여 진열하고 이를 판매하는 것과 관련된 다양한 활동의 기획과 실행에 대해 책임을 지는 사람을 일컫는다. 소매업체의 MD는 모든 상품을 담당하는 것이 아니라 특정 카테고리의 상품을 담당하고 있기 때문에 CM(Category Manager)이라고 불리기도 한다.

머천다이징은 유통업체는 물론 제조업체, 서비스업체 등에 의해서도 수행되지만 본장에서는 머천다이징을 수행하는 가장 대표적인 업종이라고 할 수 있는 오프라인 소매업체를 중심으로 기술한다.

그림 13-1 ▌ 머천다이징의 개념

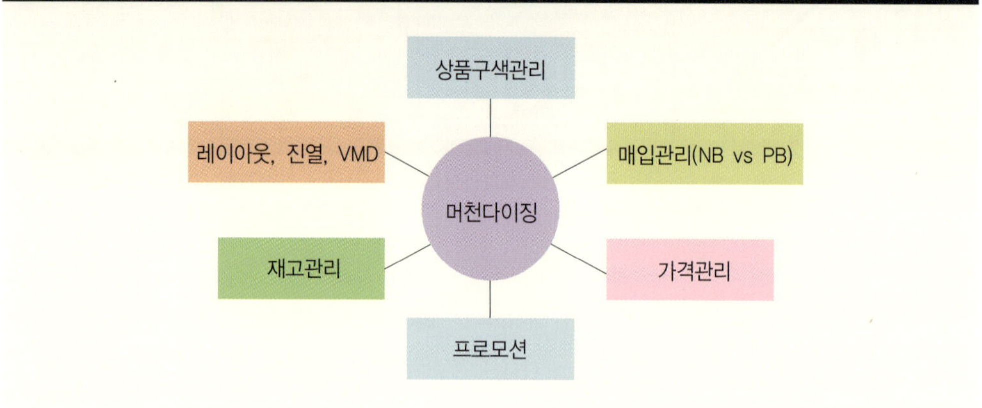

제2절 머천다이징의 성과평가

1. 총재고투자대비수익률

구매, 진열, 재고, 가격, 프로모션 등 다양한 분야에서의 활동들을 포괄하는 개념인 머천다이징의 성과를 평가하는 가장 대표적인 지표로 총재고투자대비수익률(GMROI : Gross Margin Return on Inventory Investment)이 있다. GMROI는 평균재고자산 대비 총마진(gross margin)을 의미한다. 평균재고자산은 소매업체가 일정기간 동안 재고를 확보하기 위해 제조업체, 도매상 등에 지급한 금액를 의미하며, 총마진은 매출액에서 판매된 제품을 구입하기 위해 지출한 매출원가를 차감한 금액을 의미한다. 평균재고자산과 총마진에 대한 분석기간은 연단위가 될 수도 있고, 반기나 분기별로도 가능하며 더 세분화할 수도 있다. GMROI는 아래와 같이 마진율과 재고회전율의 곱으로 표시된다. 따라서 소매관리의 성과를 높이기 위해서는 마진율과 재고회전율을 높여야 한다.

GMROI = 총마진 ÷ 평균재고자산
= (총마진 ÷ 매출액) × (매출액 ÷ 평균재고자산)
= 마진율 × 재고회전율

2. 마진율

마진율은 (총마진÷매출액)을 의미하는데 총마진이 (매출액－매출원가)이기 때문에 마진율은 상품을 판매하면서 벌어들이는 수입이 매출액에서 차지하는 비중을 나타낸다. 마진율을 높이기 위해서는 상품을 최대한 저렴하게 구매하여야 한다. 상품을 저렴하게 구매하기 위해서는 대량구입이 무엇보다 중요하다. 대형마트, SSM, 편의점, H&B스토어, 균일가샵, 프랜차이즈 가맹본부 등의 유통업체들은 많이 판매하여야 많이 구매할 수 있기 때문에 최대한 많은 매장을 확보하기 위해 노력한다. 즉, 매장의 수가 많으면 많을수록 구매량이 많아지고 구매량이 많을수록 협상력을 높여 구매가격을 낮출 수 있다. 또한 많은 수량을 한꺼번에 구매하기 위해서는 물류센터 등의 시설이 필요하고 따라서 물류센터는 마진율을 높이기 위한 필수적인 수단이 된다. 중소슈퍼 등의 영세 유통업체들의 경쟁력을 높이기 위한 지방자치단체나 정부기관의 지원이 공동물류센터의 구축을 중심으로 이루어지고 있는 것도 이 때문이다. 구입가격을 낮추기 위한 또 다른 방법으로는 반품을 하지 않겠다는 조건을 제시하거나 즉시 현금을 지급하는 방법이 있지만 유통업체의 입장에서는 상당한 위험부담이 따르기 때문에 신중을 기해야 한다.

3. 재고회전율

재고회전율(inventory turnover)은 '평균재고자산 대비 매출액', 즉 (매출액÷평균재고자산)으로 표현되며, 재고 매입자금이 일정기간 동안 몇 번 회전하였는가를 나타낸다. 예를 들어 연간 평균재고자산이 3,000만원이고 재고회전율이 5라면, 3,000만원의 자금을 가지고 사입을 진개하여 1억 5,000만원의 매출을 올렸다는 의미가 된다. 만일 이 경우에 재고회전율이 10이라면 3억원의 매출을 올렸다는 것이고 이는 회전율이 5인 경우에 비해 3,000만원이라는 매입자금이 2배만큼 효율적으로 사용되었다는 것을 의미한다. 재고회전율을 높이기 위해서는 재고를 최대한 적은 규모로 유지하여야 하고, 동시에 매장에서의 판매가 원활하게 이루어질 수 있도록 하여야 한다. 재고회전율을 높이기 위한 가장 중요한 업무는 잘 팔릴 수 있는 상품을 확보하는 것이다. 그래서 유통업체들은 좋은 상품을 확보하기 위해 다각적인 노력을 기울인다. 대형 유통업체들은 값싸고 질 좋은 상품을 확보하기 위해 국내는 물론 세계 각지로부터 상품을 확보하고 있으며, 가격경쟁력을 갖추기 위해 PB상품을 적극적으로 도입하고 있다. 예를 들어 농축수산물의 경우에 유통업체들은 산지를 돌며 우수한 상품을 생산하는 생산자와의 직거래를 도모하기도 하고, 직접 생산과정에 참여하여 적정한 가격의 우수한 상품을 안정적으로 확보하기 위해 노력한다. 상품의 수를 줄이고 잘 팔리는 상품만을 확보하여 진열하는 것도 재고회전율을 높이는 방법이 될 수 있다. 박리다매를 추구하는 창고형 할인매장의 단품(SKU)의 수(약 3~4천 개)가 비슷한 규모의 대형마트의 단품의 수(약 5~6만 개)의 10분의 1에도 미치지 않는 것도 낮은 마진율을 높은 재고회전율로 커버하려는 시도라고 할 수 있다.

그러나 재고회전율만을 중시하면 오히려 수익성을 감소시킬 수도 있기 때문에 주의를 기울여야 한다. 예를 들어 재고회전율을 높이기 위한 과도한 가격할인은 일시적으로 재고회전율을 증가시킬 수 있지만 마진율을 감소시켜 GMROI를 감소시킬 수 있다. 또한 소비자들이 주로 찾는 상품만을 진열하기 위해 단품의 수를 너무 감소시키면, 예를 들어 의류의 경우 소비자들은 자신이 원하는 사이즈나 색상을 구매할 수 없게 되고, 이로 인해 더 이상 해당 점포를 찾지 않게 되는 결과가 초래될 수도 있다. 재고를 줄이기 위해 소량으로 빈번하게 구입하는 방법을 사용할 수도 있지만, 이 경우에도 재고부족으로 판매기회를 상실할 수 있고, 대량구매를 바탕으로 공급업체로부터 얻어낼 수 있는 가격할인 혜택을 누릴 수 없게 되며, 구매업무가 증가하는 비효율이 초래될 수 있다.

제3절 상품관리

1. 상품 카테고리의 개념

유통업체들은 취급상품들의 효율적인 관리를 위해 수많은 개별상품들을 여러 개의 집단으로 분류하는데, 하나의 집단으로 묶여진 상품들을 '카테고리(category)'라고 부른다. 유통업체들은 소비자들의 사용상황이 유사한 상품들, 보완관계에 있는 상품들, 대체관계에 있는 상품들을 하나의 카테고리로 묶어 관리한다. 그래서 앞에서도 언급한 바와 같이 상품기획자를 의미하는 MD를 '카테고리관리자'라는 뜻의 CM(Category Manager)라고 부르기도 한다. 유통업체들은 대개 상품을 대·중·소의 3단계로 분류하는 것을 기본으로 하고 있으며, 여기에 세분류를 추가하기도 한다([글 13-1] 참조). 카테고리의 범주는 업태에 따라 또한 업체의 전략에 따라 달라지지만 카테고리는 대체로 중분류나 소분류 수준에 속하는 상품그룹을 의미한다. 유통업체의 모든 상품관리활동들(구색관리, 발주관리, 진열관리, 프로모션관리, 가격관리, 판매관리 등)이 카테고리단위로 이루어지기 때문에 상품 카테고리의 설정은 머천다이징의 가장 기본이 되는 업무라고 할 수 있다.

글 13-1 이마트의 상품 카테고리

우리나라의 대표적인 대형마트인 이마트는 식품부문의 상품들을 아래의 그림과 같이 분류하고 있다.

- 대분류 : 과일, 채소, 쌀/잡곡/견과, 정육/계란류, 수산물/건해산, 우유/유제품/유아식, 냉장/냉동/간편식 등
- 중분류(정육/계란류) : 계란/알류, 닭/오리고기, 양고기, 돼지고기, 국내산소고기 등
- 소분류(국내산소고기) : 국거리, 장조림/갈비/찜, 구이/스테이크 등

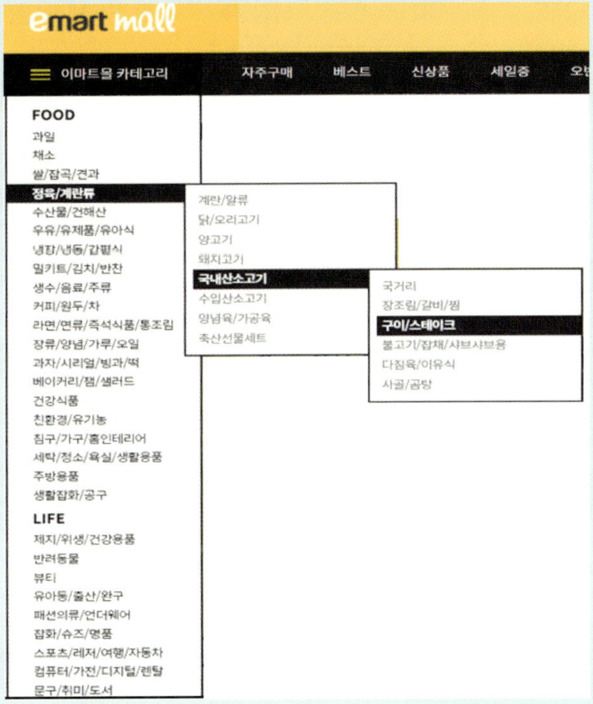

사료 : 이마트 홈페이지(http://emart.ssg.com)

대분류는 주로 전체매장의 판매동향의 파악을 위해 사용되며, 중분류는 대분류의 판매동향을 보다 구체적으로 파악하여 상품전략을 수립하기 위한 목적으로 활용된다. 또한 중분류는 MD들의 업무 영역을 정하는 기준이 되기도 한다. [표 13-1]은 어느 편의점업체의 상품분류체계 및 이를 바탕으로 하는 MD 조직체계를 보여주고 있다. MD 조직 내의 팀들은 대분류를 기준으로 구분되어 있고, 개별 MD의 업무는 중분류를 기준으로 분류되어 있음을 알 수 있다.

표 13-1 A편의점의 상품분류체계 및 MD조직

대분류		중분류		MD조직	
1	상온식품	10	과자	상온식품팀	MD
		11	라면		MD
		12	일반식품		MD
2	음료 · 주류	20	음료	음료 · 주류팀	MD
		21	주류		MD
3	냉장 · 냉동	31	유제품	냉장식품팀	MD
		32	냉장냉동		MD
		33	아이스크림		
4	비식품	40	세제위생	비식품팀	MD
		41	잡화		
		42	편의품		MD
5	담배	50	국산담배		
		1	외산담배		

자료 : 이라경(2013), MD의 정석, 한국체인스토어협회 출판부, 61.

특정 상품 카테고리를 담당하고 있는 MD는 해당 카테고리에 소속되어 있는 소분류, 세분류, SKU 등을 관리하게 된다. 흔히 '단품(單品)'이라고 불리는 SKU(Stock Keeping Unit : 재고보관단위)는 가장 말단의 상품분류단위로 상품에 대한 추적과 관리가 용이하도록 하기 위해 사용되는 식별관리코드를 의미한다. 예를 들어 의류의 경우 SKU는 색상, 사이즈, 스타일 등의 요소가 고려되어 정해진다. SKU는 문자와 숫자 등의 기호로 표기되며 구매자나 판매자는 이 코드를 이용하여 특정한 상품을 지정할 수 있다. 일반적으로 SKU는 상품의 바코드에 표기되는 상품단위와 동일한 개념으로 사용된다. SKU는 제조업체에 의해 정해지는데 업체에 따라 각기 다른 체계가 사용되기도 한다.

상품분류체계는 소매업태에 따라 크게 차이가 나고 또한 동일한 소매업태 내의 경쟁업체 간에도 다르게 운영된다. 분류체계를 결정하는 가장 중요한 요인은 고객이 상품을 어떻게 분류하고 있고, 또한 실제의 구매행동이 어떻게 이루어지고 있는가 하는 것이다. 따라서 각 유통업체의 분류체계는 고객을 어떻게 이해하고 있느냐에 따라 달라진다. 예를 들어 '꿀'의 경우에 소비자들이 꿀을 커피나 차와 같은 기호식품이라고 생각하고 있다고 이해하는 업체는 꿀을 커피, 차 등과 같은 카테고리에 포함시키지만, 건강식품이라고 생각하고 있다고 이해하는 업체는 로얄제리 등과 같은 카테고리에 포함시킨다. 또한 매출동향에 따라 새로운

카테고리가 생겨나기도 하고, 특정 상품의 소속 카테고리가 변경되기도 하며, 매출실적이 부진한 카테고리는 없어지기도 한다.

2. 상품구색

상품구색(商品具色, product assortment)은 '여러 가지 상품들을 고루 갖추어 놓는 것'을 의미한다. 오프라인의 소매점포는 제한된 공간에서 매출과 이익을 극대화하는 것을 목적으로 하고 있기 때문에 재고를 줄이는 동시에 결품으로 인한 판매손실이 발생하지 않도록 상품구색을 갖추는 것은 매우 중요하다. 따라서 상품구색은 MD가 수행하여야 하는 가장 기본적이면서도 중요한 업무라고 할 수 있다. 상품구색은 폭과 깊이의 개념을 중심으로 분석된다. 상품구색의 폭은 취급하는 상품의 카테고리의 수를 의미하고, 상품구색의 깊이는 개별 카테고리에 속해 있는 단품(SKU)의 수를 의미한다. 예를 들어 주류라는 중분류 카테고리 내에서 상품구색의 폭은 맥주, 소주, 전통수, 양수, 포노주 등의 세분류 카테고리의 수가 얼마나 많은가를 의미하고, 상품구색의 깊이는 예를 들어 맥주라는 세분류 카테고리 내에 얼마나 다양한 브랜드, 용량, 용기의 맥주가 있는가를 의미한다. 상품구색의 폭이 넓을수록 또한 깊이가 깊을수록 고객들의 다양한 니즈에 부합할 수 있는 가능성이 커지지만 진열면적이 제한되어 있기 때문에 단위면적당 매출을 극대화시킬 수 있는 적정한 수의 상품구색의 폭과 깊이를 결정할 수 있어야 한다.

제4절 NB상품과 PB상품

유통업체는 매입할 상품과 관련하여 제조업체의 브랜드가 부착된 상품을 매입할 것인지 혹은 자체 브랜드의 상품을 매입할 것인지에 대한 의사결정을 하여야 한다. 제조업체 브랜드의 상품은 NB상품이라고 불리고, 유통업체 자체 브랜드의 상품은 PB상품이라 불린다. 또한 많지는 않지만 대형마트를 중심으로 NB상품과 PB상품의 중간 형태인 PNB상품도 있다.

1. NB상품

NB(National Brand)상품은 제조업체에 의해 개발, 생산, 프로모션 등의 활동이 이루어지고, 여러 유통업체에 의해 판매되는 상품을 의미한다. 즉, NB상품의 경우에는 개발, 생산, 품질향상, 이미지 제고 등의 활동이 모두 제조업체의 책임하에 수행되며, 유통업체는 좋은 품질, 좋은 이미지, 경쟁력 있는 가격 등의 조건을 갖추고 있는 상품을 선별하여 구입한다.

2. PB상품

PB(Private Brand)상품은 유통업체에 의해 개발이 이루어지고 유통업체로부터 위탁을 받은 제조업체에 의해 생산된 후, 유통업체의 이름이나 혹은 유통업체가 개발한 브랜드명으로 해당 유통업체의 매장에서 판매되는 상품을 의미한다. 즉, PB상품의 경우에는 제조업체는 위탁받은 상품에 대한 생산에 책임을 질 뿐이며, 개발, 프로모션, 판매 등의 활동은 모두 유통업체에 의해 이루어진다. 경우에 따라서는 상품의 개발이 제조업체와의 협업에 의해 이루어지기도 하지만 이러한 경우에도 최종적인 의사결정은 유통업체에 의해 이루어진다.

우리나라에서 PB상품은 백화점부문에서 시작되었으며, 백화점은 특히 많은 매출비중을 차지하고 있는 의류부문을 중심으로 PB상품을 집중적으로 개발하여 왔다. 최근 들어 유통업체들이 PB상품을 가격경쟁력 확보와 차별화를 위한 전략적인 수단으로 인식하면서 특히 대형마트, 편의점, H&B스토어 등에서 취급비중을 크게 늘리고 있다. PB상품의 매출비중은 업체에 따라 차이가 있지만 2020년을 기준으로 H&B스토어의 경우는 약 10%, 대형마트는 약 25~30%, 편의점의 경우에는 무려 35% 수준에 이르고 있다. 많은 유통업체들이 PB상품을 중시하는 가장 큰 이유는 PB상품을 제조업체로부터 구매해오는 가격이 낮아서 NB상품보다 10~20% 싸게 판매하면서도 수익률을 높일 수 있기 때문이다. PB상품을 공급하는 제조업체는 첫째, 광고나 홍보 등의 프로모션비용을 지출할 필요가 없고 둘째, 안정적인 판매확보로 인해 관리비용 등을 절감할 수 있으며 셋째, 공장 가동률도 높일 수 있기 때문에 보다 저렴한 가격에 상품을 공급할 수 있다. 대형 제조업체들은 PB상품 도입 초기에는 PB상품에 대한 반감, 낮은 공급가격, 자사 상품의 판매저하 우려 등으로 인해 참여를 꺼렸지만 성공적인 사례가 나타나고, 참여하지 않을 경우에 시장점유율이 급격하게 감소할 수 있다는 우려가 커지면서 유통업체와 공동으로 PB상품을 개발하는 사례가 늘어나고 있다.

3. PNB상품

PNB(Private National Brand)상품은 제조업체의 브랜드를 부착하고 있으면서 특정 유통업체에게만 공급되어 판매되는 상품을 의미한다. PNB상품은 특정 유통업체에서만 판매된다는 점에서 NB상품과 구별되고, 제조업체의 브랜드가 그대로 사용되고 AS 등도 제조업체에 의해 이루어진다는 점에서 PB상품과도 구별된다.

제5절 레이아웃, 상품진열, VMD

소매유통업체들은 점포의 구매환경이 점포 이미지는 물론 실제의 구매행동에도 크게 영향을 미친다는 점을 인식하게 되면서 레이아웃, 상품진열, VMD(Visual Merchandising) 등을 전략적으로 활용하기 위한 적극적인 노력이 기울이고 있다. 판매하고자 하는 상품 자체의 경쟁력을 향상시키는 것도 중요하지만, 같은 상품이라도 고객의 니즈에 부합하는 구매환경의 조성을 통해 고객들에게 보다 만족스러운 구매경험을 제공함으로써 더 많은 고객들을 끌어들이고 더 많이 구매할 수 있도록 유도할 수 있다. 여기에서는 레이아웃과 진열, 그리고 VMD에 대해 기술한다.

1. 레이아웃

소매점포의 레이아웃(layout)은 점포의 공간을 나누어서 상품군이나 점포를 배치하는 것을 의미한다. 백화점이나 복합쇼핑몰 등과 같이 여러 점포가 각기 독립적인 공간을 차지하고 있는 경우에는 '점포'들을 어떻게 배치할 것인가가 중요한 이슈가 되고, 대형마트나 슈퍼마켓 등과 같이 동일한 공간에서 다양한 상품군을 취급하고 있는 경우에는 '상품군'을 어느 위치에 배치할 것인가가 중요한 이슈가 된다. 오프라인의 소매업체들은 대체로 격자형, 경주로형, 자유형 등의 세 가지 레이아웃 방법 중의 하나를 활용하고 있다.

1.1 격자형 레이아웃

격자형(grid) 레이아웃는 '고객들의 주 통로와 직각을 이루고 있는 여러 단으로 구성된

선반들이 평형으로 늘어서 있고, 그 선반 위에 상품이 진열되어 있는 형태의 레이아웃'을 의미하며, 대형마트·슈퍼마켓·편의점·균일가샵·전문점 등 다양한 소매업태에서 활용되고 있다. 이러한 형태의 레이아웃은 딱딱하고 사무적인 분위기를 연출하는 단점이 있지만 원하는 상품을 쉽게 찾을 수 있고, 고객들의 질서 있는 이동을 촉진시키며, 공간을 효율적으로 사용할 수 있다는 장점이 있다.

1.2 경주로형 레이아웃

경주로형(racetrack) 레이아웃은 '고객들의 주 통로와 여러 점포들의 입구가 연결되어 있는 형태의 레이아웃'을 의미하며, 백화점, 대형 아울렛 등에서 사용되고 있다. 인접해 있는 점포들이 연결되어 있는 형태가 원형 경주로를 연상시키기 때문에 경주로형 혹은 루프형(loop)으로 불린다. 경주로형은 고객들이 매장을 편하게 옮겨 다닐 수 있고, 개별매장의 개성을 표출할 수 있다는 장점이 있다. 또한 격자형과는 달리 전체매장이 한눈에 보이지 않고 이동할 때마다 새로운 장면이 펼쳐지기 때문에 쇼핑의 즐거움을 배가시키고 충동구매를 촉진시킬 수 있다는 장점도 있다.

1.3 자유형 레이아웃

자유형(free-form) 레이아웃은 '일정한 규칙 없이 상품이나 점포를 배치함으로써 고객들이 자유롭게 쇼핑할 수 있도록 만들어진 레이아웃'을 의미하며, 주로 규모가 작은 전문매장이나 많은 매장들이 모여 있는 교외형 복합쇼핑몰 등에서 사용된다. 이 레이아웃은 고객들이 편안하고 느긋한 마음으로 자신이 원하는 상품이나 점포를 둘러보기가 용이하며, 필요시에는 손쉽게 레이아웃을 변경시킬 수 있다는 장점이 있다. 그렇지만 편안한 분위기의 창출을 위해서는 공간을 여유롭게 운영해야 하고, 정해진 통로가 없어서 고객들에 대한 안내서비스가 더 많이 요구되는 등 운영의 효율성이 낮아질 수 있다는 단점이 있다.

2. 진열

진열은 '특정 상품을 점포의 어느 위치에 얼마나 많이 가져다 놓을 것인가'를 의미한다. 즉, 진열은 상품이 놓이는 위치와 면적을 결정하는 것이라고 할 수 있다. 어느 점포에서든 가장 좋은 위치인 골든존(golden zone)에 위치하면서 가장 많은 면적을 차지하고 있는 제품은 대부분 고객이 가장 많이 찾는 제품이다. 하지만 매출 신장세가 높은 제품이나 최근 개발한 PB상품과 같은 전략상품을 가장 좋은 위치에 가장 많은 수량을 진열하기도 한다.

상품의 다양한 특성들이 진열 시의 분류기준으로 사용되고 있다. 의류의 경우 사이즈, 브랜드, 색상, 가격 등이 그 기준이 될 수 있다. 예를 들어 가격대를 기준으로 우선 분류하고, 이를 다시 브랜드별로 구분하여 진열할 수도 있고, 사이즈를 기준으로 우선 분류하고, 이를 다시 가격대로 구분하여 진열할 수도 있다. 화장품을 취급하는 원브랜드샵이라면 용도를 기준으로 우선 분류하고, 이를 다시 가격대로 구분하여 진열할 수도 있고, 색상을 기준으로 우선 분류한 뒤, 이를 다시 케이스 형태를 기준으로 구분할 수도 있다. 어떠한 기준을 사용할 것인가는 고객들의 구매의사결정이 무엇을 기준으로 이루어지는가에 따라 달라진다. 예를 들어 고객들이 의류를 구입할 때 사이즈를 가장 중시한다면 사이즈가 가장 우선적으로 적용되는 진열의 기준이 되어야 하고, 사이즈가 아니라 디자인이라면 디자인이 가장 우선적인 적용기준이 되어야 한다. 고객들의 의사결정기준에 대한 정보는 소비자를 대상으로 하는 설문조사나 FGI(Focus Group Interview, 집단심층면접), 소비자의 구매행동 관찰, 매장 직원과의 인터뷰 등을 통해 파악할 수 있다.

3. VMD

VMD(Visual Merchandising)는 '시각적'이라는 의미의 'Visual'과 '상품기획'을 의미하는 'Merchandising'의 합성어로 '고객들의 구매욕구를 자극할 수 있도록 시각적인 요소를 연출하고 관리하는 활동'이라고 정의될 수 있다. VMD의 개념은 1970년대 후반 백화점 간의 경쟁이 심화되는 미국의 시장환경에서 점포의 시각적인 측면을 통해 경쟁사와 차별화하기 위한 전략적인 수단으로 등장하였으며, 1980년대 이후에는 타 소매업태에도 적용되기 시작하였다. VMD는 매우 포괄적인 개념으로 레이아웃이나 진열은 물론 건물외관, 쇼윈도, 파사드(건물 정면), 매장 인테리어, 조명, 간판, 종업원의 유니폼, POP(Point-of-Purchase, 홍보성 전시물), 쇼카드, 전단지, 마네킹 등의 모든 시각적인 요소들을 관리의 대상으로 하고 있다. VMD를 중시하는 백화점에는 머천다이징을 담당하는 MD와 VMD를 담당하는 비주얼머천다이저가 별도로 있다. 백화점의 MD는 각 점포를 어디에 위치시킬 것인가를 결정하고 각 점포의 실적을 관리하는 역할에 중점을 두고 있는 반면, 비주얼머천다이저는 건물 전체에 적용되는 통일된 이미지를 수립하고 이를 개별점포뿐만 아니라 건물외관, 쇼윈도, 파사드(건물 정면), 조명, 매장 인테리어 등 건물 내외부 전체에 적용시키는 역할을 수행한다.

제6절 재고관리

1. 재고관리의 중요성

재고관리의 성패는 머천다이징의 성패와 직결되어 있기 때문에 재고관리는 MD의 가장 중요한 업무 중의 하나이다. 업체에 따라서는 재고관리를 위해 별도의 부서를 두기도 하지만 이러한 경우에도 MD가 발주시점, 발주량 등의 결정에 관여해야 하기 때문에 재고관리는 여전히 MD의 중요한 책무가 된다. 재고관리가 중요한 것은 재고관리를 실패했을 때 수익성이 미치는 영향이 크기 때문이다. 재고관리 실패의 결과는 재고부족과 재고과잉으로 나누어 살펴볼 수 있다.

1.1 재고부족

재고부족으로 인한 손실은 단기적 손실과 장기적 손실로 구분할 수 있다. 단기적으로 재고부족이 발생하면 바로 판매기회의 상실로 이어지기 때문에 매출이 줄어든다. 재고부족으로 인한 손실은 여기에서 그치지 않고 장기적으로도 매출에 악영향을 미친다. 즉, 구매하고자 하는 상품을 구매하지 못한 고객은 다른 업체의 매장에서 구매할 가능성이 높으며, 이러한 고객들은 이탈할 가능성도 높기 때문에 장기적인 매출에 악영향을 미치게 된다.

1.2 재고과잉

재고과잉이 발생하면 우선 창고비와 같은 재고비용이 증가한다. 또한 재고를 빨리 소진하기 위해 가격할인행사 등을 실행하면 마진율이 낮아지고, 이러한 행사로 인해 잘 팔릴 수 있는 다른 상품의 판매기회가 상실되는 손실도 발생한다.

2. 상품유형별 재고관리

2.1 NB상품의 재고관리

적절한 수준의 NB상품 재고를 유지하기 위한 가장 기본적인 업무는 발주시점과 발주량을 잘 선택하는 것이다. 발주시점과 발주량을 산정할 때는 판매동향, 리드타임, 발주주기, 안전재고, 현재재고량, 입고예정수량 등을 감안하여야 한다. '발주시점 수량'과 '발주량'은 각각 아래와 같은 공식에 의해 계산될 수 있다.

발주시점 수량=일평균판매수량×(리드타임+발주주기)+안전재고
발주량=발주시점 수량-(현재재고량+입고예정수량)

리드타임은 공급업체에 발주한 시점으로부터 발주한 상품을 인수하여 판매준비가 이루어질 때까지의 경과시간을 의미하고, 발주주기는 발주시점에서 다음번 발주시점까지의 경과시간을 의미한다. 발주주기는 소매업체의 경우에 대체로 7일을 기준으로 하는 경우가 많다. 안전재고는 불규칙한 수요에 대비하기 위한 재고를 의미하며 아래와 같은 공식으로 구해진다. 여기에서 안전계수는 재고부족이 나타날 확률과 관련된 것으로 숫자가 커질수록 안전도가 높아진다(95% 안전도의 경우는 1.65, 99% 안전도의 경우는 2.33 등으로 정해진다).

안전재고=안전계수×판매량의 표준편차× $\sqrt{\text{리드타임}}$

예를 들어 과거 30일간의 판매량이 300개, 리드타임이 2주, 발주주기가 7일, 안전재고가 20개라고 하면 발주시점 수량은 다음과 같이 계산된다. 즉, 현재재고량이 230개 미만으로 떨어져 있으면 발주를 하여야 한다.

발주시점 수량=(300÷30)×(14+7)+20=10×21+20=210+20=230

현재재고량이 100개이고 근시일에 입고가 예정된 수량이 50개라면 발주량은 다음과 같다. 즉, 발주량은 110개가 된다.

발주량=230-(100+50)=230-150=80

그런데 신제품이나 과거에 하지 않았던 행사의 대상이 된 상품의 경우에는 과거 판매실적에 대한 자료가 없기 때문에 위와 같은 공식을 이용하여 발주시점 수량과 발주량을 계산할 수 없다. 이러한 경우에는 목표판매량, 유사상품의 판매량, 유사행사가 이루어진 상품의 판매량 등을 감안하여 일평균판매수량과 발주량을 산정한 후 산정된 발주량의 일부(예를 들어 30~40%)를 초도 발주하여 판매하면서 이후의 발주량을 조정해 나가는 것이 일반적이다.

2.2 PB상품의 재고관리

PB상품의 재고관리는 NB상품의 재고관리에 비해 훨씬 더 많은 어려움이 따른다. PB상품의 생산을 의뢰받은 제조업체는 자사의 생산라인을 조정해 가면서 PB상품을 생산하여야 하기 때문에 주문수량이 적으면 생산효율이 떨어져서 생산단가가 올라가게 된다. 제조업체는 이러한 현상을 방지하기 위해 유통업체에게 일정규모 이상의 수량, 즉 최소발주수량(MOQ : Minimum Order Quantity) 이상을 발주하여 줄 것을 요구하게 된다. 일반적으로 최소 하루 동안 지속적으로 생산하는 것을 기준으로 MOQ를 정하는 경우가 많다. MOQ가 일정기간 동안의 판매예상액보다 적을 경우에는 문제가 적지만 그렇지 않을 경우에는 유통업체가 재고에 대한 부담을 모두 안아야 하기 때문에 부담이 클 수밖에 없다. 또한 PB상품은 자사의 매장에서만 판매되는 제품이기 때문에 도입 초기에는 판매자료가 없고 따라서 불확실성이 클 수밖에 없다. 이러한 어려움을 극복하기 위해 주로 사용되는 방법은 전체매장으로 확대하기 이전에 원활한 협조가 가능한 몇몇 매장을 섭외하여 이러한 매장들에서 시험적으로 판매를 해보고 판매실적이 성공적이라고 판단될 때 전사적으로 확대하는 것이다.

제7절 가격관리

1. 가격관리의 중요성

가격결정은 머천다이징의 여러 가지 활동 가운데 유일하게 수익의 창출과 관련한 의사결정이다. 가격이 너무 높게 정해지면 매출이 감소하면서 수익이 줄어들고, 너무 낮게 정해지면 매출은 늘지만 수익을 창출할 수 없게 된다. 가격이 중요한 것은 가격이 상품의 가치를 결정하는 중요한 요인이기 때문이다. 상품의 가치는 아래의 식에서와 같이 상품이 제공하는 혜택을 가격으로 나눈 수치로 정해진다. 따라서 상품의 가치를 증가시키기 위해서는 상품의 품질향상을 통해 상품이 제공하는 혜택을 증가시키거나 혹은 가격을 낮추어야 한다. 소매업체의 입장에서는 자사에서 취급하는 대부분의 상품을 경쟁 소매업체에서도 취급하고 있기 때문에 가격이 상품의 가치를 향상시키기 위해 활용할 수 있는 가장 중요한 주요 수단이 된다.

상품의 가치=상품이 제공하는 혜택÷가격

상품의 가격을 정하기 위해서는 소비자의 가격에 대한 인식과 경쟁사의 가격설정을 면밀하게 분석할 필요가 있다. 소비자가 가격에 대해 민감할수록 경쟁사 대비 가격은 더욱 중요해진다. 그런데 정보화사회가 되면서 소비자가 인터넷을 통해 여러 소매업체에서의 특정 상품의 가격을 비교할 수도 있고, 구매후기를 통해 다른 소비자들의 쇼핑경험을 쉽게 알 수 있게 되었기 때문에 소비자들은 점점 더 가격에 민감해지고 있다. 그래서 소매업체들은 경쟁력의 확보를 위해 최대한 가격을 낮추고자 하지만, 가격을 낮추면 자연히 수익성이 감소하기 때문에 가격설정은 매우 어려운 업무가 되고 있다. 그래서 MD들은 경쟁 소매업체에서의 상품 가격을 수시로 점검하여 자사의 가격정책에 반영하려 하고, 경쟁사보다 싼 가격에 상품을 구입함으로써 수익과 매출을 동시에 증진시키기 위해 노력한다.

2. 오픈프라이스제도

오픈프라이스(open price)제도는 유통업체가 자율적으로 판매가격을 정해서 표시할 수 있도록 하는 제도로 판매가격결정의 주도권이 제조업체에서 유통업체로 넘어오는 계기가 되었다. 우리나라에서는 오픈프라이스제도가 1997년부터 도입되기 시작하였다. 그 이전에는 제조업체가 권장소비자가격을 포장지에 표기하도록 되어 있었는데 이 권장소비자가격이 너무 높게 표기된 경우가 많았고, 유통업체는 이를 기반으로 마치 소비자에게 대폭 가격을 깎아주는 것처럼 가격을 정해서 판매하고 있었다. 즉, 시장에서의 가격구조가 왜곡이 심한 상태였다.

오픈프라이스제도는 이러한 왜곡을 바로잡고, 유통업체들 간의 경쟁을 통해 가격인하를 유도하기 위한 목적으로 도입되었다. 이 제도는 1997년 화장품에 처음 도입되어 의약품으로 확대되었으며, 1999년에는 TV, VTR, 유선전화기, 오디오, 세탁기 등의 가전제품과 신사·숙녀 정장, 아동복, 운동복 등의 의류, 러닝머신, 롤러브레이드, 운동화 등의 공산품 12품목으로 확대되었다. 2000년에는 22종, 2004년에는 32종, 2010년에는 279종으로 확대되었다. 그런데 아이스크림, 빙과, 과자, 라면류는 시행 1년 만인 2011년 6월에 오픈프라이스제도를 폐지하고 권장소비자가를 다시 적용하고 있다. 그 이유는 이 4개의 품목은 소매업태별로 가격차이가 크고, 판매가격이 오픈프라이스제도 이전의 권장소비자가격보다 더 높은 것으로 나타났기 때문이다.

3. 소매업체의 가격전략

3.1 기본적인 가격전략

소매업체의 가격책정은 기본적으로 마진(margin)을 기반으로 이루어진다. 마진은 판매가격에서 구입가격을 차감한 금액으로 소매업체의 수입원천이 되며, 가산액(mark-up)이라고도 불린다. 마진율은 마진을 판매가격으로 나눈 비율을 의미한다.

판매가격=구입가격+마진
마진율=마진÷판매가격

앞의 식을 이용하면 판매가격은 다음과 같이 표현될 수 있다.

판매가격=구입가격+마진=구입가격+(마진율×판매가격)
판매가격=구입가격÷(1-마진율)

예를 들어 어느 소매업체가 특정 카테고리의 상품에 대한 마진율을 40%로 책정하고 있다고 할 때 구입가격이 120원인 상품의 판매가격은 120원÷(1-0.4)=120÷0.6=200원이 되고 마진은 200-120=80원이 된다.

3.2 실무적인 가격전략

소매업체는 마진율을 바탕으로 하는 가격책정을 기본으로 하고 판매활성화를 위해 실무적으로는 차별적 마진율전략, 하이로우(High-Low), EDLP(Every Day Low Price) 등 다양한 가격전략을 활용하고 있다.

3.2.1 차별적 마진율전략

다양한 카테고리의 상품을 판매하고 있는 소매업체들은 상품 카테고리별로 마진율을 차별화함으로써 전체 수익률을 향상시키는 방법을 활용할 수 있다. 즉, 집객효과가 뛰어나고 원스톱쇼핑을 가능하게 해주며 가격민감도가 높은 상품 카테고리의 마진율을 낮추는 대신, 상품경쟁력이 뛰어나고 가격비교가 어려우며 가격민감도가 낮은 상품 카테고리의 마진율을 높이는 전략을 구사할 수 있다. 예를 들어 백화점이 특정매입매장의 판매수수료율을 높게 유지하는 반면, 직매장으로 운영하는 식품부문의 마진율을 낮게 유지하는 것은 식품의 가격 매력도를 높여 집객을 유도하고 이를 통해 여타 상품의 판매를 증진시키려는 시도라고 할 수 있다. 일본의 드럭스토어도 이 전략을 효율적으로 활용하고 있다. 일본의 드럭스토어는 일반의약품, 식품, 화장품, 일용잡화 등을 판매하고 있는데 원스톱쇼핑을 가능하게 해주는 식품이나 일용잡화에 대해서는 마진폭을 낮춰 집객을 유도하고, 가격이 상대적으로 비싼 일반의약품이나 화장품 등에 대해서는 마진폭을 높여서 수익을 실현하고 있다.

3.2.2 하이로우

하이로우(High-Low)는 특정 상품의 판매활성화를 위해 판촉행사기간 동안 가격을 낮추었다가 행사가 끝나면 다시 원래의 가격으로 환원하여 판매하는 전략을 의미한다. 이 전략은 신상품의 홍보나 재고상품의 빠른 처분을 위해 유용하게 사용될 수 있다. 그렇지만 빈번한 가격인하행사는 소비자들로 하여금 행사기간까지 구매를 지연시키게 함으로써 판매를 감소시킬 수 있고, 경쟁사를 자극시킴으로써 서로 간에 이득이 없는 가격전쟁의 빌미가 될 수도 있다. 가격할인행사기간 동안에 특정 상품을 구입가격을 밑도는 가격으로 책정하거나 혹은 마진율을 대폭 낮추어서 판매하기도 하는데 이러한 상품을 로스리더(loss leader) 혹은 미끼상품, 유인상품이라고 부른다. 로스리더로는 집객의 극대화를 위해 인지도가 높고, 가격탄력성이 높은 상품을 선택하는 경우가 많다.

3.2.3 EDLP

EDLP(Every Day Low Price)는 항시 낮은 가격을 유지하는 가격전략으로 가격은 정상가와 행사가격의 중간선에서 정해진다. 소비자의 입장에서 EDLP는 하이로우와 비교하면 품질이 좋은 제품을 행사기간에 아주 싼 가격에 구매할 수 있는 쇼핑의 재미를 감소시킬 수는 있지만 가격에 대한 불신이 줄어들고, 행사기간을 챙겨야 하는 번거로움을 덜 수 있다. 소매업체가 EDLP를 실현하기 위해서는 보다 낮은 가격에 상품을 공급받을 수 있어야 하기 때문에 제조업체와 더 치열한 가격협상을 하여야 하고, 질 좋고 값이 저렴한 상품을 찾는 노력을 더 많이 기울여야 하는 단점이 있다. 반면에 EDLP는 유통업체의 입장에서 다음과 같은 여러 가지 장점을 지니고 있다.

- 가격할인행사를 위한 제품선정, 행사가격 책정, 행사방법 결정 등을 위해 제조업체와 수시로 논의해야 하는 번거로움이 없어진다.
- 가격할인행사를 위한 전단지나 쇼카드 등의 제작 및 배포, POP물의 제작 및 설치, 행사를 알리는 광고 집행 등을 할 필요가 없어진다.
- 가격할인행사를 위한 매장 레이아웃 변경 등이 불필요하게 되어 매장운영비용이 절감

된다.

- 수요예측이 보다 안정적으로 이루어지면서 재고부족이나 재고과잉 등이 나타날 가능성이 적어진다.

제8절 프로모션

프로모션은 고객과의 커뮤니케이션과 관련된 모든 활동을 의미한다. 소매유통업체의 프로모션은 방문고객의 수를 증가시키는 데 중점을 두는 프로모션과 방문한 고객을 대상으로 객단가를 증가시키기 위한 프로모션으로 구분될 수 있다. 머천다이징과 관련한 프로모션은 주로 방문고객을 대상으로 하는 프로모션을 의미하며, 보다 구체적으로는 매장 내에서 진행되는 판매촉진행사의 형태로 이루어지고 있다. 대형마트, SSM, 백화점 등 대형 유통업체의 경우에 판매촉진행사가 1~2주일을 주기로 1년 내내 지속적으로 이루어지기 때문에 판매촉진행사는 MD업무의 가장 큰 비중을 차지하고 있다.

판매촉진행사의 유형은 행사의 시기와 행사의 내용에 따라 여러 가지로 구분된다. 먼저 행사의 시기에 따라서는 명절(추석, 구정, 크리스마스)행사, 창립기념일행사, 정기바겐세일, 주말특가행사 등으로 구분될 수 있고, 행사의 내용에 따라서는 가격할인행사, 1+1 혹은 2+1 행사, 사은품증정행사, 포인트제공행사, 시식/시음행사 등으로 구분될 수 있다. 프로모션행사의 진행을 위해서는 행사상품 선정, 물량확보, 가격설정 등은 물론 행사의 진행을 위한 전단지, 쇼카드, POP, 행사장비 등이 갖추어져야 하기 때문에 MD는 마케팅, SCM, VMD, 영업 등 사내의 유관부서와는 물론 상품을 공급하는 제조업체와도 긴밀한 협력관계를 구축하여야 한다. 판매촉진행사를 위한 준비는 구정/추석 행사나 창립기념일 행사와 같은 큰 행사의 경우에는 6개월~1년 전부터 시작되고, 그 외의 통상적인 행사의 경우에도 2~3개월 전부터 시작된다([그림 13-2] 참조). 시기별로 진행할 행사는 전년도 말에 수립된 연간 행사 스케줄에 의해 정해지고, 통상적인 행사의 경우 테마와 주력 상품 등과 같은 전체적인 윤곽은 행사개시 2~3개월 전에 정해지며, 행사내용, 진열위치, 판매예상수량 등과 같은 세부사항들은 행사개시 1~2개월 전에 정해진다. 그 이후로는 유관부서 및 제조업체와의 협업을 통해 행사의 준비와 진행이 이루어지고, 행사가 끝난 후에는 이에 대한 평가와 피드백이 이루어진다.

그림 13-2 ▌판매촉진행사의 진행프로세스

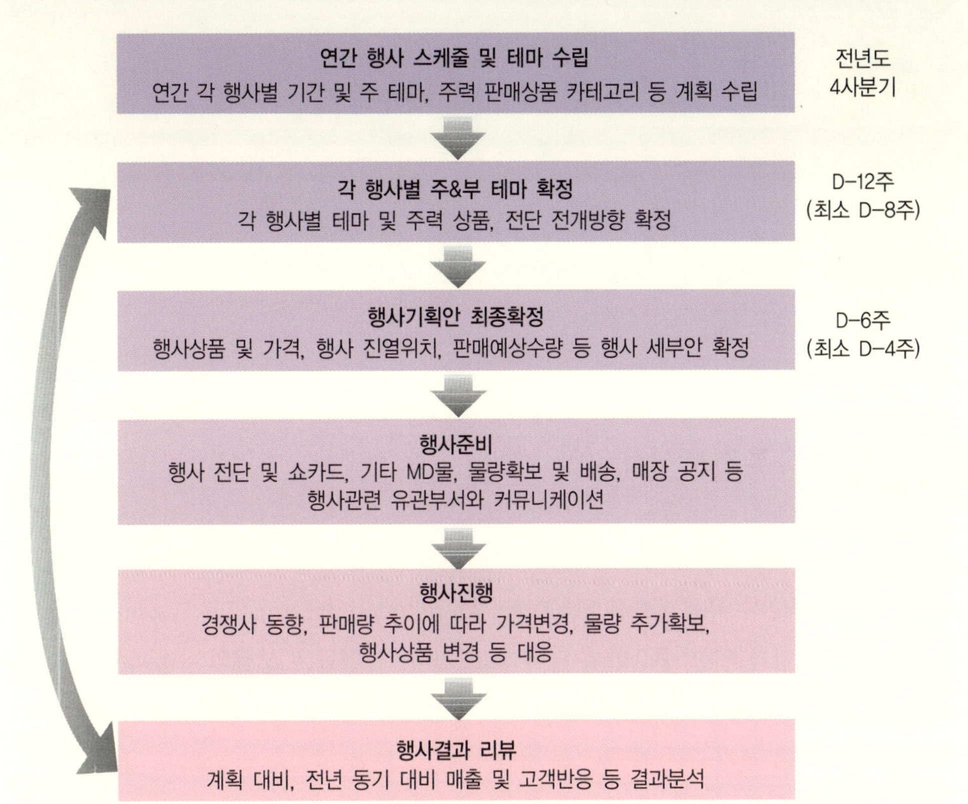

자료 : 이라경(2013), MD의 정석, 한국체인스토어협회 출판부, 177.

Chapter 14

유통정보시스템

제1절 유통정보시스템의 개념

현대 기업경영에서 유통정보시스템(DIS : Distribution Information System)은 기업의 경쟁력을 강화시키기 위한 중요한 수단이 되고 있다. 기업들은 상품의 유통과정에서 생성되는 각종 정보를 기업경영에 활용하고, 거래의 상대방이 되는 타 경로구성원과의 커뮤니케이션을 원활하게 하기 위한 목적으로 유통정보시스템을 구축하고 있으며, 궁극적으로는 이를 통해 판매의 증진과 비용의 절감을 도모하고 있다. 유통은 상품, 가격, 촉진 등과 더불어 마케팅활동을 수행하기 위한 중요한 수단 중 하나이고, 마케팅은 기업경영을 위한 수단이기 때문에 유통은 마케팅전략 및 경영전략의 실행을 위한 수단으로서의 성격을 갖는다. 따라서 유통활동을 지원하는 유통정보시스템은 마케팅정보시스템과 경영정보시스템을 구성하는 하부시스템이 된다. 이러한 의미를 갖는 유통정보시스템은 아래와 같이 정의될 수 있다.

> 상품의 유통과정에서 발생하는 각종 정보를 체계적으로 수집·저장·분석함으로써 판매활동, 재고관리, 운송관리, 창고관리, 고객관리 등의 업무가 원활하게 이루어질 수 있도록 지원하는 정보시스템

유통정보시스템은 기반정보기술과 응용시스템으로 구분할 수 있다([그림 14-1] 참조). 기반정보기술은 응용시스템을 구현하기 위한 기반이 되는 정보기술로 바코드, POS, EDI, RFID 등이 이에 해당하고, 응용시스템은 기반정보기술을 활용하여 재고관리, 운송관리, 창고관리, 수발주업무, 고객관리 등의 구체적인 업무를 수행하기 위한 시스템으로 물류정보

시스템, SCM시스템(EOS, CAO, QR, ECR, CPFR 등), CRM시스템 등이 이에 해당한다. 본 장에서는 주로 기반정보기술에 대해 기술하고, 물류정보시스템과 SCM 구현 시스템에 대해서는 제12장에서 기술한다.

그림 14-1 ▮ 유통정보시스템

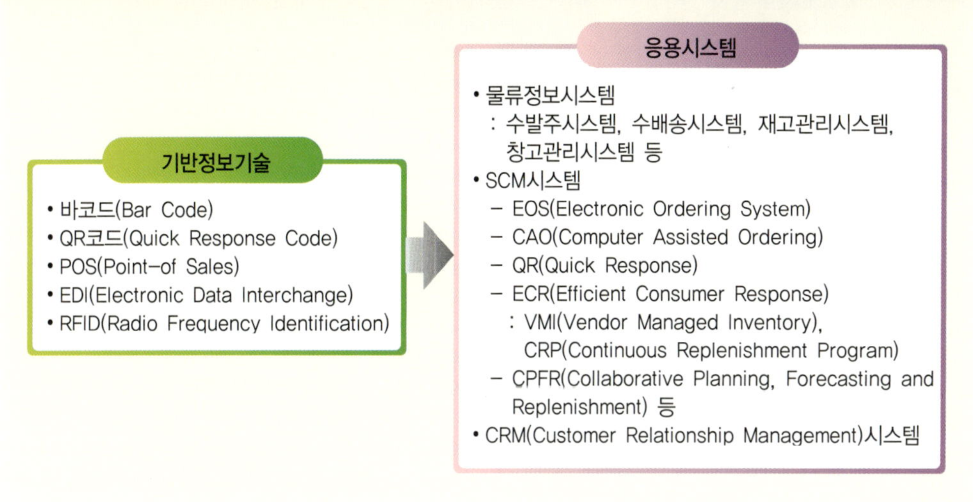

제2절 유통정보시스템 구축의 효과

기업은 유통정보시스템의 구축을 통해 합리적인 유통전략의 수립, 비용의 절감, 고객관계의 강화, 판매의 활성화, 환경변화에 대한 능동적 대응 등의 효과를 거둘 수 있으며, 이를 통해 경쟁력을 강화시켜 나갈 수 있다.

그림 14-2 ▌유통정보시스템 구축의 효과

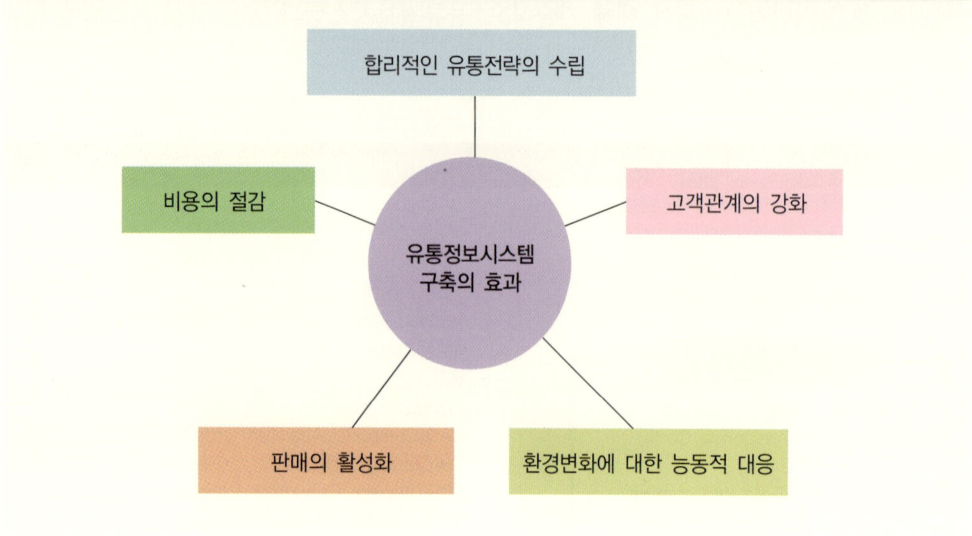

1. 합리적인 유통전략의 수립

재고관리, 운송관리, 창고관리, 고객관리, 수발주관리, 점포 개설 등과 같은 유통과 관련한 업무를 수행하기 위해서는 각 부문에 대한 전략의 수립이 선행되어야 하는데 유통정보시스템은 전략수립에 필요한 정보를 정확하고 신속하게 제공하는 역할을 수행한다. 즉, 관행이나 자의적 판단에 의존하지 않고 객관적인 자료를 토대로 유통전략을 수립함으로써 유통전략의 타당성과 실행가능성을 높일 수 있다.

2. 비용의 절감

유통정보시스템의 가장 직접적인 효과는 비용의 절감이라고 할 수 있다. 재고관리, 운송관리, 창고관리, 수발주관리 등의 업무를 수행함에 있어 수작업을 최대한 줄이고 자동화·전자화·기계화를 가능하게 함으로써 생산성을 크게 향상시킬 수 있다. 예를 들어 POS시스템을 재고관리와 연계시킴으로써 재고관리를 자동화시킬 수 있고, 이를 통해 업무 수행의 정확성을 높일 수 있음은 물론 재고관리에 소요되는 인력과 시간을 크게 단축시킬 수 있다. 또한 EDI, POS 등의 기반정보기술을 바탕으로 구축되는 자동발주시스템(CAO)의 도입을 통해 발주업무를 자동화함으로써 고객과의 관계를 강화시킬 수 있음은 물론 소요인력과 시간을 대폭 절감할 수 있다.

3. 고객관계의 강화

유통정보시스템은 외부 경로구성원과의 커뮤니케이션과정에서도 활발히 활용되고 있다. 유통정보시스템은 종전의 방문이나 전화 등을 이용한 커뮤니케이션을 컴퓨터를 기반으로 하는 커뮤니케이션으로 전환시킴으로써 경로구성원 간의 커뮤니케이션이 보다 정확하고 신속하게 이루어질 수 있도록 해주고, 또한 정보의 공유도 보다 원활하게 이루어질 수 있도록 해준다. 따라서 유통정보시스템은 이해의 부족에서 오는 경로구성원들 간의 불필요한 갈등을 감소시켜 줄 수 있다. 예를 들어 대리점을 통해 상품을 판매하고 있는 제조업체는 대리점을 관리하는 매장관리시스템을 도입함으로써 발주, 대금결제, 재고, 반품 등을 둘러싸고 발생하는 갈등을 줄일 수 있으며, 대형 유통업체는 '공급업체주도 재고관리(VMI : Vendor Managed Inventory)시스템'의 도입을 통해 공급업체가 지시기 제공하는 판매정보를 바탕으로 상품의 수량·종류, 공급시기 등에 대한 의사결정을 할 수 있도록 함으로써 과잉재고의 보유나 재고부족 등으로 인해 발생하는 갈등을 원천적으로 차단할 수 있다. 유통정보시스템의 이러한 역할을 통해 기업은 고객과의 관계를 강화시킬 수 있다. 또한 고객과의 관계증진을 위해 구축되는 CRM시스템은 고객의 인구통계정보, 구매정보 등에 대한 분석을 통해 고객을 세분화하고, 각 세분시장에 적합한 가치를 창출하여 제공함으로써 고객관계 증진을 체계적으로 강화시켜 나갈 수 있다.

4. 판매의 활성화

제조업체는 유통정보시스템을 활용하여 재고, 운송 등의 업무가 보다 정확하게 이루어질 수 있도록 함으로써 적기에 제품이 유통업체에 제공될 수 있도록 할 수 있으며, 이를 통해 유통업체는 재고부족, 배송지연 등에서 오는 판매기회의 상실을 줄일 수 있다. 즉, 제조업체는 유통정보시스템을 통해 유통업체의 편의성과 생산성의 향상에 기여할 수 있고, 이는 만족도의 증가로 이어질 수 있으며, 이는 다시 지속적인 거래, 거래의 활성화 등을 통한 판매증진으로 이어지게 된다.

5. 환경변화에 대한 능동적 대응

유통업체는 유통정보시스템을 통해 제공되는 정보를 통해 소비자 트렌드의 변화, 경쟁업체 활동의 영향 등을 조기에 감지할 수 있고, 이를 바탕으로 능동적으로 대응방안을 마련할 수 있다. 특히 의류업계와 같이 소비자의 트렌드 변화가 심한 업종에서 이러한 대응능력은 경쟁우위를 확보하는 데 있어서 매우 중요하다.

제3절 유통정보시스템의 개발절차

유통정보시스템을 개발하기 위해서는 [그림 14-3]에서와 같이 정보활용목적에 대한 검토, 정보활용주체에 대한 결정, 필요정보에 대한 정의, 정보제공주체 및 방법에 대한 결정 등이 이루어져야 한다. 정보활용주체와 정보제공주체는 같을 수도 있고, 다를 수도 있다. 즉, 유통정보시스템을 기업 내부에서만 활용하기 위해 구축하는 경우는 활용주체와 제공주체가 같지만, VMI(공급업체주도 재고관리)에서와 같이 유통경로 전체의 효율성 제고를 위한 유통정보시스템을 구축하는 경우에는 정보활용주체(제조업체)가 정보제공주체(소매상)와 다를 수도 있다.

그림 14-3 ❚ 유통정보시스템의 구축절차

1. 정보활용목적에 대한 검토

유통정보시스템을 구축하기 위해서는 가장 먼저 유통정보시스템을 통해 제공받는 정보를 어떠한 목적에 활용할 것인지에 대한 검토가 이루어져야 한다. 예를 들어 발주할 상품의 수량·유형·시기의 결정, 적정 재고량의 결정, 수요예측, 판촉활동에 대한 평가 등이 정보활용목적이 될 수 있다.

2. 정보활용주체에 대한 결정

유통정보시스템을 통해 제공되는 정보를 누가 활용할 것인지에 대한 결정이 이루어져야 한다. 즉, 정보의 사용자가 제조업체인지 혹은 도매상이나 소매상과 같은 중간상인지에 대한 의사결정이 이루어져야 한다. 예를 들어 제조업체와 대형 유통업체와의 거래에서 발주 업무나 재고관리는 통상적으로는 유통업체의 업무이지만 VMI에서와 같이 재고부족이나 재고과잉의 가능성을 낮추기 위해 전략적으로 제조업체가 이를 담당하게 할 수도 있다.

3. 필요정보에 대한 정의

의사결정을 위해 어떠한 정보가 필요한지에 대한 정의가 명확히 이루어져야 한다. 예를 들어 소매상의 발주나 재고관리를 위해 필요한 정보로는 소매상의 판매정보·재고정보 및 제조업체의 재고정보·생산정보 등을 들 수 있다.

4. 정보제공주체 및 방법에 대한 결정

이는 유통정보시스템의 구축을 위해 필요한 정보를 누가 제공할 것이며, 또한 이를 경로 구성원들에게 어떠한 방법으로 전달할 것인가를 의미한다. 일반적으로 소매 판매나 고객에 대한 정보는 고객과의 접점을 형성하고 있는 소매상이 제공주체가 되고, 생산과 관련한 정보는 제고업체가 제공주체가 된다. 정보의 전달방법에 대한 것은 전산시스템을 공유할 것인지 혹은 정기적으로 필요정보를 EDI 등을 통해 전달할 것인지에 대한 결정을 의미한다.

제4절 기반정보기술

유통정보시스템의 구축과 관련한 기반정보기술에는 바코드, POS, EDI, RFID 등이 있다.

1. 바코드와 QR코드

바코드(Bar Code)는 뒤에서 기술할 POS시스템을 가능하게 해주는 근간이 된다. 바코드의 개념은 1960년대에 미국에서 슈퍼마켓의 관리효율성을 제고시키려는 목적으로 등장하였으며, 실제의 적용은 1970년대부터 이루어지기 시작하였다. 바코드는 컴퓨터가 판독할 수 있도록 고안된 굵기가 다른 흑백 막대들로 구성된 코드이다. 막대의 굵기는 숫자를 표현하는데, 스캐너를 통해 광학적으로 판독된 후 컴퓨터에 저장된다. 우리나라에는 표준형인 KAN13과 단축형인 KAN8의 두 가지 종류가 있다. KAN은 Korean Article Number의 약어로 '한국공통상품코드'를 의미한다. 일반적으로 사용되는 표준형 KAN13은 13자리로 구성되어 있는데 앞에서부터 국가번호 3자리, 제조업체번호 4자리, 상품번호 5자리, 에러체크번호 1자리 등으로 구성되어 있다. 우리나라의 국가번호는 880이다. 단축형인 KAN8은 표준형을 인쇄하기 어려운 작은 상품에 주로 사용되는데 국가번호 3자리, 제조업체번호 3자리, 상품번호 1자리, 에러체크번호 1자리 등으로 구성되어 있다.

2000년대 중반에 들면서 1차원 바코드의 정보 제한성을 극복하기 위해 1차원이 아닌 2차원으로 정보를 저장하는 시도가 활발하게 이루어졌는데, 가장 대표적인 것이 QR(Quick Response)코드이다. QR코드는 사각형 격자무늬의 2차원 코드로 1994년 일본 토요타자동차의 자회사인 덴소웨이브에 의해 개발되었으며, 덴소웨이브가 특허권을 행사하지 않으면서 널리 사용되었다. 기존의 1차원 바코드가 최대 20자 정도의 숫자정보만을 담을 수 있는 반면, QR코드는 숫자정보 8,000개 혹은 한글정보 1,700자 정도의 정보를 담을 수 있으며 그래픽정보도 담을 수 있다. 또한 바코드보다 인식속도, 인식률, 복원력 등이 훨씬 뛰어나다. QR코드는 스마트폰의 보급이 증가하면서 광범위하게 사용되고 있다. 스마트폰 사용자는 무료로 제공되는 QR코드 인식 애플리케이션을 다운받은 후, 광고 등에 게재된 QR코드를 스캔하면 기업이 제공하는 각종 정보를 쉽게 얻을 수 있다.

그런데 바코드가 주로 재고관리, 정산 등의 목적으로 사용되는 반면 QR코드는 소비자들을 대상으로 하는 프로모션 활동에 주로 사용되고 있다. 기업들은 QR코드를 이용해서 바코드가 제공할 수 없는 다양한 정보를 제공하고 있다. 예를 들어 백화점 등의 유통업체는

DM, 이메일, SMS 등을 통해 전달하던 쿠폰을 광고, 홈페이지, 전단지 등에 인쇄된 QR을 통해 전달할 수 있으며, 쿠폰과 함께 행사에 대한 상세한 내용도 동시에 전달할 수 있다.

2. POS시스템

POS시스템은 '소매점에서의 판매시점(POS : Point-Of-Sales)에서 발생하는 정보를 수집하고 처리하여 경영에 필요한 정보를 제공하는 시스템'을 의미하며, POS시스템의 확립은 모든 유통정보시스템의 가장 기본적인 요소가 된다. 우리나라에서는 1984년 신세계백화점과 뉴코아백화점이 처음으로 도입하였다. 개별매장에서의 POS시스템은 [그림 14-4]에서와 같이 POS 단말기와 매장컨트롤러(store controler), 그리고 본사의 주 컴퓨터 등으로 구성된다.

- **POS 단말기** : POS 단말기는 바코드, OCR 태그(광학식 문자해독장치용 가격표), QR 코드 등을 자동으로 판독할 수 있는 장치인 스캐너(scanner)가 장착되어 있는 금전등록기로 스캐너나 수동입력을 통해 상품코드정보를 확인할 수 있는 기능을 갖추고 있다. 스캐너는 형태에 따라 고정형스캐너, 핸드형스캐너, 펜형스캐너 등으로 나누어진다.
- **매장컨트롤러** : 매장컨트롤러는 매장 내에 있는 1개 이상의 POS 단말기를 통제하면서 상품정보의 수집과 집계, 각종 보고서의 출력, 본사 주 컴퓨터와의 정보교환 등의 기능을 수행하는 컴퓨터를 의미한다. 여기에는 각종 기능을 수행하는 소프트웨어와 함께 상품DB, 고객DB, 종업원DB 등이 담겨져 있다. POS 단말기를 통해 확인된 상품코드정보는 POS 단말기와 연결되어 있는 매장컨트롤러에 송신되고 POS 단말기는 매장컨트롤러로부터 다시 상품명, 상품가격 등 구체적인 상품정보를 받아서 영수증 발행 등 고객과의 정산업무를 수행한다. 매장관리자는 매장컨트롤러를 이용하여 판매실적, 판매품목, 판매시간, 재고 등에 대한 정보를 분석하고 분석결과를 재고관리, 주문품목 및 주문수량의 결정 등에 사용할 수 있다.
- **본사의 주컴퓨터** : 매장컨트롤러에 저장되어 있는 판매정보는 다시 본사의 주컴퓨터에 송신된다. 본사는 이를 바탕으로 전사적인 차원에서의 판매실적, 판매품목, 판매시간, 재고 등에 대한 정보를 분석하고 이를 바탕으로 각 점포와 물류센터 간의 배송관리는 물론 공급업체에 대한 발주를 조절함으로써 전사적인 차원의 재고관리를 효율적으로 수행할 수 있다.

그런데 백화점, 대형마트, SSM 등과 같이 회원카드를 발급하고 있는 유통업체는 고객카

드나 고객번호를 바탕으로 상품정보와 함께 누가 해당 상품을 구매하였는지에 대한 정보도 동시에 파악할 수 있다. 매장관리자 혹은 본사에서는 이렇게 축적된 정보를 활용하여 개별 고객들의 구매행동에 대한 분석을 수행함으로써 이른바 고객관계관리(CRM)활동을 전개할 수 있다.

그림 14-4 ▎각 매장의 POS시스템

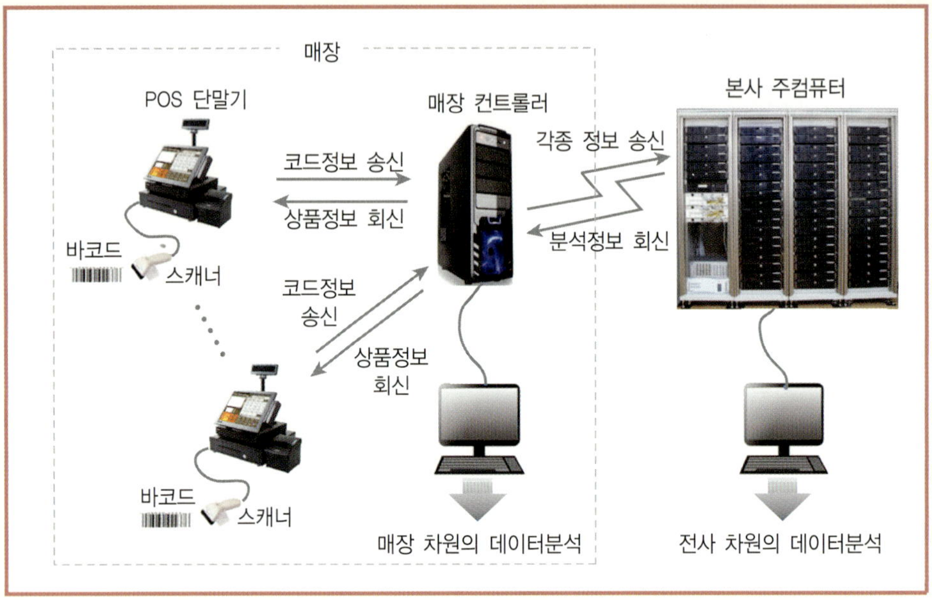

이처럼 POS시스템은 소매점에서의 판매시점에서 발생하는 정보를 신속하게 파악함으로써 다음과 같은 효과를 거둘 수 있다.

- **매장업무의 효율성 제고** : 고객과의 정산에 걸리는 시간을 단축시키고, 입력 오류를 줄일 수 있으며, 매장 직원에 대한 교육훈련기간을 크게 단축시킬 수 있다.
- **비용절감과 매출증진** : 적정 재고수준의 유지를 통해 재고비용을 감소시킬 수 있으며, 품절을 방지하고 고객이 원하는 품목을 적절한 시각에 진열함으로써 매출증진에 기여할 수 있다.
- **고객관계관리** : POS 데이터를 고객 ID카드와 연계하여 개별고객의 구매행동을 분석함으로써 고객의 유지는 물론 교차판매나 상향판매와 같은 고객의 활성화를 위한 전략의 수행이 가능해진다.

3. EDI

3.1 EDI의 개념

EDI(Electronic Data Interchange : 전자문서교환)는 '사전에 합의가 이루어진 전자문서 표준을 기반으로 견적요청서, 견적서, 주문서, 납품서, 청구서 등 거래에 필요한 각종 서류를 통신망을 활용하여 컴퓨터에서 컴퓨터로 전송시키는 것'을 의미한다. EDI의 개념은 1960년대에 미국에서 태동하였으며 미국에서는 이미 1980년대에 보편적으로 사용되고 있었다. 우리나라에는 1987년 대우자동차가 제너럴모터스사와 EDI 거래를 시작하면서 처음 도입되었다. EDI는 조직 내에서의 문서교환에도 활용되지만 그보다는 조직 간의 문서교환에 보다 활발하게 활용되고 있다. 특히 제조업체와 유통업체 간의 원활한 커뮤니케이션을 전제로 하는 QR(Quick Response), ECR(Efficient Customer Response), CPFR(Collaborative Planning, Forecasting, and Replenishment) 등과 같은 SCM(Supply Chain Management) 시스템은 EDI를 전제로 구축된다.

3.2 EDI의 구성요소

EDI의 실현을 위해서는 EDI 문서표준, EDI 사용자시스템, 그리고 EDI 통신네트워크가 갖추어져야 하는데, 이 3개 요소를 EDI 3대 구성요소라고 부른다.

- **EDI 문서표준** : 경로구성원 간에 송수신되는 자료들을 컴퓨터가 인식할 수 있도록 하기 위해서는 문서의 종류, 각 문서에 포함되는 정보, 각 정보의 용도, 정보의 형태(숫자, 문자, 코드) 등에 대해 공통의 표준안이 마련되어야 한다. 즉, 정확하고 지속적인 커뮤니케이션을 위해서는 문서양식과 문법에 대한 규칙이 필요하다. EDI 문서표준에는 사설표준과 공동표준이 있다. 사설표준은 한 기업이 거래하는 기업들과의 커뮤니케이션을 할 수 있도록 만들어진 표준을 의미하고, 공동표준은 해당 산업 전반에 걸쳐 사용될 수 있는 표준을 의미한다. 사설표준은 경로파워가 강한 업체에 의해 만들어지기 때문에 경로파워가 강한 여러 업체들과 거래하는 업체는 여러 개의 문서표준을 가지고 커뮤니케이션을 하여야 하는 비효율이 발생하게 된다.
- **EDI 사용자시스템** : EDI의 수행을 위해서는 기업 고유의 문서양식을 EDI 표준으로 변환시키는 기능을 가지고 있는 소프트웨어와 EDI 업무를 처리하기 위한 컴퓨터와 같은 하드웨어가 필요하다. 소프트웨어는 표준화된 상품을 구입할 수도 있고, 자체적으로 개발하여 사용할 수도 있다. 하드웨어는 EDI만을 위해 특별히 갖추어야 하는 것은 아니며 일반적인 업무를 처리하는 컴퓨터를 이용할 수 있다.

- **EDI 통신네트워크** : 통신네트워크는 문서교환을 위한 통로를 의미하며, 독점형 통신네트워크와 공유형 통신네트워크로 나누어진다. 독점형 통신네트워크는 한 기업이 독자적으로 개발하여 관리하는 통신네트워크로 해당 기업은 이를 활용하여 여러 기업과 문서를 교환한다. 그렇지만 독점적 통신네트워크의 활용은 해당 기업이 시장에서 강력한 힘을 가지고 있을 때에만 가능하다. 공유형 통신네트워크는 모든 커뮤니케이션 참여자가 공유하는 통신네트워크를 의미하며 가장 대표적인 것으로 부가가치통신망(VAN)이 있다. VAN에서는 기업 간의 모든 커뮤니케이션이 제3자인 VAN사업자의 통신네트워크를 통해서 이루어진다.

3.3 EDI 도입의 효과

EDI의 도입은 신속한 업무처리, 비용절감, 분쟁예방, 관계증진 등의 효과를 거둘 수 있으며, 이러한 이유로 기업들은 경쟁우위를 창출하기 위한 수단으로 EDI를 도입하고 있다.

- **신속한 업무처리** : EDI를 활용하면 종이로 된 서류를 물리적으로 주고받을 필요가 없기 때문에 신속하게 업무를 처리할 수 있다. 이로 인해 업무시간을 단축시킬 수 있을 뿐만 아니라 시장여건 등의 변화에 신속하게 대응할 수 있다.
- **비용절감** : EDI를 활용하면 종이값과 인쇄비용, 서류전달에 필요한 인건비 등의 비용을 절감할 수 있다.
- **분쟁예방** : EDI를 활용하면 자료 분실의 확률을 줄일 수 있고 발신 및 수신에 대한 책임소재를 분명히 할 수 있기 때문에 업무의 정확도를 기할 수 있다. 이로 인해 거래당사자 간에 발생할 수 있는 분쟁을 사전에 예방하는 효과를 거둘 수 있다.
- **고객관계의 증진** : EDI를 활용하면 보다 빈번한 커뮤니케이션과 자료의 공유가 가능해지기 때문에 고객에 대한 이해도가 높아질 수 있으며, 고객의 주문에 신속하게 대응함으로써 고객서비스 수준을 향상시킬 수 있다. 또한 고객은 리드타임이 줄어들어 많은 재고를 가지고 있을 필요가 적어지기 때문에 재고비용을 절감하는 효과를 거둘 수 있다. 따라서 EDI의 도입은 고객의 만족도를 높일 수 있으며, 이에 따라 고객과의 관계도 증진시킬 수 있다.
- **경쟁력 강화의 수단** : EDI를 위해서는 정보를 교환하는 기업 간의 시스템이 통합되어야 하기 때문에 양측은 모두 상당한 정도의 투자를 하여야 하고, 따라서 거래업체를 바꾸기 위해서는 상당한 전환비용을 부담하여야 한다. 어떤 기업이 거래기업과 EDI를 하고 있다는 것은 잠재적 경쟁기업의 입장에서는 진입장벽이 존재한다는 것을 의미하기 때문에 EDI는 경쟁력을 강화시킬 수 있는 유력한 수단이 된다.

그러나 EDI는 보안에 취약하다는 단점이 있다. 즉, 해킹이나 절도 등으로 정보가 유출되면 통신망을 타고 단시간에 광범위하게 전송될 수 있기 때문에 해당 기업은 상당한 타격을 입을 수 있다. EDI를 구축하는 기업들은 이러한 문제가 발생하지 않도록 하기 위해 보안시스템을 강화하고, 정보보안담당자를 임명하는 등의 조치를 취하고 있다.

4. RFID

RFID(Radio Frequency Identification)는 대상물에 부착된 태그(Tag)에 저장된 정보를 무선주파수를 이용하여 판독해내는 무선주파수인식 기술이다. 이 기술은 초기에는 교통카드, 도서관리 등의 분야에 적용되기 시작하였지만, 현재는 군사, 의료, 물류·유통 등 다양한 분야에 활발히 적용되고 있다. RFID는 대상물에 부착된 태그의 정보를 판독하여 대상물은 식별한다는 점에서는 바코드와 비슷한 기능을 하지만 바코드에 비해 다음과 같은 더 뛰어난 기능들을 가지고 있다.

- 빛을 이용하여 정보를 판독하는 바코드시스템과는 달리 전파를 이용하여 정보를 판독하기 때문에 원거리에서도 정보를 인식할 수 있다.
- 유리, 나무, 섬유 등의 비금속 물체를 통과해서 정보를 인식하는 것도 가능하다.
- 정보 간의 충돌을 방지하는 기능을 가지고 있기 때문에 여러 개의 정보를 동시에 판독하는 것도 가능하다.
- 읽기와 쓰기가 모두 가능한 RFID를 활용하면 정보의 수집뿐만 아니라 태그에 저장되어 있는 정보의 수정, 갱신, 추가 등도 가능하다.
- 정보인식시간도 매우 짧아 정보처리에 소요되는 시간이 절감된다.
- 바코드에 비해 최대 6,000배의 정보를 저장할 수 있다.

RFID는 RFID 태그(이하 태그), RFID 판독기(이하 판독기), 그리고 중앙컴퓨터 등으로 구성된다([그림 14-5] 참조). 태그는 안테나와 IC칩으로 이루어져 있는데, IC칩에 정보를 기록하고 안테나를 통해 판독기에 정보를 송신한다. 태그에는 상품에 대한 각종 정보가 담겨져 있다. 예를 들어 농산물의 경우 생산품목, 생산자, 생산지, 사용 비료 및 농약, 수확일 등과 같은 생산관련 정보는 물론 출하일, 출하시간, 출하책임자, 배송일, 배송책임자 등의 창고 및 운송관련 정보, 판매점, 판매점 입고일, 진열장소, 판매일 등 소매관련 정보 등을 담을 수 있다. 더 나아가 조리방법 등에 대한 정보도 추가할 수 있다. 판독기는 전파를 태그에 발사하여 IC칩에 저장된 정보를 판독하는 기능을 수행하며, 읽기와 쓰기가 모두 가능한 RFID인 경우에는 판독기를 이용하여 저장된 정보를 수정·갱신·추가 등도 가능하다. 중앙컴퓨터는 판독기로부터 네트워크를 통해 정보를 수집하여 가공·처리한다.

그림 14-5 | RFID 구성도

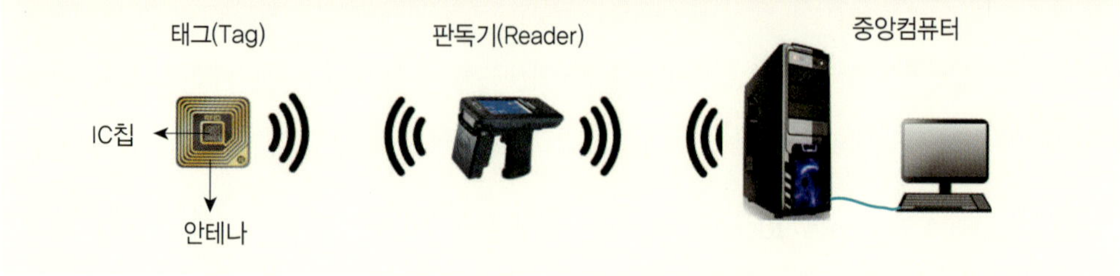

태그에 저장된 정보는 재고관리, 반품관리, 제품이력관리, 소매점에서의 정산 등의 다양한 분야에서 매우 효율적으로 사용될 수 있다.

- **재고관리** : RFID를 활용하면 재고관리에 소요되는 시간을 획기적으로 줄일 수 있고, 정확도를 높일 수 있다. 태그를 박스 혹은 팔레트 단위로 부착할 수 있기 때문에 태그 부착시간이 단축되고, 태그를 판독기로 읽을 때에도 바코드 등과는 달리 박스를 일일이 떼지 않아도 되고 또한 여러 개의 정보를 동시에 읽을 수 있기 때문에 인식속도도 매우 빠르다. 따라서 인건비가 절약되고 재고파악이 정확해져서 재고비용을 감축시킬 수 있고, 재고부족을 사전에 방지할 수 있어서 매출을 증가시키는 효과도 거둘 수 있다.
- **반품관리** : 반품을 하여야 하는 팔레트, 컨테이너 등에 태그를 부착함으로써 분실을 방지하고 신속한 반품이 이루어질 수 있도록 할 수 있다.
- **제품이력관리** : RFID를 활용하면 상품의 생산, 출하, 배송, 판매에 이르기까지 공급사슬 전반에 걸쳐 상품의 흐름을 손쉽게 파악할 수 있다. 이를 통해 상품이 현재 어떤 단계에 위치해 있는가를 손쉽게 파악할 수 있고, 유통기간 초과나 파손 등과 같은 이상이 발생하였을 경우에는 생산, 운송, 보관, 판매 등의 여러 단계 가운데 어느 단계에서 문제가 있었는지를 분명히 할 수 있다.
- **정산** : RFID는 바코드와는 달리 원격인식이 가능하기 때문에 물건을 구입한 고객이 판독기가 장착된 지점을 정지하지 않고 통과하여도 구매액이 파악될 수 있다. 따라서 정산에 소요되는 시간을 크게 감소시킬 수 있다. 이를 통해 고객의 만족도를 높일 수 있음은 물론 인건비를 절약하는 효과도 거둘 수 있다.

제1장 유통의 기본개념

김상현 · 한동철(2012), 유통관리, 이프레스, 19-43.
오세조 · 박진용 · 김상덕(2009), 소비지향적 유통관리, 제2판, 박영사, 14-20.
임영균 · 안광호 · 김상용(2010), 고객지향적 유통관리, 제2판, 학현사, 11-21.

제2장 유통산업

김숙경 · 김천곤 · 김기환(2011), 유통산업의 구조변화 및 경쟁력 강화방안 : 소매유통을 중심으로, 산업연구원연구보고서, 2011-602.
김진성 · 배순연(2011), 유통론, 세6장유통시장개방, 두남, 139-159.
안광호 · 조재운 · 한상린(2010), 유통원론, 제2판, 학현사, 26-35.

제3장 소매유통 트렌드

모병일 · 김병성(2012), 도매시장완벽분석, 앤써북, 15-16.
황혜정, "오프라인유통, 쇼루밍족 쫓지 말고 끌어안아야", 2013년 11월 18일(http://blog.naver.com/elnala/50183510845)
신세계미래정책연구소(2013), 2014년 유통업전망.
경향신문, "경계사라지는유통시장", 2014년 1월 6일.
뉴스와이어, "급변하는 가구유통패러다임 … 가구대리점 점주들이 중고에 빠졌다", 2013년 5월 29일.
뉴스1코리아, "내년 국내 소매시장 268.6조 … 2.3% 성장", 2013년 12월 11일.
매일경제, "유통빅뱅, 소비가 달라진다①", 2014년 1월 4일.
매일경제, "유통빅뱅, 소비가 달라진다③", 2014년 1월 7일.
전자신문, "아마존 vs 월마트, 최후 유통전쟁 시작된다", 2013년 7월 1일.
한국일보, "백화점 · 편의점에서도 … 현금 · 상품권 대신 휴대폰 내민다", 2016년 7월 27일.

제4장 소매업태

제1절 대형마트

넥스트데일리, "이마트 · 롯데마트 · 홈플러스 대형마트 'PB전쟁'은 계속된다!", 2016년 1월 20일.
뉴스핌, "장점에 장점을 더했다" 홈플러스 스페셜 목동점 가보니, " 2018년 7월 11일.
리테일매거진, "유통산업보고서 : 대형마트", 2005~2016년 1월호.
리테일매거진, "이마트트레이더스 출범 6년만에 매출 1조 돌파", 2016년 12월호, 31.
매일경제, "가심비까지 잡은 PB상품 … 신선식품도 새벽 현관앞에 '딱'", 2020년 10월 30일.
머니S, "홈플러스, '올라인'으로 재도약 … 올해 온라인 매출 1.3조원 달성", 2021년 3월 4일.

박찬욱(2018), 중국의 신소매 유통혁명, 제6장 신소매와 물류, 도서출판 청람.
산업통상자원부, "'21년 1월 주요 유통업체 매출 전년동월 대비 6.1% 증가", 보도자료, 2021년 2월 24일.
산업통상자원부, "'21년 2월 주요 유통업체 매출 전년동월 대비 10.0% 증가", 보도자료, 2021년 3월 25일.
서울경제, "토종의 힘? 10년 맞은 '트레이더스' 연매출 3조원 목전", 2020년 10월 27일.
아주경제, "선택 아닌 필수… 유통가 'PB 전성시대'", 2021년 3월 9일.
이데일리, "[PB상품 전성시대] ② '가성비' 상징이던 PB, 고급화 탈바꿈… 보석·가구까지 영토 넓힌다", 2020년 6월 5일.
이투데이, "코로나19에 '창고형 할인점' 전성시대… 코스트코·트레이더스, 매출 새 역사 쓴다", 2020년 12월 1일.
조선비즈, "1.3조 확보한 홈플러스, 모든 매장 창고형 할인점 전환 검토", 2021년 4월 12일.
헤럴드경제, "최저가 경쟁 불참… '품질 마이웨이' 나선 홈플러스", 2021년 4월 20일.

제2절 백화점

김인호(2012), "백화점", in 한국유통포럼, 한국유통산업흐름, 이서원, 75-97.
신세계미래정책연구소(2013), 2014년 유통업전망.
신세계유통산업연구소(2012), 2013년 유통업전망.
지식경제부·연세대학교(2011), 유통산업구조개선을 통한 물가안정방안 연구 : 거시분석.
한국유통학회(2009), "대형 유통업체의 판매수수료 현황 및 정책대응 방안", 공정거래위원회 연구용역 최종보고서
넥스트이코노미, "가격 파괴, 직매입 백화점이 떴다", 2011년 11월호, 20-23.
넥스트이코노미, "국내 최초 직매입 백화점, NC백화점 오픈", 2010년 6월호, 38.
더벨, "이랜드, 백화점업계 3위자리 넘보나", 2013년 12월 13일.
리테일매거진, "유통산업보고서 : 백화점", 2016년 1월호.
리테일매거진, "유통산업보고서 : 백화점", 2005년 1월호, 60-63.
리테일매거진, "유통산업보고서 : 백화점", 2014년 1월호, 48-51.
매경이코노미, "해외브랜드에 목맨 백화점 '빅3'", 제1725호, 2013년 9월 25일.
매일경제, "대형유통업체, 판촉·물류비떠넘기기여전", 2012년 8월 20일.
머니투데이, "신세계백화점 vs 현대백화점, 1위 안 부러운 '넘버2' 경쟁", 2021년 4월 12일.
연합뉴스, "백화점업계, 직영비율 강화방안에 반발", 1997년 5월 17일.
어패럴뉴스, "2020년 국내 5대 백화점 67개 점포 매출 실적", 2021년 1월 7일.
이투데이, "공정위, 백화점 판매수수료 더 끌어내린다", 2013년 12월 10일.
중앙일보, "대형마트 이어 백화점 '불공정거래' 손본다", 2012년 9월 5일.
중앙일보, "한국백화점의 역사", 2012년 1월 31일.
패션지오, "이랜드의 숙원사업 NC백화점, 직매입 성공할까!", 2010년 7월호, 22-23.
EBN, "국내백화점 85년 만에… 점포수 100개 시대." 2016년 11월 25일.

제3절 슈퍼마켓

뉴스와이, "동네슈퍼도 우려 만든 물류센터, 되레 대기업이 차지", 2014년 2월 3일.
뉴스케이프, "중기부, 스마트슈퍼 2호점 개점… 스마트슈퍼 육성 적극 추진", 2020년 11월 20일.
뉴스티엔티, "10년간 1,134억 원 투입한 '나들가게'… 10곳 중 4곳 '폐업'", 2020년 10월 6일.
더벨, "[기로에 선 SSM] '10년 침체'딛고 근거리 상권 회복 성공할까", 2020년 10월 5일.

더벨, "이마트에브리데이, 탄탄한 점포 기반 '전화위복'", 2020년 10월 12일.
더스쿠프, "10년간 왜 작은 동네슈퍼만 죽어갔나", 2019년 1월 31일.
리테일매거진, "유통산업보고서 : 슈퍼마켓", 2014년 1월호, 44-47.
리테일매거진, "유통산업보고서 : 슈퍼마켓", 2017년 1월호, 36-39.
리테일매거진, "유통산업 보고서 : 슈퍼마켓", 2021년 1월호.
매일경제, "기업형슈퍼마켓 제한거리 500m → 1㎞로 확대", 2011년 5월 4일.
머니투데이, "잘나갔던 기업형슈퍼마켓, 왜 애물단지 됐을까", 2020년 2월 16일.
머니투데이, "'변종SSM' 논란 대형마트 상품공급점, 결국 제동 걸렸다", 2015년 2월 25일.
신세계미래정책연구소(2013), 2014년 유통업전망.
아시아투데이, "서울자치구, 대형마트·SSM 영업시간제한 '조례개정'", 2014년 2월 11일.
연합뉴스, "중소유통물류센터 2곳 선정해 풀필먼트 구축 지원", 2021년 4월 28일.
연합뉴스, "대기업에 동네 슈퍼물류센터 바친 슈퍼마켓협의회", 2014년 2월 3일.
영남일보, "나들가게… 간판만 달아주면 끝인가요", 2014년 1월 14일.
울산매일, "연 2천500개씩 늘린다던 나들가게, 3년째 감소", 2015년 9월 8일.
이투데이, "매장수 줄이고 신선식품 늘리고" 애물단지 SSM의 생존전략", 2021년 2월 17일.
중소기업청(2015), "중소유통 공동도매물류센터 건립지원사업", http://www.smaba.go.kr, 3월 20일.
중소벤처기업부, "낮에는 유인 심야엔 무인' 스마트슈퍼 1호점 개점", 보도자료, 2020년 10월 15일.
한겨레뉴스, "끄떡없는 동네슈퍼들 뒤에 '협동조합물류센터' 있었네", 2014년 3월 9일.
한국체인스토어협회(2013), "2013 유통업체연감", 58-66.
SBS CNBC, "동네슈퍼의 변신, '나들가게' 확대운영", 2014년 2월 3일.

제4절 아울렛과 복합쇼핑몰

리테일매거진, "유통산업보고서 : 백화점·복합몰", 2016년 1월호.
ELLE(2013), "몰링, 신라이프스타일", 2013년 8월호.
뉴데일리, "'백화점' 지고 '아울렛·복합쇼핑몰' 떠오르나", 2014년 5월 20일.
뉴스토마토, "백화점 1분기 '침울'… 믿을건 '아울렛'", 2014년 5월 14일.
매일경제, "현대백화점, 신개념 '도시형아울렛' 통해차별화", 2016년 7월 20일.
비즈니스워치, "[유통업탈출구] ① 아울렛에 꽂힌 백화점", 2014년 5월 1일.
서울파이낸스, "빅3 백화점, 아울렛·복합쇼핑몰 출점 '공격행보'", 2014년 1월 14일.
스포츠서울, "신세계복합쇼핑몰 대공세, 롯데 뛰어넘는다", 2014년 1월 14일.
신세계사이먼프리미엄아울렛 홈페이지(www.premiumoutlets.co.kr)
아주경제, "'롯데·현대·신세계' 빅3, 신성장동력 '복합쇼핑몰·아울렛'", 2014년 4월 22일.
어패럴뉴스, "신세계, 스타필드 5개점 추가 출점", 2021년 4월 26일.
어패럴뉴스, "빅3 가세한 아울렛경쟁… 어디까지 왔나", 2014년 2월 17일.
어패럴뉴스, "아울렛, 아웃도어 핵심유통부상", 2014년 5월 15일.
연합뉴스, "'매머드급' 복합쇼핑몰 온다… 2년내 수도권 7곳", 2016년 3월 18일.
중앙일보, "교외형 프리미엄아울렛", 2014년 4월 2일.
중앙일보, "유통의 미래, 복합쇼핑몰", 2014년 5월 13일.
패션넷코리아(2015), "[스페셜리포트] 2015년도 유통트렌드 변화 : 복합쇼핑몰 유통변화", BizReport, 11월 30일.
한국경제, "롯데, 도심한복판에 '나홀로' 아울렛 간판다는 이유", 2013년 12월 19일.
한국경제, "복합몰전쟁, '공격형' 롯데·신세계 '실속형' 현대… 승자는?", 2014년 4월 29일.

헤럴드경제, "신세계-롯데아울렛 전쟁, 시장 키웠다… 13조원 육박", 2016년 4월 5일.

제5절 편의점

녹색경제신문, "[코로나19가 바꾼 한국경제⑥] 코로나가 키운 배달경쟁, 어디까지 왔나", 2021년 4월 29일.
뉴시스, "늘어나는 무인 편의점… 안전 강화는 숙제", 2021년 4월 26일.
넥스트데일리, "GS25·CU·세븐일레븐 '편의점 PB상품' 판매 올해도 고공행진 예상", 2016년 1월 7일.
동아닷컴, "코로나로 늘어난 무인점포 "또 털렸다"… 청소년 절도 타깃으로", 2021년 4월 30일.
리테일매거진, "유통산업보고서 : 편의점", 2014년 1월호, 52-55.
리테일매거진, "유통산업보고서 : 편의점", 2017년 1월호, 44-47.
머니투데이방송, "신세계 편의점시장 진출… SSM 등 중소형 점포 잇따라 확장", 2014년 1월 3일.
머니S, "380원 라면에 무신사 의류까지… 편의점, PB 앞세워 '유통 일번지' 노린다", 2021년 4월 21일.
브릿지경제, "신세계위드미, 늘어나는 적자에 손익분기점 아득", 2016년 7월 11일.
비욘드포스트, "점포수 가장 많은 편의점은 어디?", 2021년 3월 18일.
비즈니스워치, "편의점, 'PB상품'에 꽂힌 이유", 2021년 4월 30일.
산업통상자원부, "21년 2월 주요 유통업체 매출 전년동월 대비 10.0% 증가", 보도자료, 2021년 3월 25일.
서울경제, "임일순 떠난 홈플러스, 편의점사업 철수 수순", 2021년 3월 9일.
서울경제, "유통업계 PB 전성시대 : CVS(편의점) 유통부문", 2014년 2월 24일.
스포츠서울, "'근거리도 배달주문' 편의점, 배달경쟁 뜨겁다", 2021년 4월 19일.
시사오늘, "서희건설, '로그인' 브랜드로 편의점사업 진출", 2016년 2월 4일.
연합뉴스, "편의점들이 PB상품에 주력하는 이유는?", 2014년 1월 19일.
이뉴스투데이, "편의점시대, 미니스톱·위드미 '경량급' 생존전략은?", 2016년 5월 9일.
헤럴드경제, "편의점 3만시대 그늘… 점주들, 출혈경쟁에 내몰리다", 2016년 7월 12일.
CEO스코어데일리, "편의점프랜차이즈 창업, 미니스톱이 수익성 '톱'", 2015년 8월 23일.
MNB, "프랜차이즈 편의점 '사업기간 길고, 복수점포 운영자 증가'", 2015년 12월 28일.

제6절 H&B스토어

뉴데일리경제, "'코로나 여파에도' 올리브영의 독주… 연매출 2조 육박", 2021년 4월 1일.
뉴스핌, "PO 도전 CJ올리브영… 오프라인 매장 부진 속 기업가치 얼마 받을까", 2020년 9월 9일.
리테일매거진, "유통산업보고서: H&B 전문점", 2012, 2013, 2014, 2015, 2016, 2017년 1월호.
매경이코노미, "H&B 스토어 절대강자 CJ올리브영-세상 어디에도 없는 제품들만 모아 '승부수'", 제1957호, 2018.5.9~5.15일자.
매일경제, "올리브영, 자체 온라인몰 낸다", 2017년 4월 2일.
머니투데이, "어쩐지 올리브영만 보이더라… 적자 H&B 매장들은 감소세", 2021년 4월 15일.
브릿지경제, "'우후죽순 '드러그스토어 시장… 올리브영 '독주' 언제까지", 2016년 4월 6일.
이코노믹리뷰, "올해는 '2조 클럽'… 올리브영, '나홀로 독주' 비결", 2021년 4월 1일.
이투데이, "H&B스토어 시장, 올리브영 독주 체제? … 경쟁사도 '반격' 나선다", 2020년 5월 13일.
코스메틱매니아뉴스(CMN), "CJ올리브영, 업종전환지원 프로그램으로 '성공창업 견인'", 2012년 7월 23일.
조선비즈, "세계 1위 화장품 판매점 '세포라'가 온다… 올리브영·아리따움 '체험 매장' 변신", 2019년 5월 10일.

조선비즈, "매장 60곳 폐점… 왓슨스와 결별한 'GS 랄라블라' 추락", 2021년 4월 7일.
EBN, "CJ올리브영 온오프라인 확장 지속", 2020년 10월 7일.

제7절 균일가샵

동아닷컴, "다이소, 축구장 20개 크기 부산물류센터 가동… '더 싸고 빠르게'", 2019년 9월 26일.
동아비즈니스리뷰, "한국다이소의 고속성장 비결", 131호, 2013년 6월 15일.
매경이코노미, "1,000원짜리 팔아 매출 1조 박정부 다이소 회장", 제1788호, 2014년 12, 24~12. 31.
매일경제, "다이소, 제조업체와 직거래 정직한 가격", 2014년 2월 5일.
리테일매거진, "매장규모 키운 다이소 셀프인테리어도 1천원에 제안", 2017년 4월호, 36-37.
리테일매거진, "'1천원의 기적' 다이소 혁신은 계속된다", 2016년 7월호, 56-59.
서울경제, "유통가 폐점 도미노 속 거듭되는 진화… '다이소 매직'", 2019년 12월 12일.
아시아경제, "면적 넓어지는 다이소… 매장수 늘리고 100평 넘는 점포 '↑'", 2019년 1월 29일.
아시아투데이, "다이소, '가맹점혁신활동'으로 420개의 가맹점과 함께 한다", 2016년 11월 28일.
아주경제, "1% 영업이익? 1,000원짜리로도 1조 매출 가능해", 2014년 4월 7일.
월간중앙, "'결혼 빼놓고는 다 쉬워요' 나홀로족이 사는법", 2014년 2월호.
위키리스크한국, "이랜드리테일 '에코마트' 가성비 갖춘 '친환경 제품' 매장으로", 2019년 8월 30일.
조선비즈, "다이소, 스타벅스보다 더 벌었다… 2년째 '2조 클럽' 안착", 2021년 4월 22일.
한국경제, "한국다이소, 1천원짜리 팔아 1조 매출 올린 비결", 2016년 3월 15일.
한국경제, "'1,000원숍' 다이소 매출 1조… '싸게 팔지만 싸구려는 팔지 않는다'", 2014년 12월 12일.
다이소아성산업 홈페이지(www.daiso.co.kr)
MBC NEWS, "불황 여파로 다이소·노브랜드·창고형 매장 매출 '호조'", 2017년 2월 2일.

제8절 전통시장

동아닷컴, "문 닫을 뻔한 전통시장, 최근 손님 북적이는 이유는?", 2021년 6월 6일.
머니위크, "'영업시간제한' 그 후… 전통시장-대형마트 '동반몰락'?", 2014년 3월 6일.
브릿지경제, "중소기업청, 전통시장 550곳 1,623억 지원", 2017년 3월 9일.
서울신문, "가락시장의 신선함을 3시간 내에… 생생배송 '살아있네' 정식 서비스 론칭", 2021년 2월 23일.
소상공인시장진흥공단, 전통시장·상점가 및 점포경영 실태조사 결과 보고서 [전통시장 인정시장 부문], 2016, 2018, 2021.
아시아경제, "중랑구 '전통시장 온라인 장보기' 30분만에 집 도착?", 2021년 6월 11일.
이투뉴스, "괴정골목시장문화관광형시장 육성사업단, 라이브커머스로 전통시장 온라인 판매 활성화", 2021년 6월 11일.
조선비즈, "재미 가득한 夜시장… 젊은층 몰려든다", 2017년 11월 13일.
조선일보, "손님 오기만 기다릴 수 없죠… 온라인으로 간 전통시장", 2020년 9월 24일.
주간조선, "전통시장 이야기 : 전주남부시장", 2429호, 2016년 10월 24일.
중소벤처기업부, "포스트 코로나 대비 2022년 전통시장 상점가 지원 공고", 보도자료, 2021년 6월 16일.
중앙일보, "북적! 북적! 와글~ 와글~ 경기도 전통시장!", 2014년 2월 28일.
한겨레, "전통시장·소상공인 활성화 어떻게 할까", 2014년 3월 25일.
한국일보, "전통시장 2조원 지원해도 매출감소… 중기청은 '매출감소 진정'", 2015년 9월 7일.
KBS NEWS, "코로나에 손님 끊긴 전통시장 '라이브커머스' 도전", 2020년 10월 3일.

제9절 다단계판매

공정거래위원회, "2019년도 다단계판매업자 주요정보 공개", 보도참고자료, 2020년 7월 15일.
공정거래위원회, "2020년도 다단계판매업자 주요정보 공개", 보도자료, 2021년 8월 4일.
공정거래위원회(2016), "2015년 다단계판매업체 주요정보 공개", 보도자료.
국민일보, "불황먹고 큰 다단계… 판매원, 국민 10명 중 1명꼴", 2014년 7월 9일.
넥스트이코노미, "2020년 다단계판매, 위기를 기회로!", 2021년 1월 8일.
노규수(2012), 다단계판매에 대한 연구, 조선대학교 대학원 법학과 박사학위논문. 보도자료.
데일이그리드, "2016년 4분기 다단계 판매업자 총140개", 2017년 2월 20일.
시사경제뉴스, "다단계판매업계, 2020년도 약 5조 1,764억원 매출", 2021년 3월 27일.
조선비즈, "'암웨이게섯거라'… 설립 7년만에 매출 1조 육박 '다단계 2위' 애터미", 2017년 4월 21일.
주간한국, "사상최대 다단계사기사건 재평가 될까", 2013년 11월 18일.
한국직접판매협회 홈페이지(www.kdsa.or.kr)
한국특수판매공제조합 홈페이지(www.kossa.or.kr)

제10절 온라인쇼핑

뉴스웨이, "대형마트, '엄지족'을 잡아라", 2016년 4월 21일.
뉴스토마토, "라이브커머스 전성시대… 네이버·카카오·배민 3사 3색 전략", 2021년 5월 24일.
뉴스1, "네이버 쇼핑라이브, 다음달부터 수수료 3%→5% 인상", 2021년 4월 5일.
뉴스1, "네이버 vs 신세계 vs 쿠팡, 이커머스 '삼국지' 열렸다", 2021년 6월 25일.
뉴시스, "[온라인쇼핑 무한경쟁①] 오픈마켓-소셜커머스, 경계 허물다", 2016년 4월 15일.
더벨, "'이용자수 1위' SK플래닛, 올해 적자 줄인다", 2017년 2월 10일.
매일경제, "네이버 카카오 쿠팡 배민 다 뛰어들었다… 10조 거대시장 판 커진다", 2021년 5월 28일.
미래창조과학부, 한국인터넷진흥원(2015), 2015년 인터넷이용실태조사.
서울경제, "네이버·카카오·쿠팡… 3사 3色 라이브커머스 전쟁", 2021년 1월 20일.
서울파이낸스, "위메프도 오픈마켓 선언… 소셜커머스 '업태 전환' 왜?", 2019년 7월 4일.
아주경제, "요즘 핫한 '라이브커머스', 시진핑도 깜짝 출연?", 2020년 5월 4일.
아주경제, "월마트 배우기 계속된다… SSG닷컴 주문 후 이마트서 비대면 수령", 2020년 12월 27일.
연합뉴스, "피처폰 가입자, 1천만 명 무너져… 스마트폰 대중화 탓", 2016년 2월 1일.
이윤아, "온택트(Ontact) 시대의 신성장 기회라이브커머스", KANTAR, BEAUTI-FULL No. 3, 2020년 10월 11일.
이코노미스트, "롯데온 출범 1주년… '새로고침' 나섰다", 2021년 4월 26일.
전자신문, "시장 커지는데 사업자는 대부분 적자… 늪에 빠진 오픈마켓·소셜커머스", 2017년 2월 1일.
전자신문, "'수수료 감당 못한다'… 자사몰 강화 나선 뷰티업계", 2021년 5월 11일.
조선비즈, "압도적 1위 없는 여성 패션 쇼핑몰, 에이블리 vs 지그재그 vs 브랜디 각축", 2021년 6월 14일.
조선비즈, "[2021 컨슈머①] "10분에 1억 매출"… 비대면 소비 이끄는 '라이브커머스'", 2021년 1월 2일.
조선일보, "아마존·쿠팡 비켜, 우리 물건 우리가 판다" D2C 열풍", 2021년 5월 3일.
주용완(2121), "국내 라이프 커머스 플랫폼 시장 진단", 2121 KISA Report, Vol. 3.
채널CJ, "립스틱도 라방으로" 올리브영, '올라이브' 편성 확대… 3조원 라이브커머스 시장 가세", 2021년 4월 1일.
통계청, "2020년 12월 및 연간 온라인쇼핑 동향", 보도자료, 2021년 2월 3일.
투데이신문, "[라방 춘추전국시대①] '억'소리 나는 매출… 새로운 재미로 물 만난 '라이브커머스'", 2021

년 7월 6일.
파이낸셜뉴스, "라이브커머스가 뭐길래 그럽, 1만4,000여 판매자수 보유 눈길", 2021년 6월 26일.
한국온라인쇼핑협회, 온라인쇼핑 시장에 대한 이해와 전망, 2015~2021.

제11절 TV홈쇼핑과 T커머스

과학기술정보통신부, 방송통신위원회, 방송산업 실태조사 보고서, 2015~2020.
과학기술정보통신부, "과기정통부, 2019년 TV홈쇼핑 판매수수료율 통계 공개", 보도자료, 2020년 10월 29일.
머니S, "TV홈쇼핑… '갑' 판매수수료 위 '슈퍼 갑' 송출수수료", 2020년 6월 15일.
중앙일보, "TV홈쇼핑·IPTV, 수수료 30% 놓고 '네 탓'", 2018년 10월 22일.
한국온라인쇼핑협회, 온라인쇼핑 시장에 대한 이해와 전망, 2016~2021.
헤럴드경제, "IPTV 가입자수 '쑥쑥'… 케이블TV 턱밑까지 추격", 2015년 1월 13일.
한국케이블TV방송협회 홈페이지자료실(www.kcta.or.kr)

제5장 프랜차이즈

강기석·이종익·김성민·박남규(2012), 성공 프랜차이즈 컨설팅노트, 북랩, 25-26.
임영균·안광호·김상용(2010), 고객지향적 유통관리, 제2판, 제10장 프랜차이징, 385-440, 학현사.
공정거래위원회, "공정위, 2020년도 가맹사업 현황 발표", 보도자료, 2021년 3월 4일.
공정거래위원회(2014), 가맹사업거래의 공정화에 관한 법률.
공정거래위원회 가맹사업거래 홈페이지(http://franchise.ftc.go.kr/index.do)
시사상식사전 모범거래기준(http://terms.naver.com)
창업경영신문홈페이지 프랜차이즈랭킹(http://sbiznews.com/FranchiseIndex)
소상공인시장진흥공단(2012), "드럭스토어(drugstore) 현황", 소상공인이슈페이퍼, 2012-09호.
KB금융지주경영연구소(2012), 프랜차이즈업계 현황 및 특성, KB Daily 지식비타민, 12-20호.
매일경제, "프랜차이즈 사업하려면 예상매출액 공개해야", 2013년 10월 11일.
머니위크, "프랜차이즈, 가맹점제공 예상매출액 제시… 표준양식 만들어져… ", 2014년 3월 5일.
머니S, "프랜차이즈 직영점 보유브랜드, 가맹점도 지속적으로 증가해", 2021년 6월 15일.
메트로신문, "더블유스토어, 4월 한달간 '내몸이 맑아지는 습관' 프로모션 실시", 2014년 4월 2일.
비즈니스포스트, "맥도날드, 수익성 회복 위해 직영점의 가맹점 전환에 속도", 2016년 4월 1일.
서울파이낸스, "프랜차이즈기업 64% '가맹점에 로열티 부과 안해'", 2012년 9월 12일.
아시아경제, "치킨집가맹비의 비밀… bbq프리미엄카페 3,200만원 vs 굽네 0원", 2014년 4월 4일.
아주경제, "프랜차이즈본사-가맹점 '로열티수수료' 두고 신경전", 2012년 9월 4일.
약업신문, "더블유스토어 '구의쉐르빌점' 오픈", 2010년 4월 29일.
영남일보, "[창업] 건실한 가맹본부 잣대 '프랜차이즈 정보공개서'", 2014년 4월 12일.
이데일리, "野을지로委 '빵집·편의점가맹점 거리제한 폐지, 철회해야'", 2014년 5월 22일.
코스메틱매니아뉴스(CMN), "CJ올리브영, 업종전환지원 프로그램으로 '성공창업견인'", 2012년 7월 23일.
YTN, "빵집·편의점, 가맹점간 거리 제한 폐지", 2014년 5월 22일.

제6장 상권분석과 입지분석

김영갑(2013), 창업성공을 위한 상권분석, 이프레스.

김영갑(2012), 창업성공을 위한 상권분석론 : 사례보고서와 사업타당성 중심, 교문사.

경향신문, "뜨는 '대박상권' 인터넷에 있다", 2014년 8월 3일.

매일경제, "서울선성수 · 구로디지털단지 뜨고 지방은 남포동 · 반월당사거리 급부상", 2014년 6월 16일.

머니위크, "다양한 상권분석정보시스템 이용하라", 제299호, 2013년 10월 6일.

서울경제, "[성공창업, 상권을 보라] 편의점", 2014년 6월 22일.

세계일보, "특수상권창업의 대표주자, 스테프핫도그", 2014년 7월 30일.

한강타임즈, "올바른 상가투자, 창업위한 상권분석, 입지선정 어떻게", 2014년 8월 14일.

m이코노미, "레드테이블, 서울 산업통상진흥원과 빅데이터 기반 상권분석 시스템 개발", 2014년 6월 27일.

SBS CNBC TV, "창업성공의 첫걸음, '상권'부터 꼼꼼히 따져라", 2014년 5월 29일.

제7장 도매상

김상현 · 한동철(2012), 유통관리, 이프레스, 52–65.

모병일 · 김병성(2013), 도매시장 완벽분석, 앤써북, 46–101.

오세조 · 박진용 · 김상덕(2012), 소비자지향적 유통관리, 박영사, 126–135.

임영균 · 안광호 · 김상용(2010), 고객지향적 유통관리, 제2판, 학현사, 184–194.

제8장 경로파워와 갈등관리

김상현 · 한동철(2012), 유통관리, 제7장, 이프레스, 237–253, 262–276.

박찬욱(2012), 고객관계 구축을 위한 영업관리, 도서출판 청람, 143–145.

손일선(2012), 의약품유통in 한국유통포럼, 한국유통산업흐름, 이서원, 272–297.

오세조 · 박진용 · 김상덕(2009), 소비자지향적 유통관리, 제2판, 제10장, 박영사, 259–264, 286–296.

임영균 · 안광호 · 김상용(2010), 고객지향적 유통관리, 제2판, 학현사, 496–531.

최채환(2008), 패션마케팅, 경춘사, 214.

Berman, Barry(1996), *Marketing Channels*, John Wiley & Sons, Inc., 556–577.

Thomas, Kenneth(1976), "Conflict and conflict management", in Handbook of Industrial and Organizational Psychology, ed. Marvin Dunnette, Palo Alto, CA : Consulting Psychologists Press, 889–935.

French, John R. P. and Bertram Raven(1959), "The Bases of Social Power", in Studies in Social Poser, Dorwin Cartwright, ed., Ann Arbor, Mich. : Institute for Social Research, University of Michigan, 150–167.

Raven, Bertram and Arie W. Kruglanski(1970), "Conflict and Power", in The Structure of Conflict, Paul Swingle, ed., New York : Academic Press, 69–109.

뷰티누리, "아모레퍼시픽–아리따움 가맹점, 함께 웃다", 2014년 1월 17일.

아이뉴스, "대 · 중소유통업계 상생협력 나섰다", 2013년 11월 14일.

아주경제, "포항시, 유통업 상생발전협의회 개최", 2014년 10월 20일.

제9장 수직적 유통경로시스템

김상현 · 한동철(2012), 유통관리, 제6장, 이프레스.

농민신문, "양돈협동조합형 패커조직… 독점적 단일체제로 육성을", 2014년 6월 18일.

신동아, "유통구조혁신통해 농축산인, 소비자 함께 웃는다", 2012년 8월호, 635호, 190~199.

파이낸셜뉴스, "'유통거품'뺀 농협안성농식품 물류센터", 2014년 4월 10일.
한국수퍼마켓협동조합연합회 홈페이지 회장 인사말(http://kosamart.net)

제10장 유통경로의 결정

박찬욱(2012), 고객지향적영업관리, 제10장, 도서출판청람, 306-363.
오세조 · 박진용 · 김상덕(2012), 소비자지향적 유통관리, 제8장, 박영사, 222-245.
임영균 · 안광호 · 김상용(2010), 고객지향적 유통관리, 제2판, 학현사, 290-321.

제11장 업종별 유통경로

제1절 가공식품의 유통경로

농림축산식품부, 한국농촌경제연구원, 가공식품 소비자태도조사 통계보고서, 2021, 2020, 2019.
디지털타임즈, "가공식품 유통도 이젠 온라인이 대세… 구매자 80% 다시 구매한다", 2020년 1월 2일.
모영일 · 김병성(2012), 도매시장 완벽분석, 앤써북, 95-101.
아주경제, "대기업 독점하던 단체 급식시장 열린다", 2021년 4월 5일.
최병욱 · 전창곤 · 김동훈(2012), 가공식품유통구조 개선방안, 한국농촌경제연구원, 53-101.
한국비즈니스정보(2013), 대한민국유통지도, 어바웃어북, 84-87.
한국영농신문, "가공식품, 온라인 구매 크게 늘어", 2021년 1월 12일.

제2절 생활용품의 유통경로

김지원(2013), "개인용품 · 생활용품 채널의 다변화 : 채널 다변화시대, 아직도 영업에만 의존하는가", 리테일매거진, 9월호, 126-129.
통계청(2020), "온라인쇼핑동향조사" 통계정보보고서.
한국비즈니스정보(2013), 대한민국유통지도, 어바웃어북, 218-221.
현대경제연구원(2015), 현안과 과제 : 온라인쇼핑의 부상과 경제적 효과, 15-23호, 5.
MNB, "균일가 생활용품점 찾는 고객 늘어", 2019년 5월 21일.

제3절 의류의 유통경로

뉴스핌, "쑥쑥 크는 정용진의 SPA '데이즈'… 유니클로 추격전", 2017년 3월 23일.
더스크푸, "글로벌 SPA의 한숨 '자라 너마저… '", 2016년 4월 1일.
동아닷컴, "패션기업들 '온라인 고객 잡아라'… 앞다퉈 전문 편집숍 오픈", 2020년 6월 23일.
동아닷컴, "대형마트 한산해진 의류-용품 매장, 펫샵-체험매장으로 변신", 2021년 5월 31일.
브릿지경제, "유니클로 · 자라 · H&M 등에 안방 뺏긴 토종 SPA… 잇단 구조조정", 2015년 12월 14일.
비즈한국, "다 무신사만 해? 패션 플랫폼 인수합병에 입점업체 '수수료 공포'", 2021년 6월 2일.
신아일보, "롯데마트, 패밀리형 콘셉트 패션 편집숍 선배", 2020년 11월 16일.
아시아뉴스통신, "유니클로부터 미쏘까지, SPA 브랜드 각축전 지속", 2016년 3월 9일.
연합뉴스, "온라인 시대의 대형 패션 매장… 개성 · 차별화로 '손짓'", 2021년 6월 25일.
이투데이, "유니클로, 에어리즘 · 히트텍… 기능성 소재+합리적 가격 'SPA 혁명'", 2016년 4월 26일.
이코노믹리뷰, "[ER 리포트] 가성비로 통했던 해외 SPA '빅3', 시련의 계절", 2021년 5월 10일.
조선비즈, "압도적 1위 없는 여성패션 쇼핑몰, 에이블리 vs 지그재그 vs 브랜디 각축", 2021년 6월 14일.

조선일보, "대형마트, SPA 의류시장 공략 강화", 2016년 3월 21일.
중앙선데이, "유니클로 벗고 탑텐·스파오 입어… 약진하는 토종 SPA", 2020년 11월 28일.
중앙일보 "'더 늦으면 안돼' 중견 패션기업들, 코로나19로 온라인 진출 본격화", 2020년 4월 17일.
한경닷컴, "글로벌 SPA 자라 한국서 10년만에 매출 감소… 패스트패션 몰락", 2021년 5월 11일.
한경비즈니스, "[미래형 점포] 이마트, 고객 니즈 파악해 마트 비중 축소… 테넌트 강화로 '승부수'", 2020년 7월 28일.
한국일보, "떨어지는 매출에도… 대형마트는 왜 '옷 장사' 포기 못하나", 2020년 11월 16일.
헤럴드경제, "대형마트 SPA 의류브랜드 잘나가요", 2016년 6월 2일.
M이코노미, "의류산업불황에도 성장하는 SPA시장", 2016년 2월호.

제4절 화장품의 유통경로

뉴시스, "화장품업계 '면세점, 이곳이 금맥'… 매출 '쑥쑥'", 2016년 1월 12일.
더벨 "클리오, '흑자' 지켜낸 이사진의 결단", 2021년 4월 5일
데일이안, "화장품 시장도 부익부 빈익빈… 로드숍 '존폐 위기' 럭셔리 '날개'", 2021년 4월 30일.
리테일매거진, "LG생건의 '뉴뷰티편집숍' 자연주의 브랜드로 차별화 선언", 2016년 12월호. 64-67.
메디컬투데이, "놓칠 수 없는 화장품유통 채널 '방문판매'… 성장세 지속", 2016년 6월 24일.
미디어펜, "'사드리스크' 면세점매출 절반으로 '뚝'", 2017년 3월 31일.
뷰티한국, "화장품유통의 기둥이 된 '면세점'", 2016년 2월 23일.
아주경제, "[면세점의 눈물] '하루 하나 팔기도 힘들다'… 시내점 줄줄이 폐업 수순 밟나", 2021년 4월 27일.
오픈서베이, 뷰티 트렌드 리포트, 2018~2021.
이투데이, "H&B스토어 시장, 올리브영 독주체제?… 경쟁사도 '반격' 나선다", 2020년 5월 13일.
전자신문, "[2015 송년특집] 2015년 화장품유통 결산-면세점", 2015년 12월 17일.
주간동아, "'방판'은 살아있다", 2016년 1031호.
코스인코리아닷컴, "면세점 화장품시장 국내브랜드 장악", 2016년 3월 8일.
한국경제, "홈쇼핑 히트 화장품 브랜드(철벽녀) 뷰티피플, '돌(doll)녀' 브랜드와 신제품으로 시장 공략", 2020년 1월 2일.
한국보건산업연구원, 화장품산업 분석 보고서, 2011, 2016, 2019.
한국일보, "티몬에서 20억 매출 올린 화장품 '미스코' 화제", 2016년 10월 21일.
CNCNews, "[유통채널 지각변동③] '회색 코뿔소'가 된 원브랜드숍", 2018년 5월 29일.
CNCNews, "로드숍 vs 편집숍 유통채널 지각변동", 2018년 12월 25일.
COS'IN, "[2020 송년특집 화장품 빅이슈] 화장품 유통채널, 코로나19 온택트 디지털 '확' 바꿨다!", 2020년 12월 22일.
News1, "홈쇼핑 연예인화장품, K뷰티 주역으로 활개", 2016년 2월 25일.

제5절 주류의 유통경로

국세청, "2007~2020 국세통계연보", 국세청홈페이지(www.nts.go.kr/info)
농림축산식품부, 한국농수산식품유통공사, 주류시장 트렌드 보고서, 2020~2021.
동아닷컴, "없어서 못파는 그 맥주?… MZ세대 사로잡은 수제맥주 비결은", 2021년 5월 14일.
비즈니스워치, "편의점, 수제맥주 '맛집'된 이유", 2021년 6월 21일.
이지경제, "수제 맥주 '불티'… 편의점 매출 '고공행진'", 2021년 6월 16일.
중앙일보, "수입맥주가 어느새 40% 넘었네", 2016년 3월 28일.

중앙일보, "1,000원 원가에 세금 1,029원 종가세 넘으니 코로나가", 2021년 6월 17일.
한국주류수입협회, "2012~2020 주종별 주류 수입량", 한국주류수입협회홈페이지(www.kwsia.or.kr)
EBN, "편의점 이색 협업 맥주 경쟁 본격화", 2021년 6월 10일.
SBS비즈, "'곰표맥주, 우리가 만드는데' … 세븐브로이 '부글부글'", 2021년 6월 23일.

제6절 문구의 유통경로

뉴스토마토, "모나미문구 유통강화에 영세유통업자들 '울상'", 2014년 5월 16일.
매일경제, "알파, 문구·전산용품 등 7만가지 상품", 2014년 2월 5일.
매일경제, "팬시문구점 색연필가맹점 모집", 2013년 11월 15일.
매일경제, "'학습준비물 지원제도'에 사라지는 문방구", 2014년 5월 14일.
머니위크, "팬시문구 프랜차이즈전문점 '색연필', 새학기맞이 … 20% 적립이벤트 펼쳐", 2013년 3월 7일.
물류신문, "경동택배, 중국에서 문구산업 공동물류를 실현하다", 2016년 7월 14일.
연합뉴스, "유통업계, 신학기 맞아 문구기획전", 2013년 8월 15일.
파이낸셜뉴스, "문구점 유통도매상 적합업종 선정 촉구 철야농성 돌입", 2014년 2월 20일.
한국경제, "'가만 있으면 죽는다' 문구업체의 무한변신", 2013년 7월 28일.

제7절 가전제품의 유통경로

뉴스핌, "포스트 코로나 시대 … '개인 맞춤형' 가전이 주도한다", 2021년 1월 8일.
더벨, "삼성·LG전자, 직영양판점 '진퇴양난'", 2015년 8월 11일.
디지털데일리, "롯데하이마트가 온라인 시대에서 살아남는 법", 2020년 3월 23일.
매일경제, "삼성디지털프라자, 맞춤 정장처럼 … 라이프스타일 맞는 가전 선택 도와", 2021년 7월 9일.
서울경제, "이커머스에 반격 준비하는 가전전문점", 2019년 10월 13일.
세계비즈, "[기업탐방②] 전자랜드 파워센터 전환 통했다!", 2020년 11월 26일
아주경제, "가전업계, 코로나19로 온라인 매출 탄력 … 올해도 '비대면 마케팅' 강화", 2021년 2월 16일.
전자신문, "내수 가전유통사상 최대 실적 … 전년의 역성장 극복하며 두 자릿수 성장", 2014년 1월 13일.
중앙일보, "한밤중 구경하고, 혼자 제품 써보고 … 여기 가전매장 맞아?", 2021년 6월 23일.
한국경제, "삼성디지털프라자, 제품이상 확인 등 판매 후 섬세한 고객관리", 2014년 1월 9일.
ZDNetKorea, "지난해 국내 가전시장 14%↑… 온라인 판매 크게 늘어", 2021년 3월 4일.

제8절 휴대폰의 유통경로

과학기술정보통신부, "휴대폰 요금 25% 할인받는 '선택약정' 꼭 챙기세요", 정책브리핑, 2021년 5월 17일.
뉴시스, "단통법 7년여간 통신사 과징금 총 1,384억원 … SKT>LGU+>KT", 2021년 3월 9일.
뉴스1, "10월부터 지원금 상한제 폐지 … '단통법'은 그대로 유지", 2017년 9월 29일.
뉴스1, "국내 자급제폰 비율 10% 육박 … '7월 기준 9.54% 첫 발표'", 2020년 9월 28일.
뉴스1, "韓휴대폰시장 규모 하락세 … 2017년 15위로 밀릴 듯", 2014년 3월 31일.
뉴스핌, "지난해 국내 휴대폰 점유율, 삼성 '주춤' LG '반등'", 2016년 3월 24일.
디지털데일리, "2015년 국내 휴대폰 1,600만대 규모 … SKN만 '실속'", 2016년 2월 7일.
디지털데일리, "KT, 알뜰폰시장에선 내가 강자 … 도매점유율 46.3%로 SKT 제쳐." 2016년 9월 20일.
매일경제, "활기 띠는 휴대폰 공단말기 시장 … '지원금 약발 안 받네' 이통3사 시무룩", 2015년 11월 23일.
미래창조과학부, "알뜰폰가입자 700만 명 넘어서", 보도자료, 2017년 4월 19일.
방송통신위원회, "공시지원금 추가 지급 한도를 15%에서 20%로 두 배 인상", 보도자료, 2021년 5월 26일.

서울경제, "알뜰폰 '빅5'로 재편 가속도… 밀려나는 중소업체", 2021년 2월 14일.
시사저널, "[단통법 2년] ① 일몰 1년 남긴 단통법… 공과 살펴보니", 2016년 10월 4일.
아이뉴스24, "[통신돋보기] 불법보조금 근절 '단통법' 닻내리다", 2018년 9월 1일.
아주경제, "알뜰폰, 이통3사가 시장독점? 통계 뜯어보니 실상은", 2021년 3월 9일.
아주경제, "코로나로 거리의 휴대폰 판매점 사라졌다는 데… 매장수는 그대로?." 2020년 12월 6일.
연합뉴스, "[단통법 3년] ② 말 많던 지원금상한제 결국 '목표 달성' 실패", 2017년 9월 24일.
연합뉴스, "온라인·우체국·자판기까지… 다양해지는 휴대전화 구입처", 2016년 2월 15일.
이데일리, "알뜰폰 점유율 11% 됐지만… 경쟁력있는 사업자 키워야", 2016년 9월 13일.
전자신문, "[마켓트렌드] 스마트폰 교체주기 넉달 늘었다", 2020년 12월 10일.
중앙일보, "5G 자급폰, LTE 요금제 허용… 5G폰 자급 시대 본격 열린다", 2020년 8월 20일.
테크데일리, "2021 국내 스마트폰 시장, 다시 상승… 11% 성장", 2021년 1월 14일.
한겨레, "공단말기 가져오면 요금 12% 할인", 2014년 9월 28일.
한겨레, "'스마트폰 구매도 선진국형으로' 자급제 첫 10%대 진입", 2020년 7월 19일.
한국일보, "'폰 따로 요금제 따로' 커지는 자급제 시장… 골치 아픈 이통사", 2021년 4월 17일.
SBSCNBC, "치킨집보다 많은 휴대폰 유통점… 왜?", 2015년 10월 12일.

제9절 가구의 유통경로

뉴스핌, "이케아코리아 연매출 5,032억원… 2020년 매장 2개 추가 개점", 2019년 8월 21일.
머니투데이, "당신의 슬기로운 '집콕'문화는", 2020년 9월 21일.
스포츠서울, "이케아, 코로나19에도 연매출 33% 증가 6,634억원 기록", 2020년 8월 25일.
이지경제, "이케아, 韓 가구시장 넓혔다… 업계 3위 올라, 6년만", 2021년 5월 21일.
이코노믹리뷰, "[대혼전 가구시장]① 가구단지 몰락… '빅3'로 시장재편", 2020년 10월 17일.
이코노믹리뷰, "[대혼전 가구시장]③ '가구도 패션처럼' 빨라진 소비트렌드", 2020년 10월 19일.
이코노믹리뷰, "위드 코로나 시대… 가구업계, 온라인 진출 '열풍'", 2021년 1월 17일.
이코노믹리뷰, "[biz인사이드] 가구업계, 코로나 타고 '훨훨' 날았다", 2021년 2월 9일.
일요경제, "현대리바트, 윌리엄스 소노마 매장 확대에 박차… "내년 매출 1조원 목표", 2017년 3월 27일.
중앙선데이, "'가구 공룡' 서울까지 진격… 국내사, 홈퍼니싱 강화로 맞불." 2020년 4월 18일.
중앙일보, "온라인 매출 타고 훨훨… 역대급 실적에 웃는 가구업계", 2021년 2월 25일.
컨슈머와이드, "국내 홈퍼니싱 라이브커머스 시장 경쟁 본격화… 이케아·리바트, 자체 라이브커머스 채널 구축", 2020년 12월 18일.
파이낸셜뉴스, "가구업계, 온라인시장 선점 각축전", 2016년 5월 20일.
한경닷컴, "年 10조로 큰 가구시장… 절반이 온라인 매출", 2021년 2월 7일.
한경닷컴, "가구업계, 온라인 매출 36% 늘었다", 2020년 8월 23일.

제10절 국산차의 유통경로

김현철·최상철(2006), 사례로 배우는 일본 유통, 법문사, 104-110.
한국비즈니스정보(2013), 대한민국 유통지도, 어바웃어북, 148-151.
경상일보, "현대車 내수점유율 두 달째 하락세", 2014년 4월 2일.
국제신문, "현대·기아차 신차효과가 무색, 3월내 수점유율 70%대 주춤", 2014년 4월 2일.
NEWSIS, "제임스김 한국GM 사장 '올해 내수점유율 10% 이상 목표'", 2016년 1월 29일.
기아자동차홈페이지(www.kia.com)
르노삼성자동차홈페이지(www.renaultsamsungm.com)

쌍용자동차홈페이지(www.smotor.com)
한국자동차산업협회홈페이지(www.kama.or.kr)
한국GM홈페이지(www.gm-korea.co.kr)
현대자동차홈페이지(www.hyundai.com)

제11절 수입차의 유통경로

데일리뉴스, "병행 수입 30% 벤틀리… '왜 비싼돈 주고 사야 하나요'", 2020년 10월 15일.
디지털타임스, "벤츠-슈퍼카도 병행수입… 수입차 시장 '새바람'", 2015년 2월 1일.
머니위크, "[수입차서비스 해부 ② BMW] 아낌없는 투자로 '독보적 서비스'", 2016년 7월 5일.
스카이데일리, "벤츠 렉서스 가격 20% 오를 때 현대 기아차 30% 인상", 2021년 1월 6일.
오토데일리, "BMW, 한국서 독주체 제구축… 대구 등 일부 지역 복수딜러 도입, 올해 총 10개 전시장 추가", 2014년 1월 3일.
포커스뉴스, "2015년 수입차 24만 여대 판매… 폭스 바겐판매량 오히려 늘어", 2016년 1월 7일.
TV조선, "최고급 고급수입세단의 판매량 증가 '전국수입차 점유율 15%에 달해'", 2014년 2월 20일.
한국수입자동차협회, 수입차상식>수입차역사(www.kaida.co.kr)
한국수입자동차협회, 수입차상식>유통경로(www.kaida.co.kr)
한국수입자동차협회, 자료실>브랜드통계/국가통계(www.kaida.co.kr)
한국자동차산업협회, 조사통계(www.kama.or.kr)

제12절 중고차의 유통경로

국토교통부, "자동차등록대수 2016년말, 2천2백만대 육박", 보도자료, 2017년 1월 17일.
더팩트, "금융사도 뛰어든 '연 30조' 중고차시장, 대기업 각축장 되나?", 2016년 7월 4일.
매일경제, "중고차업계-SK, 중고차시장 놓고 충돌." 2000년 7월 20일.
머니투데이방송, "중고차 판매업, 생계형 적합업종으로 '부적합' 동반위 의견서 제출", 2019년 11월 6일.
시장경제, "[중고차매매 복마전 ②] '알선수수료' 딜러 멋대로… 플랫폼 책임은 없나", 2020년 7월 11일.
연합뉴스, "연 200여 만대 중고차시장에 대기업 진출 허용될까", 2020년 7월 12일.
오토타임즈, "중고차매매업, 생계형 적합업종 되나", 2019년 3월 8일.
월간마이더스, "중고차시장 '레몬마켓' 오명 벗는다 ②", 2015년 2월호.
전자신문, "우리나라 자동차등록대수 2,100만 대 육박", 2016년 1월 17일.
중앙선데이, "AI로 분석, 전문가가 검증… '찜찜함' 씻어내는 중고차", 2019년 11월 30일.
파이낸셜뉴스, "중고차시장 초고속 질주", 2002년 4월 15일.
한국경제, "중고차업계 위기의식 팽배… 매매시스템 혁신 등 분주", 2000년 8월 21일.
헤럴드경제, "SK엔카·GS카넷 등 중고차 대기업… "해외수출·B2B 사업 강화하겠다", 2013년 2월 12일.

제13절 농산물의 유통경로

농림축산식품부, 한국농수산식품유통공사(2019), 2018 농수산물 도매시장 통계연보.
농림축산식품부(2014), 2013 주요 농산물유통 실태, 정책 분야별 자료 No.8.
농수축산신문, "격변하는 농식품유통 시장 ① 오프라인 지고 온라인 새 강자로", 2020년 5월 21일.
머니투데이방송, "'프리미엄'에 '새벽배송'까지… 신선식품 고객 잡는 스타트업", 2018년 2월 14일.
우리문화신문, "농식품, 온라인마켓 이용… 과일 등 신선 식품 고루 구매", 2020년 4월 22일.
한국농어민신문, "농협 제주물류센터 건립부지 확보… 2018년 하반기 조천읍에 완공", 2016년 7월 1일.

제14절 수산물의 유통경로

농축수산신문, "수산물 유통구조개선, 어디까지 왔나 (上) 수산물유통구조개선, 평가는", 2020년 9월 15일.

농축수산신문, "수산물 유통구조개선, 어디까지 왔나 (下) 수산물유통구조개선, 향후 과제는", 2020년 9월 22일.

해양수산부(2020), 2019년 수산물 생산 및 유통산업 실태조사 결과.

해양수산부(2018), 제1차 수산물 유통발전 기본계획(2018~2022년) : 수산물 유통혁신 로드맵(안).

해양수산부(2013), "수산물유통경로 6단계에서 4단계로 축소", 경제정책 해설, 9월, 58-59.

제15절 축산물의 유통경로

광주일보, "소・돼지고기값 절반은 유통비용", 2013년 12월 26일.

김성호(2013), "국내 닭고기 유통현황", 월간양계, 2월호, 116-118.

김수형(2013), "육계 계열화사업 개선을 통한 육계산업발전방안 : 생산자-계열사간 상생의 노력이 최우선되어야", 월간양계, 8월호, 116-118.

김재홍(2010), "육계계열화사업 제도개선", 월간양계, 12월호, 110-113.

농민신문, "이천도드람양돈농협 : 협동조합형패커 역할 최선", 2013년 8월 14일.

뉴스토마토, "국내 1위 도계업체 '하림'", 2013년 6월 12일.

연합뉴스, "추석 앞둔 음성축산물공판장 '북적'", 2013년 9월 13일.

축산물품질평가원(2021), 2020년 축산물 유통정보조사 보고서.
(축산물품질평가원, 축산유통정보>정보자료실>KAPE보고서>발간물)

축산물품질평가원(2016), 2015 축산물 유통실태.

한국경제, "양돈업도 골목상권? … 한돈협회 '대기업, 손떼라'", 2013년 7월 30일.

제16절 의약품의 유통경로

건강보험심사평가원, 의약품관리종합정보세터(2021), 2020 완제의약품 유통정보 통계집.

뉴스토마토, "[제약분업화시대] ③ 전문화・세분화에 영세업체 난립 부작용", 2016년 6월 17일.

메디칼업저버, "제약사의 약품직거래 비중 15%… 도매유통 증가", 2015년 10월 16일.

메디파나뉴스, "최초・최대 약국체인, 온누리 H&C 신뢰와 변화의 25년", 2016년 3월 31일.

약사공론, "한국의약품, 세계로 뻗어 나갈 방법을 찾아라", 2015년 6월 8일.

의학신문, "갈 길 먼 국내 제약 산업, 세계 시장서 '여전히 변방'", 2020년 12월 28일.

의학신문, "지오영 등 10곳 의약품유통업체 매출 12조원", 2020년 1월 9일.

한겨레, "한미약품 매출 1조3천 억 '제약업계 신기록'", 2016년 2월 4일.

한국제약바이오협회(2020), 2020 제약바이오산업 DATABOOK 통계정보.

히트뉴스, "의약품 유통, 제약사 직거래 줄고 도도매 비중 30% 육박", 2021년 4월 29일.

히트뉴스, "유통일원화 비중 90.1%… 제약-도매 역할분담 완성", 2021년 4월 29일.

제17절 한약의 유통경로

최성규(2003), 한약유통학, 신광출판사.

식품의약품안전처(2016), 식품의약품 통계연보, 제18호.

한국비즈니스정보(2013), 대한민국 유통지도, 어바웃어북, 194-197.

농민신문, "성장 제동 걸린 '약용작물산업'", 2015년 11월 25일.

충청일보, "한약재 전용 오픈마켓 등 유통인프라 육성해야", 2012년 9월 27일.
한국한의학연구원, 한국한의약진흥원, 대한한의사협회, 부산대학교 한의학전문대학원(2021), 2019 한국한의약연감.
한의신문, "지난해 한약재 시장규모 0.3조원… 최근 5년 연평균 성장률 7.87%", 2015년 11월 18일.
한의신문, "2012년 국내 의약품한약재 시장규모 2,778억원", 2013년 11월 22일.

제18절 보험상품의 유통경로

안경철·이경희(2011), 보험유통채널개선방안, 보험연구원.
통계청, 국내국제통계>e-나라지표>부문별지표>경제>금융>보험>보험회사 수입보험료 규모.
매경이코노미, "보험판매업체(GA) 연합종횡", 2012년 8월호, 1670호.
머니투데이, "'보험아줌마' 지고 '보험대리점' 뜬다… 판매채널 지각변동", 2014년 5월 2일.
메트로, "보험설계사의 눈물… '어디 다른 일자리 없나요?'", 2016년 8월 1일.
아시아경제, "韓 보험시장, 상위 10개국 중 나홀로 역성장", 2019년 9월 16일.
아시아투데이, "보험업계, 모바일 가입서비스 경쟁가속화 되나", 2016년 4월 29일.
이투데이, "짐싸는 보험설계사… 작년 1만7,000명 줄어", 2014년 4월 10일.
컨슈머타임스, "보험설계사 '수당먹튀' 소비자보험료 '눈덩이'", 2014년 3월 4일.
파이낸셜뉴스, "설계사 판매비중 급감… 보험업계 판도 변화오나", 2016년 7월 17일.
한국보험신문, "보험업계 다이렉트 전성시대", 2013년 4월 22일.

제12장 물류관리

김상현·한동철(2012), 유통관리, 이프레스, 104-122.
김진성·배준연(2011), 유통론, 제14장 물류, 두남, 401-426.
박귀환·김웅진·윤기선(2011), 최신 물류관리론, 제2장 물류관리와 조직관리, 두남, 38-78.
방희석·이규훈·이충배·김승철(2011), 물류관리론, 도서출판 청람, 4-34.
서용구·이정희(2007), 100일만에 배우는 유통관리, 제6장 물류환경의 변화, 서울경제경영, 131-147.
오세조(1997), 손에 잡히는 유통마케팅, 289-290.
임영균·안광호·김상용(2010), 고객지향적 유통관리, 제2판, 제6장 물적유통관리와 SCM, 학현사, 207-253.
Lee, Hau L., V. Padmanabhan, and SeungjinWhang(1997), "The Bullwhip Effect in Supply Chains", *Sloan Management Review*, 39(3), 93-102.
매일경제, "'재고 줄이면 아시아서 年 40억弗 절감'… ECR컨퍼런스", 2001년 11월 7일.
물류메거진, "의류QR 사업/의류업계 효율적 공급망 관리 위한 기반 구축", 2003년 4월호.
한국경제, "[물류혁신과 SCM] 롯데백화점 : 빠른 수요대응 시스템 '뿌리'", 2002년 4월 9일.
한국경제, "[新유통혁명] (17) 'CPFR'… 제조·판매업체수요 예측 등 협력", 2001년 9월 17일.
헤럴드경제, "물류의 새트렌드, 3자 물류(3PL)", 2013년 8월 3일.

제13장 머천다이징

김상현·한동철(2012), 유통관리, 이프레스, 327-386.
세키마사유키(2007), 회계의 정석, 번역서, 원앤원북스, 166.
유아사가즈오(2005), 재고관리 테크닉 79, 번역서, 한국물가정보, 164-167.
이라경(2013), MD의 정석, 한국체인스토어협회출판부, 17-193.

Levy, Michael and Baron A. Weitz(2011), Retailing Management, 번역서, 소매경영(오세조 · 박진용 · 송영욱 · 노원희역), 한올출판사, 355-579.
위키피디아, GMROII(http://en.wikipedia.org/wiki/GMROII)

제14장 유통정보시스템

김상현 · 한동철(2012), 유통관리, 제3장, 이프레스, 81-94.
김용욱(2006), 유통정보시스템, 한국학술정보(주), 57-92.
방희석 · 이규훈 · 이충배 · 김승철(2011), 물류관리론, 제10장, 도서출판 청람, 276-298.
오세조 · 박진용 · 김상덕(2009), 소비지향적 유통관리, 제11장, 302-327.
임세헌 · 박연우(2010), e-비즈니스시대의 SCM과 유통정보관리, 한올출판사, 412-434.
임영균 · 안광호 · 김상용(2010), 고객지향적 유통관리 제2판, 제7장, 학현사, 257-283.
데일리팜, "의약품 RFID-2D 바코드 일 물동량 처리시간 27배", 2014년 7월 24일.
디지털타임스, "EDI(Electronic Data Interchange)", 2013년 5월 28일.
리테일매거진(2006), "유통정보화의 주역은 POS", 10월호, 52-55.
IT Daily, "美 의류업체, RFID 도입후 ROI 대만족", 2009년 1월 8일.
현대백화점홈페이지(http://www.ehyundai.com)

| 저자약력 |

박찬욱 교수는 서울대학교 경제학부에서 학사 및 석사학위를 취득하고, 미국 인디아나대학교(Indiana University)에서 마케팅 전공으로 경영학 박사학위를 취득하였다. 귀국 후 제일기획 마케팅연구소에서 3년간 근무하면서 마케팅전략, 광고전략, 다이렉트마케팅전략 등과 관련한 업무를 수행하였으며, 1995년부터 경희대학교 경영대학에서 교수로 재직하고 있다. 주요 관심분야는 유통, 영업, 고객관계관리 등이다. 저서로는 우리나라 최초의 CRM 서적인 데이터베이스마케팅(1996)을 비롯하여, 금융기관의 데이터베이스마케팅(1999), 모바일마케팅(2002), 한국적CRM 실천방안(2005), 고객관계 구축을 위한 영업관리(2017), 중국의 신소매 유통혁명(2018), 고객관계관리(2019), 한국의 소매유통(2021) 등이 있으며, 국내외의 유명 학술지에 영업, 유통, CRM, 광고, 소비자행동 등을 주제로 하는 다수의 학술논문을 발표하였다. 1995년 이래 금융, 제조, 서비스 등 다양한 기업들에서 마케팅, 영업, CRM 분야의 자문교수 및 사외이사를 역임하였다. 또한 한국CRM협회의 초대 회장과 한국CRM학회의 회장, 한국영업관리학회 회장 등도 역임하였다. 현재는 유통분야의 변화와 발전에 대한 조사와 연구를 꾸준히 하면서 특히 온라인 유통에 관한 좋은 책과 논문을 쓰기 위해 노력하고 있다.

실전 유통론(제3판)

2015년 2월 25일 1판 1쇄 발행
2024년 8월 25일 3판 2쇄 발행

저 자 | 박찬욱
발행인 | 이수영
발행처 | 도서출판 청람
서울시 마포구 독막로 288(대흥동, 세양상가 109호)
전 화 | 02)3272-2601~2
팩 스 | 02)3272-2603
이메일 | crbooks@daum.net
홈페이지 | http://www.crbooks.co.kr
등 록 | 2000.8.26 제6-0509호

ISBN 978-89-5972-859-6 93320 [정가 38,000원]